U0147169

臺灣學者中國史研究論叢

生活與文化

蒲慕州　主編

中國大百科全書出版社

總編輯:徐惟誠　　　　社　長:田勝立

圖書在版編目(CIP)數據

生活與文化/蒲慕州主編.—北京:中國大百科全書出版社,2005.4

(臺灣學者中國史研究論叢:10/邢義田,黃寬重,鄧小南主編)

ISBN 7－5000－7314－3

Ⅰ.生… Ⅱ.蒲… Ⅲ.社會生活—歷史—中國—文集
Ⅳ.D691.9-53

中國版本圖書館 CIP 數據核字(2005)第 040990 號

中國大百科全書出版社出版發行

(北京阜成門北大街 17 號　郵政編碼:100037　電話:010－68315609)

http://www.ecph.com.cn

北京市智力達印刷有限公司印刷　新華書店經銷

開本:635 毫米×970 毫米　1/16　印張:35.75　字數:500 千字

2005 年 4 月第 1 版　2005 年 4 月第 1 次印刷

印數:1－5000 冊

ISBN 7－5000－7314－3/K·458

定價:55.00 元

本書如有印裝質量問題,可與出版社聯系調換。

目　　録

出 版 説 明

　　《臺灣學者中國史研究論叢》是數十年來臺灣學者在中國史領域代表性著述的匯編。叢書共分十三個專題，多角度多層面地反映海峽對岸中國史學的豐碩成果，如此大規模推介，在大陸尚屬首次。

　　叢書充分尊重臺灣學者的觀點、表達習慣和文字用法，凡不引起歧義之處，都儘可能遵照原稿。作者觀點與大陸主流觀點不同之處，請讀者審別。由於出版年代、刊物、背景不同，各篇論文體例不盡相同，所以本叢書在格式上未強求統一，以保持原作最初發表時的風貌。各篇論文之后都附有該論文的原刊信息和作者小傳，以便讀者檢索。

　　在用字方面，既尊重原作者的用法，又充分考慮到海峽兩岸不同的用字和用詞習慣，對原稿用字不一致的情況進行了一些處理。

　　錯誤之處，在所難免，敬請方家指正。

論叢編委會

2005 年 3 月

總　　序

邢義田

　　爲了增進海峽兩岸在中國史研究上的相互認識，我們在中國大百科全書出版社的支持下，從過去五十年臺灣學者研究中國史的相關論文選出一百七十八篇，約五百三十萬言，輯成《臺灣學者中國史研究論叢》十三冊。

　　十三冊的子題分別是：史學方法與歷史解釋、制度與國家、政治與權力、思想與學術、社會變遷、經濟脈動、城市與鄉村、家族與社會、婦女與社會、生活與文化、禮俗與宗教、生命與醫療、美術與考古。這些子題雖不能涵蓋臺灣學者在中國史研究上的各方面，主體應已在内，趨勢大致可見。

　　這十三冊分由研究領域較爲相近的青壯學者一或二人擔任主編，負責挑選論文和撰寫分冊導言。選文的一個原則是只收臺灣學者的或在臺灣出版的。由於是分別挑選，曾有少數作者的論文篇數較多或被重複收入。爲了容納更多學者的論文，主編們協議全套書中，一人之作以不超過四篇、同一冊不超過一篇爲原則。限於篇幅，又有不少佳作因爲過長，被迫抽出。這是選集的無奈。另一個選録原則是以近期出版者爲主，以便展現較新的趨勢和成果。不過，稍一翻閱，不難發現，各冊情況不一。有些收録的幾乎都是近十餘年的論文，有些則有較多幾十年前的舊作。這正好反映了臺灣中國史研究方向和重心的轉移。

　　各冊導言的宗旨，在於綜論臺灣中國史研究在不同階段的内外背景和發展大勢，其次則在介紹各冊作者和論文的特色。不過，導言的寫法没有硬性規定，寫出來的各有千秋。有些偏於介紹收録的論文和作者或收録的緣由，有些偏於介紹世界性史學研究的大趨勢，有些又以自己對某一領域的看法爲主軸。最後我們決定不作統一，以保持導言的特色。這樣或許有助於大家認識臺灣史學工作者的多樣風貌吧。

　　此外必須説明的是所收論文早晚相差半世紀，體例各有不同。
我們不作統一，以維持原貌。有些作者已經過世，無從改訂。多數
作者仍然健在，他們或未修改，或利用這次再刊的機會，作了增删
修訂。不論如何，各文之後附記原刊數據，以利有興趣的讀者進一
步查考。

　　半個多世紀以來，海峽兩岸的中國史研究是在十分特殊的歷史
境遇下各自發展的。大陸的情況無須多説。[1] 臺灣的中國史研究早
期是由一批 1949 年前後來臺的文史和考古學者帶進臺灣的學術園地
如臺灣大學、師範大學（原稱師範學院）和中央研究院的。[2] 從
1949 到 1987 年解除戒嚴，臺灣學界除了極少數的個人和單位，有將
近四十年無法自由接觸大陸學者的研究和考古發掘成果。猶記在大
學和研究所讀書時，不少重要的著作，即使是二十世紀二三十年代
已經出版的，都以油印或傳抄的方式在地下流傳。出版社也必須更
動書名，改換作者名號，删除刺眼的字句，才能出版這些著作。在
如此隔絕的環境下，臺灣史學研究的一大特色就是走在馬克思理論
之外。

　　臺灣史學另一大特色則是追隨一波波歐美流行的理論，始終没
有建立起一套對中國史發展較具理論或體系性的説法。記得六十年
代讀大學時，師長要我們讀鄧之誠、柳詒徵、張蔭麟或錢穆的通史。
幾十年後的今天，大學裏仍有不少教師以錢穆的《國史大綱》當教
本。[3] 中國通史之作不是没有，能取而代之的竟然少之又少。説好
聽一點，是歷史研究和著作趨向專精，合乎學術細密分工和專業化
的世界潮流；説難聽點，是瑣細化，少有人致力於貫通、綜合和整
體解釋，忽略了歷史文化發展的大勢和精神。

　　這一趨向有內外多方面的原因。二十世紀五六十年代臺灣學者
之中，並不缺融會古今、兼涉中外的通人。然而初來臺灣，生活艱

---

〔1〕　可參逯耀東《中共史學的發展與演變》，臺北：時報文化公司，1979 年；張玉法
　　　《臺海兩岸史學發展之異同（1949～1994）》，《近代中國研究通訊》18（1994），頁
　　　47～76。
〔2〕　在日本統治臺灣的時期，臺灣唯一一所高等學府是臺北帝國大學。臺灣收復後，日
　　　籍研究人員離臺，仍在臺大的教員有楊雲萍、曹永和、徐先堯等少數人。但他們的
　　　研究此後並没有成爲主導的力量。請參高明士、古偉瀛編著《戰後臺灣的歷史學研
　　　究，1945～2000》，臺北：國家科學委員會，2004 年，頁3。
〔3〕　參高明士、古偉瀛編著《戰後臺灣的歷史學研究，1945～2000》，頁6。

困，爲了衣食，絕大部分學者無法安心治學著述。加上形格勢禁，
爲求免禍，或噤而不言，不立文字；或退守象牙之塔，餖飣補注；
或遠走海外，論學異邦。這一階段臺灣百廢待舉，學校圖書普遍缺
乏，和外界也少聯繫。新生的一代同樣爲生活所苦，或兼差，或家
教，能專心學業者不多。唯有少數佼佼者，因緣際會，得赴異國深
造；七八十年代以後陸續回臺，引領風騷，才開展出一片新的局面。

　　除了外部的因素，一個史學内部的原因是早期來臺的學者有感
於過去濫套理論和綜論大勢的流弊，多認爲在綜論大局之前，應更
審慎地深入史料，作歷史事件、個人、區域或某一歷史時期窄而深
的研究，爲建立理論立下更爲穩固的史實基礎。早在二十世紀二三
十年代，陶希聖經歷所謂社會史論戰之後，即深感徒言理論之無益，
毅然創辦《食貨》月刊，召集同志，爬梳史料。本於同樣的宗旨，
1971 年《食貨》在臺灣恢復出刊，成爲臺灣史學論著發表的重要陣
地。來臺的歷史語言研究所在傅斯年的帶領下，也一直以史料工作
爲重心。

　　這一走向其實正和歐美史學界的趨勢相呼應。二十世紀之初，除
了馬克思，另有史賓格勒、湯恩比等大師先後綜論世界歷史和文明的
發展。此一潮流在第二次世界大戰以後漸漸退去，歷史研究趨向講求
實證經驗，深窄專精。以檔案分析見長的德國蘭克（L. V. Ranke）史
學，有很長一段時間成爲臺灣史學的一個主要典範。中央研究院歷史
語言研究所先後整理出版了《明實錄》和部分明清檔案，後者的整
理至今仍在進行；中央研究院近代史研究所在郭廷以先生的率領下，
自 1957 年起整理出版了《海防檔》、《中俄關係史料》、《礦務檔》、
《中法越南交涉檔》、《教務教案文件》等一系列的史料；臺灣大學
和政治大學則有學者致力於琉球寶案和淡新檔案的整理和研究。基
於以上和其他不及細說的内外因素，臺灣的歷史學者除了錢穆等極
少數，很少對中國史作全盤性的宏觀綜論。[4]

　　二十世紀七八十年代是臺灣史學發展的關鍵年代。外在環境雖
然荊棘滿佈，但已脫離初期的兵荒馬亂。經濟快速起飛，學校增加，
設備改善，對外交流日益暢通，新的刺激源源而入。以臺大爲例，

────────────

〔4〕　參張玉法，前引文，頁76。

七十年代初,研究圖書館啓用,教師和研究生可自由進入書庫,複印機隨後開始使用,大大增加了隨意翻書的樂趣和免抄書的方便。六七十年代在中外不同基金會的資助下, 也不斷有中外學者來校講學。猶記大學時聽社會學家黃文山教授講文化學體系。他曾應人類學巨子克魯伯(A. L. Kroeber)之邀, 任哥倫比亞大學客座學人,也曾翻譯社會學名家素羅金(P. A. Sorokin)的《當代社會學》、《今日社會學學説》和李約瑟(J. Needham)的《中國科學與技術史》等名著。聲名如雷, 聽者滿坑滿谷。研究所時, 則聽以寫《征服者與統治者:中古中國的社會勢力》(*Conquerors and Rulers: Social Forces in Medieval China*)著名的芝加哥大學歷史教授艾柏哈(Wolfram Eberhard)講中國社會史。

除了正式的課程, 校園内演講極多。二十世紀七十年代以後,言論的尺度稍見放寬, 一些勇於挑戰現實和學術的言論、書籍和雜誌紛紛在校園内外, 以地上或地下的形式出籠。以介紹社會科學爲主的《思與言》雜誌自 1963 年創刊, 曾在校園内造成風潮。心理學、社會學、人類學、政治學和經濟學等社會科學幾乎成爲歷史系學生必修的課程, 儘管大家不一定能會通消化。走出充滿科學主義色彩的教室, 於椰子樹下, 月光之中, 大家不是爭論沙特、老、莊,就是膜拜寒山、拾得。邏輯實證論、存在主義、普普藝術和野獸派,風靡一時, 無數的心靈爲之擺蕩在五光十色的思潮之間。屢禁屢出的《文星》雜誌更帶給青年學子難以言喻的刺激和解放。以個人經驗而言, 其衝擊恐不下於孫中山出洋, 見到滄海之闊、輪舟之奇。臺灣内外的形勢也影響著這時的校園。"文化大革命"、反越戰、萌芽中的婦女解放和政治反對運動, 曾使校園内躁動不安, 充滿虛無、飄蕩和萬流競奔的景象。

這一階段臺灣史學研究的主流風氣, 除了延續史料整理的傳統,無疑是以利用社會科學、行爲科學的方法治史, 或以所謂的科際整合爲特色。在研究的主題上有從傳統的政治史、制度史轉向社會史和經濟史的趨勢。這和 1967 年開始許倬雲主持臺大歷史系, 舉辦社會經濟史研討會, 推動相關研究;陶希聖之子陶晉生在臺大歷史研究所教授研究實習, 支持食貨討論會, 有密切的關係。1978 年張玉法出版《歷史學的新領域》,1981 年康樂、黃進興合編《歷史學與社會科學》，可以作爲這一時期尋找新理論、探索新方向努力的象徵。

　　二十世紀八九十年代以後，社會學大師韋伯（Max Weber）和法國年鑒學派的理論大爲流行。1979 年創刊的《史學評論》不但反省了史學的趨勢，也介紹了年鑒學派、心態史學和其他新的史學理論。從 1984 年起，康樂主持新橋譯叢，邀集同志，有系統地翻譯韋伯、年鑒學派和其他歐美史學名著。這一工作至今仍在進行。約略同時，一批批在歐美教書的學者和留學歐美的後進，紛紛回臺，掀起一波波結構功能論、現代化理論、解構主義、後現代主義、思想史、文化史和文化研究的風潮。1988 年《食貨》與《史學評論》先後停刊，1990 年《新史學》繼之創刊。1992 年黃進興出版《歷史主義與歷史理論》，1993 年周樑楷出版《歷史學的思維》，2000 年古偉瀛、王晴佳出版《後現代與歷史學》。臺灣史學研究的理論、取向和題材從此進入更爲多元、多彩多姿的戰國時代。仔細的讀者當能從這套書的不同分册窺見變化的痕跡。[5]

　　曾影響臺灣中國史研究甚巨的許倬雲教授在一篇回顧性的文章裏説：“回顧五十年來臺灣歷史學門的發展軌跡，我在衰暮之年，能看到今天的滿園春色，終究是一件快事。”[6] 在 2005 年來臨的前夕，我們懷著同樣的心情，願意將滿園關不住的春色，獻給海峽對岸的讀者。

2004 年 12 月

---

〔5〕 請參本叢書《史學方法與歷史解釋》彭明輝所寫《導論：方法、方法論與歷史解釋》；王晴佳《臺灣史學五十年：傳承、方法、趨向》，臺北：麥田出版，2002 年。
〔6〕 許倬雲《錦瑟無端五十弦——憶臺灣半世紀的史學概況》，收入中央研究院歷史語言研究所編《中央研究院歷史語言研究所七十五周年紀念文集》，臺北：中央研究院歷史語言研究所，2004 年，頁 14。

導　言[*]

蒲慕州

一、史學研究的新方向：生活史研究

二十世紀的大變動在人類歷史上也許不能算是最劇烈，但若就人對世界和自身的探索而言，所呈現的面貌，可説是空前的複雜而變化快速。自然科學家探索的世界一方面不斷地擴大，一方面也不斷地縮小。黑洞的理論和微中子的發現正可以作爲例証，而這兩個發現無疑在不久之後就會被新的進展取代。科學家的發現，如同哥倫布的發現新大陸一樣，其實只是更進一步地看到那些原本就存在的現象，他們並没有在實質上改變世界的存在狀態，然而人在看到了一些原本看不到的現象後，卻會産生實質上的改變，包括對於人與世界的關係的瞭解，或者人存在的意義等等。在人文社會科學，包括史學，二十世紀以來的進展也曾有過相當重大的變化，最近的風潮，當然就是所謂的後現代主義。

在後現代思潮的影響之下，學者中開始有一些人比較注重研究者在認知上的限制，開始從根本質疑學者能够客觀的瞭解其他文化並且得到所謂的真正面貌。"後現代"本身雖是一個相當難定義的概念，但基本的特徵應該是懷疑或崩解既有的價值判斷，其最主要的目的，是在檢討人自己（或者説，研究者、學者）在做任何主張或者引用各種理論時，其背後到底是否基於種族主義、男性中心心態、西歐優越心態（或帝國主義）等等有意無意的動機。[1] 這種看事情

---

* 本文原題《生活史與人類學》，收入《學術史與方法學的省思》（臺北：中央研究院，2000），頁 317～333。今增修部分材料，以爲本册導言。

〔1〕 參考 Jerry D. Moore, *Visions of Culture* (Walnut Creek：AltaMira Press, 1997), pp. 261～263. 至於對後現代主義影響的堅決抗拒，可以舉一例爲代表：M. E. Spiro, *Gender Ideology and Psychological Reality* (New Haven：Yale University Press, 1997), pp. ix～xvii. 又有關雙方的辯論，可參考 Keith Jenkins ed., *The Postmordern History Reader* (London：Routledge, 1997)。

的態度對於史學也產生相當的影響。

十九世紀末蘭克史學那種樂觀的心態，以爲研究者只要掌握了完全的史料就可以客觀而真實地重建過去歷史，到了二十世紀下半葉也經歷了相當複雜的轉變。我們只要瀏覽馬克思史學、歷史主義、歷史相對論、心態史、新文化史等各種不同流派的相繼出現，就可以感到這變化。史家所重視的，不只是所使用材料的真偽、性質、所研究問題的意義，更進一步要反省研究者個人的文化背景和意識形態在研究中所造成的影響，因而對於歷史真實性的問題也採取更開放的多元思考：什麼是所謂的歷史事實？就我們所能掌握的任何材料而言，是在何種情況之下，經由何種途徑，爲了何種目的而留存下來的，又能够讓我們去瞭解到多少“真正發生的事”？真正發生的事是否對每一個“當事者”都是一樣的？爲什麼要瞭解過去發生過的事？誰決定要瞭解過去的那些事？被選來作爲研究對象的過去之所以被選出，是根據什麼理由？這些考慮不必然是所謂後現代思潮的影響，但足以顯示史學研究者的自覺意識因爲大環境的緣故而提昇到一個前所未有的地步。

除了態度和方法的改變之外，新議題的開發也是近年來史學研究的特色。在傳統政治史、制度史、經濟史、社會史、思想史等研究範疇之外，一些長期未受注視的主題開始有學者致力，這些包括有關人物的女性史、兒童史、老年史以及有關活動的醫療疾病史、人口史、生活史、庶民文化史等等。其共同的趨勢是重新評估所謂歷史的主體到底爲何，而共同的結果是肯定一種多元的瞭解歷史的角度，同時認爲只重視社會上層階級之活動的傳統研究取向有其嚴重不足之處。本文所要討論的，就是生活史的研究角度，以及這種研究角度和人類學研究的關係。

什麼是生活史研究？從字面上來說，它是企圖重建人們過去的生活面貌的一種史學研究。然而“人的生活”是一個何其寬廣的範圍！它可以大到無所不包，如果不加以界定，顯然會失去作爲一種研究範疇的效用。什麼樣的歷史才是生活史？這個問題的重要性，依我看，不在於找到一種完備的定義，而是在逼我們想想，在傳統的政治史、制度史、經濟史、社會史、宗教史、思想史之外，是不是還有一種探討過去的途徑，也就是從生活的角度來看歷史上的一些現象。政治制度、社會經濟、宗教思想的問題和材料基本上也都可以是生活史的材料，不同的，是生活史的觀察角度不同。

我目前的看法是，生活史的範圍主要包括過去人們的日常生活的物質面和精神面的各類問題。物質面的問題，如果用食衣住行四大項來概括，可以包括許多的內容，如醫療、飲食、服飾、器物、建築、交通、生產，乃至於娛樂、遊藝等等；精神面的問題，我認爲包括了各類的人倫社會關係，如兩性、親屬、上下同儕以及宗教信仰和生老病死等人生階段的處理等等。這些問題在所謂的社會史、經濟史、思想史等較傳統的研究範疇中當然也不是不會觸及，它們所利用的材料有許多也都是相同或者類似的，然而生活史研究把傳統史學中比較邊緣的問題放到關注的重心上，由關心過去社會中人們——尤其是所謂一般大眾——的生活面來進入歷史，是研究者角度和價值觀的重大改變。不消說，這種不同的角度並不準備，也不可能，去取代傳統史學研究範疇，因爲它的價值觀原本即爲多元的，認爲歷史應由多重角度去瞭解。在此應該稍做說明的，就是近數十年來生活史研究，其實在相當程度上受到人類學的影響。自十九世紀末人類學興起之後，歷史學和人類學就不斷地相互較量，爭取釋解人類社會的發言權。但兩者之間並沒有什麼往來。Frazer 的著作雖然用了大量的歷史材料，但他的興趣主要是用材料作爲比較宗教的素材，而不在歷史發展本身。至於 Malinowski 和 Radciffe-Brown 所提倡的功能主義，就更明白地表示，瞭解一個社會，只須明白社會各部門的功能及運作，歷史是不相干的。Durkheim 的社會象徵學說也屬於非歷史的陣營。這些學者的影響一直到今天仍然沒有消失。

二十世紀中期之後，情況有一些轉變，包括 Evans-Pritchard 和 Mead 在內的一些人類學家開始覺得人類學和歷史學應該有相互借鏡、相互合作之處。歷史家處理時間縱軸的變化，人類學家則處理平面空間的結構。這當然是說來容易。因爲沒有史家只處理時間的變化而不觸及空間的結構，而人類學的研究也不可能完全忽略時間在社會制度上造成的影響。1966 年，英國的社會人類學協會在愛丁堡（Edingburg）舉行了一場以 "歷史學和人類學" 爲主題的會議，正式把兩者之間的關係搬上檯面。此後歐美學界出現了不少利用人類學概念分析歷史的作品，也出現了不少重視歷史材料的人類學作品。人類學者不再完全以發現文化類型和結構爲主要興趣，而歷史學者則是如人類學者般地對歷史上人們的生存狀態進行研究，[2] 開啓了一連串的綜合史學與人類學概念的作品。[3] 我在此不擬做一個全面的檢討，[4] 但想要強調的是，從史學研究者的角度來看，人類學對史學的影響主要在提醒史家，史學研究如果能够強調文化的距離感，也就是研究者與研究對象在文化上保持一種"陌生感"，[5] 讓史家重新檢討一些習以爲常的文化現象，重新解釋，將熟悉的材料"問題化"（problematize），應該可以發現許多新的議題。在這種認識之下，中國近代史家所熟悉的那句名言，讀史者應該對國史具有"温情與敬意"，[6] 其背後的預設立場爲何，在史學研究方法上有何影響，倒是值得再三深思。其次，人類學強調每一文化的内在邏輯，認爲文化中每一部分都是形成一有機整體的要件，[7] 因而史家在研究過去社會時，也應重新檢討從前以爲不重要的材料，從而形成新的對過去的認識。婦女史、兒童史、生活史等等史學的新領域就和人類學的刺激有相當密切的關係。這當然不是説，史學與人類學已經進入大融合的階段，因爲歷史學者的歷史和人類學者所有興趣的歷史仍然有相當不同的重點，而歷史學者所有興趣而引用的人類學理論和方法也有流於機械地套用或者皮毛地瞭解的危險。

回到生活史的研究，上面所建議的生活史的研究範圍其實與一般意義的人類學研究的範圍有許多重疊之處，以致有學者甚至認爲歷史人類學的興趣就是生活史。[8] 我曾經在一篇介紹西方近年來生

---

[2] Keith Thomas, *Religion and the Decline of Magic* (New York: Charles Scribner's Sons, 1971).

[3] E. p. Thompson, "Time, Work-Discipline and Industrial Capitalism," *Past and Present* 38 (1967): 56~97.

[4] 請參考 David Gaunt, *Memoir on History and Anthropology* (Stockholm: The Swedish Research Councils, 1982); E. Ohnuki-Tierney ed., *Culture Through Time: Anthropological Approaches* (Stanford: Stanford University Press, 1990); Susan Kellogg, "Histories for Anthropology: Ten Years of Historical Research and Writing by Anthropologist, 1980~1990," in *Social Science History* 15:4 (1991): 417~455.

[5] S. C. Humphreys, *Anthropology and the Greeks* (London: Routledge & Kegan Paul, 1978), p. 26.

[6] 錢穆《國史大綱》（臺北：國立編譯館，1970），頁1。

[7] S. C. Humphreys, *Anthropology and the Greeks*, pp. 27~28.

[8] Mary E. D'Agostino, "A Full Complement: Employing Diverse Sources in Historical Anthropology," in *Kroeber Anthropological Society Papers* 79 (1995): 116~136, esp. 116.

活史研究的文章中，[9] 提出一項觀察，認爲西方近代史家對於生活史的探討大致可分爲兩大類，相對應於兩類不同的研究取向。第一類作品，基本上採取全面描述一時一地人們日常生活的點點滴滴的方式，企圖給讀者一個有關當時人生活的圖像。這類的研究，雖然有些類似人類學的田野記錄，但基本上由於並不提出特定的理論架構，因而其結果是觀光式的，做爲點綴式的對歷史的瞭解。這類作品常以《某某時代的日常生活》爲題，在西方史學作品中已經有相當久的歷史。第二類作品，則是以日常生活中某一特定的問題爲中心，重視生活情境背後的文化心態，設法從這一問題在時間中的發展看出文化性格的常與變，並且設法與該社會的整體結構取得聯繫。這第二類作品也正是或多或少與人類學結合或受人類學方法影響的結果。以下我就在西方近年來的研究中舉一些例子來説明生活史研究有那些可能性。必須先説明的是，書名中有生活兩字的書很多，它們不一定代表相同的内容，也不見得代表類似的討論方式和眼光。而我打算把生活史的作品分爲三類來做介紹。

二、百科全書式的日常生活史

有些作品雖然在書名中有"生活"兩字，但實際上是一種比較偏重社會經濟史的通史類作品。在本世紀早期就有一些作品。這類的作品基本上是一種老式博物館式的文物陳列式的寫法，把某一段歷史中的"文物"一一加以描述，讓讀者對某一特定對象有一種所謂"全面"的瞭解，就算達到了目的。在古代史方面的作品譬如 P. Montet, *Everyday life in Egypt in the days of Ramesses the Great* (London：Edward Arnold, 1958)，Robert Flaceliere, *Daily Life in Ancient Greece at the Time of Pericles* (London：George Weidenfeld & Nicolson, 1965)，Jerome Carcopino, *Daily Life in Ancient Rome* (tr. E. O. Lorimer) (New Haven：Yale University Press, 1940)等。以後者爲例，他的書是以羅馬城的生活爲對象，全書分爲兩大部分。第一部分是討論羅馬生活的物質和精神背景，這些背景包括羅馬城的人口和城市範圍、城内的建築和街道、社會階層和人口結構，包括奴隸問題，接下來是家庭、婚姻、婦女地位、

[9] 蒲慕州《西方近年來的生活史研究》，《新史學》3 卷 4 期 (1992)：139～153。

教育和宗教狀況等。第二部分是談羅馬人生活一天從早到晚的各種
活動,包括對於各種行業的描述,以及羅馬人的休閒生活,譬如各種表
演和比賽、去公共浴池消磨時間等等。類似較近的作品如一種叢書:
"Daily Life Through History" 由 Greenwood Press 出版,包括 Jeffrey L.
Singman, *Daily Life in Elizabethan England*; Jeffrey L. Singman and Will
McLean, *Daily Life in Chaucer's England*; Michael A. Malpass, *Daily
Life in the Inca Empire*; Robert J. Sharer, *Daily Life in Maya Civilization*;
Sally Mitchell, *Daily Life in Victorian England*; Myron A. Marty, *Daily
Life in the United States*, 1960 ~ 1990: *Decades of Discord*; David Carras-
co with Scott Sessions, *Daily Life of the Aztecs: People of the Sun and
Earth*; Karen Rhea Nemet-Nejat, *Daily Life in Ancient Mesopotamia*
(Westport: Greenwood Press, 1998)。以最後一本爲例,作者在簡單的
給了一個關於兩河文明的地理和歷史背景的説明後,以文字、教育、文
學、科學、社會生活(包括農業、遊牧、居家、家庭、財產、婦女地位、飲
食、娛樂(包括狩獵、運動、音樂、舞蹈)、宗教信仰(包括神明、崇拜、祭
典)、政府、經濟(農耕、貿易)等主題爲討論對象,實際的結果,等於是
一部兩河文明的綜合介紹。比較簡單的有 H. W. F. Saggs, *Everyday
Life in Babylonia and Assyria* (New York: Dorset, 1965),是混雜了歷史
和文物生活介紹的通俗作品。類似的書還有 Daniel C. Snell, *Life in
the Ancient Near East* (New Haven: Yale University Press, 1997)。這兩
本書所使用的材料可能在某些方面有新的研究成果,但是它的基本結構
和寫作的方法和眼光仍然是十九世紀的,可以説與 Georges Contenau,
Everyday Life in Babylon and Assyria (New York: Norton, 1966); A. Er-
man, *Life in Ancient Egypt* (New York: Dover, 1971, reprint of 1894 trans-
lation);或甚至更早的 J. G. Wilkinson, *A Popular Account of the Ancient
Egyptians* (New York: Crescent Books, 1988, reprint of 1853 ed.)沒有太
大根本的不同,由此也可見這一類的作品一直會有它的讀者。

在歐洲史方面,Paul Zumthor, *Daily Life in Rembrandt's Holland*
(Stanford: Stanford University Press, 1994 reprint of 1962 ed.),也屬於
這類作品:作者先介紹十七世紀荷蘭的城市結構,食衣住行各方面的
情況,生老病死的過程,再介紹各種娛樂和文藝活動,以及社會階層和
工商業的組織等等,目的在重現一時代荷蘭人生活的大概内容。

在中國史方面，早在 1965 年就有 Michael Loewe, *Everyday Life in Early Imperial China* (New York: Harper and Row, 1968)，本書內容仍然是大歷史式的，全面包括當時的政治、軍事、社會、經濟、工藝、宗教、文學等各方面，而 Jacques Gernet, *Daily Life in China on the Eve of Mongol Invasion* 1250 ~ 1276 (London: Geroge Allen & Unwin, 1962) 則比較更集中於社會生活方面。

可以說，這類的日常生活史其實是對某一段歷史和文明做綜合介紹，主要的預設讀者群是初學者或者有興趣瞭解此一段歷史和文明的一般讀者，其功用主要是提供資料，引起興趣。

三、主題式的日常生活史

由百科全書式的日常生活史，進一步的發展是針對某些主題而做的討論，這類的作品不再求百科全書式的全面描述，而是希望藉著討論一些作者以為具有關鍵性的問題而對一時代有更深入的瞭解。英國學者 Joan Evans 在 1925 年出版的 *Life in Medieval France* (London: Phaidon, 1925, 1969) 就是一個例子。作者在書中除了給一個有關封建社會的背景描述之外，她並沒有巨細靡遺地把所有關於中古時代人的食衣住行的生活細節都加以介紹，而是分別討論了城市生活、寺院生活、朝聖和十字軍、教育和學習等項目。作者顯然以為這些項目是瞭解中古法國人生活情境的重要關鍵。以書中的城市生活一章為例，作者的討論主要在說明中古時代法國的城市興起的一些政治和經濟背景、商人組織和稅務問題，以及城市中人們日常生活的一些點滴。Evans 的立場明顯是崇拜法國，因而書中幾乎找不出對當時社會的黑暗面的批評。

與她同時的法國史學家 Lucien Febvre 則不同，他在 *Life in Renaissance France* (Cambridge: Harvard University Press, 1977) 中相當真實地指出十六世紀法國仍然是以鄉村農業為主的地方（其實這時所謂的法國在領土範圍上因為各種封建關係而相當複雜而變動不居）。不過他的書主要談的是當時人在知識上、藝術上、宗教信仰上以及經濟活動方面的一些情況，為的是要"找出所有那些可以代表此一時代人們的最高的希求和執着，他們對知識、美和上帝的追求。"他以相當具體的材料顯現出當時人的思想和行為，是相當有啟發性的，但問題是，他所談的生活,其實主要是思想生活,以及思想與物質環境的關係,如當時的教育和學習以及書籍的傳佈等問題。

另一本類似的書是 Pierre Riche, *Daily Life in the World of Charlemagne* (Philadelphia: University of Pennsylvania, 1978)。這是一本內容相當豐富的關於中古早期(八世紀中至九世紀末)加洛琳王朝時代的日常生活的作品。作者從地理環境、民族構成、交通、自然資源、城市、鄉村、教會、修院、宮庭、人口結構等基本條件的討論出發,再討論社會上各階層人們的生活情形。他特別談到當時各種農業及工藝的進展情況,再進而討論宗教信仰,包括教士的訓練和傳統非基督教的因素,以及貴族生活,最後並且論及當時的社會問題(乞丐、盜賊)和民族問題(諾曼人入侵),以及在這種情況之下人民和貴族及教會之間的保護關係。同樣的,他也沒有採取百科全書式的作法,而是企圖建構一個有機的、各個因子相互關連的生活情境,這種作法應該是受到人類學方法的影響。由社會經濟史出發而對一般農民生活有較深入討論的例子,是 Christopher Dyer, *Everyday Life in Medieval England* (London: Hambldedon and London, 2000)。此書雖爲論文集,其中有不少篇章是和生活史相關的,如中古後期農民飲食習俗及內容的改變,某些食物所具備的象徵意義,農村房舍的建築,菜園池塘中的收穫與地位的關係等等,證明生活史是從關注人們生活角度而出發的,其基礎仍然不脫堅實的對材料的掌握及分析。

四、專題式的生活史

前面這種主題式的生活史,雖不再企圖全面呈現一時代一地區的"生活全貌",仍然是在設法用一些主題來建構一時代人們的生活情境。但還有另外一些作品,針對歷史上某一時代和地區的食衣住行娛樂宗教節慶或者某類社會階層的人物,或者某種社會生活形態,來進行討論,企圖對某一類生活現象有深入的瞭解,再由這瞭解來重新考量那特定文化或歷史的特質。以下我就分類簡單地介紹西方學界在各個主題的研究,和臺灣學者在相關主題方面的一些成果,其中也包括本冊中所選刊的文章。

(1) 飲食

如果以食衣住行爲出發點來看目前生活史研究的成果,可以發現這幾方面的成果是不平均的。有關食物的研究,由於牽涉到一群人的基本生存條件,一向是人類學者重視的範圍。與食物或飲食文化有關的一些關鍵問題包括營養、口味與烹調、價值與象徵意義等等,食物的分類(生與熟,可吃與不可吃)、處理(烹調技術,文化特性)、象徵及儀式意義(禁忌,污染與神聖)、與社會身份的關係(年齡,性別,地位)、生產與支配關係等等,都成爲討論的題目。[10] 不同的飲食方式可以建立文化認同, 分別族群, 尤其在近代以前的世界中, 飲食習俗常成爲文明與野蠻的判別準則。古代兩河流域地區人們描述遊牧民族的文字中, 生食肉品是野蠻的象徵;[11] M. Montanari, *The Culture of Food* (Oxford: Blackwell, 1994) 一書就指出, 羅馬帝國時代, 日耳曼人被認爲是蠻族, 特徵是吃牛奶、乳酪、肉類,這是相對於 "地中海型飲食" 以麵包、酒、橄欖油等爲主要食物的羅馬人的飲食習俗而言。當後來日耳曼地區進入帝國範圍, "食肉者" 又成爲更外圍的族群的特徵。[12] Montanari 書本身主要是歐洲飲食習慣和食糧生產系統以及消費模式的一部長時段的歷史。專門研究希臘人飲食習俗和對美食的討論的書, 有 Andrew Dalby, *Siren Feasts: A History of Food and Gastronomy in Greece* (London: Routledge, 1996)。不過這本書其實可以說是飲食百科之類的作品, 作者收集了各種有關飲食的文獻和考古資料, 再配合現代的情況, 對希臘到拜占庭時代的飲食作了詳盡的報導。與這本書的出發點很不同的, 是 Stephen Mennell, *All Manners of Food: Eating and Taste in England and France from the Middle Ages to the Present* (Urbana: University of Illinois Press, 1985), 作者的出發點是社會人類學的角度, 但基本上重視的議題是飲食習

---

[10] Pasi Falk, "Homo Culinarius: Towards a Historical Anthropology of Taste," *Social Science Information* 30,4 (1991): 757~790; 許木柱、簡美玲《飲食與文化——人類學觀點的回顧與展望》,《第四屆中國飲食文化學術討論會論文集》(臺北: 中國飲食文化基金會, 1995), 頁 65~82。對於結構主義式的有關食文化的解釋也有批評者, 見 S. Mennell, *All Manners of Food* (Urbana & Chicago: University of Illinois Press, 1996), pp. 6~15.

[11] J. S. Cooper, *The Curse of Agade* (Baltimore: The Johns Hopkins University Press, 1983), p. 32.

[12] M. Montanari, *The Culture of Food* (Oxford: Blackwell, 1994), pp. 5~11.

俗的改變和社會制約、心理因素和生理基礎之間的關係。他認爲 Le-
vi-Strauss 的結構主義式的對食物的文化象徵意義雖然有啓發性，但
過於僵化，不能解釋變化的發生。他發揮德國社會學家 Norbert Eli-
as, *The History of Manners* (New York：Pantheon, 1978, tr. 1938 Ger-
man ed.) 所提出的飲食習俗爲一種文明化的過程 (civilizing process)
的主張，結合社會學的分析和史學對時間的掌握，來看社會和政治
發展對不同文化和時代中飲食文化形成的影響。他的另一本書，Ste-
phen Mennell, AnneMurcott, Anneke van Otterloo, *The Sociology of
Food：Eating, Diet and Culture* (London：Sage, 1992)，應該對有興趣
研究飲食史的學者很有幫助。另外，可以銜接上兩本書的是 Bridget
Ann Henisch, *Fast and Feast, Food in Medieval Society* (University Park：
Pennsylvania State University Press, 1976)，作者主要從中古的社會心
理、宗教和經濟等方面來看當時人的飲食習俗。作者將十三～十五
世紀的歐洲當作一整個時段來處理，因而結果是比較平面的瞭解，
不過如果與其他的書配合，仍然可以顯現中古時代飲食的一些特色。

在有關中國史上飲食文化的研究方面，張光直所編的 K. C.
Chang, *Food in Chinese Culture* (New Haven：Yale University Press,
1977) 一書可以説是結合了史學和人類學的觀點與方法的開創之
作。[13] 張氏所提出的幾點中國飲食文化的特徵，包括生態環境、烹
調方式、與食物相關的觀念與信仰，以及食物在生活中的實質和象
徵性意義等，都可説是由人類學的角度來看問題。不過如果從 *Food
in Chinese Culture* 一書各章分別來看，顯然作者們對材料的處理仍然
各有偏重，歷史學者主要關心的仍是實物的考證，要釐清某一時代
中人們的飲食究竟有那些內容。當然，有關食物在儀式、宗教和社
會階層上的象徵意義，生態及地理環境的影響等問題並非沒有學者
觸及，莊申的一篇論中國古代八珍的文章就是一個例子，説明了不
同時代中飲食內容的改變與民族文化的交流和生態環境的關係，[14]
只是較少理論上的琢磨。此外，康樂最近討論佛教與素食之關係，

---

[13] K. C. Chang, *Food in Chinese Culture* (New Haven：Yale University Press, 1977), "In-
troduction".

[14] 莊申《從"八珍"的演變看中國飲食文化的演變》，《中央研究院歷史語言研究所集
刊》第 61 本第 2 分 (1990)：433～479.

牽涉到的不止是原始佛教及印度教之教義問題，亦與中印兩文化中
飲食生態之差異有關。[15] 筆者亦曾以中國古代的酒爲題討論酒在古
代社會中之製造，使用，宗教及社會禮儀中的意義，以及日常生活
之飲用和對飲酒的態度等問題，[16] 然而仍缺乏積極的利用人類學有
關飲酒的論述來進行理論上的貫通。[17] 此外，本書所選許倬雲有關
周代的食衣住行的文章，主要結合考古材料與文獻材料，儘量提供
相關的資料，雖可算是專題式的生活史作品，但由於寫作時間較早，
其精神仍是前述百科全書式的。[18]

（2）服飾

與日常生活密切相關的另一重要因素，乃是服飾。在一傳統社
會中，服飾除了基本的蔽體功能之外，主要是社會階級和身份乃至
於生命長成階段的表徵，人類學者也多有討論。然每一社會文化中
儘管可以作各類的功能與象徵意義的解釋，服飾變化的規律又不盡
相同。F. Piponnier & p. Mane, *Dress in the Middle Ages* (New Haven:
Yale University Press, 1997) 一書指出，歐洲中古晚期服飾的改變，
男性的花樣較女性服飾的變化更爲繁複，她以爲這是由於婦女地位
比較不重要而又有較多的社會禁忌之故。[19] 然而在中國西南邊區少
數民族的羌族中，根據王明珂的研究，由廿世紀初到中葉之後，婦
女的服飾有相當大的變化，由平淡無奇轉爲鮮艷而具有所謂"民族
風格"，而男性服飾基本上與漢人相似。[20] 這種情況的造成，一方
面是由於少數民族政策之推行鼓勵羌人重新建立自我族群之認同標
記（服飾），另一方面又由於婦女一般在原居地活動，故可以藉由穿
"傳統"服飾而強調文化特色，而男性則因爲必須外出工作，得穿著

---

[15] 康樂《素食與中國佛教》，《國史浮海開新錄——余英時教授榮退論文集》（臺北：
聯經出版事業公司，2002），頁37～94。

[16] Mu-chou Poo, "The Use and Abuse of Wine in Ancient China," *Journal of the Economic
and Social History of the Orient* 42. 1 (1999)：1～29。

[17] 例如 D. G. Mandelbaum, "Alcohol and Culture," *Current Anthropology* 6, 3 (1965)：
281～293；C. Washburne, *Primitive Drinking: A Study of the Uses and Functions of Alco-
hol in Preliterate Societies* (New York: College and University Press, 1961)。

[18] 許倬雲《周代的食衣住行》，《中央研究院歷史語言研究所集刊》第 47 本第 3 分
(1976)：503～535。

[19] F. Piponnier & p. Mane, *Dress in the Middle Ages* (New Haven: Yale University Press,
1997), pp. 77～81。

[20] 王明珂《羌族婦女服飾：一個"民族化"過程的例子》，《中央研究院歷史語言研
究所集刊》第 69 本第 4 分 (1998)：841～885。

與比較"進步"的漢人（其實是西化服飾）相似。在此情況之下，
女性地位仍然屬於社會邊緣，但服飾上的改變反而與歐洲中古的情
況相反，正是比較不同社會文化與歷史傳統與政治社會現實之後的
有趣結果。中國自漢代以下，有關服飾的文獻與考古實物材料極爲
豐富，其中所反映的身份階級之劃分、地理環境之差異、工藝水準
與風格、審美觀念之變化等等，均可以從社會結構和功能，甚至象
徵意義的角度去分析。在這種研究方向之下的作品，有巫仁恕關於
明代平民服飾風尚的討論，他不但觸及當時平民的服飾習俗，也將
此習俗的流行放在一個較大的文化心態面上去考量。[21] 吳方正討論
民國初年藝術中裸體與否的爭論，由服裝的有無來看人們的道德觀、
審美觀之間的抗衡，則觸及文化心態中最保守的部分，同時也是政
權擁有者最不能放棄的控制權。[22] 這不但是簡單的生活和個人品味
的選擇，也是複雜的知識和道德權力的交戰，其戰火其實至今未熄。

(3) 居住建築

建築物的本身，尤其是私人住家，是日常生活發生的地點，與
生活史的關係自然極爲密切。羅馬史學者 Yvon Thebert, "Private Life
and Domestic Architecture in Roman Africa," in Paul Veyne ed. , *A His-
tory of Private Life vol. I*（Cambridge：Harvard University Press, 1987）
曾經研究羅馬的住家，在討論私人住家內部結構之時，注重房屋各
部分在當時人家庭生活中的實際功能，同時由家中的壁畫或裝飾來
討論人們的社會價值和流行心態。[23] 同時，J. C. Anderson jr. , *Ro-
man Architecture and Society*（Baltimore：The Johns Hopkins University
Press, 1997）指出，羅馬城市中的小店家（taberna）是羅馬人日常
生活中最重要的介於公共和私人空間的建築，它們是人們彼此交往
的地方，其發展更與羅馬社會經濟和飲食文化的變遷有密切的關
係。[24] 而歐洲近代住屋中的設計，由一長廊連結各自獨立的厢房，

---

〔21〕 巫仁恕《明代平民服飾的流行風尚與士大夫的反應》，《新史學》10 卷 3 期（1999）：55～
107. 相關的作品有林麗月《衣裳與風教——晚明的服飾風尚與"服妖"議論》，《新史
學》10 卷 3 期（1999）：111～156。

〔22〕 吳方正《裸的理由》，《新史學》15 卷 2 期（2004）：55～110。

〔23〕 Yvon Thebert, "Private Life and Domestic Architecture in Roman Africa," in Paul Veyne
ed. , *A History of Private Life* vol. I（Cambridge：Harvard University Press, 1987）.

〔24〕 J. C. Anderson jr. , *Roman Architecture and Society*（Baltimore：The Johns Hopkins Uni-
versity Press, 1997）, pp. 288～336。

表現出人們重視房間爲私人的活動空間，即使已經是在一個相對於公共建築而言屬於私人空間的家屋之中，人們還要更多的個人空間。這種變化，相對於過去那種每個房間彼此相通的設計而言，充分表現人的自我意識的突出和家庭倫理的變化。諸如此類的問題，不但牽涉到實際的建築，也必須討論其代表的各種政治、社會和思想上的意涵。以劉增貴討論中國古代門戶的文章爲例，作者從門所代表的空間通道的功能、門作爲不同階層人群的分界象徵，以及門所具有的政治和社會意義等方面立論。[25] 其中對人群的分界，作者認爲"反映了公私、尊卑、親疏、華夷等人群關係"，也是人倫關係的重要界線。[26] 如果用人類學的觀點，我們也可以説門做爲社會人群分的一個象徵，反映出社會結構如何在一個關鍵點上各自呈現其特質。同時，連貫社會結構而言，門亦爲不同社會結構和階層各自的心態和宗教信仰的象徵符號之一。由門到屋，由屋到村里聚落，古人日常生活的範圍不出於此。從社會史和思想史的角度來討論古代建築，已有初步成果。[27] 在此基礎之上如何更進一步結合考古資料和文獻來重建以居住空間爲主的日常生活圖像，分析其各部分彼此之間以及與聚落的整體結構的關係，是尚有待發展的研究方向。

(4) 旅行

至於人們日常生活中行的問題，同樣牽涉到物質面和精神面的因素。一般而言，行的目的有社會、經濟、政治、軍事等等方面。宗教性的因素亦佔重要地位，歐洲中古的各種朝聖之旅、中國的進香活動，均爲宗教性的旅行。旅行所必須具備的基本條件包自然地理情況、道路和聚落分佈，以及交通工具等。由人類學的角度來看，分析生態和人文聚落的結構應該是瞭解交通和旅行活動的重要的基礎。如果是進香朝聖的旅行，當然又更牽涉到信仰對象、地方與聖地之關係、信徒動機和各種依附於此類活動之上的活動等等問題。[28] 在這方面，Norbert

---

[25] 劉增貴《門戶與中國古代社會》，《中央研究院歷史語言研究所集刊》第 68 本第 4 分 (1997)：817～897。

[26] 劉增貴《門戶與中國古代社會》，頁 881。

[27] 杜正勝《宮室、禮制與倫理——古代建築基址的社會史解釋》，收入《陶希聖先生九秩榮慶祝壽論文集——國史釋論》(臺北：食貨出版社，1987)；杜正勝《内外與八方：中國傳統居室空間的倫理觀和宇宙觀》，收入黃應貴編《空間、力與社會》(臺北：中央研究院民族學研究所，1995)。

[28] 參見 Victor Turner & Edith Turner, *Image and Pilgrimage in Christian Culture*, *Anthropological Perspectives* (New York：Columbia University Press, 1978)，pp. 21～39。

Ohler, *The Medieval Traveler* (Woodbridge：Boydell Press, 1989）是一本專門討論歐洲中古時代旅行的書,作者討論的問題包括地理、氣候、自然環境、水陸交通的工具和路線、旅行速度和時間、與宗教崇拜的關係、旅店,以及當時人的有關旅行的各種記載。在中國史方面,早期的開創者爲江紹原,[29] 主要討論的是古代人們在出門旅行之前所做的祭祀與占卜活動、這些活動與其他日常生活中的宗教性活動之關係。劉增貴的一篇文章主要談的是古代交通工具由馬車到牛車的轉變,及其社會政治及制度的背景,其中所搜集的材料很可以作爲日常生活史中有關行的討論之用。[30]

(5) 生活起居

與飲食相關, 早在半世紀之前, 德國裔的學者 Norbert Elias 已經注意到, 從人們的餐桌禮儀的變化中, 可以看到文化及社會變遷的過程, 所謂的 civilizing process。[31] 餐桌禮儀爲肢體語言的一種, 後者原本是社會學者、心理學者、語言學者, 以及人類學者所比較注意的, 但近年來也開始受到史學的重視。對過去社會中肢體語言的研究是否可算日常生活史研究的一部分? 筆者認爲應該是。人的肢體行爲在不同文化中有相當多的變化, 人類學者已早有觀察。肢體語言必須在日常生活中某些特定情況之下表現出來, 因而瞭解各類動作所包涵的各種意義, 當然是增進對日常生活情境的瞭解。然而, 肢體語言在當代社會中容易觀察, 在歷史上如何能得知? 這就得看史家運用各類文獻和物質圖像材料的工夫了。史家必須去重建一時代社會中習俗的規範, 因爲這些規範產生了供有意義的肢體行爲發展的文化脈絡。對歷史上人們的肢體語言的研究顯然可以發掘出一些單靠文獻所不能得到的消息。因爲肢體語言是構成過去社會中人們互動關係的不可或缺的因素, 同時更可以用以瞭解人們的基本價值和預設, 也就是他們在社會互動中的心態。從肢體語言可以看出社會分化的一些原則, 因爲它常具有強烈的社會階層的表徵, 不同身份、地位、性別、道德準則都可以從中表現, 而肢體語言的變化

---

[29] 江紹原《中國古代旅行之研究》(上海:商務印書館,1935)。

[30] 劉增貴《漢隋之間的車駕制度》,《中央研究院歷史語言研究所集刊》第 63 本第 2 分 (1993):371～453。

[31] 有關 Elias 的作品, 可參考 Stephen Mennell, *Norbert Elias：An Introduction* (Oxford：Blackwell, 1989）。

也自然就成爲瞭解社會心態變遷的關鍵之一。[32] 一個明顯的例子，是西方人握手爲禮的習俗。根據 Roodenburg 的研究，一至十九世紀中葉，握手爲禮，表示平等和友誼，是由英國傳到歐陸，逐漸取代了自十六世紀以來歐洲人較嚴格的強調身份階級的鞠躬、脫帽爲禮的習俗。這顯示的是社會價值觀和社會現實況狀兩者都發生了重要的變化。[33] 另一同樣有重要性的肢體語言是親吻，牽涉到更敏感的人際關係、心理因素、宗教儀式、公共與私人空間等等問題。[34] 我們很可以在中國史的範圍中找到許多可討論的有關肢體語言的問題，如《論語》中"原壤夷俟"的記載，[35] 牽涉到一種坐姿（箕坐），具有相當強烈的社會和宗教上的意涵。本所李濟先生早年即曾經討論過此一姿態的意義。[36] 在睡虎地秦簡《日書·詰》篇中，箕坐有驅逐惡鬼的作用，可能與日後道教功法的姿態有關，[37] 這顯然是可以深入研究的問題。由此又可以考量古代人們的坐法，由席地而坐到使用椅子，也代表了相當複雜的文化上的變遷。根據柯嘉豪最近的研究，這改變與佛教的傳佈、士人階級與佛教人士的往來、房屋和其他家俱形式的改變都有關係。[38] 從人類學的角度來看，姿態和家俱都是具有象徵意義的文化物品，應該放在整體社會結構中考量，它們的改變也自然反映了社會結構和價值的變化。

(6) 宗教信仰與節慶遊藝

在古人生活中佔有重要地位的，是各類宗教節慶和遊藝活動。宗教活動本身爲人類學向來最爲重視的主題，其爲瞭解一社會人群最主要的文化與心態特徵的基礎，自不待言，歷史學者亦無不承認

---

[32] 參考 Keith Thomas, "Introduction," in J. Bremmer & H. Broodenburg eds., *A Cultural History of Gesture* (Ithaca: Cornell University Press, 1992)。

[33] H. Broodenburg, "The 'Hand of Friendship': Shanking Hands and Other Gestures in the Dutch Republic," in J. Bremmer & H. Broodenburg eds., *A Cultural History of Gesture*, pp. 152～189.

[34] W. Frijhoff, "The Kiss Sacred and Profane: Reflections on a Cross-cultural Confrontation," in J. Bremmer & H. Broodenburg eds., *A Cultural History of Gesture*, pp. 210～236.

[35] 《論語注疏·憲問第十四》，《十三經注疏》（臺北：新文豐重印），頁131。

[36] 李濟《跪坐蹲踞與箕踞》，《中央研究院歷史語言研究所集刊》24: 283～301。

[37] D. Harper, "A Chinese Demonography of the Third Century B. C.," *Harvard Journal of Asiatic Studies* 45, 2 (1985): 459～498.

[38] 柯嘉豪《椅子與佛教流傳的關係》，《中央研究院歷史語言研究所集刊》第69本第4分 (1998): 727～761。

其重要性。人類學者研究中國宗教的主要成果在近現代之民間信仰活動，但一般而言其討論之重點仍在宗教信仰本身：結構、象徵、儀式、經典。而歷史學者在中國史的範圍中有關宗教活動之研究，主要仍在佛道兩大宗教之教義傳承、教派衍生等以教內史爲重心的研究。[39] 近年來對於近代以前民間信仰的研究逐漸受國內學者重視，或從整體發展着眼，[40] 或以個別現象爲討論重點。[41] 若從生活史之角度出發，則值得注意的問題是宗教信仰活動在人們生活中所造成的各種影響。實際上，前述各項生活史研究的範圍，不論是食衣住行等各方面，都可能與宗教信仰有一定的關係：象徵和禁忌必須以信仰體系爲基礎始能成立。此方面亦漸有相關之作品出現，如有關疾病與信仰之關係，即與日常生活相當密切，[42] 而對於鬼神信仰在日常生活中造成的影響亦可從一些個別的問題來考量。[43]

遊藝和節慶在古人生活中常常爲具有强烈文化象徵意義之活動，Geertz 討論 Bali 島人鬥鷄活動的例子已經清楚地呈現，一個看來爲普通的遊藝活動可以包含如何深刻的文化意義。[44] 在古代中國研究中，早在廿世紀初，法國學者 Granet 就已經試圖利用當時西南少數民族的習俗來解釋《詩經》中所反映的周代生活禮俗，他在《中國古代的祭禮與歌謠》一書中强調《詩經》中的情詩爲春秋兩季農民社會中狂歡節慶時男女雙方的即興對唱歌曲。[45] 春季的狂歡節中，男女互訂婚約，爲一符合天時運行的行爲，秋季的節慶則爲成婚、收成的祭典。這説法雖然有過於運用其社會學的想像力之嫌，但以

〔39〕 見 D. Overmyer et al. , "Chinese Religions – the State of the Field," part I and II, *Journal of Asian Studies* 54，1：124～160；54，2：314～395。

〔40〕 蒲慕州《追尋一己之福》（臺北：允晨文化實業公司，1995）。

〔41〕 林富士《漢代的巫者》（臺北：稻香出版社，1988）；Fu-shih Lin, *Chinese Shamans and Shamanism in the Chiang-nan Area During the Six Dynasties Period* (3rd～6th Century A. D.) (Ph. D. dissertation, Princeton University, 1994)。

〔42〕 林富士《東漢晚期的疾疫與宗教》，《中央研究院歷史語言研究所集刊》第 66 本第 3 分（1995）：695～745；李建民《祟病與場所：傳統醫學對祟病的一種解釋》，《漢學研究》12 卷（1994）：101～148。

〔43〕 林富士《六朝時期民間社會所祀"女性人鬼"初探》，《新史學》7 卷 4 期（1996）：95～117；李建民《中國古代"掩骴"禮俗考》，《清華學報》24 卷 3 期（1995）：319～343。

〔44〕 Clifford Geertz, "Deep Play：Notes on the Balinese Cockfight," in *The Interpretation of Cultures*, pp. 412～453。

〔45〕 M. Granet, *Fêtes et Chansons anciennes de la Chine* (Paris, 1919, 1922) = *Festivals and Songs in Ancient China* (tr. E. D. Edward) (London：George Routledge & Sons, 1932)；

農業生活周期的具體和象徵意義來解釋有關農民生活中與收成相關的祭典行爲，應該是可以成立的。[46] 除了與農業周期有關的節慶之外，在個人生命周期方面亦有相關的重大活動，如婚禮、喪葬禮、成年禮等，均爲人類學討論的重點。在史學作品中，論婚喪者多半仍以制度和習俗爲討論重點，兼及於政治社會網絡及其反映之時代心態。[47] 至於制度與習俗背後所蘊涵的文化及象徵意義在不同時代中有何轉變、轉變之因緣爲何，均爲值得進一步探索的問題。

與節慶時相配合的各種遊藝活動則是生活史中另一重要面相，其舉行的時地、參與享樂的社會階層、遊藝内容與宗教祭儀和神話之關係等等，均與人類學之課題密切相關。

早在 1944 年，荷蘭史家 *Johan Huizinga, Homo Ludens, a Study of the Play Element in Culture*（Boston：Beacon, 1955）就曾經寫過一本論遊戲的書，他把遊戲的概念作爲文化中的一個元素，來看這個元素和其他文化元素的關係，如法律、戰爭，甚至詩歌和哲學藝術等等。這已經不僅是生活史，也是所謂心態史的一個早期的範例。

此方面之史學研究亦有待開展。勞榦討論六博的文章寫成時間較早，主要在考訂博局的名物細節，尚未能觸及上面所談的文化心態層面。[48] 李建民在討論漢代遊藝史之時，已經有意識地企圖結合神話學方法，討論基層社會生活規律對遊藝活動之影響，以及與遠古神話和祭典儀式之關係。[49] 陳熙遠的近作，則是在受到西方有關節慶儀式研究的啓發之下，有關明清時期士庶民生活中狂歡與禁忌、官方控制與民間活力相抗的討論。[50] 至於一般日常生活中的休閒活動，王鴻泰討論明清城市中的酒樓與茶館，將之放在整體社會生活的發展脈絡中來看，也是一個有新意的嘗試。[51] 熊秉真論蟋蟀在中

---

[46] 相關的討論見蒲慕州《追尋一己之福》，頁 51～52。

[47] 如劉增貴《漢代婚姻制度》（臺北：華世，1980）；蒲慕州《墓葬與生死——中國古代宗教之省思》（臺北：聯經出版事業公司，1993）。

[48] 勞榦《六博及博局的演變》，《中央研究院歷史語言研究所集刊》35（1964）：15～30。

[49] 李建民《中國古代遊藝史——樂舞百戲與社會生活之研究》（臺北：東大圖書公司，1993）。

[50] 陳熙遠《中國夜未眠——明清時期的元宵、夜禁與狂歡》，《中央研究院歷史語言研究所集刊》第 75 本第 2 分（2004）：283～329。

[51] 王鴻泰《從消費的空間到空間的消費——明清城市中的酒樓與茶館》，《新史學》11卷 3 期（2000）：1～48.

國典籍中的記載以及鬥蟋蟀自宋以至明清的發展，涉及名物考訂，文化心態的發掘，由一介小蟲的遭遇而看人事興衰，由生活中一遊戲而看文化心態的轉變，則是一種較新的研究角度。[52]

(7) 生命循環：生老病死

生命循環的各方面也是早就受到醫學史、疾病史、宗教史、社會史各方面的注意，我們不必多做介紹，只是特別提出一些作品來看這些主題可以和生活史有什麼樣的關係。

從生活史的角度來看，一個人的出生是人生中第一件大事，它不只是一個醫學上的問題，而是一個複雜的文化現象。從生產方式以及與之相關的各方面的轉變，可以看出社會文化的性格和價值在歷史中演變的痕跡。在 *Mireille Laget, Naissances：L'accouchement avant l'age de la clinique* (Paris：Seuil, 1982) 中，作者討論了十八世紀之前歐洲社會中的"生育"問題。在現代醫學，主要的是對細菌的認識還不存在時，一個婦女由懷孕到生產所牽涉到的問題：對嬰兒的出生和死亡的不確定因素，生產所帶有的家庭、宗教、政會、政治等各方面的意義。這些還可以描述，比較困難的是如何知道生產在當時人的心理狀態。這本書討論的題目有婦女的生殖能力和父母對嬰兒的感情問題（作者認爲不是天生的）、私生子與棄嬰的問題，也討論了接生術、死亡率、殺嬰等等，可以説是一種歷史人類學的研究。一個社會中婦女生產的方式顯現社會或文化的性格。在傳統時代，一個懷孕的婦女是不能獨立的，不但是因爲生理的不便，還有家庭、社會、醫者、國家和宗教的各種壓力，因而嬰兒的出生是文化的結晶。

中國史方面，李貞德研究古代生育之道，具有田野調查式的對生育習俗的詳盡描述，亦求其醫學上之合理解釋，並試圖討論生育習俗背後之社會意義，包括親子倫理、産子之家所得到之照護與其社會地位之關係、與分娩相關之各種禁忌等，均與人類學之關懷點暗合。[53] 有關近世新生兒照顧的作品不多，可參見熊秉真相關作品。[54]

---

〔52〕 熊秉真《蟋蟀釋典：英雄不論出身低》，收入熊秉真編《睹物思人》（臺北：麥田出版，2003），頁 49~84.

〔53〕 李貞德《漢唐之間醫書中的生産之道》，《中央研究院歷史語言研究所集刊》第 67 本第 3 分 (1996)：533~654。

〔54〕 熊秉真《幼幼：傳統中國的襁褓之道》（臺北：聯經出版事業公司，1994）；《安恙：近世中國兒童的疾病與健康》（臺北：聯經出版事業公司，1994）。

　　有關疾病在人的生活中的作用、人對疾病的態度,我們可以舉一個例子: Roy Porter & Dorothy Porter, *In Sickness and in Health*, *the British Experience*, 1650～1850 (N. Y. : Basil Blackwell, 1988)這本書討論的不是醫學史或疾病史,而是人對健康和疾病、痛苦的瞭解和態度,從這些態度中,作者討論人們生活中最隱私的一部分感情,也牽涉到知識和信仰的問題。作者的方法是從許多的私人記載看一些個人是如何地瞭解疾病,如何地接受他們自己的病痛。他的討論主要是人的態度而不是他們如何去治病,他從宗教和世俗的價值觀的改變中來解釋這些態度。這樣的研究也可以説是屬於心態史的研究。

　　至於關於老年的問題, 比較少人觸。Minois, Georges, *History of old age : from antiquity to the Renaissance* (Chicago : University of Chicago Press, 1989), 由古代談到十六世紀的歐洲, 他一篇篇地以文獻爲主地介紹各個時代中人們是如何看待老年和老人的問題; Joel T. Rosenthal, *Old Age in Late Medieval England* (Philadelphia: University of Pennsylvania Press, 1996) 採取人口學的方法, 先研究中古晚期英國的老年人口 (70 歲以上), 再看當時社會中老年人的行爲模式、家庭關係和社會價值觀中對老年的態度, 他特別從一些私人文獻中找尋有關老年人生活經驗的資料, 也是一種心態史的取向。

　　關於人生的結束,也就是死亡,法國學者 Philippe Ariés 有一些相當具有影響力的作品,如 *Images of Man and Death* (Cambridge: Harvard University Press, 1985)以及 *Western Attitudes toward Death* (Baltimore:Johns Hopkins, 1974), *The Hour of Our Death* (Oxford: Oxford University Press, 1981)主要論點是説歐洲人自中古以來一直到現代,對於死亡的態度,由最初的無可奈何,到從十二世紀開始的因爲對個人的重視而產生的對死亡的知覺:面對死亡,發現了自己的死亡之事實。十六至十八世紀,對死亡的態度:理想化、浪漫化。至二十世紀,死亡又是一件禁忌的事:人不願對將死者説他的情況,由此轉爲要避免死亡所帶來的擾動,因爲人認爲生是一件好而快樂的事。死亡在醫院中。可説已經是歐洲"心態史"研究的經典之作。

(8) 性別研究與生活史

　　在生活史範圍內,最明顯爲當代學者所注目的因素是橫跨上述一切所謂方向或問題的性別意識。討論當代社會和思想議題的性別論述早已汗牛充棟,筆者不擬涉入。史學方面,西方學者對西方文化歷

史中性別問題之討論亦方興未艾。[55] 這類的作品也不能説是晚近史
學的現象,早在 1930 年代,就已經有專門討論歷史上兩性關係的專
著,如 Hans Licht, *Sexual Life in Ancient Greece* (London: Routledge &
Sons, 1932), Otto Kiefer, *Sexual Life in Ancient Rome* (London: Rout-
ledge & Sons, 1934)基本上以現象的描述爲主要任務。由於此兩本書
寫作的時間是在 1930 年代,所以討論的内容比較保守,以文學作品爲
主要的材料。到了晚近,和兩性關係這主題相關的作品近二十年來已
經相當多,而最有意思的作品可能是 K. J. Dover, *Greek Homosexuality*
(Harvard, 1978,89)。它大量應用圖像資料,並且從生理、心理、社會
各方面深入探討,不但對瞭解希臘的同性戀有極大的幫助,也讓人必
須從根本對於希臘的人與社會文化的性格作新的評估。John Boswell,
*Christianity, Social Tolerance, and Homosexuality: Gay People in Western
Europe from the Beginning of the Christian Era to the Fourteenth Century*
(U. of Chicago, 1980) *The Marriage of Likeness: Same-sex Unions in
Premodern Europe* (New York : Vintage Books, 1995)兩書則顛覆了人
們對於中古至十五、十六世紀兩性關係的一些傳統想法。從這兩種不
同風格的作品,我們也可以看到史學與思想社會變遷的密切關係。

有關婦女和兒童的研究,目前已經各自成爲重要的研究範圍,
我在此暫時不談。[56]

(9) 私人生活史

最後我想介紹的是阿利耶 (Philippe Ariés) 生前所領導策劃的
最後一部重要的作品——《私人生活史》(*A History of Private Life*)。
全書分爲五卷,由阿利耶和另一著名史家杜比 (Georges Duby) 總其
成。這套書所涵蓋的時間由希臘羅馬時代一直到二十世紀。[57]

---

[55] 可參見李貞德《婦女在家庭與社會中的角色——歐洲中古婦女史研究》,《新史學》4
卷 2 期(1993): 121～143。

[56] 有關婦女史作品,見本系列論文選中婦女與社會分冊,有關兒童生活及教育,見熊
秉真《童年憶往: 中國孩子的歷史》(臺北: 麥田出版, 2000)。

[57] Philippe Ariés & Georges Duby eds. , *A History of Private Life* 5 vols. (Cambridge: Harvard
University Press, 1987～91) (法文原著 Histoire de la vie privée)。第一卷:*From Pagan
Rome to Byzantium*(由羅馬到拜占廷), Paul Vyene 主編;第二卷: *Revelations of the Medi-
eval World* (中古世界的啓示),Georges Duby 主編;第三卷: *Passions of the Renaissance*
(文藝復興的激情), Roger Chartier 主編; 第四卷: *From the French Revolution to the
Great War* (從法國大革命到一次大戰), Michelle Perrot 主編;第五卷: *Riddles of Iden-
tity in Modern Times* (現代社會中認同之謎團), Antoine Prost & Gerard Vincent 主編。

爲什麼選"私人生活"爲主題？爲了要更深入瞭解影響歷史和文化發展的比較個人性的因素。"私人生活"當然是相對於"公共生活（public life）"而說的。每一時代中的人都有他們的私人生活，這是人們在扮演了"公共人"之後，放下一切外表的裝飾，所回到的一個無拘無束的"豁免區"。這豁免區主要指的當然是家庭。人在家庭中的生活原是和外面世界分開的，但是在家庭之內，其實又是一個複雜的天地。外在世界中所有的不平和衝突在家庭中也都有所反映，如男性和女性之間的各種微妙的競爭在家庭中就遠比在公共場所表現的來得激烈，老少、主從之間的關係也在家庭之中接受各種考驗。一時代的政治、社會、經濟、宗教、思想等環境當然會對私人生活中的各方面造成影響，但反過來說，如果我們不清楚私人生活中的各種價值觀在各時代中的面貌，那麼對於公共生活中人們的表現也不容易觸及其癥結。私人生活和公共生活雖各有其領域，兩者之間卻有相當複雜的關係。這一部《私人生活史》的目標就在於探討在各時代中那些影響私人生活的性質和觀念的歷史因素。在中國史的範疇內，臺灣學者此類的作品，尤其是環繞著私情與公義之間的文化現象的討論，正逐漸展開。[58]

五、結　　論

歷史研究，尤其是古代史研究，所面臨的"意義"問題，似較近現代史尤甚。研究者在鑽研某個問題之後，往往不能回答一個簡單的問題：此研究與今日社會何干？若不能面對此一問題而思考並得出一種足以讓其工作之價值得到肯定的說法，則其成果爲其他學門之學者所輕視，學門之存在價值亦受到質疑，是必然會發生的事。事實上，這也是整個人文學的處境。就此意義的問題而言，生活史的研究經常可以與現代個人的生活經驗產生共鳴，引發讀者的興趣，作爲歷史教育的材料而言，它所可能具有的現代意義是相當值得肯定的。

生活史的內容可以是相當多樣的，本文僅非常有限地提出幾項大

---

[58] 參見熊秉真、呂妙芬編《禮教與情欲：前近代中國文化中的後/現代性》（臺北：中央研究院近代史研究所，1999）；熊秉真編《睹物思人》（臺北：麥田出版，2003）；熊秉真《欲掩彌彰：中國歷史文化中的私與情》（一）私情篇，（二）公義篇（臺北：漢學研究中心，2003）；熊秉真編《情欲明清》（一）達情編，（二）遂欲編（臺北：麥田出版，2004）。

方向,並不求完備。由本文也可看出,生活史本身仍是一個待發展的史學研究方向,它建築在傳統政治社會史的基礎之上,但强調以人的日常生活爲關注的重點,從對人們日常生活的重新認識和解釋來開啓對歷史的另一扇瞭解之門,這新的瞭解可能會修正甚至崩解傳統史學中一些習以爲常的觀念,譬如朝代興替並不能作爲有意義的歷史演變的指標,生活習俗的轉變有其自己的軌跡,思想的變化不是一種獨立的現象等等。但學術反映時代,研究者在整個大環境的影響之下,其研究方向與價值觀隨時代的共同關切點而轉變,也是自然的現象。傳統認定歷史之價值的説法,大致不出下面的範圍:歷史是人類社會的集體經驗和記憶,社會的存在,要靠歷史的存在而存在。没有歷史的社會,就如同没有記憶的人,活在没有時間因素的空間中,是無法得到存在的意義的。由此可以引申出歷史作爲鏡鑒,或者作爲瞭解人和社會的媒介的功能等等説法。然而這類的概念正開始受到空前的挑戰,不單是上述那些功能並非完全無可替代者,還更牽涉到歷史知識的本質問題。

目前中國史研究者,包括生活史研究,尚未能充分考慮的是,近二十年以來,由反殖民主義和後現代主義出發而產生的一些對歷史知識的可靠性和目的性的根本質疑。這些質疑認爲没有客觀的歷史,一切所謂的歷史知識,不論其客觀的存在性如何,當其被經由某種程序(而不是其他可能的程序)而記錄下來,又被史家有意識地加以選擇組合之後,均只能是主觀態度的產物。至於其存在的目的,不論是有意或無意,則爲支持某種權威意識形態的工具,如帝國主義、殖民主義、種族主義、民族主義等等。例如西方史家所建構的以希臘羅馬文明爲源頭的"西方文明",早已有人指出其爲文藝復興之後的產物,與西方民族主義和帝國主義的出現有密切關係,其中包涵了對於其他非西方文明的歧視和壓迫。以這種態度來反思中國文明,會有何種結果? 則目前學界似乎尚未及於此類思考。

中國史學者之所以比較未能考慮此類的問題,也許的確是由於這些主義主要是近現代西方歷史上所出現的現象,是對西方本身傳統的一種反省和批判。然而這並不能迴避一個根本的問題:所謂的"文明"本身,就是一種意識形態,當古代史學者在發掘並重建古代文明之時,其實是在建構一種關於文明的意識形態,這種意識形態所建構的文明,其存在的基礎和合理性、合法性,均不是唯一的或絕對的。而在中國史學者之研究中,不論是那些"帶有溫情與敬意"的作品,或者是根據某種意識形態(如馬克思主義)去批判,都基本上認爲有一客觀的歷史存在,因而中國古代史目前的面貌大部分仍然建構在對傳統價值觀和文本傳統的正面肯定之上。

在可見的未來,史學者必須面對的問題,有一部分應該會來自對傳統價值觀和文本傳統(包括新出材料)作爲瞭解古代社會的媒介的有效性與合法性的質疑。易言之,中國古代史學者必須更自覺地去檢討材料的性質、研究者自身的價值觀與傳統價值觀之間的互相影響關係。當學者開始注意到這些問題之後,不但可以開展許多新的議題,其所研究的問題由於牽涉到史家個人和所處身的社會的價值觀,也因而立即產生與現代的關聯,成爲其作爲一門具有當代意義的人文學的充足理由。

生活史的研究,如果放在上面所呈現的問題意識之中來看,似乎也正是一種脱離傳統意識形態和問題取向的努力,它企圖放棄傳統史學中的一些基本框架的限制,注意新材料、新觀點,也常思從比較的角度去思考問題。推而遠之,生活史的充分發展意味着一種對歷史知識體系的全盤重組,是對歷史知識的性質、意義、價值的重估。從本文所舉的例子也可以看出,生活史研究與人類學的關係已經是密不可分,但是在中國史學研究的範圍中,這種認識似乎仍不够普遍。由於時間之限制,所舉的例子並不能包括所有應該包括的作品。

也許會有人以爲生活史的研究與傳統政治社會史的關係不大。其實不然。政治社會史研究的結果往往是生活史在描繪一時代人生活情態的背景,有時還是瞭解某些生活現象的基本條件。所以基本上我們應該要能不以詞害意,重要的是提出有意思的題目,對歷史上人的現象作有意義的觀察,不要在材料和方法上自劃界限。

本論文集中所選的文章,當然只是編者個人主觀的偏好,讀者在讀過這篇導言後,也很可能有不同的意見。無論如何,本書的編出,只是希望能證明,生活史的研究可以是一個有趣的課題。

周代的衣食住行

許倬雲

本篇所及的範圍，以兩周爲限，但是這一段漫長的時期中，古代中國由青銅時代轉變爲鐵器時代，由家族的社會過渡爲地緣的社會，由封建制步入官僚制，文化由中原擴展至四方，物質文化也勢必有許多相應的轉變與發展。本文所述種種，採自文獻與考古資料，難免是片段史料的綜合，由於史闕有間，也許會模糊了地域性與時代的差異，這是治古史者無可奈何的苦處。只有時時存了戒心，認識其中缺憾，庶幾不致以古代制度爲一成不變。本文叙述程序則以衣、食、住、行四目爲主要討論範圍，也旁及若干器用。

一、服飾與衣料

先説首服。古代首服有冕、弁、冠、巾、幘多種。冕是王公諸侯的首服，而弁卻是由天子至士的常禮之用。二者的差別，據《周禮·夏官·弁》師賈疏，"以爵弁前後平則得弁，稱冕則首低一寸餘。"冕之中，又因服御者階級不同而有旒多旒少之分[1]

冠是有身份的人共用的首服，小孩在成年時即須舉行冠禮，表示他已能肩負成人的責任，所謂"棄爾幼志，順爾成德"，從此這個孩子是有名字的成年人了。[2] 平時冠的顏色是玄黑色，有喪服時則縞素。[3] 士大夫雖死不能無冠，是以子路臨死之際，還須把繫冠的纓在項繫緊，其重要可知。[4]

冠的形制，卻不易知。既須束髮受冠，冠必高聳，大約其基本形制，是"高帽子"，所謂峨冠，而中間用髮笄貫簪。傳統喪禮中服御的麻冠，雖是《禮經》注疏家考證的結果，當與古制相近。韓國

〔1〕《周禮注疏》（四部備要本）卷三二，頁1、3。
〔2〕《儀禮正義》（四部備要本）卷二，頁11。
〔3〕《禮記正義》（四部備要本）卷二九，頁10。
〔4〕《左傳正義》（四部備要本）哀公十五年，卷五九，頁13。

老年人仍用高冠，也當與中國古制有關。然而《禮經》種種規定，也未必即是當世一律的形制，以地域差別言之，春秋時的楚冠，號爲南冠，據說是秦漢御史的獬冠。獬豸似羊，則南冠當有兩角？[5]宋人資章甫則仍是殷商遺俗。[6]以時尚言之，子路好勇，年輕時以雄雞爲冠，可能是冠形像雞。也可能以雞羽爲冠飾。與雄雞同類的還有鷸冠，則以翠鳥羽作爲冠飾了。[7]冠制與個人的愛好有關，是以范獻子遠道向魯國索取作冠的法制。雖然范獻子原意據說在“求貨”，魯國以“冠法”應付，也可觀見一則魯冠有其特殊處，二則取法仿製也不是罕見之事。若冠制如《禮經》所說的有統一規格，則這一套冠法也不能爲魯國獨得之秘了。[8]

一般人則御巾幘，據說巾幘是卑賤執事不冠的首服。[9]然而士大夫也未嘗不能衣巾，例如《左傳》定公九年，“齊侯賞犁彌，犁彌辭曰：‘有先登者，臣從之。皙幘而衣狸製。”[10]則戰陣之際，也許爲了輕便，士大夫也可去冠而衣幘，與子路恪守的禮儀又不合了。考古發掘所得墓俑，有明顯衣巾幘者，如洛陽金村的銅俑。[11]另一方面庶人也未嘗沒有御冠者，例如《郊特牲》說到野夫蠟祭時即“黃衣黃冠”。野夫當指農夫野老，自然是庶人。[12]由此可見，《禮經》所謂君子、庶人之別及封建階級之間的區分，都未必如何井然有序的。

風日雨雪，但憑冠巾不足以禦寒暑。古人有臺笠，《詩·小雅》“彼都人士，臺笠緇撮”，即指以莎草製的笠帽加在緇布冠上。牧人長時在野，自然更須披蓑戴笠，所謂“爾牧來思，何蓑何笠”。[13]笠而有柄，手執以行，便是所謂“簦”，戰國時虞卿躡蹻擔簦，遊說

[5]《左傳》成公九年，卷二六，頁14。

[6]《莊子》（四部備要本）卷一，頁8。

[7]《史記會注考證》（臺北影印本）卷七，頁10。《左傳》僖公廿四年，卷一五，頁12。

[8]《左傳》昭公廿三年，卷五〇，頁11。

[9] 尚秉和《歷代社會風俗事物考》（臺北：商務印書館，民國五十五年臺一版），頁29。

[10]《左傳》定公九年，卷五五，頁12。

[11] 鄭振鐸《中國歷史參考圖譜》四輯十九，頁114，見郭寶鈞《中國青銅器時代》（三聯書店，1963）圖版壹五。

[12]《禮記正義》卷二六，頁6。

[13]《毛詩正義》（四部備要本）卷一五之二，頁2，卷一一之二，頁8。

諸侯。簦是傘的祖型，已無復戴在頭上，卻仍是笠演變而來。[14]

次說衣裳。古人上衣下裳。上衣右衽，由胸前圍包肩部。戰國木俑，即係右衽，其服色在基本上與殷代石刻人像的短衣並無二致（圖一）。[15] 綠衣黃裳，上衣下裳是相配合的。裳的形制似是以七幅布條圍繞下體，前三幅後四幅，兩側重疊相聯，狀如今日婦女的裙子，不過折襉在兩旁，中央部分則方正平整。[16]

蔽膝則有斜幅，據說是用條幅，緊緊纏繞在膝下的脛部，漢儒依當代名稱，比喻爲行膝，其制類似今日行軍時的"綁腿"。[17]

圖一：長沙出土之戰國木俑

春秋後葉，下服更有袴。褰袴的出現，始見於《左傳》昭公廿五年，"微褰與襦"，[18] 但古代的袴，分袴兩股。釋名所謂"袴，兩股各跨別也"，[19] 因此刖足者不必着袴。[20]

衣裳芾幅，究竟不便，於是有深衣之制，衣裳相連，被體深邃，據《禮記·深衣篇》的說明，這種衣服寬博而又合體，長度到足背，袖子寬舒足够覆蓋到肘部，腰部稍收縮，用長帶束在中腰無骨處。在各種正式的場合都很有用。

深衣又謂中衣，在家燕居固無妨，但在朝會之時，仍需有外衣，所謂"朝玄端，夕深衣"。[21] 深衣固然舒適，但長大寬博，行動不

---

[14] 《史記會注考證》卷七六，頁 11~12。
[15] 考古研究所《長沙發掘報告》（科學出版社，1957）圖版 28:4 及 13。
[16] 《儀禮·喪服》："凡衣，外削幅；裳，內削幅。"幅三祒，鄭玄注："祒者，謂辟兩側，空中央也。祭服，朝服，辟積無數。凡裳，前三幅後四幅也。"《儀禮正義》卷二五，頁 13。
[17] 《詩·小雅·采菽》："赤芾在股，邪幅在下。"鄭箋："芾，大古蔽膝之象也。冕服謂之芾，其他服謂之韠，以韋爲之。其制上廣一尺，下廣二尺，長三尺，其頸五寸，肩革帶博二寸，脛本曰股，邪幅如今行膝也。幅束其脛，自足至膝，故曰在下。"（《毛詩》卷一五之一，頁 4）
[18] 《左傳》昭公廿五年，卷五一，頁 8。
[19] 《釋名》（四部叢刊本）卷五，頁 38。
[20] 《韓非子·外儲說左》，"危子曰：吾父獨冬不失袴。刖足者不衣袴，雖終其冬夏無所損失也。"（四部備要本）卷一二，頁 7~8。
[21] 《禮記正義》卷五八，頁 3~4。

便，是以家居以外，仍用衣裳，外加外衣，所謂袍或裘。單衣爲襌洞，夾衣而無著爲褶，加絲綿襯裹的時候，稱爲繭袍，皮毛外衣則爲裘。楚國漆器的車馬奩上，人物皆内御白衣，外披罩衫，露出衣領的白色。[22] 不過着裘又有襲裼之制，亦即花皮袍子外面加上顏色適當的罩袍。據《論語·鄉黨》，黑衣罩在麑裘上，黃衣罩在狐裘上。可是《禮記·玉藻》的記載又全不相同。[23] 證之史傳，狐裘可以有羔袖，紫衣可以加在狐外，似古時制度也未必如《禮經》所説之劃一。[24] 不過裘的外衣，大約只是披罩而不全掩蓋，所以才有裼衣的可能，狀如披風斗蓬，既可保護毛裘，又可不掩内美，披拂飄揚也極盡威風。[25]

最後説到鞋子，古人鞋分屨、舄兩種，據《周禮·天官·屨人》鄭注複下曰舄，襌下曰屨，則顯然依雙底單底分別。複底的可能還有一層木板夾層，以避泥濘。[26] 屨材，夏用葛，冬用皮。鞋面上有一層裝飾，其狀如同"刀衣"，而鼻在屨頭，則鞋形似是鞋尖上翹，中央有一條鼻縫，頗像老式手製的棉鞋。[27] 長沙楚墓出土革履，則是複底鞋面平直，鞋口作三角形。[28]

另外有韈，但似與今日的襪不盡相同，《左傳》哀公廿五年，褚師聲子因爲有足疾，不便脱韈而登席，引起衛侯大怒。君臣雅會飲宴，卻必須去韈跣足登席，可知韈的着卸也不致十分困難，而且是屨的同類。大約屬於軟鞋之列，與襯在鞋内之襪有別。[29] 古人處室，似以跣足爲常，《左傳》宣公十四年，劍及履及的典故，即謂楚子投袂而起，鞋未着，劍未佩，從人持屨，追到寢宮門口，方始穿鞋。又如襄公三年，晉侯也爲了魏絳徒跣而出。[30] 是以室内有人，可由室外之屨判斷。據《曲禮》，入室之前脱履於堂外階下，俟辭退

---

〔22〕《禮記正義》卷二九，頁11。

〔23〕《禮記正義》卷二九，頁12。商承祚長沙出土楚漆器圖録（上海，1955）圖版25。

〔24〕《禮記正義》卷三〇，頁1~2。

〔25〕《左傳》哀公十四年，卷三二，頁9；卷六〇，頁4。

〔26〕《禮記正義》卷三〇，頁2。

〔27〕《周禮注疏》卷八，頁11。尚秉和《歷代社會風俗事物考》頁71。

〔28〕 A.《儀禮正義》卷二，頁13~15。
　　　 B.《楚文物展覽圖録》頁25圖44。

〔29〕《左傳》哀公廿五年，卷六〇，頁10。

〔30〕《左傳》宣公十四年，卷二四，頁2，哀公三年，卷二九，頁81。

時再着屨，室外有兩雙屨時表示室内有二人，即須揚聲，室内使人始入。[31] 户外屨滿即表示室内人多。《莊子·列禦寇》，"無幾何而往，則户外之屨滿矣。伯昏瞀人北面而立，敦杖蹙之手頤，立有間，不言而出。賓者以告列子，列子提屨，跣而走，暨乎門，曰：'先生既來，曾不發藥乎？'"臺灣光復初期，日俗未除，室外屨滿，主人提屨跣足迎迓後來客人，宛然如此。[32]

衣着的附帶裝飾也不少。衣帶上有組有帶鈎，後者傳世實物極多，大致玉鈎及金屬鈎均有之。男子須佩劍揥笏，劍象威武，笏備録忘，漢以後都成爲朝服的一部分，但在古時則是日常服飾的附件。此外隨身攜帶的大小物件還有佩巾、小刀、佩刀、火石、火鑽、男子揥笏桿筆，女子帶針線包。雖然《禮記·内則》指明是子婦事父母時隨身物件以便侍奉，平時大致也須有這些物件使用。[33]

衣服的材料，不外毛皮麻葛及絲製品。皮毛蔽體自古已然。在先秦正式服裝及冬季禦寒，仍多用皮裘皮弁皮履。《周禮·考工記》，攻皮之工有五，函人、鮑人、韗人、韋人、裘人。偏偏製革的韋人及做皮衣的裘人兩節已佚。但由鮑人觀之，作革囊的革也力求其柔軟，由製甲的函人條言之，革甲經"鍛"的過程，則古時大約用連續的敲擊達到柔化。不過鮑人條形容革的顔色爲"荼白"，據鄭注是芳茅之色。動物皮色不盡是灰色，其中當另有某種漂白的方法，至少可能有相當浣洗過程。鮑人也提到以動物脂肪塗抹，也是相當柔化的一法。由此類推，製弁、製帶、製韗、（護臂）、韠（蔽膝）及韈、履各物的熟革，其製造方法，必也與此相仿。[34] 若柔化不够，也可用小塊皮革連綴縫制爲革甲。例如長沙出土有一件皮甲上半部爲皮革，下半部爲絲織，全形似戰衣，其革製部分即以小片革縫緝拼綴而成。[35] 長沙出土有戰國的皮包皮鞋，望之與今日的革製品也無大分別（圖二）。[36] 裘之原料之以經傳所載言之，則羔與狐最爲常見，蘇秦所用黑貂皮，應是很考究的了。

---

[31]《禮記正義》卷二，頁2、7。
[32]《莊子》卷一〇，頁7。
[33]《禮記正義》卷二七，頁1~2。
[34]《周禮注疏》卷四〇，頁11~12。
[35] 湖南文物管委會《長沙出土的三座大型木椁墓》，《考古學報》1957年第1期，頁96。
[36]《文物參考資料》1957年第2期，頁61及《楚文物展覽圖録》頁25，圖44。

用粗毛績成的
毛褐，也是皮毛製
品之一種，可能以
其粗短觸人，顯然
只用作工作服。
《詩·豳風·七
月》"無衣無褐，

圖二：長沙出土戰國革屨

何以卒歲?"據鄭箋，褐爲毛布。[37] 孟子問許行的弟子，許行穿何
種衣服，據答"許子衣褐"，趙岐注，"以毳爲之，若今馬衣者
也"。[38] 足見褐是農夫常用的冬衣。

用絲是中國人對人類文化最重要貢獻之一。早在新石器時代，
西陰村遺址即有家蠶的蠶繭出土，吳興錢山漾的新石器文化遺址出
土了絲織品在殘片，其密度據鑒定爲每方吋 120 根。當時絲織已能
如此細密，令人咋舌。[39] 文獻中提到絲帛錦繡，不勝枚舉，可説是
常識範圍中事。以實物言之，長沙有絹殘片一片，有卷折縫絹痕跡，
知是衣服的一部分。另一片殘絹，有綉花。有褐紫色綢片，上具菱
形花紋。遺物中諸物甚多有極脆的細紗片，可能爲帽子的一部分；
有絲織綱絡殘片，以深褐細絲織成，其反面粘附黃褐色薄綢殘片。
有絲織縹帶殘片，紫褐地，菱形紋及犬齒紋，迎光烟爍變色，有用
黑褐兩色絲線編成褐底黑斑節的絲帶；還有絲棉被，蓋覆人骨架，
卻只剩一段了。[40] 由這些實物觀之戰國時絲織品已能織斜紋織提
花，也能刺綉。織物的技巧可以織成二匹長的錦卻卷成只有耳瑱大
的細卷，其輕密細軟可知。[41]

治絲之法，據《考工記》，幌氏用溫熱的灰鹼水浸泡七天，白日
在陽光下曝晒，夜間懸在井上，七日七夜謂之水涷。治帛的水涷法，
大體也相同。此法不外以灰鹼脱去生絲外面的臘質，以陽光曝晒漂
白。另有一節説到灰涷法，則是用欄灰直接用在帛上，然後用蜃灰

[37] 《毛詩正義》卷八之一，頁5。
[38] 《孟子》（四部備要本《四書集注》）卷三，頁7、8。
[39] 浙江省文管會《吳興錢山漾遺址第一、二次發掘報告》，《考古學報》1960年第2
期，頁89。
[40] 《長沙發掘報告》頁63~65。
[41] 《左傳》昭公廿六年，卷五二，頁1~2。

增加白色，想來蜃灰是當作一種填充料使用，可以使帛較爲密緻。[42]

僅次於絲帛的衣料爲麻織品。吳興錢山漾新石器文化出土的苧麻織品殘片，經專家鑒定爲平紋組織，密度有每平方釐米 24 根、16 根和經 30 根，緯 20 根三種，已細密可觀。長沙戰國遺址出土的白色麻布殘片，也經檢定爲苧麻纖維平紋組織，密度高達每平方釐米 28×24 根經緯線。[43] 其規格與古代所謂一升（或稷）相近。《說文》稷爲八十縷，按照《禮記·王制》，精細的布是朝服之布，十五升，幅度二尺二寸，如按新莽嘉量及商鞅量周尺只當公制 23 釐米強，則經線 1200 根，平均每釐米中有經線 24 根。如按古棺自標尺寸與實測相較，則古尺一尺只相當 20.47 至 21.75 釐米之間，則 1200 根經線平均約爲每釐米 25 至 27 縷。[44] 這種標準的幅度，似乎是約定俗成，不僅見於《禮經》而已。至少在孔子的時候，細麻比純絲更昂貴。可見麻的價值因人工化得多而值錢。[45] 《韓非子》載有吳起爲妻子織組幅狹於度而休妻的故事。[46] 迄於漢世，稷仍是量度布質粗細的單位。織物單位的標準化，歷時亘千餘年。此中原故，可能部分由於織器的功能，一部分可能由於紡織在某些地區已專業化，別處模仿，遂遵照某地已發展的規格，相沿成俗，規格也就沿用下去了。[47]

夏衣葛，但葛也有精粗之別，精者曰絺，粗者曰綌，也在衣著中佔有一定的地位。《詩·周南·葛覃》"葛之覃兮，施于中谷，維葉莫莫，是刈是濩。爲絺爲綌，服之無斁。"看來是採集野生的葛草纖維，作爲衣料，葛絲綿綿，是以詩人在由《王風·葛藟》中比喻爲斬不斷理還亂的鄉愁親思。據《齊風·南山》葛屨是新娘送給新

---

〔42〕《周禮注疏》卷四〇，頁 16。

〔43〕《考古學報》1960 年第 2 期，頁 89。《長沙發掘報告》，頁 64。

〔44〕《禮記正義》，"布帛精粗不中數，幅度狹不中量，不粥於市。"卷一三，頁 56，孔疏卷一三，頁 8。《儀禮》賈疏："八十縷爲升"卷二一，頁 4，郭寶鈞《中國青銅器時代》，頁 84，古棺長度記錄參看考古研究所洛陽發掘隊《洛陽澗濱古文化遺址及漢墓》，《考古學報》1956 年第 1 期，頁 19。周尺與漢尺之間似無大別，參看 Nancy Lee Swann: *Food and Money in Ancient China*, Princeton University, Press, 1950, p. 362。

〔45〕《論語》（四部備要本《四書集注》）卷五，頁 1。

〔46〕《韓非子》卷一三，頁 11。

〔47〕《左傳》成公二年，楚侵及陽橋，魯國請盟，以一批職業工人爲賄，其中包括織縫百人，此是魯國高級技術輸出至楚國的例子（《左傳》卷二五，頁 12）。

郎的禮物，可想必是相當精美之物，與草鞋不同，當是葛布製成的
屨。[48] 除麻葛以外，還有一些植物纖維也可用作代用品，是以《左
傳》引逸詩"雖有絲麻，無棄菅蒯"，菅蒯是茅草之屬，據説宜於作
繩索，蒯則可以爲屨。但是粗是精，即不得而知了。[49]

冬日天寒，除毛裘外，絲麻衣服勢非有纊緼不可。據《禮記·
玉藻》，纊爲繭，緼爲袍。鄭注解釋，以爲纊是新綿，緼是舊絮，長
沙戰國墓中出絲棉被一段，亦是以絲棉作爲填襯物。[50] 子路"衣敝
緼袍"站在穿狐貉皮裘的人旁邊而毫不在乎，是則舊絮的袍服價值
是比較便宜的。[51] "三軍之士皆如挾纊"，可見新絮較爲輕暖。散繭
爲纊，須用水漂洗，《莊子·逍遙篇》，宋人有"世世以洴澼絖爲
事"，是有合族以洗絮爲專業的人，其市場可知。[52] 填寒衣的材料，
也可能是麻縷，上引《論語·子路章》的緼袍，孔安國注謂是"枲
著"，價格想來也是低廉的。甚至細草的纖維也可用來著衣。《大戴
禮記·夏小正》，"七月莠雈葦"據説以荼、萑、葦之莠作爲褚。
《左傳》成公三年，荀罃被俘在楚，鄭國賈人曾計劃把荀罃放在褚中
偷運離楚，這位賈人當是在草木茂盛的南方，大量收購裝衣資料北
運。[53]

衣服顔色以緇素爲主，但平時衣著也有朱黄緑紫諸色，經傳中
不勝枚舉。其中青緑朱黄都可由植物染素如綻青，茜紅，梔黄染成，
但《周禮·天官·染人》鄭注提到"石染，當及盛夏熱潤，始湛研
之"，是也用一些礦物質的染料了。[54] 紫色的染料最爲特別，紫的
原料似産海中，《荀子·王制篇》"東海則有紫袪魚鹽也，然而中國
得而食之。"[55] 染紫之後，臭味腥惡。齊桓公好服紫，一國盡服紫，
以致五件素衣不能换一件紫服。據説於是管子勸桓公以惡紫臭爲辭，
使國人不再以此爲風。[56] 然而紫的價格大約未必全出風尚，可能因

[48] 《毛詩正義》卷一之二，頁2，四之一，頁9，五之二，頁3。
[49] 《左傳》成公九年，卷二六，頁14。
[50] 《禮記正義》卷二九，頁12，《長沙發掘報告》，頁64。
[51] 《論語》卷五，頁6。
[52] 《莊子》卷一，頁8。
[53] 《左傳》成公三年，卷二六，頁3。
[54] 《周禮正義》卷八，頁9。
[55] 《荀子》（四部備要本）卷五，頁6。
[56] 《韓非子》卷一一，頁10。

紫色染料難得而致以衣紫爲貴。甚至敗素染之後，也可以價十倍。[57]

《禮經》記載衣服，每多涉及階級及各種不同場合的體制。長短豐殺及內外顏色，均有規定，但凡此與生活之實質無關，故本文不贅及之。所惜史料不足，無法考證各種衣服及質料的嬗變。以理推之，因爲人口日多，田野日闢，山林及牧地日減，古人衣著當漸由動物皮毛轉變爲絲帛及植物纖維。冬日挾纊著枲顯然是以此取代重裘了。中國自古不重視毛織品，古代的短褐始終是粗製，大約也與這個轉變的大方向有關。中國農業發達，牧業早就式微，對衣著方面也很有影響。

趙武靈王胡服騎射，是古代服裝史上一件大事。可惜我們不知道胡服究竟曾否十分流行，爲此我們不得不略過這件有趣的史事。

二、飲食——食物與烹調

人類由茹毛飲血而至熟食。熟食之中，在中國傳統言之，至少又可分飯食、菜饌、飲料三方面討論。食具則分屬於這三項之下。

中國自古以來以穀食爲主食，所謂飯食即指這一類主要的充饑物，因而現代軍中及學校的伙食仍有所謂主食以及佐餐的菜饌，所謂"副食"。中國古代有五穀九穀之稱，本文作者在《兩周農作技術》一文中曾嘗試考定主要穀食的品種，此處不贅。大致言之，中國古代的黍稷，粱、大小麥、稻爲主，菽麻（豆粒、麻籽）也可勉強列爲穀食之中，但不佔重要地位。南方江河湖沼星羅棋布，苽米也曾列爲穀食，然其產量不可能成爲普遍的食物。重要的穀食，仍以黍稷稻粱及大小麥，其中又以黍稷爲最普遍，粟（稷的一種）顯然更爲普遍。黍又比稷貴重，祭祀待客都以黍爲上乘。稻粱麥諸種漸盛之後，其爲食又美於黍，是以各種穀實以次代興，卻又並未有所廢。簡言之，黍稷初擅勝場，但食物越來越美好，諸穀分化，新種也漸漸發展。[58]

稻之普及，可能比麥還早些。西周銅器有名爲簠的長方淺器，

〔57〕 《戰國策》（四部備要本）卷二九，頁9。
〔58〕 許倬雲《兩周農作技術》，《中央研究院歷史語言研究所集刊》第42本第4分，頁803～808。

往往自銘"用盛稻粱"[59]，則貴族宴席上已用稻粱。據《左傳》僖公三十年，"王使周公閱來聘，饗有昌歜、白、黑、形鹽，辭曰：'……薦五味，羞嘉穀，鹽虎形，以獻其功，吾何以堪之？'"此中，白是"熬稻"，黑是"熬黍"。但由周公閱辭謝之詞看來，這仍是比較珍貴難得的食物。至孔子之時，"食夫稻，衣夫錦"，即使居喪不宜，卻已失去了階級性限制的社會意義，則至多價格貴點而已，普通人也吃得起了。[60]

麥比稻更適宜於中國北方，但顯然則西漢初年仍未普遍種植。是以董仲舒雖指出麥禾不成則《春秋》必書，但也指出"關中俗不好種麥"，而鼓吹由政府提倡推廣種麥。[61]

豆類也早見文獻，在戰國時期，豆類成為救荒及濟貧的食物。《孟子·盡心章》以菽粟連稱，當作最起碼的食物，比之如水火。[62]《禮記·檀弓》說到貧民的日常食物，據說孔子指出"啜菽飲水"若盡其歡，也算是養親之道了。[63] 豆在山地也能生長，韓國多山，《戰國策·韓策》"韓地險惡山居，五穀所生，非麥即豆，民之所食大抵豆飯藿羹，一歲不收，民不厭糟糠"[64] 是則豆所不為時人所重，主要由於能在邊際山地生長之故。

烹治穀物的方法，以古器物言之，有煮飯及蒸飯二種。前者用鬲，後者用甑甗，古人煮飯，大約近於今日的"乾粥爛飯"，穠稠的稱為饘，稀而水多的稱為粥。孔子的祖宗自稱"饘于是，粥于是，以糊於口"，顯然日常飲食，不外啜粥。孔子鼎銘，也不外虛己不肯自滿。[65] 比較考究的人吃蒸飯，至少有地位的人以此為常。孔子周遊列國，侍食諸侯，大約天天吃蒸飯，有時急於離開，則接淅而行。淅是已浸潦未炊的米，煮粥不須經過這番手續，唯蒸飯則可以取出已浸漬的米。[66]《詩·大雅·泂酌》"泂酌彼行潦，挹彼注兹，可以餴饎。"行潦是雨後地上的積水，若用來直接煮飯，未免不潔，但若

---

[59] 容庚《金文編》（科學，1959）頁239。
[60] 《左傳》僖公卅年，卷一七，頁3。
[61] 《漢書補注》（藝文影印本）卷二四，頁16。
[62] 《孟子》卷七，頁7。
[63] 《禮記正義》卷一〇，頁2。
[64] 《戰國策》卷二六，頁2。
[65] 《左傳》昭公七年，卷四四，頁9。
[66] 《孟子》卷五，頁13。

夾層蒸煮，卻也無妨了。固然北方水源不及多湖泊水泉的南方，若只有高貴人家用蒸似還不必取諸行潦。由此推想，蒸治當也相當普遍。[67] 但蒸飯究屬費時費事而且顆粒鬆散，不能"漲鍋"，也就比較費糧食。也許為此之故，古人仍以煮食為主，蒸食的普及性，遠不如之。出土古物中，陶鬲所在皆是，而甑甗就相對言之，遠為稀少，其緣故大約即在圖省事。

穀類大多可以粒食，也可以粉食。若是粒食去皮，揚殼的手續在所必經，杵臼之用自新石器時代即已常見。[68] 粉食的明白記載，如《周禮·天官·籩人》的"糗餌粉餈"之稱。據鄭玄注粉餈是稻米與黍米的粉合蒸曰餌，餅之曰餈，[69] 也就是今日的蒸粉與糕。石磨在漢代遺址中為常見之物。先秦遺址則至今尚未有磨出土，雖然有公輸班發明石磨之說，苦於未能證實。[70] 但研粉並不非靡不可，用杵研磨，一樣可以製粉。早在新石器時代遺址中，已出土磨盤及輾桿，前者形制如鞍，以棒研壓，當是為了粉食之用，[71] 則粉食之古，也已可證。

次言菜饌，肉類方面。據《禮記·曲禮》所列，祭祀用食物有牛、羊、豕、犬、雞、雉、兔、魚，[72]《禮記·內則》所舉公食大夫正式的宴客包括腵脩膹牒、牛炙醢、牛胾醢、牛膾、羊炙、羊胾醢、豕炙醢、豕胾、芥醬、魚膾、雉、兔、鶉鷃，不外乎牛羊豕魚及一些野味。平時燕食所用則範圍較廣，可以包括蝸、雉、兔、魚卵、鱉、蝝、蚳、麋、牛、羊、豕、犬、雁、麕、蠯、爵、鷃、蜩、范。其中頗多今日不食之物，例如蝸牛、螞蟻、蟬、蜂之類。[73] 在不能吃的範圍內，又例舉了狼腸、狗腎、狸脊、兔尻、狐首、豚腦、魚乙、鱉醜，既然上述諸物僅為不可食部分，其餘也可充食物了。

以《禮經》以外的史料觀之，肉食項目就未必如此整齊了。例如熊掌及鼊，都屬罕見的異味，因此楚成王臨死還想吃熊蹯，鄭君為了楚人

〔67〕《毛詩正義》卷一七之三，頁9。
〔68〕 天野元之助《中國農業史研究》（東京，1962）頁843～850。
〔69〕《周禮注疏》卷五，頁14。
〔70〕《說文解字》段注（四部備要本）卷九下，頁21。
〔71〕 天野元之助，前引書，頁80～81。
〔72〕《禮記正義》卷五，頁11，卷二七，頁7～8。
〔73〕《禮記正義》卷二八，頁1。

獻黿而召宴卿大夫,[74] 平時日常食物,即使貴爲諸侯,也可能不過一天兩隻鷄,節省的人家如孫叔敖身爲楚相,卻只以魚乾作羹。[75]

周代爲中國農業漸盛之時, 牧地及山林都不免漸漸闢爲田野,肉食的供應來源相對的減少, 因此大約只有富貴人家能餐餐吃肉。所謂"肉食者鄙", 則以"肉食"爲卿大夫的代名了。即使如此,殺牛宰羊仍是大事, 是以《禮記》有君無故不殺牛、大夫無故不殺羊、士無故不殺犬豕的説法,[76] 其補救之法, 大約漸以豕犬魚鷄蛋爲代替。孟子以魚與熊掌並舉, 然而舍魚而取熊掌, 由其語氣,魚是可欲之物, 卻也是常常吃得着的。[77] 孟嘗君食客中, 中等的客人即有魚爲食, 也可見魚類不算十分難得之物。[78] 《詩經》中提到魚類的例子甚多。黃河的魴與鯉, 是陳人心目中的美味。《小雅·魚麗》列了鱨、鯊、魴、鱧、鰋、鯉, 當作燕客的下酒。《大雅·韓奕》, 鮮魚是送行盛宴時一道好菜,《周頌·潛》"有鱣有鮪, 鰷鱨鰋鯉", 可作爲享禮嘉餚。[79]

養猪養狗鷄, 都不須牧地, 飼料也不外糟糠飯餘, 是以這種肉漸漸成爲主要肉食。孔子的時候, 已有出售熟肉的店家, 所謂"沽酒市脯",《禮記·王制》, 禽獸魚鱉不中殺, 不粥於市。[80] 逮至戰國, 孟子的井田理想, 即包括農家飼養鷄豚狗彘, 至少可使七十歲以上的老人食肉。[81] 市上屠狗殺猪的屠房, 也顯然已是常見的行業。[82] 街市有屠户, 一方面便利消費者, 人家不必自己宰殺整猪整羊, 另一方面也意味着飲食不再受社會階級的限制。有錢買肉, 即可肉食。此中也可觀見生活條件的改善。輝縣戰國墓葬遺址, 出土有鼎豆壺三器一組的標準組合。鼎中常有鷄骨魚骨肉骨。顯然豆盛稻粱, 鼎盛肉食, 壺益酒漿,象徵三種主要的食物。[83] 石家莊市莊村戰國遺址, 考古發現各種動

---

〔74〕《左傳》文公元年,卷一八,頁4,宣公四年,卷二一,頁11。
〔75〕《左傳》哀公廿八年,卷三八,頁13。《韓非子》卷一二,頁9。
〔76〕《禮記正義》卷二九, 頁5。
〔77〕《孟子》卷六, 頁8。
〔78〕《戰國策》卷一一, 頁1。
〔79〕《毛詩正義》卷七之一, 頁4, 九之四, 頁5~6, 一八之四, 頁4, 一九之三, 頁5。
〔80〕《論語》卷五,頁10,《禮記正義》卷一三,頁6。
〔81〕《孟子》卷七,頁7。
〔82〕例如聶政是狗屠出身,其收入即可"旦夕得甘脆以養親"(《戰國策》卷二七,頁6)。
〔83〕《考古研究所輝縣發掘報告》(科學,1956), 頁38~39。

物骨殖共 547 塊,可以辨認者有牛羊狗猪鷄魚等,另處則有鷄蛋殼及炭化了的高粱各二堆,可能爲當時人們遺棄的食物。[84] 輝縣之例尚可能係殉葬明器,代表理想的生活條件,石家莊之例則是古人生活的實徵,則食肉者已不限於上級社會。

中國南北異俗,但從《楚辭》看來,戰國時代南方的肉食也未嘗與前述北方食物有甚大差別。宋玉的《招魂》列了肥牛之腱,臑鱉炮羔,鵠、鳧、鴻、鶬,露鷄臛蠵,景差的《大招》列了膹、鶬、鴿、鵠、豺羹,鮮蠵甘鷄,豚狗、鴰鳧,鶉鰿,臛雀。[85] 其中多野味而少魚類,大約作者爲了招誘魂魄,只舉了難得罕見的異味,反而把日常食物不提了。二文都着重當時理想的可欲之物,極富"國際性",是以綜合當時四方各地的地方色彩,南方的本地風光也許反而不突出顯著。

蔬果方面,按照《周禮·醢人》,朝事之豆,盛放有韭菹、昌本、菁菹、茆菹。四者都用來與鹿屬的肉醬相配。又"饋食之豆"則盛置葵菹及一些雜記菜餚,加豆之中有芥菹、深蒲、箈菹、笋菹。諸色蔬食中只有韭葵、芹、昌蒲、笋仍爲今日常用食物,而菁可能爲蔓菁,茆可能爲茅芽,但自來注疏家也不能確定,我們自更不易説了。[86]

《禮記》內則所舉諸項食物中,蔬菜有芥、蓼、苦、荼、薑、桂,[87] 調膾的蔬菜則有葱、芥、韭、蓼、薤、藙作爲調味的佐料。[88] 諸色中以香辛味烈者爲多,顯然當配料之用,也許爲了上述史料主要叙述天子諸侯的食單,蔬菜上不了席之故? 若以《詩經》作爲史料,情形就不同了。《關雎》有荇菜;《卷耳》有卷耳;《苤苢》有苤苢;《采蘩》有蘩;《采蘋》有蘋、藻;《匏有苦葉》有匏;《谷風》有葑、菲、荼、薺;《棘園》有桃、棘;《椒聊》有椒聊;《七月》有蘩、鬱、薁、葵、菽、瓜、壺、苴、荼、樗;《東山》有苦瓜;《采薇》的薇;《南有嘉魚》在甘瓠;《采芑》有芑;《我行其野》有蓫葍;《信南山》有蘆、瓜;《采菽》有芹、菽;《瓠葉》有瓠;《緜》有堇荼;《生民》有荏菽、瓜;《韓奕》有笋蒲;《泮水》有芹茆。凡此諸品,有今日

[84] 河北省文管會《河北省石家莊市莊村戰國遺址的發掘》,《考古學報》1957 年第 1 期,頁 91。
[85] 嚴可均《全上古三代文》(世界書局影印本) 卷一〇,頁 13、15。
[86] 《周禮注疏》卷六,頁 1~2。
[87] 《禮記正義》卷二七,頁 7~8。
[88] 《禮記正義》卷二八,頁 1。

常用的蘿蔔、苦瓜、葫蘆、荏椒、葵、芹之屬，卻也有不少的採集的野生食物，而水生植物爲今日蔬菜中較罕見者。大約周代園藝未必像秦漢以後發達，固然已有些瓜菜在田間培植，《禮記·月令》"仲冬行秋令，則天時雨，汁瓜瓠不成。"[89] 除此之外，仍有不少菜蔬采自野生。

水果乾果之屬，《禮記·內則》列有芝、栭、菱、棋、棗、栗、榛、柿、瓜、桃、李、梅、杏、楂、梨。[90]《禮記·籩人》列有棗、桌、桃、乾蘱、榛實及菱芡。[91] 大致這些果實也已採集得來爲主，是以《禮記·月令》，仲冬之月，農夫收藏，牛馬不得散佚，而"山林菽澤有能取蔬食田獵禽獸者，野虞教導之，其有相侵奪者，罪之不赦"，[92] 足見果蔬採自山澤而不在農夫種植範圍。總之果蔬的作用遠不及肉類，遂致《月令》中天子嘗新，除櫻桃一見外，僅有穀食肉類，而不及於時新果蔬。[93] 據說魯哀公曾賜孔子桃與黍，孔子先飯黍而後啖桃，哀公左右都掩口而笑，哀公解釋，黍是用來"雪桃"的。孔子回答"黍貴桃賤，前者祭先王爲上盛，後者不得入廟，是以不敢以貴雪賤。"[94]《韓非子》所載可能爲寓言。但由寓言也可看出，嘉果如桃，須至韓非子時方被重視，而果瓜在"先王"時是不入廟堂的。大約園藝至戰國始盛，已有專門"理園圃而食者"。[95] 園藝的興起自然與城市的發達有關。有了相當數量的都市消費人口，才能有相當規模的市場胃納，才能導致園藝的專業化，終於刺激發展園藝品種的增加。但大規模的園藝事業當仍須在秦漢始出現，召侯之瓜及《史記·貨殖列傳》所見的千畝菜蔬，在先秦可能尚未有之；也因同樣緣故，先秦的蔬果栽培種類仍是相當簡單的。[96]

烹飪的方法，古代較之後世，自然遠爲遜色。中國食物整治與烹調同樣重要，因此伊尹以"割"、"烹"要湯，割與烹佔相同的分

〔89〕《禮記正義》卷一七，頁 11。

〔90〕《禮記正義》卷二七，頁 8。

〔91〕《周禮注疏》卷五，頁 13～14。

〔92〕《禮記正義》卷一七，頁 11。

〔93〕《禮記正義》卷一六，頁 3。

〔94〕《韓非子》卷一二，頁 6。

〔95〕《管子》（四部備要本）卷九，頁 12。

〔96〕 張光直、李惠林二氏所舉的古代菜蔬種類，仍不過十二三種而已。參看 K. C. Chang "Food and Food Vessels in Ancient China" *Transactions of the New York Academy of Sciences*, Series Ⅱ, Vol. 35 No. 6 (1973) p. 499 及 Hui-lin Li, "*The Vegetable of Ancient China*" *Economic Botany* 23 pp. 253～260。

量。以肉類的方法而言，有帶骨的餚，白切裁，碎剁的醢，[97] 而雜有碎骨的又稱爲臡，[98] 考究而講禮的人如孔子，割不正則不食，足見切割不僅在便於烹調，還具有禮儀性的意義，也表現於進食時，各式各樣的菜餚有固定的位置，取食也有一定的程序。[99]

烹調之術，古不如今。古人不過用蒸、煮、烤、煨、乾臘及菹釀諸法，而後世烹飪術中最重要的爆炒一法，獨付闕如。[100]

《禮記·內則》列有"八珍"的烹調法。既名爲八珍，當可代表古人飲膳的最高標準。約而言之如次，炮豚：小猪洗剝乾净，腹中實棗，包以濕泥，烤乾，剝泥取出小猪，再以米粉糊塗遍猪身，深油炸透，然後置小鼎於大鑊中央水蒸三日三夜，取出調以肉醬，費時費事，爲八珍之最。搗珍：取牛差麋鹿麢五種裏脊肉等量，用棰反覆搗擊，去筋，調成肉醬，此法不同刀切，不用火化，大約是相當古老的方法。漬：生生牛肉橫斷薄切，浸湛美酒，一日一夜，取出與梅子醬同食。熬：牛肉棰搗去筋，加薑桂，鹽醃，乾透食用。糝：牛羊肉各一份小切，加上米六份，作餅煎食。肝膋：狗肝用油炙焦。黍酏：稻米熬粥，加狼膏。淳熬淳母：肉醬連汁加在黍米或稻米的飯上。[101] 日常的饌食大約仍以"羹"爲最重要，所謂羹食自諸侯以下至於庶人無等。[102] 但蔬食菜羹比之啜菽飲水已高一籌，更非藜藿不飽的貧民可以相提並論了。

調味的佐料，太古連鹽也談不上，是以"大羹不和"即指祭祀大禮肉湯不放鹽菜，以遵古禮。[103] 普通的羹，卻須多種調味品，《左傳》昭公廿年"公曰：'和與同異乎？'對曰：'異。和如羹焉，水火醯醢鹽梅以烹魚肉，燀之以薪，宰夫和之，齊之以味，濟其不及以泄其過，君子食之以平其心。"用梅爲佐料與後世之俗大異。[104] 惟其調味之道不精，古人不能不借助於香草香菜之屬，除昌韭之類外，所謂鉶芼，即肉羹中的菜類，"牛藿，羊苦，豕薇，皆有滑"則

---

〔97〕《禮記正義》卷二，頁10。
〔98〕《爾雅注疏》（四部備要本）卷五，頁8。
〔99〕《禮記正義》卷二，頁10~11。《儀禮正義》卷一九，頁11。
〔100〕 K. C. Chang *"Food and Food Vessels in Ancient China"* p. 500。
〔101〕《禮記正義》卷二八，頁4~5。
〔102〕《禮記正義》卷二八，頁1。
〔103〕《儀禮正義》卷一九，頁12~13。
〔104〕《左傳》昭公廿年，卷四九，頁7~8。

配菜有藿苦薇，夏天還加上菫葵，冬天加上萱荁，三牲用藙也是帶一些苦辛的植物。[105] 這些植物大都野生，由此也可看出古人園藝並不十分發達。

古人無糖，但已有麥芽糖可以製成甜品，例如棗栗都可用飴，以爲甘蜜。[106] 南方的楚國則用柘漿、密餌，可能即是蔗糖與蜂蜜。[107]

飲料方面：有醴酒、酏漿、醷、濫諸品，[108] 醴酒大致是稻米黍粱的湯水，醷是果汁，凡此或是新鮮的或是稍微發酵的。濫或凉，據説是"寒粥"，當類似今日的"涼粉"，一類凍結的澱粉。[109]

酒類則至少有五種，依其清濁而分等級：最濁的是泛齊；高一級是醴齊，汁滓相將，大約相當今日的酒釀；更高是盎齊（白色），緹齊（紅色）；最高一級是沈齊，亦即酒滓澄净的清酒了。[110] 濾清沉澱用茅縮去滓，濾清後還可加上秬鬯之類香料，酒越放越陳，是以古人也有"昔酒"之稱，相當於後世的陳酒。[111] 古人不知蒸餾，上述各種酒類的醇度大約相當低。古代飲器比後世量大，然用來飲醇度不高的酒，也無不可。

食品方面：烹調用鼎，鬲、甗、甑、釜，進食用鉶俎置肉類，簠置五穀，籩豆置菜餚。[112] 勺匕載食，箸則挾食。諸種器物，考古遺址累見不鮮，不贅述。

宴會之事，《禮經》記載極詳，但大都爲大祭大賓的貴族生活，未必能代表一般的生活水平，其中禮儀的意義，大於飲食本身，故亦從略。

三、居室——建築與起居

中原土質，其性細密，加以緊壓便可堅緻，是以在新石器時代遺址中已見夯土的遺跡。張光直列夯土爲中國新石器文化特色之一，

---

〔105〕《儀禮正義》卷一九，頁30~31。《禮記正義》卷二八，頁1。
〔106〕《禮記正義》卷二七，頁3。
〔107〕《全上古三代文》卷一〇，頁13。
〔108〕《禮記正義》卷二七，頁7。
〔109〕《周禮注疏》卷五，頁10。
〔110〕《周禮注疏》卷五，頁6。
〔111〕《周禮注疏》卷五，頁7。《禮記正義》卷二六，頁13。
〔112〕《儀禮正義》卷一九，頁11。

殊爲定論。[113] 在西周及春秋戰國時期"夯土"仍是主要的建築技術。夯土築臺，夯土築基，夯土築牆，夯土平地，大約除草頂及支撐草頂的梁柱以外，無一不仗夯土築成。《詩·大雅·綿》描述宮室的情形：用繩子量劃地基的直線，然後運"版"來築牆，建築莊嚴的宗廟，運土的小車軋軋地響，夾雜着投土入版的轟轟聲，版築時的東東聲，削平牆上凸凹的砰砰聲，論百座宮牆築成了，鼓聲不絶，讓工人跟着節奏工作。[114]

版築的技術到戰國時，經過多年的發展，當已有一些相當特殊的方法。"版"的排列和位置，可能已有更高的安排。中原因爲長期使用版築，其技術水平尤高。據《吕氏春秋》吴起在楚國教當地的工匠用"四版"代替"兩版"，據說工習而築多。[115] 雖然細節不知，大約四版法是技術上的進步。版築之要在於輕重適當，又須築者耐久，是以有以鼓聲爲節奏的，也有以歌唱爲節奏的。好手可以歌唱領導，不僅使者止觀、築者不倦，而且可使功速而牆堅，堅固的程度可用利鎬刺入的深度爲標準。[116]

夯土作牆，屋頂則茸草爲之，清廟茅屋是其明證。茸屋時大約用濕泥作塗，一方面固定茅草，一方面也可借草泥相結，構成較爲堅固的屋頂。《韓非子》記載一段故事，虞慶爲屋，認爲屋頂太茸。建築師回答："此新屋也，塗濡而椽生。"虞慶不同意，認爲："夫濡塗重而生椽撓，以撓椽任重塗此宜早，更日久則塗乾而椽燥，塗乾則輕，椽燥則直，以直椽任輕塗，此益尊。"建築師不能說服虞慶，據說不久屋仍壞了。[117]

想像中在降雨量不大的中國北方，徹底乾燥的一層泥面，是會比完全用茅草的草頂有用的。

瓦的使用，自然是建築史上一件大事。西安開瑞莊及洛陽南王灣的西周遺址，已有板瓦殘片出土。據考古家推測，這些瓦片也許只用於壓護屋脊或邊沿，有人甚至於以《左傳》隱公八年"盟於瓦屋"認爲瓦屋可以作爲地名的專名詞，則瓦的房屋在春秋的初期似

[113] K. C. Chang, *The Archaeology of Ancient China*, (New Haven. rev. edition, 1968) p. 86.
[114] 《毛詩正義》卷一六之二，頁 11~12。
[115] 《吕氏春秋》（四部備要本）卷一四，頁 10。
[116] 《韓非子》卷一一，頁 13。
[117] 《韓非子》卷一一，頁 5。

乎仍舊不算普遍。[118] 但是侯馬的春秋村落遺址，即使是普通平民居住的窨穴，也已有瓦片出現，則瓦的使用，春秋時期已相當普及，實物的出現足可矯正文獻造成的錯誤印象。[119]

　　瓦的使用到春秋末期及戰國時期，已極爲常見。一些大規模的居住遺址，如洛陽王城，侯馬新田，牛村晉城，臨淄齊城，由阜魯城，邯鄲趙城，易下都，鳳羞秦城……都有不可勝計的瓦片。[120] 瓦的種類也有板瓦、筒瓦、瓦行、半瓦當及瓦當的分別，每一種有其個別的用途，瓦頂的結構顯然趨於複雜。[121]

　　屋頂用瓦自然比較葺屋爲重，後者即使塗泥猶濕時重量雖不輕，一旦乾燥，則究竟輕於全是瓦片的屋頂。爲了防止屋瓦下滑，瓦屋屋頂的坡度不能太陡，是以《考工記》有葺屋三分、瓦屋四分的分別。所謂葺屋三分，屋脊的高度是屋深的三分之一；瓦屋四分，屋脊高度是屋深的四分之一。[122] 其制示意如下：

　　斜面的重量全壓在柱頭，但斜面本身也須承擔下壓的壓力。斜面越長，壓力越大。這種結構上的難題，顯然極使古人困擾。前引《韓非子》所載虞慶的故事，即顯示當時人注意屋頂重量問題。

　　木結構的改造，也許與用瓦有相當的關係。木柱早見於新石器時代，商代遺址也有成例的柱孔出現。[123] 只爲了支撐草頂。殷商遺址的木柱，必須相當密集地排列在四周以及中央。[124] 若爲了支撐比草頂沉重的瓦頂，木柱勢須排列得更爲密集。中國建築中一大特色，斗拱即是爲了承擔瓦頂重量而發明的。《論語·公冶長章》"山節藻梲"，據說"節"是柱頭斗拱，大約是關於斗拱最早的記載。[125] 古

〔118〕　郭寶鈞《中國青銅器時代》頁136。
〔119〕　山西省文管會《侯馬工作站工作的總收獲》《考古》1959年第5期，頁225。
〔120〕　K. C. Chang, *The Archaeology of Ancient China*, pp. 283～305.
〔121〕　郭寶鈞《中國青銅器時代》頁136。
〔122〕　《周禮注疏》卷四二，頁5。
〔123〕　K. C. Chang, *The Archaeology of Ancient China*, p. 97, 196.
〔124〕　石璋如《殷代地上建築復原一例》，《中央研究院院刊》第1期，頁267以下。
〔125〕　《論語》卷三，頁5。

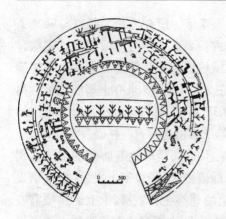

圖三之一：輝縣趙固村戰國墓出土銅鑒　　圖三之二：長治分水嶺戰國古墓出土
鎏金殘銅匜流線刻圖案

代的斗拱實物固
已無法保留至
今，所幸由鏤刻
描繪在古器物上
的建築物，仍可
看出古代斗拱的
形制。輝縣趙固
村戰國第一號墓

圖三之三：長沙出土楚車馬奩漆繪路側一亭，獨柱支撐亭頂；柱
頂四出斗拱

出土銅鑒，其上刻紋有一座建築物，屋頂板瓦平鋪，束以筒瓦，四
周有列柱十六根，柱頂肥大，二倍於柱徑。[126] 長治分水嶺戰國古墓
出土鎏金殘銅匜，流上淺刻圖案，其中屋宇爲二層樓式，剖面爲廊，
列柱柱頂有斗拱。[127] 長沙出土楚國車馬奩，漆繪路側一亭，獨柱支
撐亭頂；柱頂也是四出斗拱（圖三）。[128] 斗拱以力臂支撐橫梁的重
量，使重量轉嫁於木柱，不僅承擔屋面瓦頂的重量，而且可以使外
延的檐角也有所依托。中國建築的飛檐，成爲一種特色。孟子所説
"榱題數尺"[129] 正是形容外延數尺的檐角。

　　中國古代的宮室宗廟，往往建築在夯土的高臺上，其目的自然

〔126〕　考古研究所《輝縣發掘報告》頁116，圖138。
〔127〕　山西文管會《山西長治市分水嶺古墓的清理》，《考古學報》1957年第1期，頁
109，圖2。
〔128〕　商承祚《長沙出土漆器圖錄》，圖版25。
〔129〕　《孟子》卷七，頁23。

在于取其高爽。考古遺跡中，夯土臺址，所在皆是，而以易縣燕下都及邯鄲趙城爲多。[130] 以侯馬的古城爲例，牛村宮殿遺址，縱橫各52米，臺高6.5米，夯土堅實，頂積坍塌瓦片厚達1米許。平望遺址的臺基可分三級，第一級平面正方長寬各75米夯土高於地面，第二級高於地面4米，第三層面積35乘45平方米，三層總高度8.5米，臺頂有瓦片堆積約1米許。第二級兩邊有青石柱礎。[131]

這樣崇高的臺基，除了求高爽通風外，當然也有防禦功能。衛國內亂，太子踞臺，子路在臺下即以燔臺威脅，卻攻不上去，終於被衛太子手下的石乞、盂黶所殺。[132] 臺上的建築也有數層，以上述平望宮殿臺基觀之，第二層有柱礎，第三層有瓦礫，則兩層均有建築物。這兩層建築可能是分開的，但也未嘗不可能有部分的重疊。如屬後者則這種架疊在一起的建築物，實爲樓居的濫觴。前引輝縣銅鑒及長治銅匜上描刻屋宇，都顯示二層結構。輝縣之例，可能是二層平臺的建築，而長治一例則上層疊壓在下層之上，樓上平臺的欄杆也昭然可見。漢代樓觀已極常見，戰國時代漸有樓居，自然可能。木架結構之斗拱，無疑對於樓臺建築的發展，有不可忽略的關聯性。

木架結構的進步，相對的可以減少牆壁的功能。牆壁完全無須承受橫梁的重量，只須具有屏障及隔間的作用。夯土爲牆，有堅實的好處，但本身太厚卻又不能過高。《考工記》所謂"牆厚三尺，崇三之"。高九尺的牆，竟厚至三尺，[133] 十分浪費空間。編葦墁土的墁牆，原是很古老的建築方式，早見於新石器時代。可能由於墁墻比夯土牆節省空間，是以戰國初期的宮殿，竟也有用墁墻建築的。據説董安于經管晉陽，"公宮之垣，皆以狄蒿苫楚廬之，其高丈餘"。[134] 燕下都的宮殿遺址，臺上有木柱柱孔，磚、瓦、水管及編葦墁土的墻垣。[135] 用竹條木片墁土的墻壁，至今還常用於屋內隔間。

中國南方雨量比較黃河流域爲多，而土質濕軟，不宜夯實。是以楚國建築，當不能不着重竹木結構。《楚辭·招魂》，描述居室之

[130] K. C. Chang, *The Archaeology of Ancient China*, pp. 283~305.
[131] 山西省文管會《侯馬工作站工作的總收獲》，《考古》1959年第5期，頁222~228。
[132] 《左傳》哀公十五年，卷五九，頁12~13。
[133] 《周禮注疏》卷四二，頁5。
[134] 《戰國策》卷一八，頁2。
[135] K. C. Chang, *The Archaeology of Ancient China*, p. 297.

美有"高堂邃宇，檻層軒些，層臺累榭，臨高山些，網户朱綴，高方連些"，有"冬有突廈，夏室寒些"，有"紅壁沙版，玄玉梁些，仰觀刻桷，畫龍蛇些，坐堂伏檻，臨曲池些，"[136] 形容得富麗堂皇。其中透亮曲折的屋宇，大約不會是夯土爲牆，而是用木柱斗拱，上加瓦頂。長沙出土舞女奩，繪有二室，室皆洞達內外，頗可與《招魂》所描述的互相發明。[137] 大約楚國建築，別有動人之處，以致魯襄公在訪楚之後，回國仿造了楚宮，甚至最後死在這"楚宮"之中。[138] 我甚至懷疑，中原的夯土臺觀與南方的干欄文化兩個傳統結合，成爲所謂層臺累軒的樓臺木結構傳統。不過這一段結合過程，以目前的考古資料，還難以證明。

　　居室劃分，有堂、有室，固無庸論。有些房屋大約還有由兩翼伸展而成的東西廂，古人謂之个。但正寢卻有室而無東西廂。堂前有庭，基本上已形成後世一進院落的規模。[139] 考究的房屋，丹楹刻桷，山節藻梲，紅壁龍紋，有種種的裝飾，自有一番氣象。然而春秋以前可能以樸素爲莊嚴，是以魯莊公丹桓公之楹，刻桓公之桷，居然勞動史官在《春秋》記了兩筆。[140] 一般高級房屋都用的蜃灰堊壁，所謂白盛，則爲了清潔，未必算是裝飾。[141]

　　堂室都有窗采光，若以《考工記》所謂準，每室四户八窗，[142] 門窗未免太多了些，恐是宗廟制度，未必爲居室寫實。居室大約前後有窗，前面的窗比較大，室外站着可以由窗與室內人談話。伯牛有疾，孔子自牖執其手，必須窗沿不太高，方可辦到。[143] 後面也有

---

〔136〕《全上古三代文》卷一〇，頁 12～13。
〔137〕商承祚《長沙出土漆器圖錄》圖版 22。
〔138〕《左傳》襄公卅一年，卷四〇，頁 7。
〔139〕明堂有一堂五室，其布局自古爲聚訟之點。以無關一般生活，暫置不論。《周禮注疏》卷四一，頁 15，以《尚書·顧命》所見王室的布局言之，有應門，門側有塾，有庭，登一階爲堂，兩側有東西廂、東西序、東西垂；東西序也有堂。與四向相對的明堂，並不相同，而與後世的院落布局幾乎完全一致。《尚書今古文注疏》（四部備要本）第廿五下。又《左傳》昭公四年，"使置饋于個而退"卷四二，頁 17。又《爾雅·釋名》："無東西廂，有室曰寢。《爾雅注疏》（四部備要本）卷五，頁 4。
〔140〕《左傳》莊公廿三年，廿四年經。卷一〇，頁 1、2。但楚國漆器舞女奩上，房屋的壁間有紅色爲花的彩繪圖案，明晰可見。商承祚《長沙出土漆器圖錄》圖版 22。
〔141〕《周禮注疏》卷四一，頁 15。
〔142〕《周禮注疏》卷四一，頁 5。
〔143〕《論語》卷三，頁 11。

窗，可能高而小，只是透光而已，由此可見天光，是以謂之"屋漏"。[144] 室西南隅謂之奧，最是幽暗處，當由於離西北小窗頗遠，又不當户之故。

屋面用瓦，排水情形已比茸墢爲佳。瓦當攔在瓦列前端，既增美觀又可約束灰泥滑落。而且也不無約束瓦上流水流向仰槽的作用。城市中也有下水道設備。燕下都的遺址出土有陶製水管，城中也有水溝。其中可能有供水道，也可能有排水溝。[145] 咸陽秦古城也有不少陶製水管出土，可能亦是地下水道的殘餘。[146]

室内設席，是以登堂入室須去屨，説已見本文第一節。古人量度房間面積，也以筵（席）爲單位。一筵九尺，所謂"室中度以几，堂上度以筵，宮中度以尋"。[147] 席以竹絲或莞草編製。以《尚書·顧命》爲例，有篾席（以竹篾製成），有底席（馬融謂青蒲，鄭玄謂細篾致席），有豐席（竹席畫有雪氣圖案），有笋席（竹青皮製席），無非竹製品。[148] 曾子臨終易簀，據説"華而睆"當是有彩繪的莞草席。[149]

夜間照明，室外爲庭燎，室内手燭。但手燭也不過是一束細薪，而且以其燃速易盡，不可樹置燭架，只能用專人手執。上引曾子易簀時，童子隅坐執燭即是。即使貴族的夜間生活，也有賴執燭的人持燭照明，而不能有燭架燭臺之類，如《左傳》哀公十六年"良夫代執火者而言"，便是渾良夫屏除執燭人，俾得密言，但是渾良夫自己只得代爲執燭了。[150] 庭燎可能是火炬，所謂大燭，但也可能是營火，所謂"夜如何其，夜未央，庭燎之光"，大朝會也不過多燃幾堆營火而已。[151] 又《左傳》昭公廿年公孫卿聘衛，"終夕於燎"（卷四九，頁4）可知燎火終夜不絶，若是火把，勢須有人終夜手執，

---

〔144〕《大雅·抑》："相在爾室，尚不愧於屋漏。"《毛詩正義》卷一八之一，頁8。《爾雅·釋宮》："西北隅之屋漏。"然而屋漏之義，自古注疏未能確解。金鶚以爲係西北面小窗，始得其真。《求古録·禮説》（《皇清經解續編》）卷三，頁8～11。

〔145〕 K. C. Chang, *The Archaeology of Ancient China*, pp. 267, 283～365.

〔146〕 渭水隊《秦都咸陽故城遺址的調查和試掘》，《考古》1962年第6期，頁281～299。

〔147〕《周禮注疏》卷四一，頁15～16。

〔148〕《尚書今古文注疏》卷二五下，頁1～3。

〔149〕《禮記正義》卷六，頁10，皖，據説指刮削節目，但"説交"莞，草也，可以爲席，則皖可能由莞而來，未必指刮治竹節而言。

〔150〕《左傳》哀公十六年，卷六〇，頁10。

〔151〕《毛詩正義》卷一一，頁3～4。《禮記正義》卷六，頁10。

未免勞費過甚。燃燭頗不便，是以宴會之際，若賓客未到齊，主人可能即不燃燭。客去之後，大約也就不再繼燭了。[152] 到戰國末期，似乎富貴人家已改用油脂爲燭，甚至加入香料，則不僅光亮耐久，更有芬芳氣息，實是古代照明一大進步。但此種設備，殆非人人可以爲之。[153]

以上所述，受史料性質之影響，大體爲上層社會之居室狀況。平民貧户，生活情形，自然未必能有這種水平。春秋中期，貴族譏訶微賤人家爲"蓽門閨竇之人"，[154] 蓽門猶謂柴扉，閨竇爲在夯土牆上鑿壁爲户，上銳下方，甚至未有窗框。戰國時形容貧民居室爲"窮巷堀門，桑户捲樞"，簡陋可想。[155] 比較具體的形容，則可借《莊子·讓王篇》"原憲居魯環堵之室，茨以生草，蓬户不完，桑以爲樞，而甕牖二室褐以爲塞，上漏下濕。"[156] 總結這段形容陋室的文獻資料，我們可以想像小小土室，柴扉零落，窗子是土壁上鑿了個洞，也許有一個破瓦罐的圈作爲窗框的代用品，用破麻布或破毛氈擋住窗外的寒風，屋頂只是一些草束覆蓋，漏雨固不用説，平時地上也是濕漉漉的。

再以考古資料言之，侯馬東離牛村古城約 5 公里處有一座春秋村落的遺址，居室大小，形制大致相同，均在地下。深 1.4 ~ 1.5 米，長方面積 3 × 2.4 平方米或 4 × 3 平方米。底部稍大，四壁規則。底面平坦，方向坐北朝南，門口有上下臺階。牆上均有小龕，有的龕分上下三層。根據柱洞及瓦片，房屋上部當用木料作架覆瓦。居室附近往往有窖穴或大儲藏室相連。有些居室旁有水井。窖穴形制大小不一，大致均作儲存室用。其中若干也有瓦頂及上下臺階。有若干糧窖内儲穀物已經腐爛，但可以檢定其中有不少黃豆。村落遺址中並且出土不少蚌鋸、蚌刀、骨簪及少量銅錐，是當時使用的遺留。[157] 這種半地下室的居住形態，上承新石器時代，在黃土地帶，土質乾燥細密，雨量又不大。半地下室有其存在的價值；貴族住宅

---

[152] 《禮記·少儀》："其未有燭而後至者，則以在者告"，又 "凡飲酒爲獻，主者執燭抱燋，客作面辭然後以授人"。《禮記正義》卷三五，頁 14。

[153] 《楚辭·招魂》："蘭膏明燭，華容備些" (《全上古三代文》卷一〇，頁 12)。

[154] 《左傳》襄公十年，卷三一，頁 7。

[155] 《戰國策》卷三，頁 4。

[156] 《莊子》卷九，頁 13。

[157] 山西省文物管委會《侯馬工作站工作的總收獲》，《考古》1959 年第 5 期，頁 225。

中甚至也有地下室，作特殊用途。例如：鄭伯有好酒，特闢了"窟室"，在其中夜飲。又如宮廷的樂隊，可以在地下室演奏，以娛嘉賓。[158] 不過若只是作為居室，以地下室與貴族富人的庭臺樓榭對比，其生活水準相差太懸殊了。

由居室當可附帶討論帷幄：古人外出旅次則張帷幕為幄。《周禮·天官》列有掌舍、幕人、掌次三職。綜合三處敘述，旅次宿營，營外有拒馬架一類圍衛之物，並掘土為垣，無土則以車馬為藩。圍內以繪製帷幄，在旁曰帷，在上曰幕，四合如屋，以象宮室。幄內以甄為案，重席為床。不僅大型的會盟、旅行，即使時間延長至一日的大祭祠也在野外設立這種帷幄。[159] 帷幄四方如屋，則古人的帳幕顯然與圓形的蒙古包、低平的藏人黑帳篷，均不相似，當為中國特有的行帳。《禮經》以外的史料，也頗有提及帷帳者。例如《左傳》的昭公十三年，晉會諸侯，鄭國"子產命外僕速張於除"，被子大叔延遲一日，次日已無處可張帷幕。此是大盟會的情形。[160] 又如哀公十七年，衛為虎幄於藉圃，則是花園圃中造幄幕而以虎獸為飾。[161]

帷不僅施於旅次野外，宮室之中也在堂前設帷，以障隔內外。據說天子、諸侯用屏，大夫用簾，士用帷，但又泛稱為帷薄。[162]《楚辭·招魂》形容帷帳，"離榭脩幕，侍君之閒些；翡帷翠帳，飾高堂些"，配合另一節"砥室翠翹，絓曲瓊些；翡翠珠被，爛齊光些"，[163] 則帷幕之飾，似乎是壁飾的一部分，未必僅是懸挂堂前以分內外了。如果帷帳已成壁衣，甚可能是後世"壁飾"的前身。中世以後，中國建築以素壁白堊為特色，無復彩飾。

個別的居室集合則為聚落。當在另一專文中討論，此處不贅。

四、行道路與交通工具

周道、周行在《詩經》中數見不鮮，如《周南·卷耳》"寘彼周行"，

〔158〕《左傳》襄公卅年，卷四〇，頁4，又成公十二年，卷二七，頁3。
〔159〕《周禮注疏》卷六，頁4~7。
〔160〕《左傳》昭公十三年，卷四六，頁6、9。
〔161〕《左傳》哀公十七年，卷六〇，頁4。
〔162〕《禮記正義》卷二，頁3~4。
〔163〕《全上古三代文》卷一〇，頁12。

如《檜風·匪風》"顧瞻周道",《小雅·四牡》"周道倭遲",《小雅·小弁》"踧踧周道,鞠爲茂草"皆是。而最能形容透徹的莫如《小雅·大東》"周道如砥,其直如矢;君子所履,小人所視"及"佻佻公子,行彼周行",由詩句即可看出,周道或周行是君子貴人車駕往來的大道,屈翼鵬先生認爲是周的國道,其説甚確。[164]

參之其他典籍,《國語·周語》也舉"周制",據説"列樹以表道,立鄙食以路",[165]而《左傳》襄公九年,晉國的軍隊還曾"斬行栗",則以栗樹爲表道樹。[166]

大約周初建國,封建諸侯以爲藩屏,這些新建封國之間,有平直堅實的馳道相通,道旁並有"行道樹"及專司護路的人員。是以"周道"成爲詩人寄興的對象,而且霸主們也以維持道路暢通爲己任。無疑的,舊日周人的"國道"當仍能發揮若干功能。[167]

秦一國中,馳道四達,其盛當不下於所謂"條條大路通羅馬"的西諺。馳道情形爲"道廣五十步,三丈而樹,厚築其外,隱以金椎,樹以青松",[168]則有堅實的路基,有廣闊的路面,有整齊的行道樹及護基路椿,自然又比周道高出一籌了。

雖然有官道,旅行恐仍不是易事,不僅衝冒風寒暑熱,而且往往無處投宿,無處覓食。古時官吏旅行,可能有所謂候館逆旅。如《周禮·遺人》所謂"十里有廬,廬有飲良;三十里有宿,宿有路室,路室有委;五十里有市,市有候館,候館有積"。[169]有人認爲這些委積的飲食薪芻,號爲施惠,則甚至可能是免費供應。[170]然而《周禮》原義,施惠只是遺人職掌的一部分,在道路委積的上文,明指這種廬宿候館的佈置是爲了賓客會同師役。[171]由此可知,凡此設備,並非一般行人可以享受。是以《左傳》文公五年陽處父聘於衛,返過寧,寧嬴從之。據説這位寧嬴是逆旅大夫,即是專司官吏過境事務的官員。陽處父代表晉國聘問友邦,方能得到逆旅的招待。

〔164〕 屈萬里《詩經釋義》(臺北),頁172~173。
〔165〕 《國語》(四部備要本)卷二,頁12。
〔166〕 《左傳》襄公九年,卷三〇,頁15。
〔167〕 《左傳》成公十二年"凡晉楚之從無相加戎,往來道路無雍",卷二七,頁3。
〔168〕 《漢書》卷五一,頁2。
〔169〕 《周禮注疏》卷一三,頁12~13。
〔170〕 郭寶鈞《中國青銅器時代》,頁152。
〔171〕 《周禮注疏》卷一三,頁13。

晚至戰國，隨著商業的發達、都邑的發展，大約以營利爲目的的逆旅始出現。例如《莊子·山木篇》，陽子至宋，宿於逆旅；又如《則陽篇》，孔子至楚，"舍於蟻丘之漿"，據説也是逆旅，但顧名思義，當是旅舍兼售飲料者。[172] 至於商鞅立法，客舍不能不先驗明客人身份，則逆旅行業已在治安人員監察之下，與後世的旅舍並無二致了。[173]

旅行又須資糧自炊。孔子在陳絶糧，如有處可以購買飯食，夫子也未必不能出錢購買。唯其行旅自備糧食，又無處購現成飲食，始有絶糧之事。又據孟子《孔子之去齊，接淅而行"，可見孔子出門不僅攜帶米糧，連釜甑也須自備。[174] 是以《莊子·逍遙遊》"適百里者宿舂糧，適千里者三月聚糧"，遠行攜帶的糧食多，似乎沿途竟無法補充。[175]

以理推論，戰國時既有商業化的逆旅，市上又有沽酒賣肉的營業，行旅資糧，似乎多餘。但古代是市鎮分佈不及後世繁密，也許旅人未必能容易每餐趕上"打尖"之處，也未必夜夜能適巧到達投宿之處。於是野宿自炊，均所難免。大約遠行千里，不須持糧，至唐初始習以爲常。然而也仍煩詩人歌咏，足見當時也認爲盛事。嘗憶抗戰期間，在內地轉徙數省，每每陸行數百里，旅途能有客舍的機會頗不易得，而持糧供炊，更是常見。由今言之，竟若隔世。以此及彼，則古人必須千里贏糧，也就不足爲怪了。

驛傳之制，在中國自古有之。《左傳》文公十六年，"楚子乘馹會于臨昌"；又成公五年，梁山崩，晉侯以傳召伯宗；又昭公二年，公孫黑作亂，駟氏與諸大夫欲殺之，"子產在鄙聞之懼弗及，乘遽而至"。無論傳遽或馹，均是更換車馬以求迅捷。[176] 驛傳可分臨時及常設二種。爲某事而專設者，如《左傳》昭公元年，秦后子享晉侯，"十里舍車，自雍及絳，歸取酬幣，終事八反"。[177] 每十里置一站，竟可在山西陝西之間往還八次，是不僅待命的車馬多，路面也須極好。常設的驛傳，據《周禮·行夫》，邦國傳遽，使者可以旌節調度。[178] 近年壽縣出土的鄂君

---

〔172〕 《莊子》卷七，頁15，卷八，頁26～27。
〔173〕 《史記會注考證》卷六八，頁20。
〔174〕 《孟子》卷五，頁13。
〔175〕 《莊子》卷一，頁2～3。
〔176〕 《左傳》卷二〇，頁2，卷二六，頁5，卷四二，頁3。
〔177〕 《左傳》昭公元年，卷四一，頁9。
〔178〕 《周禮注疏》卷三八，頁8。

啓節四枚,銘文説明水路可以用船一五〇艘,陸路可以用車五十輛。據説爲楚懷王賞賜鄂君啓的金節。[179] 凡此車馬船隻,可能即由常設驛傳供應。《韓非子‧難勢篇》,"夫良馬固車,五十里而一置,使中手御之,追速致遠,可以及也,而千里可日致也。"[180] 此處"五十里一置",大約是一日之程,如果常設驛站,當即以此爲度。乘驛旅行,仍是非常的特權,普通平民必不能享受其便利。然而因置驛而使交通路線固定,平民也未嘗不能分沾餘利。

　　道路之上必有橋樑,由於中國建築以夯土及木架爲主,磚石均至後世始常用,大約爲此之故,古人對築橋頗覺困難。北方河川流量,受上游溶雪及雨量影響,春夏爲盛。水大時極目浩瀚,枯水時又只在河床有淺水一溜,木製橋架,在大水時不易修築,天寒水淺是修橋的時刻,一則易於施工,二則寒冷時徒涉太苦。秋冬之際修築橋樑,文獻似乎頗爲一致。如《孟子‧離婁》,十一月徒杠成,十二月輿樑成,於是"民未病涉"。[181] 又如《國語‧周語》,"故先王之教曰,雨畢而除道,水涸而成樑。"按《夏正》是九月除道,十月成梁,正與孟子所説的時節相當。[182] 唯木橋樑只能施之小河川,江漢之上只能借用舟楫。《詩經‧邶風‧谷風》的"方之舟之",可能指用渡船(舟之)及浮樑(方之)兩種方法。造浮橋之事,如秦后子享晉侯,"造舟於河",[183] 然而一般渡水方法,恐怕不外乎"深則厲,淺則揭",或者"泳之游之"。[184] 晚至戰國,徒涉仍是常事。《戰國策‧齊策》,襄王立,田單相之,過菑水,有老人涉菑而寒,出不能行,坐於沙中。田單見其寒,欲使後車分衣,無可以分者,單解裘而衣之。[185] 其涉水的苦況可知。

　　交通工具,仍以車船爲主,而至戰國則騎乘也是常事。先説車:《周禮‧考工記》車制最詳,有車人、輪人、輿人、輈人,均詳説細節,是以《考工記》本身也説"凡一器而工聚者車爲多",[186] 自來注疏,對車制常有杆隔。概括言之,《考工記》的制度,車以曲輈架馬,以直轅服牛,

〔179〕 殷滌非羅長銘《壽縣出土的鄂君啓金節》,《文物參考資料》1958 年第 4 期,頁 3～11。
〔180〕 《韓非子》卷一七,頁 3。
〔181〕 《孟子》卷四,頁 14。
〔182〕 《國語》卷二,頁 11～12。
〔183〕 《左傳》昭公元年,卷四一,頁 9。
〔184〕 《毛詩正義》卷二之二,頁 8、4。
〔185〕 《戰國策》卷一三,頁 3～4。
〔186〕 《周禮注疏》卷三九,頁 5。

輪綆形成碟形的箅。乘車橫軨,有較軾可以扶持,牛車直厢,以載重
物。車輪的結構用火定型,務求其勻稱。用材極講究,務選適當的木
料,同時又很注重重量的限度,不使有贏不足。車各部相合,用門榫,
用革用筋,用漆用膠,車制比例,因地形而異,也因用途而異。[187]

　　近來考古資料,古車遺跡遺物,數
見不鮮。殷商車制,已有石璋如先生復
原。周代的車制,有寶雞、洛陽、輝縣、
汲縣、濬縣、上村嶺各遺址,均有資料。
以復原的上村嶺春秋車與輝縣琉璃閣
戰國車相比,基本的結構是十分相像,
也與殷商復原車原則上無甚改變(圖
四)。[188] 以實物對證《考工記》,無論春
秋或戰國的車,軨的曲度都極有限,多
爲直木而在前端上揚,春秋車上揚比戰
國車更爲顯著。比較各遺址車制,仍可
看出若干進化痕跡。以輻數而言,其趨
向如下:殷車十八輻,西周十一至廿二

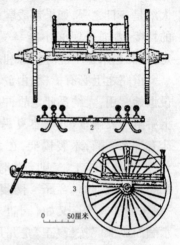

圖四:輝縣琉璃閣戰國車馬坑出土車
復原圖

輻,春秋廿五輻,戰國廿六輻,輝縣琉璃閣(戰國)一車有央輔二條,故
望之如有卅輻之多,而汲縣山彪鎮(戰國)則有卅根輻的車痕,洛陽東
郊西周車輻廿二至廿四根,介於濬縣辛村(西周)十八輻與琉璃閣廿六
輻之間,充分説明輻數漸增的過程。[189]

　　以輝縣琉璃閣五輛戰國車爲例,可以看出古車形制。轅分直轅曲
轅兩種,車厢底部以木板或皮革爲底,四周以粗木條爲框,中央爲轅
木,縱貫車底。車篷大於車厢,狀似四阿式屋頂。篷頂有橫樑,兩扇梯
形蘆席向左右下披,兩扇三角形席遮蔽兩端。另以細木條爲支架,縱
橫編成格子,以骨扣縛住席篷。車最大的輪徑是 140 釐米,軌寬 180
釐米,輿廣 150 釐米。最小的輪徑 95 釐米,軌寬 140 釐米,輿廣 95 釐
米,輿長 43 釐米,軾高 22 釐米,轅長 120 釐米,軸長 170 釐米,輻條均

〔187〕　《周禮注疏》卷三九,頁 6~14,卷四〇,頁 1~4,卷四二,頁 7。
〔188〕　《新中國的考古收獲》(《文物》,1961)圖 27。《輝縣發掘報告》,頁 48。
〔189〕　《新中國的考古收獲》,頁 57~58。《輝縣發掘報告》,頁 47~51。郭寶鈞、林壽晉《一
　　　　九五二年秋季洛陽東郊發掘報告》,《考古學報》1954 年第 9 期,頁 115。

斜放成中凹碟形,對於車子傾仄時有平衡重心的作用。[190] 大車站乘三人,還算寬裕,小車大約只能乘二人了。上述車型,也未必各地皆同。南方楚國的車制,由長沙黃土嶺木椁墓戰國漆器圖畫看來,一車有車輻十四根,側輈無輈,軸下有兩根支撐物後伸,防車向後傾。車蓋如傘,傘下乘坐二人,一御一乘。這種形制不同於輝縣車制凡三點:輻數較少,側輈而非曲輈;車蓋如傘,而非四阿;至於乘坐方式也與傳統立乘之說不同(圖五)。這種差異未必由於地方性的不同,而

圖五:長沙出土楚車馬畫漆繪,側輈無輈,軸下有兩根支撐後伸,車蓋如傘,乘二人,一御一乘。

更可能由於兵車與普通乘車之間的異制,兵車須靈活輕便,是以曲輈,普通車中,不同於作戰,是以可以坐乘。[191]

車的種類,大約還不僅於此。《考工記》以貴賤分辨有無革挽的棧車及以革挽的飾車。[192] 以用途分,有澤行的短轂車及山行的長轂車。以載重的牛車言,有山地的柏車,平地載任的大車及小型的“羊車”。[193] 再從車子外形分,車蓋如傘,四面透空,似是正式的乘車設備,《考工記》所謂“蓋之圜也,以象天也”,而且有不用蓋,僅在必須時張笠者。[194] 不過也有前後遮蔽、兩旁開窗的固定車篷,如輝縣車制,又如《左傳》定公九年陽虎逃亡用的“蔥靈車”,乘者可以寢臥其中。[195]

車的結構輕巧,如上乘者站立,遂不免重心偏高。車廂寬度大於深度,車軸特長,以及用碟形輪箄,大約都針對這個缺點而設。不過也因車身輕,馬負擔不重,日行五十里,並非難事。車轄用動

〔190〕 《輝縣發掘報告》,頁47~51。關於碟形輪箄,據說歐洲到中世紀始開始使用,參看 Joseph Needham: *Science and Civilization in China*, Vol. IV, Pt. 2,(Cambridge University Press, 1965)p. 77。

〔191〕 《長沙出土漆器圖錄》,圖版25。

〔192〕 《周禮注疏》卷三九,頁14。

〔193〕 《周禮注疏》卷四二,頁7。

〔194〕 《周禮注疏》卷四○,頁4,左傳宣公四年“以貫笠轂”,卷二一,頁12。

〔195〕 《左傳》定公九年,卷五五,頁11。

物脂膏潤滑，自然更能增加速度。[196] 、

一般行車以二馬爲常，《孟子·盡心》所謂"城門之軌，兩馬之力與"，《左傳》哀公廿七年所謂"乘馬兩車"，[197] 均可爲證。有大事則除負軛的二馬外，可再加上挽靷的兩驂。[198] 一般有車人家，可能只有二馬，在有事時，方向人借用二驂。[199]

牛車側轅，是以只須一牛將車。古時牛車僅爲載重，長途運載，則用牛車。晚至戰國，竟有人以賃車爲業者，《呂氏春秋·舉難》寧戚"於是爲商旅，將任車以至齊"，大批的牛車夫在城門外燒起營火，居車下飯牛。車重牛緩，車隊又大，其一日行程，必不能與良馬輕車的情況相比。[200]

有時人力也用來挽車，所謂輦，南宮萬多力，能夠以乘車輦其母，由宋至陳只走了一天，挽引自是輕車。[201] 若是三個人挽不動，必須五個人始克行動的"車士引車"，則大約是載重車了。[202]

服牛乘馬，中國用車當自草原傳來。晚至《考工記》寫成的時代，仍以胡地人人能製弓車爲説。[203] 驛馬之風，戰國始普及，戰國兵力，動輒千乘萬騎。趙武靈王胡服騎射，是知騎馬之俗也來自北方草原。但典籍中也偶有在戰國前已騎馬的痕跡。《詩經·大雅·綿》："古公亶父，來朝走馬，率西水滸，至於岐下。"只説馬，未説車。而逾越梁山，乘馬未必方便。[204] 正如後世晉國敗狄太原，也由於地形阨陝，不利乘車，必須毀車作行。那些原來駕車的馬匹，未嘗不可能改爲騎乘，[205] 魯昭公逃亡於齊，從者企圖解決僵局，曾想讓昭公乘馬返魯。既然用車非用馬不可，此處特別提出乘馬而不提車字，可能是建議騎馬馳返，一則出其不意，二則比乘車更迅速，是以劉炫以爲"此騎之漸也"。[206]

---

[196] 《左傳》哀公三年"巾車脂轄"，卷五七，頁9。

[197] 《孟子》卷七，頁9，《左傳》哀公廿七年，卷六〇，頁13。

[198] 《左傳》哀公二年，卷五七，頁8，哀公十七年"衷甸兩牡"，卷六〇，頁4。

[199] 《戰國策》卷三二，頁5。

[200] 《呂氏春秋》（四部備要本）卷一九，頁20。

[201] 《左傳》莊公十二年，卷九，頁3。

[202] 《戰國策》卷三〇，頁9。

[203] 《周禮注疏》卷三九，頁3。

[204] 《毛詩正義》卷一六之二，頁9。

[205] 《左傳》昭公元年，卷四一，頁10。

[206] 《左傳》昭公廿五年，卷五一，頁11。

晉楚邲之戰,趙旃在敗軍之際,"以其良馬二濟其兄與叔父,以他馬反,遇敵不能去,棄車而走林"。[207] 此處未明言"良馬"是否用來騎乘,但這兩匹馬係由趙旃車上用別的馬換下來,若趙旃用車,其兄與叔父也用車,換馬遠不如換車(連馬)便捷,似無換馬必要。由此推想,那兩匹良馬可能用作單騎了。

不過戰國騎馬似仍以軍事爲主,馬匹大約仍以駕車爲常,《莊子·馬蹄篇》,伯樂治馬的寓言,馴馬的最後階段仍是以"加之以衡軛,齊之以月題",是駕車,而非騎乘。[208]

水路交通的史料,遠比陸路爲少。南方諸國荆楚吳越,多江海湖泊,水路用舟自然早已有之。不過最早的文獻資料說到大規模的船運,仍是《左傳》僖公十三年泛舟之役,由秦輸粟於魯,"自雍及絳相繼",從渭河轉黃河,入汾水,自是一番盛舉。[209] 晚至戰國渭、涇諸水大約仍爲秦國主要運輸道路,被當時認爲秦國可畏原因之一,秦以牛田,小通糧,其死士皆列之於地,令嚴政行,不可與戰。"[210] 齊國濱海,沿海航行早已知之甚諗。《孟子·梁惠王》所述齊景公計劃,"遵海而南,放於琅玡",當是沿着海岸的航行。[211] 南方諸國爭霸中原,也利用水路,《左傳》哀公九年,吳國開了邗溝,直達江淮,實爲後世南北大運河的祖型。[212] 次年徐承且帥舟師遵海路入齊,更是中國最早的沿海航行記錄。[213] 越人拊吳之背,即由海運入淮,絕吳師歸路,又循江路攻入吳國首都。可見春秋末葉江、淮、河、海均已暢通舟楫。[214] 至於戰國,則河、渭水道已如前説,長江航行,可由巴蜀循江至鄭,一船可載五十人及三月糧,其體積已不算小。[215]

壽縣楚墓出土的鄂君啓金節,其銘辭説明楚王允許鄂君啓使用一百五十艘船隻在江西、湖南、湖北運載貨物,也以江域爲水運網。[216]

---

〔207〕 《左傳》宣公十二年,卷二三,頁 10。
〔208〕 《莊子》卷四,頁 8。
〔209〕 《左傳》僖公十三年,卷一三,頁 11。
〔210〕 《戰國策》卷一八,頁 9。
〔211〕 《孟子》卷一,頁 16。
〔212〕 《左傳》卷五八,頁 9。
〔213〕 《左傳》卷五八,頁 10。
〔214〕 《國語》卷一九,頁 5。
〔215〕 《戰國策》卷一四,頁 7。
〔216〕 殷滌非、羅長銘《壽縣出土的鄂君啓金節》,《文物參考資料》1958 年第 4 期,頁 3～11。

戰國都會,陶、衛二地的發達,與東方水路網的溝通大有關係。維邗溝之後,吳人又開了荷水,使江、淮、濟四條水系得以打成一片,鴻溝之開更使宋國的陶成爲天下之中心。[217] 水運的發達可想而知了。秦一六國,始皇屢次東巡,二渡浮江,一次到湘山,一次到浙江,又曾渡江循海北上琅玡。[218] 自然是戰國水路暢通之後,秦皇才能循江遵海。所惜考古資料,僅得武進奄城出土的三隻獨木舟,形制簡單,體積亦小,難以與古代已具規模的船制相比較。[219] 如果徐市攜童男出海的傳說確屬殖民日本,則戰國末年的水運技術必已很高了。

凌純聲先生比較民俗學與文獻資料,認爲木筏、戈船、方舟、樓船四種水運工具係環太平洋地區各文化所共有,可以載重致遠。而且凌先生認爲這幾種交通工具在中國遠古即已發展,固然凌先生遠溯起源於傳說時代,其史料則大半爲兩周秦漢的資料。[220] 我們無妨説,兩周(尤其戰國時代)東南海洋文化與中原文化的融合,使中國掌握了遠航的能力,才有徐市之輩的出現可能。

總結行的部分。古代無論道路或交通工具,都還簡陋。早期徒涉河川,攜糧自炊,野宿風露,大抵艱困非常。是以古人出門祖祓,無非以不可知的命運求託神佑。然而以戰國與春秋相比,交通工具的進步,可由輻數增多觀之,道路情況的改良,可由旅舍出現觀之。水運漸趨發達,載重行遠,不煩牛馬,也對中國的交通有重大意義。逮及戰國以後,秦皇築馳道,漢武試樓船,其濫觴實在仍由周行砥直,乘舟餘皇。

※ 本文原載《中央研究院歷史語言研究所集刊》第 47 本第 3 分,1976 年。
※ 許倬雲,美國芝加哥大學博士,中央研究院院士、美國匹茲堡大學歷史系退休名譽教授。

---

[217] 《水經注》(世界書局本)頁 114 有徐偃王通溝陳蔡。又參史念海《釋史記貨殖列傳所説的陶爲天下之中兼論戰國時代的經濟都會》,《人文雜誌》1958 年第 2 期,頁 78~80。

[218] 《史記會注考證秦始皇本紀》卷六,頁 41、61、65。

[219] K. C. Chang: The Archaeology of Ancient China p. 390. 謝春祝"奄城發現戰國時代的獨木舟"《文物參考資料》1958 年第 11 期,頁 80。

[220] 凌純聲《中國遠古與太平印度兩洋的帆筏戈船方舟和樓船的研究》,《中央研究院民族學研究所專刊》之十六(1970),頁 209。

從"八珍"的演變看中國飲食文化的演變

莊 申

"八珍"是由八種不同的菜餚所形成的一組固定的菜。從文獻上看,"八珍"可能共有三種不同的記錄。這篇論文的要旨是想根據對這三批"八珍"的内容的分析與比較,來討論在中國的飲食歷史之中,"八珍"在實質上的變化,與在文化上的意義。

一、周代八珍

在文獻上,"八珍"這兩個字,似乎首先見於《周禮》。此書卷一在《天官》篇之上篇的"膳夫"部分,曾對天子的食物做過這樣的一段記載:

> 膳夫,掌王之食、飲、膳、羞,以養王及后世子。凡王之饋,食用六穀、膳用六牲、飲用六清、羞用百二十品、珍用八物。醬用百有二十甕。王日一舉,鼎十有二,物皆有俎。以樂侑食。[1]

引文所提的"八物",據漢代的鄭玄(127~200)的注文,[2]就是淳熬、淳母、炮豚、炮牂、搗珍、漬、熬與肝脊等八珍。這一組菜的内容與做法,雖不見於《周禮》,可是在《禮記》卷八的《内則》篇裏,卻對"炮牂"以外的七珍,曾有相當詳細的記載。[3] 除此以外,《禮記》又在記載了上述七珍之後,增加了糝。可見鄭玄(前127~200)在《周禮》的注文裏所提到的有炮牂而沒有糝的八道菜,固然是周代的八珍,而由《禮記》的《内則》篇所提到的有糝而沒有炮牂的八道菜,也不能不算是周代的八珍。這就是説,在文獻上,周代的八珍究竟是哪八道菜,由於鄭玄爲《周禮》所寫的注文與《禮記》之《内則》篇的正文既有炮牂與糝的差别,是沒有定説的。

---

[1] 見黃丕烈校《周禮鄭氏注》(原本在清嘉慶二十三年戊寅,1818,由黃氏士禮居刊行,現據民國四年乙卯,1915,上海竹石山房重印本)卷一,頁26~27。

[2] 同上書,頁27。

[3] 見《禮記鄭注》(據1936年,上海,中華書局排印的聚珍仿宋版《四部備要》本)卷八《内則》第十二,頁23(後頁)~24(後頁)。

所謂炮,就是烤,豚是猪,牂是羊。所以炮豚與炮牂,就是烤猪與
烤羊。從烹調的立場上看,猪與羊雖然不同,可是做法卻都是烤。可
是如果用糁來取代炮牂,就可以避免做法上的重複。因此,對於周代
八珍究竟應該指哪八道菜,本文毋寧採用《禮記》的記載,而不採用鄭
玄在《周禮》的注文裏的說法。在没有展開對周代八珍的個別介紹之
前,這個論點是必須首先加以介紹的。現在按照《内則》篇裏所提到的
順序,把這八珍的内容與做法逐一細列,並加語體的釋文如下:

(1) 淳熬

《禮記》的《内則》篇的原文是:

> 淳熬,煎醢,加于陸稻上。沃之以膏,曰淳熬。[4]

在這段引文裏,醢、沃與膏都是不常用的古字。對於這幾個古字
的字義,是首先應該有所瞭解的。所謂醢,音海,字義是醬。所謂沃,
音窩,字義是燒水。至於膏,字義是猪油。瞭解了這三個字的字義,可
知"淳熬"就是先把煎熟與煎熱的醬放到米飯上面去,再把猪油澆到醬
上去。把飯與醬調拌均匀,就可以吃了。

淳熬既然就是醬拌飯,所以飯上所加的醬,究竟是什麽醬,當然又
應該繼續有所瞭解。關於這一點,《周禮》卷一《天官》篇之下篇的《醢
人》部分,對於周代天子所吃的醬,曾有一段很詳細的記載。其文如下:

> 醢人,掌四豆之實。朝事之豆,其實韭菹、醓醢、昌本、麋
> 臡、菁菹、鹿臡、茆菹、麋臡。饋食之豆,其實葵菹、蠃醢、脾
> 析、蠯醢、蜃蚳醢、豚拍、魚醢。加豆之實,芹菹、兔醢、深蒲、
> 醓醢、箈菹、雁醢。笋菹,魚醢,羞豆之實,酏食、糁食。[5]

在這段引文裏,又有若干古字的字義是應該先加瞭解的。譬如
醓,音貪,是肉汁。把醓與醢合用,指多汁的肉醬。麋,音米,是一種形
狀似鹿而體型大於鹿的鹿屬動物。臡,音泥,是帶有骨頭的肉醬。蠃,
音勞,是蚌屬的螺。蠯,音避,是一種狹而長的蚌。蜃,音腎,是大蛤
蜊。蚳,音遲,是螞蟻蛋。醓,音暈,是酒。最後還應該注意的是,在引
文的豆,並不是可以吃的豆,而是在祭禮之中用來裝盛祭品的一種器
皿。

瞭解了這些古字的字義,可知在周代,專門爲天子做醬的"醢人"

---

[4] 《禮記鄭注》卷八《内則》第十二,頁23 三(後頁)。
[5] 《周禮鄭氏注》卷二,頁9。

所做的醬,至少共有四大類:第一類是用動物的肉所做的醬;第二類是用禽類所做的醬;第三類是用水産動物所做的醬;第四類是雜類,屬於這類的醬,有用螞蟻蛋做的,也有在醬裏混著酒的。從材料上看,用動物肉所做的第一類醬最多;譬如有的是有汁的肉醬,有的是用鹿肉與麋肉所做的帶骨頭的“臡”,有的是加了芹菜的兔肉醬。此外,相同的做法也見於第二類,譬如有一種魚肉醬是加了筍的。

根據對於周代的醬的種類的瞭解,可知如果周代的天子在吃“淳熬”的時候,想要在他的飯上加一點剛煎好的熱醬,他至少有十種不同的選擇。可是究竟要加有骨頭的鹿肉醬,或加用大蛤蜊與螞蟻蛋共同做成的醬,還是加長蚌醬,不但在《禮記》裏没有記録,就在《周禮》裏,也同樣的没有記録。這個問題既然没有絶對的答案,現在只能説,飯上加哪一種醬都可以。那就無異説明這個問題似乎是可以同時具有十個答案的。總之,在飯上加以上述十種醬的任何一種,再在醬上澆一點猪油,這道菜,在周代,不但是一道難得吃到的菜,而且還是連周代天子都要稱爲珍品的佳饌。

(2) 淳毌

關於淳毌,《禮記》的《内則》篇的記録原文是:

> 淳毌,煎醢,加於黍食上,沃之以膏,曰淳毌。[6]

這段引文裏的醢與膏,雖是古字,可是這兩個字的字義,前面已經解釋,所以不算難字。在引文中,只有黍,是個没有解釋過的古字。所謂黍,雖然有時是糯米的代名詞,不過一般而言,黍指富有黏性的稻米。既然醢、黍、膏的字義都已明瞭,可知周代天子可吃的“淳毌”,就是把煎熟與煎熱的醬,放在有黏性的米飯上,然後再把猪油澆到醬上。無論從做法上、還是從材料上看,“淳毌”與“淳熬”幾乎可説是完全相同的兩道菜;兩者唯一的差別,也許只是“淳熬”用普通稻米,“淳毌”用有黏性的稻米而已。正因爲“淳毌”與“淳熬”在做法與在材料方面的類似,所以鄭玄在《禮記》的注文裏,就提出“毌讀曰模。模,象也。作此象淳熬。毌音模,食音嗣”的説法。[7] 根據鄭玄的看法,應該讀成淳模的淳毌,其實本是對於“淳熬”的一種模仿。可惜他没能説出來,在周代,爲什麼一定要用黏米作“淳毌”來模仿“淳熬”。難道用普通的稻米,就不能做淳

---

[6] 《禮記鄭注》卷八《内則》第十二,頁23(後頁)。
[7] 同上書,頁23(後頁)。

毋嗎？儘管這個問題已經難於回答，無論如何，如果周代天子前一天吃的是加了兔肉醬的米飯，第二天再吃加了螺肉醬的黏米飯，去換換口味，在當時，他一定仍然會覺得大快朵頤，美味無窮的。

(3) 炮豚

關於周代八珍的這一珍，《禮記》之《內則》篇的原文如下：

> 炮，取豚若將，刲之，刳之，實棗於其腹中。編萑以苴之，塗之以謹塗。炮之。塗皆乾，擘之，濯手以摩之。去其皽，爲稻粉，糔溲之以爲酏，以付豚。煎諸膏；膏必滅之。鉅鑊湯，以小鼎。薌脯於其中，使其湯毋滅鼎。三日三夜毋絕火。而後調之以醯醢。[8]

在這段引文中，又有不少不常用的古字的字義必需首先加以瞭解。炮，音爆，意思是烤。豚，音屯。廣義的豚，指一般的豬。但在這段引文裏，豚指乳豬，是狹義的豬。將，音臘，是母山羊。刲，音葵，是宰割。刳，音枯，是剖開再挖空。萑，音完，是一種葦類的植物，初生時叫荻，長大了的荻叫萑。苴，音租，是包裹。謹塗，謹是墐字的誤寫。墐是黏土。謹塗就是把有黏性的泥土塗上去。擘，音陌，是剖開。皽，音展，是肉上的薄膜。糔，音修，是調拌。溲，音叟，是浸泡。鉅鑊，是大型的沒有腿的鼎，等於是一個大鍋。薌，音鄉，就是紫蘇，是一種調味的香菜。醯，音梳，就是醋。

根據對以上引文裏的不常用古字的字義的瞭解，可知周代的"炮豚"，在做法上，是要經過三個步驟的。現在不妨把這三個步驟逐一詳加介紹如下：第一個步驟，是在宰殺了乳豬之後，先把肝、腸等等內臟拿出來，然後用棗子把空的豬肚子填滿，跟著用萑草編起來的草席，把整隻乳豬包起來，再把有黏性的泥土塗到草席上去。這時候，這隻乳豬就可以拿去烤了。

第二步驟：等到火把黏土烤乾了，先把萑席剖開，再把手洗乾淨，然後用手去搓烤過的豬。要經過這道手續，才能把豬肉上的薄膜搓下來。跟著用水把米的粉調成稀粥一樣的米糊，再把米糊塗到豬身上去。這時候，把豬放進豬油裏去炸。炸的時候，油一定要多得能夠淹過豬身。

---

[8] 《禮記鄭注》卷八《內則》第十二，頁23(後頁)~24(前頁)。

第三步驟:先把炸過的豬切成塊,再把豬肉與紫蘇之類的調味香菜一齊放進一隻小鼎裏去。然後用一隻大鍋,煮好開水,跟著再把小鼎放進大鍋裏去燉。不過煮的時候,開水不能滿過裝了乳豬肉的小鼎。還有,煮肉的時候,要連煮三天三夜都不能停火。煮完以後,把豬肉從鼎裏拿出來,再蘸著醋或者蘸著醬來吃。

根據這個製作程序把乳豬用草席包起來,在席上塗之以泥,然後用火烤的第一步驟,與目前還可吃得到的"富貴鷄"(俗稱"叫化鷄")的做法,是相當接近的。在編於東漢和帝永元十二年(100)的字典《説文解字》裏,[9]許慎認爲"炮"就是"裏物燒"。[10] 有《禮記》對"炮豚"的記錄來看,許慎對"炮"字的解釋,只相當於周人製作"炮豚"的第一

〔9〕 據許慎在《説文解字》卷一五下的叙篇裏的記載,此書成於漢和帝永元十二年(100)。

〔10〕 在漢代,"炮"字具有多種涵義。第一,從訓詁的層面來看,鄭玄在《禮記》的《内則》篇裏對炮字的注文是:"炮者,以塗燒之也。"(見《四部備要》本,卷八,頁23)什麽是塗燒,鄭玄的注文,雖然是語焉不詳,不過《内則》篇裏既有製作"炮豚"之全部過程的記錄,可知他所說的塗燒,是指把乳豬用萑席裏起來,然後把有黏性的泥土塗到席上,再用火烤豬的那道手續而言的。鄭玄在《禮記》的《禮運》篇裏又曾爲炮字作注。這一次,他的注文是:"裏燒之也。"(見《四部備要》本,卷七,頁4)根據他在《内則》篇的炮字注,可知他在《禮運》篇裏所說的裏燒,是對《内則》篇裏所記的那道塗燒手續的簡述。不細讀《内則》篇對製作"炮豚"的記錄,鄭玄在《禮運》篇裏對炮字的注文是無法瞭解的。東漢和帝永元十二年,許慎編成他有名的《説文解字》。在這部字典裏,許慎認爲"炮"就是"毛炙肉"(見卷一八,第十篇下)。清代的段玉裁(1735~1815)在他的《説文解字注》裏,對"毛炙肉"的注文是"肉不去毛炙之也"(見卷一八,第十篇下,頁45)。所謂"炙",許慎雖然並未加以解釋,可是《詩經》在《小雅》的《瓠葉》篇裏曾有"有兔斯首,燔之炙之"之句。漢代的毛亨對於《瓠葉》篇裏的"炙"字,是用"炕火"來解釋的。因此,要知道什麽是炙,又要先知道什麽是炕。許慎在《説文解字》裏認爲炕就是乾(見卷一八,第十篇下)。段玉裁的《説文解字注》雖說乾是"以火乾之"(見卷一八,第十篇下,頁52),不過炙究竟是用什麽方式去把肉類弄乾,他的解釋仍然不夠清楚。幸好在唐代初年,孔穎達(574~648)早已看出許慎對於乾字的解釋不夠圓滿,所以他才在《毛詩正義》裏,提出比許慎的解釋更進一步的一種説法。根據孔穎達的意見,所謂炕,就是"舉",而舉就是"以物貫之,而舉於火上以炙之"(見卷一五之三,頁4)。把許慎所說的"炮"是"毛炙肉"的那句話拿來與孔穎達的解釋互相對照,可知毛亨所說的炕,也就是許慎所說的炮,就是先用一種比較堅硬的東西,穿進還帶著毛的肉裏去,然後再舉著這塊肉到火上去烤。

通過以上的瞭解,鄭玄所說的,也就是由《禮記》所提到的炮,是把肉類先用萑席裏起來,然後再在席上涂好有黏性的泥土,最後纔連著萑席來烤肉。而許慎所說的,也就是由《詩經》所提到的炮,是先把硬的東西穿進肉裏,再把肉舉到火上去烤。使用第一種炮法的材料是乳豬,在未炮之前,先要去掉豬身上的豬毛,在炮的進行之中,豬身並不直接與火接觸。使用第二種炮法的材料是一隻兔子的頭。進行之前,既不需要事先去掉兔頭上的毛,而在進行之中,兔頭是需要直接與火接觸的。這樣説,《禮記》與《詩經》裏所說的"炮",雖然在字義上,同指古代的一種烹調方法,可是用鄭玄與許慎對炮字的意義的解釋爲例來看,使用這種方法的兩種方式,還是頗有差別的。

步驟。對於把已經用火烤好的乳猪再用油炸的第二步驟,以及把已炸過的乳猪再用慢火燉煮的第三步驟,許慎完全不提。有《説文解字》對"炮"的解釋來看,周代的炮要經過三個步驟,可是東漢的炮只有一個步驟。也許漢人對於周人所有的先烤、再炸、再燉的製作程序,覺是繁雜得没有必要,已經加以簡化了。

(4) 搗珍

關於周代八珍裏的"搗珍",《禮記》之《内則》篇的原文記録如下:

取牛、羊、麋、鹿、麕之肉,必胅。每物與牛若一。捶,反側之,去其餌。孰出之,去其皽。柔其肉。[11]

在這段引文裏,也有幾個不常用的古字的字義需要先加瞭解。麕,音君,是一種長得像鹿而體積比鹿大的鹿屬動物。胅,音枚,是脊椎肉旁邊的肉,也就是北方人所説的裏脊肉,或者廣東人所説的柳。捶,是用力打。餌,音耳,就是肉裏的筋。瞭解了以上各字的字義,所謂"搗珍",就是把分量相等的牛的、羊的、鹿的、麋的與麕的五種裏脊肉,放在一起,同時地反復捶打,打完以後,把肉裏的筋去掉。做熟以後,要把肉表面的薄膜也去掉,再用調味的汁把這五種肉泡一泡,使得這些裏脊肉更柔也更軟。

對於這道菜,究竟應該怎麼弄熟,《禮記》的《内則》篇是隻字不提的。不過製作"炮豚"的第一個步驟是烤。裏脊肉本來就很嫩,再經過捶打與去筋和去薄膜的手續,烤後一定非常滑嫩可口。何况炒、爆、燜、燉等等烹調方法,在當時還没有發明。從這兩方面來看,如果説周代八珍之一的"搗珍"就是後來的烤肉,也許應該是合理的推測。

(5) 漬

(6) 熬

關於周代八珍裏的"漬",《禮記》之《内則》篇的原文記録是:

漬,取牛肉,必新殺者。薄切之,必絶其理。湛諸美酒,期朝而食之。以醢若醯醷爲熬。捶之,去其皽,編萑,布牛肉焉。屑桂與薑,以洒諸上而鹽之。乾而食之。施羊亦如之。施麋、施鹿、施麕,皆如牛羊。欲濡肉,則釋而

---

[11] 《禮記鄭注》,頁24。

煎之以醯。欲乾肉，則捶而食之。[12]

在這段引文裏，又有幾個不常用的古字的字義是需要先加瞭解的。漬，音恣，字義是浸泡。理是肉的紋路。湛，音陳，字義是淹沒。醷，音意，字義是梅醬。桂是木桂的樹皮。濡，音而，字義是在肉上加汁。瞭解了這幾個古字的字義，可知漬的做法是：在材料方面，"漬"與"熬"都一定要選剛宰好的牛的新鮮牛肉。切的時候，要橫著切，這樣纔能把肉紋切斷而又把肉切成薄片。切好以後，用好酒把牛肉片泡起來；泡到第二天早上，才可以吃。這種酒泡生牛肉片的吃法，就是"漬"。

"熬"的做法與"漬"不同。"熬"是先用醬、醋或者梅醬作調味品，而先把牛肉片煎一下。煎好了，再把肉片打一打，以便容易去掉肉上的薄膜。經過這兩個步驟以後，先在煎過的牛肉上灑一點薑末、木桂皮末跟鹽，然後再用編起來的萑草把牛肉包起來。等到肉被風吹乾了，從萑席裏把牛肉片拿出來，把肉片打軟，就可以吃了。這是"熬"的第一種吃法。

此外，如果要吃"熬"而又想在肉上有一點肉汁，要先從萑草裏把風乾的肉片拿出來，在肉片上倒上那種多汁的醬，然後用火煎肉。這是"熬"的第二種吃法。

根據以上的作法，周代八珍裏的"漬"就是吃生牛肉片，而"熬"的性質，與江南的家鄉肉或者沒有熏過的湖南臘肉，似乎有些類似。不過，由《禮記》的原文觀察，無論是做"漬"還是做"熬"，不一定必須用牛肉做，用羊肉、鹿肉、麋肉與麕肉也同樣可以做"漬"或者做"熬"。如果要用這四種肉來做"漬"與"熬"這兩道菜，做法與用牛肉來做是一樣的。

(7) 糝

關於周代八珍的"糝"，《禮記》在《內則》篇裏的記錄原文是：

　　糝，取牛、羊、豕之肉，三如一，小切之。與稻米；
稻米二、肉一，合以為餌。煎之。[13]

在這段引文裏的糝，音三，本意是摻雜著米的羹。不過根據《禮記》的記載，周代八珍裏的"糝"並不是羹，而是一道摻雜了

---

[12]《禮記鄭注》，頁24（前頁）。
[13]《禮記鄭注》，頁24（後頁）。

米的菜。這道菜的做法是：把分量相等的牛肉、羊肉與豬肉，細細地切碎以後，與米一齊混合起來，作成有肉的米餅。用火把餅煎熟後，這道菜就可以吃了。做糝餅的時候，在分量上，米要三分之二，肉只要三分之一就夠了。

(8) 肝膋

關於肝膋，在《禮記》的《內則》篇裏的原文紀錄是：

> 肝膋，取狗肝一，幪之以其膋。濡炙之。舉燋其膋，不蓼。[14]

在這段引文裏，有幾個不常用的古字的字義還是需要先加瞭解的。所謂膋，音廖，字義是腸間的脂肪，其實就是俗語所謂的網油。燋，音焦，字義與焦相通，也就是焦。至於蓼，音聊，是一種草本的水邊植物。由於蓼葉帶有一種又香又辣的氣味，在周代，蓼和薑與木桂樹皮一樣，也是一種調味品。瞭解了這幾個古字的字義，可知周代八珍裏的最後一珍，也就是肝膋的做法是：先用狗的網油把狗肝包起來，再把網油在水裏泡一下，然後把肝放在架子上，用火來烤。等到網油已經烤得發焦了，網油裏的肝就可以吃了。不過吃的時候並不需要用蓼葉來調味，就這麼白嘴吃狗肝。

爲什麼烤狗肝不用蓼來調味呢？要回答這個問題，似乎應該先知道在周代，在做哪些菜的時候，是要用蓼來調味的。周代八珍的詳細的菜單，固然是由《禮記》的《內則》篇首先加以記錄的，不過在周代，《八珍》以外的若干菜餚，也同樣是由《內則》篇首先加以記錄的。在這些不屬於八珍的普通菜裏，就有好幾種是需要加蓼來調味的。譬如《內則》篇曾經記載過下列幾種菜的做法：

> 濡豚，包苦實蓼。
>
> 濡雞，醢醬實蓼。
>
> 濡魚，卵醬實蓼。
>
> 濡鱉，醢醬實蓼。[15]

這就是說，如果想要有豬、雞、魚與鱉等四種動物來做菜，還有在做好以後，要使每種菜都有汁，豬的做法是在剖開豬肚以後，先把蓼葉填進去，然後再用苦葉的菜葉把豬包起來。雞與鱉的做法

---

[14] 《禮記鄭注》，頁24（後頁）。
[15] 同上書，頁19（後頁）~20（前頁）。

是一樣的：既都要先在這兩種動物的肚子裏填滿蓼菜，也都要在鷄身與鱉身上，塗以多汁的醬與一般的醬各一層。至於如果要把一條魚做成帶汁的魚，除了要先在魚肚子裏填滿蓼葉，在魚身上，是還要塗上一層魚子醬的。要這些準備工夫都已完成，豚、鷄、鱉、魚才能拿去做。可惜在烹調的方法方面，究竟要怎麼做這四種動物的肉才會有汁，在《禮記》裏是毫無直接記録的。

不過，在《禮記》裏，要怎麼做使這四種動物的肉在做好之後才會有汁，間接的記録似乎還是可以發現的。因爲《禮記》的《内則》，在一個地方曾説：

> 肉腥，細者爲膾，大者爲軒。[16]

鄭玄在這句之下有注，注文云：

> 言大切、細切異名也。膾者，必先軒之。所謂轟而切之也。[17]

根據鄭玄的注，如果要把肉切小，得先把整隻的動物切成大塊的"軒"，然後再利用軒來改刀，切成小塊的"膾"。在"細者爲膾"這句話裏，膾是名詞。可是《禮記》的《内則》，在另一個地方曾説：

> 膾，春用葱，秋用芥；豚，春用韭，秋用蓼。[18]

在這段引文裏，膾字雖然可以視爲名詞，可是這個字，似乎也可視爲動詞。譬如《詩經》在《小雅》部分的《六月》篇裏曾説：

> 飲御諸友，炰鱉膾鯉。[19]

炰鱉是用水煮鱉，這個炰字，是個動詞。膾鯉既與炰鱉相對，所以這個膾字，應該不是名詞而是動詞。在上引的《内則》篇裏，豚就是猪，這是在介紹"炮豚"的時候已經提過的。在這段引文裏，文義似乎既不很順，也不很通。可能在"膾"字下面，本來還有一個字，現在已經不存在了。如果膾字當做動詞使用，應當與《詩經》在《六月》篇裏的用法一樣，明確地指出所膾的是一條鯉魚。可是在《内則》篇裏，膾字後面既没有另一個當做名詞使用的字，只説膾，究竟是膾什麼呢？同樣的，"豚"字的前面，可能本來應該也有

---

[16] 《禮記鄭注》卷八《内則》第十二，頁22（後頁）。

[17] 同上。

[18] 同上書，頁20（後頁）。

[19] 孔穎達《毛詩正義》（據1936年，上海：中華書局排印的聚珍仿宋版《四部備要》本）卷一〇之二，頁5。

一個膾字，這個字，現在也已不存在了。不過即使豚字前面的膾字已經不存，至少引文裏的第一個字，也就是膾字，似乎是應該隔著"春用葱，秋用芥"，而與芥字以下的七字連讀，成爲"膾豚，春用韭，秋用蓼"的。把膾與豚連讀，不是沒有原因的：第一，前面說，濡是要在菜做好之後，使菜裏有汁。用膾的方法來做濡豚，做好之後，豬肉裏是會有汁的。第二，用蓼來膾豚，與"濡豚"時，要在豬肚裏填滿蓼葉的方式相同。根據這兩個理由，也許《禮記》所說的"濡豚"，就是同書在另一個地方所說的"膾豚"。如果這個推測無誤，用蓼的菜，是要把蓼葉填進幾種動物的肚子裏去，使得蓼葉能在膾的過程中，慢慢地把葉裏的又香又辣的氣味散發出來，然後去掉豬、雞、魚與鼈的腥臭味。可是在做肝臏的時候，是要用火直接烤肝的。蓼葉遇見火，水分被烤乾，整張葉子都會烤焦。蓼葉裏的又香又辣的氣味，根本不能發揮調味的功能。從這個角度上看，烤狗肝而不用蓼葉，應該是一種經驗之談的記錄。

經過以上的介紹，也許可以先把由周代八珍所代表的這一組菜，作一個簡單的分析的結論：

第一，在食物的材料方面，淳熬、淳毋與糝等三珍的烹調，不但都需要米，而且米的需要量還大於肉的需要量。既然在周代，要把米也視爲食物裏的一種珍品，米在周代的供給還不十分普遍，恐怕是可想而知的。這個論點似乎還可由對淳熬、淳毋與糝等三珍以外的五珍的材料的分析而得以成立。在這五珍之中，炮豚是既烤又炸又蒸的豬肉，搗珍是烤牛肉片，漬是酒泡生牛肉片，熬是風乾牛肉片，肝臏是烤狗肝。易言之，這五珍的材料，不外豬肉、牛肉與狗肝，米是完全沒有的。根據對周代八珍的材料的分析，也許可以說，在當時的食物之中，肉食是主食，米飯是副食。這樣的吃法，與晚近的中國人把米飯作爲主食、肉食作爲副食的吃的方式，是絕不相同的。在疆域上，周雖發源於山西，但在進入陝西並且打敗商代以後，才又進入河南。[20] 山西、陝西同在中國的西北，河南是中原地區。陝西的豳州雖然也產稻，[21]但在周代，稻米的主要產地，似乎是在長江流域、淮水流域與長江支流

〔20〕 關於周代的疆域與各地區的開發之先後，可參閱許倬雲《西周史》(1984 年，臺北：聯經出版事業公司出版)第二章《周的起源》，頁 33～37。

〔21〕 按《詩經》在"豳風"部分的《七月》篇裏曾有"七月獲稻"的記錄。

的漢水流域。[22] 在周的領土裏,稻米的產量既然少,當然是罕見的,所以連周代天子都要把稻米視爲食物裏的珍品。不注意稻米在周代的生產地區,何以在周代天子的食物珍品裏,要把米也算進去,是難以解釋的。

第二,在肉食的來源方面, 牛最重要。 其次是羊與猪。 再次是鹿(包括鹿類動物的麋與麕)與狗。在這七種動物之中,除了狗只吃狗肝以外,其他六種都吃肉。狗肝雖然可以烤來吃,不過炮豚的時候,猪的內臟(包括猪肝)卻是要拋棄的。不過何以周代的八珍要看重狗肝而輕視猪肝,這個問題現在還難以解釋。

第三,在烹調技術方面, 一般的作法都很簡單,只有吃"炮豚",一定要經過先烤再炸再燉等三道手續, 過程非常複雜,是一個例外。用常理來推斷,烤過的乳猪,既然要把肉上的薄膜用手搓下來,似乎應該是沒有猪皮的。把既沒有猪皮又沒有薄膜的猪肉先用油炸,再用水蒸三天三夜,這些猪肉即使不會蒸成一團爛肉,恐怕就在蘸了醋或者蘸了醬以後,也不會怎麼好吃。而且如果再把"炮豚"的做法與其他七珍的做法相比較,"炮豚"的做法繁雜,其他七珍的做法簡單。兩種做法是相當不一致的。甚至可以説,在只能做那種簡單的七珍的時候,恐怕根本不會產生做炮豚的那些繁雜的做法。從這個角度來看,《禮記》對"炮豚"的記錄是否完全正確,恐怕將來還需要做更進一步的討論。[23]

最後,在疆域上,從山西到陝西,再到河南,周代的領土一直是在黃河中游地區發展的。所以在地理上,周代八珍似乎可以代表在從公元前十四到十二世紀之間,在黃河流域之中游地區逐漸形成的一組珍饈。

二、行厨八珍

在中國文獻之中, 與八珍有關的第二種記載, 見於十三世紀中

[22] 見《西周史》第八章《西周物質文化》第一節《農作物及農具》,頁231～238。
[23] 王仁興《中國古代名菜》(1987年,北京:中國食品出版社出版),頁3,在"炮豚"二字之下的注文裏也説:"乳猪宰殺後,要經火烤、油炸和鼎烹三道加熱工序。且經火烤和油炸的乳猪,要在鼎内隔水燉三天三夜。從現代烹調的實踐來看,這一點頗值得懷疑。試想,一隻軟嫩的乳猪,經火烤和油炸後,已經可食。如果再放入鼎中隔水燉三天三夜,這隻乳猪非化了不可。其究竟與否,則有待今人實驗的檢驗。"

期的耶律鑄的《雙溪醉隱集》。如果周代的八珍是在公元前三世紀的中期（也就是戰國時代的末期）被加以記載的，到耶律鑄對第二種八珍加以記錄的時候，兩種八珍的先後，在時間上，相差接近一千六百年。

耶律是契丹的大姓，而契丹又是創立了遼國（916～1124）的遊牧民族。可是在元代（1206～1367）還沒建國之前，屬於契丹族的耶律楚材（1190～1244）卻是輔助蒙古族逐漸平定各部落與滅亡南宋的大功臣。耶律鑄不但就是耶律楚材的兒子，而且他也和他的父親一樣，對蒙古族是忠心耿耿的。所以到元憲宗的時候，耶律鑄終於被任命為中書左丞相。南宋理宗寶祐六年（戊午，1258，亦即元憲宗八年），元憲宗親自率兵，渡過黃河，大舉攻宋。他除了自己攻打四川外，又派忽必烈去攻打湖北。[24] 耶律鑄是元憲宗的侍衛的統領。這些侍衛應該是與元憲宗共進退的。元憲宗既然親自攻蜀，耶律鑄必也參與了元軍攻蜀的戰役。[25] 據《元史》的記載，在這個戰役中，由於耶律鑄的"屢出奇計，攻下城邑"，他還特別受到元憲宗的賞賜。[26] 從戰爭方面看，耶律鑄雖然頗有將才，就在文學方面，他作品的數量也相當豐富。譬如他的《雙溪醉隱集》，在篇幅上就有六卷之多。其中雖然大半都是他的詩，不過在詞、賦、贊、銘、頌等等不同的體裁方面，他也不乏創作。

在《雙溪醉隱集》卷六，有一首詩題是"行帳八珍詩"的詩。[27] 在這首詩的前面，耶律鑄還寫了一篇詩序。中國飲食史上的第二種八珍，可能就是由這篇詩序首次加以記錄的。儘管這篇詩序的序文不長，但在文獻上是很有價值的。現把詩序全文引錄如下：

---

〔24〕 見《元史》（據1973年，北京：中華書局排印標點本）卷一四六，頁3465。

〔25〕 耶律鑄《雙溪醉隱集》（據《四庫全書珍本》第二集本，1971年，臺北：商務印書館影本出版）卷二，頁35～37有"蜀道有難易"詩。此詩之詩序云："戊午秋，余入蜀漫天嶺阻雨。次秋回至，此嶺帶雨。"可見耶律鑄在四川所停留的時間應該在一年左右。

〔26〕 見《元史》卷一四六，頁3465。

〔27〕 見《雙溪醉隱集》卷六，頁3。據此詩詩序，"行厨八珍"應有八珍，可是由這首詩所描述的珍食，卻只有醍醐、麆沆、馲𧊊羹與馲鹿唇等四珍而已。在"馲鹿唇"詩後，雖然還有"軟玉膏"、"行厨"、"早發清冷泉戲題行厨家僮名三老者"與"茶後偶題"等四首詩，內容大致也與飲食有關，但卻與"行厨八珍"的另外四珍無關。看來"行帳八珍詩"雖然是總數共有八首的一組詩，卻並不是用每一首詩來描寫一種珍食的組詩。

　　往在宜都,客有請述"行帳八珍"之說,則此"行厨八珍"
也。一曰醍醐,二曰麆沆,三曰駝蹏羹,四曰駝鹿唇,五曰駝
鹿麋,六曰天鵝炙,七曰紫玉漿,八曰玄玉漿。[28]

　　這篇詩序所提到的宜都,位於湖北省中部的與長江平行的清江
之下游,現在仍叫宜都。耶律鑄雖然曾在元憲宗八年攻蜀,但到次
年(1259),卻已因元憲宗之逝而回到朔方(也就是蒙古)的沙漠
裏。稍後,當在他元世祖中統二年(1261)拜左丞相,又曾一度領
兵北上。四年之後,他在元世祖至元二年(1265),到過山東。從此以
後,耶律鑄的行蹤雖不甚明,可是一直到他在至元二十二年(1285)逝
世,他是從未到過湖北的。[29] 在地理上,四川與湖北是鄰省。在軍
事上,蒙古兵爲了攻打四川,又派兵攻打湖北以形成犄角之勢。耶
律鑄既在元憲宗八年到過四川,也許根據他的"行帳八珍詩"詩序
裏的"往在宜都"之句,可知他在元憲宗攻蜀那年,除了到過四川,
似乎也到過湖北。這項資料對《元史》裏的《耶律鑄傳》的傳文,
是可有所增補的。更有意義的是中國飲食史上的第二種八珍,也就
是被別人稱爲"行帳八珍"而耶律鑄卻稱爲"行厨八珍"的那一組
珍餚,正是當耶律鑄在宜都的時候,由於聽見別人的口述而才加以
記錄的。

　　上引詩序既然提到"行帳"與"行厨",而這兩個名稱又都與
八珍有關,所以在討論"行厨八珍"之前,對於這兩個名稱,似乎
也應該有所瞭解。所謂"行"(音刑),一般而言,具有在京城以外
的意思。譬如天子離開京城之後所住的地方,或者叫"行宮",[30]
或者叫"行殿";[31] 首都之外的另一個都城叫"行都";[32] 首都與
行都之外,天子處理行政的地方叫"行在",[33] 譬如在南宋初期,

---

〔28〕 見《雙溪醉隱集》卷六,頁3(後頁)。

〔29〕 耶律鑄所到之處的時間與地點,完全根據《元史》卷一四六的《耶律鑄傳》。

〔30〕 〔晉〕左思《吳都賦》云:"古先帝代,曾覽八絃之洪緒,一六合而光宅……烏聞梁岷有
　　陂方之館、行宮之基歟?"李善注:"天子行所,立名曰行宮。"賦文見梁昭明太子所編
　　《文選》(此據清嘉慶十四年,1809,鄱陽胡氏重刻北宋淳熙刊本)卷五,頁1~2。

〔31〕 〔唐〕李商隱《六頓詩》云:"猶鎖平時舊行殿,盡無宮户有宮鴉。"詩見《李義山
　　集》卷六。

〔32〕 《宋史》(據1975年,北京:中華書局排印標點本)卷三九三《黄裳傳》云:中興
　　規模與守成不同,出攻入守,當據利便之勢,不可不定行都。"

〔33〕 《宋史》(據同上注所用標點本)卷一《高宗紀》六云:"(紹興)八年(1138)……張通
　　古、蕭哲至行在……是歲,始定都于杭。"

在宋高宗還没把杭州定爲國都之前，杭州是稱爲"行在"的。此外，由於天子的祖廟一般都建於京城之中，所以在天子出巡的行程中，臨時建築的祖廟就稱爲"行廟"。[34] 根據上舉各例，"行帳"似乎應該指天子出行的營帳，而"行厨"也似乎應該指天子出行時，途中臨時設立的烹飪場所。如果這個推論無誤，耶律鑄在湖北宜都聽人所説的"行帳八珍"，也許本來是宋人的八珍，而他所説的"行厨八珍"，卻是蒙古人的八珍。然而他既説"行帳八珍"就是"行厨八珍"，可見在十三世紀的中葉，當蒙古人與南宋的中國人相互交戰的時候，雙方不但都有八珍，而且這八珍的内容，竟然是完全相同的。這個現象不但有趣，也是相當值得注意的。現把"行厨八珍"的名目逐一解釋如下：

(1) 醍醐

醍醐，音題胡，是乳酪上面的那層硬皮。《大般涅槃經》卷一四《聖行品》云：

> 譬如從牛出乳，從乳出酪，從酪出生酥，從生酥出熟酥，熟酥出醍醐。醍醐最上……佛以如是。[35]

引文的意思是説，因爲從牛可以得到牛奶，從牛奶裏可以產生奶酪，從奶酪裏可以產生生酪酥。酪酥又分兩種，直接從奶酪裏得到的是生酪酥，然後從生酪酥裏又可以得到的是熟酪酥。最後，從熟酪酥裏所得到的食品才是醍醐。根據以上的各種關係，醍醐是牛奶的精華，是無可疑的。

《大般涅槃經》現有兩種版本，屬於大乘佛教的叫《大般涅槃經》，這是在南北朝時代的北凉（397~439）朝内，由從中印度來華的曇無讖（Dharmaraksha）在從玄始三年至十年（414~421）的這八年之中，在甘肅姑臧，根據他從印度帶來的前十二卷和他在于闐訪得的後二十八卷，從印度梵文（Sanscrit）本而譯成中文的。這部經共四十卷。至於屬於小乘佛教的也叫《大般涅槃經》，這是在南北

---

[34] 《晉書》（據 1974 年，北京：中華書局排印標點本）卷六七《温嶠傳》云："嶠於是創建行廟，廣設壇場，告皇天后土祖宗之靈，親讀祝文，聲氣激揚，流涕覆面。三軍莫能仰視。"

[35] 見曇無讖譯《大般涅槃經》（據《大正新修大藏經》本，臺北：白馬精舍印經會影印出版，1989 年），《聖行品》第七之四，頁 448。又見慧嚴等《大般涅槃經》（據《大正新修大藏經》卷一三《聖行品》下，頁 690~691。

朝時代劉宋朝內的宋文帝元嘉十三年（436），由慧觀、慧嚴和謝靈運等人參照曇無讖的四十卷本譯本和法顯在東晉安帝義熙十四年（418）所譯的六卷本，加以修正而共同編成的。編成以後，這部經共有三十六卷。大乘佛教版本譯成中文的時間雖比小乘佛教版本譯成中文的時間稍早，不過不論是大乘的還是小乘的版本，都在五世紀的中期以前已經譯成中文。

醍醐之名既然首先見於《大般涅槃經》，而這部佛經又是由印度佛僧從梵文寫成的經典，可見把牛奶做成酪，由酪做成酥，再由酥產生醍醐，不但本是印度人對牛奶食品之生產過程的詳細記載，而且把醍醐當做牛奶的精華來看待，本來也應該說是印度人的一種飲食觀念。既然這種觀念本來不是中國人的，可以說，把牛奶與從牛奶裏產生的酪、酥與醍醐作爲中國人的飲食的一部分，是中國的飲食文化受到外來的飲食文化之影響的一種表現。

如果中國人知道吃奶酪與醍醐是由於佛經的介紹，應該接著追查的是在《大般涅槃經》還沒被譯成中文之前，難道在中國的固有飲食文化之中，真的連奶酪也沒有嗎？要回答這個問題，《禮記》卷七《禮運》篇裏的一段文字，是不能忽視的。現把《禮運》篇的原文節引如下：

> 昔者先王，未有宮室……未有火化。……後聖有作，然後修火之利，范金、合土以爲臺榭、宮室、牖戶。以炮、以燔、以亨、以炙，以爲醴酪。[36]

所謂醴，意思是甜酒。酪，據鄭玄的注，是"酢截"。酢，音做，是醋的本字。至於截，音宰，意思也是醋。根據醴與截二字的字義，《禮記》所說的醴酪，似乎實際上就是用甜酒做成的醋。再根據前面對於周代八珍的介紹，周代天子在吃"炮豚"的時候，豬肉是要蘸著醋來吃的。無論醴酪，也就是酢截，是否就是吃"炮豚"時所需要的醋，周代的酪，只是一種酸味的調味品，而絕不是從牛奶裏面得到的精華。這就是說，到戰國時代爲止，中國傳統飲食文化之中，雖然也有酪，不過中國的酪與印度傳統飲食之中的酪，是完全不同的兩種食品。這兩者的差異，是必須辨別清楚的。

---

[36]　《禮記鄭注》卷七《禮運》篇，頁3。

由許慎在漢和帝永元十二年（100）編成的《説文解字》，不但是漢代的字典，也是中國的第一部字典。可是在《説文解字》裏，並沒有酪這個字。[37] 這個事實，似乎可以説明直到後漢的中期，或者説，直到公元二世紀的始點，住在中國境内的中國人，大概還没有吃奶酪的習慣。爲什麼要這樣説呢？在漢武帝的元封時代（前110～前105），武帝先把江都王劉建的女兒劉細君封爲公主，然後把她送到西域去，嫁給烏孫國的國王莫昆。[38] 當時的烏孫國的領土，就在現在的新疆省的伊犂河流域。[39] 細君到了烏孫之後，發現莫昆不但已經是個老頭子，而且由於兩人的言語不通，根本無法交談。[40] 於是劉細君就在又氣又悲的心情之下，寫成這樣的一首詩：[41]

> 吾家嫁我兮天一方，遠託異國兮烏孫王。
>
> 穹廬爲室兮旃作墙，以肉爲食兮酪爲漿。
>
> 居常土思兮心内傷，願爲黄鵠兮歸故鄉。

詩中最值得注意的是第四句。細君既然要把"以肉爲食"記下來，可見烏孫國以肉爲主食的吃的方式，與中國人的以米或麵爲主食的吃的方式是不一樣的。以肉爲主食，固然已經使細君吃的方面感覺非常不習慣，在另一方面，烏孫人的以"酪爲漿"，也同樣地使她感到不習慣。可是除了酪，她並没有别的飲料可喝。因爲據班固的記録，烏孫國人都"隨畜逐水草"，[42] 這個國家根本是一個典型的遊牧社會的國家。由劉細君的詩裏所提到的酪，既是當作漿來喝的，似乎可以説這個酪字如果不是牛奶的代名詞，恐怕就是薄得可以喝的薄奶酪。根據這個推論，遠在許慎編成《説文解字》的百年之前，劉細君與陪著她一齊到烏孫國去的那幾百個漢人，是喝過奶酪的。不過他們喝奶酪的地點，既在中國的領土以外，而所喝的奶

---

〔37〕《説文解字》卷一四下在"酉"部，共收從酒至爵等酉字旁的字共七十個，其中並無酪字。

〔38〕《漢書補注》（據清光緒二十六年，庚子，1900，長沙王氏校刊本）卷九六《西域傳》下，頁3。

〔39〕 蘇北海《新疆歷史地理》（1988年，烏魯木齊：新疆大學出版社出版）第一篇《漢代烏孫居地考》，頁1～14。

〔40〕《漢書補注》卷九六，頁4。

〔41〕 同上，頁4。

〔42〕 同上，頁2。

酪，也不是中國人的產品。因此劉細君雖在漢武帝時代在烏孫喝了由當地人所做的奶酪，可是這件事卻與中國的飲食文化並沒有關係。

這個情形，到了東漢末年的獻帝時代（190～219），似乎已經有所改變。譬如生活在南北朝時代的劉義慶（403～444），曾對曹操的生活寫過這樣的一段記錄：[43]

> 人餉魏武一杯酪，魏武啖少許，蓋頭上，題合字以示
> 眾。眾莫能解。次至楊脩，脩便啖，曰："令教人啖一口，
> 復何疑？"

楊脩的捷悟，固然值得讚歎，可是在引文中，更值得注意的是"人餉魏武一杯酪，魏武啖少許"與"脩便啖"這兩句話。據這兩句話，有人送給曹操一杯酪；他吃了一點，楊脩也吃了一點。曹操死於漢獻帝延康元年（220），[44] 楊脩則在漢獻帝建安二十四年間（219）被曹操所殺。[45] 因此，儘管他們吃奶酪的時間不能確定，不過在時間上，不能遲於建安二十四年，是無可疑的。另一方面，把奶酪送給曹操可能具有兩種意義；一種是酪很少見，另一種是酪很好吃。既然在 220 年以前，有人把酪送給曹操，可見到了漢代末年，中國人不但不把吃酪視爲苦事，而且還把酪當作珍品來送禮。除此以外，在漢代末年，中國人也許已經學會如何自己製作奶酪了。

在許慎編成《說文解字》之前，也就是直到公元前 100 年之前，中國人既沒有酪字，應該是既不知道什麼是奶酪，也不知道吃奶酪的。可是到 220 年左右，中國人除已學會怎麼吃酪，也已學會怎麼

---

[43] 《世說新語》卷中，《捷悟》第十一（見 1969 年，香港：大衆書局出版，楊勇校箋本，頁 441。又見 1987 年，香港：中華書局出版，徐震堮校箋本，頁 318）。

[44] 據《三國志》（據上海涵芬樓影印宋紹熙刊本）之《魏書》卷一《武帝紀》，頁 46，曹操卒於漢獻帝建安二十五年，年六十六。據此推之，其人應生於漢桓帝永壽元年（155）。

[45] 楊脩爲楊震（卒於漢安帝延光三年，124）之玄孫。其略傳於《後漢書》卷五四附於《楊震傳》之後，但不言楊脩之卒年。然據《後漢書》所引《續漢書》，楊脩爲曹操所殺時，年四十五，然亦不言其卒於何年。據《楊震傳》後所附《楊彪傳》，楊彪從建安十一年起，託有病而不復行，前後十年。此後，其子楊脩才被曹操所殺。所以楊脩之逝，至少應在建安二十一年或該年之後。如果楊脩卒於建安二十一年（216），年四十五，他的生年應在漢靈帝建寧四年（171）。姜亮夫所編《歷代名人年里碑傳綜表》（1961 年，香港：中華書局出版，頁 30），則作生於漢靈帝熹平四年（175），卒於漢獻帝二十四年（219）。1976 年 Richard B. Mather 在《世說新語》的英文全釋本（*A New Account of Tales of the World*，由美國 Minnesota 大學出版社出版）之中，在傳略部分的 602 頁，認爲楊脩的生卒年是 178～220，不知何據。

去製作奶酪。根據以上的討論，可以看出來，中國人的飲食習慣，在從公元前二世紀的初年到公元三世紀的初年的這五百年之間，曾經發生過很大的變化。如果可以把中國人不知道吃奶酪的飲食習慣稱爲傳統的中國文化，當中國人開始吃奶酪的時候，在中國人的飲食習慣裏，既已滲雜了遊牧民族的飲食方式，中國的飲食文化就已不再是純粹的傳統中國文化。這個變化是相當大的。

以上所討論的，是酪在中國飲食之中的時間的開始。以下還要再從文獻上看吃酪地區的地理分佈。在籍貫上，曹操是沛國的譙縣人。[46] 楊脩是弘農人。[47] 在漢代，沛國的屬地在今河南省東部與安徽省西北部的山地之間，譙縣即今亳縣，位於安徽省的西北角，與河南省的邊界相距不遠。至於弘農，在漢代是一個郡；郡的領土包括河南之西部與山西之東南部的山地。大致説來，曹操與楊脩在籍貫上都可算是河南人。河南是中原。既然曹操與楊脩都吃酪，而河南人又會做酪，可見在三世紀初年，把酪作爲中國飲食的一部分，似乎首先是在河南，也就是在中國的中原地區發展起來的。

這個現象，似乎直到南北朝時代，還沒有重大的改變。楊衒之的《洛陽伽藍記》卷三，在"正覺寺"這一條之下，曾有以下的記錄：[48]

> 勸學里東有延賢里，里内有正覺寺。尚書令王肅所立也。肅字公懿，琅邪人。僞齊雍州刺史奐之子也。……爲齊秘書丞。……肅在江南之日，聘謝氏女爲妻。及至京師，復尚公主。……肅初入國，不食羊肉及酪漿等物。常飯鯽魚羹，渴飲茗汁……經數年以後，肅與高祖殿會，食羊肉、酪粥甚多。

在這段引文裏，有幾點要先解釋。所謂琅邪，本是在秦代設立的一個郡。到了西漢時代，這個郡治在今山東西部的諸城一帶。東

---

[46] 《三國志·魏志》卷一《武帝紀》，頁1云："太祖武皇帝，沛國譙人也。姓曹，諱操，字孟德。"

[47] 關於楊脩，史書雖未提到他的籍貫，不過《後漢書》卷八四《楊震傳》，楊震的籍貫是弘農華陰。楊脩既是楊震的孫子，他的籍貫也應該是弘農。

[48] 見周祖謨校釋本《洛陽伽藍記》，1963年，北京：中華書局初版，1987年，再版）卷三，頁124~125，又見徐高阮重別文注並校勘本《洛陽伽藍記》（1960年，臺北：中央研究院歷史語言研究所出版）卷三，頁23。

漢時代，把琅邪郡改爲琅邪國，國治在今山東臨沂縣北十五里的開陽。這個琅邪國，不但直至西晉時代依然存在，而且當時此國的國治所在也仍在開陽。東晉建都建康（即今南京）之後，晉元帝爲了處置從琅邪國南遷到長江流域的山東人士（也就是當時史家所説的僑民），而在大興三年（320）又在今南京以東的句容設立了一個新的琅邪郡。[49] 這個新琅邪郡，在南朝的宋、齊、梁等三代是照樣維持的，不過卻把新琅邪郡的郡治從句容遷移到建康以北的白下，同時定名爲南琅邪郡。一直要到陳代，白下的琅邪才廢止不用。王肅的籍貫是琅邪，這個琅邪當然不是白下的新琅邪，而是山東的琅邪國。可見在地理上，王肅是山東人，也就是一個道地的北方人。引文裏所提到的高祖，指北魏的孝文帝（471～499 在位）。北魏的都城，本來是山西省的平城。到太和十八年（494），孝文帝下令遷都，才把北魏的都城由平城遷到洛陽。洛陽位於河南的西部，楊愔的老家弘農郡就在洛陽附近。至於王肅，他是在北魏孝文帝太和十八年，也就是在北魏剛以洛陽爲都的那年，離開南京，逃亡到洛陽去的。到孝武帝景明二年（501），他在受封爲昌國縣侯之後，死於北魏，時年三十八。[50]

王肅的父親是王奐。據唐初史家李延壽的記載，王奐不但在劉宋順帝的昇明初年（477），曾在建康以南的丹陽擔任當地的郡尹，而且在昇明初年以前，已經在劉宋朝內先後擔任過侍中與尚書的職位。[51] 對於這兩個職位的任期究竟有多久，李延壽雖然一字不提，可是根據梁代史家蕭子顯的紀錄，遠在劉宋廢帝的元徽元年（473），王奐已經在江夏先後擔任當地的長史與太守。[52] 所謂江夏就是現在

---

[49] 《晉書》卷一五《地理志》下，頁 452，晉有琅邪國，在山東，統開陽、臨沂、陽都、繒、即丘、華、費、東安與蒙陰等九縣。晉元帝過江後，"琅邪國人隨帝過江者，遂置懷德縣及琅邪郡以統之。"可是近代學者對於東晉所設的僑置郡縣的年代，迄今似乎尚無定論。詳見何啓民《永嘉亂後流人問題與州郡縣的僑置》，載《中央研究院第二屆漢學會議論文集》（1989 年，臺北），頁 541～578。

[50] 見《魏書》（據 1975 年，中華書局排印標點本）卷六三，頁 1407～1412。又見《北史》（據 1974 年，北京：中華書局排印標點本）卷四二《王肅傳》，頁 1537～1541。

[51] 見《南史》（據 1975 年，北京：中華書局排印標點本）卷二三《王奐傳》，頁 638～639。

[52] 見《南齊書》（據 1975 年，北京：中華書局排印標點本）卷四九《王奐傳》，頁 847～852。

湖北省的武昌。王肅既在 501 年時卒，年三十八，所以他在 477 年
與 473 年，應該分別只有十四歲與十歲。這個年齡的孩子應該是由
父親帶在身邊的。因此，在 477 年，王肅十四歲的時候，應該住在
江蘇的丹陽，而在 473 年，當他只有十歲時，他應該與他的父親王
奐同時住在湖北的武昌。

　　瞭解了以上所説各事，可知直到五世紀的中後期，以王肅爲例，
住在長江流域的中游與下游的漢人似乎是不吃酪的。王肅在洛陽住
了幾年以後，能夠在與孝文帝見面的時候，既吃不少的羊肉，又吃
不少的奶酪，可見在長江流域長大的漢人並非不能吃酪。王肅初到
洛陽時不吃酪，恐怕只是由於長江流域沒有酪。他在現在的南京與
武昌地區，既然都沒吃過酪，所以他剛到洛陽時，還是不吃酪。可
是他在洛陽住了幾年，能吃很多酪，這就表示王肅的飲食習慣已經
受到中原飲食文化的影響。除此以外，王肅吃酪也表示長江流域地
區的飲食文化，只要經過一段時間，是會受到遊牧民族的飲食文化
之影響的。得到這個論點的理由很簡單：北魏是由拓跋氏所建立的
政權。拓跋氏是鮮卑族的一支。鮮卑是一個遊牧民族，也是中國政
治史上的五胡之一。根據以上的討論，可見在三世紀初期，當曹操
佔領中原的時候，中原是吃酪的地區，到五世紀末期，當拓跋氏佔
領河南的時候，中原仍舊是吃酪的地區。在五世紀，直到王肅由南
京逃亡到洛陽的時候，以南京與武昌爲中心的長江流域的中游與下
游地區，可能還是不吃酪的。

　　此後，以河南爲主的中原地區，一直是吃酪地區的主要地區。
現在只舉一項十二世紀的資料爲證來説明這個觀點。孟元老的《東
京夢華錄》，雖然寫成於南宋高宗紹興十七年（丁卯，1147），書的
內容卻是對於北宋都城汴京之各種生活的回憶。此書卷二在《飲食
果子》條下，曾記汴京的飲食店鋪之中，有一個"乳酪張家"。[53]
汴京就是開封，開封在洛陽之東，也在河南省境之內。由孟元老的
這項記載，可以看出來，至少在北宋末年的宋徽宗的政和與宣和時
代（1111～1125），在當時的國都之中，吃酪的人數必不在少。正因
爲吃酪的人很多，所以才有一個張家鋪子專賣奶酪。

---

〔53〕　孟元老《東京夢華錄》（據鄧之誠標點注釋本，1961 年，香港：中華書局出版），
　　　頁 74。

據前面所引的《大般涅槃經》，醍醐是奶酪的精華。既然到五世紀中期爲止，這部佛經已有兩種不同的中文譯本，可見從奶酪裏產生醍醐這回事，中國的佛教徒應該是早就知道的。可是事實上，中國人真正知道醍醐是一種美食，恐怕爲時甚晚。譬如由寇宗奭在宋徽宗政和時代寫成的《本草衍義》，在此書卷一六的"醍醐"條，曾說:[54]

> 作酪時，上一重凝者爲酪面。酪面上，其色如油者爲醍醐。熬之即出，不可多得。極甘美。雖如此取之，用處亦少。惟潤養瘡痂最相宜。

究竟用醍醐來醫療瘡痂是否真的"相宜"，由於牽涉到中國的醫藥學，本文無法評論。不過從文獻上看，寇宗奭可能是第一個對醍醐的美味用文字加以描述的人。在宋徽宗的宣和時代，寇宗奭是專門爲北宋的中央政府收購藥材的一位官員。[55] 北宋的中央政府既然位於汴京，所以寇宗奭應該是長期住在汴京的。他說醍醐之味甘美，應該是他親口吃過醍醐之後的實際感受。如果寇宗奭有這種感受，汴京的居民，甚至整個中原地區的漢人，在吃過醍醐以後，也都會有同樣的實際感受。那就無異說明，在北宋的末年或者十二世紀的前半期，汴京的或者中原的漢人，根據他們一千年來的製酪的經驗，終於知道如何從奶酪去提取牛奶的精華來製作醍醐。經過這些分析，也許可以說，北宋的中原漢人能夠製作醍醐，似乎是由於他們長期製酪的實際經驗，這也就等於說，北宋漢人自製醍醐，也許並不是由於他們對於《大般涅槃經》的閱讀。不過以北宋的漢人在發現醍醐的味道甘美之後，仍舊把它作爲醫學上的藥品爲例，可以看出來在當時並不曾把醍醐視爲飲食裏的珍品。可是到了元代初年或者十三世紀的中期，據耶律鑄的記載，醍醐已是當時的"行廚八珍"裏的一道珍餚。從寇宗奭在政和時代對醍醐首次加以記錄，到耶律鑄

---

[54] 見《本草衍義》（據《叢書集成》初編本，1937 年，上海：商務印書館出版）卷一六，頁 78。

[55] 據陸心源(1834～1894)在清光緒三年(1877)爲《草本衍義》所寫的序的考證，寇宗奭曾在杭州的永耀軍與順安軍，前後擔任承直郎與澧州司戶。但寇宗奭在《本草衍義》卷一的書名之後所記的，他自己的職務是"通直郎添充收買藥材所辨驗藥材"。根據宋代的文官散階，奉直郎的品級是從六品上，階數是第十六級，承直郎的品級是正六品，階數是第十五級。宋代的文官的階數，共有二十九級。寇宗奭的官階，雖曾由第十六階昇到第十五階，但在二十九個官階之中，第十五級仍是中等官階。

在 1258 年對"行厨八珍"加以記録，在時間上，這兩種記録相距大約一百四十年。醍醐成爲中國人的一道珍餚，就是在這一百四十年之中形成的。從漢代的劉細君以飲酪爲苦，到南北朝時代的王肅可以大吃酪粥，再到北宋人稱讚醍醐的味道甘美，最後到醍醐在元代初年變成當時的珍餚，這幾件史實不但説明中國人在飲食方面的口味的演變，也説明中國人的飲食在物質需求方面也是有變化的。

在清代初年，籍貫是浙江秀水的朱彝尊(1629~1709)，雖是有名的學者，卻也寫過一部與飲食有關的著作《食憲鴻秘》。在此書的上卷，他記載了怎麼製作奶酪的秘方。秘方的全文雖然不必引録，不過他在乳酪方的標題之下，卻有一小段注文，是相當值得注意的。注文説：

> 從乳出酪，從酪出酥，從生酥出熟酥，從熟酥出醍醐。[56]

在與前面已經引録過的《大般涅槃經》裏的經文互相對照以後，如説朱彝尊的這段注文的來源就是《大般涅槃經》，應該是無可置疑的。值得注意的是，他既知道醍醐是最高級的奶製食品，可是他對醍醐的美味不但没有讚語，甚至對醍醐曾經是"行厨八珍"之一珍的史實也一字不提。這個事實似乎説明，在朱彝尊的心目中，醍醐雖然甘美，到底不過只是一種治療瘡痂的藥材而已。所以他吃奶製食品，只吃最普通的奶酪；既不吃奶酥，也不吃醍醐。假如這個推論符合事實，可以看出，到了十七世紀的清代初年，吃奶酪的地區，固然已由中原地區擴展到東南沿海的浙江，可是在當時，醍醐的地位如與耶律鑄的時代互相比較，倒反而衰退了。

(2) 廥沆

"行厨八珍"的第二珍，名廥沆，音助康。關於這項珍品，在《雙溪醉隱集》裏，耶律鑄是曾用一首詩題就是"廥沆"的七言絶句來加以描述的。這首詩的詩句雖不重要，不過他爲此詩所寫的序卻非常重要。因爲根據這篇詩序，廥沆就是馬駒。[57] 如果能以成書時間較早的其他文獻來印證，也許可以説，耶律鑄所説的馬駒，應爲古代挏馬之誤寫。至於挏馬，就是用經過多次推撞之馬奶所做成的酸酒。這就是説，在"行厨八珍"裏，是有酒可飲的。

要想知道挏馬酒的來源，在時間上，應該先回到漢代。在漢代

---

[56] 見邱龐同注釋本《食憲鴻秘》1985 年，北京：中國商業出版社出版)，頁 13。

[57] 見前揭《雙溪醉隱集》卷六，頁 4~5。

的中央政府之中，職位最高的大臣是合稱三公的御史大夫、太尉與丞相。在丞相之下，設有九卿。九卿之一是太僕，太僕的主管是丞。在太僕丞之下，又設有大廏令、未央令和家馬令等三種屬官。家馬令是在何時設立的，現已不詳，不過到了漢武帝的太初元年（前104），當時的政府已經明令把家馬令改爲挏馬令。[58]

關於挏馬，在《漢書》裏是有幾種注文的。譬如後漢時代的應劭的注文是：[59]

> 挏馬，主乳馬；取其汁，挏治之。味酢，可飲。因以名官也。

而三國時代之魏國人如淳的注文是：[60]

> 挏馬，主乳馬；以韋革爲夾兜，受數升，盛馬乳。挏取其上把。

在如淳的注文裏，"挏取其上把"是讀不通的。所以晚清的學者王先謙認爲這個無解的"把"字應該是"肥"字的誤寫。[61] 這個意見是對的。根據這個意見，再把《漢書·百官公卿表》裏的記載和應劭與如淳的注文綜合起來，可知家馬令原有的職責是爲天子供給他私用的馬匹。不過天子經常要處理國務，他以私人的身份離開宮廷而需要使用馬匹的次數，應該不會很多。當家馬令沒有公務的時候，如果太僕丞命令他兼負擠取馬奶和以馬奶製酒的工作，恐怕不是不可能的。家馬令既然要經常負責製造馬奶酒的工作，所以到了公元前104年，甚至連漢代的中央政府也索性把這個造酒官的官名，由家馬令改爲挏馬令了。

挏馬酒是怎麼做出來的呢？先把一張牛皮圍成一個桶一樣的大皮兜，然後把馬奶擠到這個皮兜裏去。皮兜的容量並不很大，大概每一次只能接幾升馬奶。接好馬奶以後，大概先要把皮兜扎緊，然後用重的東西去推撞皮兜裏的馬奶；經過很多次的推撞馬奶不但變成了酒，酒裏還帶有一點酸的味道。馬奶的脂肪是堆積在皮兜裏面之上層的。等到把這些脂肪清理乾净，挏馬酒就可以喝了。前面說過，據耶律鑄的解釋，所謂廛沆，其實就是原料是馬奶、做法是推撞而味道是酸

---

〔58〕 《漢書》（據王先謙補注本）卷一九上《百官公卿表》上，頁12～13。
〔59〕 同上，頁13。
〔60〕 同上，頁13。
〔61〕 同上，頁13。

味的馬酮酒。既然漢代的挏馬酒的原料也是馬奶、做法也是推撞,此外,連酒味道也是酸的,所以元初的膻沆(也就是馬酮酒),可能根本就是漢代的挏馬酒。二者的差別,只是挏與酮的寫法不一而已。

在漢代,挏馬酒既是由爲天子備馬的挏馬令負責監製的酒,漢代的天子喝不喝挏馬酒呢?要想找到這個問題的答案,《漢書》裏的資料是不能不注意的。據《漢書》的《百官公卿表》,在漢代,在九卿之下是設有少府的。少府之下,又設有二十八個機構。每一個機構的單位主管都叫做丞。在這二十八個機構之中,有一個樂府。樂府是直接負責掌管宮廷之樂舞的機構。樂府的編制,非常龐大。譬如據桓譚的記錄,當他在漢成帝時代(前32~前7)的前期擔任樂府丞的時候,當時的樂府共有樂工千人。[62] 所謂前期,時間不明,不過無妨假設爲自成帝建始元年到陽朔四年(前32~前21)的那十二年。可是到漢成帝的綏和二年(前7),當時的樂府雖然只有八百多人,然而丞相孔光(前65~前5)認爲編制還是太大。於是他就向漢成帝上奏,請求成帝能夠對這個人數龐大的樂府編制加以刪減。孔光的計劃是樂府只需要三百八十八名樂工。所以在人數是八百多人的樂府裏,有四百四十一人是要裁除的。[63] 這個奏請在得到漢成帝的批准之後,立刻生效。據《漢書》的《禮樂志》,在被裁除的四百多名樂工之中,有七十二名在被遣散之前,曾被賞與本來是賞給朝廷大臣喝的挏馬酒。[64] 可見在漢成帝時代,帶酸味的挏馬酒,應該是一種在宮廷中使用的高級酒。

在漢代,大宛是西域的三十六國之一。其地在今新疆以西的土庫曼斯坦的費爾汗那(Ferghana)一帶。[65] 產於大宛的汗血馬,在中國是被稱爲天馬的。[66] 漢武帝爲了得到大宛的汗血馬,曾經在太初元年(前104),派大將李廣利統兵十餘萬,到中亞細亞去與大宛作戰;前後四年。到太初四年(前101),漢武帝才戰勝了大宛。[67]

---

[62] 桓譚的原文説:"昔余在孝成帝時,爲樂府令。凡所典領倡、優、伎、樂,蓋有千人。"語見嚴可均編《全後漢文》(此據清光緒二十年,甲午,即1894年,黃岡氏刊本)卷一五,頁3。

[63] 《漢書》卷二二《禮樂志》,頁1074。

[64] 同上。

[65] 見張星烺《中西交通史料匯篇》(據1962年,臺北:世界書局影印本)第五册,頁26。

[66] 《史記》卷一二三,頁3160,《大宛列傳》記張騫上武帝之奏言云:"大宛在匈奴西南……去漢可萬里……多善馬,馬汗血,其先天馬子也。"又《漢書》卷九六《西域傳》上,頁3894,《大宛傳》:"宛別邑七十餘城,多善馬。馬汗血,言其先天馬子也。"

[67] 同上。

這時候，他不但得到了大宛的汗血天馬，而且更意外地從大宛國得到不少由當地人所製造的陳年葡萄酒。[68] 這些葡萄酒，還有那些汗血馬，在從大宛運到中國之後，當然是要獻給漢武帝的。於是大宛國的陳年葡萄酒，就很自然地成為可能只有漢武帝才能獨享的美酒。他既有這麼多的陳年葡萄酒可喝，對於味道有點兒酸而且又能經常喝到的挏馬酒，他未必是樂於暢飲的。可是從武帝太初四年到成帝綏和二年，在時間上，相差已經又快一百年。經過這麼長的時間，在漢代的宮廷裏，由漢武帝所留下來的大宛葡萄酒，可能早已喝完了。所以在漢成帝的時候，宮廷飲用的御酒，似乎仍是酸味的挏馬酒。挏馬酒既在漢武帝以後成為宮廷用酒，在當時，應該是珍貴的。在元初，既把一種麆沆的馬奶酒也列為"行厨八珍"裏的一道珍品，足見當時對於馬奶酒的重視並不次於西漢時代。從這個角度來看，中國人對於馬奶酒的喜愛，從西漢中期直到元代初年，歷時一千六百年，並沒有重大的改變。中國人對馬奶酒的長期的喜愛，是值得注意的。

在結束與麆沆有關的討論之前，對麆沆這個名詞的來源，似乎不能不提一下。據前述耶律鑄的《麆沆》詩之詩序，"麆沆，奄蔡語也"。[69] 所以用來稱呼元代之馬奶酒的麆沆，根本不是一個中國的名詞。所謂奄蔡，本是在漢代才見於中國史書的一個外國國名。《史記》卷一三二《大宛傳》說：[70]

奄蔡，在康居西北可二千里，行國，與康居大同俗。

此外，《漢書》卷九六《西域傳》上，在《大月氏傳》內也說：[71]

其康居西北可二千里有奄蔡國。控弦者十餘萬人。與康居同俗，臨大澤，無崖，蓋北海云。

大體上，所謂康居（Sogdiana），是由屬於突厥族的遊牧民族在今中亞細亞之藥殺水（Yaxartes，即今錫爾河 Syr Diria）以北的吉爾吉斯（Kirghiz）所建立的國家。[72] 奄蔡既在吉爾吉斯以北二千里，

---

〔68〕 《漢書》，頁3894："大宛左右以蒲陶為酒，富人藏酒至萬餘石，久者至數十歲不敗。"

〔69〕 《雙溪醉隱集》卷六，頁4。

〔70〕 《史記》（據1970年，北京：中華書局排印標點本）卷一二三《大宛列傳》，頁3161。

〔71〕 《漢書》卷九六《西域傳》上，《康居傳》，頁3893。

〔72〕 白鳥庫吉《康居粟特考》（傅勤家中譯本，1936年，上海：商務印書館出版），頁15～16。

其地應在今鹹海及里海以北。[73]《漢書》在《大月氏傳》中既説奄蔡 "臨大澤"，這個大澤可能就指里海。十三世紀初期，蒙古人不但在蒙古草原崛起，而且從元太祖十四年至二十年（1219～1225）的這六七年之間，由於元太祖率軍征服土耳其斯坦，[74] 似乎與中亞細亞的許多遊牧民族都有接觸。他們可能透過這種接觸而接受了一部分屬於中亞細亞遊牧民族的文化。從蒙古人對於馬奶酒没有一個專門的名稱，反而要用住在里海附近的奄蔡人的語言把馬奶酒稱爲麈沆，就可以證明這個論點。不過無論如何，周代八珍是没有飲品的。在元初的 "行厨八珍" 裏，不但有馬奶酒，而且還要用另外一個民族的語言來稱呼這種酒。只從這個角度來看，"行厨八珍" 與周代八珍當然是不相同的。

（3）馳蹏羹

"行厨八珍" 的第三珍是馳蹏羹。馳蹏這兩個古字現在是不常用的。所謂馳，音陀，是駝字的俗寫。至於蹏，音提。《漢書》裏曾有 "陸地牧馬二百蹏" 之語。[75] 此句在蹏字下面是有注文的。據漢人孟康的注，二百蹏就是五十匹。[76] 如果二百蹏等於五十匹馬，每四隻蹏當然就是馬的四隻蹄。現在雖可瞭解二百蹏就是二百蹄，可是孟康終未明説蹏就是蹄。到了唐代，顏師古纔在他的注文裏正式地指出："蹏，古蹄字。"[77] 瞭解了馳蹏二字的字義，可知馳蹏就是駝蹄。一般説來，駝是駱駝的簡稱。因此，駝蹄羹就是用駱駝之蹄所作的羹。

駱駝是產於沙漠地區裏的一種體型高大而又能駄負重物的動物。中國的蒙古與新疆雖然都有沙漠，可是在漢代，當時的新疆因爲位於中國領土以西，所以俗稱西域。漢代的西域，主要是突厥人居住與遊牧的地方。至於蒙古，在漢代是稱爲朔方的。漢代的蒙古是匈奴人居住與遊牧的地方。這兩大片生長駱駝的沙漠地區既然都不是漢代的領土，這就等於説，在漢代的中國領土之内，本來是没有駱駝的。

可是從文獻上看，漢代的中國人並不因爲國内不產駱駝而對駱駝一無所知。譬如據《漢書》的記載，在漢文帝四年（前176），匈

---

[73] 張星烺以爲 "奄蔡在里海東北角。" 見《中西交通史料匯編》第一册，頁7。

[74]《元史》（據1977年，北京：中華書局排印標點本）卷一《太祖本紀》。

[75]《漢書》（此據王先謙《漢書補注》本）卷六一《貨殖傳》，頁6。

[76] 同上。

[77] 同上。

奴人曾經向漢代的政府獻過一匹橐佗。[78] 佗與駝同音。所以橐佗就是橐駝。至於橐,《戰國策》裏曾有"覓書擔橐"之語。[79] 意思是如果想要把書帶走,不挑起來,就得用個小袋子裝起來。如果把橐就是袋的這個字義轉用到《漢書》,可見《漢書》把駱駝稱爲橐駝,是由於駱駝的背上多了一塊長得像個小袋子的肉。這塊肉,用現代的辭彙來說,是應該稱爲駝峰的。《漢書》既能用橐字來形容駱駝背上的駝峰,可見漢人對於駱駝的體型上的特徵是很清楚的。根據這項記錄,至少在公元前二世紀下半期的七十年代,有些中國人是見過駱駝的。再據《漢書》的記載,差不多在漢文帝四年一百年之後的漢宣帝本始二年(前72),漢代的常惠在打敗匈奴人之後,從匈奴人的手裏獲得馬、牛、羊、驢、騾和橐駞七十餘萬匹。[80] 所謂"橐駞",又是"橐佗"的另一種寫法。這就是說在常惠從匈奴人的手裏所得到的動物裏,是有一些駱駝的。常惠所得到的六種動物的總數是七十餘萬。匈奴人是依賴牛、羊、馬爲生的。如果說這三種動物的數量遠較驢、騾和駱駝爲多,應該是無可疑的。在七十萬的總數裏,駱駝的數量即使只佔百分之一,至少應該仍有七千匹之多。根據以上的記錄來推測,中國人除在公元前176年見過一隻駱駝外,又在公元前73年見過大批的駱駝。

根據以上的討論,漢代的中國人雖然見過駱駝,不過中國境內既然不產駱駝,大概沒有人想到怎麼把一隻從蒙古得到的駱駝宰掉,然後再把這種動物的一部分做成菜餚的。事實上,不但在漢代沒有人吃駱駝,似乎到南北朝時代,當時的中國人還是不吃駱駝的。想要證明這一點,需要把南朝與北朝分開來,加以個別的觀察。南朝位於長江流域。在地理上,想要得到產於蒙古或新疆的駱駝,一定要先通過黃河流域。可是黃河流域不但屬於北朝,而且北朝還與南朝是互相敵對的。在這種情況之下,在南朝的領土之內,想得到一隻駱駝,恐怕已經非常不容易,更不會有人去把駱駝宰來吃的。不過北朝的領土卻能與蒙古和新疆直接相通。所以在南北朝時代的南

---

〔78〕《漢書》(據《漢書補注》本)卷九四《匈奴傳》,頁71。
〔79〕《戰國策》(據《四庫全書珍本》六集本,1976年,臺北:商務印書館影印出版)卷三《秦策》,頁4。
〔80〕《漢書》(據《漢書補注》本)卷九四《匈奴傳》,頁30。

朝想吃駱駝, 是不可能的。但在北朝, 由於地理位置的關係, 如果
想吃駱駝, 似乎是有此可能的。然而事實上, 在北朝, 駱駝似乎也
不是可吃的動物。在北朝的北魏時代, 賈思勰寫了一本書《齊民要
術》。這部書的内容雖然大部分與農民的種植與畜養有關, 卻也在有
些篇章記載了當時人的食物與各種食物的做法。譬如熊雖然是一種
凶猛的野生動物, 北朝的人卻是吃熊的。因爲在《齊民要術》裏,
就記載了幾種吃熊的方法。[81] 可是在這部書裏, 不要説根本没有任
何吃駱駝的方法的記載, 就連駱駝這兩個字也是從來没提過的。也
許以《齊民要術》的内容爲例, 可以看出來, 在北朝, 還是没有人
吃駱駝的。既然在南朝没有駱駝, 而在北朝又没有與吃駱駝有關的
文獻, 因此或者可以説, 直到南北朝時代爲止, 駱駝在中國, 只是
負重運輸的動物, 没有人吃它的。

可是這個不吃駱駝的情形, 到了唐代, 發生了變化。晚唐的段成
式 (803~863) 是《酉陽雜俎》的作者。據此書的前集, 有一位名叫曲
良翰的將軍,"能爲驢騣駝峰炙。"[82]騣, 音棕, 是馬頸上的長毛, 字義
與鬃相同。所以驢騣, 應該是驢頸上的長毛。至於炙, 據本文注九的
討論, 就是《禮記》所説的"炮"或是《説文解字》所説的"炘", 意思是把
帶著獸毛的肉用硬的東西穿進去再舉到火上去烤。因此, 駝峰炙就是
用火來烤帶著駱駝毛的駝峰。從烹調的角度來看, 在駝峰與驢騣之
間, 是毫無關係可言的。不過騣的本義既是頸上的長毛, 從這個關鍵
上看, 也許可以用騣來代表頸。如果這個推測無誤, 炙字不但應該與
駝峰有關, 與驢頸也有關。那就等於説, 在曲良翰所吃的食物之中, 既
有烤的驢頸, 也有烤的駝峰。即使把驢頸的問題暫時不加討論,"駝峰
炙"就是烤駝峰應該是無可疑的。

曲良翰之名, 不見於《舊唐書》與《新唐書》。不過這兩部史
書都記載過曲環 (726~799)。曲環的籍貫是陝西安邑。他早年參加
過平定史朝義的戰役, 晚年又曾大破李希烈的叛軍。[83] 從陝西向

---

[81] 按《齊民要術》(據《四部叢刊》本) 卷八, 在《蒸魚法》部分, 記載了與蒸熊有
　　　關的蒸法兩種。
[82] 見《酉陽雜俎》(據《學津討原》刊本), 前集, 卷七,頁6(後頁)。
[83] 《曲環傳》見《舊唐書》(此據 1975 年, 北京:中華書局排印標點本) 卷一二二,
　　　頁 3501~3502。又見《新唐書》(此據 1975 年, 北京:中華書局排印標點本) 卷一
　　　四七, 頁 4759~4760。

北，經過綏遠，可達蒙古。同樣的，從陝西的西北向北，也可通新疆。根據這個地理位置，如果陝西境內有從蒙古或新疆而來的駱駝，是不足爲奇的。不過從姓譜的地理分佈上看，姓曲的家族一向住在以陝西與甘肅爲中心的西北。[84] 因此，曲良翰可能也是來自陝西或甘肅的西北人士。根據這個推測，至少暫時可以假定，吃烤駝峰的時間，在沒有比《酉陽雜俎》更早的記錄之前，大概是從晚唐開始的。還有吃烤駝峰，如果不是由陝西人首先開始的，似乎也是由住在黃河流域的漢人開始的，因爲如果沒有直接得到駱駝的機會，恐怕就沒有人會吃烤駝峰的。

唐代以後，經過時間短促的五代（907～960），就到了宋代。在五代時代是否有人繼續吃駱駝，在文獻上似乎並無記錄。可是在宋代，駱駝仍然是要宰來吃的。寇宗奭的《本草衍義》在"野駝"條下這樣記著：

> 生西北界等處。家生者，峰、蹄最精；人多煮熟糟啖。[85]

這項記載雖很簡單，卻具有三種意義。第一，宋人吃駱駝，是峰、蹄並吃的。在部位上，吃駝峰，是承繼從晚唐開始的飲食傳統，可是吃駝蹄，至少從文獻上看，是前所未有的事。這就等於説，宋人吃駝蹄，開創了一個飲食上的新傳統。第二，唐代的曲良翰吃駝峰，在做法上，採用炙而兼具燒烤。可是宋人吃駱峰，已由火炙的方式改爲水煮。不但駝峰用水煮，駝蹄也要水煮。煮好峰、蹄以後，再加糟來一齊吃。這就是説，唐宋兩代對於駱駝的烹調方式是完全不同的。第三，在宋代，吃駝峰與駝蹄的人，是位在西北邊界的人。從廣義的地理位置而言，陝西雖不能算邊界區域，卻正是中國的西

---

[84] 關於曲這個姓，據林寶在唐憲宗元和七年（812）編成的《元和姓纂》（據清光緒六年，即1880年金陵書局刻本）裏的説法（見卷一〇，頁13），是由於晉穆公（按當是晉穆侯，公元前811～前785在位）的小兒子成師被封於陝西的曲沃，他的後人就用曲字爲姓。清代的張澍在他的《姓氏尋源》（據棗華書屋刻本，此書無出版年代，但有清道光八年戊戌，即1838年楊振麟的序）裏（見卷四〇，頁1），則認爲曲姓的來源是由於在夏代暴君桀（約公元前十六世紀）的時代，已經有一個叫做曲逆的大臣，後世姓曲的人都是他的後代。可見關於曲姓的起源，林寶與張澍的意見是不一致的。不過關於曲姓的地理分佈，林寶只提到曲環，張澍卻説："蜀漢之後，渠、宋、甘肅之鎮，戎多曲姓。"所謂渠，如果指漢代西域三十六國之一的渠犁，位置應在今新疆輪臺縣東南，如果指渠搜，位置應當在今陝西境內。至於張澍所説的"宋"，如果是指南朝宋、齊時代的宋興縣，位置應該在今陝西南鄭縣內。可見如果根據張澍的説法，曲姓的地理分佈，如果不在陝西，就在甘肅，總之，在今西北。

[85] 見《本草衍義》卷一六，頁83。

北區域。這樣説，在宋代，吃駝峰與駝蹄的人，除了西北邊界的新
疆，或者也包括陝西人。陝西人是從唐代起已經吃駱駝的。所以宋
代的陝西人吃駱駝，是有歷史背景的。根據寇宗奭，在宋代，吃駱
駝的人，只限於西北與邊界兩地。可是他這個説法是不够周全的。
至少以下舉的一種資料爲例，在南宋的都城杭州，也是有人吃駱駝
的。這項資料見於南宋末年的周密（1232～1298）的《武林舊事》。
他在此書的"蒸作往食"條，記載了五十六種用蒸的方式做成的食
物，其中一種是駱駝蹄。[86] 由周密的記載，又可看出兩種歷史意
義。第一，南宋人吃駱駝，只吃駝蹄。北宋人雖在駝蹄之外也吃駝
峰，可是到南宋，駝蹄似乎已經取代了駝峰的地位，成爲一隻龐大
的駱駝的唯一可吃的部位。第二，在做法上，南宋人吃駝蹄是蒸來
吃的，這與北宋人把駝蹄煮好再加糟的吃法是不同的。

　　到了這裏，南宋人吃駱駝只吃駝蹄，與元代的蒙古人吃駱駝只
吃駝蹄，就駱駝之可吃的部位的選擇而言，有其一致性，是清楚可
見的。因爲在"行厨八珍"裏，據耶律鑄的記載，駝蹄也是要做成
羹來吃的。根據以上的回顧，中國人知道駱駝，雖然可以早到公元
前二世紀中期的漢武帝時代，不過用駱駝的某一部位來作菜餚，似
乎要晚到八世紀中期的唐代後期才開始。當時吃的部位是駝峰，吃
的方法是用火炙。到十二世紀初期的北宋末年，除了繼續吃駝峰外，
又增加了一個新的部位：駝蹄。這時候，駱駝的峰和蹄都用水煮熟
再加糟來吃。到了南宋末年，駝峰已經不吃了。駱駝的可吃部位只
是駝蹄。不過在當時駝蹄是蒸來吃的。最後到元代初年，駱駝的可
吃的部位仍是駝蹄。可是當時吃駝蹄，既要做成羹來吃，大概是要
切成細絲或者薄片的。所以在南宋末年，如果要吃駝蹄，在做法上，
似乎是既不烤又不煮也不蒸。根據以上的簡單的歷史，以吃駱駝爲
例，一方面可以看出來可吃的部位在時間上是有變化的，另一方面
也可看出來，對於駱駝的可吃部位的烹調方式，在時間上，從火炙
到水煮到氣蒸再到加水以做羹，也是有變化的。

　　本文對於駝蹄羹的介紹應該到此爲止。可是在結束之前，還需

[86] 見《武林舊事》標點本（據《東京夢華錄》外四種本）卷六，"蒸作從事"條，頁
448。

對吳自牧與孟元老的兩項記載加以注意。吳自牧是《夢粱錄》的作者。他在這部書中，詳細地記載了杭州的夜市。據他的記載，杭州夜市中的吃食之一是糟羊蹄。[87] 這項小吃代表中國人對於羊的一種新吃法。因爲據孟元老的《東京夢華錄》，在北宋汴京的吃食之中，用羊做的菜，雖然共有七種，[88] 其中卻沒有一種是糟羊蹄。根據孟元老與吳自牧的這兩項記録，似乎可以看出來，在北宋末年的汴京，吃羊而沒有糟羊蹄的這種吃法，也許是傳統的中國式的吃法。可是在南宋末年的杭州吃羊而有糟羊蹄可吃，代表傳統的中國式吃法，在從北宋末年到南宋末年的這一百年之中，已經發生了變化。變化之一是對蹄的看重。變化之二是做羊蹄要用糟。是不是有些原來住在中國西北的人在逃到杭州之後，因爲懷念糟駝蹄的風味而改用糟羊蹄來作代替品呢？

(4) 鹿唇

"行廚八珍"的第四珍是駞鹿唇。關於這道珍餚，耶律鑄在《雙溪醉隱集》裏，曾用詩題也是"駞鹿唇"的七言絶句加以吟咏。爲這首詩，耶律鑄是寫了一篇短序的。以下是這篇詩序的全文：[89]

> 駞鹿，此中有之。肉味非常。唇殊絶美。上方珍膳之一也。

在周代八珍之中，"搗珍"與"漬"的材料都可用鹿肉來擔任。耶律鑄既然注明"吃駞鹿唇"時所需要的鹿是只在北方才有，可見這種鹿大概不是生長在河南的那種比較普通的鹿。北宋末年，陸鈿著《埤雅》二〇卷，在這部書裏，陸鈿記著：[90]

> 北方戎、狄中有麋鹿。駞鹿，極大而色蒼，尻黃而無斑，亦鹿之類。

陸鈿的《埤雅》，可能成書於宋徽宗時代的宣和年間（1119～1125）。[91] 耶律鑄卒於元世祖至元二十二年（1285）。他的《雙溪醉

---

〔87〕 見標點本(據《東京夢華錄》外四種本)《夢粱錄》卷一三，"夜市"條，頁243。
〔88〕 見標點本(據《東京夢華錄》外四種本)《東京夢華錄》卷二，"飲食"條，頁16～17。
〔89〕 《雙溪醉隱集》卷六，頁5（前頁）。
〔90〕 見《埤雅》（據郎奎金編《五雅》本，臺北：商務印書館影印出版，1973年）卷四，頁12（後頁）。
〔91〕 據陸鈿之子陸宰在宋徽宗宣和七年（1125）爲《埤雅》所寫的序。此書是在宋神宗元豐時代（1078～1085）之後才開始編寫的。編寫的時間前後共四十年。從宋哲宗元祐元年（1086）到宋徽宗宣和七年（1125），正好四十年。也許《埤雅》剛編成，陸鈿已死，所以書序只好由陸宰代筆。

隱集》不知編成於何年，但有呂鯤在甲辰年所寫的序。在 1285 年以前的甲辰是元尼瑪察氏（乃馬真后）三年（1244，相當於南宋理宗淳祐四年）。在這年，耶律鑄只有二十三歲。他的詩集必不會編成於這一年。在 1285 年以後的甲辰，是元成宗大德八年（1304）。這時，上距耶律鑄之逝，已有十九年。所以呂鯤的甲辰年的序，應該是在 1304 年寫成的。《雙溪醉隱集》雖有呂鯤在 1304 年所寫的序，不過這篇序文並沒說出此集編於何年。呂鯤的序文既無作用，只好把《雙溪醉隱集》暫時定在耶律鑄逝世之年，即 1285 年。由《埤雅》成書之年（1125）到《雙溪醉隱集》成書之年（1285），中間相距 160 年。可見在從北宋末年到元代初年的這一個半世紀之中，在記錄上，馴鹿一直產於北方。可是"北"的範圍太廣，馴鹿究竟產於北方何地，是需要考查清楚的。滿人西清曾著《黑龍江外紀》八卷。其書卷八在記載黑龍江的物產時，曾說：

> 堪達漢，鹿類。背上、項下，仿佛駱駝。沈存中《筆談》：北方有馴鹿，即此。境內諸山皆有之，毛蒼黃，體高大，重或千角力。性極馴，而水行尤速，角長大，色如象齒，可製射鞢。盛暑無穢氣。[92]

西清所提到的《筆談》，應該是《夢溪筆談》的簡稱。《夢溪筆談》是北宋中期沈括（1031～1095）的著作。存中是沈括的字。今本《夢溪筆談》共二十六卷，書中並無與馴鹿有關之記載。西清既說沈括在《夢溪筆談》裏提到馴鹿，可見西清所見到的版本如果並非與現傳的版本不同，可能就是西清所見那段與馴鹿有關的記載，在現存的《夢溪筆談》裏已經佚失了。不過即使把沈括對馴鹿的記載暫置不提，由西清的《黑龍江外紀》來看，馴鹿的產地是黑龍江。在地理上，黑龍江是中國的東北。可見陸鈿所說的北中與耶律鑄所說的北方，根據西清的著作來看，就是黑龍江。這樣說，產馴鹿的地方應該是中國的東北，而不是華北。

西清既說堪達漢的"背上、項下，仿佛駱駝"，所以馴鹿的得名應該與這種野生動物的體型近似駱駝有關。堪達漢的嘴唇雖然在元代初年是蒙古人飲食裏的珍品，其實從中國人吃鹿的歷史看，吃馴

---

[92]《黑龍江外紀》（據《皇朝藩屬輿地叢書》本）卷八，頁14。

鹿之唇的風氣，似乎相當晚。首先，在周代，吃"搗珍"與"漬"的時候，都只用鹿肉。此外，周代天子所吃的帶有骨頭的肉醬之一，也是用鹿肉做成的。由"搗珍"、"漬"與"鹿臡"這三項食品所用的材料來看，可知在周代所吃的鹿肉無論是否帶有骨頭，鹿唇是不吃的。到了漢代，這個情形似乎並無改變。譬如根據葛洪的《西京雜記》，[93] 在漢成帝時代（前32~前7），曹元理在爲他的朋友陳廣漢計算了他的米的總量之後，陳廣漢就爲曹元理拿來一些酒，還有幾片鹿脯，給他當下酒菜。曹元理不但没吃，而且繼續爲陳廣漢統計他的財產，然後他發現，只是鷄，陳廣漢所擁有的，幾乎就接近五萬隻。最後，曹元理對陳廣漢説："你既有這麽多產業，怎麽請人吃東西這就麽小氣？"由這段記載可以看出，在漢代，吃鹿即吃鹿脯，鹿唇還是不吃的。曹元理既嫌陳廣漢用鹿脯來招待他代表陳廣漢的小氣，可見鹿脯在漢代，一定是相當普通的吃食。

時間稍晚一點兒，到了南北朝，吃鹿只吃鹿肉的情形纔有所改變。譬如晚唐的段成式在《西陽雜俎》中，曾經過下引的這一段對話：

> 梁劉孝儀食鯖鮓，曰："五侯九伯，令盡征之。"魏使
> 崔劼、李騫在坐。劼曰："中丞之任，未應已得分陜？"騫
> 曰："若然，中丞四履，當至穆陵。"孝儀曰："鄴中鹿尾，
> 乃酒餚之最。"劼曰："生魚，熊掌，孟子所稱。鷄跖、猩
> 唇，吕氏所尚。鹿尾乃有奇味，竟不載書籍，每用爲怪。"
> 孝儀曰："實自如此。或是古今好尚不同。"梁賀季曰："青
> 州蟹黄，乃爲鄭氏所記。此物不書，未解所以。"騫曰：
> "鄭亦稱益州鹿尾，但未是珍味。"[94]

引文所説的鄴，在地理上，即今河北西南部的臨漳，而益州，在今四川西部的成都一帶。瞭解了鄴與益州的地理位置，可知在南朝的劉孝儀的眼裏，產於河北臨漳的鹿之鹿尾，是最好吃的下酒菜。然而在北朝的李騫的眼裏，產於四川成都的鹿之鹿尾，卻並不能算是珍貴的食品。這段對話透露了兩點：第一，梁（502~557）與北魏（386~534）同時的時間是502~532年，也就是在六世紀的初期。在這時期，被當時人所重視的鹿的可吃的部位，是鹿尾而不是

---

[93]　葛洪《西京雜記》（據《津逮秘書》本）卷四，頁1（後頁）。
[94]　《西陽雜俎》前集，卷七，頁11。

鹿肉。第二，河北在中國的北方，四川在中國的西南。在南北朝時代，河北是北魏的領土，四川是梁的領土。由北魏派到梁代去的使者既認爲四川的鹿尾不好吃，而梁代的劉孝儀又認爲河北的鹿尾纔是最好的下酒菜。可見無論是從南朝人的立場來看，還是從北朝人的立場來看，北方的鹿的品質比西南的鹿的品質好，應該是無可疑的。第三，劉孝儀既説"鄴中鹿尾，乃酒餚之最"，證明在六世紀，產於黑龍江的馳鹿，似乎還没被發現。此外，當時所吃的鹿的部分，除了肉，只是尾，鹿唇怎麼好吃，當時的人可能是還不知道的。

大概要到唐代，中國人纔又發現，在鹿肉與鹿尾以外，鹿還有別的部位也是可以吃的。譬如張鷟在《遊仙窟》中記載桂心端給他與十娘的下酒菜之中，就有鹿尾與鹿舌。[95] 《遊仙窟》雖然是唐代的一篇小説，可是由這篇小説所描述的與記錄的，應該是張鷟實際見過或吃過的東西。這就是説，在唐代，除了鹿尾以外，鹿舌是從鹿身上所新發現的可吃的新部位。這個看法是有歷史記載爲證的。因爲據歐陽修在他所修的《新唐書》裏的記載，會州的會寧郡常以當地的鹿舌與鹿尾作爲貢品而貢獻給唐代的天子。[96] 由這項記錄，又可看出三件事：第一，要到唐代，纔在鹿肉與鹿尾之外，發現鹿舌是鹿的另一個可吃部位。第二，會州的地理位置，大致是現在的甘肅省東部的靖遠縣與會寧縣。可見在唐代，中國西北方面所產的鹿，又開始進入了中國人的飲食世界。第三，會州不把鹿肉列爲貢品，大概由於在唐代鹿肉（或者應該説鹿脯）依然是一種相當普通的食品。正因爲鹿脯太普通了，所以是不敢進貢給天子去吃的。

唐人所吃的鹿舌，在部位上與鹿唇非常接近。也許正因爲在唐代發現了鹿舌可吃，於是繼續在鹿身上尋找其他可吃的部位，這纔不但在後代發現鹿唇是好吃的，而且到元代初年，更把產於東北的馳鹿之唇列爲"行厨八珍"之一珍。如果要在這個關鍵上，把以上所論各事歸納出一個結論，可以看出中國人對於把鹿當作食物的一部分，至少遠在周代已經開始。那時所吃的，是鹿肉。這個情形，直到漢代，依然如

〔95〕 見汪辟疆校録本《唐人小説》（據 1995 年，上海：上海古典文學出版社出版），頁 25。

〔96〕 見《新唐書》（據 1975 年，北京：中華書局排印標點本）卷三七《地理志》一，頁 973。又見 Edwards H. Schafer and Benjamin E. Wallacker："Local Tribute Products of the T'ang Dynasty"，載於 1957 與 1958 年的 "Joural of Oriental Studies" （1960, Hong Kong），Vol. Ⅳ, Nos. 1 ~ 2, pp. 213 ~ 242。

此。從南北朝時代開始,中國人在鹿肉之外,注意到鹿尾。這個部位,唐人雖然也是喜愛的,卻又發現了鹿舌之可食。到元代,纔吃鹿脣。從歷史的觀點來看,由吃鹿肉,到吃鹿尾,再到吃鹿舌,最後到吃鹿脣,代表中國飲食對於吃鹿飲食的四個不同的時期。這四個時期,也代表中國人在吃鹿飲食方面的口味的變化。

(5) 馳乳糜

"行廚八珍"的第五珍是"馳乳糜"。這道珍餚雖然是由耶律鑄首先加以記錄的,可是他所記錄的,只是這道菜的菜名。[97] 菜的材料與做法,他是一字未提的。現在必需應該知道的是,可以做這道菜的"馳",究竟是什麼動物。

關於這一點,似乎是可以從"行廚八珍"的本身來加以觀察的。據前面的討論,"行廚八珍"的第三珍是"馳蹏羹"。做這道菜的主要材料是駱駝的蹄。因此,做"馳乳糜"的馳,可能就是做"馳蹏羹"的馳,也就是駱駝。不過在另一方面,"行廚八珍"的第四珍是"馳鹿脣"。馳鹿的脣既然可以做成一道珍餚,用馳鹿來做"馳乳糜",當然也是可以的。所以"馳乳糜"的馳,又可能不是駱駝而是馳鹿。除此以外,寇宗奭在《本草衍義》裏既說:"西戎更以駝馬乳爲酥酪。"[98] 可見馳乳糜也許是用馳馬的奶所做的糜。這個可能性是需要從糜的字義來看的。

所謂糜,音迷。此字有兩種字義:一種是粥,另一種是碎爛。蒙古人的主食既是肉類,他們恐怕是不吃粥的。可是用乳汁所做的酥與酪,在完全乾透之後,是可以打爛或打碎的。打得爛碎的酥或酪,就是糜。寇宗奭所說的西戎,應該是活動於中國西北的遊牧民族的泛稱。以牛、羊肉爲主食的遊牧民族都會做乳酪和乳酥。蒙古人既是遊牧民族,當然也會做。不要忘記在"行廚八珍"裏的第一珍醍醐,就是乳酪與乳酥的精華。根據這些事實,如果把寇宗奭的記錄與蒙古人的飲食加以配合,也許可以說,馳乳糜的馳可能是指駱駝與馳鹿以外的另外一種動物。

吳正格在介紹滿洲食俗的時候,曾經順便提過馳乳糜。根據他的解釋:"馳乳糜是駱駝腸壁淋巴管中來的淋巴,呈乳白色,含有豐

---

[97] 《雙溪醉隱集》卷六,頁3(後頁),"行帳八珍詩"之詩序。
[98] 《本草衍義》卷一六,頁77,"人乳汁"條。

富的微小脂肪粒。"[99] 如果吳正格的解釋無誤，他這段話解決了兩個疑問：第一，産生駝乳的駝，既不是駝馬，也不是駝鹿，而是駱駝。第二，所謂駝乳，並不是真的駱駝奶，而只是附在駱駝腸壁上的脂肪粒，由於這些脂肪粒的顏色是乳白的，所以駝腸脂肪纔有"駝乳麋"這個名稱。

(6) 天鵝炙

"行厨八珍"的第六珍是"天鵝炙"。天鵝的古名是鵠。《楚辭》卷九在《招魂篇》裏説："鵠酸臇鳬。"[100] 意思是説野鴨雖要做成羹，天鵝卻是要配著酸的醋來一齊吃的。天鵝是一種候鳥，每年春冬兩季住在北方，夏秋兩季住在南方。正因爲天鵝每年有兩季住在北方，所以很容易成爲善於騎射的蒙古人的獵物。不過蒙古人吃天鵝的方式既是炙，而炙就是把帶著毛的肉類舉到火上去烤，可見炙天鵝是要把整隻天鵝連毛一齊烤的。這種吃法當然具有相當原始的意味。可惜當蒙古人在把天鵝烤好之後，是不是也要像戰國時代的楚國人一樣的要配醋來吃，現已難知。

(7) 紫玉漿

"行厨八珍"的第七珍是"紫玉漿"。耶律鑄雖然是這道珍餚的記録者，可是由他所記録的，只是這道菜的菜名，對於"紫玉漿"的材料與做法，他卻沒有任何的記録。現在唯一的解釋是吳正格在提到這道菜的時候，曾説："紫玉漿考稽不明，估計爲鹿血之類。"[101] 這個解釋當然是一種推測。不過迄今還沒有別人曾對紫玉漿做過第二種解釋。

(8) 玄玉漿

"行厨八珍"的最後一珍是"玄玉漿"。這道菜名雖然也是由耶律鑄首加記録的，可是對於什麽是"玄玉漿"，正像他對"紫玉漿"的記録一樣，是沒有任何解釋的。不過陶宗儀在記録八珍的時候，曾對"玄玉漿"加以解釋："玄玉漿，即馬妳子。"[102] 所謂妳，音乃，是嬭的俗字。

---

[99] 吳正格《滿族食俗與清宮御膳》（1988年，潘陽：遼寧科學技術出版社出版），頁122。

[100] 劉向編《楚辭》（王逸章句，洪興祖補注，陳直拾遺本，1956年，臺北：世界書局出版）卷九《招魂》篇，頁125。

[101] 《滿族食俗與清宮御膳》，頁122。

[102] 《輟耕録》卷九，頁4。

嬭,也音乃,字義是奶。妳與嬭不見於漢代的字典《説文解字》,但見於
梁代顧野王所編的《玉篇》。[103] 因此,“妳”是從梁代才開始使用的
“奶”字的新寫法。根據對妳字的討論,可知馬妳子就是馬奶子,也就
是馬乳房。一般而言,玄是黑。[104] 根據這個字義,玄玉漿可以稱爲黑
玉漿。可是不但馬奶是白色的,馬的乳房即使不完全是白色的,至少
也不會是黑色的。這樣説,如果玄玉漿是指馬奶而言,固然講不通,就
是指馬乳房的顏色而言,也還是講不通的。在沒有其他的文獻可對玄
玉漿就是馬乳房這個問題加以更適當的解釋之前,對於陶宗儀的解
釋,似乎只好暫時存疑。

經過以上的討論,可以把由“行厨八珍”所代表的另一組菜,
再作一個分析性的結論。

第一,從食物的材料方面看,有兩點特別值得注意:

甲,沒有米。據前面的討論,在“周代八珍”裏,有三珍是與稻米有
關的。可是在“行厨八珍”裏,卻沒有任何一珍與稻米有關。這個現象
是可以解釋的。首先,蒙古人是依賴牛、羊、馬爲主的遊牧民族。他們
的主食自然以這三種動物的肉類爲主。其次,當耶律鑄對“行厨八珍”
加以記錄的時候,蒙古人還在與南宋的軍隊作戰。由於蒙古沙漠不適
於種植稻穀,蒙古人在未完全征服中國之前,是難有機會吃到米的。
所以,如果“行厨八珍”本是蒙古人的一組珍餚,他們索性不把稻米列
爲珍品是可以理解的。另一方面,如果一名“行厨八珍”的“行帳八
珍”本是南宋時代的中國人的一組珍餚,他們吃慣了稻米,自然更不會
把米列爲珍品。這樣説,無論“行厨八珍”是蒙古人的還是中國人的珍
餚,不把稻米列入八珍都是可以解釋的。

乙,肉類的主要來源是牛與馬。前面説過,在“周代八珍”之
中,周代的漢人的肉食的來源有五種:牛、羊、猪、狗、鹿(包括
鹿類的麋和麕)。可是在蒙古的沙漠草地進行遊牧,狗既可與野狼互
鬥,是非常有用的動物,所以蒙古人不吃狗。至於猪的飼養,必須
有一個相當安定的生活環境。對逐水草而居的蒙古人而言,他們很

---

〔103〕 見《玉篇》(據中央研究院傅斯年圖書館所藏舊刊本,有康熙四十三年,即1704年,朱
彝尊序,然未印出刊印者之姓名與刊印時地)卷三,頁34。

〔104〕 《詩經》在《國風》部分,於《豳風·七月》篇説:“載玄載黃,我朱孔陽。”傳:“玄,黑而有
赤也。”意思是説,玄是帶點兒紅色的黑色。

難有安定的生活環境。所以對蒙古人而言，養豬既是不可能的事，他們當然是無豬可吃的。蒙古人不把狗與豬列爲肉食的珍品，是受自然環境的影響而造成的。因此，蒙古人的肉食的來源，除了以牛、羊爲主，還有野生的鹿和駱駝。

第二，從飲食的習慣方面看，酒的地位已有顯著的重要性。周代的酒正，雖然要爲周代的天子掌管泛齊、醴齊、盎齊、緹齊與沉齊等五種酒，[105] 可是這五種酒卻沒有任何一種是被視爲珍品的。既然在當時有八種肉食被列爲八珍，而酒卻不是珍品，可見在周代，就飲食習慣而言，對於肉類的重視是超過酒的。可是到了南宋末年或者元代初年，在"行厨八珍"之中是有酒的（"行厨八珍"的第二珍是"麆沆"，麆沆就是用馬奶做成的挏馬酒），麆沆雖不見得是好酒，至少在十三世紀的中期，這種酒是與其他的七種食物一齊被視爲珍品的。這就說明從中國的飲食習慣方面看，酒在十三世紀的地位，比起酒在公元前十三世紀的地位，已經顯著地提高了。

三、元末八珍

除了"周代八珍"與"行厨八珍"，成書於元代但現已不知作者姓名的《饌史》，又曾記載過另一種八珍。這項記錄的原文是這樣的：[106]

> 《禮》所謂八珍者，淳熬、淳毋、炮豚、搗珍、漬、熬、糝、肝膋、炮牂，蓋八法也。其品則牛、羊、麋、鹿、麔、豕、狗，皆所以養老也。後世則云：龍肝、鳳髓、豹胎、鯉尾、鴞炙、猩脣、熊掌、酥酪蟬（羊脂爲之）。逆北八珍：醍醐、麆沆、野駝蹄、鹿脣、駝乳麋、天鵝炙、紫玉漿、玄玉漿（即馬奶子）。

在這段引文中，有些值得注意的地方。首先，《饌史》對於"周代八珍"名目的記載，發生了既有炮牂又有糝的錯誤。因爲根據

---

[105] 據《周禮》卷二《天官》宰下，酒正掌管泛齊、醴齊、盎齊、緹齊與沉齊等五齊。所謂齊，就是酒。現在把這五種酒用語體文解釋如下：
泛齊：是糟滓飄在酒上面的一種薄酒。
沉齊：是糟滓沉在酒下面的一種薄酒。
醴齊：是糟滓與酒液的分量相等的一種甜酒。
盎齊：是白色的濁酒。
緹齊：是紅色的濁酒。
[106] 《饌史》（據《學海類編》本），頁4。

《周禮》的鄭玄注，周代八珍是有炮牂而没有糁的。但在《禮記》
之中，周代八珍卻没有炮牂而有糁。可是在《饌史》裏，既把炮豚
與搗珍合爲一珍，又把炮牂與糁各算一珍，可見這位已失姓名的作
者是把《周禮》的鄭注與《禮記》的記録混爲一談了。這個錯誤是
很明顯的。其次，是由龍肝到酥酪蟬的這張菜單，就是中國飲史上
的第三組八珍。《饌史》既無作者姓名，從書的内容也看不出來撰寫
的時間。爲了不致於把成書的時間定得過早，暫把《饌史》定爲元
代末期，亦即十四世紀中期的一部飲食著作。根據前面的討論，元
初的"行厨八珍"是由耶律鑄在 1258 年加以記録的。元代亡於順帝
至正二十八年（1368）。如果《饌史》的成書可以定在元順帝至正
十八年（1358）前後，也許可以説，在文獻上，"元末八珍"出現
的時間比"行厨八珍"出現的時間又晚了一百年左右。

以下是對"元末八珍"的名目的一個簡單的介紹。

（1）龍肝

龍是一種虚構的動物。龍既不存在，龍肝當然也是不存在的。
所以所謂的龍肝，必是某種被稱爲龍的動物的肝。從文獻上看，大
概在晉代以前，狗是曾經被稱爲龍的。譬如大部分已經失傳的《白
澤圖》就曾有這樣的記録：[107]

> 黑狗，白頭、長耳、卷尾，龍也。

《白澤圖》是古代的一種讖緯書。此書的作者姓名雖已失傳，不
過至少是東晉時代以前的或者是五世紀以前的一種著作。[108] 根據這
部讖緯書，長耳、卷尾的白頭黑狗，是可以稱爲龍的。狗既稱爲龍，
狗肝豈不就是龍肝？從歷史上看，早在周代，用狗肝做的肝膋，早
已是當時的八珍之一。如果在元代，要把美名爲龍肝的狗肝再度列
爲八珍之一，這個組合方式，可説是既有歷史背景又有文獻根據的。

可是，除了某種狗可以稱爲龍外，某種鳥類似乎也可以稱爲龍。
漢代的張衡(78～139)在他有名的《西京賦》裏曾有下引的文句：[109]

---

〔107〕 見唐人徐堅等所編《初學記》（據 1962 年，北京：中華書局排印標點本）卷二九，
頁 712 所引。

〔108〕 見陳槃《古讖緯書録解題二》，載《中央研究院歷史語言研究所集刊》第 22 本
（1947 年，上海：商務印書館出版），《白澤圖》條，頁 35～47，又頁 52。

〔109〕 見李善注《文選》（據上海：會文堂新記書局精印重雕宋淳熙本，無出版年代）卷
一，頁 14。

登豫章，簡矰紅；蒲且發，弋高鴻；挂白鵠，聯飛龍。

據三國時代的薛綜的注，所謂飛龍，其實只是一種鳥的名稱。[110] 再據現代的文獻來看，這種鳥，也許就是產於遼寧之岫岩與安東之新賓與鳳城一帶的樹鷄。[111] 由於樹鷄"飛起來很優美，像條小龍"，[112] 所以在東北地區，樹鷄是稱爲飛龍的。也許以張衡的記載爲例，在漢代的中原地區是有飛龍鳥的。以後由於中原地區的開發，山地減少，飛龍鳥逐漸失去適合的生長空間。所以到目前，只有在東北地區的山地纔能見到樹鷄。把歷史文獻與現代文獻加以配合，可以看出來，樹鷄既可稱爲飛龍，樹鷄的肝當然也是可以稱爲龍肝的。這樣説，龍肝既可按照《白澤圖》的説法而斷定是狗肝，另一方面，似乎也可按照《西京賦》的説法而斷定是鳥肝。不過同一道菜不會使用兩種不同的材料，所以龍肝究竟是狗肝還是鳥肝，是應該有一個判斷的。

就材料的選擇而言，"元末八珍"的材料，大體以山珍爲主，是無可疑的。根據這個觀點，產於遼東半島以北的飛龍鳥，不但的確生長於山區，而且由於數量不多，相當難得，可以説是道地的山珍。至於狗，不但是馴養的家獸，而且從唐代以來，很少有人把狗肉當作食品，[113] 特別是當作珍品。根據以上所説的一個正面的與一個負面的理由，也許元末八珍裏的龍肝，應該是樹鷄肝而不是狗肝吧。

(2) 鳳髓

這道珍饈的材料是什麽，現無可考。

(3) 豹胎

漢末的文人徐幹（170～217）在他的《七喻》的逸文裏，記載了漢代的幾種食物的原料：[114]

　　大宛之犧：三江之魚、雲鶬、水鵠、熊蹯、豹胎。

可惜漢代對於豹胎的烹調法，沒能流傳下來。到了唐代，吃豹

---

[110] 李善注《文選》卷一，頁14。

[111] 見吳正格《滿族食俗與清宮御膳》，頁109～110。

[112] 同上，頁1980。

[113] 見尚秉和《歷代社會狀況史》（據中央研究院傅斯年圖書館藏本。書是中日戰爭之前所印，然無出版時地）卷七，頁11，"唐時已不食狗"條。

[114] 見嚴可均編《全後漢文》（據清光緒二十年，甲午，1894，黃岡王氏刊本）卷九三，頁7。

胎的風氣似乎比較普遍。譬如小説家張鷟在《遊仙窟》中記載他與崔十娘所吃的食物之中，就有豹胎。[115] 此外，張鷟在他的筆記裏，對於豹胎曾經提出一種解釋。他説：

　　　豹胎肥可食，餘瘦不堪。[116]

漢人吃豹胎，是否也由於豹胎之肥，固然還不可知，至少根據張鷟的説法，唐人吃豹胎是由於不喜歡吃瘦肉。以唐俑與唐代的繪畫爲例，唐代的女性，體型大多是豐滿肥胖的。這種體型的形成，也許與當時的女性喜歡吃肥肉的風氣有關。元末的食家把豹胎列爲八珍之一，究竟是由於豹胎難得，還是也照樣地由於不喜歡吃瘦肉，現難稽考。不過豹胎既然遠在漢代已是食品，所以在元末，儘管這道菜仍被視爲珍品，可是在元代以前，把豹胎視爲珍餚，既已有悠長的歷史背景，因此豹胎並不是一道新菜。

(4) 鯉尾

鯉魚是一種很普通的魚。《詩經》在“六月”這首詩裏説：[117]

　　　飲御諸友，炰鱉膾鯉。

“六月”是記載周宣王（前827～前782年在位）出征玁狁之後，得勝歸來的慶功詩。所謂炰，就是煮，而所謂膾，就是把魚肉切成薄片。根據這首詩，至少遠在公元前八世紀，鯉魚是以生魚片的方式作爲食品的。這個吃法，到了漢代，依然流行。枚乘是卒於漢武帝建元元年（前140）的文人。在枚乘的《七發》裏，既説：[118]

　　　薄耆之炙，鮮鯉之膾。

而活躍於後漢光武帝時期（25～57）的傅毅也在《七激》裏説：[119]

---

〔115〕　見汪辟疆校録本《唐人小説》，頁26。

〔116〕　見張鷟《朝野僉載》（據《寶顔堂秘笈》本，民國十一年，上海：文明書局印行）卷一，頁6（後頁）。其實張鷟所説的“豹胎肥可食，餘瘦不堪”的這個説法，似乎並不正確。譬如據《新唐書》卷三九《地理志》三，頁999，當時的河東道（據譚其驤主編的《中國歷史地圖集》第五册，1982年，上海地圖出版社出版，河東道的主要轄地在今山西省）向唐代中央政府進貢的貢品之一就是豹尾。Edward H. Schafer 與 Ben jamin E. Wallacker 二人合撰的 “Local Tribute Products of the T'ang Dynasty” 一文，對於豹尾成爲貢品之一，也有所述。如果豹尾真是瘦得不能吃，河東道的官員一定不會把豹尾作爲當地的貢品，獻給唐代的天子。看來除了豹胎，恐怕豹尾還是可以吃的。

〔117〕　見《詩經》之《小雅》的《六月》。

〔118〕　李善注《文選》卷三四，頁3（後頁）。

〔119〕　嚴可均《全後漢文》卷四三，頁4。

湪養之魚，膾其鯉魴。

可見就以枚乘與傅毅的時代與作品爲例，可以看出來在從前漢中期到後漢初期，或者從公元前二世紀中期到公元一世紀中期的這一百年的時間之中，吃鯉魚仍然保持從周代開始的把鯉魚切成生魚片的傳統吃法。

唐代的創建者是李淵，所以國姓是李。鯉與李字同音。所以，唐玄宗在開元三年（715）和開元十五年（727）兩次詔令禁吃鯉魚，[120] 唐代宗又在大曆九年（774）詔令禁捕鯉魚。[121] 可是一般人仍然不顧禁令，照樣吃鯉魚。張鷟在《遊仙窟》裏所提的"荷間細鯉"，[122] 固然可能是一條完整的小鯉魚，到了唐代末期的貞元時代（785～804），以李復言在玄怪小説《薛偉》篇裏所記載的，群官爲了想吃鱠而要求漁人趙幹獻出他私藏的巨鯉這件事來看，[123] 要吃鯉魚而把鯉魚切成生魚片，恐怕還是最普通的吃法。

到了南宋時代，在當時國都杭州的分茶酒店裏，不但可以吃到鯉魚膾，也可吃到香螺膾、鱸魚膾、羣鮮膾和海鮮膾。[124] 鱸、鯽和鯉，都是淡水魚。這些淡水魚，不但可以個別的作成膾，也可以把幾種魚的生魚片混合起來，作成"羣鮮膾"。除此以外，海産的魚，既没有與個別的海魚膾有關的記載，地位似乎不如淡水魚。所以海鮮好像也一定是要用生魚片的方式來吃"海鮮膾"的。根據以上的回顧，鯉魚的吃法，一直以切成生魚片來吃膾的方法爲主。從時間上看，鯉魚膾的吃法，從公元前九世紀的初期的周宣王時代，到十三世紀中後期的南宋末年，歷時兩千五百年，始終是中國人最常用的吃法。

可是，這個吃法到了元代開始發生變化。變化之一是要把鯉魚先切成片，然後"搗如泥"。[125] 變化之二是要把鯉魚切成塊，然後"就油鍋下魚，煎色變"。[126] 無論是把鯉魚肉搗爛如泥，還是把鯉魚

〔120〕 《舊唐書》（據 1975 年，北京：中華書局排印標點本）卷八，頁 175、196。

〔121〕 同上，頁 304。

〔122〕 《唐人小説》，頁 26。

〔123〕 同上，頁 225～227。《薛偉》是李復言《續玄怪録》裏的一篇。

〔124〕 吳自牧《夢粱録》卷一六，"分茶酒店"條，頁 265。

〔125〕 倪瓚（1301～1374）《雲林堂飲食制度集》（據中國烹飪古籍叢刊本，1984 年，北京：中國商業出版社出版），頁 22。

〔126〕 同上，頁 23。

炸得變成金黃色，這兩種吃法都與過去吃鯉魚的傳統無關。因爲在元代，鯉魚是不吃膾的。除了這兩種變化，據元代的營養學家忽思慧的記錄，在元代，鯉魚的第三種吃法是喝鯉魚湯。據說喝這種湯，除了可以消渴外，也可以消除水腫、黃疸與腳氣等病。[127] 所以元代的鯉魚湯，實際上既是一種食療的藥，又是在鯉魚膾以外的一種新吃法。在這三種變化之外，最不可思議的變化，似乎莫過於吃鯉魚只吃其尾。儘管鯉魚的這個部位是由《饌史》列爲八珍之一的，不過從吃的立場來看，魚可吃的主要部位是身體，其次是魚頭。魚的尾部，除了鯊魚的尾是珍貴的魚翅的主要來源因而可吃以外，由於沒有肉，絕對不是好吃的。根據這個立場，鯉尾也許是鯉首的誤寫。可是在元代，據忽思慧的說法，鯉魚頭裏有毒。[128] 所以有毒的鯉魚頭當然更是不會被列入八珍的。既然對於把鯉尾與鯉首列爲珍品都無法解釋，只好懷疑鯉尾會不會是別的動物之尾的誤寫了。

(5) 鴞炙

鴞，音宵，就是俗語所說的猫頭鷹。在中國的文獻中，與鴞有關的兩種時代最早的記載，大概分別見於《詩經》和《莊子》。《詩經》在《魯頌》裏說：[129]

> 翩彼飛鴞，集於泮林；食我桑黮，懷我好音。

這幾句詩是對生長在魯都曲阜附近泮水旁邊的樹林裏的鴞的描寫。

《莊子》的卷一，在《齊物論》篇裏引用長梧子的話說：

> 見卵而求時夜，見彈而求鴞炙。[130]

意思是人們見了弓的彈，就想要把猫頭鷹從樹上打下來，然後就這麼把鴞連著皮與毛而拿到火上去烤來吃。《魯頌》是魯僖公時代（前659～前627）亦即春秋時代之後期的作品。根據《魯頌》，在公元前七世紀的中期或後期，魯國人雖然對猫頭鷹吃了魯國桑樹上的桑葚有點討厭，卻並沒有想到一定要把這種晝潛夜出的凶禽拿來做成他們的食品。可是根據《莊子》，在莊子的時代（前 369 ～ 前

---

[127] 忽思慧《飲膳正要》（據《四部叢刊》續編本，1934 年，上海：商務印書館影印出版）卷二《食療諸病》部分，頁38。

[128] 同上書，卷一《食物利害》部分，頁45。

[129] 見《詩經》之《魯頌》部分的《泮水》篇。

[130] 《莊子》（據《四庫備要》本）卷一《齊物論》，頁22。

286），或者公元前四世紀之中期到公元前三世紀的早期，人們既然在見到彈子的時候，就會聯想到帶著皮毛一齊烤的貓頭鷹，可見吃鴞炙的風氣，大概就是在從春秋時代後期到戰國時代早期的這三百年之間形成的。

漢代初年，漢文帝（前179～前157在位）之子劉安（前179～前122）在文帝十六年（前164），因爲世襲而成爲淮南王。於是他招集賓客數千人，集體編寫了一部叫做《鴻烈》的書。這部書後來通稱《淮南子》。在這部書裏，由莊子在《齊物論》裏引用過的長梧子的那兩句話，又被重引了一次。[131] 如果在漢代初年已經沒有鴞炙這道菜，重引"見彈而求鴞炙"這句話是沒有意義的。《淮南子》既然引用了原由長梧子所説的這句話，據此推想，在二世紀中期的漢代初年，烤貓頭鷹這道菜，當時的人恐怕還是常常吃的。

北宋時代的詩人孔平仲，[132] 曾在一首詩裏説：

　　彎弓既有獲，豈不願鴞炙？[133]

意思是説，既然彎弓弋射已有收穫，難道你還不願意吃一次烤貓頭鷹嗎？根據孔平仲的這首詩，可見把貓頭鷹烤來吃的這個吃法，從春秋時代的後期開始，一直到北宋時代，前後兩千多年是從沒停止過的。宋與元的時代相差不遠，所以到了元代末年，把鴞炙列入當時的八珍，不過只是把這道具有悠久歷史的野味菜，正式加以制度化而已。

（6）猩唇

所謂猩猩（Simia satyrus），在所有存於地面上的動物之中，是最接近於人類的一種四肢動物，所以在中國的文獻之中，猩猩是有"野人"或"野婆"之別名的。[134]《呂氏春秋》裏説：[135]

　　肉之美者，猩猩之唇。

---

[131] 《淮南子》（據《四庫備要》本）卷一六《説山訓》，頁12（後頁）。

[132] 孔平仲的生卒年代不詳，但《宋史》卷三四四，頁10933～10934，有《孔平仲傳》。據此傳，他是活動於宋哲宗至宋徽宗時代的人物。

[133] 清吳之振編《宋詩鈔》（據康熙吳氏鑒古堂刊本，1962年，臺北：世界書局影印本）初集，孔平仲《清江集鈔》，頁11，《子明棋戰兩敗》詩。

[134] 李時珍《本草綱目》（據文淵閣《四庫全書》本，1985年，臺北：商務印書館影印出版）卷五一下，頁40，引羅願爾《雅翼》及周密《齊東野語》。

[135] 《呂氏春秋》（據《四庫備要》本，民國二十五年，上海：中華書局出版）卷一四《孝行覽》之《本味篇》，頁5。

《吕氏春秋》是在秦代初年，由吕不韋（前？～前235）的許多門客共同編寫而成的。此書編成的年代雖然難於確定，不過吕不韋既在秦王政十二年（前235）自殺而死，[136] 可見這部書的編成時代必在吕不韋自殺之前，亦即在公元前235年之前。儘管中國人從什麼時候開始把猩唇當做食物還難於考證，不過以《吕氏春秋》所説的“肉之美者，猩猩之唇”這句話爲例，至少遠在戰國末年，猩唇已經是當時的美食了。此後，與猩唇有關的文獻很少。元末把猩唇列入八珍，大概是由於猩猩罕見的緣故。

(7) 熊掌

熊掌又稱熊蹯。中國人知道熊掌好吃，從文獻上看，可説爲時甚早。根據《左傳》的記載，下述的兩件事都與熊掌有關。第一件事是楚國的太子商臣，他在魯文公元年，亦即楚成王四十六年（前626），“以宮甲圍成王，王請食熊蹯而死，弗聽。”[137] 所謂成王，指楚成王（前671～前626）。這是説楚國的太子不但用兵把楚成王包圍起來，而且還要殺他。楚成王就提出一個“讓我先吃一頓熊掌再來殺我”的要求。可是楚太子並没答應他的要求，還是把楚成王殺死了。

第二件事發生在魯宣公二年（亦即晉靈公十四年，前607）。在這年，晉靈公想吃熊掌，可是“宰夫胹熊蹯不熟，殺之”。[138] 胹，音而，字義是煮。據第二件事，晉靈公因爲想吃熊掌，可是熊掌卻煮了很久也煮不熟。於是，等得不耐煩的晉靈公發起脾氣來，把厨子殺了。這件史實可以解釋楚成王爲什麼在被兵包圍的時候，還要提出“讓我先吃一頓熊掌再來殺我”的要求。原來這個要求就是楚成王的緩兵之計。他因爲熊掌難於煮熟，所以故意提出這個要求，以便利用煮熊掌的時間，等待救兵的到來。可見遠在公元前七世紀的末期或者春秋時代的中期，當時的中國人不但已經知道熊掌可吃，而且也已知道熊掌是一種難於煮熟的材料。

此後，熊掌一直是受中國人喜愛的一道菜。漢代的枚乘的《七發》，是在討論鯉尾時已經引用過的資料。不過關於熊掌，《七發》

---

〔136〕《史記》（據1969年，香港：中華書局標點排印本）卷八五，頁2515。

〔137〕《左傳》（據中央研究院傅斯年圖書館所藏都門印書局排印標點本，然無出版時地）卷六，頁61（後頁）。

〔138〕同上卷七，頁3（後頁）。

也説: "熊蹯之臑, 芍藥之醬……此並天下之至美也。"[139] 所謂臑,
音而, 字義是煮爛。[140] 熊掌既然不易煮熟, 所以在漢代, 煮得爛爛
的熊掌, 是要當做天下最好吃的食物來看待的。在文獻上, 一直要
到明代, 才有幾種記錄,[141] 説明如何可把熊掌熬爛。可惜在漢代,
究竟曾用什麼方法把難熟的熊掌煮得爛, 已無法與清代的幾種方法
互相比較了。

時間稍晚一點兒, 到了南北朝時代, 北魏的賈思勰在《齊民要
術》裏, 轉引崔浩《食經》與《食次》的原文而記錄了兩種蒸熊的
方法。[142] 不過無論是在哪一種方法裏, 北朝人吃熊, 都是只吃熊肉
而不吃熊掌的。熊掌既然難熟, 大概用蒸的方式來處理熊掌, 是没
辦法把這種野生動物的掌弄到爛或嫩的程度, 所以, 索性把熊掌丢
掉, 根本不吃了。

(8) 酪酥蟬

"元末八珍" 的最後一道菜的菜名是酪酥蟬。根據前面對 "行厨
八珍" 裏的醍醐的討論, 酪是用牛奶製成的食品, 酥又是由酪製成
的食品。所以根據酪酥蟬之名, 這道菜應該是用奶酥或奶酪所做的
蟬形食品。可是《饌史》在記載 "元末八珍" 的時候, 並没忘記在
酪酥蟬之下加了 "羊脂爲之" 的注文。這樣説, 製作酪酥蟬的原料
既不是奶酪也不是奶酥, 而是羊的脂肪。大概由於羊脂的顔色接近
奶製品的酥酪, 所以這道菜才叫做酪酥蟬。

中國從唐代起, 已有在食物上雕刻花紋的風氣。譬如韋巨源是
在唐中宗神龍三年 (707) 拜尚書令的。[143] 在唐代, 新任命的重要

---

[139]　李善注《文選》卷三四, 頁 3 (後頁)。

[140]　《廣韻》卷一, "之部", 第七, 頁 21。

[141]　清初康熙時代的朱彝尊 (1629 ~ 1709) 在其《食憲鴻秘》中, 同時期的王士禎
　　　(1634 ~ 1711) 在其《香祖筆記》中, 清代中期乾隆時代的李調元在其《醒園録》
　　　中, 清代末期之咸豐、同治時代的王士雄 (1806 ~ 1867) 在其《隨息居飲食譜》
　　　中, 都對煮熟熊掌的方法分别有所記載。根據這幾種著作, 可見從清初到清末, 清
　　　人對如何才可煮爛熊掌的方法, 一直是非常注意的。然而據《香祖筆記》中王士禎
　　　所記的方法, 得自明代秦王府的後人, 可見國人對於煮爛熊掌方法的記録, 也許是
　　　從明代開始的。

[142]　《齊民要術》卷八《蒸魚法》, 頁 38 所引《食經》之 "蒸熊法" 與頁 40 所引《食
　　　項》之《熊蒸法》。據逯耀東《北魏〈崔氏食經〉的歷史與文化意義》(見《文史
　　　哲雜誌》第 6 卷第 2、3 期合刊號, 1990 年, 臺北),《齊民要術》所引的《崔氏食
　　　經》的作者, 應該是崔浩。

[143]　《舊唐書》卷九二《韋巨源傳》, 頁 2963 ~ 2967。

官員要向天子貢獻食物，稱爲"燒尾"。[144] 在韋巨源所獻的燒尾之中，有一種叫做"玉露團"的食品特別值得注意。據韋巨源自己的注，所謂"玉露團"，就是"雕酥"。[145] 也就是說，玉露團是雕刻了花紋的奶製食品。奶酥上所刻的花紋雖已不知，不過從團字的使用來看，玉露團應該是雕刻成圓形的，顏色像白玉一樣的白色刻花奶酥。根據這個記載，被列爲"元末八珍"之一的"酪酥蟬"，也許就比較容易解釋了。從蟬字的使用來看，這道菜豈不應該是原料是羊脂，形狀是被刻成一隻蟬的，而顏色又像是奶酥的一件藝術品嗎？

經過以上的介紹，可以把由"元末八珍"所代表的第三組菜，再作一個簡單的結論：

首先，由於鳳髓究竟是什麼還不可知，同時，又由於鯉尾可能是另一種現仍不明的動物之尾的誤寫，所以這一組菜，實際上可知的只有六道。在這六道菜之中，有兩道菜的原料與鳥類有關，有三道菜的原料與野生動物有關。最後一種的原料，與普通動物有關。整個地說，動物的（特別是野生動物的）肉類的重要性大於鳥類肉類的重要性是相當明顯的。

其次，酪酥蟬的出現，使得雕花食品正式成爲八珍裏的一珍。這就說明從元末開始，當時的珍餚不但要儘量從山珍之中取材，而且還要在完成的形式上儘量藝術化。

四、結　論

經過以上的討論，如果把"周代八珍"、"行厨八珍"與"元末八珍"加以比較，更可看出中國的飲食在從周到元初的這兩千多年之中是有不少變化的。以下所列舉的，就是幾種比較明顯的演變：

第一，從肉食的本身而言，"周代八珍"大致上是以牛、羊、猪、鹿等動物的肉爲主而做成的珍餚，只有肝膋要用狗肝爲材料，是一個特殊的例外。可是這種以肉爲主的吃的方式，到"行厨八珍"

---

[144]　蘇鶚《談賓錄》（據《太平廣記》卷一八七所引轉引）："時公卿大臣初拜官者，例計獻食，名曰燒尾。"但據封演在《聞見錄》卷五所說："士子初登、榮進及遷除，朋僚慰賀，必盛置酒饌、音樂，以展歡宴，謂之燒尾。"燒尾的舉行，似乎並不止限於蘇鶚所說的"公卿大臣初拜官"。

[145]　韋巨源《食譜》（據中央研究院傅斯年圖書館藏《唐代叢書》本，無出版時地），頁1（後頁）。

出現的時候，已有很大的改變。更清楚地説，在"行厨八珍"之中，幾乎没有一樣是真正用動物的肉爲材料而做成的。因爲第一珍的醍醐是乳酪的精華，第二珍的麈沆是馬奶酒，第三珍的駞蹄羹是用駱駝蹄做成的羹，第四珍的駞鹿脣是産於東北的鹿的脣，第五珍的駞乳糜是駱駝的腸脂，第六珍的天鵝炙是烤天鵝，第七珍的紫玉漿是鹿血，第八珍的玄玉漿是馬乳房。從這個比較，可以看出在以上所説的兩千多年之中，牛肉、羊肉與猪肉的重要性如果没有減低，至少因爲太普遍了，是不能列入珍品的。在另一方面，在周代還不知道吃的若干野味，譬如駱駝、天鵝與鹿到十四世紀的中期都已變成珍品。

　　第二，在肉食的部位上，從廣義的立場上看，吃動物的内臟似乎一直是中國飲食裏的一個重要特色。譬如在周代，吃狗肝，也許可以説是這個吃内臟的歷史的開始。到了兩千多年以後的元代末年，儘管狗肝已不再吃了，可是樹鷄的肝仍然還是八珍之一。此外，駱駝的腸脂還是視爲珍品的。再從狹義的立場上看，肉食的部位並不一定只限於各種動物的軀體，軀體以外的其他部位也照樣是要吃的，譬如在"行厨八珍"裏，既要吃駞鹿的脣，也要吃駱駝的蹄以及馬的乳房。除此以外，在"元末八珍"裏，又要吃猩猩的脣以及野熊的掌；甚至在肉與内臟以外，連鹿的血和豹的胎也成爲兩道珍餚。從這個角度來看，中國人不但吃動物的身體，又吃動物的内臟，此外，還吃動物的四肢。所以從這個角度上看，肉食的部位不斷地增多不但能夠解釋何以中國人的菜餚的花樣層出不窮，而且也可以看出中國人的飲食習慣是有所演變的。

　　第三，從飲食的習慣上，從只把肉食列爲珍品，演變到在享受佳餚的時候，必需喝一點兒酒。還有，在可能的情形之下，要把盤中佳饌儘量藝術化，譬如把羊脂雕刻成爲一隻白玉色的蟬，就正好可以證實這個看法。這樣，因爲有酒喝，又有藝術品可以欣賞，而使吃的進行更有情趣。從周代起，到唐代爲止，吃飯與喝酒雖然要分别進行，[146] 可是到了南宋末年或元代初年，以"行厨八珍"裏的一珍是馬奶酒爲例，在吃飯的時間是也有酒喝的。飲與食既然可以

―――――――――――
〔146〕　見尚秉和《歷代社會狀況史》卷七，頁 16～17，"古食時不飲酒至唐猶然"條。

同時進行，當然是比到唐代爲止的中國人更懂得如何享受飲食的一種文化表現。

第四，從三種八珍的内容上看，周代的八珍的材料主食是動物的肉，没有禽類，也没有魚類。到"行厨八珍"形成的時候，即使天鵝似可代表禽類，仍然没有用魚類做成的珍餚。只有列在"元末八珍"裏的無甚可吃的鯉尾，勉强可以算做魚類。根據這個簡單的比較，直到十四世紀中期爲止，中國的珍味大致以肉類爲主，禽類爲次。把魚類視爲珍品，應當是元代以後的事。

第五，南宋時代的王楙（1151～1213）曾説："今俗言八珍之味有猩猩唇、鯉魚尾與夫熊掌之類。"[147] 這句話相當值得注意。因爲猩猩唇、鯉魚尾與熊掌等三種珍品，雖在元代纔被一位無名的作者記在他的《饌史》裏分别列爲八珍之三種，可是由王楙的記載看來，"元末八珍"的形成也許並不在元代末期；由於早在十二世紀後期或者南宋初期，已把猩猩唇、鯉魚尾與熊掌共同視爲珍品，似乎可説"元末八珍"的雛形在此時期已經形成。以後，以這三珍爲基礎，再增加龍肝、鳳髓、豹胎、鴞炙和酪酥蟬，使得中國飲食史上的"元末八珍"終於形成。根據這個觀察，"元末八珍"並不是在元末突然形成的，它是經過從南宋到元代的這兩百年逐漸演變而成的。如果再把這個觀察放大一點兒，也許一稱"行帳八珍"的"行厨八珍"也不是突然形成，而是經過長時期的不同的組合而逐漸形成的吧。

第六，周代的八珍完全是中國人的發明。可是在"行厨八珍"裏，做駝蹄羹的駱駝産於中亞細亞，做鹿唇的馳鹿産於契丹族所住的東北山區。在"元末八珍"裏，做龍肝的樹鷄也和馳鹿一樣，又産於東北的山區。此外，用馬奶做成的麆沆這個名稱，更是從奄蔡語套借的外來語。甚至也許連用馬奶做酒也與中亞細亞的遊牧民族的飲食生活有關。根據以上所指出的幾點來看，到了元代末年，當時被承認的珍味，已經相當地國際化。大體上，如果"周代八珍"可以視爲在中國農業社會裏受到重視的珍味，那麼，宋末元初的"行厨八珍"與"元末八珍"似乎無妨視爲在遊牧民族的畜牧社會裏受到重視的另一個類型的食物珍品。從對農業社會裏的珍食的重

---

[147] 王楙《野客叢書》（據王文錦點校本，1987 年，北京：中華書局出版）卷三〇，頁347。

視與欣賞，轉變到對畜牧社會裏的珍食的重視與欣賞，這就説明從三種不同的八珍的内容上看，中國飲食是在變動的。中國的飲食是中國文化的一部分。中國的飲食既在變化，那就説明整個的中國的文化的内涵，至少在從周代到元代的這兩千多年的時間之内，是經常有所變動的。

※ 本文原載《中央研究院歷史語言研究所集刊》第 64 本第 2 分，1990 年。
※ 莊申（已故），美國普林斯頓大學碩士，前中央研究院歷史語言研究所研究員。

睡虎地秦簡《日書》的世界

蒲慕州

一、引　言

（一）《日書》之發現、出版與研究

在對古代世界的探索中，新文獻資料的出土通常總是令人振奮的事。學者們藉著新的文獻，常可以解答從前無法解答的問題，開闢從前未曾設想過的研究領域。但有的時候，由於研究者或學術界本身視野的限制，原本可以發生極大用處的一些材料卻不受重視。秦簡《日書》的出土就是這樣的一個例子。

1975 年，湖北省雲夢縣一個叫睡虎地的地方發現了一座秦代的墓葬，墓主人名叫"喜"。在他的墓中出土了大批的竹簡，包括與"喜"生平有關的《大事記》，和當時法律有關的《秦律十八種》、《語書》、《秦律雜抄》、《封診式》、《法律答問》、《效律》，與官僚制度以及官僚意識的成形有很大關係的《爲吏之道》，以及和日常生活有密切關係的《日書》。[1] 這批文獻公佈之後，立即引起中外學者的重視。十餘年間，發表的論文和專書總數將近七百種。這些研究的主要關心點大都是和法律、社會有關的問題，討論的對象則是以其中各類法律文獻簡策爲主。[2] 然而簡數佔全部出土秦簡（1156）三分之一的《日書》（425）卻較少爲人注意。至 1990 年爲止，以《日書》爲主要討論對象的研究作品加起來也不過三十餘件。誠然，簡數的多寡和其內容是否具有重要性不一定成正比。這顯然

---

〔1〕《雲夢睡虎地秦墓》（北京：文物出版社，1981）。以下所引《日書》簡文均以本書所編定之簡號爲準。本文完稿之後，又有睡虎地秦墓竹簡整理小組《睡虎地秦墓竹簡》（北京：文物出版社，1990）之出版，爲全部睡虎地竹簡之釋文及注釋。有關《日書》之部分，本文利用有限，而其圖版及簡數排列次序不便，不從。

〔2〕參見堀毅《有關雲夢秦簡的資料和著述目錄》，《秦漢法制史論考》（北京：法律出版社，1988），頁 438～442。又吳福助《新版"睡虎地秦簡"擬議》，《東海中文學報》第 8 期，1988。西文方面一般性有關《日書》的介紹有 M. Loewe, "The Almanacs (jihshu) from Shui-hu-ti" *Asia Major*, (1988), vol. I, pt. 2, pp. 1～28。

也是許多處理秦簡出版的學者的共同心態。簡單地説，由 1976 年到 1981 年所出版的各種秦簡釋文中，只有一種收録了《日書》全文，就是正式發掘報告。而一直到 1990 年 9 月，始有《睡虎地秦墓竹簡》出版，其中包括有關《日書》的完整釋文及注釋。以《日書》爲研究對象並且附圖版、釋文和分類索引的第一本專書（正文共 100 頁）爲饒宗頤和曾憲通合著之《雲夢秦簡日書研究》（1982）。這現象足以説明許多學者對待《日書》的態度——《日書》是不值一顧的 "唯心主義的天命論的産物"。[3] 那麼，《日書》到底是什麼樣的一種作品？那少數幾篇研究《日書》的作品又是持何種態度，談什麼問題？

《墨子》中有一段記載：

子墨子北之齊，遇日者。日者曰："帝以今日殺黑龍於北方，而先生之色黑，不可以北。"[4]

墨子所遇見的日者，是一些專門依時日來占測行事凶吉的人物。司馬遷《史記·太史公自序》中説："齊、楚、秦、趙爲日者，各有俗所用。欲循觀其大旨，作《日者列傳》第六十七。"[5] 這些日者所用的占測時日之書，也就是秦簡《日書》之類的作品，由 "日書" 二字出現在《日書》乙種最後一簡（簡 1154 反）之上可以證明。不過所謂的《日書》並不是一部完整的 "書"，而是一些個別篇章的集結（見下文）。

至於《日書》研究的早期幾篇作品，主要是在討論《日書》中有關古代曆法和天文的一些問題。[6] 這些作品並没有觸及《日書》的主體，也就是那些 "鬼神異辭、相卜之語。"[7] 直到 1985 年之後，學者們才逐漸由一連串的研究成果中窺見《日書》豐富内容之一斑。

這些研究誠然已經觸及了許多問題：社會的如經濟、奴隸問題、農業問題、家庭及婚姻問題，宗教信仰的如占卜之術、鬼神觀等；不足的是，這些研究多半仍然止於現象的歸納和陳述，而一些解釋

---

〔3〕《雲夢睡虎地秦墓》，頁 22。
〔4〕 孫詒讓《墨子閒詁》卷一二《貴義篇》（臺北：世界書局，四部刊要，1972），頁 270。
〔5〕《史記》卷一三〇（北京：中華書局新校標點本，1960），頁 3318。
〔6〕 參見本文所附參考書目。
〔7〕 王桂鈞《〈日書〉所見早期秦俗發微》，《文博》1988 年第 4 期，頁 63。

性的文字，又相當地粗糙、生硬、流於形式又時而情緒化。相關的問題在下文討論中有機會時再做檢討。

（二）《日書》之重要性及代表性問題

《日書》的重要性顯然在於它所提供的有關秦末時社會的一些消息。問題在於，它所反映出的社會到底屬於當時中國的哪一地區，哪一階層？不少學者在引用《日書》時，不論是談論宗教或習俗，都習慣性地以"秦人"爲擁有《日書》中的文化的主體，而不再深究這些"秦人"究竟是當時社會中的哪些人。例如有人以《日書》中的材料代表"秦人"的鬼神觀，又用《楚辭》的意識形態來與《日書》的意識形態相比。[8] 這種比較所得的結果容或與事實相去不遠，但是用《日書》和《楚辭》這兩種性質相異甚大，所代表的社會階層亦不盡相同的作品作比較而論"秦""楚"文化中鬼神觀的不同，在方法上是相當可爭議的。有的時候學者雖然注意到《日書》所代表的社會階層，[9] 但在討論問題時仍然習慣性地以全稱的"秦人"或"秦文化"爲《日書》的主體。這些現象說明，不少學者並沒有很清楚地意識到他們所使用的材料的性質與所要討論的問題之間的關係到底爲何。這種情況出現，可能是由於材料難得，以致於研究者將材料所可能反映的問題的範圍過於膨脹。

本文的目的就在設法爲《日書》所反映的社會階層及社會現象做適當的定位，討論《日書》的使用者所生活的世界、使用者的心態，與由其他材料所呈現出的生活世界和心態作一對照，藉以探討當時一般人生活之實情。

二、《日書》之結構

（一）《日書》甲之結構

《日書》甲種現共存 166 枚，由《雲夢睡虎地秦墓》一書所排定之編號爲 730 至 895。正反兩面均有文字，反面由 895 開始倒數，至 736 反爲止，餘 6 枚空簡。至於此書總簡數是否有脫漏，出版時又是否有排序上的錯誤，附錄中將有討論。

---

〔8〕 如李曉東、黃曉芬《從〈日書〉看秦人鬼神觀及秦文化特徵》，《歷史研究》1987年第 4 期，頁 56～63。

〔9〕 《日書》研讀班《〈日書〉——秦國社會的一面鏡子》，《文博》1986 年第 5 期，頁 11。

《日書》甲是由許多單篇的文字所組成的作品。這些單篇的文字在性質上可大致分爲兩類：一是一般性的列舉時日吉凶的文字，一是專就某一種問題或事物而論其吉凶的文字。

一般性列舉時日吉凶的篇目，有《除》（730～742）、《秦除》（743～754）、《稷辰》（755～775）、《玄戈》（776～787）、《歲》（793～796）、《星》（797～824）等六篇。前三篇，即《除》、《秦除》、《稷辰》等，是將每個月中的地支都分別歸爲一類日子，如《除》篇中，十一月的子日爲"結日"，丑日爲"陽日"，而在十二月時，則是丑日爲"結日"，寅日爲"陽日"，等等。每一類的日子都有共同的吉凶之象，如所有屬"結日"的日子都是"作事不成，以祭閭，生子毋弟，有弟必死，以寄人，寄人必奪主室"。由於每一地支與一類日子相對應，因此一年之中的日子總共只有十二種。《秦除》的結構基本上與《除》相同。《稷辰》的原則基本相同，但總共只分八類日子。

至於後三篇，則是以歲、星的的方位爲吉凶的指標。

以上這類的篇目，由於是普遍性對全年每一天的凶吉所做的報導，並不專指一事，因此在《日書》之中被放在前面。接著這些大原則而來的，就是關於一件件個別事物的篇章。這些篇章大都有名目，如《病》（797～806）、《祠父母》（807）、《祠行》（808）、《人、馬、牛、羊、豬、犬、鷄、金錢、璽》（809～823）、《啻》（825～830）、《室忌》（831～832）、《土忌》（833～835，又767反～760反）、《作事》（839）、《毀棄》（840～842）、《直室門》（843～855）、《行》（856～859）、《歸行》（860～862）、《到室》（863）、《禹須臾》（864～868，又799反～784反）、《生子》（869～878）、《人字》（879～883）、《作女子》（885）、《吏》（886～895）、《取妻》（884、884反、895反～885反）、《夢》（883反～873反）、《詰》（872反～828反）、《盜者》（827反～814反）、《衣》（783反～774反）、《門》（753反～752反）、《田忌》（746反）、《五種忌》（745反～744反）、《反枳》（743反～741反）、《馬》（740反～736反）。

在這些簡中，有些篇章雖無篇名，但根據其內容，我們可以大致推測其篇名，如簡836～838上半，爲與"垣"有關的日子，而簡836首有"凡"字，可能爲"凡垣"之省。

又有一些篇章，似乎是一些"補白"用的文字，既無篇名，內容亦無重心。如簡 830 至 842 下半，顯然是在上半部的文字都寫成之後才塞入的，因而當簡 835 上原來的文字太長時，原本應塞在下面的"毋以巳壽，反受其英（殃）"只好放到下一簡上，而最後到簡 842 時，這一段補白的文字並沒有抄完就因爲沒有空間而被迫停止，缺"毋以戌"和"毋以亥"兩段。

（二）《日書》乙之結構

《日書》乙種，簡號由 896 至 1154，加上 1154 反面"日書"二字，其結構基本上與《日書》甲相同，如《除》（簡 922～941）即《日書》甲之《秦除》，《秦》（簡 943～958）即《日書》甲之《稷辰》，而缺篇名的簡 896 至 920 亦即《日書》甲之《除》，簡 975 至 1002 亦即《日書》甲之《星》。而有關個別事物之占辭，《日書》乙與《日書》甲大同小異，只有少數的篇章是《日書》乙中有而《日書》甲中没有的，如《行行祠》（簡 1040～1041）、《亡日》（簡 1044～1045）、《見人》（簡 1048～1049）、《失火》（簡 1145～1147）、《祠五祀日》（簡 935～937）等。

（三）抄本歧異之問題

一般而言，《日書》乙種的文字較甲種爲殘缺，而且即使篇章内容結構相同，文字細節並不一定一樣，如《除》篇中，《日書》甲有下面一段文字：

> 結日：作事不成，以祭闖，生子毋弟，有弟必死，以寄人，寄人必奪主室。（《日書》甲，簡 731）

而《日書》乙中相對的這一段文字則爲：

> 怨結之日：利以結言，不可以作大事，利以學書。（《日書》乙，簡 909）

這兩種"版本"的《除》篇，其文字差異之大由此可見一斑。當然，在一些其他的地方，甲乙兩種抄本的文字也可以相互補充，詳見下文附録之釋文校正。由甲乙兩種《日書》中相同之篇章内文不完全相同這一點看來，這兩種《日書》不是互相抄襲，而可能各自源於另一種或一組性質相近的作品。而由甲乙兩種《日書》中，或實質上相同，或實質與篇名均相同的許多篇章之存在的事實看來，當時社會中所流行的《日書》之類的作品面貌應該與現存的睡虎地秦簡《日書》相去不遠。這推論由 1989 年在甘肅天水放馬灘出土的另二件《日書》可以得到印證。由已發表的資料來看，放馬灘《日書》的内容篇章也大致均可在睡虎地《日書》中找到。[10] 前引司馬遷的"齊楚秦趙爲日者,各有俗所用",在此似乎頗有説明力。最後,由其中不少"補白"的篇章,可以説明,《日書》的抄寫者應有某種供參考的"祖本"在手邊,在他發覺簡編中有空白之處之時,就從此"祖本"中抽出一段來"補白",而當空間不足之時,補白的文字也就隨而中止。[11] 當然,補白的文字也不一定是同時抄上去,而可能是後來才加上的。

由兩抄本文字差異所引出的另一個問題是,這些不同篇章中有關吉凶時日的記載彼此是否有相互衝突之處?這種情況的確反映在《日書》之中。例如簡 837 下:"毋以午出入臣妾馬,是胃並亡。"簡 839 下:"毋以申出入臣妾馬牛貨材,是胃□□□。"從這兩條文字來看,既然這篇没有特別説明是否還有月份的限制,原則上應該是指凡是逢午申之日,不宜出入臣妾馬牛等。然而若與其他一般時日吉凶的篇章相比,就有衝突之處,如《秦除》中;八月逢午爲《收日》(簡 750),十月逢申亦爲《收日》(簡 752),而"收日可以入人民馬牛"(簡 752);六月逢午爲"閉日"(簡 748),八月逢申亦爲"閉日"(簡 750),而"閉日可以劈決池入臣徒馬牛它生"(簡 754)。《秦除》的記載顯然不能和簡 837 及 840 的説法並存。又如簡 834:"毋辰葬,必有重喪。"是説凡逢辰之日不可葬死者。但若看《稷辰》篇,七月八月之辰爲"正陽日"(簡 758),而"正陽……生子吉,可葬。"(簡 763)也是互相衝突的。

即使是《除》、《秦除》、《稷辰》這幾篇一般原則性的篇章中,吉凶之日相互抵牾之處也不少。如《除》篇中十一月凡子日爲《結日》(簡 731),而"結日:作事不成"(簡 731),但在《秦除》中,十一月子日爲"建日"(簡 753),而"建日:良日也,可以爲嗇夫,可以祠……"(簡 743)顯然,若我們承認這些不同的篇章各有其內在的一致性,那麼它們之間這些相互抵牾之處顯示出《日書》中各篇章是獨立的"一家之言",其時日吉凶的推演只是限於一篇之中,並不求與其他篇章的統合。《史記·日者列傳》中有一段文字,經常被引用來説明秦漢時代各種占卜之術彼此之間對時日宜忌的不同認定:

---

〔10〕 何雙全《天水放馬灘秦簡甲種〈日書〉釋文》,《秦漢簡牘論文集》(甘肅人民出版社,1989),頁7~28。

〔11〕 關於甲乙篇之比較,參見工藤元男《睡虎地秦墓竹簡日書について》,《史滴》7 (1986),頁20。

　　　　孝武帝時,聚會占家問之,某日可取婦乎?五行家曰可,
　　堪輿家曰不可,建除家曰不吉,叢辰家曰大凶,曆家曰小凶,
　　天人家曰小吉,太一家曰大吉。辯訟不決,以狀聞。制曰:
　　"避諸死忌,以五行爲主。"[12]

這段記載反映出秦漢之際占卜術士之間混亂的情況,而《日書》的材料
正可以説明這種事實。[13]

三、《日書》中所見之人際關係

　　在有關時日凶吉的一些篇章中,《日書》的使用者會想要知道一些
有關人際關係的消息。藉著這些材料,我們可以瞭解一部分流行於當
時社會中有關人際關係的觀念,甚至可以進一步揣摩社會關係的實
情。人際關係,又可以分爲家庭關係和社會關係兩方面來看。在家庭
關係方面,主要可以討論的有夫妻關係、父母子女關係;而在社會關係
方面,主要是上下臣屬的關係。

(一)家庭關係

1. 夫妻關係

　　《日書》中除了有《取妻》一篇(簡884、895反至884反)[14]專門記
載娶妻的時日凶吉之外,相類似的消息也散佈在《日書》各篇章之中。

　　人在娶妻時,最想知道的消息是什麼?娶妻的後果有哪些可能
性?所設想的妻子的形象又如何?在有關娶妻的預言中,除了凶、吉
這兩種一般性的判斷之外,絕大多數都是不太有利的情況。從這些記
載中,我們可以推測,《日書》的使用者之所以想要知道這些不吉的娶
妻日,並且還要比較詳細地知道不吉的內容,是反映出他們心中的憂
慮,憂慮娶來妻子之後,可能有哪些不祥的後果。於是一個不受歡迎
的妻子的形象就從這些不祥的後果中浮現出來。當時人關心的問題
大約有四類:

　　(1)妻子的性格

　　對於妻子的性格的預測有不少的例子:

---

[12]　《史記》,頁3222。

[13]　有關《日書》中的占卜術之討論,可參見張銘洽《雲夢秦簡〈日書〉占卜術初探》,《文
　　　博》1988年第3期,頁68~74。

[14]　有關此篇簡884位置在圖版中誤排之討論,見附錄。

　　取妻妻多舌。（簡 803～997）

　　妻不寧。（簡 809～975）

　　取妻妒。（簡 797～991）

　　取妻悍。（簡 801～995）

由這些有關娶妻的預測，可以推知，當時一個理想中的妻子應該具備的性格上的條件是和上面這些描述相反的。然而《日書》中在這方面只是消極地表示。因爲不"多舌、不寧、妒、悍"，尚不表示真正的安寧、溫柔。當然，這些顧慮之所以能成立，也反映出當時人在婚前其實男女雙方彼此並沒有什麼太多的認識。

　　（2）婚姻的久暫

　　在家庭中，婚姻的久暫當然是婚姻成敗的直接結果。《日書》中對婚姻久暫的預測有下面的一些例子：

　　取妻妻不到。（簡 807～1001）

　　取妻必棄。（簡 823）

　　不棄，必以子死。（簡 894 反）

　　不出三歲，棄若亡。（簡 893 反）

　　取妻不死，棄。（簡 891 反）

　　取妻不終，死若棄。（簡 895 反、886 反）

　　婦以出，夫先死，不出二歲。（簡 892 反）

　　以出女，皆棄之。（簡 890 反）

　　取妻不居，不吉。（簡 889 反）

影響婚姻久暫的因素，由上面的例子看來，似乎以夫方遺棄妻方爲主要的原因。妻先死或夫先亡也是常有的事。妻子在生育子女時的危機則表現在"必以子死"的預測上。至於"取妻妻不到"、"取妻不居"，則似乎是指不成功的婚事。

　　（3）生育子女的能力

　　在預測婚姻久暫的字句中，丈夫到底是由於什麼原因而遺棄妻子，我們無法知道。但影響婚姻關係的，妻方是否能生兒育女，無疑是一項重要的因素。取妻吉否和能否生子以及生子後能否活存下去，都是相關的。如：

　　東井，百事凶……取妻多子，生子旬而死，可以爲土事。

（簡 818、984）

不可取妻,毋子;雖有,毋男。(簡 887 反)

第一段文字中"取妻多子"應該是好事,只是若遇到東井這星宿時,生子就會早夭。所以這段話等於是説,東井之日,娶妻吉,生子不吉。第二段話是説,此日不可娶妻,否則就不能生育小孩,而即使能生育,也不會生男孩。不能生男子,在當時當然仍是不被社會所接受的。這些,也都可能是造成婚姻破裂的原因。

(4) 對父母的影響

在婚嫁的關係中,除了男方的考慮外,有一些是供女方的家長作爲參考的,例如:

以出女,室必盡。(簡 894 反)

以出女,父母必從居。(簡 895 反)

出女,父母有咎。(簡 896 反)

由這些資料看來,在有關婚嫁吉凶的預測中,所反映出的主要是娶妻的男方以及嫁女的家長的觀點,至於那將要出嫁的女子本身,除了依著男方所有的那些吉凶之外,似乎並没有另外的考慮。

此外,妻方是否有財產,妻子本人又是否有特殊的能力,也是向《日書》求取答案者所關心的,如:

取妻,妻貧。(簡 799~993)

取妻,妻爲巫,生子不盈三月死。(簡 804~998)

依《日書》文氣,"取妻,妻貧"應指的是妻子嫁過來之後所發生的事,妻貧,當然也意味著夫貧,不吉。至於"妻爲巫"到底是凶是吉,從前後文並不能得到明白的指示。因爲《日書》中這種文字多半爲獨立事項的判斷。"生子不盈三月死"固然是不吉,但也不一定能説這必然暗示"妻爲巫"也不吉,正如"取妻妻不寧"(簡 809)下面接著"生子爲大吏",或"取妻吉"(簡 806)下面接著"生子三月死"。這些文句的意思是,在此日娶妻或在此日生子所可能有的後果,並非指"取妻後生子如何"。爲巫到底是吉是凶,要看巫者在當時社會中的地位如何方能決定。而巫者的地位在上古時代雖相當重要,[15]到了戰國末年,其地位

---

[15] 參見瞿兑之《釋巫》,《燕京學報》7 期(1930),頁 1321~1345;陳夢家《商代的神話與巫術》,《燕京學報》20 期(1936),頁 485~576;林巳奈夫《中國古代の神巫》,《東方學報》38 期(1967),頁 199~224;張光直《商代的巫與巫術》,《中國青銅時代》(北京:三聯書店,1990),頁 39~66。有關本節所論,可參見吳小强《試論秦人婚姻家庭生育觀念》,《中國史研究》1989 年第 3 期,頁 102~113。唯吳文所論多有與本文觀點不同之處。

已有明顯下降的趨勢。《韓非子‧顯學》:"今巫祝之祝人曰:使若千秋萬歲。千秋萬歲之聲聒耳,而一日之壽無徵於人,此人所以簡巫祝也。"[16] 而《呂氏春秋‧季春紀》亦云:"今世上卜筮禱祠,故疾病愈來。……夫以湯止沸,沸愈不止,去其火則止矣。故巫醫毒藥逐除治之,故古之人賤之也。"[17] 這些對巫者的批評當然主要是發自於知識分子,顯示出當時巫者的社會地位也許已經不如殷周時代,但是他們對巫者的論說卻也從反面顯示出,巫者在當時社會上仍爲相當活躍的一群人物。至少,他們的存在於民間社會,有其一定的社會功能。而《周禮》有司巫之官,也多少反映出巫者在戰國社會中佔有相當正面的地位。[18] 所以"妻爲巫"或"生子男爲見(覡)、女爲巫"(簡 823~989)之類的句子,若是以中下層社會人物的角度去看,並不一定是不吉之事。

至於所謂的取妻吉(簡 806~1000、817~983、820~986、822~988),其內容爲何,《日書》中有少數的例子:

> 以奎夫愛妻,以婁妻愛夫。(簡 890 反)
>
> 胃……以取妻,妻愛,生子必使。(簡 813)

這些都是指的夫妻之間和睦相愛的情況。

2. 貞節觀念之問題

顯而易見的是,《日書》中有關娶妻吉的描述遠不如對娶妻不吉的情況的描述來得豐富。這可能代表何種心態?我們也許可以推測,當時人對於婚姻以及夫妻關係持有一種比較悲觀的心態,因爲他們對於娶妻不吉的時日以及不吉的事項的關注要大於娶妻吉的關懷。不過,這些不吉的預測雖然可能是顯露出了當時婚姻關係中人們所想要避免的情況,但《日書》的作用原本可能就主要是在提供人們"不吉"的資料,因爲"避凶"也就是"吉"。因此我們是否能夠說這些文字所代表的就是當時人對婚姻的想法,就能如實反映當時的婚姻關係,卻是不無可疑的。尤其是如果要從這些材料來討論當時人的"貞節觀",更應謹慎地考量材料的性質。例如王桂鈞在《〈日書〉所見早期秦俗發微》一文中,認爲秦人貞節觀念淡漠,然而他所舉《日書》中諸例以及對

---

〔16〕 王先謙《韓非子集解》(臺北:世界書局,1962)卷一九,頁 356。

〔17〕 《呂氏春秋》(臺北:中華書局,1972)卷三,頁 5。

〔18〕 有關巫者在漢代的活動和其社會地位由先秦至漢代之轉變的討論,可參見林富士《漢代的巫者》(臺北:稻香出版社,1987)。

這些例子的解釋都甚有可議之處。《日書》中的材料並不足以作爲討論秦人社會中的貞節觀念的基礎，更不能説它們證明秦人的貞節觀念淡薄。[19] 這當然並不是説"秦人的貞節觀念淡薄"是一項不正確的觀察，但是要證明此説，《日書》中的材料是不足的。而研究者之所以會

[19] 王桂鈞《〈日書〉所見早期秦俗發微》，《文博》1988年第4期，頁68。如王氏説："下層女子把未婚先孕視若平常，如簡807：'取妻，妻不到以（已）生子'。"（頁68）這是誤斷簡文："取妻，妻不到，以生子，毋它同生。"簡文是對"取妻""生子"兩件事分別所做的預測。而且"以"字是不能釋爲"已"字的。他接著説："婚外性生活也極爲頻繁，如簡865（按：爲805之誤）'母逢人，外鬼爲祟'；簡812：'取妻，男子愛。生子亡者，人意之。'""母逢人"如何可以解釋爲有婚外性生活，作者並無説明，而"男子愛"一句，是與"女子愛"相對的説法，指的應是對"男"或"女"的子女愛，而非婚外性關係。他又舉《法律答問》中"乙、丙相與奸，白晝見某所"以及"甲、乙交與女子丙奸"等記載，認爲"秦人並不認爲這是一種墮落、可恥的社會行爲"。問題是，如果秦人真不以爲這是不應當的行爲，爲什麼還要在法律中訂立罰則？作者對於秦人習俗的討論似乎極受個人主觀意見的影響。他又引簡875："庚辰生子，好女子。"以爲這也可作爲秦人性生活不檢點的證據。但是若考慮《日書》的性質，此處的"好女子"只是一種預測，最多也只能説明當時社會中有"好女子"之人，就如"生子穀好樂"（簡870），"生子耆酒"（簡872）等等預測一樣，是不能據而説明整個秦人社會中的人都有"好樂"、"耆酒"的習俗的。

　　王氏這種誤解、曲解簡文的討論方式也影響到他對一些其他的婚姻及家庭問題的瞭解。如在論秦人家庭離異的時候，他認爲"正常離婚"，《日書》中無此簡文，但《法律答問》有'休妻不書，貲二甲'的條文，罰貲雖'二甲'，但暗示著一般情況下離異不被認可，秦畢竟是一個法制國家。"（頁69）其實，"休妻不書，貲二甲"所暗示的，不但不是離異不被認可，反而應該是"休妻書，則不貲"，其重點在休妻時要立下切結文書。更嚴重的問題是他對"離異日"的討論，認爲"'離異日'可以自由另擇新偶。"他又舉印度等其他民族的"沙特恩節"（Saturn），是"在一個短時期內重新恢復舊時的自由性交關係，並且容許自由私奔或離異的節日。《日書》把'離日'定爲'禹之離日'恰好説明這一節日在早期秦地的存在。"其實所謂的Saturn（應爲Saturnalia），原爲古羅馬之農業節慶，每年12月17日至23日舉行一周，其間人民狂歡宴飲，貴賤身份有時亦不用遵守。此詞後引申爲狂歡節之義，但亦不專指"自由性交"。王氏引恩格斯作品中所引十九世紀民族志之説法並不可靠。然後他又舉出《楚辭·天問》中有關大禹娶涂山之女，"而通之於台桑"的資料，認爲台桑指的是"桑林"或"桑間"，是"淫穢之所"的隱語。又説《墨子·明鬼》中有"宋之桑林，楚之雲夢，此男女之所樂而觀也"。且不論這種解釋本身的正確性如何（禹娶涂山之女的日子爲何爲一大忌日？利以離異的日子又如何成爲"自由性交"的狂歡節？），他又説："《日書》中也有關於'桑間'的直接記載，如簡864（按應爲864反）'人毋故而鬼惑之，是鬼，善戲人以桑'，由此可見，'離日'的來源實即'桑林'聚會時日。"這又是誤讀了簡文："人毋故而鬼惑之，是鬼，善戲人，以桑心爲丈，鬼來而擊之，畏死矣。"此處文字根本與"桑林""桑間"無關，他的討論也就完全落空。而所謂的"離日"，根據太田幸男的研究，應與商鞅所立下的家中成年男子二人以上必須分居的規定有關（太田幸男《睡虎地秦墓竹簡の"日書"にみえる"室""户""同居"をあぐって》，《東洋文化研究所紀要》99冊，1986年，頁16～17），也不能望文生義地將之認爲是夫妻分離之意，更談不上王氏所説的"自由性交"的狂歡節了。至於王氏解"奪室"爲入寄者與主人妻子私奔（頁70），則是他強解此處的"室"爲"妻室"。實際上，由對《日書》中"室"之意義的全面考察看來，"室"在《日書》中的用法是不能解爲"妻室"的（見太田幸男，前引文）。

有這樣的問題與結論,毋寧説是受了自身道德觀念的影響。例如學者常引《左傳》等文獻中所記載的一些上層社會的"淫亂"的事實而推斷當時人比較不注重貞操觀念。[20] 然而由這類事情被記載下來的事實來推論,我們只能説,這反映出的是《左傳》等作者是非常重視貞操觀念的,因而才不厭其煩地把這些事記載下來。至於在一個社會中,即使是古代的社會,有那樣的"淫亂"的事實發生在上層社會之中,和當時人是否普遍不重視貞節,是兩件不同層次的事。

3. 對子女的預期

《日書》中有《生子》一篇(簡 869 ~ 878),專門預測生子的吉凶未來。在許多其他篇章中也有不少類似的預測。從這些預測中,我們可以大致推測出《日書》使用者對於子女的期望以及希望能避免的命運。這些期望大致可以分爲經濟性、社會性以及有關性格、氣質和像貌的預測等三類。

(1) 經濟性的預測

關於子女未來的發展,《日書》有一些經濟性的預測,如"富"(簡 800、870、876)、"貧"(簡 802、874)、"貧富半"(簡 803)、"生子必駕"(簡 824)等,可以説是比較單純的期望。此外,有一些比較曲折的預期,如"有疾少孤,後富"(簡 870)、"耆酒而疾,後富"(簡 871),則表現出一種對人一生的遭遇可能會有高低起伏的過程的看法。

(2) 社會性的預測

《日書》中另有一類的預測反映出當時人心中對於子女將來的社會地位和人際關係的關切。比較樂觀的情況如:

> 生子爲吏。(簡 797、811、991)
>
> 生子爲大夫。(簡 805)
>
> 生子爲大吏。(簡 809)
>
> 生子必使。(簡 813)
>
> 生子必有爵。(簡 798、992)
>
> 生子人愛之。(簡 801)
>
> 生子寵事君,生子有寵。(簡 873)

[20] 如陳東原《中國婦女生活史》(臺北:商務印書館,1981),頁 26 ~ 29。

　　而比較不吉祥的情況則如：

　　　　生子男女爲盗。（簡791）

　　　　生子少孤，衣污。（簡869）

　　　　生子必爲人臣妾。（簡874）

這些不同的情況也就勾畫出了當時人所能設想到他的子女未來所可能有的社會地位。值得注意的是，在這些不同的社會地位中，由"爲大夫"到"爲人臣妾"、"爲邑桀"（簡822、988）、"爲盗"，基本上是屬於社會的中到下層階級。然而，所謂的"大夫"、"大吏"是否也可以是比較高的官職？我們不能完全否定其可能性。不過如下文所論，對子息的身份的期望較自身爲高是一個自然的傾向，可以説明《日書》使用者的一般社會地位是屬於中下階層的。此外，這些不同的社會地位本身也透露出另一些消息。在比較樂觀的方面，《日書》中所設想的其實主要是一種政治性的地位，也就是説在《日書》使用者的心中，較好的社會地位是在統治階層之中，雖然他們並没有很高的要求。而在這些較好的地位和那些比較不吉祥的情況之間，尚有些其他的社會階層，如工匠、商賈、小農等，應該是佔大多數人口的，卻不在預測的情況之中。這種情形也許可以説明，《日書》使用者的心態是想要求他們生活中所可能發生的最好的情況，而避免那些最不可欲的命運。當然，《生子》篇的主要作用是在預測子女未來的前途，而當子女已經出生之後，這種預測將如何能够助人避凶趨吉，人們是否又能够照著《日書》上吉凶的日子來生兒女（除非當時人已經有辦法控制生產的時日），都是有趣但目前尚無法進一步討論的問題。

　　當我們將《日書》中有關子女前途的預測拿來和有關《日書》使用者本身前途的預測比較時，發現《日書》使用者對於自己的社會前途似乎尚不如對子女的期望來得高。從《日書》中其他篇章中，我們知道《日書》使用者可以爲賈人，與商賈相關的一些辭句如：

　　　　須女，祠賈市。（簡806）

　　　　卯遷，賈市吉。（簡814）

　　　　貨門所利賈市。（簡849）

　　　　市良日：戊寅戊辰戊申戌利初市吉。（簡818）

　　　　入貨。（簡824、849）

出貨。（簡 830）

出入貨。（簡 773）

也可以爲農人，例如其中有關於農作的：

五種忌日（簡 746～751、941、745 反）；田忌。（簡 746 反）

他們或者又可從軍，如下面數簡所示：

達日，利以行帥出正（征）見人。（簡 736）

秀，是胃重光，利至戰，必得侯王。（簡 761）

利以戰伐。（簡 773）

但是在政府中的工作職位卻只提到嗇夫一職（簡 743、745、763、765、771、752 反），而嗇夫的地位在當時只能算是低階層的政府官僚而已。[21] 既然期望子女的命運比自身爲佳是一種自然的傾向，這些材料大致上已可以幫助我們判斷，《日書》是主要流傳在如墓主人喜之類的低層政府官僚或其他中下階層人們之間的作品。[22]

（3）性格、氣質、像貌

至於有關子女性格、氣質、像貌的關切，《日書》中有下面這些例子：

武有力（簡 869），武以攻巧（簡 870），武以聖。（簡 871）

武而好衣劍。（簡 877）

毅（穀）而武。（簡 877、869）

飲食急，巧有身事。（簡 869）

好家室，有疵於膻（體）而悤。（簡 871）

好言語，耆酒。（簡 872）

好田埜邑屋，耆酒及田遷。（簡 873）

好女子。（簡 875）

長大善得。（簡 878）

既美且長，有賢等。（簡 761）

生子男女必美。（簡 741）

---

[21] 有關嗇夫之職責，參見裘錫圭《嗇夫初探》，收入《雲夢秦簡研究》（北京：中華書局，1981），頁 226～301；高敏《論〈秦律〉中的‘嗇夫’一官》，《雲夢秦簡初探》（河南人民出版社，1978），頁 185～200。

[22] 喜的身份，根據《大事記》，曾任榆史，安陸御史、安陸令史、鄢令史等職，（見簡 010、013、014）可確定是低階層官僚的一份子。

這些預測，誠然不是一套完整的有關當時人性格的目錄，因爲，和有關子女將來社會地位的預測類似，《日書》使用者所期望知道的應是流行於當時社會中而爲一般人所羨慕的特性。在這些特性中，好武是一項相當特出的性格，而"飲食急"、"耆酒"、"田邋"也和好武的性格有相當關係。相對的，在這些材料中看不見一條是與較精緻的文化有關的特質，譬如說有體、好學等等。這種情況反映出《日書》使用者所處身的是一個尚武乏文的社會。但是這種推論必須考慮到《日書》使用者的社會階層性，我們是否能夠只憑《日書》中的這些材料來推斷整個秦代社會的情況，是不無可商榷的。這一點下文將再論及。

(二) 社會關係

《日書》使用者除了希望知道家庭之中成員的吉凶和彼此關係之外，對於個人是否能在社會上成功地立足也有相當的關切。不同職業分工的人對於如何才能成功當然也會有不同的期望，如農人希望莊稼豐足，商人希望大發利市，這些也都在《日書》中有所表現。然而就對於人際關係的關切來說，《日書》中比較突出的是和政府之間的來往，這點也許可以間接顯示《日書》使用者主要的社會階層。

《日書》中有《吏》一篇（簡886～895），主要在預測一個中下級官吏在晉見上司時可能會發生的各種情況。吉凶的安排是將日子依十二支排列，每一個日子又分爲"朝"、"晏"、"晝"、"日虒"、"夕"等時段，在不同的時段去晉見上司，結果可能各不相同。其中提到比較有利的幾種情況，是上司能夠傾聽或接受自己的意見或者請求，如"有告聽"（簡886～892、894）、"請命許"（簡889、890、893、894），或者能夠得到上司的贊許："説（悦）"（簡888、889、892）、"有美言"（簡886、887）。而比較不好的情況，則是上司不接受自己的意見："有告不聽"（簡886、890、891）、"百事不成"（簡892），又被上司訓斥："有惡言"（簡887、895），假以臉色："不詒（欺）"（簡892、895），"不説"（簡891、893），"有奴（怒）"（簡887、888、889）、"禺奴（遇怒）"（簡887、891、893），或者甚至"不得復"（簡888），可能是指不得復見，應該是相當嚴重的後果。有些時候，也可能會遇到沒有結果的晉見："令復見之"（簡886、895）、"有後言"（簡891、895）。

不論如何，這些有關晉見上司的預測，應該可說已經反映出當時政府中下階層的“吏”在他們的工作中與上司往來的基本模式：上司對於下屬的意見或請求是或接受，或拒絕，或推諉。在《吏》篇所列五十種可能性中，[23] 屬於正面性結果的共有二十六種，佔52%；[24] 而屬於負面性結果的共十六次，佔32%；[25] 其他的情形佔12%。若檢視其中每一日的吉凶狀況，則每一日中總是有比較合宜的時間。這種情況或許反映出當時中下層官吏對於晉見上司一事是相當關切的，而這種關切在投射到《日書》中後，產生了比較樂觀的預期結果，也是可以理解的。

這種對於晉見上司的關切也在一些其他的篇章中表現出來，如《除》篇中有“陰日……以見君上，數達，無咎”（簡735），《秦除》中有“開日……請謁得”（簡753），《星》篇有“可請竭”（簡820、867同）的文字。

與《吏》篇有關的，有《入官良日》篇（簡886～895底部，1119～1130同），是預測入仕爲吏之日的吉凶之用。這些文字，加上《日書》中其他地方所提到的“臨官”（簡761、767）、“入官”（簡750反）、“爲嗇夫”之類的例子，都反映出《日書》使用者的社會階層性格。

在其他的社會關係方面，有一類相當特殊的，是所謂的“寄”：

結日：作事不成……以寄人，寄人必奪主室。（簡731）

不可入寄者。（簡772）

毋以辛酉入寄者，入寄者必代居其室。己巳入寄者，不出歲亦寄焉。（簡786～787）

凡五巳不可入寄者，不出三歲必代寄焉。（簡937）

寄人室：毋以戊辰己巳入寄人，寄人反寄之；辛酉卯癸卯入寄之，必代當家。（簡1026、1016略同）

子卯午酉不可入寄者及臣妾，必代居室。（簡769反）

墨日：利壞垣徹屋，出寄者。（簡741反）

---

〔23〕 原簡在892～893和893～894之間少了“未”、“酉”二段，由反面簡文判斷，漏抄或原簡脱散都有可能。

〔24〕 有告聽8、有美言3、請命許7、説3、得語2、造許1。

〔25〕 有告不聽3、有惡言3、不説2、不詒2、有奴3、禺奴3、百事不成1、不得復1。

又有"客"、"寓"：

入客：戊辰⋯⋯不可入客、寓人及臣妾，必代居室。
（簡 788～789）

窨羅之日⋯⋯而遇（寓）人，人必奪其室。（簡 912）

李學勤認爲"寄"、"客"、"寓"三者意義相近，但《日書》中的"寄人"可能是庸客之類的人。[26] 由字義和它出現的前後文看來，"寄者"、"寄人"必然是一種暫時在主人家居住的人，後來纔有可能"代居室"、"代寄"、"代當家"或"奪主室"。這"代居室"的實質意義或者法律意義爲何，目前並不完全清楚。可以知道的是，它必然是不好的情況，而且有"鳩占鵲巢"的意味，也就是説原本讓人在家中寄居的主人，後來反而被"客人"強佔了家室。這種情況是如何發生的，又代表了當時社會中何種的問題，都是尚待解決的問題，但是無論如何，它不應被解釋爲"互生愛慕的已婚男女""相約私奔"。[27] 這種誤解出於將"室"解釋爲"妻子"。但不僅是"室"字在《日書》中不應被解爲"妻室"，[28] 也可由上引《日書》文字的前後文看出，尤其是簡 789 有"寓人及臣妾"的文字，如果"室"是指"妻室"的話，一個"妾"一般是不太可能有辦法去"代居室"的。

四、《日書》中所見之社會生活

《日書》的主要功用既然是作爲日常生活行事的指引，自然反映出當時人生活中主要關心的一些問題。這些問題當然也並非後人不能想像的，只是現在有了直接的材料説明，使我們對當時人的生活情況有更親切的認識。以下就由食、衣、住、行、育、樂、疾病死亡等方面分別來看當時的社會生活面貌。

（一）飲食

《日書》中有不少關於飲食時日吉凶的文字，如：

利以登高歙（飲）食。（簡 741、744、856、1027）

利祠、歙（飲）食歌樂。（簡 761）

---

〔26〕 李學勤《睡虎地秦簡〈日書〉與楚、秦社會》，《江漢考古》1985 年第 4 期，頁 60～64。
〔27〕 王桂鈞，前引文。
〔28〕 見太田幸男，前引文。

> 歙（飲）食樂。（簡767、771、773）
>
> 居有食。（簡918）

這些都是一般性有關飲食的例子，並不涉及飲食的實際內容。而在其他篇章中，只有少數地方提到飲食的内容，如：

> 可以漬米爲酒，酒美。（簡778反、842）
>
> 不可食六畜。（簡814、815、980）

此外，有關馬、牛、羊、猪、犬、鷄等六畜也有專門的宜忌之日，不吉之日當以禁屠爲宜，如：

> 戊午不可殺牛。（簡814）
>
> 毋以己巳壬寅殺犬，有央。（簡820）
>
> 殺日勿以殺六畜。（簡829）

而春、夏、秋、冬四時也另有不可殺生的日子，是所謂"天所以張生時"。（簡794反～790反）這種禁忌是否與當時人所遵行的一些依動植物萌生孕育的時間而定的殺伐時機有關，從簡文中不易看出。但是在其他簡中的確有"斧斤以時入山林"的觀念，見下文有關農業的討論。

（二）衣服

與飲食的宜忌相較，《日書》對於衣服的關切似乎尤有甚之，不但在一般性的篇章中提及，如《除》：

> 秀日……冠、幇（製）車、折衣常（裳）、服帶、吉。

（簡742）

《稷辰》：

> 秀……可取婦家女，幇（製）衣常。（簡761）

《星》：

> 〔軫〕，乘車馬衣常取妻，吉。（簡824）

甚至有專以"衣"爲篇名的，如簡755、783反至778反、777反至774反等三篇。其中後二篇其實是同一篇，只是抄寫了兩次，雖然第二次的簡文有脱漏之處，也可以顯示出《日書》抄寫者及使用者對於和衣服相關的事相當關切。而在這些篇章中，與衣服有關的文詞有"幇（製）衣"、"幇（製）新衣"（簡781反）、"衣絲"（簡782反、777反、776反）、"材（裁）衣"（簡783反、782反、780反、779反、777～775反）。這些有關衣服的占辭是相當爲當時人所看重的一些禁忌，從一些不守禁忌所可能發生的後果也可以看出：

> 毋以楚九月己未台被新衣，衣手□必死。（簡755）

> 六月己未不可以觢（製）新衣，必死。（簡781反）

相對而言，在有關飲食方面的禁忌則並沒有如此嚴重的後果。由於製衣與“冠”，也就是冠體，常常一同被提及，可以推測有些時候製衣有宗教和禮儀上的意義，因而有禁忌産生。從這一點來看，《日書》使用者的日常生活中，即使不是特定的祭祀之日，仍然是具有某些儀節要遵守的。這種與製衣有關的禁忌在漢代仍流傳於民間，王充《論衡》中就提到當時有所謂的“裁衣之書”。[29]

（三）住

不論在何時何地，居住環境始終是人們所極爲關心的問題。《日書》在這一方面也有相當高的關切，而其內容則包括了人的住家和一些與生活有關的建築物，如井、垣、池、囷等等。有關的占辭不但出現在一般性的篇章之中，如：

《除》篇中有：

> 交日利以實事，鑿井吉。（簡733）

《秦除》：

> 盈日可以築閑牢，可以産，可以築宮室。（簡745）

> 閉日可以劈決池。（簡754）

《稷辰》：

> 秀……不可復室蓋屋。（簡762）

> 敫……可以穿井行水蓋屋。（簡767）

《星》：

> 營室，利祠，不可爲室及入之。（簡809）

> 胃，利入禾粟及爲囷倉吉。（簡813）

> 七星，百事凶，利以垣。（簡821）

更有專爲某類建築活動而用的篇章，例如《音》篇（簡825～830）將一年四季的日子中某些日子定爲“爲室”、“剽”、“殺”、“四瀶（法）”等四類，其中“凡爲室日，不可築室”（簡829），“四瀶日，不可以爲室覆屋”（簡830），又說春夏秋冬四季的三月各有一定方

---

〔29〕　王充《論衡·譏日》（臺北：世界書局，1974），頁234。

位的屋室不可建（簡 826～828，756 反～755 反亦同），每一方向的
門垣也必須在一定的月份及日期修築。此外，又有《室忌》（簡 831～
832、1005）、《蓋屋》（簡 1006～1007）、《蓋忌》（簡 1008《凡
(垣?)》（簡 836～838）、《垣墻日》（簡 1009）、《困良日》（簡 753～
754）、《門》（簡 753 反～752 反）、《直室門》（簡 843～855）等等
相當繁瑣的禁忌。特別值得注意的是所謂的《直室門》一篇，似乎
是將當時人居住的邑邦做一理想式的設計，在長方形的聚落四周設
計二十二個邑門，每一個門都有其特殊的吉凶之道，以供人選擇居
處之所。

　　與建築有關的是所謂的"土攻（功）"或"土事"，《日書》中
有《土忌》兩篇（簡 833～835、767 反～757 反），説明破土興工必
須遵行的宜忌時日。而《日書》對有關建築房屋之時日選擇的重視，
也表現在其對於犯忌之後果的預測上，如《土忌》中提到"土神"
（簡 762 反）和"地杓神"（簡 758 反），而《啻》篇中也有下面一
段極爲嚴重的警告：

　　　　凡爲室日，不可以築室：築大內，大人死；築右，長
　　子婦死；築左，中子婦死；築外垣，孫子死；築北垣，牛
　　羊死。（簡 829）

由這段文辭，我們已經可以看出當時人相信房屋的方位和吉凶有密切
的關係。而在《日書》中又有另一篇占辭（簡 882 反～873 反），是專門
説明居住房屋的方位、高下、長短，以及屋四周的池、水瀆、圈、困、井、
廥、囷、屏、門、垣、道等建築物和屋宇的相對關係與吉凶之間的對應。
這是風水觀念在此時已經存在的證據。[30] 然而《日書》中雖已有五行
的觀念（簡 974～978、813 反～804 反），並且也有以方位配五行的觀
念，如"東方木、南方火、西方金、北方水、中央土"（簡 808 反～804
反），風水觀念中所依據的仍然是東、南、西、北、中、前後、左右等等，尚
沒有與五行發生直接的關係。[31]

　　（四）行

　　《日書》對於和行有關的吉凶時日也相當地注重。與行有關的篇

────────────

〔30〕　有關風水觀念的起源，近來有尹弘基《論中國古代風水的起源和發展》，《自然科學史
　　　研究》8 卷 1 期（1989），頁 84～89。
〔31〕　參見工藤元男，前引文。

章有《行》（簡 856～859、1027～1032 同）、《歸行》（簡 860～
862）、《到室》（簡 863）、《禹須臾》（簡 863～864、799 反～795 反
同）、《行日》（簡 1033～1034）、《行者》（簡 1035）、《行忌》（簡
1037～1038），還有一些沒有題名的篇章，如簡 865～868、800 反～
797 反之下半（簡 769 反～768 反同）、789 反～786 反、770 反等。
此外也有一些零星散佈在其他篇中的，如《除》篇中有《交日……
以祭門、行、行水，吉；害日……祭門，行，吉。"（簡 733～734），
《星》篇中有不少條"行吉"的占辭（簡 797～799、801、804、
805、810～812），又有"離日不可以行，行不反"（簡 782～783）
等等。這些占辭主要內容在告訴《日書》使用者出門時日之凶吉，
而由外地歸家的時日也有宜忌之分。

　　與出行相關的有"徙"（簡 788～791），大約是遷徙之意。

　　對於這些宜忌之日的吉凶之判，《日書》所開列犯忌的後果亦相
當嚴重，如"不出三月必有死亡"（簡 858），"百中大凶，二百里外
必死"（簡 860），"凡此日以歸、死、行、亡。"（簡 862）。也就是
由於這種重視，《日書》有"行祠"（簡 1039）、《行行祠》（簡 1040～
1041）等篇章，讓人在出行之前選擇時日祭祀祈福，甚至記載了祭祀
時行巫術的方法：

　　　　行到邦門，困，禹步三，勉壹步，謼呼皋敢告曰，某
　　行毋咎，先爲禹除道，即五畫地，掫其畫中央土而懷之。
　　（簡 785 反）
又有"禹符"：
　　　　禹符左行置右環，曰□□□右環曰行邦，令行，投符
　　地，禹步三曰，皋敢告□□□符上車毋顧□□□□。（簡
　　999～1002）
在天水放馬灘秦簡《日書》中，亦有"禹須臾"的篇章。[32] 漢初馬王堆
帛書《五十二病方》中也提到以"禹步"治療病患的方法，如：

　　　　令蘈（顡）者北首臥鄉（嚮）廡中，禹步三，步嘑
　　（呼）曰"吁！狐麀"三，若智（知）某病孤□。[33]

〔32〕　見《天水放馬灘秦簡甲種〈日書〉釋文》，《秦漢簡牘論文集》，頁 1～6。
〔33〕　《五十二病方》簡 210，見周一謀、蕭佐桃編《馬王堆醫書考注》，（臺北：樂群公
　　　司，1989），頁 142～143。

可見禹作爲民間信仰中的"行神","禹步"具有法術性的作用。這種與旅行有關的信仰和巫術在春秋戰國時代可能已經相當流行。根據後世道教經典,"禹步"爲道士法術之一種。《抱朴子·仙藥篇》就有"禹步法"。[34] 由此亦可見道教和中國固有的民間信仰有極深遠的關係。[35]

由這些關於行的辭句,尤其是其中有關"大行"、"遠行"(簡 586)、"久行"(簡 801 反、769 反、938)、"長行"(簡 769 反)等文字,我們可以推測,《日書》使用者中時常外出活動的必然佔相當的比例。這種人和長年必須在農地上耕種的農人不同,他們的職業可能是商人,而有關《日書》中所反映出的商業問題,下文將再論及。

(五) 育樂

《日書》對當時人生活面影響之廣,亦可以由其中與娛樂有關之辭句得見。當時人作何種娛樂排遣之事?《日書》中常見者有 "登高歙食,邀四方圣(野)外"(簡 741)之類的文字, 這"田邀"(簡 737、820)、"弋邀" (簡 769)、"以邀,置罔 (網)" (簡 814)、"罔邀"(簡 914)、"魚邀"(簡 954)、"歙樂" (簡 744、767) "興樂" (簡 756)、"歌樂" (簡 761、769、771、773), 大致上包括了在室內和室外的兩種休閑形態, 室內的是飲酒作樂, 室外的是郊遊田獵捕魚,《生子》篇中 "生子耆酉 (酒) 及田邀" (簡 873) 的文句恰好説明了這兩種活動同屬於休閑活動, 而人們相信即使是這類的活動亦有其宜忌的時日。至於漁獵活動也屬於經濟活動的一種,下文另有討論。若與已知戰國時代人們所通行的各種娛樂活動相比,如鬥雞、走犬、六博、投壺、角力、蹴鞠等,[36]《日書》中所見的娛樂活動的種類似乎單純得多。

至於所謂"育",《日書》中只有一處提到"利以學書" (簡909)。此外,在《生子》篇中,對於子女未來的事業成就的預期之中,並無任何與高尚德行或學識修養有關的文字,顯示在《日書》

---

[34] 葛洪《抱朴子》卷一一《仙藥》(臺北:世界書局,1969),頁 52。

[35] 饒宗頤、曾憲通,前引書,頁 20~23;工藤元男《雲夢睡虎地秦簡〈日書〉と道教的習俗》,《東方宗教》76 (1990),頁 43~61。天水放馬灘秦簡《日書》中亦有 "禹步" 之記載,見何雙全《天水放馬灘秦簡綜述》,《文物》1989 年第 2 期,頁 23~31。有關於出行的迷信禁忌,見江紹原《中國古代旅行之研究》(上海:商務印書館,1937);工藤元男《埋もれていた行神——主として秦簡〈日書〉による》,《東洋文化研究所紀要》106 (1988),頁 163~207。

[36] 參見楊寬《戰國史》(增訂本)(臺北:谷風出版社,1986)下冊,頁 617~627。

使用者的世界中，以文學爲主的教育問題非其主要的關切點。（見上文有關生子之討論）總之，由《日書》中有關育樂活動的記載，反映出其使用者的生活與文化水準並不是十分豐富的。

（六）疾病死亡

在生老病死的循環之中，人雖無法避免那不可避免的命運，仍要想盡各種方法以求解開那不可解的死結。在得病的時候，《日書》使用者在《病》篇（簡 797～806、1076～1082 略同）中可以找到在不同時日中得病的病因，如：

> 甲乙有疾，父母爲祟，得之於肉，從東方来，裏以桼器，戊己病、庚有（閒）、辛酢、若不（酢）、煩居東方、歲在東方、青色死。（簡 797～798，見附錄釋文校正）

> 丙丁有疾，王父爲祟，得之赤肉、雄鷄、酉（酒），庚辛病、壬有閒、癸酢、若不酢、煩居南方、歲在南方、赤色死。（簡 799～800）

人之得病，雖有部分原因是由於飲食，如肉、赤肉、雄鷄、酒，以及"黄色索魚、菫"（簡 801）、"犬肉、鮮卵"（簡 803）以及"脯、節肉"（簡 805）等，也因爲有神靈爲祟。這裏是已去世的父母。此外也有王（祖）父、王母，又有"外鬼傷死"（簡 803），外鬼也就是非自己家族的亡靈。而巫者也可能是製造問題的人物，如"戊己有疾巫堪行"（簡 801）、"外鬼爲姓（祟），巫亦爲姓"（簡 1053）。不過值得注意的是，這些爲祟的靈鬼基本上是過世的人，而不是如《詰》篇中所看見的各種妖怪。[37] 另一點是，這些有關疾病的辭句（包括簡 1052～1075）並沒有如《詰》篇中的逐鬼之法或者一些其他的簡文那樣，提供避凶趨吉的線索，而僅僅陳述那必然會發生的事實。這種情形，應該不能説是由於當時人對於疾病的來襲束手無策，而可能只是不提疾病的種類、治療的方法和過程這種技術性的事。這與《日書》中有關農業生産和商業的篇章也相類。（見下文）值得注意的是，《日書》中所提到疾病的原因是用"某某爲祟，得之於某種食物"的形式，顯示《日書》使用者雖將致病的原因歸罪於鬼神，但經由經驗的累積，已經發現某些食物比較容易致病，而這

---

[37] 見下文第七節。

些食物是以易腐敗的肉類爲主。這種情況，較甲骨文中所見商代的疾病觀有進步，[38] 但與《左傳》中已經出現的一些理性的疾病觀，[39] 以及《黃帝內經》中所顯示的戰國末年時代即可能出現的以陰陽不調爲疾病起源的思想並不相同，[40] 相對之下，也顯示出《日書》的確反映出當時的"民間文化"：雖然相信鬼神，但也能結合生活經驗以得到實際的用處。而《黃帝內經》則是經由知識分子的整理、發揮、系統化之後而得到的結果。

人的疾病死亡與衛生醫藥保健的情況有直接的關係。《日書》中常見擔心生子早夭的辭句：

> 結日……生子毋弟，有弟必死。（簡 731）
>
> 生子子死。（簡 776）
>
> 生子不盈三歲死。（簡 804）
>
> 生子三月死，不死毋晨。（簡 806）
>
> 庚子生，不出三日必死。（簡 1142）

也就是因爲如此，《詰》篇中有"鬼嬰兒"、"哀乳之鬼"（簡 867 反）、"幼殤"（簡 846 反）等沒有能夠享受人生的幼兒爲鬼作祟。從這些材料中，我們可以知道當時社會中幼兒的生存是一件不容易的事，這當然也反映出那時整個社會中的醫療衛生與營養狀況都是不理想的。[41] 但是若就此以爲這是秦代的特殊情況，則又未必。這毋寧應說是在幼科醫學未發達之前的社會中的通象。

至於死亡的時日，通常人雖不能選擇，但是仍然相信死亡的日期本身是整個宇宙秩序中的一部分。因此，有一篇可以名爲《死日》的占辭（簡 1097～1117）即羅列了一年四季中每一類日子人死亡所代表的意義，如：

> 春三月：甲乙死者，其後有惡，正東有得。
>
> 丙丁死者，其東有惡，正西惡之，死者主也。

至於死者之葬禮，自然必須選擇適當的時日。《日書》中有一段《葬日》："子卯巳酉戌是胃男日，午未申丑亥辰是胃女日，女日死女日葬，必復之，男子亦然，凡丁丑不可以葬，葬必參。"（簡 759～760）《日書》

---

〔38〕 參見胡厚宣《殷人疾病考》，《甲骨學商史論叢初集》（濟南：齊魯大學，1944）。

〔39〕 如昭公元年，醫和以爲蠱疾爲"淫溺惑亂之所生也"。

〔40〕 參見趙璞珊《中國古代醫學》（北京：中華書局，1983），頁 31～43；范行準《中國病史新義》（北京：中醫古籍出版社，1989），頁 273～274。

〔41〕 吳小强，前引文，頁 109。

其他地方談到葬日的主要在《稷辰》篇中,在"秀"、"正陽"、"危陽"等八類日子中,有四類日子,即"正陽"(簡763)、"陰"(簡773)、"徹"(簡774)、"結"(簡775)等,是屬於"可葬"之日,也就是説,一年之中有近一半的日子是可行葬禮的。《稷辰》此處談葬日的方法與上引《葬日》的方法並不相同,而此《葬日》一篇正好抄寫在《稷辰》篇之下空白處,很可能是爲了要提供讀者作爲比較之用。至於不同篇章中的宜葬之日或有相衝突之處,上文第二節中已有討論。

五、《日書》中所見之經濟生活

《日書》使用者除了有部分屬於中下層官吏之外,亦有從事農商業者,他們所關心的問題在《日書》中也有所表現。

(一) 農業

農人所關心的農事不外乎播種的時機,農具的良否,田土的肥瘠,作物的灌溉、照顧和收穫等等。但是在《日書》中與農事有關的篇章,主要都在播種和收穫的時日,如《田忌》:"丁亥戊戌不可初田及興土攻"(簡764反),是關於翻動土地的忌諱,而各種作物亦有一定的宜忌:

> 禾良日,己亥……禾忌日,稷龍寅,秫丑,稻亥,麥子,菽荅卯,麻辰,葵癸亥,各常□忌不可種之及初穫出入之。辛卯不可以初穫禾。(簡746~752)

又有《五種忌》:

> 丙及寅,禾;甲及子,麥;乙巳及丑,黍;辰,麻;卯及戌,叔(菽);亥,稻;不可以始種及穫、賞,其歲或弗食。(簡745反~744反,941~947略同)

《五穀良日》:

> 己□□□□出種及鼠(予)人,壬辰乙巳不可以鼠(予)子,亦勿以種。(簡959)

以及《五穀龍日》(簡960)等篇章,内容大致相同。賀潤坤根據這些文字中各種穀物排列的先後次序推斷當時秦國統治範圍内穀物種植的情況,認爲以往學者以爲春秋戰國時代中國主要的穀物生産是菽和粟的説法有重新考慮的必要,[42] 因爲就禾與麥在《日書》與五

---

[42] 《中國農學史》初稿上册,第四章,第一節,中國農科院、南京農學院:中國農業遺産研究室編著。

穀有關的篇章中的出現順序而言，當時的農業生產應該以這兩種穀
物最爲重要。[43] 此時農業技術的發展，根據文獻資料如《呂氏春
秋》中所記載，已經是相當複雜，[44] 不過並沒有呈現在《日書》
中。《日書》所關心的是吉凶而不是技術，除非是與鬼神有關的方
法，有如《詰》篇中的那些驅鬼之術。

此外，和農業生活息息相關的是牲畜的畜養。《日書》中常有
"入人民畜生"（簡780、957），"畜畜生"（簡761）和"可以入人
民馬牛禾粟"（簡752）之類的占辭，另有人（臣妾）、馬、牛、羊、
猪、犬、鷄、蠶等"良日"（簡809～823、936～973）略同），或忌
殺（簡814、820），或忌出入（簡810、821、823），顯示牲畜在當
時人生活中亦佔相當重要地位。值得注意的是有關馬匹的飼養在此
時似乎特別受重視。《日書》中甚至有一節禖祝之辭，是爲了要求馬
匹能夠健康善走（簡740反～736反）。這段祝辭之性質其實與《日
書》中以時日凶吉爲主的各類占辭是不同的，它被收入《日書》之
中，很可能是由於其在日常生活乃至軍事行動中的重要性之故。與
《日書》同出的《厩苑律》中特別重視牛馬的飼養，可以作爲佐證。

至於亦屬生產活動之一的漁獵，在《除》、《星》、《秦》等篇中
均被列爲日常行事的一部分，可見在當時人生活中佔相當重要的地
位。漁獵本身雖爲休閑活動，對於當時人而言仍爲重要之肉食來源，
因而至少自戰國中以來即爲各國政府列爲管轄之範圍。《呂氏春秋》
中有詳細的有關漁獵活動的論述：

　　　（孟春紀）是月也……禁止伐木，無覆巢，無殺孩蟲胎
　　天飛鳥，無麛無卵。[45]

　　　（季春紀）是月也……田獵畢弋罝罘羅網，餧（喂）
　　獸之藥……[46]

《國語·魯語上》也記載：

---

[43] 見賀潤坤《從〈日書〉看秦國的穀物種植》，《文博》1988.3：64～67。唯賀氏將《日書》
　　 甲的《禾良日》、《禾忌日》歸諸《秦除》，《五穜忌》歸諸《門》，而《日書》乙的《五種忌
　　 日》歸諸《除》，《五穀良日》、《五穀龍日》歸諸《秦》，是值得商榷的。筆者認爲這些有
　　 關五穀的篇章應該都是獨立的，由它們被寫在竹簡上的情況可以判斷。
[44] 《呂氏春秋》卷二六《任地》、《辯土》、《審時》等篇對於土地的肥瘠、農具的使
　　 用、氣候的宜適等農業問題都有相當詳細的討論。
[45] 《呂氏春秋》卷一，頁3。
[46] 同上，卷三，頁2。

鳥獸孕，水蟲成，獸虞於是乎禁罝羅，猎魚鱉以爲夏
犒，助生阜也。鳥獸成，水蟲孕，水虞於是禁罝罜麗，設
罞（阱）鄂，以實廟庖，畜功用也。[47]

而雲夢秦簡有《田律》（簡071～074），規定"春二月毋敢伐木山林
及雍隄（堤）水，夏月……毋□□□□□毒魚鱉罝罞（阱）罔。"
（簡071～072）文字內容均與《呂氏春秋》和《國語》相互呼應。
這些資料都顯示漁獵活動在當時所具有的經濟意義。[48] 此外，與漁
獵同爲採集經濟的伐木也爲《日書》使用者詢問的事項之一。由
《木日》（簡961～962）的占辭可以知道，當時較受重視的五種樹木
爲榆、棗、桑、李、柰（漆），均不可任意砍伐。

　　從經濟活動的層面來看，這些辭句中提到"出種"和"鼠
（予）人"（簡959），[49] 可以知道當時的農人彼此之間有流通禾種
的情形，而由"可以入人民馬牛禾粟"（簡752）、"利入禾粟及爲囷
倉，吉"（簡813）等文字，又可以約略看到一個中下層官吏或地主
家庭所涉及的一些以農業爲主的經濟活動。尤其是"入人民馬牛禾
粟"以及類似的文字如"可以劈決池入臣徒馬牛它生（牲）"（簡
754）等，可以知道"人民"、"臣徒"、"馬牛"、"禾粟"是在同一
套經濟活動中的不同要素，"人"或"人民"在此指的是作爲奴僕
的"臣妾"、"臣徒"，其地位和牲畜相當而位於前。而農業生產所
得的禾粟等是與臣徒、馬牛等同樣作爲這套經濟活動中的交換物資。

　　當然，單就《日書》中這些與農業有關的材料尚不足以完全呈
現當時中下層社會的經濟面貌，我們還得注意和商業有關的篇章。

（二）工商業

　　除了農事之外，《日書》中有一些和商業相關的吉凶時日，顯示出
《日書》使用者中包括了從事商業的階層。這些占辭中明顯提到商業
行爲的，有"出入貨及生（牲）"（簡767、773）、"出入貨"（簡799、800、
775）、"入貨及生"（簡771）、"入貨"（簡798、822）、"出貨"（簡822、
830）、"入材"（簡735、739）以及"行賈"（簡804）、"賈市"（簡814、

---

[47] 《國語·魯語上》（臺北：中華書局，1971）。
[48] 參見賀潤坤《雲夢秦簡所反映的秦國漁獵活動》，《文博》1989年第3期，頁49～
50、27。
[49] 《日書》中"鼠"字爲"予"之意，最明顯的證據爲簡954："可魚邋，不可攻，可
取，不可鼠（予）。"

806）等等。這所謂的"貨"指的是什麼，《日書》中並没有明白説出，但既然和牲畜並提，如"毋以申出入臣妾馬牛貨材"（簡839），當不會是馬牛之屬。若考慮戰國末年工商業發展的情況，這裏的貨應該是手工業產品。而由"金錢良日"（簡822）和"市良日"（簡823）等字眼的出現，我們也可以看到一個以工商業爲主要經濟活動的社會階層的存在。《吕氏春秋·上農》篇將當時人民分爲三類："凡民自七尺以上屬諸三官：農攻粟，工攻器，賈攻貨"，[50]秦律中的《關市律》（簡164）和《工律》（簡165～174）正是爲了工商階層的活動而設的。[51] 在這商業階層中，比較值得注意的情況是一則"女爲賈"（簡875）的例子，顯示當時從事商業的人口之中至少有一部分爲婦女，和《史記·貨殖列傳》中有關巴寡婦清的記載可以相互印證。[52]

由於《日書》中有這些與農工商業有關的資料，遂有學者認爲《日書》所反映出的社會背景是屬於"豪族"階層。譬如有關"囷"的設置，似乎是大莊園中屯積穀物的制度，而其中對"祠五祀"這種在《禮記》中爲大夫以上階層的禮數的關切，也顯示出《日書》使用者的社會階層不低。[53] 又如簡945～946："凡有入也，必以歲後；有出也，必以歲前。"據李學勤的解釋，這種有"糴賤販貴"的嫌疑的文字，説明《日書》的使用者是一些有一定程度資產的人。[54] 這些觀察可説都有其可能成立的理由，然而由於我們無法得知其經濟活動之規模，"囷"的設置到底有多少只是爲了小農一家的冬儲之需，而"糴賤販貴"又有多少只是對農村物物交換經濟行爲的告誡，因此這些説法的正確性如何，是難以衡量的。[55]

六、《日書》中所見之政治與社會秩序問題

上文已經提到，《日書》使用者可能爲軍人，而簡文中也不乏與

---

[50] 《吕氏春秋》卷二六，頁5。

[51] 關於當時秦國手工業和商業的發展情況，可參見林劍鳴《秦史稿》下册，（臺北：谷風出版社，1986），頁358～367；楊寬《戰國史》上册，頁80～110。

[52] 《史記》，頁3260。

[53] 見大節敦弘《雲夢秦簡"日書"にみえる"囷"について》，《中國——社會と文化》2（1986），頁117～127。

[54] 李學勤，前引文，頁62。

[55] 關於戰國時代已經有的囤積居奇的商業行爲，史書雖有記載，然而這種行爲的普遍性到底如何，其實際對整體經濟發展的影響又如何，並不易估計。參見楊寬《戰國史》上册，頁103～111。

軍事行動有關的字句。這些字句又大多出於通觀全年時凶吉的《稷辰》篇之中，如：

> 利乏戰，必得侯王。（簡 761）
>
> 利以戰伐。（簡 773、804）
>
> 攻軍入城。（簡 938）
>
> 攻軍章（圍）城。（簡 769）

這些情況已足以顯示當時的戰事是相當大規模的，才有可能"得侯王"或"圍城"。事實上，在《稷辰》篇的結構之中，每一種日子（秀、正陽等）的吉凶基本上均有固定的內容，而其中最後一項即爲關於是否有戰爭發生的可能性的説明，如"有兵"、"毋兵"、"大兵"（簡 762～775，949～958 略同）等。當然，這些預測也不必然是爲軍隊統帥而設，反而更可能是作爲一般人生活的參考，因爲當時之一般農民即軍隊士卒的構成分子。[56] 也正是由於這些有關軍事活動的字句的存在，説明了在當時人的生活中，戰爭是一件相當平常的事。這也是戰國末期中國政治環境一個鮮明的寫照。譬如昭王一代五十六年之間，根據雲夢秦簡《大事記》的記載，至少有三十五年中是有戰事，而若加上傳統文獻所載，此期間所發生之較大型戰爭竟達五十五次之多，幾乎平均一年就有一次。[57] 無怪乎《日書》要將戰事放在總論式的《稷辰》篇之中作爲日常探問之對象。

但是當時人生活中所必須忍受的痛苦尚不止於戰爭的侵擾，還包括了社會一般秩序的紊亂。這種情況可以由《日書》中與盜賊有關的文字看出。例如人若去野外旅行，就有可能遇見盜寇：

> 外害日不可以行，作之四方壄外，必耦寇盜，見兵。

（簡 738）

追捕盜賊也有一定的時日：

> 除日……歓樂攻盜，不可以執。（簡 744）

而當時人對於盜賊問題的無法有效解決，則反映在專門爲辨認盜賊而設的篇章之中。如《盜者》（簡 827 反～814 反）篇：

> 子，鼠也，盜者兑口希須，善弄手，黑色，面有黑子焉，疵

---

[56] 參見李均明、于豪亮《秦簡所反映的軍事制度》，《雲夢秦簡研究》，頁 152～170；杜正勝《編户齊民》第二章《全國皆兵和新軍制》（臺北：聯經出版事業公司，1990），頁 49～96。

[57] 楊寬《戰國史》下册，《戰國大事年表》，頁 672。

在耳，藏於垣内中糞蔡下，多（名）鼠鼷孔午郢。（簡827反）
是依十二地支的時日來預測盜者的面貌、特徵、藏匿之處甚至其名
字。類似的篇章有《盜》（簡1148～1154反），則以十天干爲時日之
分配基準，凡逢甲之日遭盜，則云：

> 甲亡盜，在西方一宇間之食五口其疵其上，得
> □□□□其女若母爲巫，其門西北，出盜三人。（簡1148）

儘管我們在同墓出土的秦律中可以看出當時社會中實行著相當嚴厲
的法令，如《秦律雜抄》中有篇幅相當長的《捕盜律》（簡371～
420），其中甚至連盜"不盈一錢"（簡380、383、395）的案件都在
處理的範圍之内，《日書》中有關盜者的記載卻明白地宣示，在實際
上法令是有所不足的，所謂"法令滋彰，盜賊多有"。而人們在具體
可知的法令之外，仍然要相信一套看來似乎是"公式"的捕盜之法，
其中所代表的宗教心態爲何，是以下必須進一步討論的問題。

此外，在這個大量使用奴僕的社會中，奴僕的逃亡也構成一個
相當大的問題。因此在《日書》前面總綱式的《除》、《秦除》、《稷
辰》、《星》等篇中，"亡者"的問題和娶妻生子等人生大事同樣被
列爲日常行事必須備詢的項目：

> 外陽日……以亡不得。（簡737）
>
> 除日，臣妾亡，不得。（簡744）
>
> 摯日，不可行，以亡，必摯而入公而止。（簡748）
>
> 亡者不得。（簡764、767、807）
>
> 亡人自歸。（簡765）
>
> 亡者得。（簡769、773、815）

甚至也有專爲此事而設的《亡日》篇：

> 正月七日、二月旬……凡以此往亡，必得，不得必死。
> （簡1044～1047）

逃亡的臣妾或者被捕得，或者不得，不得必死等命運。《韓非子·詭
使》篇中曾説到戰國末年士卒逃亡的情況："悉租税，專民力，所以
備難充倉府也，而士卒之逃事狀（伏）匿，附托有威之門，以避徭
賦而上不得者，萬數。"[58] 這陳述雖是在論理的情況之下説出，應
該也能反映出當時社會部分實情。這些"士卒"（亦即農民）的逃

---

[58] 王先慎《韓非子集解》（臺北：世界書局，1974），頁316。此段文字所反映出的情
況與羅馬帝國末期的農業問題極爲相近，是一個值得進一步探討的題目。

亡理由，基本上大約與奴隸的逃亡相去不遠：爲了避免生活上徭役租稅的壓迫。睡虎地秦簡其他文獻中也有相當多有關隸臣妾逃亡的資料。[59] 凡此皆足以説明《日書》中有關"亡者"的辭句的確反映出當時社會的現實。問題在於，這些有關逃亡的預測是爲何人所設。李學勤認爲是爲逃亡者趨吉避凶而專設的。[60] 當然，我們也許不能完全否認這種預測也有可能被奴僕用來作爲自己擇日逃亡之用，但是衡諸《日書》中所有其他篇章的性質均爲中下階層之士農商人家庭和工作之參考，並且上引那些"以亡不得"、"臣妾亡不得"等文字都是夾雜在其他爲"主人"身份者而設的文辭中的事實看來，這些有關逃亡的吉凶的預測應該不是專爲想要逃亡的臣妾而設的——一個擔心臣妾奴僕逃亡的主人如何可能如此幫助他們？因此，這些關於"亡者"的預測，和有關"盜者"的篇章一樣，都是爲了要幫助主人追捕盜亡之用的。由對於"亡者"的關切，我們可以推測在當時的社會中存在著一股不安定的因素。然而要如何將此現象與當時社會的實際問題結合起來，而不止是就此推説是"奴隸主壓迫農民的結果"，尚待更進一步的研究。最後，若我們認爲"亡者"爲秦帝國社會中一特殊的社會現象，是否在社會比較安定之後就没有必要爲"亡者"而預言？天水放馬灘《日書》中有關亡者的記載大致與睡虎地《日書》相同，就此而言，兩者基本上應反映出相近的社會情況。[61] 而若能有更詳細的漢代《日書》與之相比，應該可以對上面的推論提供更有力的檢證。

七、《日書》中之宗教信仰

（一）《日書》宗教研究之檢討

在《〈日書〉——秦國社會的一面鏡子》一文中，[62] 作者舉出《日書》中所見的宗教現象有"迷信禁忌"和"鬼神觀"，認爲"秦國社會的鬼神宗教還比較原始。因爲原始，所以鬼與人在許多方面都有相通之處，而且鬼神不分。"（頁16）又指出《日書》反映出人鬼相互懼怕的關係，爲秦人鬼神宗教的原始特點。由於此文爲一介

---

[59] 見《金布律》、《法律答問》。參見吳樹平《雲夢秦簡所反映的秦代社會階級狀況》，《雲夢秦簡研究》，頁79～130。

[60] 李學勤《睡虎地秦簡〈日書〉與楚、秦社會》，《江漢考古》1985年第4期，頁60～64。

[61] 見《天水放馬灘秦簡甲種〈日書〉釋文》，《秦漢簡牘論文集》，頁1～6。

[62] 《日書》研讀班《〈日書〉——秦國社會的一面鏡子》，《文博》1986年第5期，頁8～17。

紹性的文字，並没有對這方面作進一步的發揮。此後，張銘洽有
《雲夢秦簡〈日書〉占卜術初探》一文，[63] 主要是將《日書》中所
見各種占卜之術歸納整理，基本上没有觸及宗教信仰的問題。

在《從〈日書〉看秦人鬼神觀及秦文化特徵》一文，[64] 作者李
曉東與黃曉芬對《日書》中所提到的 "鬼" 與 "神" 分別做了討
論。基本上，他們認爲 "秦人" 的宗教是多神崇拜，對於 "上帝"
神的祠奉，"與祠奉赤帝、白帝、青帝、黃帝、黑帝一樣，没有被特
別突出與强調。"（頁 57）神的名目繁多，有 "自然神"，有 "職能
神"，又有只會作祟害人的 "天（妖）神"。作者因而認爲 "秦人的
宗教體系是不成熟、不發達的，它保留了原始宗教的許多特徵，而
文明時代應該具有的宗教内容卻没有很好地發展起來。"（頁 58）至
於 "鬼"，作者認爲《日書》"對鬼的描述既形象生動，又具體細
微"。（頁 59）"具有鮮明的人的特徵"，"鬼作祟的心理及動機，與
人的思維邏輯是一致的"。（頁 60）不過鬼的本領並不甚大，也不具
賞善罰惡的道德功能，所以人並不怕鬼。而透過這種對鬼神的觀念，
作者認爲其所表現出的是一種直觀、質樸的特色，"對鬼神的認識，
缺乏豐富的想像；對鬼神形象、功能的描述，也缺少大膽的誇張與
渲染"。（頁 62）而且《日書》"不僅未賦予神作爲社會等級秩序和
道德源泉的實體意義，也没有對神降福降災的原因作出理論説明，
似乎某日某時的吉凶禍福，只是一種先驗的規定，没有道理可講。"
（頁 62）換言之，《日書》中的鬼神觀反映出一種重功利、重實惠的
性格，而這種性格正是秦文化中功利主義傳統的表現。

李、黃此文對於《日書》中鬼神性格的歸納分析基本上並無不
妥。[65] 問題在於，我們是否應該就和作者一樣，認爲 "秦人的宗教
體系是不成熟、不發達的"。更重要的是，我們是否能够説，《日書》
中所反映出的功利性格就是 "秦文化" 的性格。前面的問題是，在
没有對何謂 "宗教" 提出一種定義的情況之下，用 "不成熟、不發
達" 這類的字眼並不能澄清 "秦人宗教體系" 的特質。後一個問題
基本上是源於對《日書》的社會屬性的考慮：學者在利用《日書》

---

[63] 《文博》1988 年第 3 期，頁 68~74。
[64] 《歷史研究》1987 年第 4 期，頁 56~63。
[65] 林劍鳴《從秦人價值觀看秦文化的特點》（《歷史研究》1987 年第 3 期，頁 66~79）
一文有關秦人宗教的看法基本上與李、黃文相同。

中的材料時，若不先釐清《日書》的使用者所屬的社會階層和文化圈，如何能夠進一步推論其中反映出的性格是屬於“秦文化”或“秦人”的？

　　這基本的問題不但在李、黃文中沒有討論，在另外兩篇文章中，也都毫不猶豫地徑以《日書》爲“秦人”文化的產物。這兩文爲王桂鈞的《〈日書〉所見早期秦俗發微》，[66] 以及竇連榮、王桂鈞的《秦代宗教之歷程》。[67] 前一文中有關宗教的觀點基本上與後一文相同。以下即以竇、王文爲討論對象。

　　竇、王此文有關秦代宗教的論說問題甚多，最主要的，除了上面所提到的沒有討論《日書》的社會屬性的問題之外，是使用名詞的定義不清。文中認爲秦人宗教是“一神崇拜、泛靈禁忌”，而這“宗教”也反映在《日書》之中。首先，作者認爲《日書》中的“赤帝”（簡 1028）即“上皇”（簡 830），也就是太陽神。“赤帝”固然有可能與太陽有某種關聯，但若說《日書》中所有的神都是一個神的不同名稱（作者漏了土神、地杓神、上帝等神名），顯然過分牽強。作者又說“泛靈禁忌”不是多神崇拜。然而作者在說明泛靈禁忌的心理時，卻舉《左傳》中“山川之神，則水旱厲疫之災，于是乎之，日月星辰之神，則雪霜風雨之時，于是乎之”的一段文字。（頁 10）若說山川日月之神不算“多神”，其理安在？其次，作者在主張“一神崇拜”之時，並沒有說明這“一神崇拜”到底是排他的一神崇拜（monotheism）或者容他的一神崇拜（henotheism），因而在觀念上相當混淆。又文中所引用西方學者的學說不但過時，而且語焉不詳，如引“多神教則大都是在每個民族混合了以後才產生的”（施密特〔W. Schmidt〕，《原始宗教與神話》）來說明“泛靈禁忌”不是多神崇拜（頁 10），而秦民族“缺少這樣的混合條件”，因而也不是多神教。類似這樣的引證，由於沒有更詳細的論說，所引起的問題要比所想要解決的問題更爲複雜，自然也無法構成有效的論證。更令人難以理解的，是作者論“秦始皇”爲“秦始於皇”，秦人宗教爲太陽崇拜（頁 11）。作者極力要將“始皇帝”的“始”字解釋爲“生育”，於是“始於皇”就有“由皇（太陽）所生育”的意思。

〔66〕《文博》1988 年第 4 期，頁 63～70、93。
〔67〕《寧夏社會科學》1989 年第 3 期，頁 9～16。

作者不承認"朕爲始皇帝，後世以計數（作者似乎故意漏引這五個字），二世三世至于萬世，傳之無窮（作者誤作'傳之萬世，以至無窮'）。"[68] 這段文字所明白揭示的"始"爲形容詞"開始"之義，而非動詞"生育"。實際上，嬴政之自稱只是"始皇帝"而非"秦始皇"，作者的討論因而完全落空。而在論秦人宗教爲太陽崇拜時，作者從典籍中的一些記載認爲秦人祖先有鳥圖騰崇拜，而這鳥圖騰與太陽崇拜的關係是建立在"日中鳥"的神話之上。不過這神話在中原典籍和《楚辭》中都有出現，在秦文化中卻沒有。但作者仍然要勉强"肯定它的存在"（頁12）！而實際上，若肯定秦人有"日中鳥"的神話，因而有太陽崇拜，那麼中原和楚地豈不更有太陽崇拜？太陽崇拜又如何可以成爲秦人宗教的特質？

以上所論有關秦代宗教的研究，主要都是建立在對《日書》中材料的觀察和解釋之上。其共同的缺憾，是沒有意識到《日書》的社會屬性此一根本的問題；同時，在論證的過程之中也不時做過分簡化的一般性陳述，甚至有邏輯推演上的問題。如寶、王文中，論帶有災害特徵的鬼"很大程度上淵源於秦人生產力的低下以及農業生產的原始狀態"（頁10），對於秦人生產力如何低下，農業生產的原始狀態又是如何，並無進一步的説明。以下我們就先檢討《日書》中之鬼神信仰，再進而論此種信仰背後之宗教心態。

（二）《日書》中之鬼神

《日書》有《夢》（簡883反～882反）、[69]《詰》（簡872反828反）[70] 兩篇占辭，是《日書》中少數幾篇與時日無關的文字，[71] 其内容主要是告訴讀者如何應付各種惡鬼。《詰》篇中尤其詳盡地列舉了數十種惡鬼的名字。[72] 這些鬼怪，有的源於動物，如：

"神狗"：犬恒夜入人室，執丈夫，戲女子，不可得也，
是神狗僞爲鬼。（簡848反～847反）

---

[68] 《史記》（北京：中華書局，1960）卷六，頁236。

[69] 參見林富士《試釋睡虎地秦簡〈日書〉中的"夢"》，《食貨》復刊第17卷3、4期，1987年，頁30～37。

[70] 參見 D. Harper, "A Chinese Demonography of the third Century B. C."*Harvard Journal of Asiatic Studies*(1985)，pp. 459～498. 不過 Harper 此文主要是在討論"詰"字的意義，而非《詰》篇之内容。

[71] 另有《門》（簡843～855）以及和房宅風水有關的一篇（簡882反～873反）。

[72] 詳見饒宗頤、曾憲通《雲夢秦簡〈日書〉研究》分類索引，頁11。

　　　　"神虫"：鬼恒從男女，見它人而去，是神虫僞爲人。
（簡862反）

　　　　"狀（犬）神"：一室人皆毋氣以息，不能童作，是狀
　　神在其室。（簡860反~859反）
這些怪物名中雖有"神"字，由簡文中可以清楚地知道，它們其實
是被視爲鬼怪之物，"神狗""神虫"之"神"字乃形容詞。此外，
有的鬼怪可能源於植物，如：

　　　　"棘鬼"：一宅中毋故而室人皆疫，或死或病，是：棘
　　鬼在焉（簡859反~858反）
古人相信某些植物具有神秘的力量，對桃木的觀念即爲一顯著的例
子。《左傳》中亦有"桃弧棘矢，以除其災"[73] 的説法。棘既有除
災去不祥的功用，則化爲鬼物作怪，亦相當自然可解。有的鬼怪源
於無生物，如：

　　　　"丘鬼"：人毋故鬼昔其宮，是：丘鬼，取故丘之土以爲僞
　　人犬置籬上，五步一人一犬，……（簡867反~866反）
　　又有的是源於自然現象，如：

　　　　"天火"：天火燔人宮不可御，以白沙救之則止矣。（簡
　　855反）

　　　　"雷"：雷焚人不可止，以人火鄉之則已矣。（簡854反）

　　　　"雲氣"：雲氣襲人之宮，以人火鄉之則止矣。（簡852反）

　　　　"寒風"：寒風入人室，獨也，它人莫爲，灑以沙則已矣。
（簡838反）

　　　　"票風"：票風入人宮而有取焉。（簡839反）
等等。當然，也有直以"鬼"稱之者，如：

　　　　人行而鬼當道以立，解髮，奮以過之，則已矣。（簡
　　850反）
至於人死爲鬼，在《疾》篇中已經有死後的父母、王父、王母爲鬼
作祟的例子（簡797~806），《詰》篇中亦有"幼殤"（簡846反）、
"不辜之鬼"（簡844反）、"餓鬼"（簡834反）等。這"芸芸衆
鬼"當即是《日書》中其他篇章中提到祀祠時祭拜的一部分對象，

───────────

[73]《左傳》昭公二十四年。

如《星》中的《鬼祠》（簡 819），《除》中的"祭上下群神"（簡 732）。這裏所謂的"神"其實本質上與鬼可能並無大差別，在《詰》篇中亦有"大神"："大神，其所不可喎也，善害人，以犬矢爲完，操以喎之，見其神以投之，不害人矣。"（簡 869 反~868 反）"上神"："人若鳥獸及六畜恒行人宮，是上神，相好下樂人男女未人宮者，擊鼓奮鐸噪之則不來矣"（簡 865 反~863 反）等，是與一般的"鬼"相提並論的，可以爲證。

這種神鬼性質相同的觀念其實並不是《日書》特有的。大抵在先秦文獻中，鬼神並稱爲常事。《禮記》中一段文字尤其能顯出"神"字之普遍意義："山林川谷丘陵能出雲，爲風雨，見怪物，皆曰神。"[74] 而《韓非子》中也有一段文字："以道莅天下，其鬼不神。治世之民，不與鬼神相害。故曰，非其鬼不神也，其神不傷人也。鬼祟也疾人，之謂鬼傷人；人逐除之，之謂人傷鬼也。"[75] 由此可以看出，"神"字可以作爲形容"鬼"的性質之用，而"非其鬼不神也，其神不傷人也"則又顯示"鬼"與"神"的觀念可以互換。一般傳統文獻中，對於民間信仰中各種各樣的鬼神並沒有十分注意。然而由一些偶然透露出的消息，可以知道這些鬼神的性質與《日書》中所記載者基本上並無不同。《周禮》中記載應付"水蟲之神"的方法："壺涿氏掌除水蟲，以炮土之鼓毆（驅）之，以焚石投之。若欲殺其神，則以牡橭午貫象齒而沉之，則其神死，淵爲陵。"[76] 此處對於"水蟲之神"的處理態度和《日書》中所見極爲類似。《韓非子》中亦有一故事記載當時人認爲人見鬼之後，應以狗矢浴之，以去不祥的辦法。[77] 這與《日書》中所見的一些逐除惡鬼之法如出一轍，如"鬼恒從人女與居，曰，上帝子下游，欲去，自浴以犬矢，擊以葦，則死矣。"（簡 858 反）值得注意的是，《韓非子》這段故事中的"鬼"也是與女色有關，而這故事卻是發生於燕人之中，可見《日書》中的某些觀念實有其較廣泛的社會基礎，而不僅限於秦或楚。

至於這些鬼怪造成的影響，有的是製造各種騷擾，如：

> 人毋故鬼攻之不已。（簡 869 反）

---

〔74〕 《禮記注疏》（《十三經注疏》本，臺北：新文豐出版社重印）卷四六，頁 4。
〔75〕 王先慎《韓非子集解》，頁 104。
〔76〕 《周禮注疏》（《十三經注疏》本，臺北：新文豐出版社重印）卷三七，頁 7。
〔77〕 王先慎《韓非子集解》，頁 182。

人毋故而惑之。(簡 864 反)

有鼓音不見其鼓。(簡 862 反)

夜入人室，執丈夫，戲女子。(簡 848)

有的是令人心理産生各種症狀，如：

人毋故而心悲也。(簡 829 反)

人有思哀也。(簡 833 反)

人毋故而弩（怒）也。(簡 840 反)

人毋故而憂也。(簡 842 反)

鬼恒爲人惡夢。(簡 852 反)

也有人以爲可以造成各種疾病：

一宅中毋故而室人皆疫，或死或病，是：棘鬼在焉。

(簡 859 反)

一宅之中毋故室人皆疫多薔（夢）米死，是：字鬼狸

（狸）焉。(簡 856 反)

人毋故一室人皆疫或死或病，丈夫女子隋（墮）須羸

髮黃目，是：人生爲鬼。(簡 852 反)

由此看來，《日書》中所呈現的是一個多鬼多神的世界，其中有各種
對人具有威脅性的擬人化神靈，也有近乎自然力，稍有人格化現象
的“天火”、“雷”、“雲氣”。就這現象而言，説它具有 Tylor 所説的
“泛靈信仰”（Animism）的性質，亦無不可。[78] 當然，Animism 也
只是一種假説，在近幾十年來已經受到許多新説的檢討。如以
R. Otto 爲首的一批宗教史學者就認爲，古人或原始人並不是有意識
地將一些不可思議的自然現象“賦予”神性以解決疑問，而是將整
個自然世界視爲一個活的對象。人和超自然的關係是一種個人的，
“我與你”的關係。而 Otto 的理論其實也由於太過强調人的直覺而
受到批評。[79] 此外，這些出現在《詰》篇中的鬼神基本上和人的關
係並不友善，人在日常生活中所遭遇的各種問題，如上面所提到的，

[78] B. Tylor, *Primitive Culture*, vol. 1, 4th ed., (London: Murry, 1903).

[79] R. Otto, *The Idea of the Holy* (Oxford U. Press, 1958), pp. 25ff. 當然, Otto 的理論在
現在也算是相當古典的了。關於西方宗教史研究之重要理論，可參見 J. Waardenburg
ed., *Classical Approaches to the Study of Religion*, I. *Introduction and Anthology*, (The
Hague: Mouton, 1973); F. Whaling ed., *Contemporary Approaches to the Study of Reli-
gion*, 2 vols., (Berlin: Mouton, 1983, 1985).

許多都是無緣無故（毋故）受到鬼怪的侵擾所造成的。在《日書》其他篇章中出現的神明亦不甚友善，如《行》篇中提到《赤啻》："凡是日赤啻（帝）恒以開臨下民而降其英（殃）"（簡857），又有"壬申會癸酉，天以壞高山，不可取婦"（簡749反），"正月不可垣，神以治室"（簡748反），"毋以子卜筮，害於上皇"（簡830）等禁忌。此處的"天"和"神"、"上帝"（簡858反）、"上皇"以及前面提到的"上神"、"赤啻"是否同爲一個"至上神"？前舉竇、王文雖不以爲秦人有一至上神，但有"一神崇拜"，而"赤啻"即"上皇"，然而對於其他的神靈又認爲是"泛靈信仰"。[80] 這種觀點沒有釐清"神"、"鬼"的界限，因而難免自相矛盾。實際上，《日書》中的"神"和"鬼"、"夭（妖）"等的差別不是屬性，而是能力。如《詰》篇中的那種鬼神，能力是特定的、有限的，而"赤啻"、"上帝"等則有較高的地位和能力。也有人以爲《日書》中的"天"、"上帝"，是《史記・封禪書》中所提到秦文公"夢黃蛇自天下屬地……（史）敦曰：'此上帝之徵，君其祠之'"[81] 中的上帝，但上帝和赤、白、青、黃等帝並不相同，"秦人"的宗教仍然是多神信仰。[82] 這裏的問題是，我們是否能夠將《日書》中的信仰和《史記》所記載的秦公宮廷中所祠的諸帝放在同一平面上來比較？這種疑問的考慮是，雖然宮廷中的宗教祭祀不一定會完全與民間脫節，但其較爲抽象而與日常生活距離較遠則無可疑。這一點，由《日書》中對各種人格化的鬼怪與人的生活的關係的興趣遠比對那高高在上的"帝"、"上皇"的興趣爲高的事實，也可以得見大概。值得注意的是，《日書》中的鬼神雖然對人不甚友善，似乎也並不構成太大的威脅，因爲人可以有各種應付的辦法。這一點與下文所談到的樂觀的心態有其內在的關係。

綜上所論，筆者認爲《日書》中的鬼神主要是反映出當時社會

---

〔80〕 竇連榮、王桂鈞《秦代宗教之歷程》，《寧夏社會科學》1989 年第 3 期，頁 9～16。
〔81〕 《史記》卷二八，頁 1358。
〔82〕 林劍鳴《從秦人價值觀看秦文化的特點》，《歷史研究》1987 年第 3 期，頁 67～68；李曉東、黃曉芬《從〈日書〉看秦人鬼神觀及秦文化特徵》，《歷史研究》1987 年第 4 期，頁 56～63。此二文有關多神的論點大致相同，然前文以爲那些鬼神能決定人的命運（頁 70），後文卻認爲他們沒有決定人間命運的功能（頁 57）。此外，兩文中的論點多有可議之處，見下文。

中下階層的人們所相信的擬人化的超自然力量，這些力量的性質基本上並無不同，不過有"上帝"、"上皇"、"上神"、"赤帝"、"天"等在天上的大神明，又有"土神"（簡764反）、"地杓神"（簡758反）等與人世生活比較接近的神明，以至於如《詰》篇中所提到的諸多鬼怪。這些鬼神的觀念與傳統文獻中所呈現的面貌相似，但是由於其爲民間生活内容的直接反映，對於各種與生活相關的鬼神就特別關切。如果説鬼神世界中的"上帝"和其他大大小小的鬼神構成一個有階層的社會，那麼人間世界中的下層社會的人們與鬼神世界中的下層社會有較親近的關係，應該是相當自然的。這也就是説，當時社會統治階層的宗教信仰與《日書》中所反映出的宗教信仰没有基本性質上的差異，不過統治階層的信仰對象與《日書》使用者的信仰對象各有所偏重之處。此外，值得注意的是，《日書》中的大神，如上帝、上皇等，主要仍是人格性相當濃厚的"人格神"，與自西周以來在儒家傳統中發展出來的抽象的天命思想中的"天"是有一段距離的。[83]

（三）《日書》所反映出的宗教心態

宗教信仰的主題是在解釋人與超自然力量之間的關係，並且爲人在宇宙中的存在尋求一個據點。[84]《日書》中的材料已經讓我們得知當時人對於超自然力量的信仰的内容。而從人們如何去接受並且設法在那些力量之間求得一套生存之道，我們可以探討是什麼樣的一種宗教心態在背後支持著這樣的宗教信仰。

《日書》中所反映出的宇宙，具有雙重的性質。從一方面來説，它是一個機械性的世界，因爲這世界裏的一切現象都經由時日的規劃而呈現在各種篇章之中。在另一方面，它又是有靈的、有鬼神的世界。但是既然基本上必須承認宇宙是機械性的，於是鬼神的世界

---

〔83〕 參見徐復觀《中國人性論史·先秦篇》（臺北：商務印書館，1969），頁24～41；許倬雲《先秦諸子對天的看法》，《大陸雜誌》15卷2期，頁48～52；15卷3期，頁91～95。

〔84〕 關於"宗教"的定義，學者多有論述。近來比較周延的討論是 P. Byrne, "Religion and the Religions" in S. Sutherland et al. eds. *The World's Religions* (London: Routledge, 1988), pp. 3～28。Byrne 給宗教所下的一個定義是：宗教是一種制度，具有理論的、實際的、社會的、經驗的等各種方面。這制度經由其特殊的主體（神或神聖物）、目標（救贖或至善）和功能（給生命以整體的意義，提供社會團體的認同和凝聚力）而彰顯其特質。

也被限定在既定的框架之中。同時，那些不爲人所喜的鬼神或事物，在一定的方法的運用之下，又可以爲人所避免或消除，如《除》篇中的"害日：利以除凶厲兌不羊"（簡734）就是在一定的框架結構（時日）之中以某種方法來袪除或避開凶厲不祥的事。而《詰》篇則更是以各種方法來應付不同鬼怪的侵擾。這裏所反映的心態是，人雖然不得不承認那變幻莫測的鬼神世界的存在，仍要設法找一出路，出路就在於一個機械性的宇宙觀；而一旦那不可預測的鬼神的世界也安插入這個宇宙的框架之中後，人就有避凶趨吉的可能。

《日書》的成立，基本上也就是根據這機械性的宇宙觀：一切吉凶之事都和時日有相互對應的關係，而且這關係是可以爲人所明知的。然而這種心態並不是一種完全的命定論。人對於自己的命運仍有某種自主性。既然這是一個沒有任何神秘可言的世界，人所要作的只是遵循《日書》中的指示，即可避凶趨吉，其中沒有晦暗不清之處。這也就是說，人雖然生活在一個機械性的宇宙之中，但仍可以自由地在既定的格局中移動，如同依照一既定的規則來玩一盤棋戲。因此就這個層面說，他的行爲是自由的。但是就另一方面來說，人因爲隨著已被設定吉凶的日子而選擇生活和行爲的方式，就無從也無需申張個人的主觀思考和意志。一個人想要有一個理想的命運，並不是在自己的目標上投下心力，而是靠著選對時日。其中沒有也無需道德性的反省，因而一切倫理道德的修養基本上也就被否定掉了。的確，在《日書》中，有小部分日子吉凶之判的成立或有神話與傳說的根據，如"禹之離日"（簡776），大部分的吉凶禍福之所以成立的唯一原因只是客觀的時日本身的"性質"，而所有的時日吉凶都與人的主觀意志或倫理道德並無任何對應關係。從一方來說，這其實可以說是源於一種樂觀的心態：在《日書》的世界中，沒有不可解的難題。

這種機械性的宇宙觀也並非《日書》獨有的特質。戰國中晚期以來陰陽五行說的流行，在當時知識界也引起很大的迴響，最明顯的證據之一，就是《呂氏春秋》中的《月令》。[85] 若將《月令》的結構與《日書》相比，不難看出其中相似的地方：以時日爲綱，將一年中所有的時日都賦予特定的性質與功能。人所能做的事，就是

---

[85]《呂氏春秋》（臺北：中華書局，1972）卷一至一二；又見《禮記》卷一四《淮南子》（臺北：中華書局，1976）卷四。

依照一套既定的格式施行各種儀節，從事各類活動。所不同的是，《日書》中尚沒有大量應用五行觀念（簡 813 反～804 反、974～978）。此外，《日書》的使用者以自身的福祉爲主要關切的對象，而《月令》的使用者則是統治者，所關切的問題是國家社會的福祉。然而兩者之基本心態的相似是相當明顯的。

但是，前文已經說過，《日書》並不是一部有任何整體性結構的作品，其中各個篇章之間常有各種矛盾存在。那麼，《日書》的使用者應該何所依從？我們當然不真正知道。不過在《行》篇中有下面的例子，可以給我們一些線索："凡是有爲也，必先計月中閏日，句丑直赤啻臨日，它日雖有不吉之名，毋所大害。"（簡858～859）這句話是在教人如何在衆多不吉的日子中尋得最佳的時機，只要不是遇到"赤啻下臨"的日子，其他的日子其實並無大害。也就是說，間接地把原來在其他篇章中所提到的不祥而與《行》篇相衝突的日子予以否定。這其實也反映出，人們知道不吉的日子在各個不同的擇日系統中有不少矛盾之處，若人要同時完全遵從各個系統中的規則，是不大容易的事。因此使用《日書》的人其實並不以一種全面的態度來通盤考慮他的"日常行事指南"是否合於邏輯，而即使發現有問題，如前引這段簡文所示，他所要求的只是採用某一系統的說法來解決當下的問題而已。不同擇日系統之間的矛盾，就這一意義來說，反而提供了人們在一種系統中行不通時的其他出路。然而這種情況是否反映出《日書》使用者在智識層面上缺乏理性和邏輯思考的能力，在情感層面上則渴求避禍得福，甚至投機取巧的心態？做這樣的判斷，固然合乎現代人的理路，然而在瞭解古人的生活與思維世界上，似乎並無正面的意義。因爲若《日書》將所有矛盾之處都整齊化一，如《月令》所呈現出的面貌，我們是否就能說它是"合乎邏輯思考"？《日書》中各種擇日系統雜然並存，代表的毋寧應說是古人思維中對於世界的神秘力量的各種不同的解讀方式。這種情況在其他古代文明中也有類似的例子，如古埃及人以及兩河流域宗教信仰中各種神祇性質或功能的矛盾能夠並存，就被解釋爲是源於埃及人對超自然力量的"多重接觸"（multiplicity of approachs）和"多重答案"（multiplicity of answers）的結果，因爲每一種有關神祇性質或世界起源的解釋都只爲了在其特定的情況之下，解決特定的問題而成立。整體性的邏輯思考並不是他們所關心的。[86]

這種心態，可以說是中國古代民間信仰的一種特質。王充《論衡・譏日篇》云："世俗既信歲時，而又信日。舉事若病死災患，大則謂之犯觸歲月，小則謂之不避日禁。歲月之傳既用，日禁之書亦行。"[87] 正可以爲《日書》所呈現出的宗教心態作一注脚。

總之，《日書》中有關超自然力量的觀念，包括鬼神妖怪，基本上與其他古籍中所見的性質相去不遠，均有擬人化的情況。這些，與西周以來以儒家思想爲線索而發展出的比較抽象的"天"或"天命"的觀念是有一定距離的。而所謂的"機械式"的宇宙觀，也與漢以後所發展出的有機式（organismic）的宇宙觀有所不同。在這有機式的宇宙觀中，天、地、人三者彼此互相影響，構成一個有機的整體，其中也包括了陰陽五行的理論。[88]《日書》所見到的機械式，因而也容易爲一般人所瞭解的宇宙，在這種有機式的宇宙觀的影響之下，成爲複雜而神秘的世界，其爲一般人所不易接受，可以從《漢書・藝文志》中所開列當時流行在民間的各類的數術作品的存在得知。

八、結　論

《日書》所反映出的並非當時人生活的全面現象，是顯而易見的。整體而言，高層次的文藝、思想、政治、軍事、外交等問題在《日書》中很少有反響。[89] 而由其中有關對子女的期望、使用者的社會關係與經濟生活等內容來看，《日書》使用者所關切的問題並沒有超越一般中下階層人民所關心的事物。其次，我們也應該認識到，

---

〔86〕　參見 Henri Frankfory，*Ancient Egyptian Religion*（N. Y.：Harper & Row，1961），pp. 1~29；Th. Jacobsen，*The Treasure of Darkness：A History of Mesopotamian Religion*（New Haven：Yale Uiversity. Press，1976），pp. 5~17。

〔87〕　王充《論衡》。

〔88〕　關於有機式的宇宙觀，參見 F. W. Mote，*The Intellectual Foundations of China*（N. Y.：Knopf，1970），pp. 17ff。而有關此宇宙觀中所包含的陰陽五行觀念以及所牽涉到的通俗思想與智識階層之間的關係，可參見 B. Schwartz，*The World of Thought in Ancient China*（Cambridge：Harvard U. Press，1985），pp. 356 ff。

〔89〕　比較值得注意的是一些有關出征、作戰的預測（如簡 761、769、773、938 等，見上文第六節），是否專爲主持軍國大政者而設？筆者比較傾向認爲這種可能性雖不能完全排除，但整體而言，由它們出現的前後文句及行文情境，以及戰國末年軍事活動實際上極爲頻繁的事實來看，《日書》中有關軍事的材料仍然是和一般人民的生活關係比較密切的。

《日書》的使用者並不是同質性的一群人，其中有士農工商等各階層
的人民。然而由代表這些人興趣的占辭共同出現在《日書》之中的
事實，也可以知道他們實際上共同擁有相近的文化心態。

進一步說，《日書》所反映出的不但不能説是"秦文化"，甚至
不能説是秦人中下階層的文化，而應該是當時中國社會中中下階層
共同的文化的一部分。墓主人喜生活的時代正是秦國兼併天下前後。
當時雲夢地區爲秦國新近由楚國所佔得。由於《日書》中有一段秦
楚月名對照表（簡 793 ~ 796），[90] 因此有學者認爲，《日書》是秦
的統治者在統治楚故地時，爲了要瞭解當地民俗而保存的參考書，
其中楚曆和秦曆的比較以及《盗者》篇都是爲了此一目的。[91] 這種
説法觸及的一個重要的問題，就是秦簡《日書》到底是反映出了秦
人的或者是受秦人統治的楚人的生活世界？曾憲通懷疑《日書》是
流行於楚地的占時用書，反映楚人的習俗，如以歲星所在之方位及
行向來預測吉凶，又以楚月名來記載歲星的運行等，是因爲"雲夢
入秦之後，秦人對楚日書加以利用和改造，並且爲著秦人使用的方
便，才有必要把秦楚月名加以對照。"[92] 這説法可以解釋《歲》篇
爲楚人的東西，但《日書》中其他大部分篇章所用的曆法都是秦曆，
不能説都是楚人的東西。因此，《日書》很可能是一部雜糅了秦楚兩
方面民俗的作品。李學勤先生即從"秦除"和"楚除"中對於奴隷
逃亡的不同來論《日書》中所表現出的秦楚社會的不同情況。[93] 由
出睡虎地秦簡之墓葬本身來看，其墓葬型制及隨葬器物亦兼有楚墓
及關中秦墓的特徵，因而要想在其物質文化的歸屬上找一單一的源

---

[90] 參見曾憲通《楚月名初探》，《中山大學學報》1980 年第 1 期；平隆勢郎〈〈楚曆〉
小考——對〈楚月名初探〉的管見〉，《中山大學學報》1981 年第 2 期，頁 107 ~
111；何幼琦《論楚國之曆》，《江漢論壇》1985 年第 10 期；張聞玉《雲夢秦簡
〈日書〉初探》，《江漢論壇》1987 年第 4 期，頁 68 ~ 73。

[91] 工藤元男《睡虎地秦墓竹簡日書について》，《史滴》7（1986），頁 15 ~ 39。張銘
洽《雲夢秦簡〈日書〉占卜術初探》，《文博》1988 年第 3 期，頁 68 ~ 74。

[92] 曾憲通《秦簡日書歲篇講疏》，收入饒宗頤、曾憲通《雲夢秦簡〈日書〉研究》，
1982，頁 97。工藤元男亦主張《日書》中之所以會有秦楚兩種曆法，是由於秦人爲
了要依楚人之舊俗以統治楚人。不過在秦一統天下之後，就要統一全國的制度了。
見 "The Ch'in Bamboo Strip Book of Divination（Jih Shu）and Ch'in Legalism" *Acta Asiatica* vol. 58（1990），pp. 24 ~ 37。

[93] 李學勤《睡虎地秦簡〈日書〉與楚、秦社會》，《江漢考古》1985 年第 4 期，頁 60 ~ 64。

頭，也是不太可能的。[94] 與此相關的問題是，睡虎地《日書》原主
人喜爲何擁有此書，又爲何有二種不同抄本，並且以之隨葬？以之
與其他的法律文書隨葬，應該是由於《日書》對墓主的生前事業也
有相當之重要性；有二種不同抄本，顯示墓主喜有可能使用《日書》
爲重要參考材料。而這二則推測如果可以成立，也許可以説明喜擁
有此書的原因：他雖不可能是專業的"日者"，但由於他的作爲一個
地方官吏和知識分子的身份，他極有可能利用《日書》爲轄區内的
人民擇日。正如他在法律方面有一批文獻可供參考，以節制當地人
民的日常法律行爲和社會秩序，《日書》正好是他替人民排解日常生
活中各種時日禁忌的問題的參考書。從這一個角度來看，《日書》中
雜抄了和不同階層人們生活背景相關的材料，是自然而必然的。

此外，前面也已經提到，墨子之齊，在齊遇到日者，可知日者非秦
所特有。近年來，除了雲夢秦簡之外，又有天水放馬灘秦簡《日書》出
土。[95] 其内容諸多與雲夢睡虎地《日書》相同似之篇章，如《建除》、
《亡盜》、《生子》、《禹須臾行》、《門忌》、《五種忌》、《入官忌》以及其他
各種時日禁忌。但其中亦有不同之篇章，如《律書》所述爲五行、五音、
陰陽律吕之相生關係，《占卦》爲以六十律貞卜占卦之占辭等。這情況
正如司馬遷所説："齊、楚、秦、趙爲日者，各有所用。"[96] 有學者主張雲
夢《日書》代表楚文化，天水《日書》則代表秦文化，因爲後者少言鬼
神，"反映秦重政治而輕鬼神"。[97] 這種主張與某些未曾見到天水《日
書》的學者的意見正好相反。[98] 其實這兩種《日書》之不同，主要反映
出的應爲地域性的差異，所謂"各有所用"，但不能改變兩者基本上爲
流行於同一類社會階層中之作品的事實。同時，除了秦簡之外，我們
也應記得漢簡中也有不少《日書》出土。[99] 這些材料的内容與雲夢

〔94〕 見《雲夢睡虎地秦墓》第三章。
〔95〕 何雙全《天水放馬灘秦簡綜述》，《文物》1989 年第 2 期，頁 23～31；秦簡整理小組《天
水放馬灘秦簡甲種〈日書〉釋文》，《秦漢簡牘論文集》(甘肅人民出版社，1989)，頁 1～
6。何雙全《天水放馬灘秦簡甲種〈日書〉考述》，《秦漢簡牘論文集》，頁 7～28。
〔96〕 《史記》，頁 3318。
〔97〕 何雙全《天水放馬灘秦簡綜述》，《文物》1989 年第 2 期，頁 31。
〔98〕 如王桂均、李曉東等，前引文。
〔99〕 參見《武威漢簡》(1964)，頁 136～139；《定縣 40 號漢墓出土竹簡簡介》，《文物》1981
年第 8 期，頁 11～19；《阜陽漢簡簡介》，《文物》1983 年第 3 期，頁 21～23；《江陵張家
山漢簡概述》，《文物》1985 年第 1 期，頁 9～15。

《日書》均相去不遠。王充《論衡》、《譋時》、《譏日》、《卜筮》、《辯祟》等篇舉出當時漢人的禁忌時日有"起功、移徙、喪葬、行作、入官、嫁娶"等等事項,均可以在秦簡《日書》中找到相對應的篇章。[100] 可見《日書》使用者所關心的問題在東漢時仍然爲所謂的"世俗"之人所關切。

由此看來,以秦簡《日書》中的觀念作爲"秦文化"特徵的證據的論述,有方法上的根本錯誤。這些論點,如以《日書》中缺乏道德倫理的色彩,有明顯的功利主義性質,[101] 或者認爲"秦人所關心的問題,不是仁義的施廢、禮樂的興衰,而是攻城奪地、爲官爲吏、婚喪嫁娶、生老病死、飲食娛樂、牛羊馬犬、耕耘稼穡、屋室倉廩等與人們切身利益直接相關的日常生活和社會生產之事……充分表現了秦人重實惠的功利主義價值觀念"[102] 等等,是將《日書》中反映的社會中下階層普遍的世界觀和宗教心態認爲是秦人文化所特有的現象,因而據以立論。有學者甚至認爲秦人的宗教體系和思維水平與殷人接近而遠落後於周人,也未能達到齊魯晉等國的思辨水平。[103] 這種看法其實是由於研究者採取各社會中不同性質的材料相較而得到的結果。所謂齊魯文化的主體,如果是以儒家爲代表,是和《日書》使用者屬於不同社會群體的人。而我們並不能斷言在人數上應該佔大多數的齊魯地區的一般小民就能完全免於類似於《日書》之類作品的影響,因爲至少在齊地是有日者活動的。因而即使秦人文化是真的比較功利或缺乏文采,也不能以《日書》中的材料作爲證據。理由很簡單,不但秦代的《日書》不止一種,漢代的《日書》之類的作品在民間流傳亦極廣,以下歷代莫不如此,由清乾隆時所編之《協紀辨方書》可見大概。[104] 甚至於近代之農民曆,內容可謂一脈相傳。我們顯然不能够根據這些作品就來斷定漢人或漢以後人的文化都是重功利、輕倫理的。這問題的癥結,就在於《日書》是一種流傳在當時社會中的次文化產物,所反映出的思維形態只是民間文化的一部分,它的使用者主要雖可能是社會中下階層的

---

[100]　參見好並隆司《雲夢秦簡日書小論》,收入橫山英、寺地遵編《中國社會史の諸相》(東京:勁草書房,1988),頁 1～51。

[101]　林劍鳴《從秦人價值觀看秦文化的特點》,《歷史研究》1987 年第 3 期,頁 71;王桂鈞《〈日書〉所見早期秦俗發微》,《文博》1988 年第 4 期,頁 66。

[102]　李曉東,前引文,頁 62;林劍鳴,前引文,頁 71 略同。

[103]　林劍鳴,前引文。

[104]　收入《文淵閣四庫全書》(臺北:商務印書館影印)第 811 冊。

人,但是正如其中的鬼神信仰和統治階層的信仰形態本質相似,而其判斷時日吉凶的結構又與《月令》的結構相近,我們不能完全排除《日書》至少反映出更高層社會中一部分宗教心態和世界觀的可能性。更重要的是,不論反映出何種社會階層的世界觀,它並不能代表其使用者全部的文化涵養。人的文化和思維形態其實是極爲複雜的結構,遠非一種或一類的作品可以概括整體的。這種論點自有其證據:雲夢秦簡墓主人喜本身就是一個例子。在他所留下的諸多法律文獻中,有一《爲吏之道》(簡 679~729),其中觀念,與儒道法家均有相當密切的關係,而其“思維水平”並不會比戰國末年諸子百家爲低。[105] 如果我們承認《爲吏之道》和《日書》一樣都是喜生前所閱讀的作品,因爲我們並無不作如此想的證據,那麼我們要如何評論喜個人的文化涵養?我們不能在看到《日書》中反映出一種粗陋無文的氣息之後,就認爲那氣息足以爲其使用者或秦文化或楚文化的代表。而《日書》中究竟有多少部分真正是“秦文化”的產物,而不是一個更普遍、更古老的時代所流傳下來的傳統,是不無可論之處的。

因此我們只能説,《日書》反映出了秦末中國社會中以中下階層爲主的人民生活和信仰的部分情況。其中的宗教心態雖然缺乏理性思考和邏輯推演,又有圖求物質福祉的功利主義性質,但若認爲它是一種“不成熟、不發達”的宗教,[106] 則是從一種“宗教性質一元化”的觀點出發而得到的結論。這種觀點認爲所有的宗教都有相同的特質,也應該經過某種相似的發展過程。問題是,這種“不成熟、不發達”的宗教(嚴格地説只能是一種“信仰”——belief,因爲其中没有説理的“教”的部分)本身其實是一種已經發展完成的信仰形態,由秦漢以下兩千年來一直以類似的面貌流傳在中國民間的事實,可以得到印證。

※ 本文原載《中央研究院歷史語言研究所集刊》第 62 本第 4 分,1991 年。

※ 蒲慕州,美國約翰霍浦金斯大學博士,中央研究院歷史語言研究所研究員。

---

〔105〕 參見高敏《秦簡〈爲吏之道〉中所反映的儒法合流傾向》,《雲夢秦簡初探》(1979),頁 224~240;劉海年《從秦簡〈爲吏之道〉看秦的治吏思想》,《吉林大學社會科學論叢》1979,4;吳福助《秦簡〈爲吏之道〉法儒道家思想交融現象剖析》,《第一屆中國思想史研討會》論文,東海大學,1989。

〔106〕 李曉東,前引文,頁 58。

六博及博局的演變

勞　榦

　　賭博，是一種娛樂，也是一種人類的病態生活。縱然賭博對於人類社會的影響是壞的，可是對於人類社會的重要性，卻是一種事實。在中國古代，賭博在生活上所佔分量是不容忽視的。"六博"就是中國古代賭博的代表。中國古籍中許多訓詁牽涉到六博，六博的制度不明，那就許多方面的訓詁也不明。六博的風尚甚爲普遍，因而六博的形製也用在裝飾方面。漢鏡中最普通的一種，即過去被稱做"TLV 鏡"的，自從楊聯陞先生根據"仙人六博鏡"的形製，確定爲博局的形狀以後，這個問題已經解決了。不過六博的方法，古代也有許多不同的形類，現在就現存的材料來分析，所謂"六博"並非限於一種方式的，要把這許多方式的異同分別出來，才有進一步瞭解的可能。本篇就是依著這一個方向，先來試作。

仙人六博鏡

日本梅原末治先生《紹興古鏡聚英》

圖版一

一、簡式的博和"瓊"的形製

　　六博的形製及其用法，是比較複雜的，不過在南北朝時代，卻有簡化了的賭博法，從這個簡化的賭博來看，就比較清楚了。據顏之推《顏氏家訓·雜藝篇》説：

　　　　古者大博則六箸，小博則二茕，今無曉者。此世所行，一煢十二棋，數術短淺不足可玩。

這種"一煢十二棋"的博具，就比早期的六博要簡單得多了，其中包括兩種賭具，一爲煢，另一種爲棋。現在先説煢。

煢是一種投擲采數的博具，和現在所用的"骰子"（shǎizi）有類似的用處。《顏氏家訓》盧文弨注説：

煢即瓊也，温庭筠詩"用雙瓊"即二煢也，瓊與煢通用。

所以煢亦有時寫作瓊。《列子·説符篇》張湛注引《古博經》説：

其擲采以瓊爲之。瓊畏方寸三分，長寸五分，鋭其頭，鑽刻瓊四面爲眼，亦名爲齒，二人互擲采行棋。

又《後漢書·梁商傳》附《梁冀傳》："性嗜酒，能挽滿、彈棋、格五、六博"句以下，注引鮑宏《篹經》説：

篹有四采：塞、白、乘、五是也。至五即格，不得行，謂之格五。

注又引鮑宏《博經》説：

用十二棋，六白六黑。所擲骰謂之瓊。瓊有五采，刻爲一畫者謂之塞，兩畫者謂之白，三畫者謂之黑，一邊不刻者，在五塞之間，謂之五塞。

就上面看來，"塞"和"瓊"是同一的博具，只是"格五"和"六博"的方法稍有不同。照《漢書》六十四上《吾丘壽王傳》："年少，以善格五召待詔。"注説：

蘇林曰："博之類，不用箭，但行梟散。"劉德曰："格五，棋行。《篹法》曰塞，白，乘，五，至五格不得行，故云格五。"（按"塞，白，乘，五"，當作"塞，白，黑，五。"黑字草書略近於乘字，所以易於抄錯。）

所以格五和六博最大的異點，是六博用箭，而格五不用箭。依照用瓊擲采一點來看，那就並無分別的。至於瓊（或稱塞）的形製，也就只有四采的一種，鮑宏《篹經》所説和劉德所説是相同的，被引的鮑宏《博經》所説"瓊有五采"，"五"字顯然是一個錯字，隸書四字常作三，很容易和隸書五字作X的相混（因爲注文較小，而且古卷子的紙張容易漫漶），"瓊有五采"實際上是"瓊有四采。"

綜合上文來看瓊的形製，應當是一個六面體，除去兩面各有一個尖頭以外，還剩四面。在這四面之上是：

第一面刻一畫——叫做塞

第二面刻二畫——叫做白

第三面刻三畫——叫做黑

第四面不刻——叫做五

這個"五"也就是"在五塞之間，謂之五塞"。因爲"塞"、"白"、"黑"都有它正面的價值，第四面叫做"五"的卻不是。他沒有贏的數字，只有輸的數字，也就是説他沒有正的數值，只有負的數值。其負的數值，是照其他五面來算的，換言之，這一面的數值是負五，所以不稱爲四而稱爲"五"，或稱爲"五塞"。

這種四面的投子（骰子）不論在中國或者在中東，都是較爲古老的辦法，其六面的投子，卻是從這種四面的投子變化而來的。不僅如此，四面的投子也未曾完全廢棄，直到如今，昇官圖所用的投子還是四面的。其中"德"、"才"、"功"三面，代表正的數值，而第四面"贓"代表負的數值，正和古代的"瓊"是一致的。所稍有不同的，只是古代的瓊有兩面尖頭，而昇官圖用的只有一面尖頭，另一面改爲一個小柄，以便持柄來轉，和陀螺一樣地轉，來定采值罷了。

二、博局中的"棋"的形製

棋是棋局上或博局能夠移動的小標幟，圓形的棋如中國象棋或圍棋固然是棋，可是其他形狀，能夠在局上移動的，例如昇官圖上的碼子，也是屬於棋的一種。（日本將棋形作長方形，當然也算做棋）。博局的棋大致是長方形的，不是圓形的。《列子·説符篇》張湛注引《古博經》説：

二人互擲采行棋，棋行到處即豎之，名曰驍棋。

"互擲"局是輪流來擲投子。依照采的大小來定行棋的步數，到達終點以後，就成爲驍棋（或稱梟棋，驍和梟二字通用，所以驍雄亦稱做梟雄），把他直立起來表示分別。其未成驍的棋，就稱爲散棋（梟散並稱見《戰國策·秦策》："一驍之不勝五散亦明矣。"因爲一個驍棋，實際上不如五個散棋的取勝機會更多一些）。驍棋可以攻擊別人的驍棋，也可以放棄走的機會不動，散棋卻是不能的。這和西洋的"王棋"（checkers）有點相類似。王棋中到達對方邊界的棋子，上面再加上一個棋子，這就是古人所謂"驍"。王棋中成王的棋，可以前進，也可以倒退，不成王的棋不能，這也是驍棋和散棋的分別。

古代的中國瓊尚未被發現，只有就文獻上的記載和現在的各種投子，以及國外發現的古代投子，來推斷他的形製，大致是可以斷定的。至於古代博局上的棋，那就更容易用地下實物來比證了。從楊聯陞先生《再志古代六博》(*An Additional*

圖版二　倫敦大英博物院藏六博陶俑

Note on the Ancient Game Liu-Po, *Harvard Journal of Asiatic Studies* 1952) 附圖版兩幅來看，都可以知道棋的形製。這兩種圖版，一爲日本水野精一先生在山西陽高發現的，另一種是倫敦大英博物院

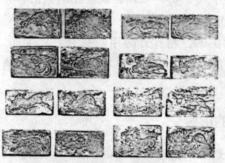

圖版三　倫敦大英博物院藏六博用的棋

(圖版三) 收藏的。陽高發現的是一種長方形的骨器，大英博物院收藏的卻是畫鳥獸花紋的木塊。那些骨器和木塊只有認爲是棋，才好解釋，尤其大英博物院那四塊木塊，凡一面畫鳥就全部都畫鳥，凡一面畫獸也就全部畫獸。所畫的是哪種鳥，或

哪種獸，似乎並無特殊意義，只爲的表示畫鳥的是代表一方，畫獸的又代表另一方。這用鳥獸來表示，和一方用白、一方用黑的功用完全一樣。至於都用長方形，顯然的爲著平放和豎立是一樣的方便，平放可以代表散棋，豎立可以代表驍棋。(近世牙牌麻雀牌之類，雖無驍散之分，卻仍然沿襲長方的形式。)

此外，認爲長方塊是棋的，還有一個證明，就是大英博物院所藏的漢代陶俑 (圖版二) 經楊先生指爲博戲的，他的博局上有長條形和長方塊形，對於這兩種博具，我們只能認前者是博籌 (解釋見後)，而後者是博棋。這個博棋正和陽高的骨製長方塊及大英博物院藏的木長方塊形狀相同。這就更增加了對於博棋形狀的認識。

三、博局的形製和行棋的棋道

依照漢鏡的構圖，再根據武梁祠石刻及四川漢代浮雕（圖版四），博局都應當是 TLV 形式的，雖然魏晉以後可能有別的形式，這卻是以後的發展。

圖版四　四川漢磚畫像

TLV 的博局，具如左式：博局爲正方形 abcd，博局的中點爲 o，四邊中點的垂線 ef 和 gh 將博局分成爲四個小的正方形。

在博局的四角有 V_1，V_2，V_3，V_4 四個小的區域（即所謂 V 的所在），博局四邊的中部有 L_1，L_2，L_3，L_4 四個小直線（即所謂 L 的所在），而中心的周圍又有 t_1，t_2，t_3，t_4 四個小區域（即所謂 T 的所在），這些都應當是放置博棋的地方。此外，在分成四個小四方形的中部，還可定上 p_1，p_2，p_3，p_4 四點。這是依照四川漢代浮雕去加上的。

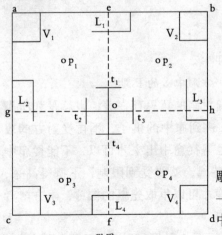

附圖一

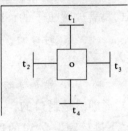

附圖二

博局中心部分依照四川浮雕，四個 T 形是相接的（如附圖一），但依照"仙人六博鏡"卻是中心還有一個方塊（如附圖二）。

仙人六博鏡要早一些,這種有方塊在中心的,應當是早期的形式,也許更是標準的形式。只是前者較簡單一些,所以被後來的人採用了。

當兩人對博的時候,兩方的棋每方六個,都擺在自己前面 "L" 範圍之內,這是從武梁祠石刻畫像前石室第七石看出來的（附圖三）。此時六個棋

附圖三

子都在 "L" 形限制以內,出棋時候只能一個一個地魚貫而出。並且 "L" 形的出口都在各人的右手方,所以出棋的時候是從右手方依次出來的。

出棋的時候,每次可能有一定的步數,不能超過。並且步數的多少,是從擲瓊的點數來規定的。擲得高點的人,走棋的步數可以多些,擲得低點的就少些。擲得最壞點數的便只能停止不動。這樣地輪流前進,誰的棋子達到對方邊界線上的,便可算爲梟（或稱驍）。梟棋是直立起來的,行動較未成梟的比較少些限制,可以回頭吃掉別人,也可以回到自己陣地中來。等到一方有兩個梟時,就算勝利,其勝利的大小,再擲瓊來依照點數決定。

現在看來,博局的形式頗爲複雜。不過分析起來卻只有三種形式爲著放置棋子的,即:

　　1. 封口的,即 V 形。

　　2. 開口的,即 L 形和 T 形。

　　3. 無界線的,即四個小方形中心的 P 點。

V 形即然是封口的,一定有一種封閉的意思存在著,也就是和所謂 "下逃於窟" 的窟的作用相符:逃到窟中的棋子,不再受對方的攻擊,可是要攻擊對方的棋子,也得從窟中出來才可以,不能從窟中直接攻擊對方。因此在行棋的時候,就要受到限制,不擲得高采,就不能利用窟內的棋。爲著怎樣才可以爭取先贏的機會,兩方博者就多出了複雜的考慮。

T 形和 L 形同樣是開口的,可是 L 的區域較長,T 形每邊較短,

L形只有一邊，T形卻可以有兩邊，這就意識到形L可以容納許多棋子，T形每邊容棋較少，可能就只能容納一子。L形是原來停放棋子的地方，而T形卻應當是棋子休息的地方。T形所不同於P點的，應當是T形只能一面進出，比較有防衛的意義，而P點則四方受敵，情況不同了。

武梁祠前石室第七室的六博圖（轉載自1948年1月21日上海《中央日報·文物週刊》，楊寬《六博考》附圖，因為此圖由於轉摹比較清楚。又按楊寬文搜集材料不少，只可惜他未見楊聯陞文。）從上來看，博局是非常複雜而且非常離奇的，若就博言博，似乎無此複雜而離奇的必要，照現在推測，是應當溯源於過去的傳統遊戲，並非賭博本身上的需要（解釋見後文）。假如這個看法不錯，那為容易明瞭起見，博局是可以簡化的。下面就是簡化的假設。

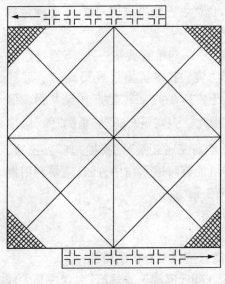

附圖四

左邊表示的博局，分為四區，四區的分配是兩區靠著自己，兩區靠著對方。每一區都畫有對角線，而相交於四區的中心。四區緣邊之線及對角線，都是行棋的道路。在每方靠自己緣邊之處，另外畫出一個地方，作為排列棋子之用。在這一區域的棋子，一共六個，只能依次從右方出去。在未出去以前，不受別人的攻擊，也不能攻擊別人（這是漢鏡中的L區域）。從這個區域出發，即到轉角的地方（附圖四畫黑三角地方，亦即漢鏡中的V區域），仍是一個封閉區域，不能作戰。直到從這個區域再出來，才能發生戰鬥。這可能為保護L區的棋子以及從L區出來的棋子（都是散棋，即未成為梟的棋），免得受對方梟棋的攻擊，有一些藏躲的地方。

從博局自己緣邊右下角出發的"散棋"，前進的目的地是對方的緣邊，然後再成梟回來，每次輪流到行棋的步數，由擲瓊決定。所以行棋

的路線,要找最經濟而且最安全的路線,還要乘機攻擊敵方,這就成博局上的戰略問題了。《西京雜記》載安陵許博昌六博之術爲:

　　　　方畔揭道張,張畔揭道方;張究屈玄高,高究屈玄張。

　　　　張畔揭道方,方畔揭道張;張究屈玄高,高究屈玄張。

這實在是非常費解的,只有楊聯陞先生的解釋最爲清楚。現在以楊先生的解釋爲主,稍加補充,説明如下:

　　　"方畔揭道張"是"從方形以區域的邊緣起,有條路通至
　　伸張的區域。"

　　　"張畔揭道方"是"從伸張的區域的邊緣起,有條道路通
　　到方形的區域。"

"方形的區域"應當指從自己地方出發的區域,即右下角區域,"伸張的區域"應當指比方形的區域較遠的區域,即右上角區域。這兩句話從右下角區域出發,成爲梟棋之後,仍從右上角區域轉回來,不必經左方的區域。——這是行棋的基本形式。

　　其次"張究屈玄高,高究屈玄張"兩句確實費解一些,不過楊聯陞先生已經解釋"屈"爲窟。[1] 而"究"字亦當指箭或瓊而言。那就"玄"和"高"當算作兩個地區,與上方所説的"張""方"兩區共爲四個地區,則此四個地區應爲 玄 張／高 方。因此,"張究屈玄高"應爲從"張"區出發,可以經"玄"區而回到"高"區,"高究屈玄張"則爲從"高"區出發,可以經"玄"而回到"張"區,其中可能有時逃入窟中,並且還要利用擲瓊的點數。這都要靠戰術上精密的斟酌。

四、六博與投壺

　　以下依次討論到箸(也就是箭)、壺以及分曹的博戲:

　　複雜的六博,是要用到箸的。《顏氏家訓·雜藝篇》説:"古爲大博則六箸,小博則二煢,今無曉者。"顏氏言當時只用一煢,已不用箸。不過我們卻可從各方面記載來歸納,凡古代的博戲,大致用煢就不用箸,用箸就不用煢,箸和煢是可以相互代替的。爲的是箸和煢都是投擲出來一個數目,作爲行棋之用。[2]

---

〔1〕　HIAS;1952,頁135。
〔2〕　直到近世的麻雀牌,還是先擲骰子,再打牌。擲骰就是擲煢,打牌就是行棋,雖然和六博面目全非,可是仍然淵源有自的。

《韓非子·外儲左上》説：

> 秦昭王令工施鈎梯而上華山，以松柏之心爲博，箭長八
> 尺，棋長八寸，而勒之曰："昭王嘗與天神博於此矣。"

這次博戲是用博箭，不是用茕；至於《戰國策·秦策三》所説：

> 亦聞恒思有神叢與？恒思有悍少年，請與叢博……左手
> 爲叢投，右手自爲投，勝叢。

這種兩手分投應當是用茕的，兩者比較，似乎用箭的比較複雜，而用茕的簡單一些。用箭的博戲可能和投壺有關，《史記》一二六《滑稽列傳·淳于髡傳》説：

> 若乃州閭之會，男女雜坐，行酒稽留，六博投壺，相引爲
> 曹，握手無罰，目眙不禁。

這裏的"六博"和"投壺"，可能爲兩件事，也可能是一件事，憑著《史記》本文雖然不能決定，可能根據倫敦大英博物館（British Museum, London）所藏的漢代陶俑，[3]就是六博的博具旁邊擺著一個壺。這個壺的性質是不容易解釋的。對於這個陶俑，魯德福先生（Prof. R. C. Rudolph）認爲和投壺有關。[4]這是不錯的。我們從這裏看出來六博和投壺間的聯繫，使得對於《淳于髡傳》有一個比較清楚的瞭解。

如認爲投壺可以爲六博進行中的一種程序，那博箭就是投壺的箭，在進行六博戲的時候，先用投壺的方法來決定點數，再按著點數行棋。經過的手續是比較繁複一些，不過許多遊戲是要依靠繁複的程序來增加趣味，這並不算怎樣不合理的。

用箭和用茕的程序和形式雖然不同，但是行棋的方法應當大致差不多的。行棋得到結果以後，才能決定輸贏，大致需要一個比較長的時候。因此，爲熱鬧起見，六博投壺也就不是兩個人對博，而是分爲兩組的遊戲，兩面各有許多人認定，這就是所説的分曹了。

《楚辭·招魂》説：

> 菎蔽象棋，有六簙些，分曹並進，猶相迫些，成梟而
> 牟，呼五白些。

王逸注："菎，玉；蔽，博箸；以玉飾之也。或言蔽蕗，今之箭囊也。"以玉

［3］ Illustrated London News, 13 May, 1933.

［4］ R. C. Rudolph: The Antiquity of Tow Hu – Antiquity 34, 1950.

飾箸,是不可想像的。不過"菎蔽"解釋爲玉筦(或玉瓊)那就比較明顯了。"成梟而牟"據王逸注"倍勝而牟"意指成梟而後,便成倍勝。而所以能成梟,卻由於"五白"的出現。但是"五白"是筦的采,非箭的采。以後證前,更可知"菎蔽"非解釋做"玉筦"不可了。

關於五白的解釋,《顏氏家訓·風操篇》說:

> 凡避諱者,皆須得其同訓以代換之:桓公名白,博有
> 五皓之稱。

這是說在春秋時期已有"五白"的一種博采,和戰國時相同。

依照唐代李翱的《五木經》及唐代李肇的《國史補》,[5]唐時的擲點法是用五瓊(即五筦),每瓊四齒,一齒全白,稱爲"白",一齒全黑,稱爲"黑",一齒黑而刻二,稱爲"牛"(或犢),一齒白而刻二稱爲"雉"。擲得貴采的得連擲,並得行馬(即行棋),[6]其采的算法是:

貴采:

1. 盧——五瓊均黑,十六采。

2. 白——五瓊均白,八采。

3. 雉——兩雉三黑,十四采。

4. 牛——兩牛三白,十采。

雜采:

1. 開——一雉,一牛,三白,十二采。

2. 塞——一雉,一牛,三黑,十一采。

3. 塔——二雉,二白,一黑,五采。

4. 禿——二牛,二黑,一白,四采。

5. 撅——三白,二黑,三采。

6. 梟——三黑,二白,二采。

這裏的"白"顯然地就是春秋戰國時的"五白"。不過"白"

---

[5] 李翱《五木經》見《四部叢刊·李文公集》,李肇《國史補》見《太平廣記》卷二二八。

[6] 《禮記》四十《投壺》"請賓曰:'順投爲入,比投不勝,勝飲不勝者。正爵既行,請爲勝者立馬,三馬既立,請慶多馬。'請主人亦如之。正爵既行請徹馬。"鄭注:"馬,勝算也,謂之馬者,若云技藝如此。任爲得帥乘馬也。(鄉)射投壺,皆所以習武,因爲樂。所以馬是指算籌而言。

此處指行棋爲"行馬"應即溯源於投壺制中的立馬。其後唐宋的六博變爲打馬(見李清照《打馬圖經》),"馬"字的使用當然和這事有關,到了現代的賭局仍然把賭籌稱做"籌碼"。碼字的來源,也應毫無問題地從投壺舊制中稱算籌爲馬的習慣而來。引申到金融名稱,稱通貨爲籌碼,又是從賭局的籌借用的。

雖列入貴采第二，采數卻不多，那就又是經過了後代的改變的。而且再按照出現的或然性來說，五瓊均雉以及五瓊均牛的可能性也不大，那就雉當爲五瓊均雉，牛應爲五瓊均牛才對。其兩雉三黑以及兩牛三白，當屬於雜采而非貴采。即令不是抄寫中的錯誤，也應當屬於較後時期的改變。無論如何，"五白"爲戰國時貴采中采數較多的，當無疑義。

據《楚辭·招魂》，分曹的博戲在戰國時已經有了，因爲加入博戲的人各人認定各人的組，因此各個人的賭注就放在賭局上面。這種賭注就叫做壓（《說文》"鎮"，博壓也。博壓就是賭注）。以博戲本是以兩人爲主，到了兩方都有人放置賭注，就成爲分曹的局面了。李商隱詩："隔坐送鈎春酒暖，分曹射覆蠟燈紅。"射覆之戲是一種猜對方覆蓋的東西來打賭的（見《漢書》六五《東方朔傳》）。射覆也是分爲兩方，所以也可以有分曹的形式，和六博之戲成爲類似的分爲不同的組合。

如博戲不用瓊而用箭，那就應當和投壺有若干的關係。投壺可以說是小型的鄉射，鄉射又是小型的大射。從大射以至於投壺，都是古代重要的典禮，並且這些典禮又顯然地和古代狩獵有關的。從六博中擲采的命名來看，盧就是獵狗，雉和犢也都是狩獵中獵取的對象，也可以想像到它的來源也可能和狩獵多少有些關係。

其次，六博所以稱爲六博，也似乎和射藝直接有關，因而間接可以涉及狩獵。據《楚辭·招魂》王逸注稱：

> 投六箸，行六棋，故爲六博也。

投六箸，即投六箭，正和秋射時射六箭是一致的。《居延漢簡》：

> 功令第卌五，士吏，候長，烽燧長常以令秋試射，以
> 六爲程，過六賜勞矢十五日（《居延漢簡》圖版371頁）。

這是說漢代正式秋射，是以六發爲度，中了六矢的人，再給予獎勵。這種以六矢作爲一個單位來計算的方法，正和六博的六箭數目相符。再向前追溯儀禮的鄉射和大射，也都是兩人一組各發三矢，合爲六矢，也和漢朝秋試共發六矢有因革的關係。

大射、鄉射以及投壺其根本的原則是出於習武及校獵，所不同的只是規模上和身份上因時因地而制宜的區別。所以不論在野外或在庭中，其根本原則上有彼此互相類似之處。等到由校射變爲投壺，

其形式上和六博已經甚爲接近了。所不同的，投壺還是鄉黨中行禮式的娛樂，而六博就成爲金錢上的賭博。投壺因爲古代社會組織上的限制，只是專爲男子而設的娛樂，六博就從來不限男女的性別，這就表示春秋戰國的社會已經和舊有的氏族社會有了變化了。

因此，對於六博的博局也就可以做一個假定的解釋。就是説博局的佈置是以古代宮室的形式爲基礎的，依照殷墟的發掘以及早期青銅器亞字形的標記，可以推測出來，古代宮室的基本形式是亞字形，這種亞字形排列的方式，就是現在中國四合院房屋的早期形式。王國維的《明堂廟寢通考》（《觀堂集林》卷三）雖然尚有應當修正之處，不過他的以

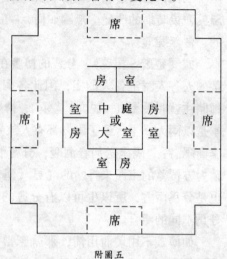

附圖五

四合院爲基本形式這一個原則，卻是正確的。所謂"四合院"實際上是用四所建築拼湊起來，把中間做成了一個中庭或現在所謂"天井"。因此依照了四合院形式，就可畫成上邊的平面圖（附圖五）。照這圖來看，房和室就成爲 TLV 鏡中的 T，席的部分就成爲 TLV 鏡中的 L，而四個空角就成爲 TLV 鏡中的 V。按照《禮記·投壺篇》，席的位置是在兩楹之間，正是客人的坐位。再以博局來看，也正是六個棋子排列之處，所以六博不僅要採用投壺的方法，而且博局也是從宮室的樣式仿效而來。這就不難找出六博創始時所用的根據了。

五、魏晉以後十二道的博局

TLV 形的博局是漢代或漢代以前採用的。到了漢代晚期至魏晉時代，顯然在博局形式上起了一個變化，這種變化是把繁複的博局簡化了。《列子·説符篇》：

> 虞氏者，梁之富人也，家充殷盛，錢帛無量，則貨無
> 訾，登高樓，臨大路，設樂陳酒，擊博樓上，俠客相隨而
> 行，樓上博者射，明瓊張中，反兩搶魚而笑。

張湛注引《古博經》云：

> 博法二人相對坐，向局。局分爲十二道，兩頭當中名爲水，用棋十二，故法六白六黑，又用魚二枚，置於水中，其擲采以瓊爲之。……二人至擲采行棋，棋行到處即竪之，名曰驍，棋即入水食魚，亦名牽魚。每牽一魚獲二籌，翻一魚獲三籌。若已牽兩魚而不勝者，名曰被翻雙魚，彼家獲六籌爲大勝也。

又張湛注說：

> 凡戲爭能取中皆曰射，亦曰投。裴駰曰："報采獲魚也。"

張湛注又說：

> 明瓊，齒五白也，射五白得之，反兩魚獲勝，故大笑。

《列子》及《列子》注有兩件事可以特別提出的：第一，是棋局中心的空白處，被稱水的部分；第二，是"明瓊"或"五白"的采，到張湛時尚存在。

張湛注引《古博經》所說的"水"，這種形式還保存在象棋中的"界河"裏。中國的象棋本出於印度，印度象棋和西洋象棋都並無所謂界河，界河本是中國獨創的制度。而把界河加到象棋局上，卻是從一種博局中採用過來的。

其次，關於"明瓊張中"一語來看，"張"應即《西京雜記》所說的"張"，當指對方局內。明瓊張中，就是擲瓊時瓊擲到博局內，並且在對方的博局中。再依照張湛註明瓊即"五白"，可見著《列子》時，"五白"仍受重視，據《唐國史補》，五白仍爲貴采，不過不算貴采中的高采。可見《列子》成書時采的算法和唐代應當不一樣。

至於《西京雜記》所記，和漢代的博局相符，似乎比《列子》所記還要更早一點。《西京雜記》是一個後出的書，[7]比《列子》成書爲晚，不過所用的材料，除有些是作者杜撰的而外，還包括有真的漢代遺文。所以較早方式的六博出現在《西京雜記》書中，並非一個不合理的事。此外，凡是遊戲的事，一定有許多不同的形式存在著。當《西京雜記》的時代，並非不可能還有一種較古形式的博局。例如顏之推所說的是"一枭十二棋"，可是五木（即五枭）的辦法到唐代還流行，可見博戲的

---

〔7〕 見勞榦《論西京雜記之作者及成書時代》，《中央研究院歷史語言研究所集刊》33 本。

形式決不是在某一個時代只有一種。

雙陸的遊戲，實是從六博變來。所謂雙陸，解釋尚不一定。不過按照雙陸所用的棋子，每方爲十二或十五（十五棋子實際上也只有十二棋）。數目爲六博所用的二倍（而行棋時也是每次行二棋）。"雙"的得名可能由於棋子二倍而來，據錢稻孫"《日本雙陸》談"，[8] 說：

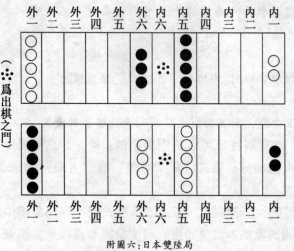

（∴爲出棋之門）

附圖六：日本雙陸局

《古法大致不殊譜·雙所》云："日本雙陸，白木爲盤，闊可尺許，長尺有五，厚三寸，刻其中爲路。置二骰子於竹筒中，撼而擲諸盤上，視采以行馬。馬以青白二色，琉璃爲之，如中國棋子狀。馬先歸一處者爲勝。"

又說：

　　盤不必白，筒不必竹，馬不必琉璃。盤之尺寸亦未確，然無大差。刻本之圖則殊不類，今圖其布局如左。十二格分內六外六，皆謂之地，俱相對。內六通常有門，蓋譜所謂雙門。或亦無之，俾隨地定內外陣。依法設席必外陣在外而內陣在內，視室而定也。二人對局，一人以右爲內，一人以左爲內。行馬俱由此內陣出，歷外陣而入人之內陣。馬謂之駒，呼 koma，亦謂之石，呼 ishi，視采行馬，分行爲本。例如得采四與六，則一馬行四地，一馬行六地。必無可分，乃行一馬四地，再行六地，或先六後四。舉筒而撼必齊胸。撼時有所禱采，謂之乞目（koime）。乞目不必大采，有時而乞其小。蓋孤駒有被切（kiru）之虞，敵衆有莫入之患。一地有敵二駒，則敵衆不敢入。孤駒獨居一

〔8〕 1935 年 4 月《清華學報》10 卷 2 期。

地，敵至輒被切。切之言猶打，被打則置之溝中。得采還
歸己之內陣。還陣必得其間，已有二駒無論敵我輒不得還。
如是互行，輸駒入人之內陣，地各塞以二駒爲勝。故駒之
數十有五，其用十二而已，行之視所緩急先後，一在乎籌
之熟、計之確、尤在乎遇之巧。對局極重禮貌，不得論敵
是非，不得乞不利人之目，不得悔。撼筒不得隱於盤下，
不得以筒觸盤，不得以指入筒口傾骰，不得使筒口向上。
傾骰落盤外，謝而不行。拾人之骰必讀其采而後取。《徒然
草》教人雙六毋求勝，但求無負。必計如何輒速負，雖爭
一目亦求後負，其言雋永，不啻《淮南》。

顯然的，錢稻孫這篇論文的原意是想使人懂，並非存心使人不懂，
不過他這篇文章做得失敗了。他受到了舊文章的表現法太深，此篇
竟成爲無法瞭解的文章。只是看到了其他有關六博的材料以後，他
的這篇雖然不能全懂，大部分還可以猜得出來，使得我們意識到日
本雙陸還和六博大同小異，對于古代六博還是一種重要的參證。

從上文來看，可知六博一事牽涉到的是如何的廣泛。向前會涉
及古代的狩獵生活以及大射、鄉射、投壺等等各種禮節。向後涉及
骰子、中國象棋以及後世種種賭博的形式，並且間接可能和近東及
歐洲的賭博發生若干關係。（歐洲的紙牌還可能是中國傳去的，又和
印刷術的發展有關。）這些事牽涉太廣，不屬於本篇範圍以內。不過
無論如何，六博在中國人古代生活中，確佔一顯著位置，是不容懷
疑的。例如唐宋以來設想中的仙人娛樂，是圍棋；而在漢代，根據
漢鏡和漢畫來看，卻是六博。這一個轉變，使人更意識到六博在古
代社會中的重要性了。

六、唐代以後的投子

古代瓊（或瓊）的體製，在近世已經甚少看到，現在通行的都
是六面的投子，這在第一段中已經説到。至於在甚麼時代才開始變
化呢？據程大昌《演繁露》，他説是起於唐代。《演繁露》卷六：

博之流爲樗蒲，爲握槊（即雙陸也），爲呼博，爲酒
令，體製雖不全同，而行塞勝負，取決於投，則一理也。
蔡澤説范雎曰"博者或欲大投"，班固《奕指》曰："博懸

於投，不必在行。”投者，擲也。桓玄曰：“劉毅樗蒱，一擲百萬”，皆以投擲爲名也。古惟斫木爲子，一具凡五子，故名五木。後世轉而用石，用玉，用象，用骨。故列子之謂投瓊，律文之謂出玖，凡瓊與玖，皆玉名也。蓋謂博者借美名以命之，未必真嘗用玉也。《御覽》載繁欽《威儀箴》曰：“其有退朝，偃息閑居，操橜弄棋，文局樗蒱，言不及義，勝負是圖。”注云：“橜，瞿營反，博子也。”橜之讀與瓊同，其字仍自從木，知其初制本以木爲質也。唐世則鏤骨爲竅，朱墨雜塗，數以爲采。亦有出意爲巧者，取相思紅子，納置竅中，使其色明現而易見。故溫飛卿《艷詞》曰：“玲瓏骰子安紅豆，入骨相思知也無？”凡此二者，即今世通名骰子也。本書爲投，後轉呼爲頭。《北史》周文命丞郎擲樗蒱頭，則昔云投者遂轉爲頭矣。頭者，總首之義，自鏤骨爲骰，以爲不惟五木舊制湮没不傳，而字直爲骰，不復爲投矣。若其體制，又全與用木時殊異矣。方其用木也，五子之形，兩頭尖銳，中間平廣，狀似今之杏仁。惟其尖銳，故可轉躍；惟其平廣，故可以鏤采也。凡一子悉爲兩面，其一面塗黑，黑之上畫牛犢以爲之章。犢者，牛子也。一面塗白，白之上即畫雉。雉者，野鷄也。凡投子者，五皆現黑，則其名盧。盧者，黑也，言五子皆黑也。五黑皆現，則五犢隨現，從可知矣。此在樗蒱爲最高之采，按木而擲，往往叱喝，使致其極，故亦名呼盧也。其次五子四黑而一白，則是四犢一雉，則其采名雉，用以比盧，降一等矣。自此而降，白黑相雜，每每不同。故或名爲梟，即鄧艾言云，六博得梟者勝也。或名爲犍，謂五木十擲輒犍，非其人不能是也。凡此采名，樗蒱經雖皆枚載，然反覆推較，率多駁而不通也。至於骰子之制，固知祖襲五木，然而詳略大率不同也。五木止有兩面，骰子則有六面，故骰子著齒自一至六，爲采亦益多。率其大者而言之，則是裁去五木，兩頭尖銳而麼長爲方，既有六面，又著六數，不比五木，但有白黑兩面矣。五木之制，至晉世猶復用木，然《列子》已言投瓊，則周末已嘗改玉骨也耶？或者形製

仍同五木，而質已用玉石也。今世蜀地織綾，其文有兩尾
尖削而中間寬廣者，既不像花，亦非禽獸，乃遂名爲樗蒲。
豈古制流於機織，至此尚存也耶？

古書言六博和樗蒲之制的，應以《演繁露》爲最詳。在《演繁露》
中說明變盧雉爲一至六的數目始於唐代。這是一個非常珍貴的啓示，
因爲盧雉和一至六的數目顯然是屬於兩個系統，唐代投子整個系統
的轉變，應當不是逐漸轉換而成的，而是受了外來的影響。據現在
可能知道的，大致用數目作點的投子，是從西方傳入的。等到六面
而用點的投子採用以後，較爲簡明，原來盧雉的投子就再不爲人所
採用了。

程氏依據詳明，只是有幾個誤解。古投子是四面的，他卻認爲
只有兩面，這種誤解一經發生，對於古《樗蒲經》改正的地方，就
很有問題了。程氏引古《樗蒲經》只有四木（即四個投子），程氏
改爲五木，改爲五木是可以的，不過用四木也不見得一定不對，因
爲古代賭博的方法相當繁多，決不僅一種而止的。至於《列子》爲
魏晉時人的書，程氏當時還不知道，因而對《列子》投瓊之說，不
能得到適當的解釋。但他對於《列子》和其他史料的矛盾，已有相
當的注意了。

※ 本文原載《中央研究院歷史語言研究所集刊》第35本，1964年。
※ 勞榦（已故），畢業於北京大學歷史系，中央研究院院士。

關於兩漢魏晉時期
養豬與積肥問題的若干檢討

蕭　璠

在漢代墓葬中出土有不少廁所與豬圈相結合的陶製模型（常稱作“帶廁豬圈”），這種把廁所跟豬圈連接在一起的安排究竟有什麼用意？有不少的學者主張是爲了積肥，以滿足農業生産上對糞肥的需求。如考古學者王仲殊先生在二十世紀五十年代中就認爲：“豬圈多與廁所相連，説明了積肥的情形。”[1] 直到近年，他的看法依舊沒有改變：“漢墓中出土的陶製豬圈，往往與廁所相連，説明了當時已經注意養豬積肥，以糞肥田。”[2] 李文信先生在 1955 年發現遼陽三道壕西漢晚期村落的農舍遺址中有跟廁所相靠近的洼坑畜圈，中有牲畜糞便，他判斷這是當時“農家積肥的特殊設備”，並説“這種廁所與畜圈相接以便於積肥的情況，不但今天東北農村可以看到，在漢代墓葬明器中也有這種情形。”[3] 近年孟凡人先生提出的説法，實際上就是李氏的意見的重述和補充：“兩漢墓葬中大量發現豬圈及豬圈與廁所相連的模型，現在東北和華北的一些農村仍採用此法積肥。”[4] 崔璿先生則直接稱這種帶廁豬圈爲“積肥用的廁所”。[5] 劉敦愿與張仲葛二位先生也表示漢代舍飼豬隻“爲積肥創造了條件，因而在以後的許多文獻中明確指出當時農民養豬是爲了積肥。”[6] 農學史專家曹隆恭先生也指出漢代的帶廁豬圈具有“便于積造糞肥”

〔1〕　見中國科學院考古研究所編《考古學基礎》，北京：科學出版社，1958 年 7 月，頁 122。
〔2〕　見所著《漢代考古學概説》，北京：中華書局，1984 年 6 月，頁 35。
〔3〕　見所編寫《遼陽三道壕西漢村落遺址》，《考古學報》1957 年第 1 期，頁 123。
〔4〕　見中國社會科學院考古研究所編《新中國的考古發現與研究》，北京：文物出版社，1984 年 5 月，頁 461～462。
〔5〕　見所撰《安徽壽縣茶庵馬家古堆東漢墓》，《考古》1966 年第 3 期，頁 145。
〔6〕　見所撰《我國養豬史話》，《農業考古》1981 年第 1 期，頁 104。

的效用。[7] 許倬雲先生的見解也與上述各家相同。[8]

　　然而也有一些學者所持的主張與此大相徑庭，如日本學者濱田耕作先生早在 1924 年就揭舉帶廁豬圈是為了給豬隻吃用人所排泄的污物的說法。[9] 其後，小野勝年先生也有同樣的意見。[10] 岡崎敬先生也把帶廁豬圈看成是一種由豬隻來處理廁中落下的排泄物的設計。[11] 天野元之助先生也表示了相同的看法。[12] 黎金先生則指出在廣州的東漢墓葬中出土有一件豬隻"踏入廁所尋食"的陶製明器。[13] 那麼，把廁所和豬圈安排在一塊，究竟是為了便於積肥呢，還是為了養豬？即是否用人的糞便來充當喂豬的飼料，或者還有其他的可能？主張是為了養豬的學者只就出土的廁所模型來立論，並未提出充分的文獻記載來相印證，因此對這一說法也有進一步說明的必要。本文企圖對跟這有關的一些問題進行探討，並提出嘗試性的解答。

　　從距今七千多年前的新石器時代早期開始，先民已經飼養了豬、狗等家畜，[14] 在整個新石器時代當中，不論是華南還是華北，豬始終是最主要的家畜。[15] 在往後的歷史時期裏，豬也一直是普遍飼養的

〔7〕　見所著《肥料史話》（修訂本），北京：農業出版社，1984 年 11 月，頁 5～6。按曹先生所列附圖為一帶廁豬圈，但在正文中卻將與豬圈相連的屋舍敘述為"豬住所或農產品加工場"，這當是由於有些考古報告把平面呈曲尺形後附豬圈的房屋直接稱作"豬圈"或"作坊"所產生的混淆。

〔8〕　Cho-yun Hsu, Han Agriculture, pp. 97～98. Seattle and London：Univ. of Washington Press, 1980.

〔9〕　見所著《支那古明器泥象圖說》，總論，頁 18；《京都帝國大學文學部所藏支那古明器泥象解說目錄》，日本，東京：刀江書院，1927 年再版，頁 62。

〔10〕　見所著《漢字の"圂"と"廁"について》，《民族學研究》15 卷 3、4 號，頁 109～110。1951 年 3 月。

〔11〕　見岡崎敬《漢代明器泥象と生活樣式》，《史林》42 卷 2 號，1959 年 3 月，頁 59。又見《世界考古學大系》第七卷，東京：平凡社，1959 年，頁 46。又水野清一監修《天理參考館圖錄・中國篇》（東京：朝日新聞社，1967 年），頁 46，圖 139 的解說亦同，不知是否也是岡崎氏的手筆。

〔12〕　天野元之助《中國における施肥技術の展開》(1)，《松山商大論集》10 卷 2 號，1959 年 7 月，頁 12～14。

〔13〕　見中國社會科學院考古研究所、廣州市文物管理委員會、廣州市博物館編《廣州漢墓》，北京：文物出版社，1981 年 12 月，頁 334。

〔14〕　見邯鄲市文物保管所等《河北磁山新石器遺址試掘》，《考古》1977 年第 6 期。河北省文物管理處等《河北武安磁山遺址》，《考古學報》1981 年 3 期。開封地區文管會等《河南新鄭裴李崗新石器時代遺址》，《考古》1978 年 2 期；《裴李崗遺址一九七八年發掘簡報》，《考古》1979 年 3 月。周本雄《河北武安磁山遺址的動物骨骸》，《考古學報》1981 年 3 期；又《中國新石器時代的家畜》，編入《新中國的考古發現與研究》。

〔15〕　周本雄《中國新石器時代的家畜》，頁 194～195。

家畜。孟子説:"雞豚狗彘之畜,無失其時,七十者可以食肉矣。"(《孟子·梁惠王上》)可以看出來養豬是十分常見的事,《淮南子·氾論訓》裏的一段文字最足以説明這點:"夫饗大高而彘爲上牲者,非彘能賢於野獸麋鹿也。而神明獨饗之,何也? 以爲彘者,家人所當畜而易得之物也,故因其便以尊之。"然而從什麽時候開始,人們把豬圈跟厠所建造在一起呢? 確切的時刻已難考索,但最遲從戰國時代開始有這種設計當是可以肯定的。《國語·晉語四》:"〔晉〕文公問於胥臣曰……對曰:'……臣聞昔者大任娠文王不變,少溲於豕牢,而得文王不加疾焉'……"賈逵曰:"豕牢,厠也。"[16]韋昭注:"少,小也。豕牢,厠也。溲,便也。"把厠所稱作"豕牢",唯一的可能即這是一座豬圈與厠所相連的建築,而且十分可能是座單獨的帶厠豬圈。這段話語出於前七世紀春秋時人之口,講的是商代末期的事,但是否能代表商末或春秋時代的事實則很難確定。如果把這段文字看成是《國語》成書時期的事實的反映當是没有問題的,因此筆者以爲最遲在戰國時代已經出現了厠所與豬圈的結合。在漢代文獻裏也可以找到這兩者相結合的記載,《史記·吕后本紀》:"太后遂斷戚夫人手足,去眼,煇耳,飲瘖藥,使居厠中,命曰'人彘'。"王充《論衡·雷虚篇》也説:"吕后斷戚夫人手,去其眼,置於厠中,以爲'人豕'。"《漢書·外戚傳》記載同一事,卻不説"厠"而説是"鞠域":"太后遂斷戚夫人手足,去眼,熏耳,飲瘖藥,使居鞠域中,名曰'人彘'。"顏師古注:"鞠域,如蹋鞠之域,謂窟室也。"按《宋書·文九王·始安王休仁傳》:"時廢帝狂悖無道……以太宗尤肥,號爲'豬王'……嘗以木槽盛飯,內諸雜食,攪令和合,掘地爲坑阱,實之以泥水,裸太宗內坑中,和槽食置前,令太宗以口就槽中食,用之爲歡笑。"鞠域或窟室當即《休仁傳》裏的坑阱,也就是考古發掘出來的遼陽三道壕西漢遺址中的那種洼坑畜圈,那麽戚夫人囚處的所在當是帶厠的洼坑豬圈。[17]《漢書·五行志》中之下:"燕王〔旦〕宮永巷中豕出圂",《武五子燕刺王旦傳》作:"厠中豕群出。"《説文解字》:"圂,豕厠也。"《論衡·吉驗篇》作溷:"北夷橐離國王侍婢有娠……後

─────────────

〔16〕 《玉篇》水部,溲字引。

〔17〕 李文信先生在報告中曾經推測這些洼坑畜圈當是豬圈,見注三引文,頁124。這是可以接受的,按《齊民要術·養豬》説:"處不壓穢",自注云:"泥污得避暑。"劉宋前廢帝所以要"掘地爲坑阱,實之以泥水"就是爲了達到這一效果,三道壕遺址的洼坑畜圈反映了最遲在西漢晚期,人們已經採用這種方式來養豬了。

產子,捐於猪溷中,猪以口氣噓之不死。"史游《急就章》第十九:"屏廁清溷糞土壤。"劉熙《釋名》:"廁,雜也,言人雜厠在上非一也,或曰溷,言溷濁也;或曰清,言至穢之處,宜常修治使清潔也;或曰軒,前有伏似殿軒也。"[18]《後漢書·黨錮·李膺傳》:"郡舍溷軒有奇巧",注:"溷軒,厠屋。"從這些包括字典或詞典性質在內的文獻記載可以看出,意指猪圈的圂或溷與意指便所的厠常相互換使用或彼此相訓釋,這表明了猪圈跟厠所相結合在漢代是十分普遍的現象。

上述學者們的説法,大都是只就單獨的帶厠猪圈(即把養豬的圈欄跟厠所搭造在一起,形成一個單獨的建築單位)來立論的。實際上,從考古發現的陶製明器來考察,猪圈和厠所的結合,並不限於單獨的帶厠猪圈這一種形態。在廣東、廣西一帶的兩漢墓中出土有上層平面呈橫長方形或曲尺形的干欄式房屋模型。上層住人,屋内的一側或與正室一側的後方相連的一室是厠所,開有厠穴,下層則是猪圈。這樣也把厠所跟猪圈連接了起來。例如廣州出土的西漢晚期的一件上層平面爲橫長方形的陶屋(3030:90),"屋内的厠所有一陶俑蹲于厠坑上,作溲溺狀"。[19]一件屬於東漢前期的上層平面呈曲尺形的干欄陶屋(4015:4),"上層前面的橫形正堂寬而深,左側後附廊屋,爲厠所",下層爲畜圈,"右側寶洞口有一猪,作匐伏狀,貼靠壁上"。[20]而在廣東、廣西、湖南、貴州都發現有一種從上述這種上層平面作曲尺形的干欄式房屋演變而來的單層的房屋與圈欄相結合的模型,前面是正屋或前堂,作橫長方形,正屋的一側後附一小房,是厠所;正室之後、厠所之旁的空間用矮牆圍繞起來,形成後院,作爲畜圈;厠所開有一門與猪圈相通,厠所的内部有時隔成上下兩層,人在上層便溺,猪隻可以進入其下方。[21]此外,在廣州、河南以及湖北都清理出一些外觀和結構都十分複雜的樓閣宅院模型,其中的厠所和猪圈也是連在一起的。河南鄭州南關 159 號漢墓所出的一件係"由門房、倉房、闕、正房、厨房、厠所

---

〔18〕 見畢沅《釋名疏證》(《經訓堂叢書》本)卷五《釋宮室》,頁 14。

〔19〕 《廣州漢墓》,頁 282。

〔20〕 同上,頁 333。

〔21〕 同上,頁 333~334。又嚴平《貴州安順寧谷漢墓》,《文物資料叢刊》,北京:文物出版社,1981 年 3 月,頁 133。廣西壯族自治區文物工作隊《廣西貴縣北郊漢墓》,《考古》1985 年第 3 期,頁 209。高至喜《談談湖南出土的東漢建築模型》,《考古》1959 年第 11 期,頁 624。

和猪圈等六個部分組成一所四合院式的住宅”，正房的西側爲一單座建築，上層是厠所，下層是猪圈。[22] 在淮陽于庄一座西漢中期墓中找到的陶莊園宅院模型的後院東邊是猪圈，猪圈西側是厠所，“便池緊鄰猪圈”。[23] 湖北雲夢癩痢墩一號東漢墓發現的一件陶樓閣宅院，其北部有厠所、猪圈、院落等部分，“厠所中部懸建便台，便台上挖製一便洞”，猪圈則“依建在厠間的左下側”。[24] 廣州的東漢墓葬中出土這種樓閣宅院最多，其中“規模最大，結構亦最爲嚴整”的一件（4016：23），“後院是圈欄，内有一槽及兩猪”，“後院右邊的房子上層是厠所，一俑蹲于坑上，正在便溺中，下層有一狗剛由竇洞中出來”，厠下也有開口與猪圈相通。[25] 這些明器房屋宅院説明了作爲房屋的附屬部分的猪圈與厠所相連接也是相當普遍的。

聯繫上引《史記》、《漢書》等記載和地下挖掘出來的建築模型或農村屋舍遺址來看，不論是皇帝、封王或其他地位崇高的貴族（河北石家莊柳辛莊東漢磚室券頂墓内出土有銅縷玉衣殘件及帶厠猪圈，當爲真定或常山國内地位相當於大貴人或長公主的貴族墓），[26] 還是擁有樓閣宅院的富豪或普通農民，都把厠所跟猪圈安排在一塊，這意味着厠所與猪圈的結合是超越階級地位或身份、權勢和財富差距的普遍現象。

厠所與猪圈相連的普遍情形也表現在其空間的分佈上。在考古工作中找到單獨的帶厠猪圈的地點有：河南禹縣白沙，[27] 輝縣琉璃閣、百泉，[28] 鄭州碧沙崗，[29] 南關外，[30] 孟縣，[31] 濟源泗澗溝，[32] 南陽

〔22〕 河南省文化局文物工作隊《鄭州南關一五九號漢墓的發掘》，《文物》1960 年第 8、9 期，頁 23。

〔23〕 周口地區文化局文物科等《淮陽于庄漢墓發掘簡報》，《中原文物》1983 年第 1 期，頁 3。

〔24〕 雲夢縣博物館《湖北雲夢癩痢墩一號墓清理簡報》，《考古》1984 年第 7 期，頁 607。

〔25〕 《廣州漢墓》，頁 337；又參考頁 339 圖 205。

〔26〕 石家莊市文物保管所《石家莊北郊東漢墓》，《考古》1984 年第 9 期，頁 812。

〔27〕 河南省文化局文物工作隊《河南禹縣白沙漢墓發掘報告》，《考古學報》1959 年第 1 期，頁 72～79。

〔28〕 中國科學院考古研究所《輝縣發掘報告》，北京：科學出版社，1956 年 3 月，頁 53、64、141。

〔29〕 鄭州市博物館《河南鄭州市碧沙崗公園東漢墓》，《考古》1966 年第 5 期，頁 250。

〔30〕 劉東亞《鄭州市南關外東漢墓的發掘》，《考古通訊》1958 年第 2 期，頁 44。

〔31〕 趙世綱《河南孟縣漢墓的清理》，《考古通訊》1958 年第 3 期，頁 41。按原報告稱與猪圈相連的小房用途不詳，當是厠所。

〔32〕 河南省博物館《濟源泗澗溝三座漢墓的發掘》，《文物》1973 年第 2 期，頁 47～48。

軍帳營、[33]英莊、[34]楊官寺,[35]靈寶張灣,[36]洛陽金谷園、[37]澗西七
里河、[38]唐寺門、[39]西工段、[40]燒溝、[41]偃師杏園村[42]新野前高廟
村,[43]泌陽板橋,[44]陝縣劉家渠,[45]桐柏萬崗;[46]湖南長沙沙湖
橋、[47]南塘冲、[48]月亮山,[49]耒陽野營,[50]常德東江、南坪;[51]江蘇徐
州七里鋪,[52]南京五塘村;[53]安徽壽縣茶庵馬家古堆[54]和縣;[55]山
東東平三陵山,[56]棗莊南常小城子;[57]河北石家莊柳辛莊,[58]望都東

〔33〕 南陽博物館《河南南陽軍帳營漢畫像石墓》,《考古與文物》1982 年第 1 期,頁 43,封三圖三。
〔34〕 南陽地區文物工作隊等《河南南陽縣英庄漢畫像石墓》,《文物》1984 年第 3 期,頁 29
圖 17,頁 28。
〔35〕 河南省文化局文物工作隊《河南南陽楊官寺漢畫像石墓發掘報告》,《考古學報》1963
年第 1 期,頁 132。
〔36〕 河南省博物館《靈寶張灣漢墓》,《文物》1975 年第 11 期,頁 77。
〔37〕 洛陽市文物工作隊《洛陽金谷園車站一號漢墓發掘簡報》,《文物》1983 年第 4 期,頁 26。
〔38〕 洛陽博物館《洛陽澗西七里河東漢墓發掘簡報》,《考古》1975 年第 2 期,頁 121。
〔39〕 洛陽市文物工作隊《洛陽唐寺門兩座漢墓發掘簡報》,《中原文物》1984 年第 3 期,頁 39。
〔40〕 洛陽市文物工作隊《洛陽西工東漢壁畫墓》,《中原文物》1982 年第 3 期,頁 17～18。
〔41〕 中國科學院考古學研究所編《洛陽燒溝漢墓》,北京:科學出版社,1959 年 12 月,頁 141。
〔42〕 中國社會科學院考古所河南第二工作隊《河南偃師杏園村東漢壁畫墓》,《考古》1985 年
第 1 期,頁 21。又:《河南偃師杏園村的兩座魏晉墓》,《考古》1985 年第 8 期,頁 722。
〔43〕 南陽地區文物工作隊等《新野縣前高廟村漢畫像石墓》,《中原文物》1985 年第 3 期,頁 5。
〔44〕 河南省文化局文物工作隊《河南泌陽板橋古墓葬及古井的發掘》,《考古學報》1958 年
第 4 期,頁 56。
〔45〕 黃河水庫考古工作隊《河南陝縣劉家渠漢墓》,《考古學報》1965 年第 1 期,頁 143～144。
〔46〕 河南省文化局文物工作隊《河南桐柏萬崗漢墓的發掘》,《考古》1964 年第 8 期,頁 389～390。
〔47〕 李正光等《長沙沙湖橋一帶古墓發掘報告》,《考古學報》1957 年第 4 期,頁 62。
〔48〕 湖南省文物管理委員會《湖南長沙南塘冲古墓清理簡報》,《考古通訊》1958 年第 3
期,頁 2。
〔49〕 《全國基本建設工程中出土文物展覽錄》,圖版 186 爲一圓形帶廁豬欄,北京:古典藝
術出版社,1955 年 9 月。
〔50〕 湖南省文物管理委員會《湖南耒陽東漢墓清理簡報》,《考古通訊》1956 年第 4 期,頁
25,圖版拾:2。
〔51〕 湖南省博物館《湖南常德東漢墓》,《考古學集刊》第 1 集,頁 171～172。北京:中國社
會科學出版社,1981 年 11 月。
〔52〕 南京博物院等《江蘇徐州七里鋪漢畫像石墓》,《考古》1966 年第 2 期,頁 78。
〔53〕 南京市博物館《南京北郊五塘村發現六朝早期墓》,《文物資料叢刊》8,頁 66～67,北
京:文物出版社,1983 年 12 月。
〔54〕 安徽省文化局文物工作隊等《安徽壽縣茶庵馬家古堆東漢墓》,《考古》1966 年第 3
期,頁 141～142。
〔55〕 安徽省文物工作隊《安徽和縣西晉紀年墓》,《考古》1984 年第 9 期,頁 830。圖版捌:5。
〔56〕 山東博物館《山東東平三陵山漢墓清理簡報》,《考古》1966 年第 4 期,頁 192。
〔57〕 棗莊市文物管理站《山東棗莊南常漢畫像石墓》,《考古與文物》1986 年第 1 期,頁 41。
〔58〕 石家莊市文物保管所《石家莊市北郊東漢墓》,《考古》1984 年第 9 期,頁 812。

關,[59]北京平谷西柏店,[60]順義臨河村,[61]懷柔;[62]湖北當陽劉家冢子,[63]隨縣唐鎮[64]等地。出土上述各式房屋或宅院的地點則有：河南淮陽于莊,鄭州南關;湖北雲夢癩痢墩;湖南長沙,[65]耒陽花營,[66]郴州奎馬嶺;[67]廣東增城金蘭寺,[68]南雄,[69]廣州,[70]佛山瀾石,[71]南海平洲,[72]韶關西河及市郊,[73]封開江口;[74]廣西貴縣汶井嶺、[75]水電設備廠等地,[76]合浦堂排、[77]望牛嶺[78]等地。

　　總結地來看，無論是紙上資料還是考古發現都證實了兩漢魏晉

[59] 《全國基本建設工程中出土文物展覽圖錄》,圖版 19 爲帶厠豬圈,而原考古報告只説是豬圈,且未附圖或照片。

[60] 北京市文物工作隊《北京市平谷縣西柏店和唐莊子漢墓發掘簡報》,《考古》1962 年第5 期,頁 242～245,圖版柒:9。

[61] 北京市文物管理處《北京順義臨河村東漢墓發掘簡報》,《考古》1977 年第 6 期,頁 376、379。

[62] 北京市文物工作隊《北京懷柔城北東周西漢墓葬》,《考古》1962 年第5 期,頁 235。

[63] 沈宜揚《湖北當陽劉家冢子東漢畫像石墓發掘簡報》,《文物資料叢刊》1,北京:文物出版社,1977 年 12 月,頁 125。

[64] 湖北省文物管理委員會《湖北隨縣唐鎮漢魏墓清理》,《考古》1966 年第 2 期,頁 88～89。

[65] 中國科學院考古研究所編著《長沙發掘報告》,北京:科學出版社,1957 年 8 月,頁134。按原報告稱爲豬圈,實係附有豬圈之房屋。又高至喜前引文。

[66] 湖南省文物管理委員會《湖南耒陽東漢墓清理簡報》,《考古通訊》1956 年第 4 期,頁 23。

[67] 郴州地區文物工作隊《湖南郴州市奎馬嶺漢墓的發掘》,《考古學集刊》第 2 集,北京:中國社會科學出版社,1982 年 12 月,頁 103。

[68] 廣東省文物管理委員會《廣東增城金蘭寺漢墓發掘報告》,《考古》1966 年第 1 期,頁 33。

[69] 南雄縣博物館《粵北南雄發現漢墓》,《考古》1985 年第 11 期,頁 993。

[70] 廣州市文物管理委員會《廣州市龍生崗四三號東漢木椁墓》,《考古學報》1957 年第 1期,頁 147。《廣州漢墓》,頁 282～284、330～338、419～426。

[71] 廣東省博物館《廣東佛山市郊瀾石東漢墓清理簡報》,《文物資料叢刊》4,北京:文物出版社,1981 年 3 月。

[72] 曾廣億《廣東南海漢墓發掘簡報》,《文物資料叢刊》4,頁 90。

[73] 廣東省博物館《廣東韶關市郊古墓發掘報告》,《考古》1961 年第 8 期,頁 436。楊豪《廣東韶關西河漢墓發掘》,《考古學集刊》第 1 集,頁 156。

[74] 廣東省文物管理委員會《廣東封開縣江口漢墓及封川隋墓發掘簡報》,《文物資料叢刊》1,頁 135。按原報告稱爲"作坊",實即房屋。

[75] 梁友仁《廣西貴縣汶井嶺東漢墓的清理》,《考古通訊》1958 年第 2 期,頁 47。

[76] 廣西壯族自治區文物工作隊《廣西貴縣北郊漢墓》,《考古》1985 年第 3 期,頁 209。廣西省文物管理委員會《廣西貴縣漢墓的清理》,《考古學報》1957 年第 1 期,頁 157,又圖版壹:7、9。

[77] 廣西壯族自治區文物工作隊《廣西合浦縣堂排漢墓發掘簡報》,《文物資料叢刊》4,頁 49。

[78] 廣西壯族自治區文物考古寫作小組《廣西合浦西漢木椁墓》,《考古》1972 年第 5 期,頁 29。

期間把廁所與豬圈結合在一起是極爲普遍的情形，南北朝以降的各時代考古工作雖然沒有發現上述的帶廁豬圈或豬圈與廁所相連的房屋宅院等明器，但這並不表示這一歷時久遠、分佈廣泛的普遍習俗從南北朝時期開始就突然地中斷了。一些時代稍晚的有關的神話傳說仍傳遞出這種習俗在一定的程度上依舊流行的訊息。南朝宋劉敬叔《異苑》卷五：

> 世有紫姑神，古来相傳，云是人家妾，爲大婦所嫉，每以穢事相次役，正月十五日感激而死。故世人以其日作其形，夜於廁間或豬欄邊迎之，祝曰："子胥不在（是其婿名也），曹姑亦歸（曹姑即其大婦也），小姑可出戲。" 投者覺重，便是神來……[79]

劉敬叔去漢晉之世不遠，又説其事是"古来相傳"，廁神紫姑傳説的産生當在漢晉之際，在豬圈邊迎廁神，反映了這兩者在當時相結合的情形。而在時代更晚的傳説裏，廁神的形象就是豬，《太平廣記》卷三三三《刁緬》引《紀聞》："宣城太守刁緬……初爲玉門軍使，有廁神形見外厠，形如大豬，遍體皆有眼，出入溷中。" 又《王昇》引《紀聞》："吳郡陸望寄居河內，表弟王昇與望居相近。晨謁望，行至莊南故村人楊侃宅，籬間忽見兩手據廁，大耳深目，虎鼻豬牙，面色紫而㓓爛，直視於昇。懼而走，見望言之。望曰：'吾聞見厠神，無不立死，汝其勉之！' 昇意大惡，及還即死。"[80] 這暗示南北朝、隋唐時代還有豬圈與廁所相接的情形。《宋史·天文志四》，《二十八舍下》："天溷七星，在外屏南，主天廁養豬之所，一曰天之廁溷也。" 則宋元時代可能還看得到這兩者的結合。至於上引李文信、孟凡人説今日東北、華北還有這種情形，則當是更晚的殘餘形態。

要判斷是否用人的糞便來喂豬，首先要解決的問題當是：豬是否能接觸到廁中落下的糞穢或是否能自由地達到糞堆或糞池旁邊？上述湖南、兩廣、鄭州南關等地出土的那些房屋、宅院模型對這一問題所提供的答案是肯定的，上文提到廣州所出的陶製明器中有一件豬隻正 "踏入廁所尋食" 的房屋就是最清楚的説明。然而單獨的

---

[79] 《筆記小説大觀》第 10 編第 1 冊《異苑》卷五，頁 2，臺北：新興書局，1975 年 12 月。又唐代孫頠輯《神女傳·紫姑》，與此大致相同。見《唐代叢書》5 集 2 冊。
[80] 按《天中記》引《王昇》條作"虎鼻豬身"。

帶厠豬圈又如何呢？有一些考古發掘或清理報告中既沒有描述出土
的豬圈是不是帶厠豬圈；如是，也不提厠所的底部是否跟豬圈相通；
又沒有圖繪或照片來顯示這一相關部位的情形。對於這些例子只有
不加列論。單獨的帶厠豬圈的平面通常呈圓形、正方形或長方形，
也有少數作橢圓形，在圈的柵欄或圍墻的裏邊或外面，或角落上搭
建有一或兩座厠所。通常平面呈圓形的圈欄只有一座，方形或長方
形的則有一或二座。考古文獻中提到厠所下部與圈欄之間有開口相
通的有輝縣百泉，鄭州碧沙岡、南關外，平谷西柏店，孟縣，靈寶
張灣，洛陽唐寺門、燒溝，南陽楊官寺，陝縣劉家渠，徐州七里鋪
等地發現的一些豬圈，例如輝縣百泉所出的一件（1：108）平面呈長
方形，帶有兩座厠所，“兩厠下側壁各向豬圈內方開孔道，備豬仔出
入厠下，這是溷名的所由來。”[81] 另外，有些豬圈從其與厠所相結
合的情形來考察，也可以確定欄中的豬隻可以到達厠所下方的糞池
或糞便堆積之處。例如平谷 101、103 號東
漢末期墓中各出土一件平面呈長方形的豬
圈，與圈欄相連的厠所也是長方形，其底部
的一角及夾角的兩邊疊架在豬圈圍墻的一角
上，而與此相對的另一角則由圈欄中的一根

圖一：據《考古》1962 年 5
期圖版 7：9

柱子來支撐，這樣勢
必是把圈欄的一角用
來當做糞便堆積的處
所的。由原報告所附
的圖版可以看出來，
有一頭豬正蹲在厠所

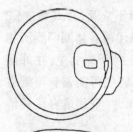

圖二：采自《考古》1966
年 3 期，頁 142 圖 6

底下，抬頭頂着厠所底部（圖一）。安徽壽縣
茶庵馬家古堆一號東漢墓出土的圓形圈欄外
有圓形圍墻，厠所的“坑板一邊架在圍墻上，
相對的一邊由兩根圓柱支撐（圖二）。”[82] 日
本天理參考館所藏的一件，圈作圓形，厠所

[81] 《輝縣發掘報告》，頁 141。
[82] 安徽省文化局文物工作隊等《安徽壽縣茶庵馬家古堆東漢墓》，《考古》1966 年 3
期，頁 141～142。

的一端搭在圍墻上，另一端則托在欄
內的一椿圓柱上（圖三）。[83] 類似這
樣的豬圈還有湖南耒陽野營 5 號漢
墓、常德南坪 2 號墓、長沙沙湖橋一
座東漢墓所出的三件。[84] 安徽和縣戚
鎮西晉墓出土的一件的構造則十分特
殊，圈欄平面爲圓形，廁所作四方没
有遮蔽的涼亭模樣，由墻上及欄中各
兩根柱子撑起一面坡面的屋頂，下面
圍砌起便坑，豬隻進出絕對不成問題

圖三：采自《天理參考館圖録·中國篇》圖 139

圖四：據《考古》1984 年 9 期圖版捌:5

（圖四）。當然，有些模型即使在廁壁
下方没有通向圈欄的開口，也未必表
示它就是生活中真實的帶廁豬圈的縮
影，因爲明器可能做得十分逼真，但
也可能做到足以表達心意就够了而不
在細節上嚴加考究。因此筆者以爲帶
廁豬圈的廁所底部與圈欄相通也是普
遍的現象。然而豬隻可以在圈欄與廁
底糞堆或便池之間來去自如，並不等
於證實了兩漢魏晉時期的養豬人家給豬隻吃人的糞便，必須要有更
積極的證據纔能對這問題作出判斷。

筆者認爲當時的養豬人家確實是用人的排泄物來喂豬的。在漢
代以來，人們有一種迷信，認爲故意拿不潔净的食物給他人食用的
人，會因爲他這種惡行而遭受雷擊的懲罰。《論衡·雷虚篇》：

> 盛夏之時，雷電迅疾……時犯殺人。世俗以爲……其
> 犯殺人也，謂之〔有〕陰過。飲食人以不潔净，天怒，擊
> 而殺之……犬豕食人腐臭，食之，天不殺也。[85]

這"腐臭"二字是指腐敗而發出惡臭的食物，還是指人的糞便？筆

---

〔83〕 《天理參考館圖録·中國篇》，圖 139，日本：朝日新聞社，1967 年。

〔84〕 分別見《考古通訊》1956 年第 4 期，圖版拾:2；《考古學集刊》第 1 集，圖版貳玖:5；《考
古學報》1957 年第 4 期，圖版拾壹:7。

〔85〕 據孫人和校補"有"字，見劉盼遂《論衡集解》，北京：北京古籍出版社，1957 年
7 月，頁 136。

者以爲當兼指這兩者，一是人們吃剩的或腐壞的食物，一是人的排泄物。《太平經》卷一一七《天咎四人辱道誡》對這一問題提供了解答的線索：

> 夫道乃天也，清且明，不欲見污辱也。而今學爲道者，皆爲四毀之行，共污辱皇天之神道，並亂地之紀，訖不可以爲化首，不可以爲師法……第三曰：食糞、飲其小便……故此四人者皆共污辱天正道……人頭口象天，不欲樂見污辱也，常欲得鮮明，得善物。故天下人以淹污辱惡，與人食之，天乃遣雷電下，自捕取之……學爲道者，反多相示教食糞、飲小便……此大邪所著，犬猪之精所下也。……今如此食糞、飲小便，何可以爲師？……地上人惡食糞、飲小便，天上亦惡之，故乃遣雷電霹靂下殺之也。[86]

這段文字同樣提到了王充斥爲虛妄的雷擊食人以不潔的民俗信仰，對照之下，把《雷虛篇》"腐臭"二字解釋成人的糞便當不是沒有根據的。其次，這篇教誡斥責教人食糞、飲小便以求道的人是"犬猪之精所下"，則明白地揭示了猪、狗吃糞便的事實。按唐沈既濟《雷民傳》説：

> 羅州之南二百里，至雷州爲海康郡，雷之南瀕大海，郡蓋囚多雷而名焉……雷之北高亦多雷，聲如在尋常之外。其事雷畏敬甚謹，每具酒餚奠焉，有以彘肉雜魚食者，霹靂輒至。南中有木名曰棹，以煮汁漬梅李，俗呼爲棹汁，雜彘肉食者，霹靂亦至。犯必響應。

又《雷公廟》："雷州之西雷公廟，百姓每歲配連鼓雷車具酒餚奠焉，有以魚彘同食者，立爲雷震。"[87] 這表示雷擊食人以不潔的信仰一直到唐代還以殘餘的形態保存在雷州一帶，當地人認爲只要食物中雜有猪肉，就會立刻招致雷擊，當即因猪吃人的糞便而被視爲不潔净之故。古代人相信糞便有解毒的效用，《後漢書·董卓傳》注引袁宏《後漢紀》：

> 李傕數設酒請〔郭〕汜，或留汜止宿。汜妻懼與傕婢妾私而奪己愛，思有以離間之。會傕送饋，汜妻乃以豉爲

---

〔86〕 據王明《太平經合校》本，北京：中華書局，1960年2月，頁654～661。
〔87〕 《唐代叢書》本，第五集第二冊，頁1、3。

藥。氾將食，妻曰："食從外來，儻或有故？"遂摘藥示之
曰："一栖不兩雄，我固疑將軍之信李公也。"他日，催請
氾，大醉，氾疑催藥之，絞糞汁飲之，乃解。於是遂相
猜疑。

而豬、狗因食人的糞便，因此人們相信豬狗不怕毒害，《博物志》：

> 交州夷名曰俚子，俚子弓長數尺，箭長尺餘，以燋銅
> 爲鏑，塗毒藥於鏑鋒，中人即死，不時斂藏，即膨脹沸爛，
> 須臾燋煎都盡，唯骨耳。其俗誓不以此藥治語人。治之，
> 飲婦人月水及糞汁，時有差者。唯射豬犬者，無他，以其
> 食糞故也。[88]

東晉時苻朗更清楚地指出，豬是生活在與廁相連通的豬圈裏，吃人
糞便的，《太平御覽》卷九〇三《獸部》十五《豕》引《苻子》：

> 朔人獻燕昭王以大豕，曰："養奚若？"使曰："豕也，
> 非大圈不居，非人便不珍，今年百二十矣，人謂'豕仙'。"
> 王乃命豕宰養六十五年，大如沙墳，足如不勝其體。王異
> 之，令衡官橋而量之，折十橋，豕不量。又命水官舟而量，
> 其重千鈞，其巨無用。燕相謂王曰："奚不饗之？"王乃命
> 宰夫膳之。夕見夢於燕相曰："造化勞我以豕形，食我以人
> 穢，吾患其生久矣，仗君之靈，得化吾生，始得爲魯津之
> 伯。"燕相遊乎魯津，有赤龜奉璧而獻。

又卷九三一《鱗介部》三《龜》引作：

> 邦人獻燕昭王以大豕者，曰："於今百二十歲，邦人謂
> 之'豕仙'。"其群臣言于昭王曰："是豕無用。"王命宰夫
> 而膳之。豕既死，乃見夢於燕相曰："今杖（仗）君之靈而
> 化吾生也，始得爲魯津之伯，而浮舟者食我以粳糧之珍。
> 而欣君之惠，將報子焉。"後燕相遊於魯津，有赤龜銜夜光
> 而獻。[89]

前一段引文說豬"非人便不珍"，無可爭辯是指豬以人的糞便爲珍；
又說"食我以人穢"，"人穢"也是指人的糞便。《禮記·少儀》：

---

[88] 據范寧《博物志校證》本，北京：中華書局，1980年1月，頁25。
[89] 按此二條引文均作"符子"，誤，當改爲《苻子》。又上條"王乃命豕宰養六十五
年"，"六"字誤，當改爲"之"字。

"君子不食圈腴。"鄭玄注:"腴有似於人穢。"[90] 即嫌豬腸像人的糞便而有所不食。結合上引的文字記載和地下出土的各種豬圈與厠所相連通的明器模型來看,兩漢魏晉時期在廣大的地域範圍内,人們普遍地把厠所跟豬圈安置在一塊,無疑地,其目的在於用人的排泄物來喂豬。

然而當時依賴人的排泄物來養豬,究竟達到什麼樣的程度,還是可以檢討的。首先我們認爲雖然當時廣泛地存在着用人的糞便來養豬的習俗,但並不是所有的養豬者都用排泄物來充當豬食。考古上所發現的豬圈模型有很多是不跟厠所相連接的單獨的圈欄。在個别的墓葬中還發現有同時出土單獨的豬圈和單獨的厠所的情形,例如南京市郊的張王山1號及32號晉墓都分别隨葬有單獨的厠所和單獨的豬圈模型各一具,[91] 這些足以反映在實際的生活中,並非所有的養豬者都必然地連通豬圈跟厠所,也表明了在這種情況下,人們是不用排泄物來養豬的。

上引《荀子》説"豕仙""非大圈不居,非人便不珍",死後化爲魯津河伯,才享受到渡河者所奉獻的"粳糧之珍"。推敲上下文意,看來人便在其食物結構中佔有較大的比重,因此纔"非大圈不居",以求獲得更多的人穢。但這當不能代表當時豬食的普遍情況,而是作者有意突出豕仙食人便之生與吃粳糧之死的對比而做的誇張。即用人穢喂豬的情況雖然相當普遍,但人們並不是只依賴糞便爲飼料,關於這點,地下出土的資料提供了有力的證據。在考古發現的各類與厠所相連的豬圈模型裏,有不少是附有陶製的食槽或盆等喂食器具的,如河南孟縣、南陽楊官寺、長沙南塘冲、耒陽野營、廣州、增城金蘭寺、韶關西河、貴縣汶井嶺、封開江口等地都曾出土過,南海3號漢墓出土的明器還塑有執勺喂豬的陶俑。遼陽三道壕農村遺址中的洼坑畜圈裏發現有殘留的穀糠遺存也可以證實這點。[92]

從文獻記載來看,戰國以來養豬的飼料中,最常見的是糟糠。《莊子·達生》:"爲彘謀,曰不如食以糠糟而錯之牢筴。"當時貧民常吃的

---

〔90〕 "腴有似"下"於"字據阮元《校勘記》補。

〔91〕 南京市博物館《南京郊縣四座吳墓發掘簡報》,《文物資料叢刊》8,北京:文物出版社,1983年12月,頁3。

〔92〕 李文信《遼陽三道壕西漢村落遺址》,《考古學報》1957年第1期,頁124。

也是糟糠,《管子·禁藏》篇把"糠粃"列入農民常年食糧中的一項。《漢書·食貨志》上:"庶人之富者累巨萬,而貧者食糟糠。"陳平的例子也是讀史者所熟悉的:"人或謂陳平曰:'貧,何食而肥若是?'其嫂……曰:'亦食糠核耳'……"《史記·陳丞相世家》。《淮南子·主術》:"民有糟糠菽粟不接於口者",東漢初宋弘也説:"糟糠之妻不下堂。"《後漢書·宋弘傳》。董仲舒説戰國秦漢時"貧民常衣牛馬之衣,而食犬彘之食"《漢書·食貨志上》,"犬彘之食"當即指糟糠。《氾勝之書》則提到瓠可以喂豬:"其中白膚,以養豬致肥。"[93]另外有些野生植物,特別是一些水生的植物也可以當作喂豬的飼料。習鑿齒《襄陽耆舊傳》:"木蘭橋者,今之猪蘭橋是也。劉和季以此橋近荻,有蔽菜,於橋東大養豬。襄陽太守皮府君曰:'此作豬屎臭,當易名作豬蘭橋耳,莫復云"木蘭橋"也。'初如戲之,而百姓遂易其名。"[94]爲了讓豬隻吃到這些植物,當時在配合舍飼之下也採用放牧的方式來養豬。王褒《僮約》既令奴"持梢牧豬",又要他"喂豬",足證當時養豬確實是放牧與舍飼相結合的。公孫弘"牧豕海上"。《漢書·公孫弘傳》、《東觀漢記》:承宫少孤,"人令牧豕"[95]。又:梁鴻"牧豕於上林苑中"[96]。《後漢書·杜喬傳》:"國相徐曾,中常侍璜之兄也,匡恥與接事,托疾牧豕云。"沼澤地區富於水生植物,成了人們常去的牧豬處所,因此《禮記·禮器》説:"居澤以鹿豕爲禮,君子謂之不知禮。"《史記·貨殖列傳》:"澤中千足彘。"又《東觀漢記》:吳祐"常牧豕於長垣澤中"[97]。謝承《後漢書》:孫期"事母至孝,牧豕於大澤中……遠人從其學者,皆執經追於澤畔。"[98]直到北魏時賈思勰還提倡這種舍飼跟在沼澤地區放牧相結合的養豬方式:"春夏草生,隨時放牧。糟糠之屬,當日別與(糟糠經夏則敗,不中停故),八、九、十月,放而不飼。所有糟糠,則蓄待窮冬春初(豬性甚便水生之草,把樓水藻等令近岸,豬則食之,皆肥)。"[99]

當然,米穀也是喂豬的飼料之一。《説文解字》:"豢,以穀圈養

〔93〕 《齊民要術·種瓠第十五》引。又同篇引崔寔《四民月令》云:"正月可種瓠……瓠中白膚實,以養豬致肥。"
〔94〕 《初學記》卷二九《豕》第九,事對引。
〔95〕 《太平御覽》卷九〇三《獸部》15,《豕》引。
〔96〕 《藝文類聚》卷九四《豕》引。
〔97〕 《初學記》卷二九《豕》第九,事對引。
〔98〕 《太平御覽》卷八三三引。
〔99〕 據繆啓愉等《齊民要術校釋》本,北京:農業出版社,1982年11月,頁328。

豕也。”《禮記·少儀》:“君子不食圂腴。”鄭玄注:“《周禮》‘圂’作‘豢’,謂犬豕之屬,食米穀者也。”又《晉書》卷五三《愍懷太子傳》:“嘗從帝觀豕牢,言於帝曰:‘豕甚肥,何不殺以享士,而使久費五穀?’帝嘉其意,即使烹之。”但這究竟是指特别給猪準備米穀,還是指吃用人所食餘的米飯,則不易斷定。一般而言當是人所食餘的飯食,《莊子·應帝王》説列子“食豕如食人”,足以反映這一事實。麻子在當時是粗糧,也可以用來養猪,《淮南子·萬畢術》:“麻、鹽肥豚豕。”注:“取麻子三升,搗千餘杵,煮爲羹,以鹽一升著中,和以糠三斛,飼豕即肥也。”[100]

綜上所述,人便在猪的食物構成中當不佔主要的地位,那麼厠所與猪圈相接除了提供部分猪食之外,當也同時具有積肥的作用。胡厚宣先生主張早在殷代農業生産上已經使用了人的排泄物來做肥料,[101]這一説法尚待提出更多的强而有力的證據。但《周禮·地官·草人》:“凡糞種:騂剛用牛,赤緹用羊,墳壤用麋,渴澤用鹿,鹹潟用貆,勃壤用狐,埴壚用豕,强檃用蕡,輕爂用犬。”已經揭舉出針對不同性質的土壤而利用不同動物的糞便來施肥的知識,[102]則戰國以來人們用人畜的糞便來當肥料當是没有問題的。戰國以來人們對土壤的養分與水分對農作物的生長所起的作用已有極明確的認識。《史記·滑稽列傳》:“有禳田者操一豚蹄、酒一盂,祝曰:‘甌窶滿篝,污邪滿車。’”《集解》:“司馬彪曰:‘污邪,下地田也。’”《正義》:“下地肥澤,故得滿車。”[103]《漢書·賈山傳》:“地之磽者,雖有善種,不能生焉;江皋河瀕,雖有惡種,無不猥大。”李奇曰:“皋,水邊淤地也。”即下田及水邊淤泥之地的水分、肥力都較充分,因此作物長得多而大,産量也高。荀子也説:“田肥以易,則出實百倍……田瘠以穢,則出實不半。”(《荀子·富國》)王充説:“夫肥沃墝埆,土地之本性也。肥而沃者性美,樹稼豐茂。墝而埆者性惡,深耕細鋤,厚加糞壤,勉致人功,以助地力,其樹稼與彼肥沃者相似類也。”(《論衡·率性篇》)即人們認識到通過對土壤的改

〔100〕《齊民要術·養猪第五十八》引,注或係賈思勰注。
〔101〕見所著《殷代農作施肥説》,《歷史研究》1955年1期。又《殷代農作施肥説補證》,《文物》1963年第5期。
〔102〕見黄中業《糞種解》,《歷史研究》1980年第5期,頁88。又拙著《糞種試釋》,將刊於《食貨月刊》。
〔103〕據《史記會注考證》本。臺北:藝文印書館影印本。

良或施肥來增長其養分是可以達成人們增產的心願的。因此想要提
高產量,施肥或進行土壤改良就成了必需的農業生產活動,荀子説:
"多糞肥田,是農夫衆庶之事也。"(《富國》)韓非子也説:"民不以馬遠
通淫物,所積力唯田疇,積力唯田疇必且糞灌。"《韓子·解老》漢人十
分强調施用基肥,《淮南子·本經訓》:"糞田而種穀。"又《人間訓》:
"辟地墾草,糞土種穀。"又《泰族訓》:"后稷墾草發菑,糞土樹穀。"《孟
子·萬章》下:"百畝之糞,上農夫食九人。"趙岐注:"百畝之田,加之
以糞,是爲上農夫……"都説明了在種植作物以前,先施加糞肥。在西
漢晚期發展出來的區種法也極力講求施肥,《氾勝之書》:"湯有旱災,
伊尹作爲區田,教民糞種,負水澆稼。"又:"區田以糞氣爲美,非必須良
田也。"氾勝之還提到用厠所中腐熟的糞便來進行追肥:"樹高一尺,以
蠶矢糞之,樹三升。無蠶矢,以溷中熟糞糞之亦善,樹一升。"[104] 戰國
秦漢間人們已經知道利用泥肥,野生綠肥、人畜的排泄物等各種糞
肥,[105] 但人畜的糞便當是主要的一種,上引《氾勝之書》"溷中熟糞"已
把人穢稱爲糞,[106] 從官溥、許慎對糞字的解釋中也可以探知其間的消
息,《説文解字》:"𡘙,棄除也(段注:'按棄亦糞之誤,亦複舉字之未刪
者。'),從廾推𠦃,糞米也。官溥説:'似米而非米者,矢字'。"矢即屎
字,古書常假矢爲屎,如《史記·天官書》:"觜觿……其南有四星,曰天
厠。厠下一星,曰天矢。"又《淮南子·覽冥訓》:"卻走馬以糞。"高誘
注:"止馬,不以走,但以糞糞田也。"也以糞爲屎。可見人們稱糞,主要
指的是人畜的排泄物。既然人們普遍地要求施肥,那麼在農業生產上
對糞肥的需求自然就相當可觀了。按《南史·到彦之傳》附曾孫《到漑
傳》:"時何敬容以令參選,事有不允,漑輒相執,敬容謂人曰:'到漑尚
有餘臭,遂學作貴人。'……漑祖彦之初以擔糞自給,故世以爲謔云。"
到彦之在參與討伐孫恩的戰役之後逐漸發跡,其以擔糞自給當在東晉
晚期。又西晉"王平子年十四五,見王夷甫妻郭氏貪欲,令婢路上儋

---

[104] 據石聲漢《氾勝之書今釋》(初稿),北京:科學出版社,1956 年 11 月,頁 38、26。又可
參考萬國鼎等《中國農學史》(初稿)上册,頁 170~171,北京:科學出版社,1984 年 5
月第 2 次印刷。

[105] 見曹隆恭,前引書,頁 4~5。

[106] 段玉裁《説文解字注》認爲"古謂除穢曰糞,今人直謂穢曰糞,此古義今義之别也。"但
依《氾勝之書》實則古人早已稱穢爲糞了。

糞。平子諫之，並言不可……"[107] 由於人們對糞肥的需求相當殷切，
到彥之才可能爲人服務，以擔糞自給；而王夷甫妻郭氏才能藉此途徑
滿足其貪欲。而當時的廁所，無論是否與豬圈相連，就是積肥的處所，
廁所底部或設有管道，以便將糞穢瀉出，如甘肅武威磨咀子 62 號東漢
墓出土一件陶廁所（原報告未附圖，也未説明是否與豬欄相連），"底部
一圓孔，有臥槽通出壁外。"[108] 洛陽燒溝漢墓所出帶廁豬圈的廁所"有
孔通盤（即圈欄）中，同時亦有孔通盤外，這個孔通常是壓在陶屋底
下。"[109] 雖未見有臥槽，但這通往廁外的開口當也是取出積糞的孔道，
當即是所謂的"廁竇"，《史記·萬石君列傳》：石建"取親中裙廁牏，身
自浣滌。"《集解》："徐廣曰：'一讀"牏"爲"竇"……廁竇，瀉除穢惡之
穴也。'"用以清理的工具則有𢍉，《説文解字》："𢍉，箕屬，所以推糞之
器也。""糞"字，依上引官溥、許慎的解釋就是指用雙手執持這一箕類
器具來推除屎穢的動作。

　　綜上所述，我們認爲自戰國以來，迄於魏晉，人們普遍地把廁所跟
豬圈相連接在一起，一方面是把人的排泄物作爲豬食的一部分，另一
方面也是用來積肥，以供應農業生産上的需要的。

※ 本文原載《中央研究院歷史語言研究所集刊》第 57 本第 4 分，1986 年。
※ 蕭璠，國立臺灣大學歷史研究所碩士，中央研究院歷史語言研究所退休研
　　究員。

〔107〕《世説新語·規箴》。
〔108〕甘肅省博物館《武威磨咀子三座漢墓發掘簡報》，《文物》1972 年第 12 期，頁 130。
〔109〕《洛陽燒溝漢墓》，頁 141。

漢隋之間的車駕制度

劉增貴

一、前　言

　　在人類社會生活中，器物除了具有實用的工具價值外，也往往是權力、財富、身份地位的象徵，在一定程度上反映了社會的結構及其變遷。作爲交通工具的車正是明顯的例子。周代封建社會中，車馬與宮室衣裳、尊爵俎豆同爲禮之重器，[1] 也是征伐、祭祀、燕享、賞賜所常用。所以荀子在強調禮的區別身份作用時，以"大路（輅）越席"作爲天子的象徵。[2] 這種別貴賤、序尊卑的作用，在封建制度崩潰之後依然存在。

　　事實上，車駕制度在漢隋之間具有特殊的地位。首先，秦漢一統帝國的形成，出現了車同軌的局面以及全國性的道路建設，使車的使用更爲廣泛。勞榦指出，漢代漢人之所至，即車之所至，與後世江淮以南少用車者不同。[3] 這種情況六朝猶然。[4] 其次，自封建制度崩潰以後，象徵身份地位的器物如鼎彝等逐漸退出歷史舞臺，而車服、宮室、印綬等取得了新的地位，尤其車服最爲重要，後漢以下史書中《輿服志》的出現説明了這點。[5] 漢隋之間的車駕制度

---

〔1〕歐陽修等《新唐書》（新校標點本，本文下引正史皆新校標點本）卷一一《禮樂志》："古者，宮室車輿以爲居，衣裳冕弁以爲服，尊爵俎豆以爲器，金石絲竹以爲樂，以適郊廟，以臨朝廷，以事神而治民。"此處所謂古者是指三代。

〔2〕見《荀子·禮論》。

〔3〕勞榦《論漢代之陸運與水運》，《中央研究院歷史語言研究所集刊》第 16 本，1948，頁 72～73。

〔4〕南朝士大夫多乘車，顏之推《顏氏家訓》（王利器集解本，上海：古籍出版社，1980）卷四《涉務》："梁世士大夫，皆尚褒衣博帶，大冠高履，出則車輿，入則扶侍，郊郭之內無乘馬者。"（頁 295）雖是比較車與馬，但亦可見南方乘車者之普遍。

〔5〕史書中的《輿服》一志，始於司馬彪《續漢書》，然其所本則爲漢末蔡邕之《車服意》（即《東觀漢記》中之《車服志》，見劉知幾《史通》（臺北：華世出版社《史通釋評》本，1975）卷一二《古今正史》，頁 294。《車服意》現存只九條，本文及考證詳見吳樹平《蔡邕撰修的〈東觀漢紀〉十志》，收於所著《秦漢文獻研究》，濟南：齊魯書社，1988，頁 172～221。

又較後世重要，因爲唐以下官吏多騎馬坐轎，車駕制度雖存，僅供典禮儀式之用，其重要性遠遜於前。

隨著考古發掘的進展，我們對車制的認識也增進了不少，然而大部分的研究都從科技史的角度出發，偏重車身結構的復原，對車制與社會的關係尚乏系統的論述。本文主要討論車駕制度所具的政治社會意義，尤其注重其區別身份的作用，對車身結構變化僅就其具社會意義者討論，至於車在各種典禮中的應用，留待另文處理。

漢隋之間車制的重要性如何？車制等級如何區劃？定制的考慮何在？制度與實際情況是否符合？這些都是本文討論的主題。車制的一大變化是牛車的興起，漸與馬車並駕齊驅，在日常生活中的應用甚至超過馬車，何以有這種變化，這種變化具有什麼社會意義，也是本文嘗試解答的。

二、車的政治社會意義

在近代機械文明之前，仰賴畜力的車是傳統中國的重要交通工具，在古代社會中，其作用又不止於交通工具而已，梁朝甄玄成的《車賦》説得非常清楚：[6]

> 爾其車也，名稱合于星辰，圓方象乎天地。夏言以庸之服，周曰聚焉之器。……古今貴其同軌，華夷獲其兼利。爾其利也，天子以郊祀田伐，諸侯以朝聘會盟，庶人以商農工賈，夷狄以致蓄遷生。

由此看，車除了是交通工具外，又具有廣泛的政治社會及文化意義，自先秦以迄六朝皆然，這裏稍作疏釋。首先，古人認爲車制上應天文，下合地理。天有"軫"星，主車，又有"庫星五車"，[7]《孝經援神契》云："斗曲杓橈，象成車。房爲龍馬，華蓋覆鈎。"宋均注曰："房星既體蒼龍，又象駕駟馬，故兼言之也。"[8]從車的結構看，《續漢書·輿服志》云："後世聖人觀於天，視斗周旋，魁方杓曲，以攜龍、角爲帝車，於是乃

---

〔6〕 見嚴可均校輯《全梁文》卷六八，頁7，收於嚴可均《全上古三代秦漢三國六朝文》，北京：中華書局影本，1987。

〔7〕 見司馬遷《史記》卷二七《天官書》，頁1304。

〔8〕 司馬彪《續漢書》志卷二九《輿服》（附於范曄《後漢書》後，以下簡稱《續漢志》），頁3642，劉昭注所引。

曲其輈,乘牛駕馬……"[9]是輈有仿於天文。又《周禮·考工記·輈
人》:"軫之方也,以象地也;蓋之圜也,以象天也;輪輻三十,以象日月
也;蓋弓二十有八,以象星也。"是車體之軫、蓋、輪、弓亦仿天地。這類
說法雖屬附會,亦可見古人對車的重視。[10]

製車需要高度的工藝水準、精密的分工、衆多的人力。《周禮·考
工記》:"有虞氏上陶,夏后氏上匠,殷人上梓,周人上輿,一器而工聚焉
者,車爲多。"製車用到木、毛、革、銅、金銀、漆等不同的材料及技術,從
考古發現的車來看,一車零件有多至三千件者,[11]因此,車不是一般
人所能有,有車者大多是統治者。事實上,車在古代社會正是政治權
力的象徵。從戰爭形態上看,古代戰爭以車爲主,車轍所及即是勢力
所及,所謂"日月所照,舟輿所載"。雖然古代的車可大別爲兩類,即
"乘車"與"兵車",但就實際結構言,兩者並無不同。後世乘車制度中
的鹵簿儀仗,實際上是起於兵車。先秦國力大小以兵車計,所謂萬乘、
千乘、百乘之國即指兵車而言。一乘的大小,《管子·乘馬》、《司馬
法》等各有不同的說法,[12]這裏試舉班固的說法。《漢書》卷二三《刑
法志》:[13]

> 甸,六十四井也,有戎馬四匹,兵車一乘,牛十二頭,甲士
> 三人,卒七十二人,干戈備具,是謂乘馬之法。一同百里,提
> 封萬井,除山川沈斥……定出賦六千四百井,戎馬四百匹,兵

---

[9] 同上書,頁3641。

[10] 考古發現的車,與《周禮》所說未必符合,以輪輻論,戰國以前的輪輻多不及三十,(參
考許倬雲《周代的衣食住行》,《中央研究院歷史語言研究所集刊》第47本第3分,
1976)又如秦陵銅車馬,輪輻雖有三十,但蓋弓卻有三十六。(參袁仲一、程學華《秦陵
二號銅車馬》,收於陝西省秦俑考古隊、秦始皇兵馬俑博物館《秦陵二號銅車馬》,《考
古與文物》編輯部,1983)北京大葆台漢墓(據考爲元帝時廣陽頃王劉建之墓)出土的
三輛車(實物),其車輪之輻在二十四至二十六間。參考大葆台漢墓發掘組、中國社會
科學院考古研究所《北京大葆台漢墓》(北京:文物出版社,1989),頁77~79。

[11] 見袁仲一、程學華前揭文。又袁仲一《秦陵二號銅車馬的形制及系駕方法》(收於袁仲
一等編《秦始皇兵馬俑博物館論文選》,西安:西北大學出版社,1989),頁265。

[12] 《管子·乘馬》:"方六里爲一乘之地也。一乘者,四馬也。……其甲二十有八,其蔽二
十,白徒三十人奉車兩,器制也。"《司馬法》則有兩說,一是"革車一乘,士十人,徒二十
人。"一是"長轂一乘,戎馬四匹,牛十二頭,甲士三人,步卒七十二人。"後說即下文引
班氏所本。杜正勝認爲此兩說反映兵制的不同階段,前者在春秋前期,後說則在春秋
中期以下。參考杜正勝《編户齊民——傳統政治社會結構之形成》,臺北:聯經出版事
業公司,1990,頁62~72。

[13] 《續漢志》卷二八《百官五》,頁3631~3632注引劉劭《爵制》及《晉書》卷一四《地理
志》頁412~413略同。

> 車百乘,此卿大夫采地之大者也,是謂百乘之家。一封三百
> 一十六里……兵車千乘……是謂千乘之國。天子畿方千
> 里……兵車萬乘,故謂萬乘之主。

天子諸侯勢力的大小,以兵車之數計,六十四井纔出得起一乘兵車。古代的賦,主要爲車馬之費(迄漢猶然),可見其重要性。

古代軍事與政治原不可分,車是國力的表現,也是政治地位的象徵,可説是一種政治符號。《尚書‧堯典》云:"五載一巡守,群后四朝……明試以功,車服以庸。"天子賜車服予諸侯,表顯其功。西周以下的銅器銘文中,常有給予身份職事,同時賜以車服的記載。[14]《左傳‧成二年》:"唯器與名,不可以假人。"杜預注:"器,車服;名,爵號。"車服與爵號都象徵政治地位,故不可以假人。《國語‧魯語上》載孟文子答魯文公:"夫位,政之建也;署,位之表也;車服,表之章也;宅,章之次也;禄,次之食也。君議五者以建政,爲不易之故也。"根據孟文子的説法,車服是地位的表章,宫室是有車服者的居所。一直到漢代,車尚與宫室相提並論,劉熙在《釋名》中還説:[15]

> 車,古者曰車,聲如居,言行所以居人也,今曰車,車舍
> 也,行者所處若車舍也。

車即是流動的屋子(秦漢王者之車猶稱"黄屋"),與宫室雖有動靜之分,其作用相同,這個説法反映了古人對車的觀念。古代"車"、"居"通假互用,劉熙的解釋有相當的根據。[16]

車既是身份地位的象徵,則自具有較嚴格的等級區劃。《逸禮‧王度記》曰:"天子駕六馬,諸侯駕四,大夫三,士二,庶人一。"以所駕馬數爲别。[17] 所乘的"車輿"也不同,《周禮‧巾車》載王有玉、金、象、革、木"五路",王后也有五路,至於卿以下制度如下:

---

[14] 參考杜正勝《周禮身份制之確立及其流變——特從隨葬禮器論》,《中央研究院第二屆漢學會議論文》1986,未刊。

[15] 見劉熙《釋名》(《增訂漢魏叢書》本,臺北:大化書局影印)卷四《釋車》,頁9。按注一所引《唐書》"宫室車輿以爲居"亦以車爲居處。

[16] "車"、"居"上古音同屬見母魚部字,故相通。《毛詩‧北風》:"攜手同車",1977年在阜陽所發現的漢簡《詩經》中作"攜手同居",校釋者指出:《莊子‧徐无鬼》:'乘日之車'《莊子釋文》:'司馬云,以日爲車也,元嘉本車作居。'"(見胡平生《阜陽漢簡'詩經'異文初探》,收於胡平生、韓自強編著《阜陽漢簡詩經研究》,上海:上海古籍出版社,1988)又參胡念耕《"車"、"居"同音可以假借》,《文物》1985年3月。

[17] 《續漢志》卷二九《輿服》,頁3645劉昭注所引。

孤乘夏篆，卿乘夏縵，大夫乘墨車，士乘棧車，庶人
乘役車。

鄭玄注：“夏篆，五采畫轂約也；夏縵，亦五采畫，無瑑爾；墨車，
不畫也；棧車，不革挽而漆之；役車，方箱，可載任器以共役。”這
種以車飾、材料、馬數等劃分等級的規定，在於使“尊卑上下，各
有等級”，[18] 可說是秦漢以下車駕制度的遠源。

就社會上看，乘車者的社會地位甚高。統治階級不可無車，《論
語·先進篇》記載了一則故事：顏淵死，其父顏路請賣孔子之車以
爲之椁。孔子說：“鯉也死，有棺而無椁。……以吾從大夫之後，不
可徒行也。”孔子爲大夫，故必須有車。楚莊王時，楚國好乘庳車，
王以爲不便馬，欲下令高其車，孫叔敖認爲只要下令加高閭里的梱
（門限）即可，因爲“乘車者皆君子，君子不能數下車”，有車者都
是統治階層，所謂“古者必有命（指爵命）然後乃得衣繪絲而乘車
馬”。[19]《禮記·曲禮下》：

問士之富，以車數對。問庶人之富，數畜之對。

可見車具有象徵階級身份與財富的雙重意義。

春秋以下，禮壞樂崩。從考古發現看，周代早期、中期墓葬車
馬器多少，與銅器多少成比例，是身份階級的表徵，但到了晚期，
一鼎之墓亦有車馬器，正說明有車馬者的普遍。[20] 隨著庶人的興
起，其經濟能力亦足以擁有車馬，士庶之界限漸泯。然而大體而言，
秦漢六朝，車仍然是重要的政治符號與社會指標，這可從幾點來看。

首先，秦統一天下之後。採取了“車同軌”的措施，規定輿六
尺（指車厢寬，據實測，輪在外側故更寬，軌七尺二寸，仍是六的
倍數，約當今 2 米[21]）。車制的統一正是一統帝國的象徵。此外，

---

[18]《續漢志》卷二九《輿服》，頁 3640～3641。

[19] 孫叔敖言見《史記》卷一一九《循吏列傳》，頁 3100。有命始得乘車爲王符之言，
見《後漢書》卷四九本傳，頁 1636。李賢注：“《尚書大傳》曰：‘古之帝王者必有
命……命於其君，得乘飾車軿馬……’”

[20] 杜正勝，前揭文。

[21] 軌寬據秦陵二號銅車馬按比例放大，爲秦尺七尺二寸（約 2 米），也是 6 的倍數，
參考秦俑考古隊《秦始皇陵二號銅車馬初探》（《文物》1983 年 7 期），頁 19。另滿
城漢墓出土的 10 輛車實測，也得到同樣的寬度。見中國社會科學院考古研究所、北
京儀器廠工人理論組編寫《滿城漢墓》（北京：文物出版社，1978），頁 30。最近
發表的大葆台漢墓出土 3 輛車的實測，其軌寬皆約當 2 米。與上述相合。見前揭
《北京大葆台漢墓》，頁 77。

秦繼承了六國繼續發展的制度，"攬其輿服"，建立了一套新的車駕
制度，作爲劃分身份尊卑的工具。這套制度雖不同於周禮，但也沿
襲了其中不少的制度，對後産生深遠的影響。[22]

　　車作爲一政治符號，也可於對皇帝的稱呼中見之。秦漢皇帝被
稱爲"車駕"、"輿駕"、"乘輿"、"輦轂"，何以有此稱呼呢? 蔡邕
《獨斷》云:[23]

　　　　漢天子正號曰皇帝……史官記事曰上，車馬衣服器械
　　　百物曰乘輿，所在曰行在所，所居曰禁中……天子至尊，
　　　不敢渫瀆言之，故托言於乘輿也。……天子以天下爲家，
　　　不以京師宮室爲常處，則當乘車輿以行天下，故群臣托乘
　　　輿以言之，或謂之事駕。

天子當巡行天下，後漢胡騰也指出:"天子無外，乘輿所幸，即爲京
師。"[24] 可與蔡邕之言相證。但京師畢竟爲天子所居，所以被稱爲
"京輦"或"轂下"。天子崩，謂之"晏駕"或"宮車晚出"。[25] 以
車駕指統治者，雖可能有更早的淵源，但作爲天子之代稱是秦漢以
下之制。元代方回指出:

　　　　《史記》書（車）駕入都關中，不敢指斥天子，以駕
　　　書、以車書始此。然駕又曰行……（始皇）三十五年書曰:

---

[22]　秦的車制多是總攬古代及六國之制，例如皇帝之金根車，是采殷的瑞山車，與《周禮》
　　　王之玉路不同;又其屬車81乘，是綜合六國諸王後車所得。再以警蹕之制言，《周禮》
　　　蹕而不警，秦則出警入蹕，這些都不同於周。（參考馬非百《秦集史·輿服志》，北京:
　　　中華書局，1982，頁501～508。)但是金根車上的樊纓、旗斿都與《周禮·巾車》的玉路
　　　相同。見《續漢志》卷二九《輿服上》，頁3640。《唐書》卷一一《禮樂志》指出:"及三
　　　代已亡，遭秦變古，後之有天下者，自天子百官名號位序、國家制度、宮車服器，一切用
　　　秦……"

[23]　見蔡邕《獨斷》（嚴秉衡校《增訂漢魏叢書》本，臺北: 大化書局影印)，頁1～2。
　　　乘輿不但是習稱，也見諸漢律。蔡氏云: "乘輿出於律，律曰: 敢盜乘輿服御物，
　　　謂天子所服食者也。" 是則乘輿是天子服御物之代稱，因不敢指斥天子，故復以之
　　　爲天子代稱。另"車駕"等常見，不備舉。"輦轂" 見《漢書》卷六二《司馬遷
　　　傳》，頁2727～2728、同書卷九八《元后傳》頁4021～4022。輦爲天子之所乘，故
　　　以爲代稱，《晉書》卷二五《輿服志》: "輦，案自漢以來爲人君之乘，魏晉御小出
　　　即乘之。"（頁755）"輦轂" 又簡稱 "轂"，《漢書》卷七六《王尊傳》: "賊數百人
　　　在轂下。" 顏師古注: "在天子輦轂之下，明其逼近也。"（頁3233）

[24]　《後漢書》卷六九《竇武傳》，頁2245。

[25]　"京轂" 見《後漢書》卷六一《周舉傳》，頁2030; 卷七四上《袁紹傳》，頁2387;
　　　卷七七《周紆傳》，頁2495。胡廣《漢官解詁》頁8云: "轂下，喻在輦轂之下，
　　　京師之中。" "晏駕"，《史記》卷七九《范雎傳》，頁2415 集解引韋昭曰: "凡初崩
　　　爲'晏駕'者，臣子之心猶謂宮車當駕而晚出。"

"行所幸有言其處者罪死。"於是以天子之車駕曰行……近

世南渡後呼臨安曰行都，又曰行在所者，此也。[26]

此說大體可信。

就官爵言，秦漢有二十等爵，爵位高低與車關係密切。如民爵的最高爵爲"公乘"（屬第八爵），意謂可乘公家之車。十七等曰"駟車庶長"，出得駕駟。[27] 太守上任曰"下車"，刺史稱"傳車"，刺史之屬官有"別駕"，[28] 而官吏退休，仍稱"懸車"，從前漢薛廣德懸其安車看來，古代懸車之制仍存。[29] 這些都是以車代表權力之例。

皇帝仍常以車馬賞賜大臣，不只是作爲財物相贈，也表示地位之尊崇。例如前漢梁孝王車騎皆帝所賜，後漢的杜林、郭賀、張酺皆被賜馬車。獻帝賜司徒淳于嘉以玄纁駟馬，孫權賜賀齊以軿車駿馬，皆其著例。[30] 漢迄六朝，大臣退休，例皆賜以安車駟馬以示尊崇，[31] 至於封爵時賜以車馬，猶有先秦遺風。[32] 異族君長入朝，也

---

[26]　見方回《續古今考》（《雜著秘籍書刊》本，臺北：學生書局影萬曆十二年王圻校刊本，1971）卷二三《附論車駕並行在所》條，頁4。

[27]　見《續漢志》卷二八《百官志》，頁3631～3632，注引劉劭《爵制》。

[28]　"下車"熟語，如前漢成帝時班伯爲定襄太守，郡人畏其下車作威（《漢書》卷一〇〇上《叙傳》，頁4199），此太守上任。光武時趙熹爲懷令，下車即收考大姓李子春（《後漢書》卷二六《趙熹列傳》，頁913～914），此縣令上任。"傳車"是刺史所乘之車，駿駕，赤帷裳（《續漢志》卷二九《輿服志》，頁3648注引《謝承書》），刺史所以稱"傳車"，可能因爲刺史具有使者身份，代表皇帝巡行，初無固定居所，相對於下車任官者，故稱"傳車"，參考《三國志》卷九《夏侯玄傳》，頁298，司馬懿報書云。別駕爲刺史之屬官，其名稱似亦取義於此。

[29]　班固《白虎通義》（陳立疏證，臺北：商務印書館，1968）六"致仕"："臣年七十懸車致仕者……所以長廉恥也，懸車示不用也。"見頁207。《漢書》卷七一《薛廣德傳》："（爲御史大夫）……與丞相定國、大司馬車騎將軍史高俱乞骸骨，皆賜安車駟馬、黃金六十斤，罷。……沛以爲榮，縣其安車傳子孫。"顏師古曰："致仕縣車，蓋亦古法。"（頁3048）東漢的陳寔、張儉晚年也都縣車不出。參考《後漢書》卷六二及六七，兩人本傳。

[30]　見《史記》卷一〇八《韓長孺傳》，頁2857～2858。《後漢書》卷二六《郭賀傳》，頁908～909；同書卷二七《杜林傳》，頁936；同書卷四五《張酺傳》，頁1528～1529。淳于嘉，見《續漢志》卷四《禮儀上》，頁3105注引《獻帝傳》。賀齊，見《三國志》卷六〇本傳，頁1379。

[31]　如前漢的杜延年、黃霸、趙廣漢、于定國、史丹、史高、薛廣德、張禹等皆其著例（見各本傳）。其有不賜者，有特殊原因，如彭宣於王莽時求退，莽不悅，故不賜安車駟馬《漢書》卷七一本傳，頁3051～3052。《晉書》卷二五《輿服志》："三公、九卿、中二千石、二千石、河南尹、謁者僕射……其去位致仕告老，賜安車駟馬。"（頁762）

[32]　如欒大封侯，賜甲第及乘輿斥車馬（《史記》卷一二《孝武本紀》，頁463～464）；後漢城陽恭王祉、卓茂、杜林、桓榮、張酺等皆於封爵或除官時受賜，見《後漢書》各本傳。

常賜以車馬，如漢宣帝賜呼韓邪單于安車駟馬，和帝賜北匈奴谷蠡王羽蓋車，順帝賜南匈奴單于"青蓋駕駟、鼓車、安車、駙馬騎、王具刀劍、什物"。袁紹賜烏桓三王爲單于，"皆安車、華蓋、羽旄、黃屋、左纛"。[33] 其最具政治象徵意義的是易代之際及九錫之禮中車的作用。如劉焉欲自立，先造乘輿車具千餘乘，史評其"圖竊神器"。曹操之王，漢獻帝命其"設天子旌旗，出入稱警蹕……王冕十有二旒，乘金根車，駕六馬，設五時副車"[34]。其後司馬懿、桓玄、石勒、劉裕、蕭道成、蕭衍、陳霸先等篡位之前，都經過此一備具天子車乘的階段[35]。至於九錫，據《禮含文嘉》，是指車馬、衣服、樂器、朱戶、納陛、虎賁、斧鉞、弓矢、秬鬯。車馬仍爲重要項目，王莽、曹操皆行之，晉以下遵行不替[36]。

社會方面，車馬仍有標示身份之作用。董仲舒云："乘車者君子之位也，負擔者小人之事也。[37]《晉書·五行志上》亦云："夫乘者，君子之器。"這些觀念雖沿自先秦，但仍有其作用。例如漢靈帝駕驢，即被史家評爲"野人之所用"[38]。正如東漢的張衡所指出的："器賴雕飾爲好，人以輿服爲榮。"[39]《後漢書》卷三七《桓榮傳》：

> ……而以榮爲少傅，賜以輜車、乘馬。榮大會諸生，陳其車馬、印綬，曰："今日所蒙，稽古之力也，可不勉哉！"

車馬、印綬皆漢代象徵身份之器，猶周之鼎彝，爲時人追求之目標。故士人之願，在於能"朱丹其轂"或"致輜軿"[40]。司馬相如初入長安，題其門："不乘赤車駟馬，不過汝下。"[41] 東海于公冀望後世

---

[33] 見《漢書》卷八《宣帝紀》，頁271；《後漢書》卷四《和帝紀》，頁173注引《東觀記》；同書卷八九《南匈奴列傳》，頁2962～2963；《三國志》卷三〇《烏丸傳》，頁834～835。

[34] 《三國志》卷三一《劉二牧傳》，頁867、870。見同書卷一《武帝紀》，頁49。

[35] 見《晉書》、《宋書》、《南齊書》、《梁書》、《陳書》各本紀及本傳。

[36] 《漢書》卷九九上《王莽傳》，頁4073、4075；《後漢書》卷七〇《荀彧傳》，頁2290～2291；同書卷九《獻帝紀》，頁387注引《禮含文嘉》。

[37] 《漢書》卷五六《董仲舒傳》，頁2521。

[38] 《後漢書》卷八《靈帝紀》，頁346

[39] 同上書卷五九《張衡傳》，頁1899。

[40] 《漢書》卷八七下《揚雄傳》，頁3566；《南史》卷六〇《徐勉傳》，頁1483～1484。

[41] 見常璩《華陽國志》（劉琳校注本，成都：巴蜀書社，1984）卷三《蜀志》，頁227。

昌盛，命高大閭門，令容駟馬高蓋車。[42] 孔融爲北海相，特改鄭玄所居爲"鄭公鄉"，出教謂："……乃鄭公之德，而無駟牡之路！可廣開門衢，令容高車……"[43] 劉備幼時戲樹下云："吾必當乘此羽葆蓋車！"[44] 晉代蘇彥的《蘇子》中提到世俗之所謂榮華富貴，是擁有印綬官爵而遊五里之衢，"走卒警蹕，叫呼而行"[45]。南齊的王融也曾説："車中乃可無七尺，車前豈可乏八騶？"[46] 都可見當時人的願望。做官不可無車，西漢司馬相如久宦不遇，唯餘車馬；貢禹被徵，賣田百畝以供車馬；[47] 吳時唐滂《唐子》云："（君子）出門不冠則不敢行，行非輿則不可步。"[48] 南齊高帝卒，王琨聞訊，牛不在宅，步行入宫，朝士認爲"故宜待車，有損國望"[49]。上文孔子君子"不可徒行"的觀念仍存。

　　從考古發現來看，先秦大墓葬前常有車馬坑，規模大的車坑與馬坑通常是分開的，車體也常拆散分置（例如將輪置於一處），坑中很少發現車轄，有些墓只有拆下的車馬飾。因此，這些車馬中有許多顯然不完全是供死後世界使用的，而是作爲象徵身份的器具。[50] 秦漢以下，車馬坑逐漸消失，陪葬真車馬的也愈來愈少，[51] 但車馬形象幾乎是陪葬品中不可少的內容。它以三種形式顯現：一是車馬模型（銅、木、陶等），二是車馬飾與車馬零件，三是車騎行列圖畫

[42] 《漢書》卷七一《于定國傳》，頁3046。

[43] 俞紹初輯校《建安七子集》（北京：中華書局，1989）卷一《告高密縣立鄭公鄉教》，頁13。

[44] 《三國志》卷三二《先主傳》，頁871～872。

[45] 蘇彥《蘇子》，頁1。

[46] 《南史》卷二一《王融傳》，頁576。

[47] 《史記》卷一一七《司馬相如傳》，頁3000；《漢書》卷七二《貢禹傳》，頁3073。

[48] 唐滂《唐子》（《玉函山房輯佚書》本），頁1。

[49] 《南史》卷二三《王琨傳》，頁628。

[50] 參考林巳奈夫《後漢時代の馬車》（下），《考古學雜誌》49卷4號，1964，頁12，注9。

[51] 漢代車馬坑很少見，1978年在安徽六安發現西漢的車馬坑有二車四馬，並有人殉，據推測很可能屬附近某封君墓（六安縣文物管理所《安徽六安發現西漢車馬坑》，《考古》1991年1期）。事實上，漢代以真車馬葬者已很少，只有在諸侯王或封君墓中纔有，且以車馬室（耳室）代替車馬坑，如滿城的中山王夫婦墓、曲阜九龍山的魯王墓、洛陽東關的殉人墓皆是。北京大葆台廣陽王墓的車馬則出現於墓道中。見前揭《滿城漢墓》，頁28～31；《北京大葆台漢墓》，頁74；山東省博物館《曲阜九龍山發掘簡報》，《文物》1972年5期；余扶危、賀官保《洛陽東關東漢殉人墓》，《文物》1973年2期。

（畫像石、畫像磚、壁畫等）。第一種雖可説爲死後世界之用，但第二種以車飾及零件陪葬，顯然不可乘坐，仍是彰顯身份的傳統。事實上，車之等級正是以車飾來表現的（見下節）。第三種常是畫死者生前出行的情形，其誇耀身份的作用更是明顯。

車仍爲經濟地位的象徵。漢武帝時即特別"算軺車"，一車要繳一算（一百二十錢），與人頭税相等，商人則加倍。《史記·平準書》："異時算軺車、賈人緡錢皆有差，請算如故。……非吏比者三老、北邊騎士，軺車以一算，商賈人軺車二算……"據此則可能武帝以前即已算軺。有軺車者不是商人就是官吏，皆有相當資産。[52] 從上文所引貢禹賣田百畝，即可見車馬雖普遍，價格仍高。田百畝，合十金，約爲當時中家之産，這是内地的價格。從漢簡中看，一馬的軺車值九千，田則百畝一萬，與貢禹之例相較，其價雖因邊郡與内地相距甚遠，但一輛車馬都約當於百畝田。[53] 當時邊塞官吏的俸錢，侯官三千，尉及塞尉月二千，尉史九百，下層的書佐月僅三百六十，[54] 具馬車仍不易。相較之下，一輛牛車約值五千，[55] 故爲庶民常乘，這也是其後牛車盛行的原因之一。

總之，車作爲政治社會地位的象徵，在漢隋之間非常重要，尤其在古代鼎彝等器失去作用之後，其重要性更爲凸顯。以下試作進一步的討論。

三、車之形制與等級區劃

《隋書》卷一〇《禮儀五》："輿輦之別，蓋先王之所以列等威也。"一語道出了車駕制度的作用。秦承六國之變，兼有天下，也建立了一套車駕制度，並爲漢所沿襲。這套制度大體上可分爲兩部分，

---

〔52〕 《史記·平準書》："異時算軺車、賈人緡錢皆有差，請算如故。"則元狩四年緡錢令之前早已算軺車，"異時"或以爲指武帝元光六年的"初算商車"，但以元狩四年算軺所及不只商賈看，則異時之政並非只指商車，可能更早即已算軺。

〔53〕 此據《居延漢簡》中編號37·35的《禮忠簡》估計，軺車價是將簡中軺車與馬價合計而得（軺車二乘直萬，用馬五匹直二萬）。簡見勞榦《居延漢簡·考釋之部》臺北：中央研究院歷史語言研究，1968，頁57，圖137頁。唯釋文中"軺車一乘"據原簡爲"軺車二乘"之誤。

〔54〕 參考陳直《〈居延漢簡〉綜論》（收於所著《〈居延漢簡〉研究》，天津：天津古籍出版社，1986），頁21～22。

〔55〕 牛車價見前揭《禮忠簡》是將牛與牛車箱合計。

一是規定皇帝、各級官吏至平民所乘車之形制，二是規定了車隊行列的制度，兩者都具有"列等威"的作用。本節先討論第一點。

漢隋間的車是依乘坐方式、車形、駕畜種類及數目、車馬飾、應用場合分爲許多不同的等級。乘坐方式有兩種，《晉書·輿服志》云："坐乘者謂之安車，倚乘者謂之立車，亦謂之高車。"立車起於古之戰車，因爲立乘，蓋高，所以又稱高車，其形制可見於1980年發現的秦陵一號銅馬車（形如軺車而蓋高，見附圖一，據考爲皇帝五時副車之一）。立車駕駟或二馬（所謂"立軺並馬"），是漢代高官在出席正式場合（"法出"）時所乘，所以"高車"幾乎是高官的代名詞。[56] 上文引東海于公高大閭門"令容駟馬高蓋車"即是。至於安車，則上至天子下至平民皆用爲常乘，有許多不同的車形。高級的如皇帝的駟馬安車（見圖二之秦陵二號銅車馬），是輜軿類車，普通的則爲吏所乘"蓋卑坐乘"的小車。[57]

以車形來看，可分爲輜、軿、軺、軒、輂、露車、棧車等。輜、軿等級較高，軺、軒爲官吏常乘，而一般人則乘"輂"、露車或棧車。輜、軿是有蔽的車（見圖三），兩者的差別是軿車四面都有衣蔽，而輜車則前無衣蔽。軿車大多是女子所乘，而輜車則男女通乘。[58] 軺車無蔽，《釋名·釋車》所謂"軺，遙也，遠也，四向遠望之車也"。是吏民都可乘坐的輕便車，在漢畫中出現也最多。（圖四、五、六）"軒"是兩邊有藩板的車，古代大夫乘之，秦漢亦官吏所乘（圖三）。"輂"（圖四）是大車，有卷棚，據考是馬拉牛車箱者，故或謂之"方箱"或"方相"，可載物兼載人。[59] 漢制規定，天子駕車有乘輿、金根、耕根等特別形制，是六馬或四馬駕的有蓋、無衣蔽大車，不在上列。天子常御的安車，皇太后、太皇太后常御

〔56〕《後漢書》卷二七《郭丹傳》："後從師長安，買符入函谷關，乃慨然歎曰：'丹不乘使者車，終不出關。'……更始二年，三公舉丹賢能，徵爲諫議大夫，持節使歸南陽，安集受降。丹自去家十有二年，果乘高車出關，如其志焉。"這是因使節車立乘之故。

〔57〕關於安車的類型，據考有大小兩種，大型可坐乘亦可臥息，如皇帝的安車或輜軿車，小型的則有高官所乘可施帷帳的安車以及一般吏所乘"蓋卑坐乘"的小車，參袁仲一、程學華前揭文，頁47。又武伯綸《秦漢車制雜議》（《西北大學學報·哲學社會科學版》1984年第1期）亦有考證。

〔58〕參趙化成《漢畫所見漢代車名考辨》，《文物》1989年第3期。

〔59〕諸車可參趙化成前揭文。方相考見勞榦《居延漢簡·考釋之部》，頁20。

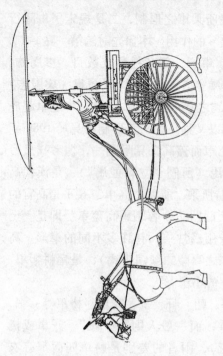

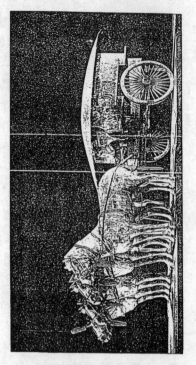

圖一　秦陵一號銅車馬側視圖（《文物》
　　　1991 年第 1 期）

圖二　秦陵二號銅車馬，取自陝西省
　　　秦俑考古隊、秦始皇兵馬俑博
　　　物館《秦陵二號銅車馬》圖版2。

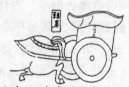

軿車（內蒙古和林格爾漢墓
壁畫從繁陽遷度居庸關出行
圖下層中車）

輜車（山東嘉祥縣畫像石，
《全集》初編 107 圖，車中虛
線爲筆者所加）

輜車（山東福山縣東留公畫
像石）

軿車（山東蒼山縣蘭陵畫像石）

軒車（山東安丘縣王封畫像石）

圖三　輜車、軿車與軒車

取自趙化成《漢畫所見漢代車名考辨》，《文物》1989 年第 3 期。

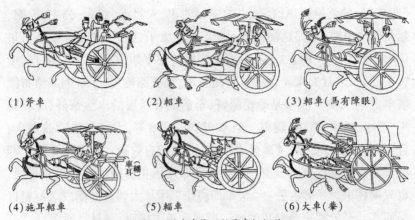

(1)斧車　　　　　(2)軺車　　　　　(3)軺車(馬有障眼)

(4)施耳軺車　　　　(5)輜車　　　　(6)大車(輂)

圖四　沂南畫像石所見車輛類型

采自《沂南古畫像石墓發掘報告》圖版102。

武威雷台漢墓銅車馬(軺車),甘博文《甘肅武威雷台東漢墓清理簡報》,《文物》1972年第2期。　　武威磨咀子出土木軺車,甘肅博物館《武威磨咀子三座漢墓發掘簡報》,《文物》1972年第12期。

圖五　出土漢代軺車模型

圖六　四維有幡(耳)軺車,東漢,四川彭縣出土畫像磚

《中國美術全集·繪畫編》第18冊,圖199。

（非法駕）的紫罽軿車，長公主的赤罽軿車，大貴人、貴人、公主、王妃、封君的油畫軿車，都是輜軿類的安車。皇太子、皇子的"王青蓋車"，皇孫的"綠車"，公、卿、二千石的安車都屬於軺車類的安車。公、列侯、中二千石、二千石夫人朝會乘其夫的安車，加交絡帷裳，平常則乘漆布輜軿車。[60] 官吏所服多是輜軿軺軒，至於賤者所服的車除辇外，又有柴車、葦車、棧車、露車、鹿車。柴車、葦車、棧車等，大多是載物兼載人，且用駕馬或牛駕。[61]《漢舊儀》載："丞相有它過，使者奉策書，即時步出府，乘棧車歸田里。"[62] 可見即使丞相有過免官，成爲平民，也只乘棧車。顏師古云："柴車即棧車"，[63] 大體就其構成之材料以柴而言。至於露車是無頂的車，鹿車則爲手推車，《風俗通義》："窄小裁容一鹿也。"[64]《後漢書》卷七四上《袁紹傳》："士無貴賤，與之抗禮，輜軿柴轂，填接街陌。" 輜軿柴轂有貴賤之分，紹雖俱與抗禮，但其身份表現於車制上畢竟不同。上述諸車中只有"軺"最普遍，無論貴賤都有乘軺者，不過其馬數、車飾等仍有嚴格的區劃。

　　漢代對不同等級之馬數皆有規定。例如皇帝所駕六馬，而副車則駕駟。皇太后、太皇太后法駕亦金根四馬。紫罽軿車三馬，長公主以下之赤罽軿車、油畫軿車駕二馬，皇太子皇子、皇孫安車皆三馬，公、列侯安車，中二千石以上二馬，以下一馬（包括其妻在內），只有在大典禮中，公、卿、中二千石、二千石纔得乘立乘之駟馬，平常乘安車。此外，使節車（大使車）因代表皇帝，故駕駟。皇帝也常以"安車駟馬"來特賜給退休官吏、公卿或以供有名望的士人乘坐以示尊崇。[65] 不過前漢規定並不嚴格，例如呂后時陸賈病免家居，常安車駟馬，而武帝時會稽太守朱買臣，上任時也駕四馬車。[66]

---

〔60〕　皆見《續漢志》卷二九《輿服上》。

〔61〕　《漢書》卷九九《王莽傳》載，唐尊爲太傅，"乘牝馬柴車"，顏師古曰："柴車即棧車"，是柴車、棧車猶以馬。但後漢末的士大夫多貧窶，所乘柴車已多用牛，《後漢書》卷八三《韓康傳》："（亭長）及見康柴車幅巾，以爲田叟也，使奪其牛。康即釋駕與之。"可證。

〔62〕　《漢書》卷八一《孔光傳》，頁3359注顏師古引。

〔63〕　引見注〔61〕。

〔64〕　應劭著，王利器校注《風俗通義校注·佚文》，北京：中華書局，1981，頁614："鹿車，窄小裁容一鹿也。"但接著的文字是"或云樂車，乘牛馬者銼斬飲伺達曙，今乘者雖爲勞極，然人傳舍，偃卧無憂，故曰樂車"。此又一說法。

〔65〕　以上見《續漢志》卷二九《輿服上》。

〔66〕　見《史記》卷九七《陸賈傳》，頁2699～2700；《漢書》卷六四上《朱買臣傳》，頁2792。

馬數並非最重要的標準,東漢服虔即指出:"大路,總名也,如今駕駟高車矣。尊卑俱乘之,其采飾有差。"[67]按駕駟高車(立乘)通用於皇帝、大臣及使者,駕駟與否無法別其等級,所以更重要的是采飾,即車馬裝飾及佩件。采飾是分別等級最重要的標誌。例如天子的金根車是以金玉爲飾,其樊(鞶馬之大帶)以金塗十二重,纓(馬胸前飾)則旄尾,建旗十二斿,長九仞(六丈三尺)曳地,上畫日月升龍,輪是朱班重牙,貳轂、兩轄,較上倚金薄繆龍,文虎伏軾(所謂"倚龍伏虎")龍首銜軛、鸞雀立衡,左右有吉陽筩,虡文畫軥(鹿頭龍文),羽蓋華蚤(翠羽蓋黃裏),象鑣鏤錫(象牙鑣、金當盧)、金鋄方釳(金馬冠及馬冠後之物)插翟尾,以牦牛尾在左騑馬軛上爲蠹,大如斗,叫"左蠹",有四時馬色,白馬尾則染紅爲"朱蠹"。這就是"黃屋左蠹"之車。另有飛軨,以緹油布畫左蒼龍右白虎繫軸頭,(二千石亦有,但無畫)。皇帝之下,各級車也都有裝飾,[68]試表列其等級如下(見下頁表一):

表中車飾或圖案不同表現在車的各部構件中。關於車各部的構件名稱何指,研究者甚多,這裏不贅述(可參考圖七)。[69]表中制度可與考古發現相參證,如秦陵一號銅車馬及二號銅車

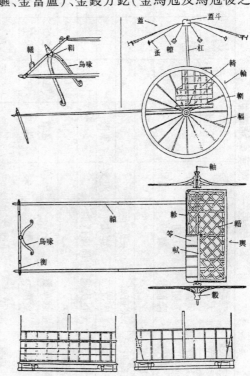

圖七　車之各部構件圖,取自林巳奈夫《漢代の文物》圖版1頁131。唯圖中軥(轅)爲直軥,不確,當爲曲軥。

---

[67]　《續漢志》卷二九《輿服下》,頁3644劉昭注引服虔。

[68]　見《續漢志》卷二九《輿服上》。

[69]　參考袁仲一、程學華前揭文;楊英杰《先秦古車挽馬部分鞁具與馬飾考辨》,《文物》1988年第2期;林巳奈夫《漢代の文物》,京都:京都大學人文科學研究所,1976,頁297~357及圖版頁131~149。孫機《始皇陵二號銅車馬對車制研究的新啓示》,《文物》1983年第7期。

表一　東漢車飾等級

車飾＼身份	皇帝	太皇太后 太后	諸侯王 太子	公 列侯	卿	二千石 中二千石	千石	六百石	三百石	二百石下	吏	民	賈人
旒、斿	12旒 9斿 日月升龍	12旒 9斿 日月升龍	9旒 7斿 降龍	9旒 7斿 降龍	5旒 降龍								不得乘馬車
樊纓	12就	12就											
輪	朱輪班牙	朱輪班牙	朱班輪	朱班輪									
飛軨	蒼龍白虎	蒼龍白虎	鹿文	鹿文	鹿文	無畫							
較軾	倚龍伏虎	倚龍伏虎	倚鹿伏熊	倚鹿伏熊									
衡	鸞	鸞											
蓋	羽蓋華蚤	羽蓋華蚤	青蓋華蚤	皂繒	皂繒	皂繒	皂繒	皂布	皂布	白布			
轓	文畫*	文畫	文畫	黑	朱	朱	朱左	朱左					
軛	吉陽筩 龍首銜	吉陽筩	吉陽筩	吉陽筩	吉陽筩	吉陽筩	吉陽筩	吉陽筩					
輈	文	雲文	文畫										
杠	四維杠衣	四維杠衣	四維杠衣	四維杠衣	四維杠衣	四維杠衣	四維杠衣	四維杠衣	四維杠衣	四維杠衣	赤畫	青	
五末**	金	金	金	銅	銅	銅	銅	銅					
纛	左												

＊ 天子車文畫轓據《晉書・輿服志》。

＊＊ 五末，據徐廣云指轊，兩轊頭及衡端。

馬,兩輪牙的内側與左右兩側塗朱色,輻亦局部塗朱,轂、軸亦然。[70]
大葆台漢墓(漢元帝時廣陽頃王墓)出土的三輛"王青蓋車",周身塗
黑漆,輪牙兩側的一半及容輻的一面塗紅漆,使輪牙紅黑各半,輻條兩
端亦塗紅漆,轂彩繪鋸齒文。[71] 這些就是所謂的"朱輪華轂",漢人往
往以"朱輪"爲高官的代稱。[72] 武威磨咀子發現的西漢末年墓中
(M48),其銅車馬(明器)合乎上表皂繒蓋、銅五末、朱一轓等千石官員
的規定,不過其杠(車蓋柄)黑色、塗朱之轓爲右轓,與制不合,是否制
度變遷,或因屬明器,較簡陋,或有其他原因不可知。[73] 漢畫中官吏
的車許多都有四維杠衣(見圖四、六),與制相合。另外,曲阜九龍山魯
王墓、安徽六安的西漢大型墓之隨葬馬車(真車,非明器)均有銅衡
箭。[74] 這些都説明輿服制度仍有相當作用。

　　值得注意的是,這套制度階層分明。首先,官吏的車制明顯地分
成幾個階層:皇室、公卿、二千石、千石至六百石、四百石至三百石、二
百石以下等數層。其中六百石爲一大分界點,六百石始得有轓,其上
的被稱爲"轓車以上"。轓即車耳,車輿兩側向外反卷者,可郫輪泥並
作扶手。(見圖四之四及圖六)[75] 轓車以上始得有吉陽箭及銅五末,
這與六百石以上被稱爲長吏相符合。揚雄《太玄經》卷五《積》云:"君
子積善至于車耳,測曰:君子積善至于蕃也。"蕃即轓,即車耳,意謂君
子積善而得高位。[76] 漢代里語云:"仕宦不止車生耳。"[77] 類似的話
在漢代鏡銘中出現甚多,如青蓋鏡:"爲吏高官車生耳",許氏鏡銘:"作

---

〔70〕 見袁仲一、程學華前揭文,頁5;陝西省秦俑考古隊《秦始皇陵一號銅車馬清理簡報》,
　　　《文物》1991年1期。
〔71〕 前揭《北京大葆台漢墓》,頁75~77。
〔72〕 《漢書》卷三六《劉向傳》:"今王氏一姓乘朱輪華轂者二十三人,青紫貂蟬充盈幄内。"
　　　楊惲家盛時,"乘朱輪者十人"(同書卷六六《楊惲傳》)。《續漢志》卷二九《輿服上》,
　　　頁3648,劉昭注引《古今注》:"武帝天漢四年,令諸侯王大國朱輪⋯⋯小國朱輪畫⋯⋯
　　　卿車者也。"
〔73〕 甘肅省博物館《武威磨咀子三座漢墓發掘簡報》,《文物》1972年12期。
〔74〕 參考注〔51〕各文。
〔75〕 《漢書·景帝紀》:"令長吏二千石車朱兩轓",注應劭曰:"車耳反出,所以爲之藩屏,
　　　翳塵泥也。""轓車以上"見《續漢志》卷二九《輿服上》,頁3653。同卷頁3647~3648:
　　　"轓長六尺,下屈廣八寸,上業廣尺二寸,九文,十二初,後謙一寸,者月初生,示不敢自
　　　滿也。"
〔76〕 見揚雄《太玄經》(司馬光注《四部備要》本,臺北:中華書局,1974)卷五,頁6。司馬光
　　　云:"小宋曰,蕃,車耳也,敷袁切。光謂車兩轓也。"
〔77〕 語見《太平御覽》(臺北:商務印書館,1974)卷四九六《人事部·諺下》,頁6引應劭
　　　《漢官儀》。

吏高遷車生耳"，[78] 皆可見車耳是身份地位的指標。其次，車飾的分別不但在於區分各級官吏，並且也在分別吏民。其中較明顯的是一般人的車杠青色，爲吏後纔能用赤畫杠，吏的"四維杠衣"（可施帷裳）也是一大特徵。其他表中各種裝飾也有區別吏民的用意。如轓的始用即是鑒於吏民無別，《漢書》卷五《景帝紀》：

> （詔）夫吏者，民之師也，車駕衣服宜稱。吏六百石以上，皆長吏也，亡度者或不吏服，出入閭里，與民亡異。令長吏二千石車朱兩轓，千石至六百石朱左轓。車騎從者不稱其官衣服，下吏出入閭巷亡吏體者，二千石上其官屬，三輔舉不如法令者，皆上丞相、御史請之。

因此自景帝後轓即成爲常制。此外，制度規定商賈不能乘車，特加賤視，顯現社會等級的區劃。

魏晉以下車駕制度仍沿漢代的傳統，以駕畜種類及數目、車形、車飾等來分別等級，但在制度上也隨時代而有不同。兹表列如下。

表二　晉宋公侯朝車及安車[79]

身份	車別	馬	黑耳	後户	旒	旒畫
諸公	朝　車	4			8	降　龍
	安　車	3	有		8	降　龍
王公世子	安　車	3	有		7	降　龍
特進至大將軍	安　車	2	有			降　龍
	軺　車		施　耳	有		降　龍
郡縣公	安　車	2	有		8	降　龍
郡縣侯	安　車	2	有		7	降　龍
侯世子	安　車	2	有		5	降　龍
卿	安　車	1	有		5	降　龍

表三　晉至齊軺車等級[80]

身份	黑耳	後　户	輪
三品將軍以上、尚書令	有	有	皂
尚書僕射	無	有	皂
中書監、令	無	有	皂
四品將軍、尚書	無	無	漆　轂

---

[78] 見羅振玉《漢兩京以來鏡銘集録》，收於《遼居雜著》（臺北：大通書局，1986）第七册，頁 11～12。

[79] 《晉書》卷二五《輿服志》，頁 761～762。

[80] 《晉書》卷二五《輿服志》，頁 763。《宋書》卷一八《禮五》，頁 498～499。《南齊書》卷一七《輿服志》於引晉宋之制後云："今猶然。"（頁 339）是至齊未改。

表四　晉宋牛車表[81]

身份	車別	牛	望數	油幢	絲絡	交路	輪畫	轂畫	幰
皇帝、太子	畫輪		4	綠	朱	青	彩漆	彩漆	無
諸王、三公	皂輪	4	4 或 3	青	朱絲繩		皂漆	皂漆	無
王公大臣有功	油幢		4 或 3	青	朱絲繩		皂漆	無漆	無
諸王三公常乘	通幰								通幰
皇帝副車	*衣書			綠	朱	青			通幰
特賜王公	雲母	以雲母飾犢車							

*衣書車，即御衣車、御書車等，此據《南齊書·輿服志》

表五　南齊公侯安車[82]

身份	馬	蓋	轓*	耳	輪	副車
諸王	1	青	朱		漆班	通幰車
三公	1	皂	朱		漆班	通幰牛車
國公列侯	1	皂	朱	黑		牛車
太子二傅	1		赤屏			軺車施後戶
九卿、領、護、二衛驍游、四軍、五校	1					

*按：此轓字當爲"藩"，指屏藩，與耳不同

表六　南齊牛車表[83]

身　份	車別	幰	絡	輪	轂	校飾	牛
皇帝、太子	漆畫輪		絳系			金	
尚書令至散騎侍郎	油絡軺						1
貴臣（加禮）	四望（皂輪）	通幰	油幢	班漆	班漆	銅	
貴臣（加禮）	三望車	通幰	油幢	班漆	班漆	銅	
王公（加禮）	油幢絡	通幰	油幢	班漆	班漆	銅	
王公諸王	平乘車	通幰				銅	
庶人	平乘車	無					

---

〔81〕　《晉書》卷二五《輿服志》，頁 756、761；《宋書》卷一八《禮五》，頁 497。
〔82〕　《南齊書》卷一七《輿服志》，頁 339。
〔83〕　同前注。

表七 梁軺車牛車表[84]

身　份	車　別	駕畜	耳	後戶	輈	轂	油幢	絡
二千石四品以上及列侯	軺車	牛			黑	黑	青	朱絲
三公、開府尚書令	鹿幡軺	牛	施耳	有	皂			
尚書僕射、侍中、光禄大夫、中書監令、秘書監	鳳轄軺	牛		有	皂			
領、護、國子祭酒、太子詹事、尚書、侍中、列卿、散常	聊泥軺	牛		無	漆			
車騎、驃騎諸王除刺史帶將軍	龍雀軺	牛						
御史中丞	方蓋軺	牛						

＊＊畫輪車、皂輪車、通幰平乘車制同齊。

表八 北魏天興車制[85]

身　份	車　別	馬	車廂	輈	輪	轂	蓋	斿
皇帝＊	輦輅			龍輈16	朱斑	繡	圓蓋華蟲	12
太子皇子	鸞輅	4		龍輈	朱	繡	彩蓋朱裏	9
太子皇子	軺車(副)	1	緇漆				紫蓋朱裏	9
公	安車	3	緇漆	畫輈			紫蓋朱裏	8
公	軺車(副)	1	緇漆	畫輈			紫蓋朱裏	8
侯	安車	2	緇漆	畫輈			紫蓋青裏	7
侯	(副)		緇漆	畫輈			紫蓋青裏	7
子	安車	1	緇漆				皂蓋青裏	6
子	(副)	1	緇漆				皂蓋青裏	

＊皇帝車輅甚多，這裏以輦輅爲代表。

---

[84] 《隋書》卷一〇《禮儀五》，頁192～193。
[85] 《魏書》卷一〇八之四《禮志四》，頁2811～2813。

表九　北魏熙平車制(北齊沿之)[86]

身　　份	車　別	駕畜	蓋、屋	扇	塗飾
皇帝	五輅	馬5			
皇太子	金輅	馬4	朱蓋赤質		
三公、王	高車	馬3	朱屋青表		
庶姓王侯、尚書令僕至列卿	軺車	馬1			
	或四望通幰	牛1			
正從一品、儀同、親公主	油色朱絡網	牛			金銀
二品、三品、	卷通幰車	牛			金
四品至七品	偏幰車	牛			銅
王、庶姓王、儀同已上、			紫傘	雉尾	
親公主、					
皇宗及三品以上、			青傘朱裹		
三品下及士人			青傘碧裹		

表十　北周輅制[87]

身　份	馬	輈	鑾	輿　廣	輪　高	轂輪輈衡	箱　畫	軾	較
君	4	3	6	6.6尺	7	畫雲牙	虞文雜獸	伏獸	倚鹿
卿大夫	3	2	5	6.2	6.6	轂畫雲牙	虞文雲華		倚鹿
士	2	1	4			不畫	不畫	不畫	不畫

＊＊輅　數:皇帝、后12,諸公9,侯8,伯7,子6,男5,三公9,三孤8,
　　六卿7,上大夫6,中大夫5,下大夫4,士3。

　　此外,當盧、鞶纓、旌、旒皆有規定,從略。

〔86〕 《隋書》卷一〇《禮儀五》,頁195~196。

〔87〕 同上,頁196~199。

表十一　隋大業元年車制 (輅) [88]

身　份	質	車別	馬	馭士	飾	輪	輿　箱	幢蓋
皇帝	青	玉輅	6	28人	玉	朱斑重牙	重箱盤輿	青蓋黃裏
皇太子	赤	金輅	4	20	金	朱斑重牙	重箱盤輿	朱蓋黃裏
皇嫡孫	綠	金輅	4	18	金		去盤輿重轂	
親王	赤	金輅	4	18	金		去盤輿重轂	
三品	朱	革輅	4	16	革			
四品方伯	赤	木輅	4	14	漆			

表十二　隋大業元年車制 (安車軺車)

身　份	車　別	馬	飾	輪	輿　箱	幢　蓋	通幰	絡網
皇帝	安車	4	金	畫輪	重輿曲壁	紫油幢絳裏	有	朱絲
皇太子	安車	4	金	斑輪			有	朱絲
王侯、五品	軺車	2					青	
司隸刺史及	軺車	1						
縣令、詔								
使品六七								

表十三　隋大業元年車制 (牛車)

身　份	車　別	牛	飾	蓋　　幰		絡網
皇帝	四望	1	金	青油幢朱裏	紫通幰	紫絲
皇帝	屬車	1	金		紫通幰	朱絲
九嬪	犢車	1	金		青通幰	朱絲
太子	四望	1	金	綠油幢	青通幰	朱絲
太子妃	犢車	1	金		紫通幰	朱絡網
良娣以下	犢車	1			青幰朱裏	
三公至三品 *	犢車	1	白銅		青幰朱裏	
五品以上 *	犢車	1	白銅		紺幰碧裏	
六品以下 **	犢車	1			不許施幰	
＊有慘及吊喪則不張幰而乘鐵裝車。						
＊＊五品以上皆給犢車,六品以下不給,任自乘。						

[88]　表十一至十三見《隋書》卷一〇《禮儀五》,頁 204～212。

　　車制中，皇帝、皇后、皇太子等車制最爲繁複，但大體陳陳相因。北魏王延業指出：“案周、秦、漢、晉車輿儀式，互見圖書，雖名號小異，其大較略相依擬。”[89] 以上表中南朝各朝未詳列者以此。這裏不打算詳細討論皇帝車制本身的變化，而將重點放在各階層間的差異上，以彰顯其“列等威”的作用。

　　以上各表有幾點可以看出車制的變遷。首先，車制南北略有不同。南朝車制主要沿襲秦漢舊制漸有變化。例如在分別等級的車構件中，南朝特別重視是否有耳（輅）及後户，並以黑耳後户爲地位象徵。這仍是漢代重視車耳的傳統（漢代公侯黑耳）。後户也是漢末之制，爲南朝所沿襲，[90] 而北朝則不重視車耳後户。北朝在車制上有較大的變化。例如北魏之制，皇帝車駕中曾出現十六輈之車（表八），甚至有駕二十四馬的乾象輦、二十牛的大樓輦等奇製；[91] 北周據《周禮》所定輅制，以輅數多少爲階級之分，又強調輈數、輪高的等級；隋以馭士人數分等級。這些都不見於漢晉南朝。

　　其次，就車類來説，也有一些變化。《傅子》曰：“漢代賤乘軺，今則貴之。”[92]《晉書·輿服志》則指出：“輅車，古之時軍車也。……漢世貴輼輬而賤輅車，魏、晉重輅車而賤輼輬。”《宋書·禮志五》也説：“犢車，軿車之流也。……漢代賤輅車而貴輼輬，魏、晉賤輼輬而貴輅車。”輅車在漢代是貴賤通乘，魏晉以下則是高官者所乘，一般不得乘。晉齊尚書以上給輅，梁御史中丞以上給輅（表五、表七），石季龍規定“散騎常侍以上得乘輅”[93]，皆可見乘輅者地位之高。宋孝武時，江夏王義恭表改車服，令“車輿不得油幢，輅車不在其限”。[94] 油幢是區分地位的重要配備（見上列各表），反映了乘輅者的地位。

　　相對的，輼輬車漸賤。漢代輼輬地位甚高，原非一般人所得乘，漢代王侯夫人，“出有輼輬之飾”[95]，楚王英被廢，仍賜“得乘輼輬”[96]，

[89]　引見《魏書》卷一〇八之四《禮志四》，頁2815。
[90]　參尚秉和《歷代社會風俗事物考》卷九“漢末車有後户旁户爲西漢所未有”條，臺北：商務印書館，1975，頁143。
[91]　《隋書》卷一〇《禮儀五》，頁200。
[92]　《史記》卷三〇《平準書》，頁1430~1431，《索隱》引《傅子》。
[93]　《晉書》卷一〇六《石季龍載記上》，頁2763。
[94]　《宋書》卷一八《禮五》，頁521~522。同書卷六一《江夏王義恭列傳》：“車非輅車，不得油幢。”
[95]　《後漢書》卷一四《齊武王縯列傳》，頁553~554。
[96]　《後漢書》卷四二《楚王英傳》，頁1429。

上文曾引桓榮爲少傅,特賜輜車皆是。然而魏晉何以轉賤輜軿呢? 這要從牛車的興起來瞭解。上引《宋書·禮志》論賤輜軿是在敘述"犢車,軿車之流也"後,可知其意指。漢末以下牛車興起成爲常乘,馬車漸少,無論軺車、輜軿都轉以牛駕(見下文)。東漢劉熙在《釋名·釋車》中云:"軿車,軿,屏也,四面屏蔽,婦人所乘牛車也。"將軿車釋爲牛車,可說反映了當時的實情。民間牛車原即是有棚的車,載物兼載人,是輜軿類車,魏晉上層階級之牛車或以輻爲輿,或張幰以表彰身份,相對之下,民間所得乘的原來輜軿形式之車遂被賤視。

牛車興起,成爲車駕制度的另一系統, 確是車駕制度的一大變化。表四可見晉以下, 皇帝的車駕中即有許多牛車,如畫輪車,"駕牛,以彩漆畫輪轂。上起四夾杖,左右開四望,綠油幢,朱絲絡,青交路,其上形制事事如輦,下猶犢車耳。"又有御衣車、御書車、御輻車、御藥車、陽遂四望繐窗皂輪小形車,皆駕牛。皇后、皇太子非法駕則乘畫輪車,王公有勳德的可乘雲母車、皂輪車、油幢車、通幰車,都是牛車。而輻車也漸以牛,晉皇帝的御輻車是其例。又《宋書·禮五》:"追鋒車,去小平蓋,加通縵,如輻車,而駕馬。"云如輻而駕馬,可見此輻指牛車,南齊諸車中,油絡輻即駕一牛。(表六)到了梁,所有的輻車都已是牛車了(表七)。北朝迄隋,輻車雖仍爲馬,但另有牛車制(表九、表十三)。大體而言,牛車在車駕制度中的作用,一是作爲正式儀式中的副車,如南齊公侯安車之副車已全是牛車(表五),又隋皇帝屬車八十一輛,全是牛車(秦漢皇帝屬車八十一輛皆馬車)皆是;一是作爲日常上朝、出外所乘,如南齊的油絡輻車,是尚書令、僕射、中書監令、尚書、侍中、常侍、中黃門、中書、散騎侍郎朝直所乘,[97] 可見已漸取代馬車。

關於牛車的應用及其興起的原因,將於第六節討論。需要說明的是,牛車用以劃分等級的與馬車有別。如以"望"(窗子)的多少劃分高低。"油幢"(幢,車帷幕)也是一個重要的分別。而是否有"幰",更是重要的分界。《釋名·釋車》:"幰,憲也,禦熱也。"幰是在牛車上更張一大帳,用於禦熱。幰有通幰,偏幰、卷通幰等區別。《晉書·輿服志》:"通幰車,駕牛,猶如今犢車制,但舉其幰通覆車上也。"(圖八、九)偏幰車是只在車前面張幰(圖十),卷通幰車幰卷曲。(圖一一)晉

---

〔97〕《隋書》卷一〇《禮儀五》,頁209。《南齊書》卷一七《輿服志》,頁339。

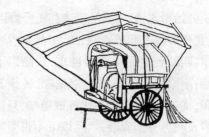

圖八　左為北魏司馬金龍墓漆屏風列女圖上的通幰車，取自《中國美術全
　　　集·繪畫編》第 1 册，頁 158。右為王今棟據圖所繪，見王氏《中國
　　　古代車馬》，頁 130。

圖九　通幰牛車，北魏河南洛陽出
　　　土，收於王子雲《中國古代
　　　畫像石選集》。

圖十　北魏佛座裝飾畫像，女供
　　　養人及牛車，收於王子雲
　　　《中國古代畫像石選集》。

圖一一　北齊婁叡墓壁畫中的牛車。金維諾《北齊繪
　　　　畫遺珍》摹本。《中國藝術》，創刊號，頁 21。

宋王公始得通幰,南齊通幰者亦王公貴臣,庶人牛車無幰;(見上各表)北魏、北齊卿以上四望通幰,二、三品乘卷通幰車,四品到七品可乘偏幰車,八品以下無幰;隋原規定五品以上乘偏幰,後嫌其不美,從王公到五品,一律改成通幰,只以材料及顏色分別貴賤,六品以下不得張幰(表十三)。"油幢"與"幰"本是牛車之制,發展到北朝後期迄隋,連馬車也用以標誌身份(表十二)。[98]

圖一二　北朝敦煌壁畫中的有幰馬車,王今棟摹繪,見所著《中國古代車馬》,頁 132。

綜觀上述,車駕制度所分別的等級,其重點明顯地放在官僚階級,以標榜其身份,其中以六品爲一大界限(魏、北齊以七品),(表九、十三)[99]庶人更是不能有這些車飾。不過關於士庶良賤在車制上的區別,其直接的史料不多,這點將在第五節討論,此處不贅。

四、四駕行列

車的規制反映身份,而車隊更是身份地位的象徵。古代的統治者出有車馬之飾,其巡狩、出行除了具有鎮撫、統治的意味外,也藉著儀仗隊伍的煊赫場面、華麗裝飾宣示其政治社會地位,因此,對車騎行列制度極爲重視。先秦有爵者自大夫以上都有"貳車"(副車)。《禮記·少儀》:"貳車者,諸侯七乘,上大夫五乘,下大夫三乘。"[100]燕昭王賜樂毅"輅車、乘馬、後屬百兩"[101]即其例。春秋戰國諸子也都車從衆多,"表威"是其一因。[102]秦統一天下之後,"兼其車服",統合諸侯後

---

〔98〕王今棟《中國古代車馬》(河南人民出版社,1984),頁 132 錄有北朝敦煌壁畫之張幰馬車。見本文附圖一二。

〔99〕按張鵬一《晉令輯存》(徐青廉校補,西安:三秦出版社,1989)七《服制令》:"安車,紫油通幰,紫油繡朱裏,四望車,清(青)油通幰,清油繡,並朱繡絡網。……諸車,一品清油繡,道(通)幰,朱裏,朱絲絡網。三品以上清(青)道(通)幰朱,五品以上,青褊幰,碧裏。六品以下,皆不得用。"張氏引自《御覽》,不言何代,唯觀其內容,不應爲晉令,而與隋之規定符合,當爲北朝之制。

〔100〕各級貳車之數,古書中有不同的說法,詳見陳槃《春秋列國的交通》(《中央研究院歷史語言研究所集刊》第 37 本下冊,1967),頁 916,注 11。

〔101〕董說《七國考》卷八《燕器服》,臺北:世界書局,1973,頁 263。

〔102〕參考尚秉和《歷代社會風俗事物考》卷八"周末貴人車從之多因是證明數事"條,頁 133。

車之制，屬車竟有八十一乘，又有五時安車、立車（上文所引秦陵銅車馬，據考即爲五時安、立車之模型），在不斷的巡行中又建立了警蹕、前驅、參乘等制度，爲後世所沿襲。[103]

秦漢皇帝有“三駕”，即大駕、法駕及小駕，《獨斷》云：

> 天子出，車駕次第謂之鹵簿，有大駕、有小駕、有法駕。大駕則公卿奉引，大將軍參乘，太僕御，屬車八十一乘，備千乘萬騎。……中興以來不常用。先帝時，特備大駕上原陵，他不常用，唯遭大喪乃施之。法駕，公卿不在鹵簿中，唯河南尹、執金吾、洛陽令奉引，侍中參乘，奉車郎御，屬車三十六乘。北郊、明堂，則省諸副車。小駕，祠宗廟用之。每出，太僕奉駕上鹵簿於尚書，侍中、中常侍、侍御史主者、郎令史皆執注以督整諸軍車騎。春秋上陵，令又省於小駕，直事尚書一人從，令以下先行。

這段文字大體爲司馬彪《續漢志》卷二九《輿服志》所沿襲。根據他們的說法，三駕是用於不同的場合，車數、負責人及排場各不同。大駕是備“千乘萬騎”，在皇帝死時用。法駕稍次，但場面亦不小。由河南尹、執金吾、洛陽令奉引，奉車郎御，侍中參乘，屬車三十六乘，前驅有九斿雲罕、鳳凰闟戟、皮軒鸞旗，後有金鉦黃鉞、黃門鼓車。接著是屬車，由尚書、御史所載。屬車之末車懸豹尾，豹尾前比“省中”。法駕用於祠天、郊等祭祀。祀地、明堂省什三，祠宗廟尤省，即是小駕。[104]

漢代三駕制度的記載不多，但此制爲歷代所沿襲，我們尚可於《晉書·輿服志》中的“中朝大駕鹵簿”見其大略。《晉書》對大駕各鹵簿人數有詳細記載，總觀整個車隊，包括了奉迎者、驂乘者、旗車、黃鉞車、鼓車、屬車、騎兵、步卒、載吏、夾輿人（中黃門）、清道者（式道侯）、鼓吹（樂隊）、各式車輛（象車、武剛、九斿、雲罕等）以及河南尹、洛陽令、朝廷各官屬及其導從，所謂“千乘萬騎”並非虛語。

前引《獨斷》指出漢代天子車駕次第稱爲鹵簿，《漢官儀》中也有

---

〔103〕 見馬非百《秦集史》，頁 506～508。王學理《五時副車銅偶所反映的秦代鑾駕制度》，收於前揭《秦陵二號銅車馬》。

〔104〕 以上見《獨斷》，頁 27。

同樣的説法。鹵(同櫓)是大楯,鹵簿指天子出行時之儀衞導從。[105]
然而天子以下的官吏也都有儀衞導從,兹表列漢代制度如下:[106]

表十四 車騎行列等級 (東漢)

身　　份	騎吏	導車	從車	導斧車	前後並馬立乘	前後兵車	亭長	璪弩車前伍伯	辟車	其他
諸侯王 列侯	4 4	傅相以下 家丞庶子	? ?	? ?	? ?	? ?	? ?	? ?	? ?	有 有
公	4	3	2	1	有			8		有
二千石	4	3	2	1				4		有
千石	2	3	2	1				4		有
長安洛陽令	2	3	2	1		有	有	4		有
王國都縣令	2	3	2	1		有		4		有
六百石	2	3	2	1				4		有
四百石	2	3	2					2		有
三百石縣長	2	3	2					2		有
二百石								2		有
大使(持節)	?	6	4	2				12	4	?
大使(無節)	?	3	2	1				6	2	?
小使	?	3	2	無						?
近小使	從騶騎40人									

説明　1. 騎吏帶劍、持棨戟,三導車指賊曹、功曹、督盜賊,兩從車主簿、
　　　主記。
　　　2. 其他一項包括鈴下、侍閣、門闌、部署、街里卒等。

上表中,導從車方面,三百石以上車數並無不同,但騎吏、伍伯、亭
長數有別,所乘車也不同(見前節)。而縣令(六百石)以上始有象徵
權力的導斧車(圖一三、一四),顯示六百石爲一大界限,與上節車形之

―――――――――

[105] 見應劭《漢官儀》(收於《漢官六種》中,臺北:中華書局《四部備要》本)卷
下,頁7。按唐封演《封氏聞見記》(《學海類編》本,臺北:文海出版社)五:
《輿駕行幸,羽儀導從謂之鹵簿。……按字書:'鹵,大楯也。'……甲楯有先後部伍
之次,皆著之簿籍,故謂之鹵簿耳。"
[106] 《續漢志》卷二九《輿服志》。

圖一三　斧車,東漢,四川彭縣,《中國美術全集·繪畫編》第 18 冊,圖 200。

圖一四　東漢末,馬厩圖。浙江海寧長安鎮畫像石。
　　　　墓室前室南壁上方。五種車,由右至左:軺、赤屬軿車、斧車、輻車、棚車,收於
《浙江海寧長安鎮畫像石》,《文物》1984 年第 3 期。

圖一五　車馬出行,《山東漢畫像石選集》圖 371。臨沂白莊出土。

分割相合。這種前導後從的出行隊伍表現在漢畫與畫像磚中甚多。以畫像磚論,據王愷估計,蘇、魯、豫、皖交界地區的四十座漢畫像墓中,三分之一都刻有車馬出行圖(圖一五)。[107]　四川德陽出土之伍伯畫像磚,畫四人,二人荷長矛,一手執刀,鳴聲開道,後二人手持榮戟,健步飛奔。郫縣出土的"伍伯前驅畫像磚",包括四伍伯,兩騎吏,另兩人迎車(據上表爲六百石至千石之制)。[108]　成都市郊出土的"斧車"畫像磚,一車無蓋,中樹一斧,兩旁各斜插一羽飾長矛,車兩側各有一横扛旌旗者,[109] 皆可與上表相印證。在壁畫中的更爲清楚。例如望都

〔107〕　王愷《蘇魯豫皖交界地區漢畫像石墓的分期》,《中原文物》1990 年第 1 期。
〔108〕　劉志遠、余德章、劉文杰《四川漢代畫像磚與漢代社會》, 北京:文物出版社,
　　　　1983, 頁 11～13。
〔109〕　高文《四川漢代畫像磚》,上海:上海人民美術出版社,1987,圖七五。

漢墓有辟車五伯八人，密縣打虎亭的壁畫兩輛輜車各有從騎五人。[110]
河南偃師墓出土車騎出行圖，共九乘安車，七十餘個人物，五十餘匹
馬，最前是徒步而行、手持旌旆的兩列人，接著騎吏八人，馬后一卒護
衛一帶傘之安車，後六名騎吏一步卒衛第二乘安車，第三乘前騎吏九
人，伍伯兩人。第四乘爲墓主人安車，前後騎吏十二人，車前伍伯六
人，車有四維及輈，彩飾蓋斗，後又有五輛安車，十名單騎，當爲屬吏或
眷屬。[111] 和林格爾之東漢護烏桓校尉墓（二千石）之巨幅出行圖，有
車十乘，馬一二九匹，屬吏、侍僕、兵卒一二八人。車騎分三行，左翼五
騎爲首爲"雁門長史"，右六騎，中擁前後兩車，題"校尉（行部）"，接著
爲兩排導騎，接兩導車，白蓋，導車之後在兩邊衆多的車馬擁護中，又
有兩黑輜車，皆兩馬，書"功曹衆事"、"別駕衆事"，又有許多從騎。從
騎後有前衛七騎之主車，書"使持節護烏桓校尉"，爲立乘、黑蓋、施耳
之輜車，車後有赤節，駕三黑馬，還有許多車從。[112]

　　漢墓中的這類圖像，其用途爲何？其中一部分圖形曾被指爲與
送葬隊伍有關，但這類只是一小部分，且尚有爭論，[113] 絕大部分還
是用以象徵其生前身份地位，或記其生前經歷。畫像石或壁畫來自
畫工，有一定的格套，也不無誇大墓主地位或逾制或不及之處，自
然無法直接作爲墓主身份的證據。[114] 不過就圖像本身而言，無疑地
是有制度的根據。李發林研究漢代山東畫像石，發現與制度大體相
合；[115] 林巳奈夫比對畫像石中車馬的配置與制度的異同，也得到同
樣的結論。[116] 從實際的例子來看，如前面提到的偃師出行圖，其第
四輛車爲主，合乎一般前有三導車的規定；山東嘉祥紙坊畫像石

---

〔110〕　參考北京歷史博物館、河北省文物管理委員會編《望都漢墓壁畫》（北京：中國古典藝術出版社，1955），頁13；安金槐、王與剛《密縣打虎亭漢代畫像墓和壁畫墓》，《文物》1972年10期。

〔111〕　參考洛陽古墓博物館《洛陽古墓博物館》，洛陽：朝華出版社，1987，頁20～21。

〔112〕　內蒙古文物工作隊、內蒙古博物館《和林格爾發現一座重要的東漢壁畫墓》，《文物》1974年第1期。

〔113〕　《南陽漢代畫像石》（南陽漢代畫像石編輯委員會編，北京：文物出版社，1985）第224幅爲出行圖，三輛輜車前有三騎，各扛一長條形、下有分岔的旗幟，釋者謂爲分別死者的"銘旌"。若然，則此類出行圖當爲送葬圖，但同書第五、六圖僅稱之爲"幡"，尚有待研究。

〔114〕　邢義田《漢代壁畫的發展和壁畫墓》（收於所著《秦漢史論稿》），臺北：東大圖書公司，1987，頁472～480；吳曾德《漢代的車騎出行》，《考古與文物》1985年第2期。

〔115〕　李發林《山東漢畫像石研究》，濟南：齊魯書社，1982，頁28～29。

〔116〕　林巳奈夫《後漢時代の車馬行列》，京都大學《東方學報》37號，1966，頁183～226。

第五石，前三輛爲導車，第四輛爲有交絡的主車，後有二從車，與三導二從的制度完全符合。[117] 值得注意的是，許多畫也標明是描寫墓主生前車騎。如武梁祠石刻上有"爲督郵時"、"君爲郡□時"；魯峻刻石上有"爲九江太守時"；和林格爾墓上有從"舉孝廉時"到"使持等護烏桓校尉"各階段的車馬行列，雖然其駕三馬之車，與制度中持節的駟馬"大使車"不同，但其黑蓋、施耳諸制與規定相同。公元 151 年蒼山墓的出行圖，前有迎者和二導騎，其後有軺車兩輛，又有斧車一輛，再後爲一騎吏和輻車，在"墓誌"中有"君出行，車馬導，從騎吏，留都督在前，後賊曹"的記載爲其圖作了注解。[118] 孝堂山石祠畫像的車馬出行圖（圖一六），共 115 人，根據其車隊排列、特殊的車子（如

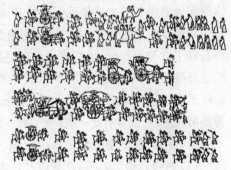

圖一六　孝堂山石室車馬出行圖（摹本）
采自林巳奈夫《後漢時代の車馬行列》，京都大學《東方學報》37 號，1966。

鼓車）及其"相"、"大王車"等題榜，學者考證與諸侯王出行從其傅、相的制度相合。[119] 這些例子説明了出行圖之類的圖畫仍有相當根據。

最近發表的安平東漢壁畫墓，爲車駕制度提供了豐富的資料，可以看出制度與實際的異同。墓有熹平五年紀年，墓主疑爲當地宦官趙忠一族（墓磚有"趙"字）。大墓中室的四壁，以黃色格線上下分爲四層，每層四壁相連，各是一幅完整的車馬出行圖。這四幅圖共有車 82 輛，駕、乘者 164 人，步行者 96 人，騎吏 94 人，駕、騎的馬合計 179 匹，車馬人物之多尤過和林格爾壁畫。考釋者認爲，四幅出行圖可能代表墓主任高官的四次昇遷，但都與二千石以上官吏的情況大體相合。例如各層圖之主車前都有辟車四人，上三層圖璪弩伍伯前又各有騎吏四人，都與二千石以上之制相合。再以車的

〔117〕　嘉祥縣文管所《山東嘉祥紙坊畫像石墓》，《文物》1986 年第 5 期，頁 33。

〔118〕　王愷前揭文，頁 53~54。

〔119〕　夏超雄《孝堂山石祠畫像、年代及主人試探》，《文物》1984 年第 8 期。

配置來說，其基本配置順序爲：[120]

持棨戟伍伯2人——門下賊曹白蓋車——斧車——門下督盜賊白蓋車——持棨戟伍伯2人——門下功曹白蓋車——持棨戟伍伯2人——持棨戟騎吏4人——車前璅弓伍伯6人——辟車4人——主車——騎吏8人——門下主簿白蓋車——門下主記白蓋車——持棨戟伍伯2人。

這個配置前後各以二持棨戟伍伯與其他車輛分開，其順序基本上與上表中斧車及門下五吏（三導二從）的制度相合。五吏之白蓋車與其二百石以下之身份符合，而主車所乘的皂繒蓋纓絡朱幡車，也合乎制度。但也有些與制未盡合的地方，例如其主車之杠與輪皆黑色，與制之朱輪赤杠不同，而其車前璅弓伍伯六人，介於二千石之四人與公之八人間，是否爲僭越逾制，或實有此一級（例如卿一級）？記載缺略，已不可知。

漢墓中大量出現這類車馬出行圖，意在誇耀其生前身份地位，所謂"人以輿服爲榮"也。這在實際社會中如宣帝時，黃霸被命爲潁川太守，"賜車蓋，特高一丈，别駕主簿車，緹油屏泥於軾前，以章有德"[121]。王莽爲宰衡，位上公，"出從期門二十人，羽林三十人。前後大車十乘"。直事尚書郎、侍御史、謁者、中黃門等都隨行。[122] 諸官署中如執金吾，車騎最盛。《漢官》曰："執金吾緹騎二百人，持戟五百二十人，輿服導從，光滿道路，群僚之中，斯最壯矣。世祖歎曰：'仕宦當作執金吾'"[123] 漢末邊郡長吏車從亦衆。士燮在交州，兄弟並爲列郡，雄長一州，"出入鳴鍾磬，備具威儀，笳簫鼓吹，車騎滿道，胡人夾轂焚燒香者常有數十，妻妾乘輜軿，子弟從兵騎"[124]。都可看出以車騎自誇之風。

三國以下的車騎出行制度，史志中缺乏像《續漢志》那樣等級分明的記載（如《晉書·輿服志》中所規定，許多是抄襲漢代，不能視爲當時制度）。不過，從零星的資料中，也有幾點值得注意。首先，車騎鹵簿仍極重視。當時"鹵簿"一詞並非如蔡邕、應劭所說，專指皇帝車駕次第，王公大臣之儀從也叫鹵簿。如晉太尉賈充向夏統炫耀其文武鹵

[120] 以上參考河北省文物研究所《安平東漢壁畫墓》（北京：文物出版社，1990），頁13～24。
[121] 《漢書》卷八九《黃霸傳》，頁3629。
[122] 以上見《漢書》卷九九上《王莽傳》，頁4067。
[123] 《續漢志》卷二七《百官志》，頁3606劉昭注引。
[124] 《三國志》卷四九《士燮傳》，頁1192。

簿,八王亂時寧朔將軍王浚欲與幽州刺史和演合鹵簿皆是。[125] 宋世顏延之好乘羸牛笨車,其子顏竣爲金紫光禄大夫,延之逢竣鹵簿,即屏往道側;齊永明八年大水,散騎常侍虞悰朱衣乘車鹵簿,於宣陽門外行馬內驅逐人,被劾;梁世吕僧珍爲本州刺史,常導從鹵簿到其姊之宅,亦皆其例。[126] 根據記載,有鹵簿者之範圍甚廣,諸侯王、公卿、侍中、刺史下及縣令都可有。[127] 這個範圍基本上與漢代有導從者相當。百官的鹵簿中,御史中丞與中尉的威勢最盛。《南齊書》卷一六《百官志》:

> (中丞)專道而行,騶輻禁呵,加以聲色……宋孝建二年
> 制,中丞與尚書令分道,雖丞郎下朝相值,亦得斷之,餘內外
> 衆官,皆受停駐。

梁朝王僧孺幼年隨母入市,遇中丞鹵簿,被驅迫溝中,及自任中丞,拜官日引騶清道,悲不自勝。[128]《北齊書·琅邪王儼傳》亦載中丞與皇太子分道,其出行,"王公皆遙駐車,去牛,頓輈於地,以待中丞過",皆可見中丞聲勢。北魏之《御史令》云:"中尉出行,車輻前驅,除道一里,王公百辟避路。"[129] 大約因爲中丞與中尉督司百僚,故鹵簿較盛。

出行導從人數,皇帝固然是"萬騎天行,千乘電動",[130] 諸侯王導從亦多。宋孝武間爲限制諸王,規定:"諸鎮常行,車前後不得過六隊,白直夾轂,不在其限。"南齊豫章王嶷自言:出行省去儀刀及捉刀(捉刀十餘人),身所牽仗有二俠轂、二白直,共七八十人,在邊境時則有三百人。三公如陳顯達爲太尉,"車乘朽故,導從鹵簿皆用羸小,不過十數人"。這是"深自貶匿"的結果,應不只此數。《北齊書》載文宣備三公鹵簿待陸法和,給通幰油絡網車,仗身百人。[131] 一般官吏出行鹵簿,

---

〔125〕《晉書》卷九四《夏統傳》,頁2429~2430;同書卷三九《王浚傳》,頁1146~1147。

〔126〕《宋書》卷七三《顏延之傳》,頁1903~1904;《南齊書》卷三七《虞悰傳》,頁655;《梁書》卷一一《吕僧珍傳》,頁213。

〔127〕諸侯王見《陳書》卷二八《長沙王叔堅傳》,頁366~367。公卿如陳顯達,見《南齊書》卷二六《陳顯達傳》,頁491;刺史見注一二五及《北齊書》卷二三《崔㥄傳》,頁334;《周書》卷三二《陸通傳》,頁560;縣令鹵簿見《南齊書》卷四二《蕭諶傳》,頁747。至於《梁書·朱异傳》説他"自右衛率至領軍,四職並驅鹵簿,近代未之有也"。並非説其他官没有鹵簿,而是指此四官皆主皇帝之鹵簿言。

〔128〕《梁書》卷三三《王僧孺傳》,頁470~471。

〔129〕《魏書》卷一四《神元平文諸帝子孫列傳》,頁353。

〔130〕見簡文帝《南郊頌》,收於《全梁文》卷一二,頁8。

〔131〕《宋書》卷一八《禮志五》,頁521~522。《南齊書》卷二二《豫章文獻王嶷傳》,頁410~411;同書卷二六《陳顯達傳》,頁491。《北齊書》卷三二《陸法和傳》,頁430~431。

車前有導騶,猶如漢車前伍伯,負責清道。《南史·王僧祐傳》:"雅爲從兄儉所重,每鳴笳列騶到其門候之……"《北齊書·畢義雲傳》:"鳴騶清路,盛列羽儀。"騶的人數,似仍守漢代傳統。上文曾引南齊王融之言:"車中乃可無七尺,車前豈可乏八騶?"《南齊書》卷四七《王融傳》:

> 融自恃人地,三十内望爲公輔。直中書省,夜歎曰:
> "鄧禹笑人。"行逢大桁開,喧湫不得進。又歎曰:"車前無
> 八騶卒,何得稱爲丈夫!"

王融冀至公位,故云八騶,此與漢代公之璅弩車前伍伯八人相合。《南齊書》卷四二《蕭誕傳》云:

> 永明中爲建康令,與秣陵令司馬迪之同乘行,車前導
> 四卒,左丞沈昭略奏:"凡有鹵簿官,共乘不得兼列騶寺,
> 請免誕等官。"詔贖論。

兩令導四卒,則一人兩卒,亦與漢略同。其餘可考的有尚書左右丞、治書侍御史,車前皆三騶。[132]

晉隋間的出行儀仗,與漢代也有不同的地方。隨行的夾轂、白直等隊伍,不見於漢代,[133] 隊伍又多有鼓吹,[134] 更重要的是,漢代的導車與從車都漸消失,而馬車的行列成爲以牛車爲主的形態,這在墓葬中也有反映。[135] 這種變遷中,牛車取代馬車留待後論,其餘的隨從隊伍則與軍隊形態的改變有關。基本上,用以導從儀衛的本是軍隊,漢代沿襲古代車戰的傳統,戰車仍甚重要,所以用戰車、

---

[132] 《梁書》卷五〇《謝幾卿傳》:"停車褰幔,與車前三騶對飲。"同卷《何思澄列傳》:"遷治書侍御史,宋、齊以來,此職稍輕,天監初始重其選,車前依尚書二丞給三騶,執盛印青囊……"是則治書侍御史在天監前可能非三騶。

[133] 夾轂是護衛於車旁的部伍,是特別挑選出來的精銳。如王敬則以善跳刀補夾轂隊主。(《南齊書》卷二六《王敬則傳》,頁49)白直則專供使役,《隋書》卷二七《百官志中》提及北齊官制:"自州、郡、縣,各因其大小置白直,以供其役。"(頁763)

[134] 六朝鹵簿高者多有鼓吹,《宋書·樂志一》:"應劭漢鹵簿圖,唯有騎執筑。筑即筑,不云鼓吹。而漢世有黄門鼓吹……魏晉世給鼓吹甚輕,牙門督將五校,悉有鼓吹。……"

[135] 魏晉以下墓中畫像磚已很少,壁畫墓也不多,有畫及儀仗者,多是步卒或騎士,如東魏茹茹公主墓之儀仗圖壁畫即是。(湯池《東魏茹茹公主墓壁畫試探》,《文物》1984年4期)東晉時期的(北方約爲十六國)在遼寧的壁畫墓中的車騎圖則是以牛車爲中心。(遼寧省博物館文物隊、朝陽地區博物館文物隊、朝陽縣文化館《朝陽袁台子東晉壁畫墓》,《文物》1984年6期)更多的是車中無圖畫而以陶牛車爲中心,配以騎馬、執仗、鼓吹等俑。見寧夏固原博物館《彭陽新集北魏墓》,《文物》1988年9期。

斧車以象徵權力。但車戰在戰爭中的地位已在減退之中，魏晉以後，南方習水戰，北方多騎兵，取代了車的地位，[136] 用以儀衛者改變，導車、從車遂逐漸消失。

整個說來，魏晉迄隋，出行鹵簿仍是身份的重要象徵，雖然由於墓葬形態的改變，像漢代畫像磚、壁畫之類的車馬行列圖在墓葬中已漸消失，但形諸圖卷者仍有不少。張彥遠在《歷代名畫記》三《述古之秘畫珍圖》云："諸鹵簿圖，不備錄，篇目至多。"又有"大駕鹵簿圖"，這兩條列在曹魏時畫前後，應是魏晉作品。[137] 《宋書》卷五一《宗室傳》：

> （劉）韞人才凡鄙，以有宣城之勛，特為太宗所寵。在湘州及雍州，使善畫者圖其出行鹵簿羽儀，常自披玩。嘗以此圖示征西將軍蔡興宗，興宗戲之，陽若不解畫者，指韞形像問曰："此何人而在擧上？"韞曰："此正是我。"其庸鄙如此。

可見以鹵簿自誇的情形。這類圖卷直至唐代都可看到，[138] 誇耀儀仗之習相沿甚久，只是唐以下圖中以馬、肩輿為主，車已不如前重要了。

五、科品與逾制

從以上對車的形制、車馬行列制度的討論中，可以看出車駕制度的具體內容及其變遷，但是這些制度的作用何在，與實際情形是否相合，都值得進一步討論。首先，略述歷代制定車駕科品的情形。

秦漢以下歷代都有定車服制度之擧。秦一統天下之後，改輿為六尺，乘六馬，形成"車同軌"的局面，又制屬車八十一乘；漢景帝始制官吏車輈之制，這些都已見上文。平帝元始三年夏，王莽奏車服制度，及養生、送終、嫁娶、奴婢、田宅、器械之品；始建國元年，又法古改制，"車服黻冕，各有差品"，[139] 但時方動亂，到後漢初，猶未能行。到明帝時纔又定制。《續漢志》卷三〇《輿服下》

---

[136] 參考袁庭棟、劉澤模《中國古代戰爭》中《車戰》、《騎戰》、《水戰》三章，四川省社會科學院出版社，1988，頁 305~388。

[137] 張彥遠《歷代名畫記》，收於《美術叢刊》第二輯，臺北：中華叢書編審委員會，1964，頁 46。

[138] 參考周一良《魏晉南北朝史劄記》，北京：中華書局，1985，頁 165~166，"鹵簿圖"條。

[139] 見《漢書》卷一二《平帝紀》，頁 355；同書卷九九中《王莽傳》，頁 4103。

劉昭注引蔡邕《表志》云:

> 永平初,詔書下車服制度,中宮皇太子親服重繒厚練,
> 浣已復御,率下以儉化起機,諸侯王以下至于士庶,嫁娶
> 被服,各有秩品,當傳萬世,揚光聖德。

永平是東漢制度較嚴的時代,其提倡儉德含有壓抑諸侯王、防止反側等政治目的。永平秩品,成了東漢一代遵循的制度,到了桓帝時還加重申。[140] 此後代有改變。晉義熙時,徐廣奉詔撰車服儀注;宋孝武二年,江夏王義恭及竟陵王誕上表改革諸王車服制度。[141] 北朝方面,北魏孝文帝延興中,曾令李詔修改車服羽儀制度;北齊文宣帝也曾詔改吉凶車服制度,"各爲等差,具立條式,使儉而獲中"。至於北周,由蘇綽依周禮立制,後由盧辯續成"車服器用,多依古禮,革漢、魏之法"。可說有了較大的變遷。[142] 到了隋,承齊周之制加以改革。煬帝時,閻毗立議,對輦輅車輿多所增損。大業二年又命尚書令楊素、吏部尚書牛弘、大將軍宇文愷、內史侍郎虞世基、禮部侍郎許善心"制定輿服,始備輦路及五時副車。……五品巳上給犢車、通幰,三公、親王加油絡。……下至胥吏,服色各有差"[143]。

定制的目的與作用,可分幾點討論。

第一,科品制度具有宗教性與儀式性,象徵新王朝之新時代。如秦即爲其例,王莽的車服差品也有宣告新朝的意義。此外,歷代王朝車服制度中,有一大半是偏重於皇帝之祭祀、郊天、祭祖、婚喪等禮節,其車服形制之爭議,如"輅"制,一大半集中於此。這種儀式關係政權的正當性、是否受天命等觀念,自然是定制的動機之一。又如北魏世祖真君三年,親至道壇,從寇謙之言,備法駕,旗幟盡青,"以從道家之色也。自後諸帝,每即位皆如之"。[144] 北周宣帝改元大象,自比上帝,"車服旗鼓皆以二十四爲節","倍於前王之數"。[145] 這些都含有宗教及儀式的作用,但對實際政治社會影響不大。

[140] 《後漢書》卷七《桓帝紀》,頁299。
[141] 《晉書》卷八二《徐廣傳》,頁2158;《宋書》卷一八《禮五》,頁521~522。
[142] 《北史》卷三九《李詔傳》,頁886;同書卷七《齊本紀·文宣帝》,頁245~246。《周書》卷二四《盧辯傳》,頁404。
[143] 《北史》卷六一《閻毗傳》,頁2184;《隋書》卷三《煬帝紀上》,頁65。
[144] 《魏書》卷一一四《釋老志》,頁3053。
[145] 《北史》卷一〇《周本紀下·宣帝》,頁375;《周書》卷七《宣帝》,頁125。

　　第二,基於嚴禁奢侈的立場。例如以上永明定制,在於"率下以儉化起機",齊文宣時所謂"儉而獲中"皆是。李斯云:"凡古聖王,飲食有節,車器有數,宮室有度,出令造事,加費而無益於民利者禁,故能長久治安。"谷永也指出"……天下乃天下之天下,非一人之天下也。王者躬行道德……宮室車服不逾制度。"[146] 他們都認爲車服制度是對統治者的一種限制,是對上而言的。然而對下而言,上之所定制,往往不在限制臣下之"奢",尤在著眼於其"僭"。例如《史記·秦始皇本紀》:"始皇帝幸梁山宮,從山上見丞相車騎衆,弗善也。"[147] 始皇之所以不善,恐不在其奢,而在其僭,政治忌諱應該是重要因素,故以車服制度來分別尊卑纔是最重要的考慮。

　　第三,防僭越、序尊卑、別士庶。漢成帝詔云:"聖王明禮制以序尊卑,異車服以章有德,雖有其財,而無其尊,不得逾制。"因此車服制度是配合身份地位而有。當時王吉也指出:"古者衣服車馬貴賤有章,以褒有德而別尊卑,今上下僭差,人人自制……"強調了車制甄別尊卑的作用。[148] 東漢馬援認爲馬的作用:"安寧則以別尊卑之序,有變則以濟遠近之難。"[149] 晉李重提到漢代何以特重車服的理由,他説:"降及漢魏,因循舊跡,王法所峻者,唯服物車器有貴賤之差,令不僭擬以亂尊卑耳。至于奴婢私產,則實皆未嘗曲爲之立限也。"宋孝武帝建元二年,有司奏言中也説:"禁嚴漢律,諸侯竊服,雖親必罪。自頃以來,下僭彌盛。"[150]《北史·李彪傳》載彪上封事云:"第宅車服,自百官以下至於庶人,宜爲其等制,使貴不逼賤,卑不僭高,不可以稱其侈意,用違經典。"車制中許多規定都是基於此一理由。例如前述宋江夏王義恭上疏:"車非軺車,不得油幢;平乘船皆下兩頭作露平形,不得擬象龍舟。"[151] 北周宣帝甚至規定:"天下車皆渾成爲輪(按:即不得有車輻),禁天下婦人皆

〔146〕《史記》卷八七《李斯傳》,頁2560;《漢書》卷八五《谷永傳》,頁3466~3467。

〔147〕《史記》卷六《秦始皇本紀》,頁257。

〔148〕《漢書》卷一〇《成帝紀》,頁324~325;同書卷七二《王吉傳》,頁3064~3065。

〔149〕《後漢書》卷二四《馬援傳》,頁840。

〔150〕《晉書》卷四六《李重傳》,頁1310~1311;《宋書》卷一八《禮五》,頁521~522。

〔151〕《宋書》卷一八《禮五》,頁521~522。同書卷六一《江夏王義恭列傳》:"車非軺車,不得油幢。"

不得施粉黛，唯宮人得乘有輻車，加粉黛焉。”[152] 雖然極不合理，遭致民憤，但反映了貴賤等級對車制的影響。

六朝由於嚴士庶之分，更加强了等級的分劃。如晉護軍將軍羊琇乘羊車，爲劉毅所彈，詔曰：“羊車雖無制，猶非素者所服。”[153]《晉書·王宏傳》載宏代爲司隸校尉：“於是檢查士庶，使車服異制。”士庶異制的具體内容不詳。不過苻堅與張祚都曾有極端的規定。苻堅下令：“非命士已上，不得乘車馬於都城百里之内。金銀錦綉，工商、皂隸、婦女不得服之，犯者棄市。”北凉之張祚自署凉王，下令：“禁四品以下不得衣繒帛，庶人不得畜奴婢、乘車馬。”[154] 庶人不得乘車馬的規定過嚴，其他政權似尚無此規定，但從第三節官吏車飾看來，一般人民不得以銅飾車、不得張幰、也不能有表中的其他車飾是可斷言的。至於良賤之别，也被强調，如宋即規定騎士、卒、百工不得“以銀飾器物、張帳、乘犢車”[155]。

第四，爲維持身份與地位。這與上述抑奢侈之考慮恰相反，爲恐其“不及”，同樣是爲了甄别身份。漢代要有一定的資産纔能擔任官吏，其用意之一，即在維持與其身份相符的配備。《史記·禮書》提及禮的作用，除了“防其淫侈”之外，還要“救其凋敝”。《漢書》卷五《景帝紀》所説：“吏者，民之師也，車駕衣服宜稱。”景帝鑒於吏出入閭里“無吏體”，爲使吏的車服能稱其位，命六百石以上以朱車轓的方式來標明身份。哀帝時黄門郎任猶等上書，認爲哀帝既尊生母爲“共皇太后”，車馬衣服就應符合“皇”的身份，不應不及。[156] 仲長統在《昌言》中説：[157]

> 彼君子居位爲士民之長，固宜重肉累帛，朱輪四馬。今反謂薄屋者爲高，藿食者爲清，既失天地之性，又開虚僞之名……

---

[152]《北史》卷一〇《周本紀下》，頁380。
[153]《宋書》卷一八《禮五》，頁501。
[154]《晉書》卷一一三《苻堅載記》，頁2888～2889；《魏書》卷九九《張祚傳》，頁2196。
[155]《宋書》卷一八《禮五》，頁518。按《太平御覽》卷七七五《車部四》引《晉令》：“百工不得服大絳紫、假髻真珠、璫珥文犀、玳瑁越疊以飾路張乘犢車。”此段文字頗多缺文，如與《宋書》比對，當爲“張帳、乘犢車”，是晉時已有此令。
[156]《漢書》卷八六《師丹傳》，頁3505～3506。
[157]《後漢書》卷四九《仲長統傳》，頁1655。

因此，科品的作用在於使車服符合身份。上文提及貢禹要賣田以備車馬，其因在此。

以上四點中，儀式性姑且不論，僭奢與不及皆在所禁，而其實際，是否能行呢？上文提及漢之嚴制，雖親必誅，可見僭越者常被抑，實際例子中也有不少。例如漢景帝時梁孝王"車服擬於天子"被劾。武帝時淮南王"爲黄屋蓋乘輿，出入擬於天子"。宣帝時霍禹亦作乘輿輦，爲被誅罪名之一。[158]《漢書》卷七六《韓延壽傳》：

> 延壽在東郡時，試騎士，治飾兵車，畫龍虎朱爵。延壽衣黄紈方領，駕四馬，傅總，建幢棨，植羽葆，鼓車歌車。功曹引車，皆駕四馬，載棨戟。五騎爲伍，分左右部，軍假司馬、千人持幢旁轂。歌者先居射室，望見延壽車，嗷咷楚歌。延壽坐射室，騎吏持戟夾陛列立，騎士從者帶弓鞬羅後。令騎士兵車四面營陳，被甲鞮鍪居馬上，抱弩負蘭。

延壽飾兵車以龍虎朱爵，植羽葆，連功曹引車也用駟馬，故以"上僭不道"的罪名被處死。漢武帝拜江充爲"直指綉衣使者"，禁察逾侈，貴戚近臣多被舉，充請没收車馬，並將違者充軍，貴戚叩頭求哀，以錢自贖，得數千萬。[159] 東漢陳留太守富宗以車服侈縱被誅，[160] 董卓於郊天時乘諸侯王所乘的金華青蓋車，蔡邕直陳："遠近以爲非宜。"卓於是改乘公卿所乘的皂蓋車。[161] 宋張劭鹵簿過盛，被王華所劾。南齊高帝自述殺黄回的原因："啓請御大小二輿，吾乃不惜爲其啓開，政恐得輿，復求畫輪車。"北魏李彪被劾"坐輿省禁，輒駕乘黄……"除名。齊文襄帝下令禁斷第宇車服婚姻送葬奢僭無限者。[162] 從這些例子看，僭侈之禁曾不斷被强調，不能説没有實際作用。此外，也有不合體制而被處罰的例子。如前漢韋玄成在祀孝惠廟日，以天雨淖，不駕駟馬車而騎至廟下，有司奏削列侯爲關内侯；鮑宣爲豫州牧，出外乘傳行部時，去法駕（駟馬），駕一

〔158〕《史記》卷五八《梁孝王世家》，頁 2089；同書卷一一八《淮南衡山列傳》，頁 3077～3078；《漢書》卷六八《霍禹傳》，頁 2950。

〔159〕《漢書》卷一五《江充傳》，頁 2177。

〔160〕《後漢書》卷三三《虞延傳》，頁 1151～1152。

〔161〕《後漢書》卷六〇下《蔡邕傳》，頁 2005。

〔162〕《宋書》卷六三《王華傳》，頁 1676；《南齊書》卷二九《王廣之傳》，頁 547。《魏書》卷六二《李彪傳》，頁 1391；《北史》卷六《齊本紀》，頁 233～234。

馬，舍宿鄉亭，爲郭欽所奏免官；陳遵除汝南守，以“乘藩車入閭巷”被陳崇奏免，皆其例。[163]

從上述的例子中，可見科品還是有相當的作用。不過制度的實行常是與時推移。例如漢初高祖規定“賈人不得衣絲乘車”，[164] 這是賤商政策，所謂“雖有其財，而無其尊，不得逾制”。但是車是財富的象徵，商人不可能無車。武帝時，命令商賈軺車比一般人多收一倍的稅（二算），可見商人有不少軺車，而《史記·貨殖列傳》也明白指出：“軺車百乘，牛車千兩……亦比千乘之家。”後漢末的商賈，更是“牛馬車輿，填塞道路”，[165] 可見此令推行的時間甚短。車作爲一種財富象徵，具有經濟能力者皆得擁有，逾制的情形也就普遍了。

前漢以來，逾制的記載不斷。武帝時“公卿大夫以下，爭于奢侈，室廬輿服僭于上”。西漢的京師，“列侯貴人，車服僭上”。嚴安也上疏說：“今天下人民用財侈靡，車馬衣裘宮室皆競修飾……臣願爲民制度以防其淫……”大臣如辛慶忌，“性好輿馬，號爲鮮明，唯是爲奢”。王吉一族，“皆好車馬衣服，其自奉養極爲鮮明”。[166] 富人陰氏“輿馬僕隸，比於邦君”。[167] 皆前漢著例。後漢明帝在申明科禁詔中指出：“車服制度，恣極耳目。”李固被奏“出入逾侈，輜軿曜日”。[168] 王符指出：“今京師貴戚，衣服、飲食、車輿、文飾、廬舍皆過王制，僭上甚矣。”[169] 崔寔在《政論》中提及輿服隳壞的情形：[170]

> 律令雖有輿服制度，然斷之不自其源，禁之又不密，
> 而欲絕之……戶躡僭奢矣。……法度既隳，輿服無限。

可見輿服制度遭嚴重破壞。當時宦官之黨“車馬服玩擬於天家”，權貴對法度也多陽奉陰違。如劉祐爲司隸，爲權貴所憚，“時權貴子弟

〔163〕《漢書》卷七三《韋玄成傳》，頁3110；同書卷七二《鮑宣傳》，頁3068；同書卷九二《陳遵傳》，頁3711～3712。

〔164〕《史記》卷三〇《平準書》，頁1418。

〔165〕《後漢書》卷四九《王符傳》，頁1633。

〔166〕《史記》卷三〇《平準書》，頁1420。《漢書》卷二八下《地理志下》，頁1643；同書卷六四下《嚴安傳》，頁2809；卷六九《辛慶忌傳》，頁2997；卷七二《王吉傳》，頁3068。

〔167〕《後漢書》卷三二《陰興傳》，頁1133。

〔168〕《後漢書》卷二《明帝紀》，頁114～115。同書卷六三《李固傳》，頁2084。

〔169〕王符《潛夫論》（汪繼培箋本，臺北：世界書局，1975），《浮侈》，頁54。

〔170〕崔寔《政論》（收於嚴可均輯《全後漢文》卷四六），頁4～5。

罷州郡還入京師者，每至界首，輒改易輿服，隱匿財寶，威行朝廷”。類似的例子如袁紹，罷官歸汝南，車徒甚盛，將入郡界，纔辭去賓客云：“吾輿服豈可使許子將（許劭）見。”以單車歸家。[171] 曹魏以下逾制者也不少，如曹爽“飲食車服，擬於乘輿”；何曾“帷帳車服，窮極綺麗”；阮佃夫“室宇豪麗，車服鮮明”；魚弘“玩服車馬，皆窮一時之絕”。何勗、孟靈休並以餚膳、器服、車馬相尚。謝靈運“車服鮮麗”。皆爲例證。[172] 傅咸云：“古者大夫乃不徒行，今之賤隸乘輕驅肥。”周朗云：　“見車馬不辨貴賤，視冠服不知尊卑。”[173] 可見當時逾制情況已嚴重混淆了貴賤尊卑的界限。

逾制的情況如此多,然則“制”的作用何在呢？大體上,法度只對具有政治忌諱的僭越特別注意。前面提到的梁孝王、霍禹、韓延壽諸例都是觸及政治忌諱,甚至有謀反之嫌,因此其重點尤在於“僭”,只奢而不僭不構成大罪。從前兩節所述看來,輿服制度的另一重點是官僚等級的區劃,只要不用代表官僚身份高低的飾件及標誌、不用官方規定的儀仗(如伍伯之類),政府是無從管起的。故民間在政府儀仗之外,出入連車騎的例子也很多。[174] 尤其政府對民間典禮,如婚、喪、祭等場合一向不大干涉,如婚禮,“富貴嫁娶,車軿各十,騎奴侍童,夾轂節引”的情形不易禁絕。[175] 送葬數千輛亦然。祭祀如《三國志》卷一注引《魏書》載漢末青州城陽景王之祀,“賈人或假二千石輿服導從作倡樂……歷世長吏無敢禁絕者。太祖到,皆毀壞祠

---

[171] 《後漢書》卷七八《宦者列傳·曹節》，頁 2526；同書卷六七《黨錮列傳》，頁 2199；同書卷六八《許劭傳》，頁 2234。

[172] 《三國志》卷九《曹爽傳》，頁 284～285。《晉書》卷三《何曾傳》，頁 989。《宋書》卷三○《五行志》，884。《梁書》卷二八《魚弘傳》，頁 422。《南史》卷一五《徐湛之傳》，頁 436；同書卷一九《謝靈運傳》，頁 538。

[173] 《晉書》卷四七《傅咸傳》，頁 1324～1325。《宋書》卷八二《周朗傳》，頁 2098。

[174] 例如司馬相如去官歸蜀，“從車騎，閑雅甚都”。周暉兄弟，“出入從車常百餘乘”。見《史記》卷一一七《司馬相如傳》，頁 3000～3001；《後漢書》卷四五《周暉傳》，頁 1539。

[175] 王符前揭書，頁 55。按：婚禮是人生大事，往往允許逾制，稱爲“攝盛”。俞正燮《癸巳存稿》（臺北：商務印書館，1971）卷二《婚禮攝視議》：“《儀禮·士婚禮》云：‘主人爵弁……乘墨車，從車二乘……’注云：‘主人，婿也。墨車，漆車。士而乘墨車，攝盛也。’《唐書·車服志》云：‘庶人昏，假絳公服，百官女嫁、廟見攝母服。’《明史·輿服志》云：‘庶人婚，許假九品服。’亦攝盛也。《大清會典·禮部·婚禮》云：‘……士昏禮得視九品官，庶民輿服采飾均得視士’，是亦視九品官，皆攝盛也。”按禮，士當乘棧車，故乘大夫所乘之墨車爲攝盛。漢代有無攝盛的規定不可知，但觀俞氏所引，歷代皆有類似的規定。

屋，止絕官吏民不得祠祀。"可見甚至採用官方儀仗也久未被禁止。

如前所說，就輿服制度而言，原則上過與不及皆在所禁，但事實上政府對逾制問題較爲注意，即輿服只可不及而不可過。一般也將制度的破壞歸因於"逾制"，卻往往忽略了"不及"也會帶來制度的變遷。其實有能力"僭越"者畢竟是少數，整體士風的"薄屋者爲高，霍食者爲清"影響更大，牛車之取代馬車與此有相當關係。

六、牛車的興起

從漢末到魏晉以下，車駕制度發生了很大的變化，其特點之一，是"以賤入貴"的現象，以往平民所用的驢車、牛車都爲上層階級所用，[176] 牛車甚至進入車騎行列（鹵簿）制度中（見上），成爲士大夫的常乘。這種變化需要從牛車興起的過程及時代背景來理解。以下先叙述牛車興起的情形。

古代的"車"大多指馬車而言，而牛車是大車，常用以載物，也是一般平民所乘。前漢乘牛車者，如遊俠朱家，"衣不完采，食不重味，乘不過駒牛"。蔡義家貧，"常步行，好事者乃爲義買犢車，令乘之"。朱雲居田間，"時出乘牛車從諸生"。宣帝外祖母家破敗隱匿，帝後求得，時乘黃牛車，百姓謂之"黃牛嫗"。[177] 除了貧者乘牛車外，基層官吏也有乘牛車者。秦簡《秦律十八種》中的《金布律》規定，都官有秩吏及其分支機構的嗇夫、佐、史，每十人分配牛車一輛，並配有趕車的"僕"，十人以下也各有規定。這些牛車應是下層官吏執行公務所共用，至於是用以乘坐或用以載物已不可知。[178] 不過從漢簡中看，一般民衆與下層官吏乘牛車者，可能是載物兼載人。[179] 至於上層階級乘坐牛車都有特別原因，例如漢初，在

---

[176] 關於驢，《續漢志》卷一三《五行一》："靈帝於宮中西園駕四白驢，躬自操轡……於是公卿貴戚轉相放效，至乘輜軿以爲騎從，互相侵奪，賈與馬齊。"是當時皇帝公卿亦流行駕驢。《後漢書》卷三六《張霸列傳》："常乘驢車至縣賣藥。"

[177] 以上見《史記》一二四《遊俠列傳》，頁3184。《漢書》卷六六《蔡義傳》，頁2898；同書卷六七《朱雲傳》，頁2916；同書卷九七上《外戚傳》，頁3961。

[178] 睡虎地秦墓竹簡整理小組《睡虎地秦墓竹簡》，北京：文物出版社，1990，頁58～59。

[179] 例如《居延漢簡》43.13："□部吏陽里大夫封辣年廿八長七尺二寸黑色牛車一兩五月戊戌出□□—□□" 280.3："□書佐忠時年廿六長七尺三寸黑色牛車一乘第三百九十八出"；334.33："驪軒萬歲里公乘兒倉年卅卅長七尺二寸黑色劍一已入牛車一兩"關於漢簡中的車馬問題，將於《漢簡中的車馬》一文中討論，此處不贅。

秦末大亂之後，民生凋敝，"自天子不能具鈞駟，而將相或乘牛車"。
武帝削諸侯之權後，諸侯及其後代"貧者或乘牛車"。始元五年，有
一男子乘黃犢車詣闕，自稱是失蹤的衞太子。東漢光武提倡節儉，
法禁甚嚴，以至使宗室諸王、外家諸親"至或乘牛車，齊於編人"。
皆其著例。[180] 總之，牛車不是窮人下吏所乘，就是破落的諸侯所
乘。上層階級除了特殊情況外，大部分乘的是馬車。

　　但到了東漢後期，牛車逐漸流行，乘坐者已不只是一般平民，
還包括許多富貴之家。例如劉寬爲順帝時司徒劉崎之子，曾出行，
有人失牛，就寬車中認之，寬下駕步歸，是三公子亦乘牛車。[181]
《後漢書》卷七八《單超傳》載桓帝時的宦官：

　　　　其後四侯轉橫……其僕從皆乘牛車而從列騎。

呂思勉認爲其駕牛車而不駕馬車，是因爲屬僕從身份，[182] 但如比較
其他例子，則此一説法難以成立。例如同時代的北海人孫賓碩也是
"乘犢車，將騎入市"，孫賓碩是北海大族，"闔門百口"，[183] 而亦如
此。這種以牛車爲中心，騎馬者爲隨從的出行隊伍（"乘牛車而從列
騎"），正與魏晉以下車駕出行的新形態相合。乘坐者並非無馬，但
卻駕牛車，馬則用以從行，説明牛車已漸取代馬車。官吏方面，如
魯肅自云若投降曹操，"猶不失下曹從事，乘犢車，從吏卒，交遊士
林，累官故不失州郡也"。呂虔檄王祥爲別駕，祥弟覽替他準備車牛
纔應召。[184] 其實當時乘牛車的不只這些"下曹從事"。漢獻帝被挾持
遷都安邑時乘牛車姑且不論，其他如曹操贈太尉楊彪駕二牛的"畫輪
四望通幰七香車"，其妻卞氏亦贈彪妻袁氏以自己常乘的七香車。[185]
操又賜奉車都尉糜弘車牛。[186] 孫權也有"車中八牛"。[187] 趙岐被

[180] 《史記》卷三〇《平準書》，頁 1417；同書卷五九《五宗世家》，頁 2104；《漢書》
　　　卷七一《不疑傳》，頁 3037；《後漢書》卷三三《朱浮列傳》，頁 1141～1144。
[181] 《後漢書》卷二五《劉寬傳》，頁 886。
[182] 呂思勉《秦漢史》，臺北：臺灣開明書店，1967，頁 559。
[183] 《三國志》卷一八《張就傳》，頁 551～552，裴注引《世語》。
[184] 《三國志》卷五四《魯肅傳》，頁 1270。《晉書》卷三三《王祥傳》，頁 987～988。
　　　按：王祥事在漢末。
[185] 獻帝牛車見《三國志》卷六《李催傳》。曹操及其妻贈楊彪夫婦牛車見《曹操集·
　　　文集》（北京：中華書局，1959）卷三《與太尉楊彪書》，頁 63 及殷芸《小說》
　　　（魯迅《古小說鈎沈》本，臺北：盤庚出版社，1978），頁 105～106。
[186] 《三國志》卷八《公孫淵傳》，頁 257，裴注引《魏名臣奏》。
[187] 《三國志》卷四七《吳主權》，頁 1132～1133。

征，自乘牛車南説劉表；丁斐從曹操南征，以家牛私易官牛。[188] 是牛車普遍流行於上層階級。《晉書·輿服志》總結其發展云：

> 古之貴者不乘牛車，漢武帝推恩之末，諸侯寡弱，貧者至乘牛車，其後稍見貴之。自靈、獻以來，天子至士遂以爲常乘……

可見牛車的地位已完全建立。

晉至隋牛車的使用，宋程大昌、清錢大昕都已舉了一些例證，[189] 這裏再稍加説明。車駕鹵簿中有不少牛車，已見上文。其極端的例子是隋皇帝屬車八十一乘，全是牛車。《晉書·武帝紀》：“有司嘗奏御牛青絲絇斷，詔以青麻代之。”是皇帝不只屬車用牛，亦嘗自乘。北魏天興五年，牛大疫，輿駕所乘巨犗數百頭亦同日斃於路側，可見魏室輿駕用牛甚多。[190] 北齊皇帝納后也是以牛車相迎。[191] 漢代賞賜臣下常用馬車，而此時常用牛車。例如晉魏舒被賜陽燧四望繐户皂輪車牛一乘；晉明帝賜劉超官外厩牛；劉裕賜吳隱之車牛；南齊武陵昭王因牛羸弱，給副御牛一頭；南齊高宗並以常所乘白輸牛賜蕭穎胄；北魏時高允被賜蜀一頭、四望蜀車一乘；趙黑卒，贈車牛二十乘；齊獻武王給常景車牛四乘。[192] 王公大臣乘牛車的記載很多。《晉書·王衍傳》：“遷太尉……時洛陽危逼……而衍獨賣車牛以安衆心。”同書《王導列傳》載導妻曹氏性妒，知導在外密營別館，將往，導恐妾被辱，遽登車，急以所執麈尾柄驅牛而進。《南齊書·謝超宗傳》：“司徒褚淵送湘州刺史王僧虔，閣道壞，墜水；僕射王儉嘗牛驚，跣下車。超宗撫掌笑戲曰：‘落水三公，墮車僕射。’”褚淵曾將所乘黄牛給招提寺，死後由其弟贖回；

---

[188] 《後漢書》卷六四《趙岐傳》，頁2124；《三國志》卷九《諸夏侯曹傳》，頁289，裴注引《魏略》。

[189] 程大昌説見於馬端臨《文獻通考》（上海：商務印書館，1936）卷一一九，頁1072。但程氏將“服牛乘馬”之“乘”説成騎馬，因而説“上古駕車則皆用牛，無用馬者”是一種誤解，其實“乘馬”即是以馬駕車。錢大昕之説見《廿二史考異》（臺北：鼎文書局，1979）卷二〇《晉書三·輿服志》條，頁409～411。

[190] 見《魏書》卷九一《晁崇傳》，頁1943～1944。

[191] 《隋書》卷九《禮儀四》，頁177～178。

[192] 《晉書》卷四一《魏舒傳》，頁1188；同書卷七〇《劉超傳》，頁1875～1876；同書卷九〇《吳隱之傳》，頁2342；《南齊書》卷三五《武陵昭王曄傳》，頁625～626；同書卷三七《蕭穎胄傳》，頁666；《魏書》卷四八《孫綽傳》，頁1088～1089；同書卷八二《常景傳》，頁1806；同書卷九四《趙黑傳》，頁2017。

是三公輩多乘牛車。[193] 梁宗室蕭曄爲晉陵太守,常乘折角牛;蕭琛爲吳興太守,郡有項羽廟,前後太守到任都殺軥下牛以祭,琛獨禁止,可見歷任太守也都乘牛車。[194] 北朝方面如北魏北海元王詳與咸陽王禧、彭城王勰並被召入,共乘犢車;宗室元仲景爲中尉,每向臺,駕赤牛,號"赤牛中尉";爾朱世隆封王,亦駕牛車。[195] 若照《北齊書·琅邪王儼傳》所説見御史中丞出行,"王公皆遥住車,去牛,頓軥於地,以待中丞過",則王公無不乘牛。至於士大夫乘牛車的例子甚多,不備舉。

牛車的發展,也反映在當時墓葬陪葬品及裝飾的變化上。前漢墓中偶有牛車,但多是用爲馬車的陪襯,用以載物。例如西漢前期江陵鳳凰山八號墓的遣策載,"牛車一乘,載□□三束",[196] 同地的一六七號墓有明器木輻車二乘,牛車一兩,牛車載薪用。[197] 西漢末的武威磨咀子墓中有木輻車、牛車,牛車内有穀物,顯然也是用以載物。[198] 到了東漢,墓葬中的牛車如武威雷台墓中銅車馬之外,已有載人的銅牛車,旱灘坡的木俑牛車更有窗子,並以紙糊窗,内坐一俑(圖一七)。[199] 濟南城南張的畫像石,一牛車坐三人,後從三人(圖一八)。山東滕縣西户口畫像石,一牛車坐二人,從一騎(圖一九)。山東滕縣大郭村畫像石牛車坐二人(圖二十)。這些車的車廂都不長,顯然專供坐乘,而非載物之車,其車廂及兩扶手,形制已與北魏出土的載人牛車無別(圖二一)。山東濟寧的一組畫像石,除了馬車行列外,也有了牛車行列,顯然風氣已有改變。[200] 魏晉以下的墓葬中,馬車幾已消失,大多是牛車。例如江蘇金壇縣方麓的東吳墓即有陶牛車,南京象山東晉琅邪王氏的墓、濟南市東八里洼北朝墓、河北獲鹿(今鹿泉市)的北魏東梁州刺史

〔193〕 事見《南齊書》卷二三《褚澄傳》,頁432。
〔194〕 《南史》卷五二《蕭曄傳》,頁1304;《梁書》卷二六《蕭琛傳》,頁397。
〔195〕 《魏書》卷二一上《北海王詳傳》,頁561~562;同書卷一九上《景穆十二王上》,頁444;同書卷七六《爾朱世隆傳》,頁1670~1671。
〔196〕 見李均明、何雙全編《散見簡牘合集》,北京:文物出版社,1990,頁59。
〔197〕 江陵鳳凰山一六七號漢墓發掘整理小組《鳳凰山一六七號漢墓發掘簡報》,《文物》1976年10月。
〔198〕 見甘肅省博物館前揭《武威磨咀子三座漢墓發掘簡報》,《文物》1972年第12期,頁13。
〔199〕 見甘博文《甘肅武威雷台東漢墓清理簡報》,《文物》1972年第2期。党壽山《甘肅省武威縣旱灘坡東漢墓發現古紙》,《文物》1977年第1期。
〔200〕 夏忠潤《山東濟寧發現一組漢畫像石》,《文物》1983年第5期。

圖一七　東漢,甘肅武威旱灘坡木牛車
模型,收於《甘肅省武威縣旱灘坡東漢
墓發現古紙》,《文物》1977 年第 1 期。

圖一八　東漢,濟南城南張出土,牛車坐
三人,隨三人,《山東漢畫像石選集》圖
153。

圖二十　山東滕縣大郭村出土,東漢,西
王母畫像。下欄牛車坐二人,羊車坐二人,
羊身有翅。《中國美術全集·繪畫編》第
18 冊,圖 25。

圖一九　東漢,山東滕縣出土,延
光元年。第六層二人乘牛車,從一
騎。《中國美術全集·繪畫編》第
18 冊,圖 40。

圖二一　牛車,收於《彭陽新集北魏墓》,《文
物》1988 年第 9 期,頁 39。

閭靜墓也都有牛車（圖
二二、二三）。[201] 北魏元
劭墓出土陶牛車側有兩
窗（圖二四），彭陽新集
北魏墓中出土的牛車是
與一大批騎馬、步行、鼓
吹等俑一起，顯然構成以
牛車爲中心的行列，牛車

圖二二　魏晉時期墓磚，甘肅嘉峪關6號墓，取自《漢唐壁畫》。

圖二三　收於《南京象山5號、6號、7號墓清理簡報》，《文物》1972年第11期。

圖二四　北魏元邵墓出土陶牛車，側有兩窗，輪輻以塗朱表示。《中國美術全集·雕塑編》第3冊，圖110。

圖二五　冬壽墓，公元357年左右，高句麗北朝鮮黃海道發現。此爲鉤摹圖，見土居淑子《古代中國の畫像石》，圖版頁21。

輪轂及兩側擋板塗朱，象徵其
身份。[202] 這種以牛車爲中心，
以步、騎、鼓吹相從的形態，
出可在西安草場坡北朝墓的明
器中看出。[203] 在壁畫方面，遼
寧朝陽袁子台東晉的壁畫墓也
是以牛車爲中心，與此時、地相
近高句麗冬壽墓（安岳三號墓）
中的大行列圖（圖二五），以張
幰牛車爲中心，步、騎爲從，清

[201]　常州市博物館、金壇縣文管會《江蘇縣方麓東吳墓》，《文物》1989年9月。南京市博物館《南京象山5號、6號、7號墓清理簡報》，《文物》1972年第11期。山東省文物考古研究所《濟南市東八里洼北朝壁畫墓》，《文物》1989年第4期。河北省正定縣文物保管所《河北獲鹿發現北魏東梁州刺史閭靜遷葬墓》，《文物》1986年第5期。

[202]　新集北魏墓，見寧夏固原博物館前揭文。

[203]　閻磊《西安南郊草場坡北朝墓的發掘》，《考古》1959年第6期。

楚地顯現當時的風氣。[204] 北齊馮翊郡王高潤墓東壁的壁畫有牛車出
行圖,[205] 而東安郡王婁叡墓的壁畫,其墓道兩側是騎馬出行及歸來隊
伍、軍樂儀仗,甬道有門衛儀仗,墓室中則畫有牛車儀從。牛車張卷通
幰,赤輪華轂,金飾諸末,有卷棚及帷帳(圖一一)。[206] 墓葬所顯示的
牛車行列,基本上與當時乘牛車的情況相合。

　　從魏晉以下人對牛車的觀念及風尚,也可看出牛車的發展。例如
潘岳用牛車來影射當時的政治,《晉書》卷五五《潘岳傳》:

　　　　時尚書僕射山濤、領吏部王濟、裴楷等並爲帝所親遇,岳
　　內非之,乃題閣道爲謠曰:"閣道東,有大牛。王濟鞅,裴楷
　　鞧,和嶠剌促不得休。"

這與以往用駕馭馬車來作譬者不同。[207] 牛車的形制代表身份地位,
陸雲在《牛責季友》一文中即假牛之口道出一般人的願望:[208]

　　　　今子之滯,年時云暮。而冕不易物,車不改度。子何不
　　使玄貂左弭、華蟬右顧,令牛朝服青軒,夕駕輶輅,望紫微而
　　風行,踐蘭塗而安步?

當時名士清談則用牛來評論人物。《世說新語·品藻篇》載龐統評陸
績、顧劭:[209]

　　　　陸子所謂駑馬有逸足之用,顧子所謂駑牛可以負重致
　　遠。或問:"如所目,陸爲勝邪?"曰:"駑馬雖精速,能致一人
　　耳。駑牛一日行百里,所致豈一人哉?"

如龐統之言,則牛車勝過馬車。同書又載:[210]

　　　　明帝問周伯仁:"真長(即劉惔)何如人?"答曰:"故是千
　　斤犗特。"王公笑其言。伯仁曰:"不如捲角㹀,有盤辟之好。"

---

[204] 袁子台東晉壁畫墓見注135。冬壽墓大行列圖部分鉤摹圖,見土居淑子《古代中國の
　　　畫像石》,京都:同朋社,1986,圖頁21。
[205] 見湯池《北齊高潤墓壁畫簡介》,《考古》1979年第3期。
[206] 參考山西省考古研究所、太原市文物管理委員會《太原市北齊婁叡墓發掘簡報》,《文
　　　物》,1983年第10期,頁1~23。王天庥、鄧林秀、陶正剛《婁叡墓壁畫略説》,《中國藝
　　　術》創刊號,1985.7,頁5~15。
[207] 例如《尚書·五子之歌》:"予臨兆民,懍乎若朽索之馭六馬。"漢代崔駰的《車左銘》、
　　　《車右銘》、《車後銘》三文皆以御馬車爲喻,見《崔亭伯集》(張溥《漢魏六朝百三名家
　　　集》本),頁4~5。
[208] 陸雲《陸雲集》卷六,黃葵點校本,北京:中華書局,1988,頁123。
[209] 見余嘉錫《世說新語箋證》,臺北:華正書局,1984年9月,頁500。
[210] 同上書《排調篇》,頁797。

伯仁以千斤䯂牛不如㸬牛之從容雅步，固是士族風氣，但當時人愛好牛車，希望得到的不是"駕牛"，而是"快牛"。例如王濟有牛名"八百里駁"，[211] 王愷與石崇賽牛車，愷不及，遂賄崇之都督及御車人，取得駕馭密訣。[212] 晉人賽牛，亦猶周人賽馬，故馬有千里，牛號八百。[213] 苟晞也有千里牛，往來兖州與洛陽。[214] 石勒母語勒："快牛為犢子時，多能破車。"[215] 宋時宗愨有佳牛堪進御，官買不肯賣，竟坐免官。[216] 當時人對車牛講究極精，宋劉德願善御車，可以打牛從狹窄的兩柱間穿過，孝武帝聞其能，使御畫輪車；南齊陳顯達諸子與王敬則諸兒並精車牛，而"當世快牛稱陳世子青，王三郎烏，呂文顯折角，江瞿曇白鼻，而皆集陳舍"。梁時宗室西豐侯正德及樂山侯正則皆好牛馬，號"西豐駱馬，樂山烏牛"。[217] 皆可見尚牛之風。

綜觀上述，可以看出牛車自後漢漸興，魏晉以下有取代馬車的趨勢。這個變化的原因何在呢？尚秉和指出：[218]

　　蓋自武帝征匈奴後，馬少，貧者不能置，故乘牛車。而諸侯王尤國之貴族，亦乘牛車，於是社會慕之，乘者漸多，演為風俗。

尚氏將此一變化歸因於馬少及對貴族的仿效兩點。關於諸侯王乘牛車的問題，從上文的引證可知，是少數沒落的貴族因貧而乘，恐怕不能造成整個社會風氣的改變。至於馬少，則可能是原因之一，但東漢正是車馬出行最為講究之時，馬少在當時似乎並不明顯。勞榦指出："漢末大亂，馬數驟減，牛車之用漸廣，遂代馬車而作乘人之車。"余嘉錫也有類似的看法，[219] 將馬少歸因於漢末以下之動亂較為合理。東晉南朝地處江南，不産馬，而多牛。馬的供應有賴掠奪、對外貿易、外交饋

[211] 《晉書》卷四二《王濟傳》，頁1206。
[212] 見前揭《世說新語箋證》，頁881。
[213] 見尚秉和前揭《歷代社會風俗事物考》，頁145，"晉世因尚牛車故貴人賽牛"條。
[214] 《晉書》卷六一《苟晞傳》，頁1667。
[215] 同上書，卷一〇六《石季龍載記上》，頁2761。
[216] 《宋書》卷七六《宗愨傳》，頁1972。
[217] 劉德願事見《宋書》卷三〇《五行志》，頁891 及同書卷四五本傳，頁1376。陳顯達諸子見《南齊書》卷二六《陳顯達傳》，頁490 及《南史》卷四五《陳顯達傳》，頁1134。蕭正德見《南史》卷五一本傳，頁1280。
[218] 尚秉和前揭《歷代社會風俗事物考》卷九，頁140，"西漢士大夫因貧始乘牛車"條。
[219] 見勞榦前揭書，考證之部，頁20，《車馬一》。余嘉錫前揭書，頁37 之箋證。

贈以及西南山區所產，[220] 少數的馬又多用於戰爭，雖然政府鼓勵養馬，但仍不敷需要，[221] 甚至有時自衞仍用牛車。宋世何承天提出安邊之策，第三點是“纂偶車牛，以飾戎械。……參合鈎連，以衞其衆”[222]。可見馬的缺乏。在此情況下，日常所乘自然用牛，這是時代需要、地域客觀環境之不得不然。

但是牛車的流行南北並無不同，正如李劍農指出的，當時南北都以牛爲主要交通動力。[223] 北方並不缺馬，北朝畜牧業發達，[224] 《魏書·食貨志》載世祖平統萬，以河西爲牧地，馬至二百餘萬匹，牛羊無數。高祖即位，復以河陽爲牧場，恒置戎馬十萬匹。在不缺馬的情況下，何以也用牛車？何況再缺馬，也不至連皇帝都無馬可用，而必須用牛來充副車。事實上，如前所説，漢末以下車隊行列是“乘牛車而從列騎”，主人乘牛車，馬則用爲隨從，無論南北，官吏出行隊伍中並不缺馬，上述晉迄南北朝墓葬中步、騎儀衞的牛車行列即其明證。所以馬少、用於戰爭也許是牛車流行的部分原因，可以解釋一般人爲何乘牛車，卻無法完全解釋上層階級車制的變化。其實馬少，正可以顯示有馬者地位之高，何以馬車反失其重要性呢？

佛道思想的盛行似乎也可解釋部分事實。佛道都尚牛，道教有老子騎青牛（駕青牛車）的傳説。[225] 在東漢的一些畫像磚中，西王

---

[220] 參考黎虎《六朝時期江左政權的馬匹來源》，《中國史研究》1991 年第 1 期，頁 101～111。

[221] 《宋書》卷八二《周朗傳》載朗上書以爲馬少，“令重車弱卒與肥馬悍胡相逐”，自然失敗。所以主張“募天下使養馬一匹者，蠲一人役，三匹者，除一人爲吏，自此以進，階賞有差。”（頁 2096）孝武孝建三年五月下令：“荆、徐、兗、豫、雍、青、冀七州統內，家有馬一匹者，蠲復一丁。”可説採取了周朗之策。（見同書卷六《孝武帝紀》，頁 118）

[222] 《宋書》卷六四《何承天傳》，頁 1708。

[223] 李劍農《魏晉南北朝經濟史稿》，北京：三聯書店，1959，頁 92 及 115～117。

[224] 參考陳文華《中國古代畜牧業的主要成就》，頁 259～323，收於所著《論農業考古》，南昌：江西教育出版社，1990。

[225] 《史記》卷六三《老子韓非列傳》，頁 2141，集解引《列仙傳》：“老子西遊，關令尹望見有紫氣浮關，而老子果乘青牛而過也。”按此處所謂乘青牛，當指乘青牛車，不是騎牛。皇甫謐《高士傳》卷上《老子李耳》條：“以周德衰，乃乘青牛車去。”《太平御覽》卷七七三《車部二》引《關令內傳》：“果見老君乘青牛車來過。”皆云牛車。六朝甚崇尚青牛，例如宋宗室劉德嗣弟名青牛、智藏，顯然與道家有關。（《宋書》卷三九《桂陽王休範列傳》，頁 2051～2052）又《陳書》卷五《宣帝本紀》：“監豫州陳桃根於所部得青牛，獻之。”青牛在當時人觀念中，似具辟邪之效，晉代裴濟的《裴子語林》有一則故事：宗岱爲青州刺史，禁淫祀，著《無鬼論》甚精。有一書生與之辯，不能勝，憤然説：“君絕我輩血食二十年，君有青牛髯奴，所以未得相困耳；奴已叛，牛已死，今日得相制矣。”言絶不見，不久而岱亡。又梁劉孝威有《辟厭青牛畫贊》，收於《全梁文》卷六一，頁 12。

母圖像下每有牛車，如山東滕縣大郭村畫像石中，西王母像下層有牛車載二人，後隨羊車亦載二人，羊身有翅（圖二十）；滕縣西户口西王母像磚下層牛車載三人，後隨一輛載三人羊車及雙馬車，山西離石一石，一牛輻車在雲霧間，[226] 這些都顯示當時人觀念中牛車的地位已不低。至於佛教，來自尚牛的印度，佛爲“牛王”，佛跡爲“牛跡”，佛教對牛至爲重視。《妙法蓮華經》（《法華經》）曾以羊車、鹿車、牛車三品象徵聲聞乘、緣覺乘與菩薩乘，牛車即菩薩乘，是佛教徒追求的目標。《法華經》的譯本有幾種，一是西晉太康七年竺法護口授記錄的《正法華經》，另一種是姚秦弘始八年鳩摩羅什所譯的《妙法蓮華經》，還有更晚的譯本，但其影響力都不及鳩摩羅什的譯本大。當時的佛教徒熟悉三乘之説，如謝靈運的《緣覺聲聞合贊》云：“肇元三車，翻乘一道。”[227] 北朝盛行造像，佛像下往往刻供養人與牛車（圖十、二六）[228] 可能是受此影響。牛車的地位並不低似乎可以解釋何以高官也乘牛車，不過，這種説法不能解釋何以牛車在佛教尚非十分普遍的東漢末已流行，也無直接證據證明牛車流行與此有關。

圖二六　北周供養人及牛車，《北周王令猥造像碑》，《文物》1988 年第 2 期。

　　從實際的角度看，交通工具的使用，方便應是重要考慮之一。牛車重心較低，較易駕馭，具有較大的載負力及耐力，車廂寬敞舒適，[229] 價格也比馬車低，也許是流行原因之一。不過由漢迄隋，牛車駕系方法似乎沒有太大的改變，我們沒有足夠的資料從技術上解釋這種變化。但

〔226〕　見中國美術全集編輯委員會《中國美術全集·繪畫編》第 18 冊《畫像石畫像磚》，上海：人民美術出版社，1988，圖三二及圖一八七。

〔227〕　顧紹柏校注《謝靈運集校注》，河南：中州古籍出版社，1987，頁 309。

〔228〕　這種例子很多，例如陝西臨潼的北周造像碑。其碑陰即刻有牛拉篷蓋車，車前一人執杖前導，車後隨二人。見趙康民《陝西臨潼的北朝造像碑》，《文物》1985 年 4 期。又如此周王令猥造像碑下部刻兩牛車，其一有“忘息女口乘車供養佛時”等字，另一則刻五個供養者的同樣字句。見吳怡如《北周王令猥造像碑》，《文物》1988 年第 2 期。

〔229〕　一輛馬車最多載三人，而牛車可載多人，其車廂較馬車爲寬敞。根據上文所引龐統的話，牛車所載較馬車爲多，又《九章算術》第六卷《均輸》，上海：上海古籍出版社，1990，頁 52 有牛車載粟二十五斛、六人共車的記載。

是，相對於牛車的發展，當時對馬的使用卻有相當的突破。魏晉南北朝時期，由於騎戰的發展、馬具的改良（例如馬鐙的出現[230]），都使騎馬風氣逐漸普遍，這種情形北朝更爲明顯。對當時北方遊牧民族而言，馬用於騎乘可能比用於駕車更爲方便。例如上述婁叡墓壁畫中，除了牛車外，也有墓主騎馬的出行圖。[231]，騎馬風氣使馬的使用觀念發生改變，用於駕車者相對減少，牛車遂漸比馬車爲普遍。

但是技術上的原因也並不充分，因爲在騎馬風氣之前，牛車即已流行於上層社會。如果回顧上述牛車興起的經過，則不能不承認東漢是關鍵時期，牛車的發展是透過東漢長期的醞釀，尤其東漢後期更值得注意。因此要探究其興起原因，不能不在東漢社會中尋求，而其關鍵的問題則是東漢的士風。如前所說，牛車在民間的使用本即較馬車爲廣，我們要探究的不是其在民間的應用，而是它如何進入上層階級，並影響了車駕制度，因此魏晉士族的前身——漢末名士的風尚特別值得注意。

東漢自光武倡名節之後，逐漸形成優美的士風。選舉必采名譽，而名譽以"清"爲最高標準，"羸車敗馬"本是其特徵。尤其中期以下，主荒政謬，士子奮起，力糾時弊，形成了"清流"。這些士人在入仕之後，仍保留了清儉之風，其標榜民間常乘之柴車葦轂（大多是牛車）是很自然的，車駕的變化因此而生。根據學者研究，東漢的許多士人之家，即使是歷世二千石的世家，也都標榜清白，多陷貧困。[232] 如楊震之卒，以牛車載歸。靈帝時太尉李咸，退休由其子駕敝牛車返家。[233]清流領袖如任司隸校尉的李膺，曾與郭泰共載薄笨車（牛車）。[234] 許荆爲吏無船車。王暢爲南陽守，豪族相尚奢靡，暢車馬羸敗，以糾其弊。[235] 初平中，袁忠爲沛相，乘葦車到官。[236] 建安初，時苗爲壽春令，

[230] 馬鐙的發展在魏晉以後，而同時馬鞍及其他馬具也改進不少，更便騎乘。參考楊泓《中國古代馬具的發展和對外影響》，《文物》1984年第9期。
[231] 參考前揭《太原市北齊婁叡墓發掘簡報》，《文物》1983年第10期，頁16～18。
[232] 見矢野主稅《門閥社會成立史・序章》，東京：國書刊行會，1976，頁4～15。
[233] 楊震事見《後漢書》卷五四《楊震傳》，頁1767，李賢注引《謝承書》。李咸事見同書卷四四《胡廣傳》，頁1511，李賢注引《謝承書》。
[234] 事見前揭殷芸《小說》，頁101。
[235] 《後漢書》卷七六《許荆傳》，頁2471注引《謝承書》。同書卷五六《王暢傳》，頁1825。
[236] 《後漢書》卷四五《袁忠傳》，頁1526。

乘薄簟車、黃犉牛，離任時留其所生犢，云："令來時本無此犢，犢是淮南所生有也。"[237] 士大夫愈窮苦，名愈高，如趙壹乘柴車，名動京師。名士郭泰之卒，自函谷關以西，河內湯陰以北，"二千里笈荷擔彌路，柴車葦裝塞涂，蓋有萬數來赴"。韓康伯賣藥不二價，被徵，乘柴車（牛車）至亭，亭長方發人牛修橋以待"韓徵君"，見他柴車幅巾，以為田叟，便奪其牛，康釋駕與之。仲玉為部從事，柴車駕牛，以荆為屏。[238] 許慶為督郵，家貧乘牛車，鄉里號曰"軺車督郵"，是牛車已被稱為"軺車"，牛車軺之稱，無待於晉。[239] 這些例子皆可見當時士風。相反的，凡是車馬鮮麗者，皆得惡評。如東漢汝南袁、弘農楊並為名族，但袁氏車馬衣服極為奢僭，因此當時認為不及楊氏。[240] 即使車服奢麗的袁氏，亦不敢輕視寒士，前引表紹"士無貴賤，與之抗禮，輜軿柴轂，填接街陌。"可見一時風氣。

這種風氣至魏初猶然。《三國志》卷二三《和洽傳》：

> （洽為丞相掾屬）時毛玠、崔琰並以忠清幹事，其選用先尚儉節。洽言曰："……儉素過中……以此節格物，所失或多。今朝廷之議，吏有著新衣、乘好車者，謂之不清……形容不飾，衣裳敝壞者，謂之廉潔。至令士大夫故污辱其衣，藏其輿服……凡激詭之行，則容隱偽矣。"

《三國志·徐邈傳》載盧欽之言："往者毛孝先、崔季珪等用事，貴清素之士，于時皆變易車服以求名高。"此可見虛偽之弊，但也反映了士大夫的崇尚。這種名位與衣服"不稱"的情況，正是造成車駕制度中"以賤入貴"變化的原因之一。以下一例值得注意。《後漢書》卷八二上《謝夷吾傳》：

> （謝為鉅鹿太守）後以行春乘柴車（柴車，賤車也），

從兩吏，冀州刺史上其儀序失中，有損國典，左轉下邳令。
"國典"即在漢末的士風中逐漸改變。

總之，牛車的興起，原因非常複雜，除了外在環境的變遷外，

---

[237] 《三國志》卷二三《常林傳》，頁662注引《魏略》。

[238] 《後漢書》卷八〇下《趙壹傳》，頁2632。同書卷六八《郭泰傳》，2227。韓康事見注〔61〕。仲玉事見《太平御覽》卷七七六，頁7引《郭林宗別傳》。

[239] 事見《太平御覽》卷七七五，臺北：商務印書館，《四部叢刊三編》本，1974，頁2《軺車》條引《謝承書》。

[240] 《後漢書》卷五四《楊震傳》，頁1790注引《謝承書》。

東漢中葉以下的士風使牛車流行於上層社會也是不可忽視的原因。擴大地説，牛車的發展，是民間原已普遍使用的交通工具，以漢末清流士風爲媒介，而逐漸普及於上層社會。漢末清流是魏晉士族的前身，牛車之進入車駕制度，與士族的發展恰相一致。魏晉以下隨著士族的貴族化，牛車也愈華麗，新的等級區劃因而出現。

七、結　語

明代的王世貞在《藝苑巵言》中指出[241]：

> 凡三代、兩漢皆用馬車，魏晉至梁、陳皆用牛車。元魏君臣有乘馬及牛車者。唐雖人主妃后非乘馬即步輦，自郊祀之外，不乘車也。

從以上引文，可以看出車駕制度變遷的大勢。從漢代的馬車到晉隋的牛車，社會的變動與器物的發展密切相關。在這段時期内，車駕作爲社會地位的象徵，具有相當的重要性。但車駕盛行之同時，另有兩種新的交通工具也已出現，逐漸代替了車的地位，即“肩輿”以及王氏所説的騎馬之風。關於兩者的興起，有待另文討論，這裏僅略述其發展，以爲本文的結束。

肩輿是由“輦”變來的。輦原亦爲車的一種，《宋書·禮五》：“輦車……漢制乘輿御之，或使人挽，或駕果下馬。……未知何代去其輪。”《宋書·鄧琬傳》載，琬將乘車除脚以爲輦，可見其與車的關係。輦以人挽，即是步輦，去其輪，則變爲肩輿。肩輿由於東晉南朝處江南，多山區，士大夫出遊坐乘較便，逐漸流行。士大夫之乘者，如陶淵明，使一門生與二兒舁之；王獻之經吳郡，乘平肩輿入顧辟疆園，皆其例。[242] 不過由於肩輿以人代畜，爲士大夫所反對。所以入唐以後，只有貴戚大臣經特旨纔能乘，真正流行要到南宋以後，[243] 其對車的地位影響較小。

與肩輿相較，騎馬風氣的發展影響較大。漢代士大夫基於體制，

---

[241] 見王世貞《藝苑巵言附録》四，頁 9。收於《弇州山人四部稿》，臺北：偉文圖書公司影世經堂本，1976。

[242] 《晉書》卷九四《陶潛傳》，頁 2462。同書卷八〇《王獻之列傳》，頁 2105。

[243] 關於肩輿（後世之轎）的發展，可參考陳登原《國史舊聞》（臺北：明文書局，1984 影版）卷四六，頁 1415 “轎子”條。歷代轎子禁令的探討參考瞿同祖《中國法律與中國社會》臺北：臺灣崇文書店，1974 影版，頁 117～118。

出必乘車，少有騎馬者（騎者多是下吏），偶有騎者則受糾彈（如前引韋玄成之例），南朝猶然。這種情形唐代的劉知幾曾加討論。他在唐景龍二年主張恢復乘車的上奏中説：[244]

> 古者自大夫已上皆乘車，而以馬爲騑服。魏、晉已降，迄于隋代，朝士又駕牛車……至如李廣北征，解鞍憩息；馬援南伐，據鞍顧盼。斯則鞍馬之設，行於軍旅，戎服所乘，貴於便習者也。案江左官至尚書郎而輒輕乘馬，則爲御史所彈。又顏延之罷官後，好騎馬出入閭里，當代稱其放誕……

知幾所説與《顏氏家訓·涉務篇》所言梁世士大夫"出則車輿，入則扶持，郊郭之内無乘馬者"相合。但由於戰爭頻仍，戎服常用，士大夫之習於騎者也逐漸多起來。如晉的王湛、王濟叔侄皆善騎術，類似例子見於《世説新語》者亦復不少。[245]　至於北朝，起於代北，更善騎射，騎馬風行，不但使馬車的使用漸少，也逐漸影響了車（包括牛車）在出行隊伍中的地位。到了唐，除了特殊場合已不用車。知幾續云：

> 自皇家撫運，沿革隨時。至如陵廟巡幸，則盛服冠履，乘彼輅車。其士庶有衣冠親迎者，亦時以服箱充馭。在於他事，無復乘車，貴賤所行，通鞍馬而已。

可見到了唐，士庶已少有乘車，被騎馬所取代。雖然劉知幾呼籲恢復乘車，已不可行，車的黄金時代可説已完全過去了。

本文於 1992 年 2 月 20 日通過刊登

---

[244] 《舊唐書》卷四五《輿服志》，頁 1949～1951。

[245] 詳見余嘉錫前揭《世説新語箋證》，頁 37 余氏箋證所引各例。

漢隋之間的車駕制度跋

勞　榦

在古代車制之中，馬車大致可分爲軺車及輜車兩大類，軺車爲戰車所改變（論文中的"車之形制與等級區劃"也談到此事），輜車也應爲輜重車所改變。古代戰車之制，是立乘三人，中爲主將，左爲御者，右爲車右（《左傳》閔公元年，"趙夙御戎，畢萬爲右"）。原始的戰車是不用蓋（車傘）的，到變爲乘車就加上蓋。但蓋是富人才買得起的，凡是不夠多資的人，就不一定有蓋（《禮記·檀弓》："仲尼之畜狗死……曰……敝帷不棄，爲埋馬也，敝蓋不棄，爲埋狗也，丘也貧無蓋，於其封也，亦爲之席，毋使其首陷焉。"可見孔子乘車亦不曾有蓋。）秦銅車及漢畫的車都有蓋，不過漢代一般庶民的軺車，是否有蓋，就成問題了。車有蓋，較一般車高，所以稱做高車。釋名釋車，"高車，其蓋高，立乘之車也。"所以高車的高，不僅因爲立乘，而有高蓋更爲重要。一般的軺車原則上都是立乘，如其無蓋，就不是"高車"。這種車蓋一直成爲權威的象徵，直到清末爲止，凡是各地的主管官員，從督撫到知縣，出來時是乘轎（道員以上爲綠色，知府以下爲藍色），在轎子前面，一定有人持一個紅色車蓋，作爲儀仗。這種車蓋，俗稱爲日罩子，到民國時才廢除。

軺車四馬，有蓋有帷（四馬用單轅駕，駕車二馬爲服馬，旁列二馬爲驂馬），這是軺馬的標準形製。但在漢代卻有許多變化，其中最重要的就是把單轅改爲雙轅（但雙轅仍用曲轅，與牛車用直轅的，還是很不一樣），用來駕一馬，如用驂馬，就成爲三馬了。林巳奈夫《漢代の車制》所附的圖，就是雙轅車，在漢畫中也時常看到，只是單轅的還是定制。其次，軺車是立乘的，但在漢畫上顯然已有坐乘的軺車。軺車坐乘，必然形制要有所改變，也就是車輿要增大（前後加長，左右不改）而車軫要變低。車茵的設置，也是爲了坐乘的原故。既然從立乘變爲坐乘，這就可以從前面進出，而後面可以封閉。在本論文中曾特別注意到晉宋以來公卿軺車的後戶，表示是從前方進去的，倘若依照傳統形制的軺事，都是從後面上車，就不可以再多一個後戶了。

軺車中這些演變，是可以溯原到兵車的制度，和常用車制認爲便利的不一樣。兵車的形式，是單轅（輈）駕二馬，從後上車，前方的軫較高(參閱希臘陶瓶,即 vase 上所繪的戰車,和中國古代戰車,也是一樣),這些都是爲了作戰的方便。用單輈而不用雙轅,爲的是單輈牽的兩馬較雙轅下的一馬,在行動上更爲自由,可以盡情地馳騁,而增加攻擊的效用。《漢書》卷五二《竇田灌韓傳》,武帝説諸臣"局趣(即局促)效轅下駒",駒仍是一般的馬(見《史記會注》引中井積德説),只是雙轅下的馬,受到限制,不能行動得十分方便。這是在戰場上用馬的條件,至於在平時,這種條件是不必須的。其實一般乘人的車,一馬即已够用。爲了節省,漢代採用雙轅一馬制(仍是曲輈,與牛車或輂車直轅的,還是不一樣),也是一種合理的發展。

至於從後上車,那也是爲了兵車在前面要裝配防禦性的板或革,而較高的軫也一樣爲了保護直立的戰士。所以也要加高,但對於平時乘車的人,就不必這樣了。至於從後上車,爲了慣性(inertia)的原因總是從後墜車,韓安國就因此貽誤了丞相的任命。如其從前面上車,墜車的機會就減了,這也可能是變更的原因。

論文中詳細地討論過從馬車的廣泛使用,變爲以牛車來代馬車的問題。其中論據都是很好的。現在再來補充一下。論文中特別拿出一部分來討論牛車的被重視,極有見識,所引材料也甚爲充足。對於牛車在魏晉以來社會中重視的原因,也一一舉出,加以分析,在方法上也是正確的。爲了這個問題還有許多難以解決的疑點,因而討論還是必要的。

在西漢時代,牛車和馬車相比,牛車爲貧賤人所乘,那是没有爭論的。《漢書》卷三八《齊悼惠王傳》説,"其後諸侯唯得衣食租税,貧者或乘牛車",這是説原來有分裂趨向的"諸侯"垮了,"貧者或乘牛車"意思明白,所有其他解釋都是錯的。《漢書》卷五九《張湯傳》:"載以牛車,有棺而無椁"和《後漢書》卷五四《楊震傳》章懷注引謝承書:"震臨殁謂諸子,以牛車薄簀載柩還歸。"張湯和楊震的路線,雖然很不相同,但爲了表示清廉和冤抑,情況或有些類似。雖然一在西漢中期,一在東漢晚期,牛車不是華貴車乘,還是同樣的。至於兩漢之際,可由《後漢書·光武紀》(《後漢書》卷一上)"光武初騎牛,及殺新野尉,迺得馬。"得窺馬匹缺乏情形,但依據《後漢書》卷二四《馬援傳》:"從容謂官屬曰,吾從弟少游,常哀吾慷慨多大志,曰士生一世,但取衣食裁足,乘下澤車,御款段馬,爲郡掾吏,守墳墓,鄉里稱善人,斯可矣。"這可能是西漢末年的事。當時郡中掾史，歸里以後，還可以"乘下澤車，御款段馬"，款段馬指慢馬（不是良駒），下澤車大約指下鄉的車（不是盛飾的車）。馬援是扶風人，屬於西北區域，和光武在南陽，屬於中原區域的不一樣。但馬少游和馬援談話時，也可能早一點，是在天下動亂以前。這就論文中引用的東漢時期，比較普遍使用牛車的，多少有些區別。

習慣上的改變，光武帝的提倡節儉，可能是一個催化劑，卻不敢認定爲主要因素，因爲並無光武禁止一般士庶用馬車的證據。在漢高帝時曾禁賈人"衣絲乘馬"，可是後來商人還是違禁"衣絲乘馬"。禁令尚且不能支持久遠，提倡恐怕不一定能形成決定的力量。我覺得論文中引證過的《世說新語·品藻篇》：

> 陸子所謂駑馬有逸足之用，顧子所謂駑牛可以負重致遠，或問，如所目，陸爲勝耶？曰駑馬雖精速，能致一人耳，駑牛一日行百里，所致豈一人哉？

在應用上，牛比馬更爲經濟實用。馬較快速，牛有持久力量。東漢時代，正是南方加速開發時代，本來馬匹已大量減少，再加上長江中下游氣候對於養馬是不適的，東漢開國以來國力已大非昔比，所能控制的邊疆地帶大爲縮小，也影響到馬的來源。漢代也是車制的變革時代，輅車的變化，前文已略爲叙述，牛車系統也是在變化之中，在實用方面走去，漢代兵車已廢棄，輅車只留一個形式。對於缺乏馬匹狀況之下，一般人家中假如還有馬，寧可以採取可以兩用的輂車作爲"下澤車"而不必保留只有虛文的輅車。這種一步一步轉變，經過了幾個世代，到了漢末時期，如論文引《後漢書》卷七八《單超傳》："其後四侯轉橫，……其僕從皆乘牛車而從列騎。"那是本人仍乘馬車，僕從乘牛車，再以騎馬的人隨從牛車，其貴賤之序爲馬車、牛車、單騎，牛車的地位已經昇高，再進一步貴冑之士也乘牛車了。

※ 本文原載《中央研究所歷史語言研究所集刊》第 63 本第 2 分，1993 年。
※ 劉增貴，國立臺灣大學歷史研究所博士，中央研究院歷史語言研究所研究員。

北魏《崔氏食經》的歷史與文化意義

逯耀東

一、《崔氏食經》與崔浩《食經》

元韓奕《易牙遺意》序説："自放生戒殺之教盛於六代，人主日
舉蔬食，士大夫亦有蟹蛤自給，是時食經乃多至百餘卷。"[1] 所謂
六朝的食經"乃多至百餘卷"，隋書經籍志諸子，醫方類有《崔氏食
經》四卷，又《食經》四卷，梁又有《食經》二十卷。新《舊唐
書》的《經籍志》和《藝文志》，先後也著録了《食經》九卷，崔
浩撰。又《淮南王食經》一百二十卷。這些飲食書籍都是以食經爲
名的[2]，可能就韓奕所謂的六代食經。

《隋書·經籍志》著録的六朝食經，到唐以後大部分已經佚亡，
只有首載的《崔氏食經》四卷，兩《唐書》的《經籍志》、《藝文
志》作九卷，崔浩撰，《通志·藝文略》有崔浩《食經》四卷。崔
浩曾撰《食經》，《魏書·崔浩傳》載其《食經》自序，説撰《食
經》九篇。所以，六朝時代的食經著作，在唐以後大多佚亡，但崔
浩所撰的《食經》還是存在的。問題是《隋書·經籍志》著録的
《崔氏食經》四卷，是否即是兩《唐書》的《經籍志》、《藝文志》
所載的崔浩《食經》九卷，該是首先要討論的問題。

北魏高陽太守賈思勰編撰的《齊民要術》，前後引用《食經》
的資料三十七種，計：

〔1〕 韓奕《易牙遺意》（中國古籍叢刊），北京：中國商業出版社，1984，頁1。
〔2〕 六朝飲食書籍除上述外，尚有《食饌次第》一卷，《四時御食經》一卷，《太官食
　　 經》五卷，《太官食法》二十卷，又《食法》，《雜酒食要方》，《白酒并作物法》十
　　 二卷，《家政方》十二卷，《食圖》、《四時酒要方》、《白酒方》、《七日麵酒法》、
　　 《雜酒食要法》、《雜藏釀法》、《雜酒食要法酒并飲食方》、《鮓及鐺蟹方》、《羹臛
　　 法》、《魪腤胊法》，《北方生醬法》各一卷，亡，並不著撰人。案《四時御食經》
　　 即《魏武四時食制》，《文選》，《初學記》，《太平御覽》凡十四引。多爲魚類品種
　　 與産地或與魏武嗜魚有關。自食圖以下各書，姚振宗《隋書經籍考證》謂似即家政
　　 方之篇目。

藏蘘荷法、種名果法、作乾棗法、蜀中藏梅法、藏乾
果法、藏柿法、藏木瓜法、淡竹笋法、作白醪酒法、七月
七日作法酒方、作麥醬法、作大豆千歲苦酒法、作豉法、
橘蒜齏、作芥子醬法、作魚鮓法、作芋子酸臛、蓴羹、蒸
熊法、脏鮓法、白菹、作跳丸法、啖炙、作犬牒法、作餅酵
法、粟飱法、作麫飯法、作葵菹法、藏瓜法、藏越瓜法、
藏梅瓜法、樂安令徐肅藏瓜法、藏蕨法、作飴法、藏菰法、
藏薑法、藏楊梅法。[3]

《齊民要術》引用上述《食經》的資料，也沒有標示作者的姓名。[4]
後來《北堂書鈔》、《太平御覽》、王楨的《農書》、徐光啓的《農政
全書》，分別引用了一些《食經》的資料，也都沒有説出作者是誰。
因此，由於唐段公路《北户錄》卷二《食目》説：“案南朝食品中
有奥肉法，又有脏腊前消法、啖炙、糟肉、範炙、純魚蒸、白瀹肫
法、蜜純煎魚、臉臟、下淡、蓴白魚蟬……經云跳丸炙。”這些食品
的名目，和《齊民要術》所載略同，所謂《經日》即是《食經》，
而認爲《食經》兼有南北口味和南北方物產，南方的味道特別濃重，
則《食經》出自南人手筆。[5]

的確，《齊民要術》所引《食經》與《食次》及《齊民要術》
本身所載的飲食資料，存在著某些南方的味道，但不是主要的。《齊
民要術》的作者賈思勰，曾任北魏高陽太守，或謂他是北魏齊郡益
都人。[6] 北魏的高陽郡與齊郡，都在現在的山東境。《齊民要術》
是一部記載黃河中下游農業生產與技術的書。以這個地區的農畜漁
牧產品制造的食品，南方味道特別濃重，於情於理都説不過去的。

《太平御覽》卷八五六引廬諶《祭法》謂“秋祠用葅消”，但沒
有記載葅消的製作方法。《齊民要術》卷八“菹綠”第七十九條下，
有葅消的製作方法：

---

〔3〕 朱祖延《北魏佚書考》輯《齊民要術》引《食經》遺文三十七條，見氏著書，頁131，中州
古籍出版社，1985。篠田統《中國食物史の研究》頁99，《中世食經考》同。

〔4〕 篠田統《中古食經考》認爲《齊民要術》引《食經》不著作者姓名，因賈思勰爲
北魏高陽太守，崔浩爲北魏逆臣，故不舉名，或是。但《齊民要術》引《食次》亦
不著作者姓名，不知何故。

〔5〕 繆啓愉《齊民要術校釋》卷八《羹臛》第七十六，注30作此論。（北京：農業出版
社，1982）本文引《齊民要術》材料，取自該書，下同。

〔6〕 張廉明《賈思勰家世考》（《中國烹飪》1988年第1期）。

　　　　菹消法：用豬肉、羊肉、鹿肥者、鸁葉細切熬之，與
　　鹽、豉汁。細切菜菹菜，細如小蟲絲，長至五寸，下肉裏。
　　多與菹汁令酢。

又《太平御覽》卷八五六引盧諶《祭法》謂"四時皆用肺䐑"，也
没有製作方法。《齊民要術》卷八"羹臛"第七十六條下：載肺䐑的
製作方法：

　　　　肺䐑法：羊肺一具，煮令熟，細切。別作羊肉臛，以
　　粳米二合，生薑煮之。

盧諶《祭法》，《晉書·盧諶傳》説他"撰祭法傳於世"，《隋書·經籍
志·經部·禮類》，著録了梁有《雜祭法》六卷，《唐書·藝文志·儀注
類》也有盧諶《雜祭法》六卷。《魏書》卷三五《崔浩傳》：

　　　　浩著《食經》叙曰："余自少及長，耳目聞見，諸母諸
　　姑所修婦功，無不蘊習酒食。朝夕養舅姑，四時祭祀，雖
　　有功力，不任僮使，常手自親焉。昔遭喪亂，飢饉仍臻，
　　饘蔬糊口，不能具其物用，十餘年間不復備設。先妣慮久
　　廢忘，後生無知見，而少不習業書，乃占授爲九篇，文辭
　　約舉，婉而成章，聰辯强記，皆此類也。……"

所以，崔浩所撰《食經》主要資料來源，是由他母親口述，崔浩筆
録而成的。清河崔氏與範陽盧氏，是中原一流世家大族，當時世家
大族的婚姻，講究的是門當户對，清河崔氏與范陽盧氏世代聯姻。
崔浩的母親盧氏，即"盧諶孫女也。"[7] 當時世家大族由婦人主持
中饋，也就是崔浩《食經》叙所謂"諸母諸姑所修婦功，無不蘊習
飲食"。因此，盧氏家族的飲食習慣，出現在崔氏家族之中，是不足
爲奇的事。而且崔浩《食經》自叙也説其中一些食品來自祭祀的供
品，盧諶祭法中四時祭祀的菜餚，經過崔浩母親盧氏的口述，記載
在崔浩的《食經》裏，也是非常可能的。上引盧諶《祭法》中的菹
消，並謂"食經有此法也"。所謂《食經》，指的就是崔浩的《食
經》。同時也説明北魏後期賈思勰《齊民要術》所引《食經》，即北
魏前期崔浩所撰的《食經》，這部《食經》並不是出自南人的手筆。
　　《隋書·經籍志》與兩唐書經籍、藝文志所著録的《崔氏食經》

─────────────

〔7〕《魏書》卷三五《崔浩傳》。

與崔浩撰《食經》，應該同是一書。至於一作四卷，一作九卷，卷帙有所不同，則一是以篇爲卷，一是合併而言。[8] 事實上《崔氏食經》流傳至賈思勰之時，已有不同的抄本。《齊民要術》卷八"蒸魚"第七十七引《食經》：

> 蒸魚法：取三升肉、熊一頭、净治、煮令不能半熟，以豉清漬之一宿。生秫米二升，勿近水，净拭，以豉汁濃者二升漬米，令色黄赤，炊作飯。以葱白長三寸一升，細切薑、橘皮各二升，鹽三合，合和之，著甄中蒸之，取熟。蒸羊、肫、鵝、鴨，悉如此。一本：用豬膏三升，豉汁一升，合灑之。用橘皮一升。

所謂"一本"，是另一種抄本。也就是在賈思勰編撰《齊民要術》時所用的《崔氏食經》，至少已有兩種不同的抄本，而烹調的方法也略有不同。食經或食譜一類的著作，流傳時最易相互仿襲，而又因時因地的不同，材料取製的差異，製作與烹飪的方法也有所改變。《齊民要術》卷八"蒸魚法"第七十七：

> 作懸熟法：豬肉十斤，去皮切臠。葱白一升，生薑五合，橘皮二葉，秫三升，豉汁五合調味。蒸若七斗米頃下。

《北堂書鈔》卷七引《食經》作懸肉法，則謂"以豬肉和米三升，豉五升，調米而蒸之，七升米下之"，其烹調法已與《齊民要術》所載製法略有不同。又《北堂書鈔》卷一四五引《食經》有"交趾跳丸法"，其製法"丸如彈丸，作臛，乃下炙煮之。""交趾跳丸法"顯然由《崔氏食經》的"跳丸炙"演變而來。《齊民要術》卷九"炙法"第八十引《食經》：

> 作跳丸炙法：羊肉十斤，豬肉十斤，縷切之，生薑三升，橘皮五葉，藏瓜（瓜菹也）二升，葱白五升，合搗，令如彈丸，別以五斤羊肉作臛，乃下丸炙煮之作丸也。

所以，《北堂書鈔》所引《食經》的"懸肉法"與"交趾跳丸法"，都出自《崔氏食經》。由此可知隋唐以後，南北混同，《崔氏食經》流傳的範圍很廣，甚至遠至嶺南交趾，其製作方法也因地域的不同而有所改變。同時也反映了自東晉以後南北對峙，江左江右的飲食

---

[8] 姚振宗《隋書經籍志考證》。

習慣像當時的文化學術一樣，雖偶有交流卻各自發展。隋唐統一南北以後，南北的飲食習慣也有混同的傾向，發展到後來，甚至於不知其源流了。所以段公路的《北戶錄》，才將源於《崔氏食經》跳丸炙的交趾跳丸法，視爲"南朝食品"。

《齊民要術》所引用的《崔氏食經》，是最接近崔浩原著的飲食資料。這些飲食資料並非來自南方，實際反映了當時中原地區的飲食習慣與生活情況。上述《齊民要術》前後引《崔氏食經》三十七條，實際遠超過此數。因爲《齊民要術》所引《崔氏食經》，有數條同時也見於《太平御覽》，如"種各果法"、"藏楊梅法"、"藏薑法"，所載略同。又《太平御覽》卷八六一引《食經》，"有豬蹄酸羹法、胡羹法、雞羹法、笋篘鴨羹法"，僅叙名目，沒有製法。又《太平御覽》同卷引"食經"，有"芋子酢臛法"，亦無製法。"芋子酢臛法"，《齊民要術》作"芋子酸臛法"，《齊民要術》卷八"羹臛法"第七十六引《食經》：

> 作芋子酸臛法：豬羊肉各一斤，水一斗，煮令熟，成治芋子一升，別蒸之，葱白一升，著肉中合煮，使熟。粳米三合，鹽一合，豉汁一升，苦酒五合，口調其味，生薑十兩，得臛一斗。

此條引《食經》之後，《齊民要術》又列有作鴨臛法、作胡羹法、作胡麻羹法，作瓠葉羹法、作雞羹法、作笋篘羹法，皆不言出自《食經》。但由上述《太平御覽》所引，知這些羹臛的製法都出自《崔氏食經》。《齊民要術》引書的體例，往往是首引著書名，然後下引數條引自同書，不更著名，其先後引《食經》與《食次》叙述烹調方法，大都如此。如是則蒸缹法引《食經》蒸熊法後，有蒸肫法、缹豬肉法、缹豚法、缹鵝法、胡炮肉法、蒸羊法、懸熟法；以及脏、腤、煎、消法第七十八引《食經》脏鮓法後，又有五候脏法、純脏魚法、腤雞、腤白肉、腤豬法、腤魚法、蜜純煎魚法、勒鴨消、鴨煎法等等，即出《崔氏食經》，再加上酒醬製作、餅飯的煮飪等等，《齊民要術》前後引用《崔氏食經》的材料，在百條以上。

綜合以上所述，《隋書·經籍志》著錄的《崔氏食經》即兩唐書經籍、藝文志的崔浩《食經》，《齊民要術》所引的《食經》就是《崔氏食經》，而且《齊民要術》保存了《崔氏食經》豐富的材料。

以這些材料與《魏書·崔浩傳》中的《食經叙》結合起來，這部見於中國目録書記載最古老食經的原來面目，似乎可以復原了。

二、《齊民要術》與《崔氏食經》

《隋書·經籍志》子部"農家類"，有《齊民要術》十卷。魏高陽太守賈思勰撰。賈思勰的生平不詳。《齊民要術》所謂的"齊民"，《史記·平準書》謂"齊民無藏蓋"，又謂"世家子弟富人或鬥鷄走狗馬，弋獵博戲，亂齊民。"齊民，晉灼曰："中國被教之民也。"如淳曰："齊等無有貴賤，故謂之齊民，若今言'平民'矣。"所以，齊民可以解爲中國的平民。所以，《齊民要術》是一部記載當時山東一帶，包括黃河流域中下游，農業技術與人民生活情況的一部著作。

《齊民要術》是一部總結自漢以來《氾勝之書》、崔寔《四民月令》的一部農書。書前有賈思勰的自序，節録了自古以來諸家論稼穡農事要言，特別是漢以來，黃霸、任延、王景、皇甫隆、茨充、杜畿等地方官吏教民耕作及改革農業技術的施政的資料。所以，《齊民要術》可能是賈思勰爲高陽太守時，教民務農桑，民得以免於飢寒的治民資料，而編纂成的一部書。賈思勰在其自序最後説：

> 今采捃經傳，爰及歌謡，詢之老成，驗之行事，起自耕農，終於醯醢，資生之業，靡不畢書，號曰《齊民要術》。凡九十二篇，分爲十卷。卷首皆有目録，於文雖煩，尋覽差易。其有五穀、果蓏非中國所殖者，存其名目而已。種植之法，蓋無聞焉。捨本逐末，賢哲所非，日富歲貧，饑寒之漸，故商賈之事，闕而不録。花草之流，可以悦目，徒有春花而無秋實，匹諸浮僞，蓋不足存。

以上賈思勰的《齊民要術》自序，對其書的體例與篇目的編排以及對材料的採摭與取捨，所謂"捨本逐末"、"日富歲貧"的"商賈之事，闕而不録"，而"徒有春花而無秋實的"花草之流"，無補人民的生計，也不在編輯之列。由此可以瞭解《齊民要術》以實用爲目的，基礎根植於中國傳統的民本思想。所謂民本思想，也就是人民以務農爲本。務農爲本的目的，爲了解決人民食的問題。所以《漢書·藝文志·農家小序》説："播百穀，勸農桑，以足衣食。故八政，一曰食，二曰貨。孔子曰：‘所重民食。’所謂八政以食爲先，食者萬物之始。人所本也。”所以，作爲一個君主，民食是首先要解决的問題。

所謂“知天之天者，王事可成；不知天之天者，王事不可成。王者以民人爲天，而民人以食爲天”[9] 正是這種思想的具體表現。孝文帝遷都洛陽以後，也特別重視這個問題。太和二十年七月丁亥詔：“京民始業，農桑爲本。”又太和二十年五月丙子詔曰：“農惟政首，稷實民先，澍雨豐洽，所宜敦勵。[10] 所以，解决民食問題，是代表天子治理人民的地方官吏的首要任務。高陽太守賈思勰的《齊民要術》，“起自耕農，終於醯醢”，正是這種思想具體的實踐。

“起自耕農，終於醯醢”，是取得民食的過程，《齊民要術》目次的編排就是這個過程的發展，前六卷是農作物及農業副產品的培育，包括糧食、菜蔬、瓜果、竹樹、桑麻的種植與栽培，家禽、家畜及池魚的飼養。後四卷則是食物的貯藏、加工與製作。第七卷第六十三是食物的儲藏技術。第六十四至第六十七是麯與酒的培養與釀造。第八卷六八、六九是鹽的净化。第七十至七十三是豉、醋的製作。第七十四至九卷第八十一，則是各種菜餚的烹飪方法，其中包括了八和齏、作鮓法、作脯腊法、作羹臛法、蒸缹法、脏脂前消法、菹緑法、炙法、脺奥糟苞法。第九卷第八十二至八十七，則是主食的製作方法，包括餅法，粽糉法，煮粿法、醴酪、飧飯、素食。第八十八是作菹並藏生菜法。第八十九是餳餔的作法，第九十至九十一是煮膠及筆墨的製作法。最後第十卷載五穀、果蔬、菜茹非中國所有者，也就是非當時北魏地區所能生産者。

從以上《齊民要術》所列的卷目，反映了當時黄河中下游的中原地區自給自足的農業社會經濟形態。這種社會經濟形態，正是《顔氏家訓》卷一《治家篇》所叙述的情况：

> 生民之本，要當稼穡而食，桑麻以衣。蔬果之畜，園場之所産；鷄豚之善，塒圈之所生。爰及棟宇器械，樵蘇脂燭，莫非種殖之物也。至能守其業者，閉門而爲生之具以足，但家無鹽井耳。

〔9〕《史記》卷九七《酈生陸賈列傳》。
〔10〕《魏書》卷七《高祖紀》。

在這種社會經濟形態下，除了食鹽以外，一切無須外求，"閉門而爲
生之具以足"。《齊民要術》正提供了這樣一個社會生活條件，而且
內容非常豐富。除了飲食之外，還包括治陶、造酒、伐木、製造家
具、煮膠等工藝製作，以及文化生活的筆墨制造。在這種內容豐富
的生活條件支持下，出現醬、菹、虀、鮓、羹、臛、蒸、魚、瀹、
炒、炙、腤、奥、魚、煎、拌、炸、醉、糟、蜜、燒、凍等等多彩
多姿的烹調技術。[11]

《齊民要術》所提供的生活條件，不僅反映了當時農村社會自給
自足的自然經濟形態，同時也表現了永嘉風暴後，黃河流域特殊的
歷史環境。自永嘉風暴後，黃河流域戎狄盜賊交侵，政治社會秩序
澈底破壞，中原士民避走他鄉。有北托慕容氏政權的，有西走涼州
的，有南渡江左的。但還有大批不能背井離鄉遠走他方的，大都糾
合宗親鄉黨，屯聚塢堡據險而守，以逃避戎狄盜賊的侵擾。蘇峻糾
合數千家，結堡本縣。田疇入徐無山，營深險敞平地，躬耕以養父
母，數年間來聚者五千餘家。郗鑒與千餘家俱避於魯國嶧山中等等。
他們爲了求生存而據險築堡自守，不僅躬耕自給，武裝自保，並且
爲了維持塢堡內部的團結安定，形成一系列自我約束的規範，在黃
河流域動亂中，成爲一個自給自足、自治自衛的社會單位。

這些在動亂中原地區的塢堡，爲了解決生存與生活問題，"必居
山險峻之區，人跡難通之地無疑，蓋此不足以阻胡馬之陵軼、盜賊
之寇抄也。凡聚衆據險者，因爲欲久支歲月及給養能自足故，必擇
險阻又可以耕種及山泉之地。其具備二者之地，必爲山頂及溪澗水
源之地，此又自然之理也。"[12] 中原地區人民據險築堡自守，必擇
山險水源之處。但塢堡築於險阻之處，受自然環境的影響，耕地有
限，必須在有限的土地上，積極生產大量的穀物、菜蔬、桑麻，以
解決塢堡避難者的衣食問題。這些作物的種植，分佈在塢堡四周，
由於地少人多，必須改變耕作的制度與耕作的技術。

《齊民要術·雜說》篇謂："凡人家營田，須量己力，寧可少好，

---

〔11〕 邱龐同《讀齊民要術第八、第九卷》。"中國烹飪"編輯部編《烹飪史話》，1986，
北京，頁496。

〔12〕 陳寅恪《桃花記旁證》，《金明館叢稿初編》，上海：上海古籍出版社，1980，頁
168。

不可多惡。"及"觀其地勢，乾濕得所。凡秋收了，先耕蕎麥地，次耕餘地，務遣深細，不得趁多。"這是對小面積土地的精耕深種。然後施肥："凡田地中有良有薄者，即須加糞糞之。"播種："看地宜納粟，先種黑地，微帶下地，即種糙種；然後種高壤白地。其白地，候寒食後榆莢盛時納種，以次種大豆油麻等田。"選苗："山田種強苗，以避風霜；深田種好苗，以求華實也。"瓜菜："如去城郭近，務須多種瓜、菜、茄子等，且得供家。"等等。雖然賈思勰的《齊民要術》總結了漢以來北方農業技術的發展，但在某種程度上，卻反映了永嘉風暴後，黃河流域塢堡農業經濟的特色。所以，賈思勰説他的《齊民要術》，"起自耕農，終於醯醢"，完全是自己生產自己製作，一切無須外求，正是魏晉南北朝時期塢堡自然經濟的社會形態表現。

和《齊民要術》相比，《崔氏食經》表現了當時另一種歷史現象。《齊民要術》引用了衆多《崔氏食經》的飲食資料，事實上，在當時還有較《崔氏食經》更精緻豪華的菜餚資料。《南史》卷四七《虞悰傳》：

> 悰善為滋味，豫章王嶷盛饌享賓，謂悰曰："餚羞有所遺不？"悰曰："何曾《食疏》有黃頷臛，恨無之。"

知何曾有《食疏》傳世。《晉書·何曾傳》説他"日食萬錢，亦無下箸處。何曾之子何劭更甚於其父，"食必盡四方珍異，一日之供，以錢二萬為限。"西晉開國豪門巨卿，奢侈相競，王濟較何氏父子尤甚。王濟妻華陰公主是晉武帝之女。晉武帝幸王濟宅，《晉書·王濟傳》稱其供饌："並用琉璃器……蒸肫肥美，異於常味。帝怪而問之，答曰：'以人乳飲肫。'"這種豪門的烹調方法，是有食譜或食單流傳下來的。虞悰自己就有飲食方。《南史》卷四七《虞悰傳》：

> 武帝幸芳林園就悰求味，悰獻柟及雜餚數十輿，太官鼎味不及也。上就悰求諸飲食方，悰秘不出。上醉後體不快，悰乃獻醒酒鯖鮓一方而已。

豪門之食，甚於太官，當然不是一般普通百姓可以嘗試的。但《崔氏食經》裏的飲食菜餚，卻是當時中原地區士民日常的飲食，這是《齊民要術》引用《崔氏食經》的原因。

從《齊民要術》引用的《崔氏食經》看來，《崔氏食經》對食

品的製作，往往數量都很多，如做跳丸炙用羊肉十斤、豬肉十斤，
另以五斤羊肉作臛，做大膜用大肉三十斤，做白餅用麵一石等等，
又反映了當時黃河流域士民四下逃散，其留在中原地區的，一部分
築堡據險自守，另一部分則在重亂中流徙，從一個邊疆政權過渡到
另一個邊疆政權。崔浩的曾外祖父盧諶就是這樣。《晉書》卷四四
《盧諶傳》：

> 字子諒……州舉秀才，辟太尉掾。洛陽沒。隨（父）
> 志北依劉琨，與志俱爲劉粲所虜。粲據晉陽，留諶爲參軍。
> 琨收散卒，引狗盧還攻粲。粲敗走，諶得赴琨，先父母兄
> 弟在平陽者，悉爲劉聰所害。琨爲司空，以諶爲主簿，轉
> 從事中郎。……諶流離世故，且二十載。石季龍破遼西，
> 復爲季龍所得，以爲中書侍郎、國子祭酒、侍中、中書監。
> 屬冉閔誅石氏，諶隨閔軍於襄國遇害，時年六十七，是歲
> 永和六年也。諶名家子，早有聲譽，才高行潔，爲一時所
> 推。值中原喪亂，與清河崔悦、潁川荀綽、河東裴憲、北
> 地傅暢並淪陷非所。雖俱顯於石氏，恒以爲辱。諶每謂諸
> 子曰：“吾身沒之後，但稱晉司空從事中郎爾。”

盧諶與崔悦、荀綽、裴憲、傅暢都是中原著名的士族，並淪陷
非所。清河崔悦即崔浩的曾祖。《魏書》卷二四《崔玄伯傳》：

> 祖悦，仕石虎，官至司徒左長史、關內侯。父潛，仕
> 慕容暐爲黃門侍郎，並有才學之稱。玄伯少有俊才。號曰
> 冀州神童。符融牧冀州，拜陽平公侍郎，領冀州從事，管
> 征東記室。出總庶事，入爲賓友，衆務修理，處斷無滯。
> 符堅聞而奇之，徵爲太子舍人，辭以母疾不就，左遷著作
> 佐郎。符丕牧冀州，爲征東功曹。……堅亡，避難於齊魯
> 之間，爲丁零、翟釗及司馬昌明叛將張願所留縶。……慕
> 容垂以爲吏部郎、尚書左丞、高陽內史……太祖征慕容寶，
> 次於常山，玄伯棄郡，東走海濱。太祖素聞其名，遣騎追
> 求，執送於軍門。

崔玄伯是崔浩的父親，入魏前曾先後仕於前燕、符秦、後燕。其流
徙於五胡政權方經歷一如其父祖，先後仕於前燕符秦與後燕。這些
世家子弟在五胡政權流轉，並不是隻身飄零，都是舉家流徙的。《魏

書》卷二四《崔玄伯傳》：

> 太祖幸鄴，歷問故事於玄伯，應對若流，太祖善之。
> 及車駕還京師，次於恒嶺。太祖親登山頂，撫慰新民，適
> 遇玄伯扶老母登嶺，太祖嘉之，賜以牛米。

所謂"新民"，是北魏新征服地區的人民。這些新被征服的人民，隨軍流徙，都是舉族而遷，崔玄伯扶母登嶺，即是一例。所以，這批中原士族，在動亂中流離失所，從一個邊疆政權過渡到另一個邊疆政權，在征服者的羽翼下苟延殘喘，唯一的目的就是如何在動亂中保存自己和家族親黨的生命，因而在不斷的流徙中，形成一種危亡相攜、患難共濟的心態。《魏書》卷四八《高允傳》：

> 顯祖平青齊，徙其族望於代。時諸士人流移遠至，率
> 皆飢寒。徙人之中，多允姻媾，皆徒步造門。允散財竭產，
> 以相贍賑，慰問周至。

事實上，高允的經濟並不寬裕，當時北魏的百官都沒有俸祿，高允"常使諸子樵採自給"，而他自己的生活不過"草屋數間，布被緼袍，廚中鹽菜而已"，但仍散財竭產贍賑姻親。至於情況較好的楊氏家族，《魏書》卷五八《楊椿傳》載其誡子孫曰：

> 我家入魏之始，即為上客，給田宅，賜奴婢，馬牛羊，
> 遂成富室。自爾至今二十年……親姻知故，吉凶之際，必
> 厚加贈襚；來往賓僚，必以酒肉飲食。是故親姻朋友無憾
> 焉。

楊氏家族對親姻知故厚加贈襚，廬世度更惠及中表。《魏書》卷四七《虛玄附子度世傳》：

> 度世，李氏之甥。其為濟州也，國家初平昇城。無鹽
> 房崇吉母傅氏，度世繼外祖母兄之子婦也。克州刺史申纂
> 妻賈氏，崇吉之姑女也，皆亡破軍途，老病憔悴。而度世
> 推計中表，致其恭恤。每觀見傅氏，跪問起居，隨時奉送
> 衣被食物，亦存賑賈氏，供其服膳。青州既陷，諸崔墜落，
> 多所收贖。

在動亂中姻戚相攜，同族共居，因而形成北方世族"重同姓"的習慣。《宋書》卷四六《王懿傳》說："北土重同姓，謂之骨肉，有遠來相投者，莫不竭力營贍，若不至者，以為不義。"所以，《顏氏家

訓》卷二《風操篇》説：

> 凡宗族世數，有從父，有從祖，有族祖。江南風俗，
> 自茲已往，高秩者，通呼爲尊，同昭穆者，雖百世猶稱兄
> 弟；若對他人稱之，皆云族人。河北士人，雖三二十世，
> 猶呼爲從伯從叔。

河北士人“雖三二十世，猶呼從伯從叔”，這是北方世族累世同居的
結果。《魏書》卷五八《楊椿傳》：

> 一家之内，男女百口，緦服同爨，庭無間言。

傳稱“魏世以來，唯有盧淵兄弟及播昆季，當世莫逮焉。”《魏書》
卷四七《盧玄傳》：

> 淵、昶等並循父風，遠親疏屬，叙爲尊行，長者莫不
> 畢拜致敬。閨門之禮，爲世所推。謙退簡約，不與世競。
> 父母亡，然同居共財，自祖至孫，家内百口。在洛時有飢
> 年，無以自贍，然尊卑怡穆，豐儉同之。親從昆弟，常旦
> 省謁諸父，出坐別室，至暮乃入。

北方世族累世聚族而居，家族之中財産共有是一個很重要的條件。
《魏書》卷五七《崔挺傳》：

> 三世同居，門有禮讓。於後頻值飢年，家始分析，挺
> 與弟振推讓田宅舊資，惟守墓田而已……（子）孝芬兄弟
> 孝義慈厚……孝暐等奉孝芬盡恭順之禮，坐食進退，孝芬
> 不命則不敢也。雞鳴而起，旦參顏色，一錢尺帛，不入私
> 房，吉凶有須，聚對分給。諸婦亦相親愛，有無共之。

“一錢尺帛，不入私房”，有無共之是北方世家大族生活的一個特色。
但累族共居，一家百餘口，除了有無共之外，同爨共竈也是北方世
族的一個特色。家族之中共同飲食，更是維繫北方世族累世同居的
一個原因。《魏書》卷七一《裴叔業傳》：

> （叔業兄子）植雖自州送禄奉母，及贍諸弟，而各別資
> 財，同居異爨，一門數竈，蓋亦染江南之俗也。

“同居異爨，一門數竈”是江南之俗，中原的世族則是同炊共食的。
《魏書》卷五八《楊椿傳》具體説明了這種現象。其誡子孫曰：“吾
兄弟若在家，必同盤共食。若有近行，不至，必待其還，亦有過中
不食，忍飢相待。”傳稱：

椿，津恭謙，與人言，自稱名字。兄弟旦則聚於廳堂，終日相對，未曾入內。有一美味，不集不食。廳堂間，往往幃幔隔障，爲寢息之所，時就休偃，還共談笑。椿年老，曾他處醉歸，津扶侍還室，仍假寐閤前，承候安否。椿、津年近六十，並登臺鼎，而津嘗旦暮參問，子侄羅列階下，椿不命坐，津不敢坐。椿每近出，或日斜不至，津不先飯，椿還，然後共食。食則津親授匙箸，味皆先嘗，椿命食，然後食。

一族之中共同飲食，食口衆多，這是《崔氏食經》食品製作數量多的原因。家族的飲食由家族中婦女主持，所以，崔浩《食經》叙説："諸母諸姑所修婦功，無不蘊習酒食。"所謂"婦功"也就是《顏氏家訓·治家篇》説的"婦主中饋，惟事酒食衣耳。"也就是婦女在家族主持日常事務。這些日常事務主要的就是衣食。崔浩著有《女儀》（現已不存）。《太平御覽》引見一條："近古婦人常以冬至日，進履襪於舅姑，踐常至之義。"[13] 反映當時婦女在家族中侍奉翁姑衣履情形，其中應有關於飲食的記載，《崔氏食經》其中一個作用就是"朝夕養舅姑"，《崔氏食經》由崔浩母親盧氏口述，就是盧氏主持崔氏家族飲食經驗的累積。

中原士族於動亂中流徙，形成危亡相攜、患難相濟的心理，因而出現了和江南不同的社會形態，那就是家族而居，更因同居共財、同爨共竈得以持久維繫，另一個維持中原世族累世同居的原因，則是世代相傳的家教。所謂家風，自魏晉門第社會形成後，門第之中上自父兄，下至弟子有兩個共同的願望，一則希望門第中人具有孝友的德行，在家族中和睦相處，一則希望能有經史文學的修養，前者是家風，後者是家學，二者合併而言則爲家教。[14] 尤其和睦相處的家風，是維持門第社會不墜的一個重要的因素。所以，魏晉南北朝時期家訓、家誡之作非常盛行。這種家訓、家誡之作在家族中經久以後，形成一種道德規範，最後成爲家族成員奉行率守的禮法。

---

[13] 《初學記》卷四引後魏北京司徒崔浩《女儀》曰："近古婦人，以冬至日進履襪於舅姑。"無"踐常至之義"。

[14] 錢穆師《略論魏晉南北朝學術文化與門第之關係》，見《中國學術思想論叢》（三），臺北：東大圖書公司，1977，頁143。

這些家族成員奉行的禮法，是以儒家道德規範爲基礎，結合了家族生活的實際情況形成的。所以，《顏氏家訓》卷二《風操篇》說：

吾觀《禮經》，聖人之教：箕帚匕箸，咳唾唯諾，執爐沃盥，皆有節文，亦爲至矣。但既殘缺，非復全書；其有所不載，及世事變改者，學達君子，自爲節度，相承行之，故世號士大夫風操。而家門頗有不同；所見互稱長短，然其阡陌，亦自可知。

在家族之中對生者以家風約束規範，對死者則以祭祀表示崇敬。祭祀家族共同的先人，不僅有慎終追遠之意，更是維繫家族成員向心力的重要環節，這也是魏晉門第社會特別重視喪禮的原因。各個家族也有不同的祭法，《隋書·經籍志》有王肅《祭法》五卷、盧諶《雜祭法》六卷、范汪《祭典》三卷，《太平御覽》又引繆襲《祭儀》、徐暢《祭記》等，《唐書·藝文志》有崔浩《婚儀祭儀》二卷。祭法或祭典和家訓、家誡一樣，在當時也是非常普遍的。祭法或祭典除了記載祭祀的儀式之外，並且詳細記載祭祀所用的供品。這些供品最普遍的是食物，多是死者生前所嗜食的。《南史》卷一一《后妃傳》：

永明九年，詔太廟四時祭，宣皇帝薦，起麪餅、鴨臛。孝皇后薦笋鴨卵脯醬炙白肉，高皇帝薦肉膾葅羹，昭皇后薦茗粣炙魚：並生平所嗜也。

祭祀時的供饗，不僅是受祭者生前所嗜，而且四時不同。繆襲《祭儀》所謂“夏祠蒸餅”。“夏祠，和羹筆以蔡；秋祠，和羹筆以葱；春祠，和羹筆以韭。徐暢《祭記》則謂五月，薦新麥起麪餅。范汪祠制，於仲夏薦杏酪，角黍絆；孟冬不用鹹苴。[15] 不同季節用不同的菜果，盧諶祭法有較多祭祀時的供饗記載：四時皆用饊、㑋頭、餳餅、體牢丸。春秋冬祠皆用棗，春夏秋皆用輱血、䭲，夏祠用乳餅，秋祠用菹消，冬祠用荆餳等等。

如前所述，盧諶祭法中某些供饗，同時也出現在《崔氏食經》之中，也就是《崔氏食經》有些菜餚，則是祭祀時的供饗。《齊民要術》卷八“脏法”第七十八引《食經》：

〔15〕 以上諸條分見《食經》、《太平御覽》卷八、五十二等飲食部。

　　　純胵魚法：一名焦魚。用鯉魚。治腹裏，去腮，不去
鱗。以鹹豉、葱白、薑、橘皮、酢，細切，合煮。佛乃渾
下魚。葱白渾用。又云：下魚中煮。沸，與豉汁渾葱白。
將熟，下酢。又云：切生薑令長。奠時，葱在上。大，奠
一；小，奠若大魚。成治准此。

又同卷引《食經》：

　　　鯉魚臢：用大者，鱗治，方寸，厚五分。煮、和，如
鯉臢。與全米糝。奠時，去米粒，半奠。若過米奠，不合
法也。

上引《食經》出現與烹調無關的"奠時"或"半奠"等字眼，同時
也出現在其他食品製作之中。同卷引《食經》：

　　　損腎：奠，亦用八。薑、𧆐，別奠隨之也。
　　　臉臘：細切，將血奠與之，早與血則變。大可增米奠。
　　　爛熟：爛熟肉，臨用，寫臢中和奠。

奠是祭祀時用的供品，中國古代祭祀和宴饗是分不開的，祭祀後的
食品在宴饗中食用。所以，《崔氏食經》中許多食品，是由祭祀時的
奠供品轉變來的。這也是盧諶祭法中的許多祭品，又出現在《崔氏
食經》裏的原因。這些食品的製作不論選材、刀工都比較一般食品
精細，甚至在上碟時也有一定的規定。這些菜餚如崔浩在《食經序》
所說是爲"四時祭祀之用"的。

　　　《齊民要術》反映了永嘉後黃河流域中下游社會經濟情況，《崔
氏食經》則表現了這個時期流徙在中原地區的生活情況，透過這兩
種著作，可能對這個時期動蕩的歷史得到某種程度的瞭解。

三、《崔氏食經》與胡漢糅雜的文化形態

　　　《齊民要術》卷一〇爲"五穀、果蓏、菜茹非中國物産者"。所
謂非中國物産者，也就是當時北魏統治區域不能生産的作物與果蔬。
共列一百四十七種，多出自江南。這些作物與果蔬由於氣候或土壤
的關係，不宜在北方種植。《齊民要術》卷三"種薑"第二十七：

　　　中國土不宜薑，僅可存活，勢不滋息。種者，聊擬藥
物小小耳。

薑産於江南温濕地區，北方氣候寒冷而乾燥，不宜種植。《齊民要

術》卷一○ "廉薑" 條引《吳錄》："始安多廉薑。"始安郡，三國
吳置，故治在廣西桂林。《崔氏食經》有許多菜餚用薑調味，或由江
南輸入。《齊民要術》卷一○引《食經》：

> 藏薑法：蜜煮烏梅，去滓。以漬廉薑，再三宿，色黃
> 赤如琥珀，多年不壞。

又《齊民要術》同卷引《食經》：

> 藏楊梅法：擇佳完者一石，以鹽一斗淹之，鹽入肉中，
> 乃出。曝令乾熇，取杭皮二斤，煮取汁漬之，不加蜜漬，
> 梅色如初，美好，可堪數歲。

又《齊民要術》卷五 "種竹" 第五十一引《食經》：

> 淡竹笋法：取笋肉五六升者，按鹽中一宿，出，拭鹽
> 令盡。煮糜一斗，分五升與一升鹽相和。糜熟，須令冷。
> 內竹笋醎糜中一日，拭之。內淡糜中，五日可食也。

薑、楊梅、笋都是江南產物，此方得之不易，以不同的方法加工貯
藏，可以長久食用。《崔氏食經》主要的資料，來自崔浩母親盧氏，
但其中也有崔浩得自其他的材料。如安樂令徐肅藏瓜法、朗陵何公
封清酒法、蜀中藏瓜法等等。因此，南方的飲食資料與烹調方法，
也出現在《崔氏食經》之中。最使人感到興趣的，便是蓴羹一味。
《齊民要術》卷八 "羹臛篇" 引《食經》：

> 蓴羹：魚長兩寸，唯蓴不切。鱧魚，冷水入蓴；白魚，
> 冷水入蓴，沸入魚與醎豉。又云：魚長三寸，廣二寸半。
> 又云：蓴細擇，以湯沙之。中破破鱧魚，邪截令薄，准廣
> 二寸，橫盡也；魚半體，煮三沸，渾下蓴與豉汁，漬鹽。

上述三種不同的調蓴羹之法，製法各有不同。顯然來自三個不同的
來源，其第一種謂 "唯蓴不切"。事實蓴菜是無法用刀切的。最後一
種製法，所謂 "蓴細擇，以湯沙之"。沙即沟之意，或沙是煠的借音
字，今江南的菜仍謂水中一沙。其製法與今相似。這種蓴羹製法或
傳自江左。崔浩不加選擇，三種蓴羹之法並列，可能他本人並不知
蓴羹如何烹調。

在《食經》 "蓴羹" 條前，還有 "食膾魚蓴羹法" 一味，不知
出自《食經》還是《齊民要術》的原文：

> 芼羹之菜，蓴爲第一。四月蓴生，莖而未葉，名作雉

尾蓴。第一肥美。葉舒長足，名曰絲蓴。五月六月用絲蓴。
入七月，盡九月十月內，不中食，蓴有蝸蟲著故也。蟲甚
微細，與蓴一體，不可識別，食之損人。十月，水凍蟲死，
蓴還可食。從十月盡至三月，皆食瑰蓴。瑰蓴者，根上頭，
絲蓴下茇。絲蓴既死，上有根茇，形似珊瑚，一寸許肥滑
處任用，深取即苦澀。

又説：

> 凡絲蓴，陂池種者，色黃肥好，直淨洗則用。野取，
> 色青，順別鐺中熱湯暫煉之，然後用，不煉則苦澀，絲蓴，
> 瑰蓴，悉長用不切。

至於蓴羹的製法：

> 魚蓴等並冷水下，若無蓴者，春中可用蕪菁英，秋夏
> 可畦種芮菘，蕪菁菜，冬用薺菜以芼之。蕪菁等宜待沸，
> 接去上沫，然後下之。皆少著，不用多，多則失羹味。乾
> 蕪菁無味，不中用。豉汁於別鐺中湯煮一沸，漉出滓，澄
> 而用之。勿以杓抩，抩則羹濁，過不清。煮豉但作新琥珀
> 色而已，勿令過黑，黑則鹹苦。唯蓴芼而不得著葱，韰及
> 米糝菹醋等。蓴尤不宜鹹。羹熟即下清冷水，大率羹一斗，
> 用水一升，多則加之，益羹清儁甜。羹下菜、豉、鹽悉不
> 得攪，攪則魚蓴碎，令羹濁而不能好。

《齊民要術》卷六"養魚"第六十一條下附種蓴法：

> 近陂湖者，可於湖中種之；近流水者，可決水為池種
> 之。以深淺為候，水深則莖肥而葉少，水淺則葉多而莖瘦。
> 蓴性易生，一種永得，宜潔淨，不耐污，糞穢入池即死矣。
> 種一斗餘許，足以供用。

這是古代文獻中，對蓴菜的種植、生產的季節、採取與食用的
方法最詳細的記載。但這些資料可能來自江南，因為北方地理環境
不宜於種蓴。雖然，賈思勰認為"芼羹之菜，蓴為第一"，但北方在
沒蓴菜的情況下，只有不同季節產生的嫩青菜代替，而且烹調的方
法也不同，當然不是張翰"鱸膾蓴羹"之味了。

"蓴羹"，自張翰以後，成為魏晉南北朝時期的"雅食"。《晉
書》卷九二《文苑・張翰傳》稱翰為吳郡張儼之子，與會稽賀循並

入洛陽。傳稱：

> 齊王冏辟爲大司馬東曹掾。……翰因見秋風起，乃思
> 吳中菰菜，蓴羹，鱸魚膾，曰：“人生貴得適志，何能羈宦
> 數千里以要名爵乎！”遂命駕而歸。

張翰命駕而歸，另有政治的原因。但他的秋風起，而是鱸蓴之思，都是非常瀟灑的，後來成爲思念故鄉的代名詞，並且進入詩詞之中。但張翰所思的蓴與鱸產於吳中，非洛陽所出。自來蓴羹就是江南飲食的象徵。《晉書》卷五四《陸機傳》：

> （陸機入洛，見王濟。）濟指羊酪謂機曰：“卿吳中何以
> 敵此？”機云：“千里蓴羹，未下鹽豉。”

乳酪和蓴羹成爲南北食品不同類型的象徵。蓴產於江南，這種“葉大如手，赤圓，有肥，斷著手中，滑不得停也。莖大如著，皆可生食，又可沟，滑美”的水生植物，江南人謂之蓴，[16] 卻在北方飲食中出現，是非常有趣的事。這也説明《齊民要術》或《崔氏食經》中，的確有南方的飲食資料存在。對這些食品都無法實際製作，因爲北方沒有這種材料。當然，某些南方的食品材料在北方可以生產。如澤蒜，《齊民要術》卷三“種蒜”第十九：“澤蒜可以香食，吳人調鼎，率多用此。根葉解菹，更勝葱韭。”北方雖然有野生的澤蒜，但不如“種者美味”，故“要術”有種澤蒜法，可能是從南方引進的，而且將南方的調味方法應用於北方的烹飪之中。

南方和北方的地理環境不同，產生的飲食資料也不相同，因而形成不同的飲食習慣。雖然不同的飲食習慣可以互相交流，但自永嘉風暴後南北對峙情勢遂漸形成，使南北飲食交流的機會減少，但卻沒有完全中斷。往往通過使節的往來，邊境間的關市的貿易，以及通過“邊荒”地區的間道走私，維繫著南北飲食的交流。[17]《南史》卷二八《褚彥回傳》：

> 時淮北屬江南，無復鰒魚，或有間關得至者，一枚直
> 數千錢。人有餉彥回鰒魚三十枚。彥回時雖貴，而貧薄過

---

[16] 《詩經·魯頌》“泮水”孔疏。

[17] 拙作《北魏與南朝對峙時期的外交關係》見《從平城到洛陽》頁 23。又拙作《何處是桃源》，見《且做神州袖手人》，臺北：允晨文化實業有限公司，1989 年，頁 85。

甚。門生有獻計賣之，云可得十萬錢。

即爲一例，《齊民要術》與《崔氏食經》中的南方口味或南方飲食資料，可能是在這種情形下獲得的。不過，這些南味或南方飲食資料，在北方的飲食生活中只是一種點綴，並不足以轉變北方的飲食習慣。在當時的中原地區，和當時的政治文化形態一樣，至少有兩種主要的飲食習慣同時並存，一種是拓跋氏統治者的飲食習慣，一種是中原地區原有的飲食習慣。

雖然，拓跋氏部族進入長城，和農業文化的漢民族接觸以後，其原來草原文化的遊牧形態開始轉變，並且有計劃地從事農業生產。雖然農業生產的範圍擴大，但拓跋氏部族遊牧經濟的畜牧事業，並沒有因此衰退，仍然是國家收入的主要部分，稅收還是以牛馬頭數爲計算單位，對外徵討俘虜品的賜賞仍以畜產爲單位。所以，他們的生活習慣仍然是"食畜產衣其皮"，至於飲食，還是漢烏孫公主歌所謂"以肉爲食，酪爲漿"。[18] 肉是羊肉，酪漿以羊乳製成。這種"以肉爲食，酪爲漿"的飲食習慣，甚至在孝文帝拓跋宏遷都洛陽、厲行華化以後，仍然沒有改變。《洛陽伽藍記》卷三：

> （王）肅初入國，不食羊肉與酪漿等物，常飯鯽魚羹，湯飲茗汁。……經數年以後，肅與高祖殿會，食羊肉酪粥甚多。高祖怪之，謂肅曰："卿中國之味也，羊肉何如魚羹？茗飲如何酪漿？"肅對曰："羊者是陸地之最……唯茗不中，與酪作奴。"

王肅是於太和十七年從南方投奔北魏的，是孝文帝遷都洛陽的時間，經數年，正是孝文帝厲行華化之時，包括禁胡服，斷北語，改姓氏，並且通過中原士族通婚，泯滅彝夷的界限。似乎企圖完全放棄自己原有的文化傳統，融於漢文化之中。但孝文帝拓跋宏本人卻仍堅持持其原有的飲食習慣。

羊肉與乳酪是拓跋氏原有的飲食習慣，臨淮王元孚被阿瓌拘留，每日供給他的給養，就是"酪一升，肉一段"。[19] 長孫嵩隨太武帝代蠕蠕，校獵陰山，曾建議太武帝"多殺禽獸，皮肉筋骨，以供軍

---

[18] 拙作《北魏前期的文化與政治形態》，見《從平城到洛陽》，頁28。

[19] 《魏書》卷一八《臨淮王傳》。

食。"[20] 鱻和茗汁，羊肉和乳酪，是南北不同的飲食習慣。《世説新語·排調篇》：

> 陸太尉詣王丞相。王公食以酪。陸還遂病。明日，與
> 王箋云："昨食酪小過，通夜委頓，民雖吳人，幾爲傖鬼。"

傖鬼、傖人是吳人對北方人的稱呼，不僅説明南北飲食習慣不同，而且南人是不習慣飲乳酪的。王肅對孝文帝之言，不知是阿諛之辭，還是北來數年後已經習慣北方的飲食。不過，有一點卻是可以肯定的，雖然孝文帝傾心中原文化，但仍然維持草原生活的習慣。同時也反映出他所推行的華化，政治的目的超越了他個人的文化理想。

雖然，在拓跋氏統治者的宮廷之中，偶爾也會品嘗南方的食品。《魏書》卷四三《毛脩之傳》：

> 脩之能爲南人飲食，手自煎調，多所適意。世祖親待
> 之，進太官尚書。……常在太官，主進御膳。

毛脩之善爲南人飲食，得到太武帝拓跋燾的歡心，而主進御食。《毛脩之傳》又説崔浩認爲他是"中國舊門，雖學不博洽，而猶涉獵書傳，每推重之，與共論説"。案《南史》卷一六《毛脩之傳》：

> 脩之在洛，敬事嵩高道士寇謙之。謙之爲魏太武帝信
> 敬，營護之，故不死，脩之嘗爲的羊羹薦魏尚書（崔浩），
> 尚書以爲絶味，獻之太武，大悦，以爲太官令。

由是知之，脩之是由崔浩薦於太武帝的，其所獲太武帝歡心的南方飲食，意是羊羹。羊羹應是此味。《魏書》卷八六《孝感·趙琰傳》：

> 嘗送子應冀州娉室，從者於路偶得一羊，行三十里而
> 琰知之，令送於本處。又過路傍，主人設羊羹，琰訪知盗
> 殺，卒辭不食。

毛脩之所調治的羊羹，或即《崔氏食經》中的"胡羹"。《齊民要術》卷八"羹臛"第七十六引《食經》：

> 作胡羹法：用羊脅六斤，又肉四斤，水四升，煮；出脅，切
> 之，葱頭一斤，胡荽一兩，安石榴汁數合，口調其味。

名胡羹，應是草原民族的食品，安石榴即石榴。案《齊民要術》卷七"笨麴並酒法"，即以乾薑、胡椒搗粉，好美安石榴壓汁，置於酒

---

[20] 《魏書》卷二五《長孫嵩傳》。

中。胡羹所用的安石榴數合，或即用安石榴壓汁，毛脩之所治的羊羹，或即以爲基礎，而以南方的烹調手法製成，才能獲得太武帝拓跋燾的欣賞。

據《魏書》前後負責宮廷飲食的，有閹者成軌、趙黑，他們分別是上谷與涼州人。上谷與涼州，都處於草原和農業文化的過渡地帶。這個地區的人，生活在兩種文化之間，對草原文化的生活方式沒有隔閡的困難，能適應兩種不同文化的生活習慣。[21] 由於他們熟悉兩種不同文化的飲食習慣，所以，可以主持宮中的御食。孝文帝遷都洛陽時，成軌即"從車駕南征，專進御食"。另一個主持孝文帝御食的是侯剛。《魏書》卷九三《恩幸·侯剛傳》：

> 字乾之，河南洛陽人，其先代人也。本出寒微，少以善於鼎俎，進鉎出入。久之，拜中散，累遷冗從僕射、嘗食典御。世宗以其質直，賜名剛焉。……詔曰："太和之季，蟻寇侵疆，先皇於不豫之中，命師出討。……剛於達和之中，辛勤行鉎。追遠録誠，宜先推叙。其以剛爲右衛大將軍。"

傳稱侯剛"自太和進食，遂爲典御，歷兩都、三帝、二太后，將三十年。"侯剛主持宮中飲食近三十年。侯剛後改籍洛陽，其先是代人。案《魏書·官氏志》："胡古引氏後改侯氏。"侯剛拓跋部族的部民，[22] 他的烹調技術當然是胡味。他卻是孝文帝飲食的主要負責人，傳稱"高祖不豫，常居禁中，亟夜不懈"地侍候飲食。由此可知孝文帝對其原有的傳統飲食是非常堅持的。

雖然拓跋氏統治者堅持自己的飲食傳統，但在宮廷之內，應是百味雜陳，也有中原甚至南方的飲食存在。這些中原或南方的飲食技術，則由因罪没入宮的婦女帶進拓跋氏的宮廷。按《傅母王遺女墓誌》：

> 因夫與刺史競抗，互相陵壓，以斯艱質，遂入宮，顯祖文明太皇太后時擢知御膳。至高祖幽皇后見其出處，轉當御細達，世宗慎后善其宰調，酸甜滋味允中，又進嘗食鹽。[23]

又《宮一品張安姬墓誌》：

---

〔21〕 拙作《北魏前期的文化與政治形態》，見《從平城到洛陽》，頁28。
〔22〕 姚薇元《北朝胡姓考》頁87内篇第三"内人諸姓"侯氏條下。
〔23〕 趙萬里《漢魏六朝墓誌遺文集釋》圖版三五～三六。

> 諱字安姬，兗東平人也，故兗州刺史張基之孫女，濟
> 南太守張僖之女，年十三，因遭罹難，家戮没宫，年廿，
> 蒙除御食監。[24]

知御監、御細達、嘗食監、御食監等負責宫中飲食的女官，其品序
不見於魏晉后妃傳及官氏志。張安姬墓記説她是"兗東平人，兗州
刺史張基之孫女，濟南太守張僖之女。"魏之濟南郡隸濟州，即劉宋
之冀州，皇興三年更名。案《魏書‧顯祖紀》："皇興元年正月，劉
彧冀州刺史崔道固舉州内附。"誌稱張安姬卒於正光二年，享年六十
五，逆推至皇興初，與其入宫之年十三歲略合。至於王遺女，誌稱
其爲勃海陽信人，她們來自江左或中原地區，因罪没入宫廷之後，
負責宫中的飲食事業，使中原或江南的飲食習慣進入拓跋氏的宫廷
之中。不過這些中原或江南的飲食，並不能影響或轉變拓跋氏宫廷
原有的傳統飲食習慣。

不過，在孝文帝遷都洛陽厲行華化後，這批追隨孝文帝從平城
到洛陽的拓跋氏部民，遠離了他們北方的文化中心，受到更多中原
農業文化與生活習慣的影響，遂漸轉變了他們的飲食習慣。另一方
面，孝文帝强制中原士族和代北大族通婚，企圖以政治力量突破魏
晉以來世家大族累世婚姻的鎖鏈，藉此提高代北大族的社會地位。
這些中原士族之女下嫁代北家族之後，不僅將中原文化帶進拓跋氏
部民的家族之中，同時也將中原的飲食習慣與烹調技術傳入這些家
族之中，[25] 漸漸改變了他們的生活與飲食習慣。

農業和草原文化是兩個不同的類型，基本表現在衣食方面。所
謂"人食畜肉，飲其汁，衣其皮"，表現了草原文化的特質，"力耕
農桑以求衣食"，是農業文化的生活習慣。在兩種不同文化接觸過程
中，首先相互影響的是生活方式。在生活方式中最具體的是飲食習
慣。飲食習慣是一種文化的特質。所謂文化特質，是一種附著文化
類型枝丫上的文化叢中，最小但卻是最强固的基本單位，而且是不
易被同化或融合的。[26] 即使强制兩種不同類型文化相互間的模仿，

---

[24] 趙萬里《漢魏六朝墓誌遺文集釋》圖版三三～三四。
[25] 拙作《拓跋氏與中原士族的婚姻關係》，《從平城到洛陽》，頁159。
[26] Kroeler, A. L. *The Nature of Culture*, p. 101.

但經過雜糅以後，仍然保持原來的狀態，而且是容易分辨的。[27] 這種情況最具體表現在飲食習慣方面。因爲兩種不同類型文化接觸之初，最先相互模仿的是飲食習慣。不過，經過互相模仿與雜糅後，吸收彼此的優點作某程度的改變，但仍然保持其原來的本質。這也是孝文帝拓跋宏遷都洛陽以後，雖然鼓勵他的部民放棄原有的文化傳統，融於漢文化之中，但自己卻堅持原有的飲食習慣之原因所在。

拓跋氏進入長城，直接和漢文化接觸後，在黃河流域建立了他們的政權，不僅結束了永嘉北方的動亂，並且又維持了一百五十年的統治政權。包括崔浩父親在内的中原士大夫，對北魏建國基礎的奠定，都曾作出積極的貢獻。由於他們過去都有與其他邊疆政權合作的經驗，因此，不敢觸動統治者某些草原文化的特質，而使許多草原文化特質被保存下來，形成北魏建國初期，包括官制、禮樂、車服各方面和當時人民生活一樣，"稍潛華典、胡風、國俗雜相糅亂"的形態。[28]

這種雜相糅亂的文化形態，自太祖拓跋珪建國以後，發展到太武帝拓跋燾時期，面臨一個抉擇時刻，也是北魏前期歷史文化轉變的關鍵階段。因爲這時北魏不僅完全統一了黃河流域，而且其勢力又深入西域，這是自漢帝國崩潰以後所没有的現象。另一方面，江南的情勢也在變化，劉宋篡晉自立，形成中國歷史上南北對峙的局面。不過，這時北魏的内部，卻有許多草原與農業文化接觸後所產生的問題等待解決。到底保持原有的文化形態，或是放棄自己文化傳統融於漢文化之中，還是仍然維持雜相糅亂的文化現狀？ 這是拓跋氏部族匆匆採用農業文化的形式，鑄造自己國家，發展到這個時候，需要作一次文化接觸後的調整。在這種情況下，崔浩躍上了歷史的舞臺。[29]

崔浩是一個從中國文化傳統裏熏陶出來的典型知識分子，不僅對中國文化有宗教般的熱識，而且對動亂中没落的門第社會懷有濃厚的感情，更對門第形成的世族政治充滿了懷念與憧憬。但我們卻不能忽略他的一生，完全消磨在這種胡漢雜糅的社會中。在他七十歲生命的前二十年，隨他父親崔玄伯在不同的邊疆政權中流轉，最後隨著他的家族進入拓跋氏政權。因此，在他人格形成階段，就分

---

〔27〕 Herskouits, M. J. *Cultural Anthropology.* (1955) pp. 360~366.

〔28〕 拙作《北魏前期的文化與政治形態》，見《從平城到洛陽》，頁 28。

〔29〕 拙作《崔浩世族政治的理想》，見《從平城到洛陽》，頁 74。

享著兩種不同的文化生活。他的家族所教育他的，是一種行爲模式；他生活的社會所給予他的，卻是另一種形態。尤其進入北魏以後，所面臨的又是一個胡漢雜糅的社會。因此，他掌握了實際政治權力以後，就想對這個社會進行改革，在不觸動現實政權的情況下，實現他的世族政治的理想。[30] 但是他卻忽略了客觀的現實環境，使他的改革變成殘酷的政治鬥爭。這次殘酷的政治鬥爭由修國史不典，觸及拓跋氏部族的諱而展開，使他的家族姻戚及他的支持者數百人同遭殺戮。這真是一個悲劇，不僅是崔浩個人的悲劇，也是一個由文化的衝突轉變爲殘酷政治鬥爭的悲劇。[31]

清河崔氏是北方第一流的世家大族，崔浩則是自東漢以來，經西晉末年"五胡之亂"，留居北方未能南渡的世家的代表。[32] 在動亂中維繫世家持續的，則賴其家教，如前所述，家教由家學與家風二者構成。崔浩是北方的學術領袖，曾注《易》、《詩》、《尚書》、《論語》等儒家經典，又撰《五行論》、《漢書音義》及晉後書等著作，更工書法，這是他家學的表現。至於家風，崔浩有《女儀》、《婚儀》、《祭儀》之作。《崔氏食經》序說明他撰食經的目的是保存其家族中婦女"朝夕養舅姑、四時祭祀"的飲食資料。這正是魏晉以來世家大族家風的實踐，也是他世族理想之所繫。當然，他撰食經還有另一個目的，那就是在胡漢雜糅的社會中，使代表農業文化特質的中原飲食傳統得以持續，這也是崔浩撰《食經》的意義所在。所以，《崔氏食經》不僅是中國最早的烹飪之作，同時也反映了當時歷史與文化的實際情況。

※ 本文原載徐小虎、陳麗宇編《第一屆中國飲食文化學術研討會論文集》，臺北：中國飲食文化基金會，1993 年。

※ 逯耀東，國立臺灣大學歷史研究所博士，國立臺灣大學歷史系退休教授。

---

〔30〕 拙作《崔浩世族政治的理想》，見《從平城到洛陽》，頁 74。

〔31〕 同上。

〔32〕 陳寅恪《崔浩與寇謙之》，《金明館叢稿初編》，頁 107。

椅子與佛教流傳的關係

柯嘉豪

一、前言：坐禮的轉變

南宋大儒朱熹曾爲了禮殿中的塑像與錢聞詩發生一場爭議。朱子“欲據《開元禮》，不爲塑像，而臨祭設位”。然而，錢聞詩“不以爲然，而必以塑像”。爲此，朱子特地考證禮殿塑像應爲何種模樣。他從前人得知，在鄭州的列子祠内，塑像都跪坐於席上；他也聽説“成都府學有漢時禮殿，諸像皆席地而跪坐”。此外，研讀上古的典籍時，朱熹也注意到古人對坐禮的重視，而古時的坐禮（即跪、坐、拜）都是在席子上舉行的。最後朱子寫成《跪坐拜説》一文，討論從上古到南宋坐禮的變遷。對南宋人來説，這些變遷的原因已經模糊不清了。朱子雖指出了古人與宋人在坐禮上的差異，但他並“不知其自何時而變”，更没有追究轉變的緣由。[1]

在朱熹寫《跪坐拜説》之前，蘇東坡曾論及同一個現象：“古者坐於席，故籩豆之長短、簠簋之高下，適與人均。今土木之像，既已巍然於上，而列器皿於地。使鬼神不享，則不可知；若其享之，則是俯伏匍匐而就也。”[2]然而，朱熹與蘇軾的呼籲並没有起什麽作用。宋代以來，禮殿裏的塑像並未席地而坐，而是“巍然”於座位之上。這種現象並不限於禮殿，陸游在其《老學庵筆記》云：“徐敦立言：‘往時士大夫家，婦女坐椅子、兀子，則人皆譏笑其無法度。’”[3]從“往時”兩個字可知，在陸游記載這文時，婦女使用椅子已經没有人覺得失禮了。此外，在

---

〔1〕 朱熹《跪坐拜説》，《晦庵先生朱文公文集》卷六八，頁 1～2，收入《四部叢刊初編》（上海：上海印書館，1919）集部，册一三七。
〔2〕 蘇軾《四十策》，《東坡文集》卷二二，頁 5～6，收入《東坡七集》（臺北：臺灣中華書局，1970）。
〔3〕 陸游《老學庵筆記》，收入《陸放翁全集》（臺北：世界書局，1961）卷四，頁 24。此條也爲俞樾所引用，見《宋時椅子兀子猶未通行》，《茶香室三鈔》卷二七，頁 7，收入《筆記小説大觀續編》（臺北：新興書局，1960）册七。

宋代的婚喪儀式中,椅子爲行禮時的器具。[4] 毫無疑問地,宋代的坐禮本質上發生了轉變:宋人已經從席子移到椅子上了。而朱子等好古的禮儀專家,只能期待尚有機會"革千載之"。[5]

後代的學者下了不少功夫探討坐禮轉變的時期與原因,並指出在坐禮的轉變過程中,最主要的因素很可能是椅子的出現。清代的學者黃廷鑑在《考床》一文中指出,古代的"床"在作用及形制上都與近代的床有所不同。他說:

> 古之床與今之床異。古之床主于坐而兼臥。今之床主于臥而兼坐。床之名同,而床之用少殊。何以言之?古者坐寢皆于地;用席,貴賤有等。凡經言"席",皆指坐席。言"衽",皆指臥席……考床之制,于古未詳。大約如今之榻而小,或與今凳之闊者相類,故可執亦可移。其爲物取于安身適體,宜于衰老疾病之人。故可坐、可倚亦可臥。其設之也于寢室,而不于堂,以供老疾者坐寢之具,及人死襲斂時用之。此皆禮之變,非禮之正也。惟古之寢,以席地爲正。故人死屬纊時,必寢地。[6]

清人王鳴盛也注意到古今坐具的不同,他說:"古人所坐,席皆布於地;故不疑據地致敬,知漢無椅式也。"[7]

文獻、圖像以及考古資料,都證明這些學者的看法是正確的:上古時期的人主要坐於席子上,並不使用椅子。古人坐於席子上的習慣,在現代漢語中仍能看到痕跡。例如,當近代的日本人翻譯英文的 Chairman 時,他們借用了古漢語的"主席"一詞。後來,中國人翻譯英文時又把此詞從日本借回來。[8] "出席"、"入席"等現代漢語的常用詞亦如此。這些詞彙都間接顯示,上古時期正式的交際禮儀通常在席子上舉行。[9]

---

[4] 參見歐陽修《歸田錄》卷二,頁 11,收入《歐陽文忠全集》卷一二七,收入《四部備要》(上海:中華書局,1936)。朱熹《家禮》卷一,頁 2,收入《影印文淵閣四庫全書》(臺北:臺灣商務印書館,1983)冊一四二。

[5] 朱熹《跪坐拜說》,頁 2。

[6] 黃廷鑑《第六弦溪文鈔》卷一,頁 1,收入《叢書集成初編》(北京:中華書局,1985)冊二四六一。

[7] 王鳴盛《十七史商榷》,《箕踞》條,(臺北:廣文書局,1960)卷二四,頁 2。

[8] Lydia H. Liu, *Translingual Practices: Literature, National Culture, and Translated Modernity-China, 1900 ~ 1937* (Stanford: Stanford University Press, 1995), p. 307.

[9] 有關古代席子及席地而坐的習慣,參看尚秉和《歷代社會風俗事物考》(臺北:臺灣商務印書館,1985),頁 281~291;崔詠雪《中國家具史——坐具篇》(臺北:明文書局,1994),頁 15~48。

　　古人非常重視席上的姿態、舉止以及座席的位置。[10] 一般來説，在上古時期，跪坐是士大夫的標準坐法。從當時的圖像來看，在非正式的場合中，男性也可盤膝而坐，但"踞"、"箕踞"以及"蹲"卻被認爲是不禮貌的坐姿。如《吕氏春秋》云："魏文侯見段干木，立倦而不敢息。反見翟黄，踞於堂而與之言；翟黄不説。文侯曰：'段干木，官之則不肯，禄之則不受；今女欲官則相位，欲禄則上卿。既受吾實，又責吾禮，無乃難乎！'"[11] 這段文字也讓我們聯想到《論語·憲問》中，原壤在孔子面前"夷俟"（也就是蹲），[12] 孔子指責他不知禮，並"以杖叩其脛"。此類資料都可説明，先秦之時，蹲是一種不禮貌的姿勢。然而，最不禮貌的坐法是"箕踞"。比如，《史記》載："及高祖時，中國初定，尉他平南越，因王之。高祖使陸賈賜尉他印爲南越王。陸生至，尉他魋結箕倨見陸生。陸生因進説他曰：'足下中國人，親戚昆弟墳墓在真定。今足下反天性，棄冠帶，欲以區區之越與天子抗衡爲敵國，禍且及身矣……' 於是尉他乃蹶然起坐，謝陸生曰：'居蠻夷中久，殊失禮義。'"[13] 可見，當時只有不知禮或故意想得罪對方的人才會箕踞。更有趣的是，據睡虎地秦簡，"箕踞"是驅鬼最靈的方法之一。[14] 也就是説，連鬼也無法接受如此非禮的姿態。[15]

　　綜上所述，對上古人而言，坐法是衡量身份、修養以及心態的重要指標之一，而坐時把膝蓋提高，或把脚伸向前去都被視爲不禮

---

〔10〕　有關坐次的方向，參看余英時《説鴻門宴的坐次》，收入《史學與傳統》（臺北：時報文化出版公司，1982），頁184～195。

〔11〕　《吕氏春秋》卷一五《下賢》，頁9～10，《四部叢刊初編》子部，册六五。

〔12〕　參見李濟《跪坐蹲居與箕踞》，《中央研究院歷史語言研究所集刊》24（1954）：254～255。

〔13〕　《陸賈傳》，《史記》（北京：中華書局，1985）卷九七，頁2697～2698；也載於《漢書》（北京：中華書局，1962）卷四三，頁2111～2112。

〔14〕　雲夢睡虎地秦墓編寫組編《雲夢睡虎地秦墓》（北京：文物出版社，1981），圖版一三一，竹簡871～872。Donald Harper, "A Chinese Demonography of the Third Century B. C. ", *Harvard Journal of Asiatic Studies* 45. 2（1985）：483。據李濟的研究，"箕踞"到了周朝才被視爲不禮貌的坐法。

〔15〕　Jean-Claude Schmitt 描寫中古時期歐洲人的姿態觀念時説，當時："修士具有修士的姿態，騎士有騎士的姿態。在社群之內以及不同社群之間，姿態使得社會的組織具體化。"其實，這段文字也可用來描寫古代的中國。*La raison des gestes dans l'Occident médiéval*（Paris: Gallimard, 1960），p. 16。關於商周時的姿態，請參考李濟《跪坐蹲居與箕踞》及劉桓《卜辭拜禮試析》，載於《殷契新釋》（石家莊：河北教育出版社，1989），頁1～51。有關中古時期的坐姿，參見朱大渭《中古漢人由跪坐到垂脚高坐》，《中國史研究》4（1994）：102～114及崔詠雪《中國家具史》。余雲華《拱手、鞠躬、跪拜——中國傳統交際禮儀》（成都：四川人民出版社，1993）一書，也值得參考。

貌的姿態。顯然，在這套禮節的規範之下，當時的人不可能垂腳而坐於椅子上。這種現象在漢代畫像石中亦可看見。畫像石上的人物坐時通常都兩膝跪於席或床上；幾乎沒有伸腳而坐的人，更沒有人坐在椅子上。

　　到了唐代，室內的陳設開始改變。凳椅問世，而坐禮亦隨之改變。唐天寶十五載(756)高元珪墓壁畫中，有人坐在椅子上(圖一)。唐代文獻也有一些相關的記載，但唐代有關椅子的資料究竟不多。[16] 當時的史料顯示，唐代的居室文化仍然以席子爲主。[17] 然而，要想找出漢人到底於何時何地開始廣泛地使用椅子，頗爲困難。從圖像與文獻的資料來看，我們只能説，從盛唐以來，椅子大概日益流行，而最遲在宋初已經相當普遍。因此，近代學者大都認爲椅子是在晚唐與五代之際逐漸進入中國人的房室之中。[18]

　　除了坐禮之外，椅子還引起了日常生活中的其他變化。由於室內的陳設互相關聯，因此席地而坐時，必須用低矮型的家具。相反的，人坐上椅子以後，其他的家具也得跟著增高。清人王鳴盛曾闡明此點。

圖一：天寶十五載(756)高元珪墓
賀梓城《唐墓壁畫》，《文物》1959 年第 8 期，頁 31~33。

〔16〕　詳見賀梓城《唐墓壁畫》，《文物》1959 年第 8 期，頁 31~33。唐代戴孚著《廣異記》中有幾條提到椅子的資料。詳見《仇嘉福》及《李參軍》的故事，方詩銘輯校《冥報記·廣異記》(北京：中華書局，1992)，頁 58、201。此外，相傳爲唐人周昉所畫的《揮扇仕女圖》中則有宮女坐於椅子，但此畫是否唐代的作品很可疑。同樣，相傳爲唐人盧楞伽所畫的《六尊者像》、唐人周文矩的《宮中圖》和《琉璃堂人物圖》，以及五代人王齊翰的《勘書圖》和顧閎中的《韓熙載夜宴圖》，雖然都有椅子，但都很可能是宋代的作品。詳見 James Cahill, *An Index of Early Chinese Painters and Paintings: Tang, Sung, and Yuan* (Berkeley: University of California Press, 1980), pp. 16, 28~30, 50。

〔17〕　崔詠雪《中國家具史》，頁 59。

〔18〕　例如，王鳴盛《箕踞》，頁 3；黃正建《唐代的椅子與繩床》，《文物》1990 年第 7 期，頁 86~88；及 Craig Clunas, *Chinese Furniture* (London: Bamboo Publishing Ltd. ,1988), p. 16, 都持此説。

他説：“古人坐於地，下籍席，前據几，坐席固不用椅。而几則如《書》所謂憑玉几、《詩》所謂授几。有緝御之類，其制甚小。今桌甚大，俗名‘八仙桌’，謂可坐八人同食，與几雖相似，實大不同。”[19] 此外，椅子的出現也影響了器皿的形狀。正如蘇軾所説：“古者坐於席，故籩豆之長短、簠簋之高下，適與人均。”唐宋出土的實物表明，唐代的器皿與宋代的器皿的確有明顯的差異。唐人因席地而坐，使用高型的飲食器具較爲方便。到了宋代，飲食器置於高桌上，身體的位置及人的視線都不一樣了。因此，碗、盤、杯等食品都變得玲瓏精巧。[20] 人們改用椅子以後，窗戶的位置及屏風與屋頂的高低也因此改變；飲食習慣與衣著也跟隨著家具改變，甚至人的心理狀態可能也受到影響。[21] 這種由低向高發展的趨勢，涉及的層面極廣。因此，有位學者甚至認爲中國的這次“室内革命”，可與二十世紀家庭的機械化相比。[22] 至於中國的椅子究竟來自何處、源於何時、在何地出現，歷來有幾種不同的説法。

二、椅子淵源説四種

進入主題之前，我們先要處理一個表面上很簡單但實際上很複雜的問題：甚麽是椅子？關於這個問題，現在的詞典並不是很有用。例如《漢語大詞典》及《現代漢語詞典》只説椅子是“有靠背的坐具”，而這個定義可以包括很多種家具。[23] 對一般人而言，椅子最基本的定義應該是具有靠背的單人坐具。此外，我們心目中標準的椅子常有四條腿，有時也有扶手。[24] 這是現代人對椅子的瞭解，是經過幾百年慢慢形成的概念。

“椅子”一詞在唐代始見，最早稱之爲“倚子”。最早提及“倚

---

[19] 王鳴盛《箕踞》，頁 3~4。

[20] 詳見陳偉明《唐宋飲食文化初探》（北京：中國商業出版社，1993），頁 63~64。

[21] Sarah Handler, "The Revolution in Chinese Furniture: Moving from Mat to Chair," *Asian Art* 4.3 (Summer 1991)：9~33. Wu Tung 認爲，强調集體的上古中國社會不肯容忍代表“自由”與“個人主義”的椅子。Wu Tung, "From Imported 'Nomadic Seat'to Chinese Folding Armchair," *Journal of the Classical Chinese Furniture Society* 3.2 (Spring 1993)：38~47，（原載於 *Boston Museum Bulletin* 71〔1973〕）。

[22] Donald Holzman, "A propos de l'origine de la chaise en chine," *T'oung Pao* 53(1967)：279。

[23] 《漢語大詞典》（上海：上海辭書出版社，1991）及《現代漢語詞典》（北京：商務印書館，1985）。

[24] 參見崔詠雪《中國家具史》，頁 9。

子”的記載約在八世紀末。[25] 唐人之所以稱有靠背的坐具爲“倚
子”是很容易瞭解的，因爲坐這種坐具時可倚靠靠背。如宋人黃朝
英説，“今人用倚、卓字多從木旁，殊無義理。字書從木從奇乃椅
字，於宜切。《詩》曰：‘其桐其椅’是也……倚、卓之字雖不經見，
以鄙意測之，蓋人所倚者爲倚，卓之在前者爲卓。”[26] 因此可知，
當時的倚子是有靠背的坐具。從其他資料，我們也知道，唐代的倚
子容易搬移，通常是單人坐的。[27] 總之，唐代的倚子應與現在的倚
子相去無幾。

“倚子”一詞出現之後，椅子的歷史便較好處理，但在此之前雖
然没有一個專有名詞來稱呼具有靠背的單人坐具，但文獻及圖象的
資料顯示，唐代之前的確有此物。這個現象不限於家具史。研究古
代物質文化的學者，常常遇到這種詞彙問題，因爲語言的變化往往
比物質的變化慢一步。例如，研究茶及蔗糖的學者都得下很多功夫
探究“茶”及“糖”等字出現之前，漢人是否用其他的詞彙來涵蓋
喝茶及製糖的習慣。[28] 由於家具的詞彙問題，再加上資料的零散，
從宋代以來，椅子的淵源自然成爲議論紛紛的課題。以下是椅子淵
源最常見的四種説法。

甲、本土説

漢代人使用不少低型的家具。至東漢末年，屏風、案（即置物
的小桌）、憑几（一種小型的靠具）、床等家具至少在上層社會已廣
爲流行。[29] 由此可見，從科技的角度來説，漢代的木匠已具有製作
椅子的能力。因此，有的學者認爲唐宋時代的椅子，很可能是中國
的木匠從原來已有的家具中發展出來的。

---

[25] 參見貞元十三年（797）的《濟瀆廟北海壇祭器碑》，收入王昶輯《金石萃編》（北
京：中國書店，1985）卷一○三，頁11，及王讜《唐語林》，在周勛初校證《唐語
林校證》（北京：中華書局，1987）卷六，頁523。王讜是宋人，但提到倚子一段來
自唐代筆記《戎幕閑談》。

[26] 黃朝英《靖康緗素雜記》卷四，頁8，《影印文淵閣四庫全書》册八五○。

[27] 圓仁《入唐巡禮行記》卷四，白化文等編《入唐巡禮行記校注》（石家莊：花山文
藝出版社，1992），頁454。

[28] 有關茶的問題研究很多，參見陳椽《茶葉通史》（北京：農業出版社，1984）。有關糖，參
見 Christian Daniels, *Science and Civilization in China*, v. 6 *Biology and Biological Technol-
ogy*: *pt. 3 Agro-industries and Forestry.* (Cambridge：Cambridge University Press, 1995) 及季
羨林《文化交流的軌跡：中華蔗糖史》（北京：經濟日報出版社，1997）。

[29] 參見孫機《漢代物質文化資料圖説》（北京：文物出版社，1991），頁216~228。

　　除了席子以外,漢代最主要的坐具是榻。[30] 漢代的榻比床小;與床不同的是,榻是坐具而不是寢具。其中,最值得我們注意的是流行於漢、魏、晉時代的獨坐式小榻。[31] 這種小榻有兩人坐的,也有一人坐的,有的小榻不用時甚至可以懸挂於牆上。如《後漢書·徐穉傳》云:"陳蕃爲太守……在郡不接賓客,唯(徐)穉來,特設一榻,去則縣(懸)之。"[32] 這種小榻只要加上靠背就可說是椅子了。事實上,清代學者趙翼便認爲宋代的椅子來自於中古時期的榻。他説:"其時(即漢唐之間)坐床榻大概皆盤膝,無垂脚者。至唐又改木榻,而穿以繩,名曰繩床……而尚無椅子之名。其名之曰椅子,則自宋初始。"[33] 我們雖然無法否定趙翼的説法,但亦没有資料支持他的猜測。更重要的是,椅子在中國出現時,與當時外國的椅子在造形上很相似。因此,研究中國家具的學者一般不認爲中國的椅子是從木榻發展出來的,倒有不少人認爲椅子是從來自外國的"胡床"逐漸演變而來。[34]

圖二: 東魏武定元年 (543) 的造像碑中央研究院歷史語言研究所傅斯年圖書館所藏拓片

乙、胡床説

　　中古時期的文獻中,有時出現所謂的"胡床"的坐具。至今,考古學家還没有發現中古時期胡床的實物,但多種文獻資料,如一通東魏武定元年(543)的造像碑(圖二)、西魏大統十一年(545)的女侍俑,以及唐代李壽墓的石椁線刻,都表明,當

---

〔30〕 在漢代,凳子並不流行。到南北朝,所謂"筌蹄"從國外引進來以後,坐凳子的習慣才興起。在此過程當中,佛教或許扮演了某種角色。詳見孫機《唐李壽石椁線刻〈侍女圖〉、〈樂舞圖〉散記》,《文物》1996 年第 5 期,頁 33 ~ 49。

〔31〕 陳增弼《漢、魏、晉獨坐式小榻初論》,《文物》1979 年第 9 期,頁 66 ~ 71。

〔32〕 《後漢書》,(北京:中華書局,1965)卷五三,頁 1746。崔詠雪卻認爲此文中的榻指的是折疊凳。《中國家具史》,頁 81。

〔33〕 趙翼《高坐緣起》,《陔餘叢考》(上海:商務印書館,1957)卷三一,頁 661 ~ 662。C. P. FitzGerald 在其 *Barbarian Beds: The Origin of the Chair in China* (London: The Cresset Press, 1965)也提到這個可能,請見頁 45 ~ 49。實際上,"椅子"一詞在唐代已有。更重要的是,下面談及繩床的時候,我們會發現,趙翼對繩床的理解也是錯的。

〔34〕 除了榻以外,中國早期的椅子或許與中國的其他物品有密切的關係。例如,吳美鳳曾指出,北魏馬車之形制跟當時坐具的形制有相似之處。參見《宋明時期家具形制之研究》(臺北:文化大學藝術研究所美術組碩士論文,1996),頁 197 及吳美鳳《坐椅繩床閑自念——從明式家具看坐具之演變》,《歷史文物》8. 2(1998):59 ~ 69。

時的胡床是一種小型、可以合攏的凳子，相當於現在的摺疊凳，也稱
"馬扎兒"。[35] 這種坐具的歷史悠久，可溯源至公元前 1500 年的埃及。
在古埃及的上層社會中，這種坐具是尊貴的象徵：近代研究埃及的考古
學家發掘過幾件精美的實物。[36] 胡床傳至中國的途徑，今已難查考，
但大約是從北非經過中亞而來的。據《後漢書‧五行志一》載："靈
帝好胡服、胡帳、胡床、胡坐、胡飯、胡空侯、胡笛、胡舞，京都
貴戚皆競爲之。"[37] 倘若這則資料可靠，靈帝在位時（即二世紀末）
胡床已經進入中國，並出現在宮廷了。[38] 此後在中國的文獻中，有
關胡床的記載很多。除了帝王以外，有將令、官吏、講學者乃至村
婦等各種身份的人使用胡床的記載，並有胡床出現於室內、室外、
宮廷以及戰場等各種場合的文獻。[39]

在坐禮的轉變中，胡床扮演了開路先鋒的角色。與小型榻不同，
坐於胡床時，人們通常是垂脚而坐。其次，由於胡床的脚容易撕破
席子，胡床與席子不能並用。簡言之，胡床的興起對室內的陳設與
坐禮的習俗可能引起了一些變化。由此看來，胡床似乎可視爲椅子
的前身——只要加上靠背和扶手，稍微改一下它的形制就可説是典
型的椅子了。[40] 雖然如此，歷來大部分的學得對"胡床説"卻持保
留的態度。

---

〔35〕 有關胡床，最詳細的著作仍然是藤田豐八《胡床について》，收入《東西交涉史の研究》
（東京：岡書院，1934），頁 143～185。此外，亦見崔詠雪《中國家具史》，頁 80～88；Wu
Tung, "From Imported ' Nomadic Seat' to Chinese Folding Armchair." 易水《漫談胡床》，
《文物》1982. 10：82～85，討論近年有關胡床的考古發現。FitzGerald 的 *Barbarian Beds*
值得參考，但 Holzman 在上面所引的書評裏指出此書的不少問題，並提供很多頗有價
值的資料和分析。關於 543 年的碑，詳見 E. Chavannes, *Mission archéologique dans la
Chine septentrionale*（Paris：E. Leroux, 1913～1915）第二册第一部，圖版第二七四、第四
三二號及第一册第二部，頁 589～590，及長廣敏雄《六朝時代美術の研究》（東京：美術
出版社，1969），頁 69～92。有關女侍俑，見磁縣文化館《河北磁縣東陳村東魏墓》，
《考古》1977. 6：圖版第九。關於李壽墓的石樟，見陝西省博物館、文館會《唐李壽墓發
掘簡報》、《唐李壽墓壁畫試探》，《文物》1974. 9：71～94 及孫機《唐代李壽石樟》。

〔36〕 Ole Wanscher, *Sella Curulis：The Folding Stool, an Ancient Symbol of Dignity*（Copenhag-
en, 1980）。

〔37〕 《後漢書》卷一三《五行志》，頁 3272。

〔38〕 《太平御覽》在《胡床》條下引《風俗通》説："靈帝好胡床……"可作《後漢書》的旁證。
請見《太平御覽》卷七〇六，頁 8，《四部叢刊三編》（上海：商務印書館，1935）子部，册
三四。

〔39〕 朱大渭《中古漢人由跪坐到垂脚高坐》，頁 106。

〔40〕 胡德生在其《古代的椅和凳》中持此説。參見《故宮博物院院刊》1996 年第 3 期，頁 23～33。

　　宋代的張端義和程大昌及明代的王圻都認爲宋代的交椅（一種腿交叉，能摺疊的椅子）是從胡床發展出來的。不過，胡床雖然與宋代的交椅應有關聯，但它不一定跟唐代的椅子有直接的關係。[41]《資治通鑑》載唐穆宗曾"見群臣於紫宸殿，御大繩床"。元代胡三省的注則主張椅子的前身是所謂的"繩床"而不是胡床。他説：

　　　　程大昌《演繁露》曰："今之交床，制本自虜來，始名胡床。隋以讖有胡，改名交床。唐穆宗於紫宸殿御大繩床見群臣，則又名繩床矣。"余案交床、繩床，今人家有之，然二物也。交床以木交午爲足，足前後皆施橫木，平其底，使錯之地而安；足之上端，其前後亦施橫木而平其上，橫木列竅以穿繩縧，使之可坐。足交午處復爲圓穿，貫之以鐵，斂之可挾，放之可坐；以其足交，故曰交床。繩床，以板爲之，人坐其上，其廣前可容膝，後有靠背，左右有托手，可以閣臂，其下四足著地。[42]

　　可見，胡三省認爲繩床是具有靠背、扶手以及坐板的單人坐具，也就是標準的椅子。我認爲這種説法是正確的，[43] 下面談及佛藏的資料時我會列出這方面的證據，並試圖重建繩床的原貌。不過，即使我們能證明繩床是一種有靠背的單人坐具，並可推測椅子的前身應該是繩床而不是胡床，最基本的問題仍待解決，也就是：這種坐具又是從哪裏來的？是不是如胡床一樣從外國來？如果繩床來自於中國之外，又是從哪國來的，以甚麼樣的方式傳到中國來？爲了解決這個問題，C. P. FitzGerald 曾把中國椅子的淵源問題放到世界家具史中去看。

　　丙、景教説

　　從現存史料看來，世界上最早使用椅子的地方是古代的埃及。埃及古墓壁畫上常常有椅子的描繪，研究埃及的考古學家也發掘了好幾

---

〔41〕　張端義《貴耳集》卷三，頁64，收入《叢書集成初編》（北京：中華書局，1985），冊二七八三，程大昌《演繁露》卷一〇《胡床》，頁3~4，收入《影印文淵閣四庫全書》冊八五二，及王圻《三才圖會》（臺北：成文出版社，1970）（據萬曆三十四年本）卷一二《器用》，頁14。

〔42〕　《資治通鑑》卷二四二，穆宗長慶二年（822），北京：中華書局，1956；1987 重印，頁7822。

〔43〕　崔詠雪也支持胡三省的説法，見《中國家具史》，頁88。

把相當精緻的椅子。椅子從埃及傳到了希臘，又從希臘傳到羅馬。在流佈的過程中，椅子的造型及使用方法發生了一些變化。例如，在古代羅馬的文化中，貴族用餐時不坐椅子，而躺在沙發上吃——用餐時，只有婦女和奴隸才坐椅子。[44] 隨著羅馬帝國的擴展，椅子傳到了君士坦丁堡，即東羅馬帝國拜占庭的首都。拜占庭帝國時代的藝術作品中常出現椅子。

五世紀的君士坦丁堡是景教的發源地，而在唐太宗貞觀九年（635）時，一批景教的傳教士到達長安，並開始譯經傳教，三年後建寺。當時有二十一位國外來的景教教士。一百多年以後，立於德宗建中二年（781）的"大秦景教流行中國碑"有"法流十道……寺滿百城"之句，説明當時景教的興盛。但到了會昌五年（845）唐武宗下詔拆毀全國的佛寺，同時打擊景教，驅逐二千多名景教教士，中國的景教從此基本上滅絕了。[45] 由此可見，椅子開始在中國流傳的時期，大約也是景教流傳到中國的時期。FitzGerald 認爲這並不是巧合。簡言之，他認爲椅子傳到中國的軌跡是：從埃及到希臘、羅馬及君士坦丁堡，又從君士坦丁堡傳到中國，而在此過程中，景教的傳教士是最重要的媒介。[46]

可惜，這種又神奇又耐人尋味的説法並不是很有説服力。我們仔細探討此説法的可能性時便會發現，沒有任何直接證據可支持椅子源於景教之説。這是説，中國景教的文獻未曾提到椅子，景教的圖像中也沒有椅子。景教説顯然太過牽强。[47] 除了缺乏證據以外，關鍵在於 FitzGerald 把中國椅子的問題當作一個技術或科技的問題來看，以爲一旦有來自國外的人把椅子帶到中國，向當地人展示，漢人就很自然地開始使用椅子了。然而，如上所述，椅子的問題不只是一個技術問題，而是牽涉到禮節的文化問題。正如張載曾説："古人無椅桌，智非不能及也。聖人之才豈不如今人？但席地則體恭，可以拜伏。"[48]

景教雖曾傳入中國，但畢竟影響力有限。因此，景教能不能改變如坐禮這種基本的風俗習慣是很令人懷疑的。爲了尋找足以改變

〔44〕 Schmitt, *La raison des gestes*, p. 68.

〔45〕 詳見朱謙之《中國景教》（北京：東方出版社，1993）。

〔46〕 FitzGerald, *Barbarian Beds*, pp. 33～50.

〔47〕 另見 Holzman, "A propos de l'origine de la chaise en chine."

〔48〕 張載《經學理窟・禮樂》，收入《張載集》（北京：中華書局，1978），頁 265。

這種基本習慣的文化勢力，有些學者把注意力轉向佛教。

丁、彌勒説

從五世紀起，中國的佛教徒開始製造數量龐大的彌勒佛像。龍門、敦煌與雲岡石窟中的佛像，以及獨立的造像中有不少彌勒像。值得我們注意的是，彌勒的特徵之一是他的坐姿。彌勒通常高坐於座位上，垂一足或雙足：有時雙足交叉下垂，有時雙足下垂直竪，有時右足下垂，有時左足下垂等等。[49]

彌勒的坐姿是否與其來源有關，如今很難查考。關於彌勒的淵源，在二十世紀初葉，學術界曾有過一些爭論。有的學者認爲彌勒起源於祆教中的薩奧希亞那特（Saoŝyant）神；有些學者卻認爲他是波斯密特拉神的變形；也有人説彌勒的淵源就在印度的佛教，與其他宗教的神毫無關係。至今彌勒的來源仍然衆説紛紜，莫衷一是。[50] 至於彌勒的姿勢，周紹良論及彌勒初入中國時的形象時，曾指出不同的坐姿具有不同的涵意，如雙足下垂是"吉祥坐法"，"意在息災"；雙足下垂直竪是"竪坐"，"是要調伏鬼神，使怨敵皆能回心歡喜"等。[51]

無論如何，遍於中國各地的彌勒像把一種新的坐姿介紹給各個階層的中國人。因此，説椅子與彌勒一起傳到中國，並依賴彌勒信仰的興旺，而動搖傳統家具及坐禮似乎很有説服力。但是，值得注意的是，我們仔細看的時候便發現大部分彌勒像所坐的並不是椅子。從正面看時，很多彌勒像看來是坐於具有靠背的椅子上。這些像位於石窟的

---

[49]　在這種像中有一些屬於所謂"半跏思惟像"。思惟像的性質較複雜。學者一般認爲這種像通常是彌勒，但有時是釋迦牟尼或其他的菩薩。Junghee Lee 甚至認爲半跏思惟像中没有一個是彌勒，"The Origins and Development of the Pensive Bodhisattva Images of Asia," *Artibus Asiae* 53.3/4 (1993)：311～353。印度美術有類似的問題。垂脚而坐的佛像中有哪些是彌勒，哪些是釋迦牟尼，有時很難查考。詳見 M. G. Bourda, "Quelque reflexions sur la pose assise a l'européene dans l'art bouddhique," *Artibus Asiae* 12.4 (1959)：302～313。

[50]　詳見 Jan Nattier, "The Meanings of the Maitreya Myth：A Typological Analysis," 載於 Alan Sponberg 和 Helen Hardacre 編 *Maitreya, the Future Buddha* (Cambridge：Cambridge University Press, 1988), p. 54, 及同書所載 Padmanabh S. Jaini, "Stages in the Bodhisattva Career of the Tathāgata Maitreya," p. 54。

[51]　詳見周紹良《彌勒信仰在佛教初入中國的階段和其造像意義》，《世界宗教研究》1990.2：35～39。針對於坐禪的姿勢，中國的僧人也有類似的説法——參見 Carl Bielefeldt, *Dōgen's Manuals of Zen Meditation* (Berkeley：University of California Press, 1988), p. 112, 注5。

時候,我們無法看到靠背的形制,但看獨立造像的時候,我們卻能看到像的背面。此時,我們發現許多從正面看來是具有靠背的椅子,實際上並不是椅子,而是凳子及與凳子不連接的頭光(圖三)。

雲岡第六窟有幾位菩薩似乎坐於椅子上,但我們很難確定坐像後是靠背還是屏風。與此相同,龍門也有幾尊佛像似乎坐椅子,但從它的外形看,其後面的

圖三:北魏半跏思惟菩薩像前後

松原三郎《中國佛教雕刻史研究》(東京:吉川弘文館,1961),頁68。

紋飾是否靠背很難説。[52] 與此不同,刻於天寶四載(745)的一尊石佛像有很清楚的具有靠背的椅子。[53] 此外,完成於長安五年(705)的七寶臺,包括幾尊很明顯坐椅子的彌勒像(圖四)。[54] 七寶臺寺是武則天於長安城建造的,是當時舉世矚目的建築。因此,其中的造像對中國家具史或許有所影響。此外,即使其他垂腳而坐的佛像不是坐椅子,或許中國木匠看到位於高座的彌勒像

圖四:七寶臺的佛像

松原三郎《中國佛教雕刻史論:圖版編三》(東京:吉川弘文館,1995),頁660。

〔52〕 參見擂鼓臺中洞正壁、龍華寺洞東壁及惠簡洞正壁。後面的紋飾可能並不代表椅背,因爲印度的佛像中有類似的紋飾,而此紋飾很明顯的不是椅子的靠背。參見 Madeleine Hallade, *Gandharan Art of North India*(New York: Harry N. Abrams Inc.,1969),圖73。此外,《竺法蘭傳》,《高僧傳》(卷一,頁323上)載"(蔡)愔又於西域得畫釋迦倚像。是優田王栴檀像師第四作也。既至雒陽,明帝即令畫工圖寫。置清涼臺中及顯節陵上。舊像今不復存焉"。如果"倚像"指坐椅子,中國佛教藝術中的椅子可推到很早,但我們不能確定"倚"字是否指這座像是坐椅子。宋代以前垂腳而坐的像幾乎都是彌勒或思惟菩薩。因此,"釋迦倚像"可能指"釋迦涅槃像",也就是側躺的釋迦像。

〔53〕 參見松原三郎《中國佛教雕刻史論》,頁723。

〔54〕 參見松原三郎《中國佛教雕刻史論》,頁660~661及 Yen Chuan-Ying, *The Sculpture from the Tower of Seven Jewels: The Style, Patronage and Iconography of the Monument*(哈佛大學博士論文,1986)。此外,崔詠雪認爲敦煌北魏254窟的一尊菩薩坐椅子上。參見《中國家具史——坐具篇》,圖四~二九。

時，誤認頭光爲靠背，因此開始製造椅子。然而，如此認爲漢人這麼重要的坐具來自佛教的美術似乎很牽强。

彌勒説法牽涉到兩個問題：古代印度有没有椅子，以及佛教的文獻中有没有跟椅子有關的記載。在回答這兩個問題時，我們將會找到一個比以上所述的四種推測——即本土説、胡床説、景教説以及彌勒説——更具説服力的説法。

三、古代印度的椅子

以上兩個問題可以很快得到肯定的答案：古印度人的確曾使用椅子，而印度佛教文獻中有很多關於椅子的資料。有學者認爲龍門惠簡洞的坐具應該是椅子，並認爲椅背的造型可追溯到印度笈多的佛教美術。[55] 與此相同，雲岡第六窟的坐具及七寶臺中的椅

圖五：犍陀羅的佛像

Harald Ingholt, *Gandhāran Art in Pakistan* (New York: Pantheon Books, 1957, 圖 12。

子可溯源到古印度犍陀羅的佛教藝術（圖五）。其實，印度的椅子可追溯到更早。刻於約公元前二世紀的桑淇和巴呼特的浮雕顯示，當時的印度人已經有坐椅子的習慣。[56] 在桑淇第一號塔的北門，我們可以很清楚地看到一把具有靠背及椅脚的椅子（圖六及圖六·一）。從服裝及姿

圖六：桑淇

伊東照司編《原始佛教美術圖典》，圖 32。

勢看，椅子上的人應具有較高的社會地位，有人甚至認爲他是著名的帝王阿育。[57] 此外，巴呼特南翼的浮雕也有一位坐在椅子上的人。

---

〔55〕 參見曾布川寬《龍門石窟における唐代造像の研究》，《東方學報》60（1988）：287。

〔56〕 詳見 Asha Vishun, *Material Life of Northern India* (3rd century B.C. to 1st Century B.C) (New Delhi: Mittal Publications, 1993), pp. 30 ~ 32。

〔57〕 參見伊東照司編《原始佛教美術圖典》（東京：雄山閣出版株式會社, 1992），頁 227。

圖六・一：巴呼特

伊東照司編《原始佛教美術圖典》，圖 36。

浮雕的題記指明，此處所描繪的是釋迦牟尼的本生故事，而坐於椅子上的人是一名叫摩訶天（Maghādeva）的國王，是釋迦牟尼佛的前身。

此外，七世紀初葉玄奘去印度時，曾指出當地的高貴人士都使用椅子。他說：

至於坐止，咸用繩床。王族大人，士庶豪右，莊飾有殊，規矩無異。君王朝座，彌復高廣。珠璣間錯，謂師子床。敷以細疊，蹈以寶几。凡百庶僚，隨其所好，刻雕異類，瑩飾奇珍。[58]

桑淇與巴呼特的浮雕及玄奘的記載都顯示，椅子在印度是權威的象徵。椅子的確在不同的文化中常有此含意。[59] 但除了帝王與富貴人士用椅子之外，佛教文獻顯示，在古代印度的寺廟中，椅子也很普遍。但討論相關資料之前，我們得先釐清"繩床"一詞的實義。

佛教文獻中的"繩床"似乎包含幾種不同的坐具。其中包括有靠背的單人坐具。有的學者認爲"繩床"是胡床的別名，也就是一種可疊起來的小凳，並認爲元代的胡三省說胡床與繩床是兩物是錯的。[60] 但佛教的文獻可證明，胡三省的說法沒有錯：有的繩床完全符合椅子的定義。首先，繩床比胡床大，比胡床穩。據佛教的文獻，當時的僧人使用繩床時，常常是跏趺而坐，如譯於三世紀末的《尊上經》云："彼時尊者盧耶強耆晨起而起，出窟已。在露地敷繩床。著尼師檀已，依結跏趺坐。"[61] 同樣，譯於東晉隆安二年（398）的《中阿含經》也說："於繩床上敷尼師檀，結跏趺坐。"[62] 這類例子很多。隋代僧人智顗在論述如何使用繩床坐禪時，曾說坐禪的人應

---

〔58〕《大唐西域記》卷二，收入《大正大藏經》第 2087 號，册五一，頁 876 中。

〔59〕 Bourda 並指出印度造像中的釋迦牟尼之所以有時坐椅子，與其象徵意義有關。"Quelque reflexions sur la pose assise," pp. 307～313。

〔60〕 藤田豐八《胡床について》，頁 183～185；朱大渭《中古漢人由跪坐到垂脚高坐》，頁 106。

〔61〕《佛說尊上經》，《大正》第 77 號，册一，頁 886 中。所謂"尼師壇"（梵 nisīdana）是一種用爲坐具的方形布。

〔62〕《中阿含經》卷四三《大正》第 26 號，册一，頁 698 下。

"結跏正坐，項脊端直；不動不搖，不萎不倚；以坐自誓，助不拄床"。[63] 所謂"不拄床"應指不要靠椅子的靠背。這些記載正與敦煌第 285 窟中的一個圖像吻合（圖七）。第 285 窟完成於東魏興和元年（539），其壁畫中的僧人正在一把較寬而具有靠背幹的椅子上打坐。同樣，刻於東魏興和四年（542）的一通造像（圖八），也繪有在類似這種椅子上打坐的僧人。

圖八：東魏興和四年（542）的一通造像
北京圖書館金石組編《北京圖書館藏中國歷代石刻拓本匯編》（鄭州：中州古籍出版社，1989）冊六，頁 89。

圖七：敦煌第 285 窟

至於當時人爲甚麼把這種坐具叫作"繩床"，大約與其椅板的性質有關。七世紀到過印度的漢僧義凈曾描寫繩床的結構云："西方僧衆將食之時，必須人人凈洗手足，各各別踞小床。高可七寸，方纔一尺。藤繩織內，脚圓且輕。"[64] 也就是説，有時繩床的椅板是用藤繩制成的。

除了用於坐禪的繩床以外，中古時期漢譯佛經中有時也提到"木床"，而所謂木床有時也是椅子的一種。僧人對外客介紹寺院時，繩床與木床是寺院中不可不介紹的基本設備。如《四分律》載："舊比丘聞有客比丘來，應出外迎……應語言：'此是房。此是繩床、木床、褥、枕、

---

[63] 《摩訶止觀》卷二《大正》第 1911 號，冊四六，頁 11 中。
[64] 義凈《南海寄歸內傳》卷一《食坐小床》，《大正》第 2125 號，冊五四，頁 206 下。

氈、被、地敷。此是唾器。此是小便器。此是大便器……'"[65] 又,《大藏經》中有一百多條有關繩床的記載,其中論到"旋脚繩床"、"直脚繩床"、"曲脚繩床"、"無脚繩床"等各式各樣的坐具。[66] 有的學者認爲"繩床"就是一種椅子,大約類似現在的"禪椅"。[67] 然而,以上最後一個例子應該讓我們有所保留,因爲"無脚繩床"似乎不符合椅子的定義。其實,在這些資料中,"繩床"及"木床"包涵幾種不同的家具,包括臥具及坐具在内。在中國,貞元十三年(797)的《濟瀆廟北海壇祭器碑》在列出祭祀的器皿時有"繩床十,内四倚子"一行,説明"倚子"一詞出現的時候,當時的人認爲它是繩床的一種。[68]

總之,配合文獻與圖像的資料時,我們可以確定,有時"繩床"及"木床"的確指有靠背的單人坐具。在印度,除了帝王與貴族使用椅子以外,椅子也是當時僧人日常生活中的一部分。另外,從律藏中的記載可知,當時的僧衆對於繩床定了很多規矩。如《四分律》説,曾有一位叫作迦留陀夷的人在某一條道路的附近"預知世尊必從此道來,即於道中敷高好床座。迦留陀夷遥見世尊來,白佛言:'釋尊,看我床座!'"接著,佛批評迦留陀夷的傲慢,並規定從此以後,僧人"自作繩床、木床,足應高八指截竟。過者波逸提(即輕罪)"。[69] 律藏中有關坐具適當高度的記載很多。[70] 此外,也有一系列的其他禁忌,如律藏宣説僧人不許在繩床上鋪設動物的皮或絲織品。而曾有比丘痛斥願意坐上這種坐具的僧人爲"不知慚愧,無有慈心,斷衆生命"。[71] 當時的僧人之所以對椅子持這種保留的態度,或許是由於椅子與政權的關係,也就是説,提倡少欲知足的佛僧,連在家具的使用上也要與世俗的象徵系統劃清界線,指明比丘的椅子與高官貴族所享用的高貴豪華的椅子截然不同。

繩床和僧人修行關係最密切的用途,是作爲打坐的工具。繩床很

〔65〕 《四分律》卷四九《大正》第 1428 號,册二二,頁 931 下。

〔66〕 《四分律》卷一二,頁 644 上。

〔67〕 參見黄正建《唐代的椅子與繩床》;Holzman,"À propos de l'origine de la chaise en chine" 及崔詠雪《中國家具史——坐具篇》,頁 88 ~ 92。

〔68〕 收入王昶輯《金石萃編》(北京:中國書店,1985)卷一○三,頁 11。

〔69〕 《四分律》卷一九,頁 693 上、中。

〔70〕 例如《彌沙塞五分戒本》,《大正》第 1422 號,册二二,頁 198 中;《四分律》卷二五,頁 736 中;《十誦律》卷一八《大正》第 1435 號,册二三,頁 127 下等。

〔71〕 《四分律》卷一九,頁 693 中,卷三九,頁 846 中;《彌沙塞部和醯五分律》,《大正》第 1421 號,册二二,卷五,頁 34 下。

寬,可以"結跏趺"而坐,坐上去涼快、乾净、並可避免地上的蟲子。《十誦律》有一則故事闡明這點:

> 佛在舍衛國。諸比丘露地數繩床,結跏趺坐禪。天熱,
> 睡時頭動。有一毒蛇繩床前行,見比丘頭動,蛇作是念:"或
> 欲惱我",即跳螫比丘額。是比丘故睡不覺,第二螫額亦復不
> 覺,第三螫額,比丘即死。諸比丘食後,彼處經行,見是比丘
> 死,不知云何,是事白佛。佛以是事集比丘僧,集比丘僧已,
> 語諸比丘:"從今繩床腳下,施支令八指"[72]

後來,在中國也有僧人説坐椅子可以"不收風塵虫鳥壞污"。[73]

總之,文獻及圖像資料顯示,古代印度人有坐椅子的習慣,而這個習慣在佛寺中尤其盛行。此外,據敦煌 285 窟的壁畫及東魏興和四年的造像,可知用於坐禪的繩床從印度傳到中亞,又從中亞傳到中國。[74]

四、中國寺院中的椅子

椅子從印度的寺院傳到中國的寺院,在佛教典籍中有跡可尋。譯於西晉的《尊上經》中已經有繩床一詞,説明當時的僧人即使沒有親眼看到繩床,但至少知道印度有此物。此後,譯成漢文的佛書當中亦常見此名。至於中國的僧人甚麼時候開始使用繩床,唐初的高僧道宣的著作中有一則頗有價值的記載。他説:

> 中國(即印度)布薩有説戒堂,至時便赴此;無別所,
> 多在講、食兩堂。理須準承,通皆席地。中國有用繩床,
> 類多以草布地,所以有尼師壇者,皆爲舒於草上。此間古

[72] 《十誦律》卷三九,頁 280 中。有關床腳的高度,在上引書中,義净指出佛陀的指頭比一般人的指頭大三倍。因此,此文中的"八指"相當於現代的 24 英寸左右。

[73] 〔宋〕元照《四分律行事鈔資持記》卷中三上,《大正》第 1805 號,冊四十,頁 311 中。

[74] 除了敦煌的壁畫以外,探討中國家具史的著作有時提及斯坦因所發掘的一到四世紀的"木椅"。有學者認爲其上所刻的紋飾是蓮花,所以此物應與佛教有關係。(Roger Whitfield 編《西域美術:スタイソ・コレクション》(東京:講堂社,1984) 冊三,圖 60,頁 310)。然而,斯坦因所發現的物品是否椅子還值得商榷。此物沒有靠背也沒有扶手,而斯坦因發掘此物時它已經不完整。大英博物館最近的目錄甚至説它不是椅子而是桌子(參見 Whitfield《西域美術:スタイソ・コレクション》冊三,圖 60)。因此我們很難斷定它究竟是椅子還是其他的家具。斯坦因同時發現了一些三到四世紀的"椅腳",但因爲沒有同時發現靠背或椅板,所以我們很難確定它們到底是否椅腳。有關敦煌的家具參見楊泓《敦煌莫高窟與中國古代家具史研究之一》,載於段文杰編《1987 敦煌石窟研究國際討論會文集(石窟考古編)》(瀋陽:遼寧美術出版社,1990),頁 520～533。

　　者有床，大夫已上時復施安，降斯已下，亦皆席地。東晉
　　之後，床事始盛。今寺所設，率多床座，亦得雙用。然於
　　本事行時，多有不便。[75]

他的意思是說，當僧團舉行布薩（即說戒懺悔的儀式）時，爲了讓衆僧保
持共同的法度（理須準承），一般都使用尼師壇（即方形布），坐於地上。

但因爲從晉代以來也有僧人使
用椅子（繩床），所以有時僧人同
時用尼師壇與繩床，而在"本事
行"（即僧人出家之前較複雜的
種種儀式），兩種坐法的並用對
執行儀式帶來了一些不方便。

　　道宣認爲在中國的僧人自
從東晉以來使用繩床，或許是依
據《梁高僧傳》的記載。據《高僧

圖九：西魏535～540 年間造像碑

Kansas City, Nelson-Atkins Museum 所藏

傳·佛圖澄傳》，東晉時代某一個水源枯竭時，佛圖澄"坐繩床，燒安息
香，咒願數百言，如此三日，水泫然微流"。[76] 同書《求那跋摩傳》記載
宋文帝元嘉八年（431）求那跋摩死亡的情形時云，"既終之後，即扶坐
繩床，顏貌不異，似若入定。"[77]《高僧傳》是在六世紀初葉編成的，與

此同時的一通造像碑上
有僧人坐於椅子的圖像
（圖九），[78] 這可能是中
國圖像中最早的椅子。
此後，北周武帝天和元
年（566）的造像碑陰面
與側面，都有僧人坐椅
子的描繪（圖十）。

　　綜上所述，我們可

圖十：北周天和元年（566）造像

中央研究院歷史語言研究所傅斯年圖書館所藏

---

〔75〕《四分律刪繁補闕行事鈔》卷上四《大正》第 1804 號，册四十，頁 35 中。
〔76〕慧皎著《高僧傳》卷九《大正》第 2059 號，册五十，頁 384 上。
〔77〕《高僧傳》卷三，頁 341 中。
〔78〕《張興碩等造像》原於民國五年發現於山西芮城縣延慶寺，現藏在 Kansas City 的 Nel-
　　son-Atkins Museum。詳見張亘等纂修《芮城縣志》（臺北：成文出版社，1968）卷一三，頁 3
　　及 Laurence Sickman, "A Sixth-Century Buddhist Stele," Apollo (March 1973), pp. 12～17。

以確定：在六世紀初中國已經有僧人使用椅子。此外，我們可以推測：在東晉，甚至更早，椅子大概已出現於中國的寺院中。即使我們以最保守的年代爲標準（即六世紀初），漢僧使用椅子的證據還是比非佛教的相關資料要早幾百年。[79]

就如印度的僧人一樣，中國的僧人使用椅子的最主要目的之一，是爲了禪坐。隋代大師智顗在描述打坐的方法時，曾建議禪者要"居一靜室或空閑地，離諸喧鬧，安一繩床，傍無餘座。九十日爲一期；結跏正坐，項脊端直；不動不搖，不萎不倚。以坐自誓，助不拄床。"[80] 又如智顗的弟子灌頂論及"常坐三昧"時說："居一靜室，安一繩床，結跏趺坐。端直不動，誓助不著床。"[81] 與此不同，繩床出現於僧人的傳記資料時，坐在其上的僧人通常不是入定，而是"入寂"。如《續高僧傳·僧達傳》云，僧達"一時少覺微疾，端坐繩床，口誦《波若》，形氣調靜，遂終於洪谷山寺。"又如《宋高僧傳·辯才傳》説此僧"十三年冬，現身有疾，至暮冬八日，垂誡門徒已，安坐繩床，默然歸滅"。[82] 禪坐也好，靜然過世也好，以下我們會看到，繩床的形象在僧團以外人士的心目中也含有恬淡無憂的意味。

在唐代的寺院，椅子也有較普通的世俗用途，比如説，僧人吃飯時也用椅子。義净在其《南海寄歸内法傳·食坐小床》中，曾批評當時中國僧人吃飯坐椅子（"小床"）時的姿勢説：

> 即如連坐跏趺，排膝而食。斯非本法，幸可知之。聞
> 夫佛法初來，僧食悉皆踞坐（即垂脚而坐）。至於晉代此事
> 方訛。自兹已後，跏坐而食。然聖教東流，年垂七百，時
> 經十代，代有其人。梵僧既繼踵來儀，漢德乃排肩受業。
> 亦有親行西國，目擊是非。雖還告言，誰能見用？[83]

---

[79] 除了佛教的資料以外，最早提到椅子的記載可能是以上所引貞元十三年（797）的《濟瀆廟北海壇祭器碑》。

[80] 《摩訶止觀》卷二《大正》第 19911 號，冊四六，頁 11 中。另見智顗《修習止觀坐禪法要》，《大正》第 1915 號，冊四六，頁 456 下。

[81] 《觀心論書》卷三《大正》第 1921 號，冊四六，頁 600 中。

[82] 《續高僧傳》卷一六，第七傳，《大正》第 2060 號，冊五十，頁 553 中。《宋高僧傳》卷一六，第一傳，《大正》第 2061 號，冊五十，頁 806 上中。

[83] 《南海寄歸内法傳》卷一《食坐小床》，頁 207 上。義净之所以會注意到這個問題，是因爲在此之前，在五世紀初，范泰與祇洹寺的僧侶曾辯論過僧人吃飯時應不應該"踞食"（即垂脚而坐）的問題。詳見僧祐《弘明集》卷一二《大正》第 2102 號，冊五二，頁 77 中～79 中。

也就是説，到了唐初，椅子在中國的寺院中已經有幾百年的歷史。
而且，在那段歲月中，不斷地有印度比丘來到中國，也有中國的僧
人去印度，但（依義净看來）中國的僧人仍然没有掌握使用椅子的
正確坐姿。不論唐代僧人的姿勢是否"正確"，對我們來説，最主要
的是義净前面的那段話，他指出從很早以來，國外的僧人就把印度
坐椅子的習慣介紹到中國的寺院。

五、從寺院到民間

如上所述，椅子是跟隨著佛教從印度傳到中國的寺院。至於椅子
從中國的寺院流傳到一般人房屋内的漫長過程中，唐代的朝廷或許扮
演了媒介的角色。[84] 據《貞元錄》，出生於南印度摩賴耶國的金剛智
準備離開印度去中國時，其國王曰："'必若去時，差使相送，兼進方
物。'遂遣將軍米准那奉《大般若波羅蜜多》梵夾、七寶繩床……諸物香
藥等，奉進唐國。"[85] 至開元八年（720）金剛智果然到達了洛陽拜見玄
宗，此後受到玄宗的優渥禮遇。若此文可靠，則此是最早記載非僧人
擁有椅子的例子。又，以上所提及繪有木椅的天寶年間壁畫的墓主是
高元珪，而高元珪是高力士之兄。因此可推論當時的朝廷應該也有人
使用椅子。到了九世紀中葉，又有皇帝使用椅子的例子。日本僧圓仁
著《入唐求法巡禮行記》載，武宗"自登位已後（即 841 年以後），好出
駕幸。四時八節之外，隔一二日便出。每行送，仰諸寺營辦床席氈毯，
花幕結樓，鋪設碗壘臺槃椅子等。一度行送，每寺破除四五百貫錢不
了。"[86] 又如上所引《資治通鑑》記唐穆宗（821～824 在位）曾"見群臣
於紫宸殿，御大繩床"。由這些蛛絲馬跡看來，椅子可能是從寺院直接
傳到唐帝國的最高層，又從宫廷流傳到民間。

不過，唐代的文獻中，有關帝王的資料的比重本來很大，而明載皇
帝使用椅子的記載卻又很少。因此，很難證明椅子的流傳與宫廷的日
常生活有直接關係。還有一些資料顯示，除了皇帝以外，也有一些唐

---

[84] Norbert Elias 在其經典之作《文明的進程》中，研究歐洲有關飲食、擤鼻涕及吐痰的規
矩的形成，並指出很多所謂文明習慣起源於中古時期各地的朝廷，又從朝廷傳到社會
的其他階層，而在此過程中，修士扮演了媒介的角色。詳見 Norbert Elias, *The Civilizing
Process*（Oxford：Blackwell，1994〔即 1939 年 *Über den Prozess der Zivilisation* 的英譯〕），
p. 83。

[85] 《貞元新定釋教目錄》卷一四《大正》第 2157 號，册五五，頁 876 上。

[86] 《入唐巡禮行記》卷四，頁 454。

代士大夫,由於行政上的需要或個人的興趣到寺院去做客,因而與僧人所用的椅子有接觸。例如,圓仁曾記載,開成三年(838)十一月"十八日相公入來寺裏,禮閣上瑞像及檢校新作之像。少時,隨軍大夫沈弁走來云:'相公屈和尚。'乍聞供使往登閣上,相公及監軍並州郎中、郎官、判官等皆椅子上吃茶,見僧等來,皆起立,作手立禮,唱:'且坐。'即俱坐椅子,啜茶"。[87] 又如孟郊詩《教坊歌兒》"去年西京寺,衆伶集講筵。能嘶'竹枝詞',供養繩床禪。"[88] 都反映世人如何接觸到僧人的生活習慣。

如上所述,在三朝的《高僧傳》中,繩床往往與高僧恬淡自在的生活連在一起。這種意象對唐代的文人很有吸引力。如孟浩然《陪李侍御訪聰上人禪居》詩:"欣逢柏臺友,共謁聰公禪。石室無人到,繩床見虎眠。"[89] 又如白居易《愛咏詩》:"辭章諷咏成千首,心行歸依向一乘。坐倚繩床閑自念,前生應是一詩僧。"[90] 大概就是爲了追求這種悠然的理想,有些文人也在家中設置了原爲寺院所有的椅子。如《舊唐書·王維傳》說王維"齋中無所有,唯茶鐺、藥臼、經案、繩床而已。退朝之後,焚香獨坐,以禪誦爲事。妻亡不再娶,三十年孤居一室,屏絕塵累。"[91]

到了五代,椅子與佛教的關係似乎已被遺忘了。在相傳五代作品的《韓熙載夜宴圖》一畫中,有椅子,也有僧人,但坐於椅子上的人不是和尚,而是貴族韓熙載(圖十一)。據《五代史補》,韓熙載爲了過舒適的日子,拒絕爲相,南唐後主李煜命令顧閎中畫韓家夜宴,以揭

圖十一:韓熙載夜宴圖
北京故宮博物院所藏

露他放蕩奢侈的生活。[92] 顯然,畫中的椅子顯示當時韓家的富貴,

---

[87]《入唐巡禮行記》卷一,頁68。

[88]《全唐詩》(北京:中華書局,1960)卷三七四,頁4200。與此相同,有學者認爲某些在寺院用爲待客的食品也是如此從寺院傳到民間。

[89]《全唐詩》卷一六〇,頁1647。

[90]《全唐詩》卷四八,頁5010。唐詩中,提到繩床的例子有數十首,在此不贅述。

[91]《舊唐書》(北京:中華書局,1987)卷一九〇下,頁5052。

[92]〔宋〕陶岳《五代史補》卷五,頁15,《影印文淵閣四庫全書》冊四〇七。

與佛教中恬淡寡欲的形象毫無關係。

南宋人莊季裕甚至認爲只有僧人保留了古人的坐法。他説:"古人坐席,故以伸足爲箕倨;今世坐榻,乃以垂足爲禮:蓋相反矣。蓋在唐朝猶未若此……唐世尚有坐席之遺風。今僧徒猶爲古耳。"[93] 總之,到了宋代,椅子已經是一種日常家具。雖然寺院中的僧人在他們的日常生活中仍使用椅子,但寺院以外的人已不再把椅子與佛教連在一起。

六、結　論

總結以上的討論,可知約在三到四世紀,跟隨著印度寺院中的習慣,中國的僧人開始使用椅子;在盛唐到晚唐時期,有一部分居士以及與佛教有接觸的人也開始使用椅子;到了五代、宋初,椅子開始普遍流行於中國的家庭内。椅子的歷程可視爲佛教影響中國社會的範例,説明了傳到中國的佛教不僅僅是一種單純的信仰系統,而且同時包含了許多我們平時想不到的因素。換言之,在佛教傳入中國的漫長過程中,除了教理及儀式以外,佛教也帶來了各式各類的器物及生活習俗。

本文的討論雖可以告訴我們椅子如何在中國出現、流傳,但並不能解釋爲甚麼椅子成爲中國文化日常生活的組成部分。我們只要看一下日本的室内就會體會到這點。正如漢僧一樣,日本的僧人也讀過提及繩床的律典,也看過玄奘與義净對於印度寺院的描寫。圓仁的日記顯示,日本的中國留學僧也注意到中國寺院中的椅子。而從日本中古時期的繪畫及正倉院的藏品中,可知當時日本僧人的確曾把一些椅子從中國帶回日本去。然而,椅子在日本始終未及在中國興盛。在近代西方的影響下,日本開始大量地引進及生産椅子,但即使現在,典型的日本家庭仍然以席子爲主,而不是以椅子爲主。[94]

---

[93] 《鷄肋編》卷下,頁54,《影印文淵閣四庫全書》册一〇三九。

[94] 布勞代爾在其《日常生活的結構:第十五到第十八世紀的文明與資本主義》一書中曾説中國的文明是唯一使用"雙層家具"的文明,這是指中國人有時垂著脚坐於椅子上,有時盤著腿坐於炕上。其實,印度及當代的日本更符合"雙層家具"之稱。更有趣的是,在論述中國人從席地而坐到坐椅子的轉變以後,布勞代爾提到"傳統的文明不肯脱離其原有家飾"的"原則"。他接著説十五世紀的中國家庭與十八世紀的中國家庭毫無差別。這似乎是説,清代的中國文化是"傳統的"(即不變的),而唐宋的文化不是。明清的家具是否如布勞代爾所講的那麼静態值得商榷,但不可否認的是,唐宋文明經過坐禮及家具如此大的變化,的確顯示出當時社會的活力。詳見 Fernand Braudel, *The Structures of Everyday Life: Civilization & Capitalism 15th-18th Century*, (New York: Harper & Row, 1981), vol. I, pp. 285~290。

　　由此看來，從席子搬上椅子並不是人類文明的必然趨勢。説椅子的出現推廣了衛生習慣，並 "對中華民族身體素質提高或許有益"、是 "古代文明的一種進步"、是 "向純理性方向的發展"[95] 恐怕都不能成立。鋪席子的家庭往往講究乾净，而屬於席地而坐的文明（日本、韓國、波斯等）通常覺得席地坐比坐椅子舒適。這種問題與兵器及一些其他科技的流傳不同：國家爲了自保會學習敵人的優勢兵器；[96] 近代，眼鏡從西方傳到中國而很快被廣泛使用，也不出人意外。[97] 但用不用椅子，與一個文化的生存没有直接的關係；用椅子是否比席地而坐方便也很難説。由此可知，由席子搬到椅子的轉變，是基於一些相當主觀的文化因素，而與較客觀的科技及衛生等因素似乎無關。

　　至於中國人改用椅子的原因，我在前面提到了幾個可能，如彌勒像的普及、椅子在寺院中的使用、非僧人與寺院生活的接觸以及椅子與悠然平静的人生態度的關聯。不過，雖然這些因素也同樣曾存在於日本和韓國，但他們並没有廣泛地接受椅子。[98] 顯然，椅子的歷史相當複雜，仍有許多待闡明之處。然而，我希望這篇論文説明了一個較小而仍然重要的現象：在中國人從低型家具發展到高型家具的過程中，椅子扮演了一個重要的角色；而在中國人接受使用椅子的過程中，佛教是關鍵因素之一。

※ 本文原載《中央研究院歷史語言研究所集刊》第 69 本第 4 分，1998 年。
※ 柯嘉豪，美國史丹福大學博士，中央研究院歷史語言研究所副研究員。

---

[95]　前兩個引文來自於朱大渭《中古漢人由跪坐到垂脚高坐》，頁 111。後者來自於崔詠雪《中國家具史》，頁 68。

[96]　有關兵器流傳的研究很多。Albert E. Dien 對於馬鐙的研究是一個很好的例範。見 "The Stirrup and Its Effect on Chinese Military History," *Ars Orientalis* 16（1986）：33 ~ 56。布勞代爾對於科技史的看法也很值得參考：Braudel, *Structures of Everyday Life*, p. 290。

[97]　參見孫機《我國早期的眼鏡》，收入孫機、楊泓著《文物叢談》（北京：文物出版社，1991），頁 203 ~ 207。

[98]　詳見 Sarah Handler, "The Korean and Chinese Furniture Tradition," *Journal of the Classical Chinese Furniture Society*, 4. 4（Autumn 1994）：45 ~ 57。

明代平民服飾的
流行風尚與士大夫的反應 *

巫仁恕

一、前　言

　　年鑑學派大師布勞岱（Fernand Braudel）在《十五世紀至十八世紀的物質文明》一書中提到服飾史研究的重要性："一部服飾史所涵蓋的問題，包括了原料、工藝、成本、文化性格、流行時尚與社會階級制度等等。如果社會處在穩定停滯的狀態，那麼服飾變革也不會太大，唯有整個社會秩序急速變動時，穿著才會發生變化。"[1] 由此可見服飾史所涉及之範圍與面向相當廣泛，同時服飾的變化也可說是社會變動的一大指標。西方史學界對近代服飾的研究相當多元且豐富，但是相對地中國服飾史的研究大多仍停留在敘述沿革的階段。再者中國歷代典籍中有關服制方面的記錄，多詳於帝王公卿、百官命婦；至於平民冠服，則很少涉及，即便偶爾敘錄，也大多爲律令禁例，具體形制則缺乏介紹。因之過去中國服飾史的研究較著重上層階級的服飾，而忽略了平民階層的服飾。其實平民服裝在中國服飾文化史上佔有重要的地位，它比貴族官員的服裝更貼近日常生活，更能反映社會經濟與文化思想的變化；而在明代後期因爲史料文獻的豐富，讓我們看到平民服飾方面已經出現了相當程度的變化。[2] 所以發生變化的原因及其變化的趨勢，以及此社會現象背後

* 拙文承徐泓、林麗月兩位老師指正，以及邱澎生、邱仲麟、林皎宏、宋惠中、唐立宗學長提供寶貴意見，呂妙芬博士亦提供重要史料，謹此致謝。

〔1〕 Fernand Braudel 著、顧良等譯《十五世紀至十八世紀的物質文明》（北京：三聯書店，1992）第一卷，頁367。

〔2〕 除了通論性的服飾史書籍外，有關明代服飾專論性的研究如下：常建華《論明代社會生活性消費風俗的變遷》，《南開學報》1994年第4期，頁53～63；周紹泉《明代服飾探論》，《史學月刊》1990年第6期，頁34～40；岸本美緒《明清時代の身份感覺》，《明清時代史の基本問題》（東京：汲古書院，1997），頁403～428；陳大康《明代商賈與世風》（上海：上海文藝出版社，1996）第八章《封建服飾制度的崩潰》，頁160～78。

所反映的文化意義，都是非常值得研究探討的問題。

本文主旨乃在探討明代後期平民服飾之流行風尚的形成及士大夫對服飾風尚的心態反應。晚明許多述及服飾變化的史料，其實多帶有相當程度的價值判斷。而這些史料都是士大夫所寫下來的文字，若將之視爲一種"文本"來分析，可以看出士大夫之論述背後的心態。本文即嘗試透過此研究取向來進行分析。首先描述明初至明前期平民服飾的制度與社會風氣。其次，探討明代中期以後平民服飾的流行風尚與消費心態之形成過程。探討的內容包括了流行風尚的各類形式、風尚的傳播方向與傳播媒介等方面，以及其後造成明代後期特殊的消費心態。最後，叙述明代後期士大夫對平民服飾風尚的各種反應與各類的批評言論。在此嘗試藉由結合文化史與社會史的研究取向，以探尋士大夫的反應與言論背後所反映的危機意識。

二、明初的平民服制與社會風氣

自漢代以來，傳統中國的政府爲了穩定社會的秩序，乃透過禮制的架構，以遂行儒家上下貴賤需加以區別的主張。這套"明尊卑、別貴賤"的禮制架構與規範，涉及了人們的生活、行爲及人際關係等層面。在中國古代社會的禮制中，衣冠服飾佔有極其特殊的地位，它不僅被用來禦寒護膚、美化生活，而且是區別社會等級、維護政權的一種重要手段。從夏、商朝發展的服飾產物，到西周時逐漸形成冠服制度，逮至秦漢時期基本已臻完善。從此，帝王后妃、達官貴人以至黎民百姓，衣冠服飾都有了一定的區別。所以在歷代的正史中，幾乎每部都有《輿服志》專門記載歷代統治階級依據一套禮制，來實行對社會各階層之服飾的管理；而裝飾於人體外表的重要生活必需品——服飾，在社會生活中自然成了表示身份、區別等級的標誌。[3] 明朝當然也不例外，只是明初服制的建立還有更複雜的政治、社會與經濟背景。

明太祖朱元璋即帝位甫一個月，便"詔復衣冠如唐制"，因爲他認爲元朝"悉以胡俗變易中國之制"是"廢棄禮教"的行爲，所以要"悉復中國之舊"。[4] 這明顯地說明了朱元璋的制定服飾是爲

---

[3] 葛承雍《中國古代等級社會》(西安:陝西人民出版社,1992)，頁3~37。
[4] 《明太祖實錄》(臺北：中央研究院歷史語言研究所，1961) 卷三〇，頁525，"洪武元年二月壬子"。

"別華夷"。另外，他還認爲"古昔帝王之治天下，必定制禮制以辨貴賤、明等威。"所以歷代帝王都有服飾方面的禁令。而元朝的服飾制度就是"流于僭侈，閭里之民服食居處與公卿無異，而奴僕賤隸，往往肆侈於鄉曲。"最後造成"貴賤無等，僭禮敗度"，這也是元朝滅亡的要因。[5] 所以朱元璋建國之初，雖戰事頻仍卻仍致力於服飾制度的制定，也是爲了要"辨貴賤、明等威"。[6]

明初洪武年間，明太祖對服飾方面非常注意，從帝后將相到販夫走卒，全國所有人的服飾式樣、衣料與色彩圖案，甚至連袖子的長短，他都要親自過問。朱元璋在位三十餘年，單單洪武一朝所頒布的有關服飾的細緻而繁瑣的規定，竟有上百項之多。如此一來，法定的服飾已經將社會上下不同階級、階層的人一目瞭然地區別開來了。[7] 這樣區別身份與地位的企圖，在以後的明朝幾個皇帝也都曾繼續制定新法，以執行這套想法，只是有程度上的差別。雖然在中國歷史上歷朝幾乎都制定特殊的服飾制度，規定了許多政令，但是歷代以來從未有如明朝對此規定如此繁瑣。

在明代前期的這些服飾制度中，有關平民服飾方面的規定，大致可分三大類：士人服飾、庶民服飾與婦人服飾。

就士人服飾方面，規定的範圍主要是指具有功名而未入仕的生員、監生與舉人之輩。[8] 據《大明會典》與《明史》等書皆載洪武三年（1370），規定士庶初戴四帶巾，後改用四方平定巾，雜色盤領衣，但不許用黃色。[9] 又據沈文的《聖君初政記》記載："洪武三年二月，命制四方平定巾頒行天下。以四民所服四帶巾未盡善，複製此，令士人吏民服之。"[10] 雖然四方平定巾是規定士庶皆可戴，

〔5〕《明太祖實錄》卷五五，頁1076，"洪武三年八月庚申"。

〔6〕 周紹泉《明代服飾探論》，頁34~36。

〔7〕 陳大康《明代商賈與世風》，頁161~64。

〔8〕 有關明代士人服飾之規定，參見〔明〕李東陽等撰、申明行等重修《大明會典》（臺北：東南書報社，1964）卷六一《冠服二·生員巾服、士庶巾服》，頁35a~38a；〔明〕郎瑛《七修類稿》（臺北：世界書局，1984）卷八《國事類·生員巾服》頁136；〔清〕張廷玉等撰《明史》（北京：中華書局，1974）卷六七《輿服三·儒士、生員、監生巾服》，頁1649。

〔9〕 又據《七修類稿》記四方平定巾是楊維禎阿諛朱元璋而來的。事見〔明〕郎瑛《七修類稿》卷一四《國事類·平頭巾網巾》，頁210。

〔10〕〔明〕沈文《聖君初政記》，收在《中國野史集成》22冊（成都：巴蜀書社據廣百川學海甲集影印，1993），頁616。

但是從現存大量的木刻圖像中，方巾主要仍是知識分子、中小地主與官僚閑居之人所戴。[11] 洪武二十四年（1391）十月定生員巾服之制。因太祖認爲學校乃爲國儲材，而士子巾服與吏胥無異，遂思更易以甄別之。太祖下令工部秦造製式以進，凡三易，其制始定。下令用玉色絹爲之，寬袖，皂（按：黑色）緣、帛絛（按：用絲打的圓繩）、軟巾、垂帶，命曰“襴衫”。太祖又親服之後始頒行天下。洪熙中，仁宗下令易監生由衣藍色改爲著青衣。到世宗明嘉靖皇帝登基後，對于“衣服詭異，上下無辨”的現象極爲厭惡，在嘉靖二十二年（1543），禮部上言：“近日士民冠服詭異，製爲凌雲等巾。僭擬多端，有乖禮制。”於是世宗下詔所司禁之。在嘉靖七年（1528）討論燕居法服制時，這位皇帝親還親自設計一套冠服，畫出圖樣讓禮部頒于天下，並將它取名爲“忠靜冠服”，規定縣級以上的所有官員穿著。但是到了後來這個樣式的冠服，卻爲一般士人所襲用，所以在萬曆二年（1574）時神宗下令禁舉人、監生、生儒僭用忠靜冠巾，也不許穿錦綺鑲履及張傘蓋，戴暖耳，違者由五城御史送問。由以上這些規定可以看出明朝對士人冠服的重視，所以規定的遠較前代嚴格。

對於一般庶民的服飾規定，雖然在洪武三年（1370）時規定士庶改用四方平定巾，但是大部分平民所戴者是網巾與六合一統帽。六合一統帽又名小帽或瓜拉帽，亦即後來所謂的瓜皮帽，是用六塊羅帛縫拼而成，在縫間稍飾以玉，係齊民之服。在當時南方百姓冬天都戴此帽。本爲執役斯卒輩所戴之，後取其方便，士庶亦戴之。[12] 從明人所繪的《皇都積勝圖》中看，商販、差吏與小市民多是戴六合一統帽。網巾的來源據說是因太祖行至神樂觀時，見道士於燈下結網巾，萬髮俱齊，遂命頒於天下，使人無貴賤皆裹之。[13] 如明人宋應星（1587～1666）之《天工開物》一書之插圖中，農人與各類工人所戴者多爲網巾。此外，對庶民的服飾多有限制，如洪武三年時又令男女衣服不得僭用金綉、錦綺、紵絲、綾羅，止許綢、

---

〔11〕 沈從文《中國古代服飾研究》（香港：香港商務印書館，1992 增訂第一版），頁 453。

〔12〕 〔明〕王圻《三才圖會》（上海：上海古籍出版社據明萬曆王思義校正本影印，1988），《衣服一卷》，頁 23b。又參看黃能馥、陳娟娟編著《中國服裝史》（北京：中國旅遊出版社，1995），頁 296；周錫保《中國古代服飾史》（北京：中國戲劇出版社，1984），頁 384。

〔13〕 〔明〕郎瑛《七修類稿》卷一四《國事類·平頭巾網巾》，頁 210。

絹、素紗，其靴不得裁製花樣、金線裝飾。首飾、釵、鐲不許用金玉、珠翠，止用銀。洪武六年（1373）時又令庶人巾環不得用金玉、瑪瑙、珊瑚、琥珀，未入流品者亦同。庶人冠帽方面，不得用頂，帽珠止許用水晶、香木。洪武二十三年（1390）太祖又規定了文武官員、耆民與生員以及庶民衣服之長度、袖長與寬等等。文官以及公侯駙馬的衣服長度，"自領至裔，去地一寸，袖長過手，復回至肘。袖樁廣一尺，袖口九寸。" 耆民與生員之衣制亦同，惟袖過手復回，不及肘三寸。武職官員衣長去地五寸，袖長過手七寸，袖樁廣一尺，袖口僅出拳。而庶民衣長則是去地五寸，袖長過手六寸，袖樁廣一尺，袖口五寸。[14] 從這些庶民服制規定中可以看到，官方限制一般庶民不得穿著高級質料、色彩鮮艷與昂貴配飾的衣服，甚至衣服的長度都有限制。

值得注意的是在明初庶民服飾的規制中，我們可以很明顯地看到重農抑商的影子，如洪武十四年（1381）令農衣綢、紗、絹、布，商賈止衣絹、布；農家有一人爲商賈者，亦不得衣綢、紗。洪武二十二年（1389）令農夫戴斗笠、蒲笠，出入市井不禁，不親農業者不許。之後我們還可以看到政府的服制法令簡直就是有意地把商人與奴僕之類的賤民歸爲同一類，以貶抑其社會地位。如正德元年（1506），"禁商販、僕役、倡優、下賤，不許服用貂裘。"[15] 當然這種政策也是繼承過去朝代重農抑商的作法，雖然在明代的確也執行過一段期間，例如嘉靖《宣府鎮志》中就記載：

> 先年商賈之家，食鮮服麗，品竹彈絲，視世祿家尤勝，
> 獨屋宇冠袍，限於制度，則不敢僭擬。[16]

但最後效力仍是有限。就如同嘉靖時人胡侍（1492～1553）在《真珠船》中所云：

> 漢高帝八年，令賈人毋得衣錦綉綺縠；苻堅制，金銀

---

〔14〕《大明會典》（臺北：東南書報社，1964）卷六一《冠服二·生員巾服、士庶巾服》，頁 35a～38a；《明史》卷六七《輿服三·庶人冠服》，頁 1649～1650。〔明〕郎瑛《七修類稿》卷九《國事類·衣服制》，頁 147。《明史》卷六七《輿服三·庶人冠服》，頁 1649～1650。

〔15〕以上《會典》，〔清〕張廷玉等撰《新校本明史》卷六七《輿服三·庶人冠服》，頁 1649～1650。

〔16〕嘉靖《宣府鎮志》（嘉靖四十年刊本）卷二〇《風俗考·政化紀略》，頁 60b。

錦綉，工商皂隸婦女，不得服之，犯者棄市。洪武十四年
（1381），令農民之家許穿綢紗絹布，商賈之家，止穿絹布，
如農民家但有一人爲商賈，亦不許穿綢紗。今農民絺（按：
細的葛布）褌不蔽體，而商賈之家，往往以錦綺爲襦（按：
短衣）褌矣。[17]

由上面的這段引文可以看到明代後期隨著經濟的發展，商賈之
家的經濟地位上昇，其強大的消費能力已非政府的法令所能抑制，
也非農民所能及，甚至漸漸地已威脅到士人的地位。

在婦女服飾方面已有規定，朝廷官員之命婦有其特殊的服飾，
一般庶人婦女有一套服飾，奴婢又有一套規定，並且禁止僭用。命
婦的服制，早在洪武元年（1368）時，從冠花、髮鬌、服色、衣料
與首飾等方面都依品級規定之。[18] 關於士庶妻冠服制，洪武三年
（1370）定制，士庶妻，首飾用銀鍍金，耳環用金珠，釧鐲用銀，服
淺色團衫，用紵絲、綾羅、綢絹。洪武五年（1372）時，又令民間
婦人禮服惟紫絁，不用金綉；袍衫止紫、綠、桃紅及諸淺淡顏色，
不許用大紅、鴉青、黃色；帶用藍絹布。女子在室者，作三小髻，
金釵，珠頭帔，窄袖褙子。同時又規定了婢使的服飾，"高頂髻，絹
布狹領長襖，長裙。小婢使，雙髻，長袖短衣，長裙。"從成化以後
大概因爲明初的制度已經開始出現鬆動，民間婦女服飾僭越的情形
也漸顯，所以政府不斷有禁令發布。如成化十年（1474）時，禁官
民婦女不得僭用渾金衣服、寶石首飾。又如正德元年（1506）時，
令軍民婦女不許用銷金衣服、帳幔、寶石首飾、鐲釧。[19] 到了明代
後期，這類的禁令恐怕已發生不了太大的作用了。

以上是明朝初期對平民服飾的各種規定。這樣的服制一則是爲
了區分身份，另一方面也有提倡節儉、反對奢華之意。[20] 至於當時
社會的實際狀況，從許多明代方志中都可以看到在明初的平民服飾

---

[17] 〔明〕胡侍《真珠船》，收在《叢書集成簡編》136 冊（臺北：臺灣商務印書館，
　　1966）卷二《商賈之服》，頁 13～14。

[18] 《明史》卷六七《輿服三·命婦冠服》，頁 1641～1643。

[19] 《大明會典》卷六一《冠服二·士庶妻冠服》，頁 38a～b；《明史》卷六七《輿服
　　三·士庶妻冠服》，頁 1650。

[20] 但若與朝廷命婦首飾可以用金銀珠翠等規定相對照看，提倡儉約與其維護身份等級
　　的宗旨相比，畢竟只能佔次要的位置。參見陳大康《明代商賈與世風》，頁 164。

淳樸守制的描寫。如雍正《陝西通志》引《涇陽縣志》云：

> 明初頗近古，人尚樸素，城市衣履，稀有純綺。鄉落
> 父老，或襜帢靴（按：小孩的鞋）履不襪，器惟瓦瓷，屋
> 宇質陋。[21]

如果有人穿著太過華麗的服飾，反而引起人們的側目。如南直
隸常州府的江陰縣，據嘉靖《江陰縣志》記載明初的情形：

> 國初時民居尚儉樸，三間五架制甚狹小，服布素，老
> 者穿紫花布長衫，戴平頭巾，少者出遊於市，見一華衣者，
> 人怪而嘩之。[22]

明初婦女衣飾亦是如此，如《西園雜記》記：“國初，民間婦人遇婚
媾飲宴，皆服團襖爲禮衣，或羅或紵絲，皆綉領下垂，略如霞帔
（按：即指披肩）之製，予猶及見之。非仕宦族有恩封者，不敢用冠
袍。”[23] 明初士人的服飾亦遵國制。如天啓《淮安府志》云明初士
人之服飾：“先輩黌門衿士，常服衣履，率用青布，非仕宦不批繒帛
（按：絲織品總名）。”[24]

之後，這樣樸素守制的情形，從各地方志的記載中可以看到持
續了相當長的一段時間，如正德《松江府志》云：“入國朝來一變而
爲儉樸。天順、景泰以前，男子窄袖短躬，衫裾幅甚狹，雖士人亦
然。婦女平髻寬衫，制甚樸古。婚會以大衣（俗謂長襖子），領袖緣
以圈金或挑線爲上飾，其彩綉織金之類，非仕宦家絕不敢用。”[25]
萬曆《新昌縣志》記成化以前的士庶服飾仍有分別：“成化以前，平
民不論貧富，皆遵國制，頂平定巾，衣青直身，穿衣靴鞋，極儉
素。”[26] 河南府的宜陽縣，明初以來據説：“風俗淳美，相傳明隆、
萬之代，庠無踏雲履之士，庶民之家不帶金銀珠翠。”[27] 由上面這

〔21〕 雍正《陝西通志》（清雍正十三年刻本）卷四五《風俗·習尚》，頁7a。
〔22〕 嘉靖《江陰縣志》（明嘉靖年間刻本）卷四《風俗》，頁2b。
〔23〕 〔明〕徐咸《西園雜記》，收在《叢書集成初編》（上海：商務印書館據鹽邑志林本
　　　 影印，1935）卷上《巾帽之説》，頁81~82。
〔24〕 天啓《淮安府志》（據明天啓間刊，清順治五年印本）卷二《風俗志·服飾》，頁23a。
〔25〕 正德《松江府志》（明正德年間刊本）卷四《風俗》，頁11b~12a。
〔26〕 萬曆《新昌縣志》（明萬曆七年刻本）卷四《風俗志·服飾》，頁5a。
〔27〕 陳夢雷《古今圖書集成·職方典》（臺北：鼎文書局據民國二十年間上海中華書局
　　　 影印清聚珍影印，1976）卷四三二《河南府部彙考六·河南風俗考》，頁38a。

些記載顯示各地因爲經濟狀況的不同，而使得明初服制維持的時間各地或有差異。

其實在明初的大環境下，是較有利於此種制度的施行。據嘉靖《太平縣志》就説道：

> 國初新離兵革，人少地曠，上田率不過畝一金，是時懲元季政諭，法尚嚴密，百姓或奢侈逾度犯科條，輒籍没其家，人罔敢虎步行。丈夫力耕稼，給徭役，衣不過細布土縑，仕非宦達官員，領不得輒用紵絲；女子勤紡績蠶桑，衣服視丈夫子，士人之妻，非受封，不得長衫束帶。……至宣德、正統間，稍稍盛，此後法網亦漸疏闊……[28]

另外，安徽省寧國府涇縣，據嘉靖刊本的《涇縣志》中也提到類似的情形：

> 國初，新離兵革，地廣人稀，上田不過畝一金，人尚儉樸。丈夫力耕稼，給徭役，衣不過土布，非達宦不得輒用紵絲。女勤紡績蠶桑。[29]

從以上這兩個例子中，可以看到明初一方面是法令較爲嚴格，同時也因爲經濟情況才剛開始恢復，故呈現"地廣人稀"、"人尚儉樸"的情形，人們只能努力耕稼、紡織以輸徭役，並沒有太大的消費能力。所以我們可以看到，明初普遍地遵行官定的服飾制度，幾無逾制僭越的情形。這也説明了在明初的社會是呈現較穩定的狀態，整個社會秩序並未有太大的變動，所以平民服飾方面也未有太大的變革。

三、明代後期平民服飾之流行風尚與消費心態：
由復古、新奇、模仿到僭越

到了明代中期，大約在嘉靖年間(1522～1566)約當十六世紀以後,各地的方志中都反映出平民服飾方面有了很大的變化,一改明初樸素守制的服飾,而走向華麗奢侈,甚至逾越禮制。據學者研究指出變化的區域,從南北直隸,東南的閩、浙、粤,華北的豫、陝、晉,至華中

---

[28] 嘉靖《太平縣志》（明嘉靖十九年刻本）卷二《輿地志下·風俗》，頁20a。
[29] 嘉靖《涇縣志》（明嘉靖年間刊本）卷二《風俗》，頁16b。

的江西、湖廣,甚至到四川都可以看到不同程度的變化。[30] 而且明末的社會秩序也發生了急速的變動,舊有的尊卑、長少、良賤、上下、主佃、主僕、紳民等社會關係的顛倒現象,衝擊了明初均有差等的傳統社會等級制度。[31] 在此背景下平民服飾的變革發生,甚至已形成一種流行風尚。以下就討論服飾風尚的幾種變化形式,從風尚形式的變化過程中也可以看到一般平民在消費心態上的變化。

在明代前期,因爲官方對服制的禁令還很嚴密,所以少有奇裝異服的流行風尚。成化至弘治年間(1465~1505),曾一度流行從朝鮮傳來的舶來品——"馬尾裙"。據《菽園雜記》記載當時北京盛行的馬尾裙從流行到被禁的過程如下:

> 馬尾裙始於朝鮮國,流入京師,京師人買服之,未有能織者。初服者,惟富商貴公子歌妓而已。以後武臣多服之,京師始有織賣者。於是無貴無賤,服者日盛,至成化末年,朝官多服之者矣。大抵服者下體虛奓,取美觀耳。閣老萬公安冬夏不脫,宗伯周公洪謨重服二腰。年幼侯伯駙馬,至有以弓弦貫其齊者。大臣不服者,惟黎吏侍淳一人而已。此服妖也,弘治初,始有禁例。[32]

馬尾裙在成化以前很早就傳至北京,但是因爲未有能織者,以致初期並不流行;等到京師有人織賣以後,即開始廣泛流行。據說因爲這次流行的風氣太盛,至弘治初有一給事中建言稱:"京中士人好著馬尾襯裙,因此官馬被人偷拔鬃尾,有誤軍國大計。乞要禁革。"[33] 所以才

---

[30] 徐泓《明代社會風氣的變遷——以江浙地區爲例》,《第二屆國際漢學會議論文集·明清與近代史組》(臺北:中央研究院,1989),頁 137~139;徐泓《明代後期華北商品經濟的發展與社會風氣的變遷》,《第二次中國近代經濟史會議文集》(臺北:中央研究院經濟所,1989),頁 107~173;陳學文《明代中葉民情風尚習俗及一些社會意識的變化》,《山根倖夫教授退休記念明代史論叢》(東京:汲古書院,1990),頁 1207~1231;劉志琴《晚明城市風尚初探》,《中國文化研究叢刊》第 1 輯(江蘇:江蘇人民出版社,1984),頁 190~208;牛健強《明代中後期社會變遷研究》(臺北:文津出版社,1997)。

[31] 徐泓前引文;森正夫《明末の社會關係における秩序の變動について》,《名古屋大學文學部三十周年記念論集》(1978),頁 135~159;森正夫,《明末における秩序變動再考》,《中國——社會と文化》10(1995),頁 3~25;岸本美緒《明清時代の身份感覺》,《明清時代史の基本問題》(東京:汲古書院,1997),頁 406~13。

[32] 〔明〕陸容《菽園雜記》(北京:中華書局,1985)卷一○,頁 123~24。

[33] 〔明〕馮夢龍《古今譚概》,收在《馮夢龍全集》(上海:江蘇古籍出版社,1993)卷一《迂腐部·成弘嘉三朝建言》,頁 3。

"始有禁例"。雖然這次外來服飾的流行風尚，在官方的強力干預與嚴禁之下，銷聲匿跡，但是隨著時間的推移，服飾的流行風潮是官府所難擋的。嘉、萬年間時又興起了另一波外來服飾的流行風潮。文壇盟主王世貞（1526～1590）就指出當時士大夫盛行的"袴褶"之風：

> 袴褶，戎服也。其短袖或無袖，而衣中斷，其下有横摺，而下復豎摺之。若袖長則爲"曳撒"。腰中間斷，以一線道橫之，則謂之"程子衣"。無線導者，則謂之"道袍"，又曰："直掇"。此三者，燕居之所常用也。邇年以來，忽謂程子衣、道袍皆過簡，而士大夫宴會，必衣曳撒。是以戎服爲盛，而雅服爲輕，吾未之從也。[34]

袴褶本是外族傳來的"戎服"，但卻在士大夫間廣泛地流行著，甚至形成曳撒、程子衣與道袍等三種形式，並且由燕居常服變成了宴會的正式服裝。至此，官方已經很難禁止各種服飾的流行風尚了。

明代後期服飾上的變化，出現了"時裝"。當時稱："儇薄子衣帽悉更古制，謂之時樣。"[35] 這些時裝的風尚有各種形式，而變化的軌跡，首先出現的是"復古"風，這在士大夫間巾飾的變化上表現得最明顯。例如南京的情形，顧起元（1565～1628）在《客座贅語》中記道：

> 南都服飾，在慶、曆前猶爲樸謹，官戴忠靜冠，士戴方巾而已。近年以來，殊形詭製，日異月新。於是士大夫所戴其名甚夥，有漢巾、晉巾、唐巾、諸葛巾、純陽巾、東坡巾、陽明巾、九華巾、玉臺巾、逍遙巾、紗帽巾、華陽巾、四開巾、勇巾。[36]

上面引文中所說各種不同名稱的巾飾，其實就是各種不同形式的帽子。正是因爲任何形式的變化都不可能憑空想像與創造出來，多是要先從舊的題材中找尋靈感，所以"復古"風是各類流行風尚的開

---

[34] 〔明〕王世貞《觚不觚錄》，收在《叢書集成初編》2811 冊（上海：商務印書館，1937），頁 17～18。

[35] 〔明〕俞弁《山樵暇語》，收在《四庫全書存目叢書·子部·雜家類》第 152 冊（臺南：莊嚴文化事業有限公司據商務印書館影印明朱象玄鈔本影印，1995）卷八，頁 7b。

[36] 〔明〕顧起元《客座贅語》（北京：中華書局，1987）卷一《巾履》，頁 23。

端。又如《西園雜記》記：

> 嘉靖初年，士夫間有戴巾者，今雖庶民亦戴巾矣。有
> 唐巾、程巾、坡巾、華陽巾、和靖巾、玉臺巾、諸葛巾、
> 凌雲巾、方山巾、陽明巾，制各不同，閭閻之下，大半服
> 之，俗爲一變。[37]

上面二段引文中的晉巾、唐巾、諸葛巾、東坡巾等，都是前代
已有的帽子形式，至明代又再度流行。其實明代流行的前代巾制還
有很多，此僅指出其中的部分。從引文中排列的順序，可以知道最
先流行的是這些“復古”味道的巾飾。關於唐巾、東坡巾與諸葛巾
之來源，據《留青日劄》云，“唐巾，唐製，四脚，二係腦後，二係
領下，服牢不脱。有兩帶、四帶之異。今則二帶上係，二帶向後下
垂也。今之進士巾，亦稱唐巾。”又“東坡巾，云蘇子遺制。”“葛
巾，諸葛孔明。又淵明用以漉酒。唐武則天賜群臣葛巾子，呼爲武
家高巾子。”[38]《三才圖會》也有記載：唐巾，“其制類古毋追，嘗
見唐人畫像帝王多冠，此則固非士大夫服也。今率爲士人服矣。”東
坡巾，“以老坡所服，故名。嘗見其畫像，至今冠服猶爾。”但是關
於“漢巾”，《三才圖會》中則説：“漢時冠服多從古制，未有此巾。
疑厭常喜新者之所爲，假以漢名。”[39] 不過，當時也有人認爲漢巾
是前朝遺制。而其他諸形式的巾飾是在明代中葉以後才發明的形式。
在復古的風潮之下，有的人甚至誇張到把自己裝扮成唐朝或晉朝人，
例如馮夢龍（1574～1646）就記載一則笑話：

> 翟耆年好奇，巾服一如唐人，自名唐裝。一日往見許
> 彥周，彥周髽（按：女人遭喪時，用麻發合挽的髻）髻，
> 著犢鼻褲，躧高屨出迎。翟愕然，彥周徐曰：“吾晉裝也，
> 公何怪？只容得你唐裝？”[40]

這種復古風在婦女的服飾上也可以看到，如《留青日劄》中就記一種稱
之爲“細簡裙”或“畫裙”的裙飾，在當時的杭州與北方流行一時：

---

〔37〕 〔明〕徐咸《西園雜記》，收在《叢書集成初編》（上海：商務印書館據鹽邑志林本
影印，1935）卷上《巾帽之説》，頁80～81。

〔38〕 〔明〕田藝衡《留青日劄》（上海：上海古籍出版社，1992）卷二〇《細簡裙》，頁
411。

〔39〕 〔明〕王圻輯《三才圖會》，《衣服一卷》，頁22a～b。

〔40〕 〔明〕馮夢龍《古今譚概》卷二《怪誕部·異服》，頁34。

梁簡文詩："羅裙宜細簡。"先見廣西婦女衣長裙，後曳地四五尺，行則以兩婢前攜之。簡多而細，名曰馬牙簡，或古之遺制也，與漢文後宮衣不曳地者不同。《韻書》曰："襉裙，幅相攝也。"杭婦女閣簡高係，以軟薄爲尚。北方尚有貼地者，以不纏足，欲裙蓋之也。又杜牧《詠襪》詩："五陵年少欺他醉，笑把花前出畫裙。"是唐之裙亦足以隱足也。畫裙，今俗盛行。[41]

根據該書作者田藝衡的考證，這種裙飾應是早自唐朝即有，而在明朝可能是在廣西地區保留下來這種服制，在一陣復古風潮下，再經流傳至全國。"復古"的風氣並不限於服飾方面，李樂（嘉靖二十七年進士）在《見聞雜記》中就說："今天下諸事慕古，衣尚唐段、宋錦，巾尚晉巾、唐巾、東坡巾；硯貴銅雀，墨貴李廷珪，字宗王羲之、褚遂良，畫求趙子昂、黃大癡。獨作人不思古人。"[42] 可見"復古"或"慕古"之風，是明代後期非常盛行的一種消費風尚，舉凡衣飾、硯墨、書畫等等，皆偏好此風格。

流行風尚的第二種變化形式是"奇異"或"新奇"。如崇禎《興寧縣志》記云："間有少年子弟，服紅紫，穿朱履，異其巾襪，以求奇好。"[43] 松江府人范濂在《雲間據目抄》一書中記載了對當地男子衣服樣式的變化，從早年樣式演變到"胡服"，之後又流行"陽明衣、十八學士衣、二十四氣衣"；至隆慶、萬曆以來，"皆用道袍，而古者皆用陽明衣"。他指出這種流行風尚是："乃其心好異，非好古也。"[44] 這意味著當復古之風流行後，因爲還不夠新鮮，所以還要找尋更奇異的樣式，以標新立異。就以巾飾方面而言，前面《客座贅語》中說到的純陽巾、凌雲巾、陽明巾、玉臺巾等就是復古風之後，開始流行的新奇服飾。陽明巾係新建伯王陽明所製；純陽巾一名樂天巾，頗類漢、唐二巾，稱其爲純陽巾是以神仙名之，而稱樂天巾則以人名；凌雲巾是明代後期生員們所創的；玉臺巾是以山爲名，其巾式類山形。這些巾飾都是明代後期才新創的流行樣式。

---

〔41〕〔明〕田藝衡《留青日劄》卷二○《細簡裙》，頁379。
〔42〕〔明〕李樂《見聞雜記》（上海：上海古籍出版社，1986）卷六，頁468。
〔43〕崇禎《興寧縣志》（明崇禎十年刻本）卷一《風俗》，頁82a～b。
〔44〕〔明〕范濂《雲間據目抄》，收在《筆記小說大觀》22編5冊（臺北：新興書局，1978）卷二《記風俗》，頁23。

而巾飾上由復古到新奇的實例，如崇禎《松江府志》形容到晚明已是 "今世人已陋唐、晉諸製"，而是流行 "少年俱純陽巾"。[45] 可見即使是在晚明曾一度流行的唐、晉巾之類，都已漸漸退流行而由新奇的純陽巾所取代。

當新奇的服飾發展到極致時，還出現了一個中國服飾歷史的特徵——男女衣服混雜。例如在江南地區的例子，《見聞雜記》指出嘉靖末至隆、萬兩朝湖州府當地，"富貴公子衣色，大類女妝巾式，詭異難狀。"[46] 不只在江南，其他地區亦有類似的情形。如安徽涇縣人蕭雍（萬曆時進士）在其所著之《赤山會約》一書中指出："又有女戴男冠，男穿女裙者，陰陽反背，不祥之甚。"[47] 又如河南開封府附郭祥符縣，順治年間的《縣志》轉引明代《開封志》，形容明末流行服飾的特徵：

> 迨至明季，囂陵益甚，伎女露髻巾網，全同男子；裀庶短衣修裙，遙疑婦人；九華是幘，羅漢爲履；傲侮前輩，墮棄本類，良可悼也。[48]

有趣的是蕭雍與方志的作者，都對此現象提出批評，認爲會危害社會秩序。《崇禎長編》記載崇禎三年（1630）時禮科給事中葛應斗上言也説道："承平既久，風俗日侈，士庶服飾僭擬王公，恥儉約而愚貞廉，男爲女飾，女爲道裝。"[49] 看來這種男女服飾混雜的情形，在晚明已成爲相當流行的時尚。

最驚世駭俗的是連 "王服" 都成了流行的樣式。如萬曆《新修餘姚縣志》記載浙江紹興府的情形如下：

> 邑井別戶，無貴賤率方巾長服。近且趨奇炫詭，巾必駭衆，而飾以王服，必耀俗而緣以彩。昔所謂唐巾鶴氅之類，又其庸庸者矣。至於婦女服飾，歲變月新，務窮珍異，誠不知其所終也。[50]

---

[45] 崇禎《松江府志》（明崇禎四年序刊本）卷七《風俗·俗變》，頁 25a～b。

[46] 〔明〕李樂《見聞雜記》卷二，頁 60a～b。

[47] 〔明〕蕭雍《赤山會約》，收在《叢書集成初編》第 733 册（上海：商務印書館據涇川叢書本排印，1936），頁 10a。

[48] 順治《祥符縣志》（清順治十八年刻本）卷一《風俗》，頁 7b。

[49] 〔清〕汪楫編《崇禎長編》（臺北：中央研究院歷史語言研究所，1967）卷三一，頁 49，"崇禎三年二月戊寅"。

[50] 萬曆《新修餘姚縣志》（明萬曆年間刊本）卷五《輿地志五·風俗》，頁 160。

引文中顯示時尚的樣式爲求新奇，過去的復古形式的巾飾"唐巾"及羽製大衣"鶴氅"，都已是平庸乏味，於是開始模仿上層階級的樣式。除了上面看到"王服"的樣式已經被民間用來成爲時尚的裝飾之外，高級官員的服裝樣式，也是模仿的主要對象。例如前面曾提到的明初洪武二十三年（1390）太祖曾議朝臣官員及庶民衣服形制，規定了庶民與文武官員及耆民、生員之間，在衣服長度、袖長及袖口寬度諸種尺度，結果到了嘉靖年間時則是："今婦人之衣如文官，其裙如武職，而男子之制迥殊於此，是時制耶！"[51] 嘉靖《吳江縣志》形容當地是："習俗奢靡，故多僭越。庶人之妻多用命服，富民之室亦綴獸頭，不能頓革也。"[52] 福建建寧縣據嘉靖《縣志》也説當地風氣漸漸奢侈，在服飾方面，"男飾皆瓦籠帽，衣履皆紵絲，時改新樣；女飾衣錦綺，披珠翠黃金橫帶，動如命婦夫人。"[53] 這裏也反映了除了男子的服飾外，一般平民婦女的服飾，也同時開始模仿上層階級的朝廷命婦服飾。又如乾隆《吳江縣志》中也曾指出明代服飾風尚的變化，"邑在明初，風尚誠樸"，"若小民咸以茅爲屋，裙布荊釵而已"，"其嫁娶止以銀爲飾，外衣亦止用絹。"但是，"至嘉靖中，庶人之妻多用命婦，富民之室亦綴獸頭，循分者歎其不能頓革。"[54] 張瀚（1511～1593）在《松窗夢語》中也指出了明代後期，平民婦女的衣服裝飾如同男子服飾的流行風尚一樣，皆已模仿高官之命婦服飾，甚至模仿皇后王妃的趨勢：

> 國朝士女服飾，皆有定制。洪武時律令嚴明，人遵畫一之法。代變風移，人皆志於尊崇富侈，不復知有明禁，群相蹈之。如翡翠珠冠、龍鳳服飾，惟皇后、王妃始得爲服；命婦禮冠四品以上用金飾件，五品以下用抹金銀飾件；衣大袖衫，五品以上用紵絲綾羅，六品以下用綾羅緞絹：皆有限制。今男子服錦綺，女子飾金珠，是皆僭擬無涯，逾國家之禁者也。[55]

至此我們看到，平民服飾流行風尚的形式變化已到了一片"僭擬無涯"的程度。

---

[51] 〔明〕郎瑛《七修類稿》卷九，頁147，"衣服制"。
[52] 嘉靖《吳江縣志》（明嘉靖四十年刊本）卷一三《典禮志三·風俗》，頁31b。
[53] 嘉靖《建寧縣志》（明嘉靖年間刊本）卷一《地理志·風俗》，頁15b。
[54] 乾隆《吳江縣志》（清乾隆十二年修石印重印本）卷三八《崇尚》，頁1120。
[55] 〔明〕張瀚《松窗夢語》（北京：中華書局，1985）卷七《風俗紀》，頁140。

從流行風尚的形式變化來看,剛開始流行的復古與新奇形式,所反映的消費心態是以經濟力為基礎。因為經濟能力的提昇,助長了一般大眾求新求變的服飾品味,這還是一種滿足感官性的需求。然而,當服飾風尚轉變成模仿與僭越之風,反映的是服飾風尚背後變化的動力,已不只是經濟能力,而是一種特殊的消費心態。亦即認為服飾不再只是彰顯經濟能力而已,而是將服飾視為社會身份與地位的象徵,甚至是視為政治地位的象徵。所以當庶民社會階層中諸如富室商人這類有錢階級足以消費時,他們已不只是以穿著新奇、華麗奢侈為滿足,還要模仿官員、命婦與士人的服飾。其實也是反映出當時有錢階級致力於透過其經濟力量達到社會流動(social mobility)的企圖。

四、風尚的傳播與流行時裝的中心

愈到後來,時裝風尚轉變的速度愈來愈快,南直隸應天府屬六合縣據嘉靖《縣志》稱其地服飾的風尚是:"除士夫法服外,民間衣帽長短高卑,隨時異制。"[56]《客座贅語》中論及南京婦女服飾變化的速度,"在三十年前,猶十餘年一變矣。"但是,"邇年以來,不及二三歲",凡首飾、衣袖、花樣與顏色等等無不變易。[57] 崇禎《嘉興縣志》也記載當地士人與婦女的服飾樣式變化快速如下:

> 巾服器用,士子巾幘(按:包髮之巾),內人笄(按:用來插頭髮的簪)總,特無定式:初或稍高,高不已而礙檐;已復稍低,低不幾而貼額。倏尖倏渾,乍扁乍恢,為晉、為唐、為東坡、為樂天、為華陽,靡然趨尚,不知誰為鼓倡而興,又孰操繩約而一,殆同神化,莫知為之者。[58]

這反映了風尚創造相當快速,同時風尚的傳播也已發展到相當迅速的程度,才能"隨時異制"。

若觀察流行風尚的傳播方向,恰與市場網絡有相當程度的重疊。風尚的傳播是依市場的網絡,由中心市場的城市向其周邊地域散播。所以一地的流行風尚,大都是以城市為流行的中心。當時的城市居民在穿著與服飾的款式上,較之鄉村農民是有差異的。如嘉靖《宣

---

[56] 嘉靖《六合縣志》(明嘉靖年間刊本)卷二《風俗》,頁4a。
[57] 〔明〕顧起元《客座贅語》卷九《服飾》,頁293。
[58] 崇禎《嘉興縣志》(明崇禎十年刻本)卷一五《里俗》,頁18a。

府鎮志》中記載反映出服飾也有城鄉之別：

> 城市中，絕無男子服襌衫兩截者，有之則衆笑曰“村
> 夫”；絕無婦人戴銀簪鉺者，有之則衆笑曰“村婦”；絕無
> 著巾服跨驢者，有之則衆笑曰“街道士”。[59]

姑且不論“村夫”、“村婦”或“街道士”之稱呼是否真的指鄉村農
民，但這些帶有諷諭的詞語反映出城市居民自覺在服飾的流行風尚
上是很前衛的，而認爲鄉村農民的服裝則是落伍的，遠非能及的。
就以河南一地服飾衣冠變化的樣貌爲例，開封府屬的太康縣，據嘉
靖年間的《縣志》中相當詳細地描寫明初之後男人服飾衣冠之變化：

> 國初時，衣衫褶前七後八。弘治間上長下短，褶多。
> 正德初，上短下長三分之一，士夫多中停；冠則平頂高尺
> 餘，士夫不減八九寸。嘉靖初服上長下短，似弘治。時市
> 井少年，帽尖長，俗云“邊鼓帽”。[60]

從以上的描繪中可以看到“市井少年”創造流行的帽子樣式，這體
現以“城市”爲中心所形成的流行風尚。這樣看來，當地的流行風
尚是由城市居民作先鋒，而鄉村則是學習城市，各地的縣城內的服
飾風尚又是隨更高一級的省城流行風尚傳播而來。例如浙江湖州府
武康縣，據嘉靖《武康縣志》云：“衣服：男婦服製不常，率仿效省
城，然儉素之風終不盡泯。”[61]

當時流行時裝的中心當屬江南地區,尤其是蘇州。蘇州的手工業
生産在嘉靖至萬曆年間（1522～1620）呈現繁榮的景象。明清以來蘇
州的絲織業與南京、杭州並列爲全國絲織業生産的三大基地；蘇州與
松江一帶,也是國内著名的棉紡織業中心,號稱“衣被天下”。[62] 明人
陸楫（1515～1552）在《蒹葭堂雜著摘鈔》中説：“今天下之財賦
在吳越，吳俗之奢莫盛於蘇杭之民，有不耕寸土而口食膏粱，不操
一杼而身衣文綉者，不知其幾何也。蓋俗奢而逐末者衆也。”[63] 當

---

〔59〕 嘉靖《宣府鎮志》卷二〇《風俗考·政化紀略》，頁90a。
〔60〕 嘉靖《太康縣志》（明嘉靖三年刊本）卷四《服舍》，頁3a。
〔61〕 嘉靖《武康縣志》（明嘉靖二十九年刻本）卷三《風俗志·宮室服食》，頁10a。
〔62〕 有關明清蘇州手工業之發展，參看段本洛、張圻福著《蘇州手工業史》（上海：江蘇古籍
    出版社,1986），頁2～68。
〔63〕 〔明〕陸楫《蒹葭堂雜著摘鈔》，收在《中國野史集成》37册（成都：巴蜀書社，
    1993），頁3a。

時蘇州集中了許多不織不耕的商人，他們穿衣服極其講究，成了最重要的消費者，同時也帶動江南紡織手工業的發達。張瀚的《松窗夢語》一書即曾提到江南蘇州該地成爲服飾風尚之源頭及原因：

> 至於民間風俗，大都江南侈於江北，而江南之侈尤莫過於三吳。自昔吳俗習奢華、樂奇異，人情皆觀赴焉。吳製服而華，以爲非是弗文也；吳製器而美，以爲非是弗珍也。四方重吳服，而吳益工於服；四方貴吳器，而吳益工於器。是吳俗之侈者愈侈，而四方之觀赴於吳者，又安能挽而之儉也。……工於織者，終歲纂組，幣不盈寸，而錙銖之縑，勝於尋丈。是盈握之器，足以當終歲之耕，累寸之華，足以當終歲之織也。[64]

正是因爲江南蘇州地區的手工業發達，遠過於明代國內的其他城市，再加上當地所製之衣服向來重視華麗與新奇，所以才能成爲帝國的時裝中心。而當地人從事手工業者，亦藉此盈生，故＂累寸之華，足以當終歲之織也＂。甚至在北京的服飾風尚都受到江南的影響，如于慎行（1545～1607）形容隆、萬年間北京時云：＂吾觀近日都城……衣服器用不尚鬃添，多仿吳下之風，以雅素相高。＂[65] 又如崇禎時人云：＂帝京婦人，往悉高髻居頂；自一二年中鳴蟬墜馬，雅以南裝自好。官中尖鞋平底，行無履聲，雖聖母亦概有吳風。＂[66] 明末從蘇州一地發展出許多新奇的服飾亦是例證，如《閑情偶寄》中所説流行於婦人服飾間的百襉裙與月華裙，《二刻拍案驚奇》中所記流行於少年浮浪之輩與道士之間的百柱帽等，都是從蘇州發展出來的。[67] 另外，首都南京亦是當時重要的流行風尚中心，其影響力也廣及江西地區。如嘉靖《廣信府志》指出該地衣裳冠履之制，＂視

---

〔64〕 〔明〕張瀚《鬆窗夢語》卷四《百工紀》，頁79。

〔65〕 〔明〕于慎行《穀山筆塵》（北京：中華書局，1984）卷三《國體》，頁29。

〔66〕 〔明〕史玄《舊京遺事》，收在《筆記小説大觀》9 編 8 册（臺北：新興書局，1975），頁5122。有關明代北京的服飾變化，參見邱仲麟《明代北京社會風氣變遷——禮制與價值觀的改變》，《大陸雜誌》88.3（1994），頁1～3。

〔67〕 〔明〕李漁《閑情偶寄》（臺北：長安出版社，1990）卷三《治服第三·衣衫》，頁146；〔明〕凌濛初《二刻拍案驚奇》（上海：上海古籍出版社，1983）卷三九《神偷寄興一枝梅，俠盜慣行三昧戲》，頁729。

諸京而以時變易之".[68] 又江西吉安府屬永豐縣，據嘉靖刊本的《縣志》中，記錄了弘治、成化以來平民服飾風尚也是："他方衣裳冠履之制，視諸京色而以時變易之。"[69]

風尚的傳播是透過各種管道，並不只限於商業網絡的管道。在此就舉另一種傳播的途徑爲例作說明。民間的戲劇一直是元代以來一般大衆的重要娛樂，而戲子的服飾往往有助於一種時裝風尚的流行。例如萬曆《滁陽志》的作者回憶當地在明末流行的冠飾風尚形式，有的就是藉由戲子傳播：

> 男子危冠，其聳或加檐；已而短縮，名"邊鼓"；又或銳顚爲蓮子。衣長上短下，曰"磬垂"；又或短上長下。髻則或如螺已，又如笋；甚有如小浮圖者，已或又縮而小：皆不知所從。其甚俳優戲劇，相率爲胡表帽服，騰逐喧噪，戰鬥跳踉，居然胡也。然諸蕩侈，皆往數十歲事。[70]

明朝後期戲曲發展達到空前的興盛，尤其是南戲的盛行，在南方的昆腔、弋陽腔與海鹽腔等地方戲曲大盛。同時隨著城市經濟的發達，娛樂消費也蓬勃發展。在城市內也形成了許多職業戲班，優秀的戲班往往因受邀演出而遊走於各大城市之間，也會將一些流行服飾帶到其他城市，影響了當地的服飾風尚。

流行風尚的形成與傳播，還依賴某些特別的社會階層來引導與散播。在萬曆年間沈德符（1578～1642）曾將當時"天下服飾僭擬無等者"歸納爲三種人：勛爵、內官與婦人。[71] 但前二者是在官服方面的僭越，而後者是平民服飾僭越的代表。若再細究，娼妓才是引導社會流行風尚的先鋒。談遷（1594～1658）的《棗林雜俎》中指出："弘治、正德初良家恥類娼妓。"但是到明季他歎道："余觀今世婦女裝飾幾視娼妓爲轉移。"[72] 其中"名妓"之流更是風尚的創造與流行推動者，如袁中道（1570～1623）說陳雪箏、冒襄（1611

〔68〕　嘉靖《廣信府志》（明嘉靖年間刻本）卷一《地輿志·風俗》，頁27b～28a。

〔69〕　嘉靖《永豐縣志》（明嘉靖二十三年刻本重印）卷二《風俗》，頁13b。

〔70〕　萬曆《滁陽志》（明萬曆年間刻本）卷五《風俗》，頁2b～3a。

〔71〕　〔明〕沈德符《萬曆野獲編》（北京：中華書局，1959）卷五《勛戚》，頁147～148，"服色之僭"。

〔72〕　〔明〕談遷《棗林雜俎》，收在《四庫全書存目叢書·子部·雜家類》113冊（臺南：莊嚴文化事業公司，1995）和集《叢贅·女飾》，頁37b。

~1693）形容董小宛的穿著服飾，都是"士女皆效之"。另外，商人的穿著到了明代後期的情形，就如前文引《真珠船》一書中所云，以及在許多明代的筆記小說中的描寫，都可以看到他們完全違反明初太祖對於商人服飾的規定，而且更加奢侈華麗。[73] 更有甚者是成爲新奇與華麗服飾的始作俑者，就以鹽商的大本營揚州爲例，萬曆《江都縣志》云：

> 其在今日，則大有不然者，蓋以四方商賈陳肆其間，易抄什一起富；富者輒飾宮室，蓄姬媵，盛僕御，飲食配服與王者埒。又輸資爲美官，結納當塗，出入輿馬都甚。婦人無事，居恒修冶容，鬥巧妝，鏤金玉爲首飾，雜以明珠翠羽，被服綺綉，袒衣皆純采，其侈麗極矣。此皆什九商賈之家，閭右輕薄子弟率起效之。[74]

當地服飾風尚的流行幾乎就是由商人及商人婦所帶動的。除此之外，在明代後期許多流行服飾的例子中，我們還看到有不少是士大夫，尤其是下層士人積極地、刻意地創造新的服飾風尚。這類現象反映出來的是士大夫對服飾風尚的特殊看法。以下就從士大夫的行爲與言論兩方面來作探討。

五、士大夫對服飾風尚的反應

（一）士大夫危機意識的出現：士人階層的身份威脅

至明代後期可以看到，有不少士大夫更積極地、刻意地創新服飾或追逐流行，他們穿著服飾的品位與樣式，看起來似乎是與當時的時尚並駕其驅，甚至比流行風尚更前衛。天啓《贛州府志》的作者就説：

> 乃今鑿樸爲雕，易儉爲侈。服飾器用，燕飲之浮薄，轉相慕效，而又不分貴賤，不論賢愚，戴方巾、被花綉、躡朱履，蓋裝銀頂，樂用銅鼓，犯上亡等，法制謂何？後進之士，自行一意……踏至不能爲齊民倡，而反有甘同市井者，則不學之過也。[75]

---

[73] 有關服飾之流行風尚的傳播與引導的媒介人，參看陳大康《明代商賈與世風》，頁 172～174；王鴻泰《流動與互動——由明清間城市生活的特性探測公衆場域的開展》（臺灣大學歷史學研究所博士論文，1998），頁 470～474。

[74] 萬曆《江都縣志》（明萬曆年間刻本）卷七《提封志·謠俗》，頁 28b～29a。

[75] 天啓《贛州府志》（清順治十七年湯斌刻本）卷三《土俗》，頁 38b～39a。

作者的批評直指這些"後進之士"也隨波逐流，追逐時尚的感覺，而未能倡導化俗。實則這種現象反映的是下層士人很強烈的危機意識。因爲明代後期平民服飾的變化受到影響最大的，恐怕就是士人階層。從明初以來，爲了表示對讀書人的尊重，在服制上有特別的規定，如"襴衫"與"青衣"等，爲的就是區別其與一般平民之身份與地位。就如同李樂所言："冠服所以章身，匪爲飾美。"但是隨著士人的人滿爲患，僧多粥少，科舉仕途爲之壅塞。[76]另外，英宗自土木堡之變後，國子監生可以捐納得之，士子舉途又多一競爭者，科場仕途壅塞之景漸顯。[77]《蓬軒類記》云：

> 吳中惡濫不售之貨，謂之店底，故庠生久治不中者，亦以此目之。……然宣德、正統間，監生惟科、貢、官生三種而已，故此輩得以次進用。景泰以來，監生有納成芻粟及馬助邊者，有納粟賑荒者，雖科貢之士，亦爲阻塞。中間有自度不能需次者，多就教職，餘至選期，老死殆半矣。[78]

而許多捐納得官之富室大户，在享有政治地位後，其身份也威脅了士人階層。王錡（1432～1499）的《寓圃雜記》就記載一個典型的例子：

> 朝廷所重者名爵，庶民所畏者縣官。近年富兒入銀得買指揮者，三品官也，縣官豈能抑之？余偶入城，忽遇驅呵（按：舊時職官出行，有小卒引馬喝道）屬路，金紫煌

---

[76] 根據筆者的統計，明代鄉試舉人的錄取率從明初到中期以後（約在嘉靖年間以後），從6%以上降到4%以下，而且到了清代錄取率更低，幾乎只有1%至2%之間。由此可見競爭激烈。參見拙作《明清城市民變研究——傳統中國城市群眾集體行動之分析》（臺灣大學歷史學研究所博士論文，1996），頁194；林麗月《科場競爭與天下之"公"：明代科舉區域配額問題的一些考察》，《臺灣師範大學歷史學報》20（1992），頁8～18。余英時也曾以實例證明十六世紀以後科舉名額已應付不了士人數量的不斷成長。見氏著《士商互動與儒學轉向》，收在郝延平、魏秀梅主編《近世中國之傳統與蛻變：劉廣京院士七十五歲祝壽論文集》（臺北：中央研究院近代史研究所，1998），頁5～7。

[77] 關於土木堡之變以後監生捐納的情形，見Ping-ti Ho, *The Ladder of Success in Imperial China: aspects of social mobility*, 1368～1911（New York: Columbia University Press, 1976），pp. 32～33。

[78] 不著撰人《蓬軒類記》，收在〔明〕鄧士龍輯《國朝典故》（北京：北京大學據北大善本書室藏明鄧氏刊本影印，1993）卷六八，頁1526，按此書即陸容《菽園雜記》之部分，然所載內容略多。

赫，與府僚分道而行。士夫見之，斂避不暇。因詢於人，

始知其爲納銀指揮。虎而翼之，無甚於此。[79]

從此例中可以看到明中葉以後捐納盛行，而引文中更體現出士大夫
酸葡萄的心理。威脅士人的社會階層中最值得注意的是商人地位的
提高。十六世紀以後的商業發展，逼使了儒家士大夫重新估價商人
的社會地位，甚至商人自己也意識到他們的社會地位已足以與士人
相抗衡了，遂有"士商相混"之説。實際上明代中葉以後，士與商
之間確已不易清楚地劃界線了。商人可以透過捐納以入仕，士人亦
多有經商致富者，尤其是在明清之際，更有許多"棄儒就賈"的例
子。[80] 所以想在服制法令上嚴禁商人的服飾變化是不可能的。就如
同清人黎士弘在《仁恕堂筆記》中所云：

　　蓋前王陰寓重本抑末之意，今無論細穀輕紈商賈，恬
不知爲僭妄，且士而賈、官而賈者，何限販豎？暴於金貂
邸店，爛於川陸，風俗民生，亦可重爲歎息矣。[81]

此段雖爲清代時的文獻，但其所述之情況早自明代已是如此。
作者所謂的"士而賈，官而賈者"正可以説明明代嚴禁商人的服制
法令無法執行的主要原因。除此之外，王錡又説："近年補官之價甚
廉，不分良賤，納銀四十兩，即得冠帶，稱義官"，"故皂隸、奴僕、
乞丐、無賴之徒，皆輕資假貸以納，凡僭擬豪橫之事，皆其所
爲。"[82] 他將當地"僭擬豪橫之事"，都歸因於皂隸、奴僕、乞丐、
無賴之徒等捐納之"義官"，雖有言過其實，但由其文中也可見當時
士大夫對下層奴僕之輩捐納即得冠帶一事非常不滿。

當一般百姓在經濟力足以消費，相關法令制度亦見鬆弛之際，
人們紛紛模仿過去被捧爲高貴的"讀書人"之衣冠服飾時，促使士
人階層深深地感覺到其身份地位受到嚴重的威脅，何喬遠（1558～
1631）的《名山藏》一書中記江蘇溧陽縣人馬一龍，於鄉飲之耆老
會時請二十四人講五十年來風俗之變化，其一人即指出："當時子弟

---

〔79〕〔明〕王錡《寓圃雜記》（北京：中華書局，1984）卷五《義官之濫》，頁40。
〔80〕余英時《中國近世宗教倫理與商人精神》（臺北：聯經出版事業公司，1987），頁
　　　104～21。余英時《士商互動與儒學轉向》，頁10～14。
〔81〕〔清〕黎士弘《仁恕堂筆記》，收在《叢書集成續編·文學類》215 册（臺北：新文
　　　豐出版社據昭代叢書排印，1989）卷二五，頁44b。
〔82〕〔明〕王錡《寓圃雜記》卷一〇《納粟指揮》，頁79。

不輕易習舉子業，即習未成，亦不敢冒儒生巾服。"[83] 但是愈到後來儒生巾服都被一般平民所用。這類例子在各地的方志中都可以看到。如北直隸保定府的崇禎《内邱縣志》云：

> 萬曆初，童子髮長猶總角，士子入泮始加綱，名曰"冠巾"。民亦至二十餘歲始戴綱，皆冠之遺意也。……萬曆初，庶民穿謄靸，秀才穿雙臉鞋，非鄉先生首戴忠靖冠者，不得穿廂邊雲頭履；夫雲頭履，名曰"朝履"，俗呼"朝鞋"，謂天子鞋也。至近日，而門快皂輿無非雲履，星相醫卜者無不方巾，又有唐巾、晉巾、東坡巾、樂天巾者[84]。

忠靖冠之制，是在嘉靖七年（1528）時世宗親自設計，要禮部頒於天下，規定縣級以上的所有官員穿著的燕居常服。[85] 關於穿戴巾飾，據清初姚廷遴（1628~1697）的《歷年記》記載，明季服色的等級，"鄉紳、舉、貢、秀才俱戴巾，百姓戴帽。"而"庶民極富，不許戴巾。"[86] 至於雲頭履，從上面的引文中已經說明是鄉紳所專屬之鞋。由此可見戴方巾、忠靖冠與穿雲履本來規定都是只有士大夫才可以穿的或是在士大夫間流行的服飾，但到萬曆時則是門快皂輿與星相醫卜者都在仿傚。又例如《雲間據目抄》記松江府生員間流行的瓦楞鬃帽，"在嘉靖初年，惟生員始戴，至二十年外，則富民用之，然亦僅見一二，價甚騰貴"；但是，"萬曆以來，不論貧富，皆用鬃，價亦甚賤"。[87] 浙江紹興府屬之萬曆《新昌縣志》也記士大夫的冠巾漸被富室子弟模仿的過程：

> 成化以前，平民不論貧富，皆遵國制，頂平定巾，衣青直身，穿衣靴鞋，極儉素。後漸侈，士夫峨冠博帶，而稍知書爲儒童者，亦方巾彩履色衣，富室子弟，或僭服之[88]。

《雲間據目抄》則指出本是士人服飾的"布袍"在松江府被視爲寒酸，甚至被惡少襲用的情形：

[83] 〔明〕何喬遠《名山藏》，收在《明清史料叢編》（北京：北京大學據明崇禎刻本影印，1993），《貨殖記》，頁5857。

[84] 崇禎《内邱縣志》（明崇禎十五年刊本）卷七《風紀·冠履》，頁1b~2a。

[85] 《明史》卷六七《輿服三·儒士、生員、監生巾服》，頁1649。

[86] 〔清〕姚廷遴《歷年記》，收在《上海史資料叢刊——清代日記匯抄》（上海：上海人民出版社，1982），頁165。

[87] 〔明〕范濂《雲間據目抄》卷二《記風俗》，頁2625~2626。

[88] 萬曆《新昌縣志》（明萬曆七年刻本）卷四《風俗志·服飾》，頁5a。

布袍乃儒家常服，邇來鄙爲寒酸。貧者必用綢絹色衣，
謂之薄華麗，而惡少且從典肆中覓舊段舊服，翻改新制，
與豪華公子列坐，亦一奇也。[89]

如果只是這些平民模仿士大夫服飾也就罷了，偏偏在一些經濟發達
的地區，特別是在江南，許多被視爲賤業的人，如奴僕、倡優、隸
卒與負販者流，隨著商品經濟發達降低了物價，加上他們經濟力提
昇了，以致有"駔儈庸流幺麼賤品，亦帶方頭巾，莫知禁屬。其俳
優、隸卒、窮居負販之徒，躡雲頭履行道上者，踵相接，而人不以
爲異。"[90] 明季復社領袖張采（1596～1648）所纂修的崇禎《太倉
州志》中，指出衙役在服飾上的變化："往者衙役，衣青衣，隸賤
役，易厭所欲。今身御羅綺，妻女列綉裳。己午年間（按：應指己
巳至庚午年間，即崇禎二至三年間），服絨表綾緣裏者，二百幾
十。"[91] 明末名士陳繼儒（1558～1639）纂修的崇禎《松江府志》
中，就指出當地風俗之一大變化，即是僮竪"服飾"之變化：

僮竪之變：初士夫隨從，皆青布衣，夏用青苧，東有
衣□色褐者，便爲盛服，然不常用；近僮竪皆穿玄色羅綺，
至有天青暗綠等色，中裙裏衣，或用紅紫見賓客，侍左右，
恬不爲異，雖三公八座間，亦有之。凡一命之家，與豪侈
少年競爲姣飾，不第亡等，家法可知矣。[92]

陳繼儒既然如此重視僮僕服飾的變化，可見他對其本身的身份與社
會地位受威脅很敏感。其他各地的方志都有類似的言論，如江南蘇
州府屬的萬曆《重修崑山縣志》批評當地風氣："邸第從御之美，服
飾珍羞之盛，古或無之。甚至儲隸賣傭，亦泰然以侈靡相雄長，往
往有僭禮逾分焉。"[93] 北直隸保定府屬冀州，也是"雖卑賤暴富，
俱並齒衣冠，置之上列。"[94] 福建福寧府的萬曆《福安縣志》記該
地俗奢後違禮逾制："俗侈而凌替，方巾盈路，士大夫名器爲村富所

〔89〕 〔明〕范濂《雲間據目抄》卷二《記風俗》，頁2626。
〔90〕 萬曆《通州志》（明萬曆年間刻本）卷二《風俗》，頁47a～b。
〔91〕 崇禎《太倉州志》（明崇禎十五年刊本）卷五《流習》，頁7b。
〔92〕 崇禎《松江府志》卷七《風俗·俗變》，頁31b～32a。
〔93〕 萬曆《重修崑山縣志》（明萬曆四年序刊本）卷一《風俗》，頁199。
〔94〕 嘉靖《冀州志》卷七《人事志三·風俗》，轉引自韓大成《明清社會經濟初探》
　　　（北京：人民出版社，1986），頁303。

竊，而屠販奴隸亦有著雲履而白領緣者。"[95] 天啓《淮安府志》記：
"挽近，衣飾雲錦，豪富綺靡，至於巾裙奢侈異制，閨閣麗華炫耀，
傭流優隸混與文儒衣冠相雜，無分貴賤。"[96] 山西平陽府屬臨汾縣，
在萬曆刊本的《縣志》中，作者邢雲路（萬曆八年進士）著有《請
正四禮議》一文，其忿忿不平地形容：

> 今民間無論貧富貴賤，一歲至十餘歲，皆得戴巾，乳
> 臭僕僮袒裼（按：袒袖露臂）赤脚負薪負米，加巾於首，
> 則何取義也！甫弱冠者，則率皆凌雲、忠靜，貧者胥竭財
> 爲之矣。甚至賤藝術者流，亦得凌雲、忠靜，而唐、晉之
> 巾，則視爲當然。一瞽目卜人也，衣半不遮體，如鶉結
> （按：形容破舊之衣），然手搖箕板、頭帶冠巾，盈衢遝皆
> 然也。冠之僭濫者也，一至是。[97]

崇禎《烏程縣志》中作者更抱怨富家與世家之縱容僕隸之輩在
服飾上逾制：

> 衣服飲食率多野樸，布衣之外，間以綢絹，不事綺飾。……
> 今則佻達少年，以紅紫爲奇服，以綾紈作袒衣羅綺，富貴
> 家縱容僕隸，亦僭巾履，新巧屢更，珍錯爭奇，祇供目食，
> 至博戲呼，衣冠輩亦靦顏爲之，此則大挽回者。[98]

不僅是服飾的表面象徵意義，在實際的社交場合中也可以看到
士人的窘境。例如萬曆《通州志》記當地自從流行華麗服飾之後，
"故有不衣文采而赴鄉人之會，則鄉人竊笑之，不置之上座"，[99] 最
終使過去用服飾來區分士人與庶民甚至賤民的制度崩潰，而形成了
"貴賤無等"的現象。如陝西西安府屬咸寧縣，在明末時，"裘馬錦
綺，充填衢巷，羅褲雲履得僭於娼優卒隸之輩"，而且是"無貴賤悉
然"。[100] 陝西西安府屬之富平縣，據萬曆年間刊本的縣志中，作者
孫丕揚（1532～1614）是以一種痛心疾首的態度，指責當時"貴賤
無等"的社會現象說：

---

〔95〕　萬曆《福安縣志》（明萬曆二十五年刻本）卷二《輿地志·風俗》，頁17a。
〔96〕　天啓《淮安府志》卷二《風俗志·服飾》，頁23a。
〔97〕　萬曆《臨汾縣志》（明萬曆十九年刊本）卷二《風俗》，頁44b～45a。
〔98〕　崇禎《烏程縣志》（明崇禎十年刻本）卷四《風俗》，頁23a。
〔99〕　萬曆《通州志》卷二《風俗》，頁47a～b。
〔100〕　雍正《陝西通志》卷四五《風俗·習尚》，頁5a。

日來，俗尚浸奢，男必漢唐宋錦，女必金玉翠飾，冠
履華靡尤甚，凌雲、東坡、忠靖、匾巾，赤烏（注：重底
之鞋）、雲頭、箱邊、片瓦，照耀於街市間，殆無貴賤一
矣。奇巧日工，太樸日虧，傷農誘民，莫此爲甚。[101]

所以當士人階層的服飾已是人人可及時，其實際上的社會地位也一
落千丈，不受人重視。嘉靖《吳江縣志》就記貴賤等級漸消，士人
不受尊重的情形：

國初風俗淳厚，貴賤有等，故家子弟雖不能繩祖武，
而胥隸之流，猶知讓之，不敢抗禮，不敢並行，或相遇於
途，則拱立而俟其過，故舞文者少焉。正德以前，此風尚
存。近年來縱肆無忌，而隸卒尤甚，勾攝則以拒爲詞，索
賕則呼錢爲分，至有自謂不願博一舉人者。吁，痛哉！[102]

綜而言之，明代後期因爲經濟的發展，造成服飾風尚的變化，
也打破了過去貴賤等級的象徵，使社會的觀念有了很大的變化。影
響所及，過去一度是以服飾有別於一般平民的士人，他們的服飾成
了平民最易模仿的對象，而其本身又因科舉壅塞而無法晉昇官職，
因之受到的衝擊也最大，在心理上產生的危機意識也較其他上層階
級來得更明顯。

（二）士大夫對應的實際行動：要求地方官重申禁令

於是士人階層開始抱怨，大肆批評此流行風尚。他們最受不了
的其實並不是服飾的奢華，而是暴發戶在穿著上僭越了他們獨有的
身份象徵。有的士大夫上奏要求朝廷下令禁止，例如洪文科在《語
窺今古》中就曾表達出這種想法：

晉漢唐巾，乃先朝儒者之冠。我明興科甲，監儒兼而
用之，數十年前，人心猶古，非真斯文，盡安分焉。漸至
業鉛槧、賦詩章者戴矣，此猶之可也。邇來大可駭異，一
介細民耳，未聞登兩榜而入黌宮，一丁不識，驟獲資財，
不安小帽，巍然峨其冠，翩然大其袖，揚揚平康曲里，此
何巾哉？曰："銀招牌也。"至於諸人亦僭用之，曰："省錢
帽也。"一人僥幸科第，宗族姻親盡換儒巾，曰："蔭襲巾

---

[101] 萬曆《富平縣志》（明萬曆年間刊本）卷九《工習》，頁 3～4。
[102] 嘉靖《吳江縣志》卷一三《典禮志三·風俗》，頁 31b～32a。

也。"故諺有"滿城文運轉，遍地是方巾"之誚。噫！亦太
濫矣。獨惜此事臺中乏人，不然朝廷當差巡巾御史，攬轡
中原，遇此輩杖而裂之可也。[103]

這裏洪文科不但痛恨"滿城文運轉，遍地是方巾"的現象，他還希
望朝廷設"巡巾御史"一職，專門派至各地杖裂那些不合官定服制
者。還有一個人更詳細地陳述出要如何懲治這種"惡俗"，他就是嘉
靖年間作過副都御史的汪鋐（弘治十五年進士）。他在《欽遵聖訓嚴
禁奢侈疏》中建議禁約服飾的政策：

> 今之富民男女衣服首飾，僭用太甚，遍身錦繡，盈頭
> 金寶，恬不爲異。合無行令巡按御史，督同府州縣掌印官，
> 嚴加禁約。今後但有前項違禁服飾，許地方里老鄰佑捉拿
> 呈送，依律問罪，服飾追奪入官。如是地方徇情不舉，事
> 發一體究治。[104]

據其傳記載此人初以才見，頗折節取聲譽；爲人機深，外疏直而內
傾險，善窺時好爲取捨。[105] 看來他的這項建議，恐怕也是應觀眾要
求而上。事實上，明代幾乎歷朝皇帝都很重視服制的奢侈與僭越的
情形，也曾要求地方官嚴行禁令。在明代的筆記與各地方志的《風
俗志》中也常見到作者一談到服飾僭越時，就強調要求地方官負起
責任，應該好好懲治一些人。如徐咸在《西園雜記》中批評婦女婚
嫁衣飾之變化逾制之外，還寄望地方官府申禁：

> 國初，民間婦人遇婚媾飲宴，皆服團襖爲禮衣，或羅
> 或紵絲，皆繡領下垂，略如霞帔（按：即指披肩）之製，
> 予猶及見之。非仕宦族有恩封者，不敢用冠袍。今士民之
> 家遇嫁娶事，必假珠冠袍帶，以榮一時；鄉間富民必假黃
> 涼傘，以擁蔽其婦。僭亂至此，殊爲可笑。非有司嚴申禁
> 例，其何以革之。[106]

---

〔103〕〔明〕洪文科《語窺今古》，收在《筆記小說大觀》38 編 4 冊（臺北：新興書局，
　　　1985），《戴巾之濫》，頁 2b～3a。

〔104〕〔明〕孫旬編《皇明疏鈔》，收在《中國史學叢書三編》（臺北：臺灣學生書局據明
　　　萬曆十二年兩浙都轉運鹽使司刊本影印，1986）卷四九《風俗》，頁 3730。

〔105〕汪鋐的傳記，詳見〔明〕焦竑《國朝獻徵錄》（臺北：臺灣學生書局，1984）卷二
　　　五《吏部二・尚書・實錄本傳》：20；〔清〕徐乾學等撰《徐本明史列傳》（臺北：
　　　明文書局，1991）卷五七，頁 251。

〔106〕〔明〕徐咸《西園雜記》卷上《巾帽之說》，頁 81～82。

萬曆《重修崑山縣志》的作者周世昌也説：

> 按：《舊志》人有恒産，多奢少儉，則知人情之易於流
> 於奢也。在昔已然，而今又非昔比矣。邸第従御之美，服
> 飾珍羞之盛，古或無之。甚至儲隸賈傭，亦泰然以侈靡相
> 雄長，往往有僭禮逾分焉。爲民師帥者，執其機而轉移化
> 導之，正風俗之首務也。[107]

但説穿了，這些以匡正風俗爲名的要求，背後的動機是希望地
方官或朝廷再度重視這些下層的士人階層。如山西平陽府屬的嘉靖
《翼城縣志》中就强烈地要求地方官重視生員之生計：

> 人情輕賢而重利如此，轉移變化之機，能不望於賢有
> 司乎？如近日生員某等，貧不能婚，某等貧不能葬，知縣
> 出俸資以濟之得完，是亦變化之一機也。[108]

的確也有不少地方官意識到服飾奢華僭越的問題，而就此方面
下達禁令。例如北直隸真定府屬威縣知縣，於嘉靖二十五年（1546）
間曾公佈禁奢令，但其是以災荒節用爲出發點。[109] 江西南安府萬曆
刊本的《府志》中也記載隆慶末有僭忠靖冠者，知府胡懷周揭諭云：

> 檢會《大明會典》，忠靖冠服，在京文職七品以上……
> 俱不許，僭者以違制論。又周子巾、東坡巾、陽明巾，自
> 非譜德綴秩之人，亦不許用，違者罪之。[110]

明末名臣左懋第（1601～1645），崇禎四年（1631）進士，初任
陝西韓城知縣，有異政。[111] 在任知縣時曾著有《崇儉書》諭民：

> 白丁衙役及各僕隸，止穿青布衣，至青屯絹而止，不
> 可擅穿綢緞紗羅，不可登顏色鑲履。婦人士庶之家，不許
> 著織金妝花洒線補服並束銀帶。僕隸之婦，不許戴金銀珠
> 玉首飾、著綢緞紗羅等服，祇穿梭布夏布。……士民衣服，
> 不許服紅紫黃色。[112]

---

[107] 萬曆《重修崑山縣志》卷一《風俗》，頁199。
[108] 嘉靖《翼城縣志》（明嘉靖刊本影印）卷一《地理》，頁8a。
[109] 嘉靖《威縣志》（明嘉靖年間刊本）卷二《風俗》，頁4b。知縣於嘉靖二十五年禁
　　　光棍令，嘉靖二十六年諭衆禁約數條，又禁奢。
[110] 萬曆《南安府志》（明萬曆年間刻本）卷一五《禮樂志·歲時》，頁17a。
[111] 《新校本明史》卷二七五《列傳一六三·左懋第傳》，頁7048。
[112] 雍正《陝西通志》卷四五《風俗·化導》，頁36a。

但這些地方官的政令執行起來，和中央的禁令一樣都是效果有限，甚至有的士人提及此事，在士大夫之間卻引來一陣嘲笑，以爲迂腐。如《客座贅語》云：

> 服舍違式，本朝律禁甚明，《大明律》所著最爲嚴備。
> 今法久就弛，士大夫間有議及申明，不以爲迂，則群起而
> 姍之矣，可爲太息。[113]

至此，我們看到士大夫想在這方面努力回到明初的服制，以恢復其特有之身份地位之象徵，已是不可能的事了。就如同萬曆《滁陽志》的作者戴瑞卿所言：「若夫繁簡淳薄之間，往往與世推移，或古無而今有，或古盛而今衰，欲御之而不能也。」[114] 因此有士大夫改弦更張，用另一種方式來重新塑造其身份。

（三）士大夫在服飾的創新以重新塑造其身份

士人在面對其他社會階層爭相模仿其服飾的情形，使原有社會身份與地位的象徵漸受挑戰下，於是便開始更積極地重新塑造自己的形象。他們採取不斷更新自己的衣冠裝飾，以取代原有官方的服制，就如同《嘉興縣志》中作者所言：

> 最異者，文學見方巾，仕宦見忠靜冠，必厭唾之以爲俗
> 物。而星卜猥賤，流外卑庸，公然襲用而莫之詰，何哉?[115]

其實這也無足爲怪了。上面我們看到松江府名士陳繼儒在《松江府志》中陳述了僮奴服飾「皆穿玄色羅綺」，所以有「凡一命之家，與豪侈少年競爲姣飾」，而他自己也是努力地創造新的樣式，形成新的服飾風尚。范濂在《雲間據目抄》中形容陳繼儒所創造出來的服飾：「童生用方包巾，自陳繼儒出，用兩飄帶束頂。」[116] 陳繼儒之所以要自創風格，在他的文集中有一篇《書遠鑑人》文中，充分地表露出他的心態：

> 語云：「當官不接異色人。」又曰：「不應與小人作
> 緣。」真名言也。頃士大夫風俗一變，求田問舍，則牙儈滿
> 堂；請托居間，則吏胥入幕，怙勢作威；壟斷財賄，則輿

---

[113] 〔明〕顧起元《客座贅語》卷九《服飾》，頁293。
[114] 萬曆《滁陽志》卷五《風俗》，頁3b。
[115] 崇禎《嘉興縣志》卷一五《里俗》，頁18a。
[116] 〔明〕范濂《雲間據目抄》卷二《記風俗》，頁2625。

> 臺私養，倡優下賤，皆儒裝士服，列爲上賓。爾汝酣歌，
> 徹夜達旦，不復知有人問廉恥事矣。[117]

此文主題雖非談服飾，但他在文中已表現出對"興臺私養，倡優下賤，皆儒裝士服"一事非常痛恨。這可能就是他所以要創新風格的服飾，以區別興臺、倡優之人所襲用的儒裝士服。結果就是我們所看到的明末情況，許多新奇的時裝或是僭越的衣冠，其實是下層士人有意地創造出來的，如嘉靖《廣平府志》中就談起凌雲巾的來源：

> 至於忠靜巾之製，雜流、武弁、驛遞、倉散等官皆僭
> 之，而儒生學子羨其美觀，加以金雲，名曰"凌雲巾"。[118]

很明顯地，正因爲忠靜巾（冠）本是官員專用，後來生員也僭用，最後連一般老百姓都濫用之，所以生員輩又另立新樣式。

明末士人刻意創新服飾式樣而形成流行風尚的例子還有很多，例如浙江嘉興府桐鄉縣人張履祥（1611～1674）亦曾自製巾飾。據其《年譜》云：

> 崇禎間，服飾怪侈，巾或矮至數寸，袖或廣至覆地，
> 或不及尺。先生獨仿深衣意，袂（按：意袖）尺有二寸，
> 冠守舊製，謔者呼先生爲"長方巾"。或謂先生何必以衣冠
> 自異，先生笑曰："我何嘗異人，人自異耳！"[119]

他雖高舉仿古意，其實仍是自製與衆不同之巾飾，以彰顯其身份地位與衆不同。又如晚明蘇州著名劇作家張鳳翼（1527～1613）之父，"夏月作希網置頭巾，僅僅可數目，郡人爭效之。"[120]另外一例是萬曆年間著名東林黨人劉宗周（1578～1645），據說他"居常敝帷穿榻，瓦灶破釜，士大夫飾騎而來者，多毀衣以入。偶服紫花布衣，士大夫從而效之，布價頓高。"[121]劉宗周似乎是無意之間創造了一種新的流行服飾，但是從"士大夫從而效之"的情形來看，當時許多士大夫的確是企望能更新自己的服飾，以凸顯自己的身份地位。

另外，士大夫階層中的舉人因爲已具有任官資格，到了明代中

---

〔117〕〔明〕陳繼儒《白石樵真稿》，收在《叢書集成三編》51 冊（臺北：新文豐出版公司，1997）卷二一《雜書》，頁 14a～b，"書遠僉人"。

〔118〕嘉靖《廣平府志》（明嘉靖二十九年刻本）卷一六《風俗》，頁 1。

〔119〕〔清〕蘇惇元編纂《張楊園先生年譜》（臺北：臺灣商務印書館，1981），頁 3b。

〔120〕〔明〕張鳳翼《譚輅》，收在《筆記小說大觀》38 編 4 冊（臺北：新興書局，1985），頁 323b。

〔121〕〔清〕佚名《松下雜抄》，收在《叢書集成續編子部》96 冊（上海：上海書店據涵芬樓秘笈影印，1994）卷上，頁 13a。

期以後，其地位與生員之差距愈來愈大，於是也開始塑造自己特有的衣冠服飾，以別於其他的士人階層。舉人塑造自身形象凸顯其與別人身份之不同，最好的例子就是浙江人徐復祚在《花當閣叢談》中所記的一段話：

> 部使者王化按浙，一舉人冠員帽入謁。王問曰：「此冠起自何時？」舉人曰：「起自大人乘轎之年。」王大慚，反加禮焉。村老曰：「員帽之制，聞祖宗以畀辟公車者長途遮陽之用，想即唐之席帽、宋之重戴。乃春元輩欲以自別於生員、監生，取以爲本等冠服。三十年前，吾邑春元盡皆用之，郡城獨不然。無論用違其制，亦殊不雅觀。今則吾邑亦用儒巾矣。……」[122]

由引文中可見舉人之春元輩，爲區別其與生員、監生之身份不同，而自立新的冠式。

不過，當士人翻改新式之後没過多久，這些新式樣的時裝又被平民爭相效尤。如前面提到士人將忠靜巾翻新成凌雲巾後，且看余永麟在《北窗瑣語》中怎麼説：

> 邇來又有一等巾樣，以綢絹爲質，界以藍線繩，似忠靜巾制度，而易名曰「凌雲巾」，雖商販白丁亦有戴此者。噫！風俗之壞極矣。[123]

以上記載的是浙江衢州與嚴州府等處的情形。另外，馮夢龍的《古今譚概》中曾記有蘇州進士曹大奎創製大袖袍，結果卻很快地被當地人模仿：

> 進士曹奎作大袖袍，楊衍問曰：「袖何須此大？」奎曰：「要乘天下蒼生。」衍笑曰：「乘得一個蒼生矣。」今吾蘇遍地曹奎矣。[124]

看來晚明流行時裝的出現，就在這樣的情形下，不斷地被追逐與翻新。現象的背後則是各類社會階層爲追求身份地位而互相競爭。而流行服飾與流行風尚就是社會競爭下的產物。所以當年謝鐸

---

〔122〕〔明〕徐復祚《花當閣談叢》（臺北：廣文書局，1969）卷七《員帽》，頁34b～35a。

〔123〕〔明〕余永麟《北窗瑣語》，收在《叢書集成初編》（上海：商務印書館據硯雲甲乙編本影印，1936），頁41。

〔124〕〔明〕馮夢龍《古今譚概》卷二《怪誕部·異服》，頁34。

（1435～1510）有詩云："闊狹高低逐旋移，本來尺度盡參差；眼看弄巧今如此，拙樣何能更入時。"[125] 此詩充分反映出士大夫面對其他社會階層的競爭時，必需在服飾方面隨時努力追逐時尚、翻新服飾，以保持其身份與地位的心態。

六、士大夫批評服飾風尚的言論

（一）從古禮的角度批評

在史料中我們也可以看到，許多士大夫從各種角度對當時社會服飾的變化提出種種批評。首先在方志中的《風俗志》內，常見作者把服飾方面的論述放在冠禮條下，對當時平民之衣冠服飾的流行風尚，從"禮"的角度提出批評，認爲這種穿著是不合禮制的。如山西平陽府屬臨汾縣，在萬曆刊本的《臨汾縣志》中，作者邢雲路著有《請正四禮議》，忿忿不平地形容：

> 今有二十不冠至三十者，諱年飾貌曰："吾尚總角少也。"少則宜少之矣，而乃儼然加巾，高至尺許，且稱字號堂堂焉，倨傲長者，長者反卻避之，則何禮也！

又如江西的嘉靖《廣信府志》中記成化、弘治年間，當地衣裳冠履之制皆是符合身份，但至嘉靖年間後服飾發生變化，"今不以分制，而以財制，侈富逾節者，亦既多矣"；所以作者對此現象亦從古禮的角度作批評而歎道："噫！失侈甚而犯禮多，渾樸消而殷富替，豈惟信哉？觀俗者可感矣。"[126]

在此就需談談明代禮學的發展。近年來有學者指出明代的禮學是重實踐，與清代重視考證經學的研究態度有很大的不同。[127] 當時士大夫所面對的社會情況，是明代中期以後流行的奢侈風氣，包括平民服飾的變化等諸現象，這對當時的士大夫有相當大的影響。有的思想家即受到這類社會變遷的衝擊，而企圖根據"古禮"的理想，以禮之實踐的方式來端正風俗。較早的如陳獻章（1428～1500），他協助廣東新會知縣丁積而寫成的《禮式》一書，據其自述其著此書之理由：

---

〔125〕〔明〕俞弁《山樵暇語》卷八，頁7b。

〔126〕嘉靖《廣信府志》卷一《地輿志·風俗》，頁28a。

〔127〕小島毅著，張文朗譯《明代禮學的特點》，收在林慶彰、蔣秋華主編之《明代經學國際研討會》（臺北：中央研究院文哲所，1996），頁393～409。

　　　民窮於侈且僭，侯爲申洪武禮制，參之文公冠婚喪祭

之儀，節爲《禮式》一書，使民有所據守。[128]

此外，湛若水（1466～1560）在南京當官時，以“南京俗尚侈靡，爲定喪
葬之制頒行之。”[129] 同樣地，在方志的《風俗志》中也有許多議論，即主
張以“禮”來化民成俗，而且還强烈地提醒世人這是地方官與鄉大夫之
責。如北直隸真定府屬的獲鹿縣，在嘉靖刊本的《獲鹿縣志》中，作者
就形容當地是：“然贏餘之家，祇知競尚奢麗，而守禮之意或寡矣。”那
麼應該負責的人是：“立教齊政，責在令長與鄉大夫矣。”[130] 但是有趣
的是像陳獻章與湛若水二人，他們雖重視以禮來化民成俗，但往往在
服飾上卻又有創新之舉，如屈大均（1630～1696）就曾提到陳白沙創玉
臺巾，湛甘泉有自然裳與心性冠。[131]

　　到了清初禮學之被重視，致有“禮學主義”或“以禮代理”之
風氣，[132] 而其前身似可從明末士大夫以“禮”來批評社會“奢靡”
風氣中看到。

（二）以“服妖”論來批評

　　當時許多士大夫對這樣的服飾變化，常以“服妖”一詞來形容
之。如萬曆《通州志》稱這類喜好價高而美麗，倏忽變易，被號爲
“時樣”之衣飾，是所謂的“服妖”也。萬曆《重修泉州府志》也
說當地的流行服飾即“古所謂妖也”。前面提到曾在明代中葉流行於
一時的馬尾裙，在陸容（1436～1494）的《菽園雜記》與王錡的
《寓圃雜記》二書中也將之比擬爲服妖。“服妖”一詞由來爲何？其
意又爲何？據顧起元《客座贅語》曾云：“嗟乎！使志《五行》者，
而有徵於服妖也。”[133] 由此可知這與陰陽五行之説有關。有關服妖
在歷史上最早的記載，應爲《尚書·大傳·洪範·五行傳》云：

---

〔128〕〔明〕陳獻章撰，孫通海點校《陳獻章集》（北京：中華書局，1987）卷一《丁知
　　　縣行狀》，頁102。
〔129〕《明史》卷二八三《列傳一七一·儒林二·湛若水》，頁7267。
〔130〕嘉靖《獲鹿縣志》（明嘉靖年間刊本）卷二《地理·風俗》，頁14b、16a。
〔131〕〔清〕屈大均《廣東新語》（北京：中華書局，1985）卷一六，頁450～451，“冠巾”。
〔132〕有關清代禮學的復興，參見 Kai-wing Chow（周啓榮），*The Rise of Confucian Ritualism
　　　in Late Imperial China*：*Ethics*，*Classics*，*and Lineage Discourse*（Stanford, Calif.：Stan-
　　　ford University Press, 1994）；張壽安《以禮代理——凌廷堪與清代中葉儒學思想之轉
　　　變》（臺北：中央研究院近代史所，1994）。
〔133〕〔明〕顧起元《客座贅語》卷一《巾履》，頁24。

貌之不恭，是謂不肅，厥咎狂，厥罰恒雨，厥極惡。
時則有服妖。

後來班固的《漢書・五行志》中云：

> 傳曰："貌之不恭，是謂不肅，厥咎狂，厥罰恒雨，厥
> 極惡。時則有服妖，時則有龜孽，時則有雞禍，時則有下
> 體生上之痾，時則有青眚青祥。唯金沴木。"……風俗狂
> 慢，變節易度，則爲剽輕奇怪之服，故有服妖。[134]

服妖意味著穿著這類奇裝異服，將會有惡運致身，小則遭身家之禍，
大則危及國家興亡。這是漢儒據"五行説"與"天人感應説"而衍
生出來的説法，在歷代都有類似的記載。

歷代正史的《五行志》中常以"服妖"爲詞，説明個人之所以
遭身家之禍的原因。如魏尚書何晏因好婦人之服而亡其家。[135] 又如
漢末大將軍梁冀家作愁眉、婦妝、墮馬髻、折要步、齲齒笑等裝扮，
流行京都，後舉宗誅夷。[136] 明代有士大夫就本此説，力勸當時流行
服飾之風不可長。如浙江海鹽人錢琦（1469～1549）就有提醒世人
在服飾飲食方面過於奢侈後會遭禍之警語：

> 人之一身，所居不過一室，所食不過一飽，所服不過一
> 暖。近時奢侈成風，凡宮室服食，爭趨淫巧，豈知濫費則暴殄
> 天物，過享則受福有限，禍敗隨之，理勢之必然也。[137]

嘉靖《廣平府志》的作者也引《漢書》所言，驗證其親身所見
的經歷：

> 傳曰："君子衣之不衷，身之災也。"予讀此言，每疑
> 之左夫彼其子之不稱其服，祇取辱而已，何至於爲災？予
> 往見今皇上刊定忠靜巾服圖制，階級等威，截乎莫逾，僭
> 用之者，皆罪矣。予又見京師每每禁捕巾服詭異之人，繫
> 逮圄圖，與囚徒伍，有至於罹罪損身者，乃知爲災之言有
> 驗也。[138]

---

[134] 《漢書》卷二七中之上《五行志七中之上》，頁1352。
[135] 《宋書》卷三〇《志二十・五行一》，頁886。
[136] 《後漢書》，《志十三・五行一》，頁3270。
[137] 〔明〕錢琦《錢子語測》，收在《叢書集成新編》14 册（臺北：新文豐出版社據百
陵叢書本排印，1985 年），頁329。
[138] 嘉靖《廣平府志》卷一六《風俗志》，頁2。

他看到北京穿著巾服詭異之人常會被捕入獄，正説明了穿奇裝異服者會因此"服妖"而遭禍。

其次，歷代正史中也有將國家衰亡與社會動亂歸因於君王或百姓流行的奇裝異服，而稱之爲"服妖"。尤其常見的是將尚胡服之風説成是"服妖"作祟，結果導致天下大亂，國家衰亡，如漢末董卓之亂、晉末五胡亂華、唐代的安禄山之亂等等。明代的士大夫便引用這些歷史中的典故，藉以强化服制禁令。因爲流行服飾的風尚，就是會導致國家衰亡與社會動亂的"服妖"，所以應該嚴厲禁止。如萬曆《河間府志》引陳士彥語論西晉末年之亂源：

> 今河間男子，間有左衽者，而婦人尤多。至於孺子環狐狗之尾以爲冠，而身被毛革以爲服，謂之"達妝"。夫披髮野祭，聖人憂之，則奈何其可勿禁也。晉太康中，俗以氈爲絈頭，及絡帶褲口，百姓彼此互爲嘲戲以爲服兒；未幾，劉石之變遂起。[139]

也有士大夫論服制的禁令時，以歷史典故中的"服妖"爲例，説明及合理化王制禁異服。例如崔銑（1478~1541）在《士翼》一書中就曾説道："衣者身之章，古服未之能復也，必寬樸雅斯可，豈可隨俗爲狷狡乎？夫風俗之變，自服飾始，故周人思都士王制禁異服，前史譏服妖。"[140]

再者，每當朝代動盪之際，服妖之説就特別盛行。如兩宋之際，金人大規模南下，世風突變，宋朝廷惶惶不可終日，此時"服妖"之説特盛。南宋後期世事多變，"奇裝異服"也十分流行，也常被指爲"服妖"，時人以之爲"五行"示警。[141] 明季士大夫面對當時發生的變亂，也同前代一樣流行將之歸因爲當地人民喜好奇裝異服的"服妖"，終致遭身家之變。明季的社會與政局動蕩不安，尤其是遼東與陝西二地。

---

〔139〕 萬曆《河間府志》（明萬曆年間刻本）卷四《風土志·風俗》，頁28b。

〔140〕 〔明〕崔銑《士翼》，收在《四庫全書珍本·五集》132册（臺北：臺灣商務印書館據臺北故宮博物院藏文淵閣四庫全書影印，1974）卷一，頁12b。又見於張萱《西園聞見録》（臺北：文海出版社據民國29年北平哈佛燕京學社排印本，1940）卷二四《衣服·前言》，頁1a~1b。

〔141〕 劉復生《宋代"衣服復古"及其時代特徵——兼論"服妖"現象的社會意義》，《中國史研究》1998年第2期，頁90~91。另可參考勝山稔《宋代の翠羽飾について奢侈令の構造考察——五行災異説において服飾を中心として》，《中央大學大學院研究年報》25（1998）。

當時即有士人批評遼東的戰禍,乃是流行服飾所致。如北直隸保定府屬內邱縣,據崇禎年間刊本的《內邱縣志》中記載萬曆以後遼東地區服飾興起很大的變化,並將明末遼東之戰禍歸因於此:

> 萬曆間遼東興冶服,五彩炫爛,不三十年而淪於虜,茲花袍二十年矣,服之不衷身之災也。兵災交集,死填溝壑,取忌於天,其奚□焉?[142]

至明清之際以經世致用之說著名之大儒顧炎武(1613~1682),也曾以服飾誤國之說來解釋朝代之衰亡。他在《日知錄》的《胡服》條中引述了歷代流行胡服以致朝代衰亡的許多"服妖"爲例,同時也引用前述萬曆《河間府志》並評論道:"此書作於萬曆四十三年,不二而遼東之難作矣!至於今日,胡服縵縷,咸爲戎俗。高冠重履非復華風。有識之士得不悼其橫流,追其亂本哉?"[143] 他在《冠服》條中列舉了包括崇禎《內邱縣志》在內一些明末服飾變化的史料,也特別說明了其理由:

> 《漢書五行志》:"風俗狂慢,變節易度,則爲剽輕奇怪之服,故有服妖。"余所見五六十年服飾之變亦已多矣,卒至裂冠毀冕而戎制之,故錄其所聞以視後人焉。[144]

從他這些相關的言論中,可以看到是他本著《五行志》中"服妖"的傳統,來反省明朝所以衰亡的原因。又如文人李漁(1611~1679)的《閑情偶寄》中談到婦女的衣衫,也有類似的說法:

> 風俗好尚之遷移,常有關於氣數。此制不昉於今,而昉於崇禎末年。予見而詫之,嘗謂人曰:"衣衫無故易形,殆有若或使之者。六合以內,得無有土崩瓦解之事乎?"未幾而闖氛四起,割裂中原,人謂予言不幸而中。[145]

《明史·五行志》中也有"服妖"項,其中特別指出崇禎年間在平民階層流行包髮的幀巾——"不認親",即是一種服妖,終導致明末北方淪亡:

> 崇禎時……時北方小民製幀,低側其檐,自掩眉目,

---

[142] 崇禎《內邱縣志》卷七《風紀·冠履》,頁2a。

[143] 〔明〕顧炎武《原抄本日知錄》卷二九《胡服》(臺北:文史哲出版社,1979,頁826。

[144] 〔明〕顧炎武《原抄本日知錄》卷二九《冠服》,頁822。

[145] 〔清〕李漁《閑情偶寄》卷七《治服第三》,頁145,"衣衫"。

名曰"不認親"。其後寇亂民散，途遇親戚，有飲泣不敢言
或掉臂去之者。[146]

綜而觀之，晚明士人的批評中，"服妖"說甚爲流行。從論個人身
家之禍源，或討論官方服制禁令，到明清之際解釋與檢討國家興亡的
原因，漢儒的陰陽五行與天人感應説，仍然影響著明清士大夫的思想。

（三）從審美的角度以"雅、俗"説來批評

當士大夫發現滿街都可見到模仿其服飾，或是穿著奢侈的衣料，
打扮新奇的暴發户，而反觀自己卻無力如此揮霍時，在心理上的確
很難受。爲此，除了努力開創新的服飾形式，以重塑自己的身份地
位之外，他們也開始從美學的角度自圓其説，藉以批判當時平民的
流行服飾。如徐復祚在《花當閣叢談》中叙述了明初太祖所定衣制，
規定了凡是不同身份的人所穿著衣服之長度、袖長、袖口寬度等等；
但是，"乃今婦人之衣如文官，去地寸許，裙與衣等，而男子之制迥
殊古昔，袖之廣幾於全匹帛，男女盡然，殊不耐觀。"[147] 他所謂的
"殊不耐觀"的理由，其實只是因爲平民大衆皆不遵定制，混亂了身
份地位。又如明季蘇州曾流行一種裙子叫"月華裙"，因爲此裙五色
俱備，故人工物料十倍於常裙。李漁在《閑情偶寄》中對此批評道：
"暴殄天物，不待言矣，而又不甚美觀。蓋下體之服，宜淡不宜濃，
宜純不宜雜。"[148] 李漁從美學的角度認爲裙子顏色應以單色且淡色
爲美，多色且深色實不宜也。徐復祚和李漁這兩個例子顯示了他們
對服飾自有一套不同的審美觀，只是並沒有形成完整的理論。

有的士大夫則更進一步地發展出來了所謂"雅、俗"之分，用
以凸顯自己高級審美觀之服飾是"雅"的，與一般平民從模仿、僭
越、奢華與新奇形式如此這般"俗"的服飾不同。如萬曆《衡州府
志》的作者，在述及衡陽縣服飾變化時就如此説道：

> 晚近競奢崇侈，寖失古意。家無磚石之儲，身有紈綺
> 之飾，一筵之費當貧家數月饔飧。而士人巾擬漢唐，衣必
> 曳地，閭閻轉相慕效，雅俗不分。[149]

---

[146] 《新校本明史》卷二九《志第五·五行二》，頁476。
[147] 〔明〕徐復祚《花當閣談叢》卷一《衣制》，頁13a～b，記明初太祖定服制，與
　　《七修類稿》大同小異，但最後幾句記載較詳，從美學觀出發來評價。
[148] 〔清〕李漁《閑情偶寄》卷七《治服第三》，頁146，"衣衫"。
[149] 萬曆《衡州府志》（據明萬曆二十一年刊本景照）卷二《地理志》，頁41。

作者對士人復古之風並無異議，反而是批評一般庶民"閭閻轉相慕效"之風，認爲"雅、俗"不分，這意味著士大夫之巾飾乃"雅"，而閭閻慕效之風是"俗"。又如弘治《吳江志》所記服飾風俗時，加上譏諷評語："習俗奢靡，愈趨愈下。庶民之家，僭用命婦服飾，加以釵花銀帶，恬不知愧，愚俗無知可笑也。"[150] 作者把平民服飾奢侈僭越的變化，説成是"愚俗"。又如萬曆《長洲縣志》記載了蘇州城競尚奢侈的風氣，城西過於城東。但是城東從事紡織的婦女衣飾裝扮特別華麗，縣志作者以"欠雅"爲辭來批評：

> 靚妝炫服，墮馬盤鴉，操籌倚市，荈、妻、齊蓋罕矣；惟以
> 織造爲業者，俗曰："機房婦女"，好爲艷妝，雖嬝欠雅矣。[151]

在明末盛行許多講器物美學的作品中，作者多爲士大夫或文人，他們對雅俗之辨特別敏感。在述及流行的服飾風尚時，也刻意區分何者爲雅，何者爲俗。例如文震亨（1585~1645）在《長物志》中論及衣飾時開宗明義地説道：

> 衣冠制度，必與時宜。吾儕既不能披鶉帶索，又不當
> 綴玉垂珠，要須夏葛冬裘，被服嫻雅，居城市有儒者之風，
> 入山林有隱逸之象。若徒染五采，飾文繢，與銅山金穴之
> 子侈靡鬥麗，亦豈詩人粲粲衣服之旨乎？[152]

他認爲穿著服飾要"必與時宜"，並非是要趕上時代潮流，而是説服飾要適合自己的身份與地位。而且很明顯地他因爲感受到"銅山金穴之子"這類商人與富戶對其身份上的威脅與壓力，因而他提出士大夫的衣冠應有自己"嫻雅"之風格，而不應與商人或富室般講求侈靡華麗之風相提並論。在他看來，這類"侈靡鬥麗"的風尚是"俗"風。[153] 他在接下來的內容中又明確地以實例指出當時各種服飾中的"俗"與"雅"。例如談到"被"，他認爲山東繭綢是次等，

---

[150] 弘治《吳江志》（弘治元年刊本）卷六《風俗》，頁239。

[151] 萬曆《長洲縣志》（臺北：學生書局據萬曆二十六年刊本，崇禎八年印本影印，1987）卷一《地理志·風俗》，頁55~56。

[152] 〔明〕文震亨《長物志》，收在《飲食起居編》（上海：上海古籍出版社，1993）卷八《衣飾》，頁432。

[153] 明代後期士大夫用"雅、俗"之分別精英階層的品味與一般品味不同，實乃精英階層區分大衆奢侈消費者之一策略，不僅用於服飾方面，對於古董、書畫與器物等方面，更加明顯。參見 Craig Clunas, *Superfluous Things: Material Culture and Social Status in Early Modern China* (Urbana, Ⅲ. : University of Illinois Press, 1991)。

有落花流水、紫白等綿，“皆以美觀，不甚雅”；又有畫百蝶於上，“稱爲蝶夢者，亦俗”。關於巾飾方面，他認爲：“唐巾去漢式不遠，今所尚批雲巾最俗，或自以意爲之，幅巾最古，然不便於用。”[154]

　　也有士大夫從實用的角度來批評當時的流行風尚，認爲這些流行既不美觀，也不切實際。如海寧人許敦球（1541～1611）在《敬所筆記》中記鞋履的變化及其看法：“當時套鞋蒲鞋俱深面高跟，今則淺面低跟，欲急走則脫，脫而難行，此又其可笑者也。”[155] 萬曆《滁陽志》的作者戴瑞卿，對於晚明當地流行的服飾頗不以爲然，認爲：“士子峨冠大帶，袖長且過膝履，則青紅黃綠靡一；咸低頭淺根，履稍蔽，襪輒曳地，可笑。”[156] 他也是以美觀與實用的角度來議論。

七、結　論

　　明初帝國對於一般庶民的穿著，制定了種種繁瑣的規定，主要的目的是除了別華夷與崇儉抑奢以外，還要維持一個等級分明的社會。在這些繁雜的規定中呈現出優禮士人與重農抑商的特點。這些規制在明代維持相當久的一段時間，當時庶民服飾的確儉樸守制。所以能够如此，主要是因爲在大環境下，當時的社會是呈現穩定停滯的狀態，這類規制在客觀的環境下是可以維持的。

　　但至明中期以後，隨著衣服原料的發展、手工業（紡織業）技術的發展、市場的擴大、服飾商品化與賦役制度的改革等諸原因，[157] 促使當時的社會發生相當程度的變動，也使得平民服飾開始出現變化，漸漸地有了“時裝”的出現，形成流行的服飾風尚。流行風尚的形式也有多樣的變化，從復古風演變到求新奇，甚至模仿上層階級，形成所謂“僭越”之風。這都説明了明代平民服飾至此已發生變革，而且庶民的消費心態也開始變化。他們意識到服飾已非重實用或華麗而已，而是身份地位的象徵。許多富商大賈極欲藉此以彰顯其身份地位，以努力打破舊有的社會等級。

────────

〔154〕〔明〕文震亨《長物志》卷八《衣飾》，頁433。
〔155〕〔明〕許敦球《敬所筆記》，收在陳學文《中國封建晚期的商品經濟》附錄（長沙：湖南人民出版社，1989），頁319。
〔156〕萬曆《滁陽志》卷五《風俗》，頁3b。
〔157〕明代服飾變化的原因牽涉頗廣，筆者當另文處理。

　　這些流行風尚變化快速，也意味著風尚傳播速度之快。而風尚
的傳播正是透過市場網絡由城市向周邊的地區傳播，也有透過娛樂
文化的網絡，如戲曲劇班的網絡傳播。無疑地，城市扮演了相當重
要的角色。雖然在中國的城市居民和鄉村農民的法律地位，並不像
西方城市有很大的差異，[158] 但是明代後期商業的發展帶動了城市經
濟的繁榮，同時也提供了城市居民更多的物質上的生活資源，使得
城市居民在穿著與服飾的質料與款式上，較之鄉村農民是有相當程
度的差異。[159] 城市甚至已成爲風尚形成與傳播的中心。

　　過去的西方史家，在論及中國近世的服飾時，透過當時在華傳
教士的觀察資料，往往低估了中國服飾上的變革。如布勞岱的研究
提到中國十五至十八世紀的服飾時，認爲中國社會因爲處於穩定的
狀態下，所以幾百年來無太大的變化，也沒有流行的服飾風尚。[160]
而 S. A. M. Adshead 的 *Material Culture in Europe and China*，1400 ～
1800 一書透過對中西方十五世紀以後物質文化方面的比較，以説明
二者的消費心態之不同。關於服飾方面，他認爲中國是 "禮儀（禮
制）比流行更重要"，所以中國人的服飾沒有流行的時尚，也沒有他

---

〔158〕　這個概念是來自韋伯(Max Weber)。他在比較東西歷史上城市發展的差異時指出：東
　　　方城市在法律上，城鄉是一體的，不像西方城市與鄉村封建領地二者是分離的，而且
　　　是不同的法律個體。有關其論點之闡述可參考 Vatro Murvar, "Some Tentative Modifi-
　　　cations of Weber's Typology: Occidental Versus Oriental City," *Social Force* 44 (Mar,
　　　1966): 381～389。但是近年來學者對於西方城鄉分離的説法也有新的看法，如 Wrig-
　　　ley 從城市體系、農村提供城市糧食，以及農村提供城市移民與勞動力等方面，説明西
　　　方的城鄉是連續的而非分離的。參見 E. A. Wrigley, "City and Country in the Past: a
　　　Sharp Divide or a Continuum?" *Historical Research* 64. 154 (June, 1991): 107～120。
〔159〕　牟復禮 (F. W. Mote) 曾指出，傳統中國的城市與鄉村無論是在建築形式上、生活
　　　方式上、衣著款式上等方面並無不同，甚至精英分子對城鄉的態度，經濟活動的市
　　　場區與商業集中地，以及文化活動之結構與特性都不只限於城市內。不過他也承
　　　認，城市提供了更多樣的娛樂，城市經濟提供了文人更易取得的生活資源，促使大
　　　量文人集中在城市，造就了不朽的文化成就。城市裏的人較鄉下人能夠享受到更多
　　　彩多姿與更具刺激性的生活，能夠知道與獲取更多的遠地產品，能買到更高級的手
　　　工業製品，也能與政府行政部門作較直接的接觸；因此 "城市態度（city attitude）"
　　　的確在中國存在。見 F. W. Mote, "A Millenium of Chinese Urban History: Form, Time
　　　and Space Concepts in Soochow," *Rice University Studies* 58. 4 (1973) : 101～154; "The
　　　Transformation of Nanking, 1350～1400," in G. William Skinner, ed. *The City in Late
　　　Imperial China* (Stanford: Stanford University Press, 1977), pp. 103～116, 117～119. 但
　　　是就服飾的流行款式方面，在明代後期是可見到城鄉的一些差異。
〔160〕　Fernand Braudel 著，顧良等譯《十五世紀至十八世紀的物質文明》第一卷，頁 368～
　　　369。

所謂的要消費更多、享受更好的"消費心態"。而中國較西方的消費心態與消費能力落後，最後決定了雙方在近代經濟成長時，發生了先後與速率的快慢差異。[161] 但是從本文的描述來看，以上兩位史家在比較中西服飾方面，明顯地低估明代後期服飾消費的變化。他們對中國當時服飾的印象頗值得商榷。

在服飾風尚流行與變化的風潮中，受到最大影響的當是士大夫階層，尤其是下層的士人階層。當明中期以後科舉仕途漸漸壅塞，再加上其他社會階層的經濟地位提高，士人的社會地位已大不如前。尤其是商人階層在社會地位方面的提昇，已經出現"士商相混"的現象。遂使明初服制中重農抑商的精神因爲"士而賈，官而賈者"而難以禁之。甚至過去被視爲賤業的某些社會階層，都因爲經濟力量提昇而爭相模仿士人服飾，以致"傭流優隸混與文儒衣冠相雜，無分貴賤"。明初優禮士人的服飾制度，至此已告崩潰。士人面對如此身份受威脅之現象，遂産生了相當強烈的危機意識。

爲此士大夫採取兩方面的對應，一是採取實際行動，要求中央與地方官重申禁令，禁止一般庶民穿著逾制的服飾，然而終歸是"欲禦之而不能也"。另一方面則是採用口誅筆伐，有的提出"古禮"之名，以化民成俗。雖然未見太大的成效，但是卻成爲日後清初"禮學復興"的前身。有的引用傳統以陰陽五行論爲基礎的"服妖"說，強調穿著新奇服飾會遭身家之禍，或藉以合理化服制禁令，尤其是到明清之際更用此說以解釋與檢討國家衰亡。由此顯見每當朝代興替之際，傳統陰陽五行說之影響力便形增大。

當禁令未達效果，各類批評亦無法發揮時，士大夫只有更積極地自創新風格、新形式的服飾衣冠，以重新塑造自己的身份與地位。同時也從美學的角度自圓其說，創造了"雅、俗"之分，以區別士人自身服飾的品位與衆不同。就如同美國學者 Timothy Brook 在討論明代後期包括流行服飾在內的風尚（fashion）時指出，風尚其實是精英階層創造出來的，具有與下層社會區隔的排他性。[162] 他雖然没

---

[161] S. A. M. Adshead, *Material Culture in Europe and China*, 1400～1800: *the Rise of Consumerism* (New York: St. Martin's Press; Houndmills, Basingstoke: Macmillan Press, 1997).

[162] Timothy Brook, *The Confusions of Pleasure: Commerce and Culture in Ming China* (Berkeley: University of California, 1998), pp. 218～219.

有清楚地指出所謂的精英階層到底是那些人，但由本文可以看到精英階層的士大夫階層在晚明時曾努力創造流行風尚，就是因爲他們在面對社會其他階層的競爭。尤其是商人階層，因爲他們經濟地位提昇了社會地位後，他們在消費心態上也意識到服飾是社會地位的象徵，因而商人對當時流行風尚的推動不遺餘力，扮演了相當大的角色。士大夫階層面對這樣的競爭與挑戰，包括了身份地位以及文化霸權的競爭，逼使他們更積極地、刻意地創造新的流行服飾的風尚，以重塑并維持自己的身份與地位。流行服飾與流行風尚可以説就是社會競爭下的產物。因之在這些社會階層互相競爭與衆聲喧嘩之中，明末的士庶冠服呈現了多樣、多變的風貌。

※ 本文原載《新史學》10 卷 3 期，1999 年。
※ 巫仁恕，國立臺灣大學歷史研究所博士，中央研究院近代史研究所副研究員。

中 國 夜 未 眠

——明清時期的元宵、夜禁與狂歡

陳熙遠

一、州官放火/百姓點燈

南宋著名詩人陸游（1125～1210）在《老學庵筆記》裏提到一個膾炙人口的故事：有位名喚田登的郡守頗"自諱其名"，多位屬下曾因言語間不慎提及其名諱，便遭受到笞杖之苦。由於"燈"、"登"兩字諧音，於是舉州之人只好隱諱地指"燈"爲"火"。遇到上元燈節時，田登依例慶祝，准允百姓進入州治遊觀，小心翼翼的書吏便寫了榜文公告於市："本州依例放火三日。"[1] 榜文裏"放火"一詞當然是藉指"點燈"，不過就字面上言，"放火"也可意指違法的行爲。這個"只許州官放火，不准百姓點燈"的典故流傳至今，便常藉用來批評上位者處事的雙重標準：寬容本身越軌違制之舉，反而對循規蹈矩的百姓行事多所刁難。

這個州官放火典故的背景，正是在"一年明月打頭圓"的元宵佳節。[2] 在中國的各種歲時節慶裏，元宵節是農曆新年第一個月圓之夜，不僅是迎春活動的高潮，也可説是"新年之結局"。[3] 一般以爲元

---

[1] 〔宋〕陸游《老學庵筆記》，收入《陸放翁全集》（北京：中國書店，1986）卷五，頁30。

[2] 這是宋代江西詩人李彭《都城元夜》裏的名句："斜陽盡處蕩輕烟，輦路東西入管弦。五夜好春隨步暖，一年明月打頭圓。香塵掠粉翻羅帶，密炬籠綃門玉鈿。人影漸稀花露冷，踏歌吹度曉雲邊。"見李彭《日涉園集》（《影印文淵閣四庫全書》第1122冊〔臺北：臺灣商務印書館，1983〕）卷一〇，頁20，總頁711。

[3] "新年之結局"一語，乃藉自《清稗類鈔·時令類·孝欽后宮中之歲暮新年》。〔清〕徐珂《清稗類鈔》（北京：中華書局，1996），頁16。關於中國歲時節慶的通俗性作品不少，多冠以節日風俗之名。日文通論性研究，可參見中村喬《中國の年中行事》（東京：平凡社，1988）以及後出的《中國歲時史の研究》（京都：朋友書店，1993），後者並有《十五日の風習と燃燈の俗》一文，乃溯源唐代以前元夕燃燈，並檢討其與佛教信仰的關係。至於明清時期的歲時活動，常建民亦撰有專文介紹：《明代歲時節日生活》，收入彭炳進編《中國歷史上的生活方式與觀念》（臺北：馨園文教基金會，1998），頁35～126。

宵節的起源乃漢武帝於正月祠祀"太一"之神,然而充其量,這不過是漢代皇室在正月時舉行的一項祭禮活動。[4] 晉代傅玄(217～278)《庭燎》詩有云:"元正始朝享,萬國執珪璋。枝燈若火樹,庭燎繼天光。"[5] 可見當時國都在元旦的朝貢慶典裏,已有以燈火徹夜照明的安排。[6] 最晚到隋文帝時代(581～605在位),京城與各州已普遍有正月望日"燎炬照地"的做法,並在夜裏進行各種慶祝活動。儘管當時以勤儉治國著稱的隋文帝曾接受柳彧的建議,一度下達禁令,[7] 不過其子煬帝繼位後,卻反其道地大肆慶賞元宵。《隋書·音樂志》載,自大業二年(606)以後,"每歲正月,萬國來朝,留至十五日。於端門外,建國門內,綿亘八里,列爲戲場。百官起棚夾路,從昏達旦,以縱觀之。至晦而罷。伎人皆衣錦綉繪彩。其歌舞者,多爲婦人服,鳴環佩,飾以花毦者,殆三萬人",[8] 極盡奢華闊綽。一旦官方"放火"在上,百姓自然會隨之"點燈"在下,當初隋文帝的禁令恐怕已成具文。據傳,隋煬帝本人曾親賦《正月十五日於通衢建燈夜昇南樓詩》一詩:

> 法輪天上轉,梵聲天上來。燈樹千光照,花焰七枝開。

> 月影凝流水,春風夜含梅。旛動黃金地,鐘發琉璃臺。[9]

煬帝點明其張燈之舉,乃出自禮佛崇法的需要,並非嬉遊可擬。至少可以確定的是,此後張燈成爲上元慶典中不可或缺的應景節物。[10]

---

〔4〕 司馬遷《史記·樂書》提及"漢家常以正月上辛祠太一甘泉,以昏時夜祠,到明而終。常有流星經於祠壇上,使僮男僮女七十人俱歌"。見漢司馬遷等撰《新校本史記三家注》(臺北:鼎文書局,1975～1981),頁1178。《漢書·郊祀志》言"神君最貴者爲太一"。見漢班固《新校本漢書》(臺北:鼎文書局,1975～1981),頁1220。或以爲"太一"即指北辰。關於古代"太一"神以及新出土郭店楚簡中《太一生水》的相關解釋,可參見陳鼓應編《道教文化研究》第17期(上海:上海古籍出版社,2000)"郭店楚簡"專號收錄諸文。

〔5〕 引自〔唐〕歐陽詢《藝文類聚》(《影印文淵閣四庫全書》第888冊)卷八〇,頁22,總頁640。

〔6〕 參見涂元濟、涂石《燈節的起源與發展》,《民間文學論壇》(北京:民間文學論壇雜誌社)12(1985):92～96。關於古代藉火逐鬼祈禳的年節儺戲,可參考 Derk Bodde, *Festivals in Classical China: New Year and other Annual Observances during the Han Dynasty, 206 B. C. ～A. D. 220*(Princeton, N. J.:Princeton University Press, 1975), pp. 49～138。

〔7〕 〔唐〕魏徵撰《隋書·列傳第二十七》(臺北:鼎文書局, 1975～1981)卷六二,頁1483～1484。

〔8〕 《隋書·志第十》卷一五,頁381。

〔9〕 逯欽立輯校《先秦漢魏晉南北朝詩·隋詩》(北京:中華書局, 1983)卷四,頁2684～2685。

〔10〕 關於元宵燈節在唐以前的形成和發展過程,可參考王秋桂《元宵節補考》,《民俗曲藝》(臺北:財團法人施合鄭民俗文化基金會)65(1990):5～39。

元宵節與其他歲時節令的一項重要差異，便在於它並非單日的節慶，而是日以繼夜的連續假期。根據明代劉侗與于奕正《帝京景物略》的梳理，唐玄宗時燈節乃從十四日起至十六日，連續三天。宋太祖時追加十七、十八兩日，成“五夜燈”。南宋理宗時又添上十三日爲“預放元宵”，張燈之期連達六夜。逮至明代，更延長爲前所未有的“十夜燈”。[11] 原來明太祖初建都南京，“盛爲彩樓，招徠天下富商，放燈十日”，從初八上燈到十七日才罷燈。永樂七年（1409）明成祖更明令從正月十一日開始，賜百官元宵節假十天。並且諭令禮部“百官朝參不奏事，聽軍民張燈飲酒爲樂”，五城兵馬“弛夜禁”。[12]，不過，雖然成祖已著爲定例，以後每年年終，禮部仍得援例請旨，讓皇帝親自定奪是否“賜文武諸臣上元節假十日”。[13] 逮至清代，元宵慶典則基本上又回到以五日爲度。[14]

相應這連續幾天的假期，乃是夜禁的開放，容許百姓得以相對自由地出遊觀燈。唐代曾於武后時期擔任宰相的蘇味道（648～705）撰有《正月十五夜》一詩，已成後代狀擬元宵盛況的經典之作：

> 火樹銀花合，星橋鐵鎖開。暗塵隨馬去，明月逐人來。

> 遊伎皆穠李，行歌盡落梅。金吾不禁夜，玉漏莫相催。[15]

“執金吾”，原爲漢代徼循京城之官，負有晝巡夜察之責。在《周禮》所型構的理想職官體系裏，即有“掌夜時”的“司寤”一官，職司“禦晨行者，禁宵行者、夜遊者”。[16]《大明律》以及内容相沿的《大清律》，對

---

〔11〕 參見〔明〕劉侗、于奕正《帝京景物略》（北京：北京古籍出版社，1983），頁57～58。

〔12〕《明太宗實錄》（臺北：中央研究院歷史語言研究所，1966）卷八七，永樂七年，頁1153～1154。余繼登並以爲此乃元宵節假的緣起，見〔明〕余繼登《典故紀聞》（北京：中華書局，1981）卷七，頁126～127。

〔13〕 例如《明武宗實錄》卷二一，正德二年，頁596；《明憲宗實錄》卷一四九，成化十二年，頁2727。

〔14〕 參見〔清〕項維貞《燕臺筆錄》（收入《清代筆記小說》第32冊〔石家莊：河北教育出版社，1996〕）卷一引《北京歲華記》：“放燈節五日，夜行不禁”，頁524。

〔15〕〔唐〕蘇味道《正月十五夜》（一作《上元》），《全唐詩》（北京：中華書局，1960）卷六五，頁752～753。此詩流傳甚廣，在明清時期的幼學課本裏甚至用來介紹歲時慶典的條目，例如〔明〕程登吉著，〔唐〕良瑜、良瑚集注《幼學須知直解》（乾隆五十八年〔1793〕刊本）卷上，“歲時”中即引以說明上元節慶：“火樹銀花合，指元宵燈火之輝煌；星橋鐵鎖開，謂元夕金吾之不禁。”（頁7）

〔16〕〔清〕孫詒讓《周禮正義》（北京：中華書局點校本，1987）卷七〇，頁2907～2909。

京城及外郡城鎮的"夜禁"皆有詳細而具體的規定：

> 凡京城夜禁，一更三點，鐘聲已靜之後，五更三點，
> 鐘聲未動之前，犯者笞三十。二更、三更、四更，犯者笞
> 五十。外郡城鎮各減一等，其公務急速、疾病、生產、死
> 喪不在禁限。其暮鐘未靜，曉鐘已動，巡夜人等故將行人
> 拘留，誣執犯夜者，抵罪。若犯夜拒捕及打奪者，杖一百；
> 因而毆人至折傷以上者絞，死者斬。[17]

順治初年更針對京城的夜間巡邏，詳細規定如下：京城內，起更後
閉柵欄，王以下官民人等不許任意行走。步軍尉負責分定街道界址，
輪班值宿，而步軍協尉則往來巡邏。至於夜行之人，除非有奉旨差
遣及各部院差遣，或是"喪事、生產、問疾、請醫、祭祀、嫁娶、
燕會"等特別狀況，值宿的官兵須詳細詢問事故，記錄其旗分、佐
領、姓名、住址，纔可以開柵放行。[18]

當然，禁令本身並不能直接反映歷史現實。歷代官方的夜禁是
否確實嚴格執行，恐怕因時因地而需要更細密的考察，不宜一概而
論。不過可以確定的是：這些所有的法律禁令，在元宵放夜時暫時
失效。儘管法律上並無明文具體保障百姓享有元夕弛禁的權利，不
過"金吾弛禁"的傳統由來已久，官府與百姓之間有著一定的默契。
例如《大清律例》明文規定"城市鄉村如有當街搭臺懸燈、唱演夜
戲者，將爲首之人照違制律杖一百、枷號一個月；不行查拿之地方
保甲，照不應重律杖八十；不實力奉行之文武各官交部議處；若鄉
保人等有極端勒索者，照索詐例治罪"。[19] 但在元宵節的假期裏，
城市鄉村，何處不懸燈唱演夜戲？再如京城爲預防災害，在平常嚴
禁點放爆竹，不僅一般百姓不准任意點放，就連"大臣院內點放者，
亦著一併嚴禁"。唯一的例外當然是年節期間點放花爆的習俗，官方
也不得不承認，因爲"由來已久"，只得"仍聽其便"。[20]

更何況從官方的立場而言，元宵慶典的安排，無疑具有展現國家

---

〔17〕〔明〕姚思仁注《大明律附例注解》（北京：北京大學出版社，1993），頁 566～
567；〔清〕沈之奇輯注《大清律輯注》（北京：北京大學出版社，1993），頁 758～
761。

〔18〕參見〔清〕崑岡等奉敕編《清會典事例》（北京：中華書局，1991）卷六一二，頁 924。

〔19〕《大清律輯注》，頁 1488。

〔20〕《清會典事例》卷一一六〇，頁 556。

昇平氣象的意義:既總結過去一年來的富庶豐饒,復預約未來一年的康泰昌隆。因此,朝廷本身便有各式應節的慶典安排,不唯"點燈",而且"放火"——施放烟火。明代宮中於元宵時節便佈置大型的鰲山燈火,此乃"禁中年例,亦清朝樂事"。當然,即使是宮中重地,也難免因點燈意外而釀成祝融之災。例如永樂十三年(1415)便因鰲山火發,焚死多人;正德九年(1514)又因火藥不慎引發鰲山大火,從乾清宮一直延燒到坤寧宮,當時明武宗"回顧火焰燭天",竟還戲謂左右説:"好一棚大烟火!"[21] 不過宮禁中鰲山"點燈"的意外,並未阻止皇室繼續"放火"以展現"與臣民同樂太平"的決心。1608 年訪問南京的利瑪竇(Matteo Ricci, 1552～1610)在禮部尚書王忠銘的力邀下,赴尚書府度過他在中國的第一個元宵節,對"精彩的烟火施放和精巧的燈籠展示"贊歎不已。[22] 而王忠銘之所以力邀利瑪竇參觀元宵節慶的排場與熱鬧,顯然正是要以"非常"炫目的燈火表演,來向外賓展現"日常"中國點滴積累的富足與豐饒。

在清代紫禁城裏,同樣也有"安設天燈"的規矩。宮中於上燈之夕,並需演奏"火樹星橋之章"。歌詞長篇累牘,無非鋪排新春吉祥之意:例如開始唱的是"火樹星橋,爛煌煌,燈月連宵夜如晝",結尾則是"願春光,年年好,三五迢迢。不夜城,燈月交,奉宸歡,暮暮朝朝,成喬成卿,萬朵祥雲護帝霄"。[23] 當然,在"點燈"之外,也不免要"放火"。清廷每年於西廠山高水長樓前招待外藩蒙古以及内外大臣欣賞"火戲"。[24] 根據著名史家趙翼(1727～1814)與宗室禮親王昭槤(1776～1829)兩份詳略互補的描述,可大致看出當時烟火慶典的表演盛況:當日申刻時分,各文武大員與外國使臣先後"分翼入座","圃前設火樹,棚外圍以藥欄。"待皇帝入座、賜茶完畢後,各營依次演出"角伎"之戲

---

[21] 參見〔明〕沈德符《萬曆野獲編·機祥·鰲山致火災》(北京:中華書局,1997)卷二九,頁 735～736。沈並指出,傳言此乃後來叛變的寧王宸濠故意獻"奇巧之燈",釀成祝融之災。

[22] 不過在他的遊記裏,敏感的利瑪竇也特別强調:"這種特殊的表演在公衆慶典中是相當普通的,其中並没有附麗任何迷信的成分。"見 Matteo Ricci, *China in the Sixteenth Century: the Journals of Mathew Ricce*, 1583～1610. Louis J. Gallagher (trans.), (New York: Random House, 1953), p. 321。

[23] 參見〔清〕鄂爾泰、張廷玉編纂《國朝宮史》(北京:北京古籍出版社,1994),頁 143～145。

[24] 《清會典事例·起居注》卷一〇五六,頁 5731。

以及"僬僥兜離"等藩邦樂曲。結束後,皇帝"命放瓶花。火樹崩湃,插入雲霄"。接著"膳房大臣跪進果盒,頒賜上方,絡繹不絶",然後是"樂部演舞燈伎,魚龍曼衍,炫曜耳目"。[25] 在山高水長樓前,舞燈者有三千人列隊,他們"口唱太平歌",並各執彩燈,循環進止,依次排成"太"、"平"、"萬"、"歲"等字樣,最後再同時合成"太平萬歲"四字。[26] 舞蹈表演完後,便開始施放烟火的重頭戲,只見"火繩紛繞,舂如飛電,俄聞萬爆齊作,轟雷震天,逾刻乃已"。等到皇帝起駕回宮,而諸大臣使節也隨後紛紛歸邸,時見"皓月東昇,光照如晝。車馬馳驟,塞滿堤陌"。[27]

在清乾隆五年(1740),陝西道監察御史仲永檀曾針對每年舉辦這場奢華的烟火慶典提出諍言,以爲"人君一日萬機,一有暇逸之心,即啓怠荒之漸",婉勸即位不久的乾隆能酌量裁減上元燈節的"燈火聲樂",以"豫養清明之體"。乾隆特別降旨回應,表示他平時宵旰憂勤,兢兢業業,不敢或忘《尚書》"不役耳目"與《詩經》"好樂無荒"的聖訓,更何況元宵節乃"歲時宴賞,慶典自古有之",並且是"外藩蒙古朝覲有不可缺之典禮",他只不過是沿襲"舊制",未嘗有所增益。[28] 從乾隆的辯解看來,元宵不僅是全民的歲時節令,同時也是國家的重要慶典,具有向中外臣民宣示"太平景象"的象徵意義。

既然元宵佳節乃是普天同慶的日子,官方"放火"在上,當然得容許百姓"點燈"在下。對名門望族而言,元宵慶典懸燈演劇,同樣有光耀門楣的重大意義。例如浙江諸暨縣的義門陳氏,在道光七年(1827)曾立有《元宵懸燈演劇助田碑記》,碑文開宗明義指出:"元宵,令節也,踏燈慶賞爲昇平盛事。漢唐以來,沿而未改。"而該族雖名爲"大宗",於元宵節時亦依規矩張燈結彩,從元宵前夕"試燈"到十八日"落燈",然宗祠雖"燈彩絢爛",唯獨"歌臺岑寂"。族中長老頗引爲憾,遂倡議捐資以踵事增華。嘉慶九年(1804)得捐田十九畝交由祠內的族長牧管,在嘉慶十三年(1808)召開的闔族會議中,因捐田租息不敷應用,便議決推舉一位"老成殷實者"經理,旋經族中紳士照簿核算,除了"輪

〔25〕〔清〕昭槤《嘯亭續録·山高水長殿看烟火》(北京:中華書局,1997)卷一,頁374~375。

〔26〕〔清〕趙翼《簷曝雜記·烟火》(北京:中華書局,1997)卷一,頁11~12。

〔27〕《嘯亭續録》,頁374~375。

〔28〕〔清〕趙爾巽等撰《清史稿·列傳·仲永檀》(北京:中華書局,1998)卷三〇六,頁10532。

課"、"培埂"等各項費用外,另新置十九畝田,特別交由祠內值年者輪值,作爲元宵節"懸燈演劇之用"。碑文上並將新舊助田細號、畝分、土名一一羅列,"以垂永久"。[29]

當然,官方以"點燈"、"放火"所營造出昇平盛世的榮景,也許不過是粉飾太平的假象。當國家窮蹇困頓之際,恐怕也只能便宜行事,草草度過。1901 年因八國聯軍攻佔北京,慈禧與光緒皇帝遠避西安,遂以"年歲荒歉,宵旰憂勞"之由,不許民間點燈,西安的行宮中不過"以紙糊數燈於門楣",過了十六夜後,便立即撤下。[30] 這與過去元宵佳節慈禧在宮中仿天女散花般地"取金葉屑二升臨高撒之",號稱"金屑滿天飛"的闊綽手筆,[31]不啻天壤之別。

二、張弛於"點燈"/"放火"之間

儘管官方在元宵依列"點燈",卻也擔心百姓越軌"放火"。

雖然在元宵節慶裏乃"金吾不禁",但放夜弛禁並不意味巡護戒備工作的鬆懈。在康熙八、九年間擔任閩浙總督的劉兆麒(1629～1708)即曾公告《燈夜申飭巡防》,要求部屬必須嚴防"有不逞之徒乘機竊發,地棍營斯,橫肆搶奪,疏于法紀",並且詳細規定各營將領"委令守備千把各官查照原派巡查汛地,量帶兵丁四圍巡邏。如遇奸宄竊發及兵棍搶奪等事,立刻擒拿解究,或有烽烟不測之處,即時救護消滅,並禁乘機搶擄之弊,每晚至更深時候方止,仍嚴諭各弁兵務須加謹力巡,不得懈弛疏忽"。[32]

維繫治安固然是地方官職責所在,但在元宵時期,卻又不得任意干擾燈節活動的進行。換言之,他們既要確保弛禁後地方治安無虞,又必須讓"非常"的元宵節慶得以"正常"地舉行。其間分寸的拿捏,關係甚巨。乾隆三年(1738),濟寧州就有一個案例:在正月十四日早上有巡兵拾獲一紙匿名帖,言及有人計劃"借玩燈,暗帶兵器殺人劫財",帖上並列有武舉某某等二十餘人姓名,因此都司便"張皇於燈節

---

[29] 《元宵懸燈演劇助田碑記》,《義門陳氏宗譜》(聚原堂印,1948 年第十三次增修,收入《中華族譜集成》〔成都:巴蜀書社,1995〕)卷四,頁 14～282。

[30] 《清稗類鈔・時令類・辛丑西安行宮之上元》,頁 28。

[31] 《清稗類鈔・時令類・孝欽后上元撒金屑》,頁 27。

[32] 〔清〕劉兆麒《總制浙閩文檄・燈夜申飭巡防》,收入《官箴書集成》第 2 冊(合肥:黃山書社,1997),頁 603。

時早閉城門栅欄"。直到次日才發現"並無影響",不過是虛驚一場。
但都司此番輕舉妄動"駭人耳目",遂遭到參劾,"嚴加議處"。[33]

　　就地方治安而論,村民因參加燈會所引發的衝突,或因疏失而造
成的意外,在所難免。以中央研究院歷史語言研究所庋藏的清代題本
爲例,確有不少重大命案發生於元宵節弛禁的夜晚。例如雍正八年
(1730)上元燈節,直隸大興縣沙窩村舉辦廟會,當地村民史自貴邀請
鄰近親友一同看燈,可是卻沒有去接叔父史久隆的女兒看燈,史久隆
因此忿而趕到史自貴住處詈責。當時有兩位鄰居趕來勸阻,就在口角
扭鬥之際,史久隆抽出隨身小刀,竟將其中一位鄰居紀萬庫殺死。[34]
如果連親友間都會因邀約看燈而發生嫌隙,遑論迎燈賽會時因對峙擁
擠而起衝突。乾隆二十年(1755)發生在浙江嘉興府桐鄉縣的案例:三
十七歲的農民錢彩雲,於正月十四日帶領著十五、十六歲的村童錢貴
弟等人"演扮馬燈,慶祝豐年"。錢彩雲在前面吹海螺引路,走到王家
兜橋邊,正遇到迎滾燈的張光宗等人也爭先上橋,兩厢"湊合擁擠"之
間,張光宗將錢貴弟騎的馬燈擠碎,於是引發了肢體衝突。張光宗"打
錢彩雲眼胞上一拳",錢彩雲便以手中的海螺"還打張光宗頭上一下",
結果正中張光宗的顙門,張側跌倒地,磕到左耳耳根,一命鳴呼。[35]
即使一切活動平順,也難保沒有意外事故的發生。例如嘉慶十六年
(1811)元宵節晚上,山西太平縣師保娃在村子裏的社廟"扮演故事迎
燈",師保娃因手邊沒有"出獵戲具",便借了鐵銃瓜代,殊不知鐵銃裏
裝有火藥。當他用鐵銃挑掛花燈時,忽見花燈著火,便順手將銃頭橫
轉,意圖將火撲滅。不料燈火熏入銃門,觸發火藥,竟將他身邊的師萬
谷打死,釀成悲劇。[36]

　　這些案例,不過是在元宵節夜禁解除的情形下,社會秩序一時失

---

[33]　《中央研究院歷史語言研究所藏明清史料》編號 041141,河南山東河道總督白鐘山題
　　　本(乾隆三年二月三日)。
[34]　《中央研究院歷史語言研究所藏明清史料》編號 121194,暫理直隸總督唐執玉揭帖(雍
　　　正八年八月十八日),按原件首頁殘闕。
[35]　《中央研究院歷史語言研究所藏明清史料》編號 073946,署理刑部尚書事務署戶部尚
　　　書阿里衮等人題本(乾隆二十年九月二十三日)。所謂"滾燈",乃是"以紙燈內置關
　　　捩,放地下以足沿街蹴轉之"。參見明·田汝成《西湖遊覽志餘》(明萬曆十二年
　　　〔1584〕,《中國方志叢書·華中地方·浙江省》第 488 號〔臺北:成文出版社,1983〕)
　　　卷三,頁 6b～7a,總頁 146～147。
[36]　《中央研究院歷史語言研究所藏明清史料》編號 123337,署山西巡撫衡齡題本(嘉慶十
　　　七年二月二十九日)。

控的零星個案。對統治階層而言,民間鬧元宵最大的隱憂,恐怕不是元宵節慶當中可能發生的意外,而是節期內所縱容的脫序行為,對元宵節慶之外的日常生活可能造成的長遠影響。

現存對民間元宵活動最早而且最詳盡的報導,正是站在維護禮法秩序的立場,提出禁抑的主張。前述隋文帝時代的御史柳彧即"見近代以來,都邑百姓每至正月十五日,作角抵之戲,遞相誇競,至於糜費財力",因此特別在開皇十七年(597)上奏請禁絕此風。柳彧在奏書裏首先申論古代"明王訓民治國,率履法度,動由禮典,非法不服,非道不行"。換言之,在日常生活裏,國家正是以"法度"與"禮典"作為訓民治國的兩端,具體反映在生活上的表現,便是"道路不同,男女有別,防其邪僻,納諸軌度"。柳彧隨即一一指證當時民間慶祝元夕時種種逾越法律秩序與禮教規範的活動:

> 竊見京邑,爰及外州,每以正月望夜,充街塞陌,聚戲朋遊,鳴鼓聒天,燎炬照地,人戴獸面,男為女服,倡優雜技,詭狀異形,以穢嫚為歡娛,用鄙褻為笑樂。內外共觀,曾不相避。高棚跨路,廣幕陵雲,袨服靚妝,車馬填噎,餚醑肆陳,絲竹繁會。竭資破產,競此一時,盡室並孥,無問貴賤,男女混雜,緇素不分。[37]

細繹柳彧羅列所有在元宵夜裏的狂歡活動,儼然正是近代俄國文學批評家巴赫汀(Mikhail Bakhtin, 1895～1975)筆下西方中古狂歡節(Carnival)的翻版:[38]充街塞陌的聚遊群眾、撼天動地的金鼓喧聲、易性變裝的化妝舞會以及鄙俗穢嫚的笑鬧表演。元夕縱容人們逾越各種風

---

[37] 《隋書·列傳第二十七》卷六二,頁 1483～1484。柳彧以廉能著稱,《隋書》並記載他上奏當年"持節巡省河北五十二州,奏免長吏贓污不稱職者二百餘人,州縣肅然,莫不震懼"。力持儉樸的隋文帝對之甚為嘉許。

[38] 巴赫汀對狂歡節的論述,主要見於 *Rabelais and his World*, Hélène Iswolsky (trans.), (Bloomington: Indiana University Press, 1984)。關於巴赫汀的生平與思想發展,可參考 Katerina Clark & Michael Holquist, *Mikhail Bakhtin* (Cambridge, Mass. ; Harvard University Press, 1984),其中第十四章特別對比了禁欲的巴赫汀與享樂的拉伯雷(Francois Rabelais, 1483?～1553)兩人身處完全不同的世界,但巴赫汀卻對拉伯雷所揭露之民間文化對上層政治的顛覆活力,有共鳴般的體會,並且通過解析拉伯雷詼諧與怪誕的文學表現以及中古歐洲的民間文化,開展巴赫汀自己對當時官方意識形態的批判。中文方面目前最全面的介紹討論,可參見劉康《對話的喧聲:巴赫汀文化理論述評》(臺北:麥田出版社,1995)。近年對拉伯雷狂歡節文本的探討,可參考 Samuel Kinser, *Rabelais's Carnival: Text, Context, Metatext* (Berkeley: University of California Press, 1990),末章並專門剖析巴赫汀的詮釋,見 pp. 248～260。

教俗成的甚或法律明定的界域,顛覆一切日常生活的規律——從日夜之差、城鄉之隔、男女之防、雅俗之分到貴賤之別。人們身在其中,享受著一種與國家"法度"和"禮典"所規範之日常生活完全不同的自由,徜徉在一個社會階層、性別角色以及經濟身份的種種界定都失去意義的世界。

然而對柳彧而言,非常節日的非常活動,只會讓調控日常生活的法律秩序與禮教規範產生鬆動。他所擔憂的正是這種狂歡的遊戲規則可能"浸以成俗",進而對日常生活造成法律上、禮教上以及經濟上的危害與衝擊,不僅"竭資破產",而且"穢行因此而生,盜賊由斯而起"。是以正本清源之計,唯有明令天下根本禁斷元宵狂歡之風。

歷代不乏像柳彧一樣對燈節慶典抱持否定態度之人。例如在元英宗至治元年(1321)元宵前夕,甫即位的英宗正計劃"於宮中結綺為山,樹燈其上,盛陳諸戲,以為娛樂"時,時任大中大夫參議中書省的張養浩(1269~1329)立即上《諫燈山疏》,嚴辭批評裝設燈山為"浮華無益之事"。他特別提醒英宗以前"世祖皇帝在位三十餘年,每值元夕,雖市井之間,燈火亦禁",因為"聖人之心,所慮者遠,所防者深,況宮掖之嚴,尤當戒慎"。而與元世祖對比的殷鑒,則是英宗的前任皇帝武宗。按照張養浩的說法,二十七歲登基,不及四年便崩殂的元武宗,因為"輔導非人",故而"創構燈山,喧哄數夕"。言下之意,武宗英年早逝,正是恣欲縱樂的結果。因此,他希望繼武宗位的英宗能"以世祖皇帝崇儉遠慮為法,以曲律皇帝〔按即武宗〕喜奢樂近為戒"。[39] 英宗最後從善如流,放棄建造燈山的計劃。明代大儒湛若水(1466~1560)曾針對此案大做文章,推崇並發揮張養浩"玩小繫大,樂淺患深"的論點:

> 闕庭宮掖所以風示天下之地,而人主一身又天下臣民之主也,苟於禁中為鰲山張燈之戲,而欲禁閭閻之燈火,亦難矣。苟一人為侈靡之倡,而欲萬民為質朴之俗,亦難矣。[40]

元宵既是全民的節慶,身為萬民表率的皇帝一旦恣欲"放火"在上,

---

[39] 〔元〕張養浩《歸田類稿》(《四庫全書珍本·三集》第273冊(臺北:臺灣商務印書館,1972))卷一,頁8。

[40] 〔明〕湛若水《聖學格物通》(臺北:國立故宮博物院據北平圖書館藏明嘉靖〔1522~1566〕福建右布政使吳昂校刊本攝製膠片)卷八〇,頁6~7。

如何禁止百姓“點燈”在下？張養浩與湛若水所擔慮的並非宮中的
“鰲山張燈之戲”，而是意在其所牽動的“閭閻之燈火”。對他們而
言，將元宵節納入日常生活的常軌，乃是維係社會風俗淳厚的關鍵。
因此，在上位者必須隨時“謹獨”，以身作則，“循天理以遏人欲”，
導正社會質樸之俗。

明代戶科給事中叢蘭（1456～1523）也曾向明孝宗提出遏止元
宵狂歡的奏議。在強調“京師風俗之美惡，四方所視效”的同時，
他指出，“近年以來正月上元日軍民婦女出遊街巷，自夜達旦，男女
混淆”，是以伏請皇帝能“痛加禁約，以正風俗”。後經都察院覆議
奏請通行兩京並天下一體嚴禁。[41]

而在嘉慶年間左輔（1751～1833）也曾提出《禁鐙公呈》，針
對地方燈會“巧附衢歌巷舞之名，侈陳火市星橋之盛”，特向常州知
府請命“節財除弊”。公呈中左輔洋洋灑灑地列舉燈會六大弊端，其
中包括“士民皆舍業而嬉，閭巷悉堵牆而進，婆娑一市”、“簫鼓喧
闐，蟻聚蜂團”以及“男女交路，而瓜李無嫌”等各種“狂蕩”行
爲。[42] 由此可見，歷來雖不乏批判之士屢申除弊之議，元宵狂歡的
習俗卻一直沿承至清末未改。

當然，爲燈節慶典辯護者亦不乏其人。例如明末沈德符（1578～
1642）在《萬曆野獲編》中便提及，有人批評“燈事嬉娛”乃“爲臣子墮
職業、士民溺聲酒張本”，因此建議“禁絕”上元節假。沈德符對此等議
論頗不以爲然，認爲其“不知體制甚矣”，完全忽略燈節君民同樂太平
的象徵意義。[43] 同時代的張大復（1554～1630）曾在北京與官場的朋
友談及“燈市之麗”，但席間“有一二官人自號清節者極惡之，以爲傷財
廢事無過於此”。張大復當場正色反駁説：“清素可以持身，不可以禦
俗；俗尚清素，終是衰颯氣象，雍雍博大之世當不爾。”[44]張大復本人
正好經歷了從“烟花燎亂，金鼓喧填，子夜後猶聞簫管之聲”的太平盛
況，到獨自佇立庭中，眼見“月明如水”，卻“寂無啓扉者”的末世氣象。

---

〔41〕《明孝宗實錄》卷一四三，弘治十一年，頁2479。

〔42〕〔清〕盛康《清代經世文續編·禮政·正俗》（臺北：文海出版社，1973），頁1409～
1410。

〔43〕《萬曆野獲編·列朝·節假》卷一，頁16～17。

〔44〕〔明〕張大復《聞雁齋筆談》（收入《北京圖書館古籍珍本叢刊》第67册〔北京：書目文
獻出版社，1988〕）卷一，總頁908～909。

對歷經滄桑的張大復而言,元宵節慶無疑是世風民氣的表徵,若以節財省事爲慮而裁減慶典,反而只會禁抑世風,銷蝕民氣。

其實早在《禮記・雜記》裏,孔子便曾與弟子子貢討論如何面對國人年節蜡祭活動的態度:

> 子貢觀於蜡。孔子曰:"賜也,樂乎?"對曰:"一國之人皆若狂,賜未知其樂也。"子曰:"百日之蜡,一日之澤,非爾所知也。張而不弛,文武弗能也;弛而不張,文武弗爲也。一張一弛,文武之道也。"

舉國之人瘋狂地參與迎春的蜡祭活動,作爲一個旁觀者的子貢既感到隔膜,也表示淡漠。孔子同樣從爲政者的立場,卻提出正面的解釋:他以爲應對人民所表現的瘋狂感到欣喜,因爲這種瘋狂代表了長年壓抑在日常生活中的積鬱得以暫時抒解。孔子並且以引弓射箭爲喻,指出適度地一張一弛,才能正確發揮弓箭的功能。而蜡祭節慶中舉國狂迷,正代表社會秩序得到最好的調節。

晚清來華達四十多年的美國公理會傳教士明恩溥(Arthur H. Smith,1845～1932),曾在其《中國鄉村生活》(*Village Life in China*)一書裏將從元旦到元宵的春節視爲中國的"國假"(national leisure)。他指出許多外國人可能會驚訝,以勤勞著稱的中國人竟然會從一年十二個月裏騰出半個多月,純作宴遊以及虛榮的展示活動。他推論這段時間無疑是中國國家的"安全閥"(safety-valve)——若沒有年節的調節,也許中國會因無休止的勞累而陷入混亂。[45] 同是作爲迎春的嘉年華會,元宵節與古代蜡祭確有異曲同工之處,而明恩溥此論,與孔子"一張一弛"的觀點似乎不謀而合。

不過,從隋初的柳彧到晚清的左輔,似乎都沒有受到孔子教訓的啓發;他們和子貢一樣,對舉國若狂的節慶活動抱持著戒慎恐懼的態度,遑論能進而"樂"民之所"狂"。他們無法苟同這場一年一度的嘉年華會能夠具有任何調節社會的正面功能;對他們而言,元夕的狂歡,非但沒有如"安全閥"一般調整社會生活節奏、釋放百姓活力與積鬱的功能,反而極可能動搖"訓民治國"的根本——"法度"與"禮典";元宵節之於正常的生活作息,不是一種調節,而是一種威脅。

---

[45] Arthur H. Smith, *Village Life in China* (Boston: Little, Brown and Company, 1970), pp. 150～151.

三、從放夜到偷青

在清代李汝珍（約 1763～1830）著名的章回小說《鏡花緣》裏，林之洋一行人到了智佳國，發現該國時值中秋，卻格外熱鬧，詢問之下，原來當地因年節甚冷，故顛倒節令，將中秋節改成上元節來歡慶，於是纔恍然大悟："此時正是元宵佳節，所以熱鬧。"[46] 的確，元宵節狂歡慶典的關鍵正是一個"鬧"字。燈節夜禁的開放，表面上雖只是准許常民夜間行動的自由，但實際上它所開放的，是一個和日常生活裏完全不同的空間和時間，一個允許人"鬧"的"不夜城"：喧聲驅逐夜闌，燈光掩蓋夜色。而"鬧"的真諦，並非意在完全擺脫日常"法度"與"禮典"的種種規範，而是以行動逗弄或挑釁這些拘束與限制，並且自成一套遊戲規則。

元夕"偷青"便是一例。

元宵相偷爲戲由來已久。根據龍彼得（Piet van der Loon）的考證，這種"儀式性的偷取"可追溯至《魏書》東魏孝靜帝天平四年（537）關於"禁十五日相偷戲"的記載。[47] 在崇禎八年（1635）刊行的《帝京景物略》裏，作者亦提及金元時期元夕"三日放偷，偷至，笑遣之，雖竊至妻女不加罪"。[48] 言下之意，在這三天的元宵佳節裏，不僅容許盜物，甚至妻女爲人所竊都不以爲忤。

《帝京景物略》所描述金元時期默許人偷妻竊女的情形是否屬實，抑或含有族群文化差異的偏見，尚待進一步考證。不過在明清時期，對元夕"偷竊"的行爲仍然採取相當寬容的態度，清初查嗣瑮的《燕京雜咏》中即言：

> 六街燈月影鱗鱗，踏遍長橋摸鎖頻，略遣金吾弛夜禁，九門猶有放偷人。[49]

［46］〔清〕李汝珍《鏡花緣》（臺北：世界書局，1957）第三十一回《談字母妙語指迷團，看花燈戲言猜啞謎》，頁 120～127。

［47］ Piet van der Loon, "Les origines rituelles du théâtre chinois," *Journal asiatique*（Paris: Sociéié asiatique）CCLXV, let 2（1977）：141～168. 王秋桂、蘇友貞中譯《中國戲劇源於宗教儀典考》，收入王秋桂編《中國文學論著譯叢》（臺北：臺灣學生書局，1985），頁 523～547。

［48］《帝京景物略》，頁 58。

［49］〔清〕查嗣瑮《查浦詩鈔》（《四庫未收書輯刊》第 8 輯，第 20 册〔北京：北京出版社，1997〕）卷五，頁 13，總頁 64。

　　當然，本來相偷爲戲只是習俗，應該無傷大雅。而此"偷"彼
"放"，無非已是約定俗成的，既是演戲的劇碼，也是遊戲的規則。

　　不僅京城如此，各地似乎普遍也都有在元夕"偷青"的習俗，主要
是竊取他人蔬園裏少許的青菜，並希望能遭到詬罵譴責，以爲因此而
得吉兆。例如江蘇省《沙川撫民廳志》提及婦女"走三橋"的活動時，
即指出婦女出門觀看燈月之際，"或私摘人家菜葉，以拍肩背，曰拍油
蟲"。[50] 在江西南康的婦女則三五爲群，竊摘別人園蔬中之芥菜和白
菜，然後中間插以燭火，沿街摯照，謂之"拉青"。[51] 而廣東、福建等地
則主要是偷摘人家的園蔬或春帖，若能遭到他人詬罵，以爲將來"必得
佳婿"。[52] 廣西同樣有"於十六夜，婦女擷園蔬，曰採青"的習俗，並且
還以青葱餵食小孩，寄望小孩長大"聰(葱)明"。[53] 在清代臺灣，男女
元宵出遊，亦有偷青之俗。"未字之女"以偷得他人之葱菜爲吉兆，諺
曰："偷得葱，嫁好公；偷得菜，嫁好婿。"至於"未配之男"，則以竊得他
家墻頭的老古石爲吉兆，諺云："偷老古，得好婦。"此外，若婦女竊得別
人家的餵猪盆，遭人詬罵，則被視爲生男之兆。[54]

　　這種在"元夕偷青者以受詈爲祥，失者以不詈爲吉"的習俗，[55] 似
乎是藉著民俗的論述來"合理化"非法行爲本身的正當性。但這種在
特別的節慶裏反常的、非禮的甚至違法的行爲，不論是"偷"、"罵"或
"放"，毋寧只是象徵性的表演。對禮教規範與法律秩序的挑釁與嘲
弄，本來就是元宵狂歡活動裏遊戲規則的主軸。

---

[50]　《沙川撫民廳志》(清道光十六年〔1836〕，收入丁世良、趙放主編《中國地方志民俗資
　　　料匯編·華東卷》〔北京：書目文獻出版社，1995〕)，頁20。按：《中國地方志民俗資料
　　　匯編》乃匯集各地方志關於歲時風俗的記載，以華東、華北、西南、中南、東北、西北等
　　　地分區成編，頗便於學者檢讀，唯原文摘録時掛漏舛誤處，實所難免。本文撰寫過程
　　　亦參考該書，唯引文仍儘量覆核原書爲據，不過因各方志散藏各地，搜羅不易，一時無
　　　法校核者，仍暫以間引該書爲注。

[51]　〔清〕沈思華等修，盧鼎峋等纂《南康縣志》(據清同治十一年〔1872〕刊本影印，收入
　　　《中國方志叢書·華中地方·江西省》第 823 號〔臺北：成文出版社，1989〕)卷一，頁
　　　5，總頁 220。

[52]　〔清〕周凱纂，呂世宜校《廈門志》(據清道光十九年〔1839〕刻本影印，收入《中國方志叢
　　　書·華南地方·福建省》第 80 號〔臺北：成文出版社，1968〕)卷一五，頁 3，總頁 641。

[53]　〔清〕朱椿年纂修《欽州志》(清道光十四年〔1834〕刊本)卷一，頁 48。

[54]　目前所見最早有關在臺灣元夕偷青的記載是〔清〕胡建偉纂修的《澎湖紀略》(據清乾
　　　隆三十六年〔1771〕刊本排印，收入《臺灣文獻史料叢刊》第 1 輯，第 12 册〔臺北：大通
　　　書局，1984〕)，頁 155。此習俗後來亦散見於臺灣本島各地，參見《臺灣省通志稿》
　　　(1950～1965，收入《中國地方志民俗資料匯編·華東卷》)，頁 1365。

[55]　《古今圖書集成》引廣東省《文昌縣志》。見〔清〕陳夢雷纂《古今圖書集成·曆象彙編
　　　歲功典上元部》(臺北：文星書店，1964)卷一〇七，頁 25。

　　不過值得注意的是，隨著時間的推移與空間的轉換，對儀式的解讀也可能會失卻原本的精神。光緒年間纔引進廣西龍州的"偷青"活動，便是一項明證。過去以壯族爲主要人口的廣西龍州縣原來並沒有元宵偷青的活動，但自從光緒十二年（1886）原駐防於柳州的廣西提督率同家屬進駐龍州以後，隨行的家屬逐漸將這種"偷青"的風俗引進該地。剛開始時，還只是婦女或小孩偷偷在夜間到他人園圃裏，隨意地采擇一些蔬果。但演變到後來，一遇元宵佳節，"不論男女老少，不待更深，飯後即出，到處洶洶，勢同掠奪，各園主稍爲疏防，即被一掃而空"。[56]

　　當然在元宵節時利用偷青之俗，難免會有"無賴者竟藉此捆載"的少數案例，[57] 但這種原本在中土施行已久、具有象徵意義的"越園度圃"偷青習俗，一旦引介到另一文化族群後，竟變成"老少男女聯群結隊"搶園劫圃的掠奪行爲，並且相沿成俗，不以爲忤。原來習俗儀式性的意涵，在時間與空間的跨界翻譯過程中，顯然遭到嚴重的曲解，或者被重新改寫。此舉有如田登轄內的郡民看到元宵節"依例放火"的告示，不將"放火"還原爲"點燈"之正解，卻按照字面上的意義，藉"放火"之名行"放火"之實。

四、錦綉排場：遊觀與裝扮

　　　燈市無雙，看了這燈市無雙，恍疑是海上山、蓬萊方
　　丈，好一個錦綉排場。遇良宵、逢麗景，止不住心情豪放。
　　　　　　　　　　　　　　　　　　　——《金雀記·玩燈》[58]

　　金吾不禁的元宵節不啻提供了一個可以馳騁想像、敷衍故事的特殊舞臺：城裏的燈市、鄉間的廟會，不僅金鼓喧闐，百戲雜陳，聲色光影，一應俱全，而在這"錦綉排場"裏，上演著沒有脚本的節目。也正因沒有脚本，故充滿著無限想像的可能："祇爲這元宵佳

---

〔56〕　《龍州縣志》（民國十六年〔1927〕修纂，1957 年廣西壯族自治區檔案館鉛印本，收入丁世良、趙放主編《中國地方志民俗資料匯編·中南卷》〔北京：書目文獻出版社，1991〕），頁 921。

〔57〕　參見冉政晟修貴州省《興仁縣志》（據 1965 年貴州省圖書館校勘油印本）卷九《風物志·風俗》，頁 9b："俗於是夜私取人青菜刷衣，謂能終年避油膩。俗名偷青。無賴者竟藉此捆載，每釀盜案，經官廳懸令禁止，此風已稍殺矣。"

〔58〕　收入〔清〕葉堂編《納書楹曲譜》（收入王秋桂編《善本戲曲叢刊》補遺〔臺北：臺灣學生書局影印本，1987〕）卷三，頁 1，總頁 2039。

節，處處觀燈，家家取樂，引出一段風流的事來。"[59] 的確，向來多少傳奇故事可不都是在元宵節裏發生：有人在元宵節不期相遇，有人在元宵節中定情，[60] 有人因元宵節而失散，[61] 有人因元宵節而"破鏡重圓"，[62] 甚至有人一生際遇都係於元宵節。[63]

仿佛只要置身其間，便是演員：所有的演員都在遊觀，而所有的觀眾也都在演出。甚至就連官府的燈節裏的巡防戒備，也成了一種表演。《春明采風志》提及步營曾經雇乞兒作梆夫，在元宵節裏結隊而行，提前打更催時："午夜二更時，三隊數十夫，相遇於橋間。各列其隊，喊號一聲，群梆響起，遞換梆點，如曲牌然。"這種做法是否產生警示作用，不得而知，不過對大部分民眾而言，這項示警的演出，倒成了北京元宵慶典的一項戲碼，許多賞燈的遊人因此特地奔赴往觀，顯然都是來"看梆而不看燈"。[64]

原來，燈會裏各式精巧的燈籠固然是遊觀的目標，但終究不過是燈光炫耀的舞臺，遊觀的芸芸眾生本身纔是遊觀的真正焦點。就如清代梆子戲的《看燈》一折，以進汴梁城看花燈爲背景來"遊戲打渾"一番。其中幾段過場的唱詞是：

> 正月裏鬧花燈，姊妹娘兒去看燈，城中士女多齊整，汴梁城中人看人。正月裏正月裏鬧花燈，我抱了孩兒去看燈，男男女女人無數，汴梁城中人看人。[65]

---

〔59〕 〔明〕馮夢龍編《喻世明言》(臺北：三民書局，1989)卷四《閑雲庵阮三償冤債》，頁81。

〔60〕 例如《春燈謎》中字文彥和影娘正是在元宵夜裏定情。故事見〔明〕阮大鋮《春燈謎》(臺北：明文書局，1983)。明代泉州傳統戲曲《荔鏡記》中的陳三(伯卿)，亦在潮州元宵節賞花燈時遇到黃五娘而一見鍾情。見《重刊五色潮泉插科增入詩詞北曲句欄荔鏡記》(廣州：廣東人民出版社，1985)。

〔61〕 參見〔明〕凌濛初《二刻拍案驚奇》(《古本小說叢刊》第14輯〔北京：中華書局，1990〕)卷五《襄敏公元宵失子，十三郎五歲朝天》，頁107～130。

〔62〕 徐德言在元宵燈市中賣破鏡，得與妻子樂昌公主重逢。故事見唐孟棨《本事詩》(上海：上海古籍出版社，1991)，頁7。

〔63〕 例如《燈月緣》開卷便畫龍點睛地提及書生真連城幼年，有道士曾爲他相命，以爲其"一生際遇都在上元節夜"。見〔清〕徐震(煙水散人)戲述，《燈月緣》(嘯花軒刊本，收入《古本小說集成》〔上海：上海古籍出版社，1990〕)第一回，頁3。該書全篇便著墨於主人翁真連城一生好幾回在上元燈節時，與諸位女子、男子的情色綺遇。

〔64〕 間引自常人春《老北京的風俗》(北京：北京燕山出版社，1990)，頁141。

〔65〕 〔清〕玩花主人輯《綴白裘》(臺北：臺灣學生書局，1987)，《看燈》，頁4596、4599。李孝悌曾援引巴赫汀的論點，剖析《看燈》、《鬧燈》等折子戲裏對身體的戲謔與嘲弄，並藉以闡述十八世紀中國社會中與禮教文化並存的情欲論述。參見李孝悌《18世紀中國社會中的情欲與身體——禮教世界外的嘉年華會》，《中央研究院歷史語言研究所集刊》72.3 (2001)：543～595。

既然遊人纔是觀看的主角與對象,遊觀的人既是觀衆,又是主角;既看人,復又展示自己給人看。在《二刻拍案驚奇》中《襄敏公元宵失子,十三郎五歲朝天》的故事開頭,凌濛初引了《女冠子》一詞,下闋是:

> 東來西往誰家女?買玉梅爭戴,緩步香風度。北觀南顧,見畫燭影裏,神仙無數,引人魂似醉。不如趁早步月歸去。這一雙情眼,怎生禁得許多胡覷![66]

詞中傳神地捕捉到元夕燈市裏的女子"看"與"被看"的各種神態。其實"北觀南顧"的女子"情眼"生波,在乎的正是旁人的"許多胡覷"。毋怪乎上面提及的《看燈》一戲裏有一段情節是扮老漢的末角拉著老婆去看花燈,他老婆緊張地説:"唉呀!你看我身上又没得穿,頭上又没得帶〔戴〕的,看甚麽燈!"[67]

的確,没有新衣裝扮,拿甚麽去"見人"!

在燈會的這個"錦綉排場"裏,不僅是一座仕女村婦爭妍鬥艷的伸展舞臺,同時也是一場易性變裝的化妝舞會。早在隋文帝時代,柳彧上書羅列元宵節設諸般違制的活動時,便對當時"人戴獸面,男爲女服"的情形大加撻伐。這種化妝或變裝的情形其實一直延續至明清,不少地方志都提到燈節時"少年朱衣鬼面相戲劇"的場面,[68] 或言"市井童子彩衣鬼面,鳴金鼓,入人家跳舞索賞"的情形。[69] 而這種男扮女裝演戲唱歌,喧聲達旦,正是"鬧元宵/蕩元宵"的重頭戲。道光年間的《修仁縣志》(1830)即言:"自初十至既望,民間競尚龍燈,或令童子改扮女裝,各持彩燈踵門歡唱,笙歌之聲喧衢達旦,名曰鬧元宵"。[70] 根據光緒二十七年(1901)《申

---

〔66〕《二刻拍案驚奇》卷五,頁2,總頁344。

〔67〕《綴白裘·看燈》,頁4587~4599。

〔68〕例見〔清〕高建勳修,王維珍纂《通州志》(據清光緒五年〔1879〕刊本影印)卷九,頁4:"居民觀燈充路,少年朱衣鬼面相戲劇,笙歌自暮達曙。"又見《興化縣志》:"少年朱衣鬼面,金鼓達旦。"〔清〕張可立修《興化縣志》(據清康熙二十四年〔1685〕抄本影印,收入《中國方志叢書·華中地方·江蘇省》第450號〔臺北:成文出版社,1983〕)卷二,頁2,總頁85。

〔69〕〔清〕章壽彭等纂《歸善縣志》(據清乾隆四十八年〔1783〕刊本影印,收入《中國方志叢書·華南地方·廣東省》第63號〔臺北:成文出版社,1967〕)卷一五,頁1,總頁200。

〔70〕廣西省《修仁縣志》(清道光十年〔1830〕,收入《中國地方志民俗資料匯編·中南卷》),頁1022。類似的記載並見〔清〕瞿樹蔭等增修,羅增垣等纂《合江縣志》(清同治十年〔1871〕增修刊本)卷一八,頁32:"居民結棚張燈,敲鑼鼓,放花炮,童子女妝唱《採茶》,跳竹馬,城鄉各作龍燈、蝦燈,彼此互迎以爲勝,謂之鬧元宵。"

報》的報導，浙江寧波每年元宵前後的賽燈遊行裏，也特別遴選五位俊男子，“裝束如美女，高騎駿馬”，名爲“女太保”。[71]

不過這種“朱衣鬼面”、“男扮女裝”以扮花燈、鬧元宵的表演，顯然是由當地的社會組織來安排。北方扮唱多以“秧歌”爲主，如陝西省《綏德州志》（1905）所載，在燈節夜裏，“金吾不禁，鄉民裝男扮女，群遊街市，以陽〔秧〕歌爲樂。謂之燈節”。[72] 其進行方式，一般是“以童子扮三四婦女，又三四人扮参軍，各持尺許圓木，嘎擊相對舞，而扮一持傘鐙、賣膏藥者前導，傍以鑼鼓和之”，往往徹夜演出——“舞畢乃歌，歌畢更舞，達旦乃已”。[73] 在湖北房縣過燈節，不僅有“龍虎、獅麟、車船、竹馬、軟索、節節高、鰲山等燈”，更有大型“秧歌燈”的演出：

> 十百爲群，詣人家置高脚燈於四角，進退分合，左右貫，謂之“跑陣”。其花面紅衣，以白摺兜胸脅，兩手執木棒於陳間倒行者，曰“跳和尚”；氈帽籠頭，花巾結額，番披羊裘，執敗蒲扇，指揮跳譴者，曰“跳葉子”；裝妝婦人者，曰“拉花”。[74]

雖然康熙二十九年（1690）曾明白宣諭禁止“秧歌”的演唱，認爲在通衢肆行唱演秧歌，往往是“成群女裝，穿甲執棍，互演跳舞，甚屬非理”，因此，命令“步軍統領嚴加巡察緝捕”。[75] 不過北京城裏民間唱秧歌之風顯然從未根絕，陳康祺在《郎潛紀聞》裏仍將“唱秧歌”列爲北京元宵節裏民間的一項主要慶祝活動。[76] 甚至在嘉慶、道光之前，在圓明園施放烟火的慶典裏，準備的“烟火盒子”，乃是“大架高懸，一盒三層”：第一層是“天下太平”四大字；第二層則有“鴿雀無數群飛，取放生之意”；第三層便是四個小

---

〔71〕《申報》（上海：上海書店影印本，1982～1987），光緒二十七年正月二十七日（1901.03.17），“四明燈景”條。

〔72〕〔清〕高維嶽纂《綏德州志》（據清光緒三十一年〔1905〕刊本影印，收入《中國方志叢書·華北地方·陝西省》第 298 號〔臺北：成文出版社，1969〕）卷四，頁30，總頁339。

〔73〕〔清〕楊賓《柳邊紀略》（收入《遼海叢書1》〔瀋陽：遼瀋書社，1985〕）卷四，頁1，總頁258；〔清〕林佶《全遼備考》（收入《遼海叢書》〔臺北：藝文印書館，1971〕）卷下，頁12。

〔74〕〔清〕楊延烈修，郁方董、劉元棟纂《房縣志》（據清同治四年〔1865〕刊本影印，收入《中國地方志集成·湖北府縣志輯》第 59 冊〔南京：江蘇古籍出版社，2001〕）卷一一，頁4。

〔75〕《清會典事例》卷一一六〇，頁556。

〔76〕〔清〕陳康祺《郎潛紀聞·京師四時之景物》（北京：中華書局，1990），頁253。

兒擊著“秧鼓”、唱著“秧歌”。[77] 可見宮廷元宵慶典裏亦難免俗。

在南方的燈戲扮演，則多以唱“採茶歌”爲主，江西、湖南、廣西、廣東等地區的採茶歌，也是由俊美的少男“裝扮婦女唱採茶歌，喧鑼鼓嬉遊以爲樂”。[78] 這些地方當初檢選少男扮演婦女，是否考慮尚未變音的少年適合扮唱女聲，並沒有相關的史料可資佐證。不過男扮女裝的活動確實普遍出現在各省的方志記載裏。例如在廣西寧州的元宵節“比戶懸燈放爆竹。自初十至十又日，村人或以童男數人演扮女裝，乘夜到城鄉等處，提燈鳴唱採茶歌”。[79] 在湖北所謂的“採茶燈”，則是選擇“童男十二爲女妝”，每人各攜燈一具，謂之“茶娘”，自正月至十二月各唱一曲，以“採茶”二字起興，類似竹枝詞。[80] 有些地方，如湖南寧鄉，是選“兒童秀麗者扎扮男女”，妝唱秧歌、採茶等曲，曰打花鼓。[81] 這些男扮女裝者往往從面貌“秀麗”的少年或“姣童”中挑選出來，再“飾以艷服”。[82] 貴州《平越州志》對當地“採茶歌”裝扮與排練的過程，有詳細的描述：

> 正月十三日前，城市弱男童崬飾爲女子，裝雙鬟，低軃翠，翹金釵，服鮮衣，半臂拖繡裙，手提花籃燈，聯袂緩步，委蛇而行，蓋假爲採茶女，以燈做茶筐也。每至一處，輒繞庭而唱，謂十二月採花之歌。歌竹枝，俯仰抑揚，曼音幽怨，亦可聽也。[83]

除了“採茶歌”，也有地方男扮女裝唱“採蓮歌”，或者兼唱“採茶”、“採蓮”二曲。例如江蘇羅鎮店乃“制一紙船，由三四輩扮作婦女，手執荷花，口唱採蓮歌或採茶歌，種種不一，鳴金擊鼓，謂之鬧元宵”。[84] 在廣東陽江，同樣是裝“採蓮船”，然後“以姣童飾爲採蓮女，花燈千百計，

---

〔77〕 《清稗類鈔》第 1 册，頁 25。

〔78〕 《慶遠府志》（抱芬樓鈔本，收入《中國地方志民俗資料匯編·中南卷》），頁 927。

〔79〕 〔清〕張棨奎纂《新寧州志》（據清光緒四年〔1878〕刊本影印，收入《中國方志叢書·華南地方·廣西省》第 200 號〔臺北：成文出版社，1974〕）卷二，頁 1，總頁 144。

〔80〕 〔清〕朱錫綬重修，張家俊等纂《黃安縣志》（清同治八年〔1869〕刊本）卷一，頁 47。

〔81〕 〔清〕郭慶颺修，童秀春纂《寧鄉縣志》（清同治六年〔1867〕）卷二四《風俗》，頁 12b。

〔82〕 〔清〕張廷珩等修，華祝三等纂《鉛山縣志》（據清同治十二年〔1873〕刊本影印，收入《中國方志叢書·華中地方·江西省》第 911 號〔臺北：成文出版社，1989〕）卷五，頁 14，總頁 356。

〔83〕 《平越州志》引徐宏叢書志，收入丁世良、趙放主編《中國地方志民俗資料匯編·西南卷》（北京：書目文獻出版社，1991），頁 435。

〔84〕 〔清〕王樹棻修，潘履祥纂《羅店鎮志》（據清光緒十五年〔1889〕鉛印本影印，收入《中國地方志集成·鄉鎮志專輯》第 4 集〔上海：上海書店，1992〕）卷一，頁 15，總頁 199～200。

鑼鼓喧天,遨遊城市,觀者如堵,徹夜始散,謂之鬧元宵。"[85]

　　不論北方的秧歌、南方的採茶或採蓮歌,無疑都扣合著與當地日常生活息息相關的生產活動。〔清〕初屈大均(1630~1696)在《廣東新語》中曾特別選錄了三段當時流行的採茶歌,可窺一斑:

　　　　二月採茶茶發芽,姐妹雙雙去採茶。大姐採多妹採少,
不論多少早還家。

　　　　三月採茶是清明,娘在房中繡手巾。兩頭繡出茶花朵,
中央繡出採茶人。

　　　　四月採茶茶葉黃,三角田中使牛忙。使得牛來茶已老,
採得茶來秧又黃。[86]

在喜慶的狂歡氣氛中,將一年十二月中生活勞動的點滴辛苦娓娓道來,包括同時承受耕種與採茶雙重生產壓力下的無奈,而歡樂的採茶歌聲,仿佛將日常生活的艱辛付諸諧謔一笑。

　　有趣的是,在元宵的錦繡排場裏,扮唱秧歌的化妝少年與結伴出遊的盛裝婦女,本來就錯落在同一個舞臺上,有時"采衣傅粉"的美少年,甚至奪去"靚裝袨服"婦女的風采。在明代樂府《慶賞元宵》裏描寫妝春的娉婷少年招展過市,甚至引起過往的姑娘妒妍鬥麗之心:"閑浪蕩風流隊,許多年少妖嬈,那女伴相逢,疑步香塵鬥楚腰。"[87]這雖是戲詞,卻非完全虛擬,如《四庫全書》的總纂官紀昀(1724~1805)在其《閱微草堂筆記》裏就曾引述一位朋友所聞:在天津元夕的燈市裏,有一少年觀燈夜歸,遇見一位妍麗的少婦"徘徊歧路,若有所待,衣香鬢影,楚楚動人"。少年以為是一時失侶落單的女子,便向前與她搭訕,並詢問其姓氏里居,但那少婦默不作聲。少年懷疑她是在上元節與人幽期密約,而幽會的人遲遲未至,心想或可將她挾制邀留到家歇息。起初"少婦"堅持不肯,但經不起少年的強邀推就,遂隨少年歸家。當晚少年設宴,請她夾坐在"妻妹之間,聯袂共飲"。席間相互勸酬,逐漸開懷放浪調謔起來。少年眼見少婦醺意之際"媚態橫生",便放膽表達留宿之意。未料那位婦人卻起身微笑回答他說:"緣蒙不棄,故暫借

〔85〕〔清〕李澐輯《陽江縣志》(據清道光二年〔1822〕刊本影印,收入《中國主志叢書·華南地方·廣東省》第168號〔臺北:成文出版社,1974〕)卷一,頁67,總頁186。

〔86〕〔清〕屈大均《廣東新語》,收入《清代史料筆記叢刊》(北京:中華書局,1997),頁360。

〔87〕《新鐫樂府連環拾翠》,收入王秋桂編《善本戲曲叢刊》第2輯(臺北:臺灣學生書局,1984)卷二三,頁3,總頁446。

君家一卸妝。恐火伴相待,不能久住。"隨即卸下婦人衣飾,打恭作揖,揚長而去。原來這位腼腆少婦竟是在秧歌隊中男扮女裝的"拉花"。少年恍然大悟,羞愧憤恚之下追出門外想要與之爭鬥,還引來鄰里聚問,最後"哄笑而散"。[88]

雖然紀昀所轉述的這個故事只是在燈市裏誤鳳爲凰的趣譚,並未釀成衝突悲劇,不過確有因扮花燈而受害的案例。例如在乾隆年間駐守貴州苗疆分防百索汛的守備王承良,在元宵夜裏命令兵丁魯耀等數人"在汛扮燈演戲",到了十七日散燈之後,王承良趁著醉意將魯耀"喚入戲狎"意圖侵害。魯奮力抵抗,掙扎中並咬斷王的一截髮辮"出署喊叫",並趕往清江協城具狀控告。[89]

清代文人李斗(1749～1817)在《揚州畫舫錄》裏曾提到燈節揚州花鼓,其"扮昭君、漁婆之類,皆男子爲之",因此俗語有"好女不看春,好男不看燈"之訓。"看春"是虛,看迎春戲裏的拉花少年是實;"看燈"是假,看錦簇花燈下的出遊女妝是真。[90] 在湖北孝感地方也有類似諺語:"好兒不妝春,好女不看燈",以爲男女"奔走達曙",難免"有因而爲奸者"。[91] 這兩套說教意味濃厚的俗語內容稍有出入,但無非都是在勸誡所有的好男好女"不妝"、"不看",遠離燈節這個魅人或誘人的錦綉排場。

五、走百病/走百媚

誠如隋代柳彧嚴詞指證,元宵時"男女混雜"出遊踏燈的情形,恐怕由來已久,幾與元宵慶典共生。不過在明清時期,婦女元夕出遊更形成一種特殊的"走百病"論述。在明代王士性(1436～1494)的《廣志繹》中,已指出"〔北〕都人好遊,婦女尤甚",他並舉每年上元爲例,許多婦女於正月十六日都會"過橋走百病,燈光徹底。元宵燈市,高樓珠翠,轂擊肩摩"。[92] 劉侗在《帝京景物略》中也指出,明代北京婦女

〔88〕 〔清〕紀昀《閱微草堂筆記》(收入《筆記小說大觀》第28編〔臺北:新興書局,1988〕)卷一六《姑妄聽之二》,頁3613。

〔89〕 《中央研究院歷史語言研究所藏明清史料》編號018904,貴州總督張廣泗揭帖(乾隆七年三月十一日)。

〔90〕 〔清〕李斗《揚州畫舫錄》(收入《清代史料筆記叢刊》〔北京:中華書局,1997〕卷九《小秦淮錄》,頁198。

〔91〕 〔清〕朱希白等重修,沈用增等纂《孝感縣志》(清光緒八年〔1882〕刊本)卷五,頁9

〔92〕 〔明〕王士性《廣志繹》(北京:中華書局,1981),頁18。

除了結隊宵行以求"無腰腿諸疾"外，並且還"至城各門，手暗觸釘，謂男子祥，曰摸釘兒"。[93]《宛署雜記》亦有相關記載：成群結隊走百病的婦女，由前面一人持香辟人。凡遇有橋處，便"三五相率一過，取過橋度厄之意。[94] 這種"走百病"的習俗大抵相沿至清。清代《北京歲華記》亦見證北京在正月十六夜裏，"婦女俱出門走橋，不過橋者云不得長壽；手攜錢賄門軍，摸門鑰，云即生男"。[95] 似乎婦女出遊，除了有走橋以延壽祛疾之外，還有求子祈嗣的用意。

不僅北京首善之區的婦女在燈節裏出遊"走百病"，幾乎全國各省都有類似的習俗，唯措辭或稍有出入，或"遊"、或"除"、或"驅"、或"遣"、或"散"，不一而足。即以陝西一省爲例，渭南、延長等地作"遊百病"，[96] 臨潼、同官等地爲"走百病"，[97] 榆林是"散百病"。[98] 而各地婦女"走百病"的内容可謂百端雜陳：或是"靚妝炫服，結隊遨遊郊外"，[99] 或是"盛飾遊街，登城過橋"。[100] 而遼寧、吉林等地的滿州婦女在十六日

---

〔93〕 《帝京景物略》，頁66。

〔94〕 〔明〕沈榜《宛署雜記》（收入《稀見中國地方志彙刊》第1冊〔北京：中國書店，1992〕）卷一七，頁3，總頁159；類似的記載亦見《宛平縣志》（清抄本，收入丁世良、趙放主編《中國地方志民俗資料匯編·華北卷》〔北京：北京圖書館出版社，1989〕），頁14；《通州志》卷九，頁4；〔清〕張茂節修，李開泰等纂《大興縣志》（清康熙二十四年〔1685〕鈔本）卷一，頁15；〔清〕關廷牧修，徐以觀纂《寧河縣志》（清乾隆四十四年〔1779〕刊本）卷一五，頁6，亦提到"十六日，婦女相攜走橋、摸釘，以消災，或請厠姑以卜休咎"。

〔95〕 《燕臺筆錄》頁524引《北京歲華記》卷一，頁7。《月日記古》亦有類似記載："燕城正月十六夜，婦女群遊，其前一人持香辟人，名辟人香。凡有橋處，相率以過，名走百病。又暗摸前門釘，中者兆吉宜子。"見〔清〕蕭智漢《新增月日紀古》（1834年重刊本〔臺北：藝文印書館影本，1970〕）卷一下，"正月十六日"條引《歲時記》，頁51。

〔96〕 〔清〕焦聯甲等纂《新續渭南縣志》（清乾隆十七年〔1752〕修，據清光緒十八年〔1892〕刊本影印，收入《中國方志叢書·華北地方·陝西省》第238號〔臺北：成文出版社，1970〕）卷二，頁19，總頁178。〔清〕王崇禮修《延長縣志》（據清乾隆二十七年〔1762〕刻本影印，收入《中國方志叢書·華北地方·陝西省》第319號〔臺北：成文出版社，1970〕），頁141。

〔97〕 〔清〕史傳遠纂修《臨潼縣志》（據清乾隆四十一年〔1776〕刊本影印，收入《中國方志叢書·華北地方·陝西省》第542號〔臺北：成文出版社，1976〕）卷一，頁23，總頁69。〔清〕袁文觀纂修《同官縣志》（據清乾隆三十年〔1765〕刊行抄本影印，收入《新修方志叢刊66·西北方志26》〔臺北：臺灣學生書局，1968〕）卷四，頁6，總頁189。

〔98〕 〔清〕李熙齡修《榆林府志》（清道光二十一年〔1841〕刊本）卷二四，頁3。

〔99〕 《房縣志》卷一一，頁4。又如甘肅省清水縣的婦女"遊郊外、登高阜"以"除百病"，見〔清〕朱超纂修《清水縣志》（據清乾隆六十年〔1795〕抄本影印，收入《中國方志叢書·華北地方·甘肅省》第328號〔臺北：成文出版社，1970〕）卷四，頁3；〔清〕韓國瓚等重纂修《獲鹿縣志》（清乾隆元年〔1736〕刊本）卷二，頁12："遊山水，走百病。"

〔100〕 〔清〕胡公著修，張克家纂《海豐縣志》（清康熙九年〔1670〕刊本）卷三，頁3。

“群往平沙”以“走百病”，并還以“聯袂打滾”的方式來“脫晦氣”。〔101〕在結冰覆雪之處，不少婦女是以玩“滑冰戲”來“走百病”，意取“白冰”與“百病”的諧音。〔102〕

在華北地區，燈節時期有一種相當特別的“走百病”活動——“黃河九曲燈”。早在明代的《帝京景物略》中已有介紹：“十一日至十六日，鄉村人縛秫秸作棚，周懸雜燈，地廣二畝，門徑曲黯，藏三四里。入者誤不得徑，即久迷不出。曰黃河九曲燈也。”〔103〕晚清吳慶坻（1848～1924）亦曾回憶兒時於山西太原過燈節，看到城守營中有佈置所謂的“黃河九曲燈”：“於廣場多立竹木，以繩繫之，設爲曲折徑路，狀黃河之九曲也。男女中夜穿行過之，謂之銷百病。”〔104〕

證諸各省方志，華北地區河北、山西、陝西等各省都有關於

_____

〔101〕《柳邊紀略》卷四，頁 1，總頁 258。《全遼備考》卷下，頁 12。《吉林彙徵》（天津：天津圖書館藏 1914 年油印本）第六章《風俗》，頁 97 有載：“元宵節以粉糍祀祖，張燈彩三日，有旱船、秧歌竹馬諸雜劇，男女皆艷服出遊，或步平沙，謂之走百病，或聯袂打滾，謂之脫晦氣。”

〔102〕《西豐縣志》（1938，收入丁世良、趙放主編《中國地方志民俗資料匯編·東北卷》〔北京：書目文獻出版社，1989〕），頁 129；另馬龍潭、沈國冕等修，蔣齡益等纂《鳳城縣志》（據民國十年〔1921〕石印本影印，收入《地方志人物傳記資料叢刊·東北卷七》〔北京：北京圖書館出版社，2001〕），《禮俗志·歲事》，頁 9b 亦載元月十六日“近河泡者，婦孺馳行冰上，名曰走百病（取白冰同音）”。

〔103〕《帝京景物略》卷二，“春場”，頁 66。

〔104〕〔清〕吳慶坻《焦廊脞錄》（北京：中華書局，1990）卷八《黃河九曲燈》，頁 255。吳慶坻根據清代吳南礀所修茸的《宣化府志》，以爲此俗源自明武帝時代（1505～1521 在位），武宗曾在宣府“盤遊無度，俗極奢靡”，不過恐怕待進一步的確認。另明代陸西星《封神演義》裏有“三姑計擺黃河陣”的故事，提及趙公明的三個妹妹爲報兄長之仇，特設下了“九曲黃河大陣”對抗姜子牙，但爲姜所破。見明陸西星《封神演義》（臺北：文源書局，1974）第五十回《三姑計擺黃河陣》，頁 411～418。事實上“黃河九曲燈”的活動一直流傳至今。民國地方志仍有相關記載，例如景佐綱修，張鏡淵纂《懷安縣志》（據民國二十三年〔1934〕宏州書院刻本影印）卷二《風俗》，頁 61：“其城外大屯堡，亦演秧歌、高蹺以爲樂。並有立竹木，設九曲黃河圖，擎燈三百六十盞，燈上圈以五色紙罩，名曰‘九曲燈’。男女中夜穿逐，謂之散百病，以取一時之快。”孔兆熊、郭藍田修，陰國垣纂《沁源縣志》（據民國二十二年〔1933〕鉛印本影印，收入《中國方志叢書·華北地方·山西省》第 404 號〔臺北：成文出版社，1976〕）卷二，頁 47，總頁 204 亦述及：“或有紙燈二三百盞成萬字形而游繞者，謂之‘黃河’。”並且有《元宵黃河》的歌謠：“元宵葦席搭神棚，炮火花烟氣倍增。游繞黃河三百六，沿途五色紙燈籠。一縷火花一縷燈，細吹細打鼓鑼聲。紛紛士女重圍看，炮樂花煙氣象增。”清白鶴修，史傅遠等纂《武鄉縣志》（據清乾隆五十五年〔1790〕刊本影印，收入《中國方志叢書·華北地方·山西省》第 73 號〔臺北：成文出版社，1968〕）卷二，頁 22，總頁 169 亦載：“十三日夜起，至十六日夜止，放烟火、花爆，以木屑搭‘九曲黃河’，上簪油燈三百六十盞，童子笙歌遊玩，夜分始歸。”唯有些地方已用電燈取代油燈來布陣。至於現代的黃河九曲燈陣，可參考 David L. Holm, “The Labyrinth of Lanterns: Taoism and Popular Religion in Northwest China,” 漢學研究中心編《民間信仰與中國文化國際研討會論文集》（臺北：漢學研究中心，1994），頁 797～852。

"黃河九曲燈"的活動記録。"黃河九曲燈"迷陣的佈置，基本上乃是以縱十九列、橫十九行，以十九見方，總共三百六十一盞燈，彼此用繩牽繫。例如在河北龍門縣，從十四至十六日三夜，由"縣城及各保多建燈廠，並立水竿曲折環繞，擎燈三百六十一盞，名九曲黃河燈。男女中夜串遊，名爲去百病"。[105] 河北懷安縣則是在城外大屯堡立竹木，設九曲黃河圖，任"男女於中穿逐，謂之走百病"。[106] 至於山西孟縣、遼州和沁州等地，則多是由村中立社，以菱秆搭成九曲黃河圖，然後"上簪油燈數百盞"，望之有如列星，"男女中夜穿梭逐遊，謂之散百病"。[107]

清廷對民間以"黃河九曲燈"走百病的活動並不陌生，胤禛尚未即位爲雍正皇帝(1722～1735 年在位)前，即撰有《咏黃河燈》一詩：

華燈夜滿原，佈置列星繁。縹紗探三島，離奇演八門。

旌旗隨火轉，語笑逐風喧。寓意藏韜略，遊觀荷聖恩。[108]

詩中盛稱九曲迷陣之精妙，暗藏道家奇門遁甲的玄機，而其間可能仿造蓬萊、方丈、瀛州等三座海上仙島模型，再以裝燈飾成鰲山之景，供遊人尋索探訪。尾聯胤禛盛讚燈陣的布局，指出迷宮逐燈之樂蘊藏習演兵法之意，並以感荷聖恩作結，顯然他所歌咏的這個黃河九曲燈陣是康熙皇帝授意下排設而成。

在大部分地區，婦女進廟上香也是相當普遍的"走百病"方式。例如甘肅省西和縣的婦女於元夕"執香燭謁寺廟"；[109] 河北省任邱縣的

---

〔105〕 〔清〕章焞修《龍門縣志》(據清康熙五十一年〔1712〕刊本影印，收入《中國方志叢書·塞北地方·察哈爾省》第 23 號〔臺北：成文出版社，1969〕)卷五，頁 12，總頁 185。類似記載並見〔清〕孟思誼修，張曾炳纂《赤城縣志》(據清乾隆十三年〔1748〕刊本影印，收入《中國方志叢書·塞北地方·察哈爾省》第 22 號〔臺北：成文出版社，1968〕)卷一，頁 23，總頁 39："設九曲黃河圖，擎燈三百六十一盞，男女於中穿逐，謂之走百病。"

〔106〕 〔清〕薩禄續修《懷安縣志》(清光緒二年〔1876〕刊本) 卷三，頁 3。

〔107〕 參見〔清〕姚學瑛等續修，姚學甲纂《沁州志》(清乾隆三十六年〔1771〕刊本)卷八，頁15～16："十三日夜起，至十六日夜止，放烟火、花爆，以菱秆搭九曲黃河，上簪油燈數百盞。"〔清〕張嵐奇纂修《孟縣志》(清光緒七年〔1881〕刊本)卷六，頁 1～2；《遼州志》(清光緒十六年〔1890〕，收入《中國地方志民俗資料匯編，華北卷》)，頁 571。

〔108〕 《咏黃河燈》，《世宗憲皇帝御製文集·雍邸集》(收入《影印文淵閣四庫全書》第 1300 冊)卷二二，頁 7，總頁 169。詩中所謂"八門"應指術數傳統中奇門遁甲裏生門、開門、休門、杜門、景門、驚門、傷門和死門，配應方位以占驗行動吉凶。

〔109〕 〔清〕邱大英修，任尚蕙等纂《西和縣志》(據清乾隆三十九年〔1774〕抄本影印，收入《中國方志叢書·華北地方·甘肅省》第 331 號〔臺北：成文出版社，1970〕)卷二，頁 43，總頁 213。

婦女主要是"上天妃廟,走百病";[110]在雲南許多地方的婦女則是執香入城市,"逢岐路街衢必插香以祝康寧"。[111]　值得注意的是,不少地方的婦女將當地孔廟當作"走百病"的目標。一般士大夫在元宵節赴文廟進香,本不足爲奇,即以清季名臣李星沅(1797～1851)與王文韶(1830～1908)兩人現存的日記爲例,便不難發現他們幾乎每年元宵節都會穿著朝服蟒袍專程赴文廟行香,並行九叩之禮,有時或兼往武廟、文昌廟等處。[112]但孔廟畢竟與一般寺廟不同,平時不准一般百姓隨意進入,遑論婦女。但時值燈節,孔廟也不得不破例,例如北京良鄉縣,"遊文廟"成爲元宵慶典的重點活動。[113]　山西鄉寧縣於上元時,不僅"各廟俱張燈火",而且"文廟學宮尤盛"。[114]　山東平陰縣的民衆則在"十六晚,齊赴文廟,婦女亦至,謂之走百病",[115]遊訪文廟儼然成爲

〔110〕〔清〕劉統修,劉炳纂《任邱縣志》(據清乾隆二十七年〔1762〕刊本影印,收入《中國方志叢書·華北地方·河北省》第521號〔臺北:成文出版社,1976〕)卷四,頁42,總頁467。

〔111〕〔清〕黨蒙修,周宗洛纂《續修順寧府志》(據清光緒三十年〔1904〕刊本影印,收入《新修方志叢刊163·雲南方志3》〔臺北:臺灣學生書局,1968〕)卷五,頁5,總頁157。類似"遊新橋河,插香於道"的方式,亦見〔清〕屠述濂修《騰越州志》(據清光緒二十三年〔1897〕重刊本影印,收入《中國方志叢書·華南地方·雲南省》第41號〔臺北:成文出版社,1967〕)卷三,頁25,總頁45;〔清〕陳宗海修,趙端禮纂《騰越廳志稿》(清光緒十三年〔1887〕刊本)卷三,頁1;〔清〕陳權修,顧琳纂《阿迷州志》(據清雍正十三年〔1735〕刊抄本影印,收入《新修方志叢刊167·雲南方志7》),頁112;〔清〕黎恂修,劉榮黼纂《大姚縣志》(清道光二十五年〔1845〕)卷二《風俗》,頁57a:"元夕張燈作樂,次夕攜遊夜市,插香於道,相傳可以祛病";〔清〕秦仁等修,伍士玠纂《彌勒州志》(1963年揚州書店傳抄乾隆四年〔1739〕刻本)卷八《風俗》,頁1b:"彌勒漢夷雜處"、"元夕賞燈張樂,星橋火樹,有古氣焉,次夕攜遊爆竹插香於道,相傳可以祛疾";〔清〕周沆纂修《浪穹縣志略》(據民國元年重印清光緒二十八年〔1902〕刊本影印,收入《中國方志叢書·華南地方·雲南省》第260號〔臺北:成文出版社,1975〕)卷二,頁14,總頁99:"以香紙焚僻處。"

〔112〕參見〔清〕李星沅《李星沅日記》(北京:中華書局,1987),道光二十二年(1842),頁351;道光二十三年(1843),頁471;道光二十四年(1844),頁545;道光二十五年(1845),頁590;道光二十六年(1846),頁642;道光二十八年(1848),頁731。以及〔清〕王文韶《王文韶日記》(北京:中華書局,1989),同治七年(1868),頁73;同治八年(1869),頁132;同治九年(1870),頁186。關於李星沅的生平事蹟,可參考何漢威《讀〈李星沅日記〉——兼論李星沅其人》,《嚴耕望先生紀念論文集》(臺北:稻鄉出版社,1998),頁305～382。

〔113〕〔清〕楊嗣奇修《良鄉縣志》(據清康熙三十九年〔1700〕刻本,收入《中國方志叢書·華北地方·河北省》第128號〔臺北:成文出版社,1968〕)卷一,頁9,總頁47。

〔114〕當地並在元宵節前數日先"聚儒童用廢碗底栽幹糊燈",沿著當地從文筆峰到昭遠寺約一里長的距離,"就山之形勢,或擺物形,或列樓閣,或集文字,傍晚燃之,光燭城闉,可及夜半"。類似的活動似乎一直延續到民初,參見趙祖抃修,吳康、趙意空同纂《鄉寧縣志》(據民國六年〔1917〕刊本影印,收入《中國方志叢書·華北地方·山西省》第81號〔臺北:成文出版社,1968〕)卷七,頁5,總頁325。

〔115〕〔清〕喻春林修,朱續孜纂《平陰縣志》(據清嘉慶十三年〔1808〕重修刊本影印,收入《中國方志叢書·華北地方·山東省》第370號〔臺北:成文出版社,1976〕)卷三,頁2,總頁133。

"走百病"的主要內容。在南方，雲南楚雄的婦女們在燈節也專門前往
文廟黌宮前泮池，亦號稱爲"走百病"。[116] 由此看來，元宵節慶恐怕是
孔教與孔門讀賢與一般民衆——尤其是婦女——距離最接近的日子。
當然，對有些地方官員而言，元宵節民衆聚集於文廟，終覺不妥。例如
晚清《申報》曾報導，在湖北武昌府，江湖雜技者流每在元宵令節聚集
於當地府學泮池前"演試拳棒"，而"遊人環若堵牆"，熱鬧非凡。有些
販商眼見機不可失，竟然"排設畫鏡，羅列唐宮秘戲，任人輸資入觀"。
當時擔任江夏縣令的陳介菴見"學宮重地，理宜嚴肅，豈容若輩盤踞其
間"，特別飭差驅逐聚衆，"并將柵門封閉，禁止遊人"。如此一來，"萬
仞宮牆真可望而不可即矣"！[117]

尤有進者，有些地方婦女"遊百病"的活動場所竟是官署。在山西
壽陽，士女的"走百病"，乃在"遊觀街陌"之餘，更"入官署不禁"。[118]
不僅城裏的士女得以如此，像在河南密縣，"四鄉婦女入城，拜城隍、官
署，夜遊散百病"，[119] 似乎對陰陽兩界的父母官致意祈福。而同治年
間高平縣的知縣龍汝霖更指證，在上元節時眼見"鄉婦冶遊諸城，至必
入署謁命婦，賜以花果，三日乃已"。[120] 鄉間的婦女一連三天都到官
署裏向官員內眷請安，而縣衙內眷或許礙於新春喜氣，只好準備花果
——向前來討吉祥的婦女答謝。龍汝霖可能不堪其擾，因此特別三令
五申禁抑此風。其實不僅地方如此，光緒年間就有人上奏指控，於北
京中樞的工部在元宵時節竟然"闔署皆燈，立異矜奇，非常熱鬧"，並且
還"招集婦女入署，混雜喧嗔"，再加上"衙門內外作買賣者，擺列成攤，
幾如市廛"，官府儼然成了一大燈市。[121]

元宵節的狂歡特性無疑容許在特定的節慶時間裏徹底翻轉世俗
規範所定位的場域空間，使得普通百姓以至一般婦女不僅得以隨心

〔116〕〔清〕崇謙等著纂《楚雄縣志》（據清宣統二年〔1910〕抄本影印，收入《中國方志叢書·
　　　華南地方·雲南省》第39號〔臺北：成文出版社，1967〕）卷二，頁26，總頁31。
〔117〕《申報》光緒二十六年正月二十七日（1900.02.26），"鄂渚嬉春"條。
〔118〕〔清〕馬家鼎修，張慕言纂《壽陽縣志》（據清光緒八年〔1882〕刊本影印，收入《中國方志
　　　叢書·華北地方·山西省》第435號〔臺北：成文出版社，1976〕）卷一〇，頁10，總頁668。
〔119〕〔清〕景綸續修，謝增纂《密縣志》（清嘉慶二十二年〔1817〕刊本）卷一一，頁1。
〔120〕〔清〕龍汝霖纂輯《高平縣志》（清同治六年〔1867〕刊本）卷一，頁42。另李世祐修，劉
　　　師亮纂《襄陵縣志》（據民國十二年〔1923〕刊本影印，收入《中國方志叢書·華北地
　　　方·山西省》第402號〔臺北：成文出版社，1976〕）卷四，頁5，總頁135，亦提及出遊的
　　　鄉婦"入公署，謁內眷"。
〔121〕參見臺北：故宮博物院藏《軍機處檔摺件》編號125120，文海摺片。

所欲地"親近"，甚至堂而皇之地"侵進"禮教的、律法的禁地。日常生活讓人望之卻步的文廟或官署，儼然成爲許多地方元夕裏最喧鬧的舞臺。

也許"走百病"最原始的形式，不過是出遊過橋。明末大學士范景文(1587～1644)即有詩咏在元夕"火樹明時夜色驕"的北京，"女伴相邀共走橋"。[122] 不僅北京一地如此，在河南也有"過橋度厄，可免腰疾"的説法。[123] 除了散步漫遊之外，有些地方的士女則是在元夕"紛紛轎馬"行至郊外，"將近河橋乃下轎馬，步過之，謂之走百病"。[124] 而在江南水鄉，則常見元宵節"走三橋，免百病"的習俗。[125] 所謂"三橋"，在有些地方或特指當地三座橋樑，例如江蘇太倉州的婦女，乃遊訪位於州署東邊的"太平、吉祥、安樂三橋"，[126]江蘇如皋縣婦女主要是以當地"安定、集賢、雲路三橋"爲目標。[127] 然而大部分地方的"三橋"並未明指，有些地方所過的橋甚至不是實際存在的橋，而是臨時在通衢大道上"架結星橋"，上面或供觀音像，有的還特別命名爲"百子橋"，讓婦女"走百病"之外，還可兼以"祈子"。[128] 在河南新鄉則是在

---

〔122〕〔明〕范景文《庚申元夕仁常招飲燈市酒樓同王無近章甫仲田伯善年兄有賦》，《范文忠公文集》（收入《叢書集成新編·文學類》第76冊〔臺北：新文豐出版公司，1985〕）卷一〇，頁8，總頁598。

〔123〕〔清〕張淑載修，魯增煜纂《祥符縣志》（清乾隆四年〔1739〕刊本）卷二《地理》，頁25a，"上元可增十七、八兩日，於是十四日曰試燈，十五日曰正燈，十六、七日曰續燈。凡士女宵而行必度橋，謂免腰疾"。

〔124〕〔清〕吳山鳳纂修《涿州志》（清乾隆三十年〔1765〕）卷二，頁27a。

〔125〕〔清〕許治修，沈德潛、顧詒錄纂《元和縣志》（據復旦大學圖書館藏清乾隆二十六年〔1761〕刻本影印，收入《續修四庫全書·史部·地理類》第696冊〔上海：上海古籍出版社，1997〕）卷一〇，頁13，總頁109："婦女走歷三橋，云可免百病。"另見〔清〕黃印輯《錫金識小録》（據清乾隆十七年〔1752〕修、清光緒二十二年〔1896〕刊本影印，收入《中國方志叢書·華中地方·江蘇省》第426號〔臺北：成文出版社，1983〕）卷一，頁21，總頁81。《沙川撫民廳志》，頁20。就筆者目前所見方志，華北地區僅甘肅寧遠有關於元夕"遊三橋，卻疾病"的記載，見〔清〕馮同憲修，李樟纂《寧遠縣志》（據清康熙四十八年〔1709〕刻本影印，收入《中國西北文獻叢書》第1輯〔蘭州：蘭州古籍書店，1990〕）。

〔126〕《太倉州志》（清康熙十七年〔1678〕，收入《中國地方志民俗資料匯編·華東卷》），頁411；及〔清〕王祖畬纂修《太倉州志》（民國八年〔1919〕刊本）卷三，頁6。

〔127〕〔清〕鄭見龍修，周植纂《如皋縣志》（清乾隆十五年〔1750〕）卷三《方俗志》，頁20b。不過在嘉慶年間修訂的《如皋縣志》，則作"文德、武定、集賢"《三縣志》（據清嘉慶十三年〔1808〕刊本影印，收入《中國方志叢書·華中地方·江蘇省》第9號〔臺北：成文出版社，1970〕）卷一〇，頁17，總頁797。

〔128〕這種星橋在河南地區頗爲常見，參見〔清〕施誠重修，童鈺纂《河南府志》（清乾隆四十四年〔1779〕刊本）卷二六，頁11。並見〔清〕張熙瑞等纂修，郭景泰編輯《郟縣志》（清同治四年〔1865〕刊本）卷三，頁30。

空曠之地"疊木以爲星橋",稱作"天橋",同時"結草成闌",搭成如同城裏曲折的重門,約十丈許見方,裏面"曲折通徑,男女繞行,晝夜不疲,謂之走百病"。[129] 與華北地區的"黃河九曲燈"頗有異曲同工之妙。

可見在大多數地方,所謂"過三橋","三"原只是虛數,"橋"也經常是假藉。儘管有些地方仍保留傳統的形式,不少婦女當然也會在元夕裏隨俗過橋——不論是長年矗立的也好,或是臨時搭架的也罷,但是過橋恐怕只是出遊的名義。明代《揚州府志》言簡意賅地指出當地婦女元夕皆"盛妝出遊,俗謂走橋"。[130] 可見"走橋"其實不過是個名目,"盛妝出遊"纔是正經。《揚州府志》使用的"俗謂"兩字,特別值得推敲——習俗所積累成形的"走橋"論述,正是賦予婦女得以"盛妝出遊"的正當性基礎。

一如"過三橋"的說法,"走百病"往往也是個虛擬的名義。這並不意味婦女元夕出遊,無意袪疫免疾,只不過,"百"和"病"到底也是個虛數和假藉,"走"、"遊"、"遣"、"散"反而纔是實質的內涵。

的確,平時因忙於家務或囿於門禁而身陷閨闥的婦女,也只有在元宵節裏纔得以正正當當地跨出家門,並且堂堂皇皇地盛服遊街——打扮光鮮亮麗在公共空間裏賞月觀燈、招搖過市。沒有日常生活中性別的羈絆、家庭的牽累、夜晚的禁忌。明代小說《金瓶梅》裏曾提到:有一回元宵夜裏宋蕙蓮嬌嗔地要陳敬濟等她換上漂亮衣裳,一塊外出"走百病/媚"——現存幾個不同的《金瓶梅》版本裏,有的印作"走百病",有的則刊成"走百媚"。[131] "走百病"與"走百媚"兩者正互爲表裏:"走百病"是表、是名;"走百媚"纔是裏、是實。話說《金瓶梅》裏前前後後過了好幾回燈節,卻有哪

---

[129] 〔清〕趙開元纂修,暢俊搜輯《新鄉縣志》(據清乾隆十二年〔1747〕石印本影印,收入《中國方志叢書·華北地方·河南省》第 472 號〔臺北:成文出版社,1976〕)卷一八,頁 16,總頁 641。

[130] 〔明〕楊洵、陸君弼等纂修《揚州府志》(據明萬曆三十三年〔1605〕刻本,收入《北京圖書館古籍珍本叢刊·史部·地理類》第 25 冊〔北京:書目文獻出版社,1988〕)卷二〇,頁 3,總頁 347。

[131] 例如:陳詔、黃霖注釋《金瓶梅詞話重校本》(香港:啓文書局,1993)第二十四回《經濟元夜戲嬌姿,蕙祥怒詈來旺婦》,用的是"走百病"一詞,見頁 277。〔明〕蘭陵笑笑生《新刻綉像批評本金瓶梅》(香港:三聯書店,1990)則作"走百媚",見頁 308。據該書校記云,崇禎諸本皆作"走百媚兒",張評本(《張竹坡批評第一奇書金瓶梅》)乃作"走百病兒",詞話本則作"走百媚兒",見頁 315。

幾個姑娘元夕盛裝娉婷走了“百媚”後真能“百病”不侵?[132]

　　山西《臨晉縣志》（1773）對這種婦女“遊百病”的論述曾一針見血地指出：

　　　　女夜遊不禁，如放夜然，又曰“遊百病，謂一遊而百病可除也”，此女遊詭詞耳。[133]

而《趙城縣志》（1827）的編者更一語道破其間蹊蹺：

　　　　十六日，男婦皆出遊，曰“遊百病，一遊而百病可除也”。男子遊可耳，婦人不逾閨閫，亦藉口除病耶?[134]

這兩部縣志的編者雖然帶著衛道批判的口吻，但多少反映了實情。“走百病”的論述不過是個“藉口”、“詭詞”，將違反日常規範的行爲予以習俗的解釋，也因此得到正當性。值得推敲的是：既然是金吾弛禁的節慶，人人得以出遊，“走百病”本不應只限於婦女。無怪乎許多地方志並不標明“婦女”爲主體，只是平鋪直叙“元宵賞燈火，前後數日，遊行爲樂，謂散百病”;[135] 要不就是兩性並稱，直指“男女群遊，曰散百病”;[136] 或稱“男女盛飾遊街，登城過橋，

---

[132]　當然“走百病”與“走百媚”兩者的指涉意涵不必然毫無交集。按傳統醫家的觀點，“媚”或視爲“病”，婦女元夕娉婷出遊，既以驅逐媚病爲由，復得施展嫵媚，兩者相輔相成。筆者特別感謝史語所林富士教授的提醒。

[133]　〔清〕王正茂纂修《臨晉縣志》（據清乾隆三十八年〔1773〕刊本影印，收入《中國方志叢書·華北地方·山西省》第436號〔臺北：成文出版社，1976〕）卷四，頁15，總頁163～164。不過一直到民國時期山西臨晉的鄉村婦女，仍然“於是日入城謁廟，行香觀劇，並至縣署恣意遊玩，即監獄、看守所等處，無不周歷，或出錢物布施罪囚，以求福利”。見俞家驥主修，趙意空纂修《臨晉縣志》（據1923年刊本影印，收入《中國地方志叢書·華北地方·山西省》第420號〔臺北：成文出版社，1976〕）卷四，頁15，總頁164。

[134]　〔清〕楊廷亮纂修，山西省《趙城縣志》（清道光七年〔1827〕刊本）卷一八，頁3。

[135]　〔清〕鐘賡華輯，河北省《柏鄉縣志》（清乾隆三十一年〔1766〕刊本）卷一〇，頁3；《新河縣志》（清宣統元年〔1909〕補刻本，收入《中國地方志民俗資料匯編·華北卷》），頁497：“十六日夜，結伴登橋、遊賞、觀戲，謂之走百病。”

[136]　謝道安輯《束鹿縣志》（據民國二十六年(1937)鉛印本影印，收入《中國方志叢書·華北地方·河北省》第155號〔臺北：成文出版社，1968〕）卷八，頁35，總頁240。另見《隆平縣志》：“元宵前後數日，居民門戶張燈，鼓樂，兒童秧歌，鞦韆，湖游諸戲，男婦遊行爲樂。”清袁文煥修《隆平縣志》（據清乾隆二十九年〔1764〕抄本影印，收入《中國方志叢書·華北地方·河北省》第176號〔臺北：成文出版社，1969〕）卷四，頁23，總頁212；《易縣志》（清乾隆十二年〔1747〕，收入《中國地方志民俗資料匯編·華北卷》），頁329：“晚，婦人登城走橋，前後三日。男女群遊，稱曰散百病。”《陽城縣志》（清康熙二十六年〔1687〕，收入《中國地方志民俗資料匯編·華北卷》），頁618：“十六夜，燈火愈甚，歡呼達曙，傾城男女出遊，謂之遣百病。”同治年間編纂的《陽城縣志》更進而指證十六夜婦女出遊“倍於前夕”。見清賴昌期修，譚澐等纂《陽城縣志》（清同治十三年〔1874〕刊本）卷五，頁2。

謁寺廟".[137] 前引華北地區轉"黃河九曲燈"的迷陣活動，也多是男女並稱："男女中夜穿梭逐遊，謂之散百病。"儘管如此，男女兩性之間仍存在關鍵的差異：男人並不一定要利用"走百病"爲"藉口"，便可在元夕裏隨興出遊，但婦女卻往往需要靠著"走百病"的"詭詞"來安頓出遊的正當性。

當然對一些自恃爲名門大戶者而言，對婦女門禁的規範不會因一時節慶而懈弛。有些方志編者特別强調：這種"艷妝出遊，登城度巷"的"走百病"活動，只有"庶民小戶"行之，至於"紳士之家則否".[138] 或言"小民婦女多出遊者，謂之走百病"，但又同時强調"大家無之".[139]《同治直隸綿州志》（1873）的編者更意有所指地表示："十六日夜，婦女結伴遊衢巷間，手炷香火，名曰遊百病。縉紳之家不然，惡其男女無別也。非官爲禁止，其風不改。"[140] 正是因爲元宵節提供瞭解放禮教與身份的場域，泯除貴賤雅俗的階層分際，無怪乎那些"縉紳之家"，越發努力地嘗試在這個場域中劃線自持。而當階層、身份與性別的界線遭到抹滅、跨越的時候，最容易感受到衝擊與侵犯的無疑就是在日常生活中佔有優勢的社群。

《同治直隸綿州志》的編者以爲這種習俗因"非官爲禁止，其風不改"。但的確有不少地方官員試圖下令禁止婦女出遊之風。例如河南《郾城縣志》提及"近婦女燒香、走百病，嚴禁略止".[141]《寧夏府志》指出："十六夜，民户婦女相攜行坊衢間，曰遊百病，亦曰走橋。經官禁，近稍減。"[142] 浙江《瑞安縣志》："簫鼓歌吹之聲喧

---

〔137〕《海豐縣志》卷三，頁3。

〔138〕 例如〔清〕李居頤纂修《翼城縣志》（清乾隆刻本，收入《稀見中國地方志彙刊》第5冊〔北京：中國書店，1992〕）卷二一，頁4，總頁696。

〔139〕 見〔清〕林星章修《新會縣志》（據清道光二十一年〔1841〕刊本影印，收入《中國方志叢書·華南地方·廣東省》第5號〔臺北：成文出版社，1966〕）卷二，頁61。亦有地方志直言"元宵大家婦女無出遊者"，見《古今圖書集成》引河南省《內鄉縣志》，《古今圖書集成·曆象彙編歲功典上元部》卷一〇七，頁23。

〔140〕〔清〕文棨、董貽清修《同治直隸綿州志》（據清同治十二年〔1873〕刻本影印，收入《中國地方志集成·四川府縣志輯》第16號〔成都：巴蜀書社，1992〕）卷一九，頁11，總頁258。

〔141〕〔清〕傅豫纂修《郾城縣志》（清乾隆十九年〔1754〕刊本）卷一，頁20。

〔142〕〔清〕張金城修，楊浣雨等纂《寧夏府志》（據鈔配清乾隆四十五年〔1780〕刊本影印，收入《中國方志叢書·寒北地方·寧夏省》第3號〔臺北：成文出版社，1968〕）卷四，頁2，總頁76。

闐達旦，男女雜沓，致煩禁飭。"[143] 又浙江《樂清縣志》也提及：
"自初九日至元宵，笙歌徹旦，燭爲之貴。而丙夜婦女競出，擾雜衢
路，故官府每禁之。"[144] 這些在不同地方、不同時期所指證的方志
資料，一方面顯示部分地方官努力革除元宵節婦女出遊、男女混雜
的現象，一方面也可以看出民間禁不勝禁的風俗力量。

　　從隋初的柳彧到清末的左輔，歷代不乏士人從統治階層的立場
衡量，嘗試袪除元宵節慶的狂歡色彩，禁絕所有非禮不經的行爲。
但衡諸歷史，儘管民間狂歡的活動內容因時因地而演進分化，但究
其基調，顯然從未在元宵嘉年華會裏褪色消失，於明清時期發展成
形的"走百病"，正是明證。作爲一種風俗的論述與實踐，"走百
病"爲婦女元夕出遊狂歡提供正當性的基礎。士女可以盛服出郊，
村婦也可以艷妝進城。在元宵節慶所提供的"錦繡排場"上，儘管
人人都是觀者，人人也都在演出，不過所有燈光與目光的聚集之處，
毋寧是這一群群"靚妝袨服"的看燈婦女與那一隊隊"采衣傅粉"
的妝春少年。"女性"毋寧是元宵慶典中最耀眼的主角。

六、餘論：狂歡世界與日常生活

　　不論是"州官放火"或是"百姓點燈"，其實都同樣是在慶祝
元宵佳節。但反過來説，一樣是元宵節慶，州官本意在"點燈"，而
百姓卻往往樂於"放火"——從禮教與法度所調控的日常秩序中解
放出來。

　　元宵節既是歲時的節令之一，本就是嵌合在日常生活律動裏的
一個環節，也是屬於日常生活的一部分。在"日出而作、日入而息"
的日常生活所預設之常態的、慣性的空間與時間秩序裏，元宵節造
成一種戲劇性的斷裂與干擾，但這種斷裂與干擾卻是藉由接續或彌
縫日常生活裏的各種差序與界限而成：在"金吾弛禁"的默許下，
元宵的嘉年華會裏"無問貴賤，男女混雜，緇素不分"。換言之，元
宵節乃以日夜接續、城鄉交通、男女雜處、官民同樂以及雅俗並陳

[143]　〔清〕張德標修，黃徵又等纂《瑞安縣志》（清嘉慶十三年〔1808〕刊本）卷一，頁29。
[144]　〔清〕李登雲修，陳珅等纂《樂清縣志》（據清光緒二十七年〔1901〕刻本影印，
　　　　收入《中國方志叢書·華中地方·浙江省》第477號〔臺北：成文出版社，1983〕）
　　　　卷四，頁55，總頁904。

的方式，顛覆"禮典"與"法度"所謂控定位的日常（everyday-
ness）——從日夜之差、城鄉之隔、貴賤之別到男女之防。而這種暫
時性的越界與烏托邦裏的狂歡，或可解釋成盛世太平中民間活力的
展現，也可以從功能性的角度視爲歲時生活的調節，民間於日常生
活中所積鬱的力量得以紓解，但也可能被判定爲對禮教規範與法律
秩序的扭曲與破壞。

　　參照巴赫汀關於西方狂歡節的論述，中國元宵節慶的確有不少
可供對比的特徵或表象。不過巴氏特別將狂歡節與教會官方的宗教
慶典作截然的區隔，以爲狂歡節乃是完全由平民大眾所自發的世俗
性節日，既獨立又反抗中古基督教會與官方封建文化的禁錮氛圍，
充分展現大眾文化特有的自主活力與對抗精神。相對而言，中國的
元宵節一直是在官方慶典與民間習俗的交會點上，一如田登榜揭
"本州依例放火三日"公告於市的做法，官方一方面固然宣示對民間
習俗的尊重，一方面也意圖將傳統節慶納入政治秩序的掌控之中。
元宵節雖是屬於全民的節日，但官方往往扮演著參與者、導演者和
監控者的多重角色。也正因如此，中國官方與百姓彼此間既依存又
緊張的關係，在元宵節慶的場域裏展露無遺：統治階層意圖透過元
宵節慶，展現承平歲華的盛世氣象；然而與民"同樂太平"的榮景，
卻也需要民眾的配合參與纔能上演。官方結彩張燈，當然得開放夜
禁，讓百姓遊觀賞玩。藉著元宵夜禁的開放，百姓盡可以應景"點
燈"的名義，享受狂歡"放火"的樂趣。儘管歷代官方都曾嘗試禁
抑或導正燈節的慶典，但民間狂歡的節目，從未在歷史舞臺上消逝。
從彩燈烟火、金鼓喧聲的錦繡排場，充街塞陌的遊觀男女，易性變
裝的化妝歌舞，到鄙俗穢嫚的笑鬧演出，都在在顯示：民間習常的
活力乃具體而微地展現在其與官方威權的牽扯角力之中。

　　畢竟"州官"始終只想"點燈"，而百姓卻永遠不會停止"放火"。

　　後記：本文初稿曾發表於"中國日常生活的論述與實踐"國際
學術研討會（Discourses and Practices of Everyday Life in Imperial Chi-
na；中央研究院歷史語言研究所與哥倫比亞大學東亞系合辦，2002
年10月25～27日）。後並獲國科會的補助（NSC92-2411-H-001-
051），得以就相關子題進行增補修訂的工作。增訂過程中承蒙邱仲

麟先生費心指正，在資料搜集彙整方面并先後得到程曉文、賀香綾、簡志仲與徐啓堯等同學的協助，謹此一併致謝。

※ 本文原載《中央研究院歷史語言研究所集刊》第 75 本第 2 分，2004 年。
※ 陳熙遠，美國哈佛大學博士，中央研究院歷史語言研究所助研究員。

從消費的空間到空間的消費

——明清城市中的酒樓與茶館

王鴻泰

　　本文處理城市中兩種飲食消費的空間：酒樓與茶館。當酒、茶及相關的飲食活動脫離個人私有的空間，而在酒樓、茶館等公共空間進行時，被消費的就不僅是飲食的內容，也包含飲食的"空間"。亦即，酒樓、茶館等場所從提供飲食一個消費的空間，變成被消費的對象，本文即是要討論這種空間消費在城市生活中的意義。

　　城市除了作爲定居之所外，同時也是許多流動人口暫時停駐的場域，城市中的酒店、茶坊可以提供這些流動人口一個食宿、休憩的場所，而滿足他們暫停的需求。然而，酒店、茶坊在城市中存在的意義，卻不僅止於供應流動人口的飲食之需，它的存在等於是在城市中創立一個開放空間：它提供居城者（無論長住或暫停）一個開放性的活動場所，容許任何具基本消費能力的人進出其間。本文要討論的正是以開放空間的特性成爲城市文化現象之一的茶坊、酒店。這種開放性使茶坊、酒店具有可開發性，它可以因應著消費者的需求而自我調整，如此，茶坊、酒店可能在性質上發生變化，它可以超越作爲飲食場所的基本功能，因其空間消費而産生如社交活動等其他的功能，以致發展出不同的營業形態。從這個角度來觀察，茶坊、酒店可能成爲城市中文化創造的空間，或者説它本身的形態發展就是一種城市文化的表現。

　　明代中後期以降，酒樓、茶館等公共空間在城市中相當普遍，這種空間的盛行與它們的飲食性質相關，但這類空間的存在可能也鞏固了茶、酒飲食在庶民生活中的地位。下文將先從它們的表現形式開始，觀察各種類型的酒樓、茶館在城市生活中的角色，進而分析它們在城市文化中的意義。

一、酒　店

　　這個部分將先從追索 "酒店" 的各種形態開始。所謂的 "酒店" 只是個泛稱，事實上其間的差別甚大。它可以包括：純粹只是賣酒的店鋪，或是可供短暫落腳飲食休憩的酒飯店，以至於附設各種聲色娛樂的大酒樓。一方面，這其中的差異，在相當程度上，可以視爲酒店因應於城市的發展而產生的形態變化，因此，由這些形態的變化，正可以推想城市的發展。另一方面，不同的形態其實具有不同的空間消費意義，空間的意涵越來越豐富，城市的生活文化也由此展現。

　　酒店提供個人私有空間之外的飲酒場所，將飲酒行爲公開化、空間化，而成爲社會上一個開放的空間，讓人可以自由地進出、聚集其間，共同從事飲酒活動，甚至由此再延伸出其他的活動。這樣的場所成爲社會活動的空間，在此空間中的飲酒成爲一種社會性行爲——這和在沽酒店買酒，於個人的私有空間中獨自飲酒的意義截然不同。這種公開性的飲酒場所及其相關活動才是本文討論的重點。

　　作爲一個社會性空間的飲酒店，其成立需要一定程度社會條件的支持，因此，它也因社會條件的不同而呈顯出不同的形態。

（一）酒食攤

　　酒店既以提供他人酒食消費爲業，其存在的條件自以群衆爲最重要的基礎，在一般的鄉村集市中，因爲人群聚集，也有酒食攤隨之成立。〔萬曆〕《雷州府志》言：

　　　　抑墟者虛也，朝集暮散，四方無賴慣盜，往往于墟糾合婺婦奸民，以酒肉趁墟，甘心爲主，雖有敗露，譴責不及墟，誠盜藪矣。[1]

〔康熙〕《陽春縣志》中說：

　　　　墟市之設，其所從來遠矣……每月定期，遠邇輻輳，但鄉村下民市酒酗鬥，往往傷命告訐，則俗之積習然也。[2]

---

〔1〕〔萬曆〕《雷州府志》，收入《日本藏中國罕見地方志叢刊》（北京：書目文獻出版社，據日本尊經閣文庫藏明萬曆四十二年刻本影印，1992）卷四《墟市》，頁26。

〔2〕〔康熙〕《陽春縣志》，收入《日本藏中國罕見地方志叢刊》，據日本內閣文庫藏清康熙二十六年刻本影印，卷四《墟市》，頁16。

這是鄉村地區中的定期市集。此種墟市中也多有酒食攤，供應
上集者飲用。這些小酒攤雖然規模甚小，但卻成爲鄉間民衆很重要
的聚會娛樂據點。由所謂"以酒肉趁墟"之説也可想見，不少人進
集市的目的乃意在酒食。而所謂"鄉村下民市酒醋門"及"以酒肉
趁墟"以致成爲"盜藪"之説都反映，這些酒食攤是村民赴集時的
重要場所。

除了定期市集的酒食攤外，廟會的場合更可造成酒食攤的大量
聚集，〔康熙〕《深澤縣志》中載道：

> 民俗終歲勤苦，間以廟會爲樂，演戲召親，雜□遊玩，
> 至茶坊酒肆，連棚如市，或賭博啓釁，或掏摸生奸。[3]

或如〔乾隆〕《合水縣志》所言：

> 每歲二月二日，城南藥王廟會，……次日爲文昌會，
> 三月十八后土會，四月二十八日城隍會，五月十三關廟會。
> 凡會必演劇、賣茶酒，席地沽飲，嚼胙而啖之，名曰"吃
> 會"。[4]

廟會和定期市一樣都有聚合群衆的作用——事實上，許多廟會
也都附有市集活動，而酒食攤即在這種群衆基礎上成立。且因爲廟
會所聚集的人口可能更多於一般市集，所以，廟會也可能聚集更多
的酒食攤。同時，從"民俗終歲勤苦，間以廟會爲樂"可以看出，
廟會的娛樂性質較集市更强，而茶酒飲食即在其中扮演重要的角色，
甚至便直接稱爲"吃會"，具體地表現出廟會的活動内容以及酒食在
廟會活動中的中心位置。

集市或廟會場合中出現的酒食攤都只是臨時性，而不是固定、
持續性的營業，"席地沽飲，嚼胙而啖之"的描述顯示，它們可能連
座位都没有。不過，這種酒食攤雖然没有店面，還不能稱之爲酒店，
但已略具酒店的雛形：它佔有一定的空間範圍，而在此空間中達到
聚合群衆的社會功能。换言之，這些酒食攤在市集、廟會等群衆聚
合的基礎上成立，反過來又造就群衆的進一步聚合。正是在這種暫
時存在的酒食攤，可以清楚地看到酒食聚合群衆的表現雖然是短暫

---

〔3〕 〔康熙〕《深澤縣志》，收入《稀見中國地方志彙刊》（北京：中國書店，據清康熙
　　　十四年刻增修本影印，1992）第二册卷四《風俗》，頁 9～10。
〔4〕 〔乾隆〕《合水縣志》，收入《稀見中國地方志彙刊》第九册，卷二《風俗》，頁41。

的，卻以酒食爲中心形成了一個家庭之外的空間。

飲酒可以只是簡單的個人行爲，也可以是複雜的社會行爲。買酒後自己私下飲用，屬於個人行爲，酒在這種場合就只是單純的飲料，只有個人性的作用與意義。但是如果在販賣酒的同時也提供飲酒的空間，那麼這個飲酒活動就具有特殊的社會意義了。從上述所謂"鄉村下民市酒酣鬥"可以發現，公開性的飲酒，在酒精的作用下，可能讓個人的偏差行爲直接轉變成公衆危險。而所謂"以酒肉趁墟，甘心爲主……誠盜藪矣"或"茶坊酒肆，連棚如市，或賭博啓釁，或掏摸生奸"之描述則更顯示：當飲酒著落於特定空間，而在社會上成立飲酒場所後，酒將在此特定空間內發揮"集合"的作用，吸引社會上的諸多個人聚集其中，且這種聚集可能進一步發展出特殊的集體行爲。如此，公衆性飲酒場所將成爲社會上一個特殊的群衆活動空間，而且此公衆空間可能在群衆消費活動的推動下，更發展出諸種不同的營業形態，這種營業形態的變化也正是一種社會文化的表現。

（二）酒飯店

當流動人口到達一定的程度，而外食之需足可支持酒食業常時性地營業時，酒食攤便可以進一步地在時間與空間上穩固地著落下來，突破定期性的時間間隔，而且明確化其空間範圍，在固定的空間內，提供更完整、舒適的飲食環境。這就是具體成形，以店鋪形態出現的酒店。

清《內閣大庫刑案檔案》中有個酒飯店老闆在供辭中稱："小的是本縣人，住在十二都，地名絲茅界，大路旁邊，開酒飯店生理。"[5] 雖未明言緣由，但酒飯店之坐落於"大路旁邊"殆非偶然。因爲酒飯店的存在與人口的流動有密切的關聯性，而人口的流動實以道路交通爲憑藉，所以，酒飯店出現在"大路旁邊"，可說情勢上的必然。除了散佈在道路兩旁外，更多的酒飯店則是集中在市鎮。

在明清社會中，商業力量帶動人口的流動，人口與貨物集散的市鎮，遍佈在一些主要的交通路線上，在這些市鎮中，爲供應流動人口外食、休憩之需，一些兼具飲食、飲酒功能的酒飯店乃隨之出

---

[5] 《明清檔案》，A095～040，乾隆五年七月二十五日，長沙府安化縣。

現。《醒世恒言》卷一〇《劉小官雌雄兄弟》故事即以小鎮之酒店
爲背景，故事開頭說道：“這話本也出在本朝宣德年間。有一老者，
姓劉名德，家住河西務鎮上。這鎮在運河之旁，離北京有二百里之
地，乃各省出入京都的要路。舟楫聚泊，如螞蟻一般。車音馬跡，
日夜絡繹不絕。上有居民數百餘家，邊河爲市，好不富庶。那劉德
夫妻兩口，年紀六十有餘，並無弟兄子女。自己有幾間房屋；數十
畝田地，門首又開一個小酒店兒。”[6] 故事的鋪陳就是沿著小鎮的
交通背景與劉家酒店的成立兩者之間的因果關係而進行的。這個小
酒店就是以那些“日夜絡繹不絕”的人潮爲顧客，才得以維持下去。

河西務鎮因位於交通要道上而構成市鎮，劉家則因市鎮人口之
流動而成立酒店。這樣的市鎮，這樣的酒店，可從《禪真逸史》對
這類市鎮酒店的速寫略窺一斑：

〔林澹然〕一步步捱到一個市鎮上，有幾家酒飯店不曾
收拾。但見：不村不郭，造一帶瓦屋茅房；夾舊夾新，排
幾處櫃頭案子。壁上挂亮爍爍明燈數盞，鍋裏燙熱騰騰村
醞數壺。靠邊列酒缸，隻隻香醪滿貯；正中擺開客座，處
處醉客酣歌。照壁間畫水墨仙人，招牌上寫家常便飯。[7]

此處所描述的酒飯店大體上就是一個最簡單樸素的酒店形態：
有櫃檯、座位，供應酒菜與便飯，招牌所謂“家常便飯”也顯示這
種酒店主要是供應一般人外食之需。這種格局大概是一般市鎮酒店
的常態，也可以視爲正式酒店的基本形態。

一般而言，縣城往往也是交通上的重要據點，而且它本身就是
一個行政中心。這兩種條件讓它更容易聚集外食人口，酒飯店因此
也有更大的發展空間。它在數量上可能更多，在設備上可能更好，
所供應的食物或飲酒也可能更豐富，但它大體上還是酒飯店的形態。
一個十六世紀中葉左右到中國來的葡萄牙人，對當時廣州城的飯店
有一段非常鮮活的描述：

雖然有專門開設飯館的街道，城內所有街巷幾乎都有
飯館。這些飯館裏有大量烹調的肉食，有很多燒煮的鵝雞

---

[6] 馮夢龍《醒世恒言》（臺北：鼎文書局，1978）卷一〇《劉小官雌雄兄弟》，頁199。
[7] 青溪道人編著《禪真逸史》（上海：上海古籍出版社，1990）卷二，第九回《害忠
良守净獻讒，逃災難澹然遇舊》，頁132。

鴨及大量做好的肉和魚。我看見一家館子門口挂著一整隻
燒豬，任人選擇哪一部分，因爲整隻都清潔地做好。把做
好的肉擺在門口，幾乎吸引了過路的人。在門口有一盆盛
得滿滿的飯，紅紅的，做得很好。因爲打官司一般從十點
左右開始，又因城太大而很多人住家很遠，或者有人因事
從城外進城，所以市民也好，外人也好，都在這些飯館吃
飯。當有人遇到外地來的或者好些天没有見面的熟人時，
相互致敬，他馬上問對方有没有用過飯，如果回答說没有，
他便帶他到一家飯館，在那裏私下吃喝，那有的是酒，比
印度任何地方的都要好，那是攪了假的。如果回答說已用
過飯了，他便帶他上一家賣酒和甲魚的鋪子，在那裏飲酒，
這類鋪子也有很多，他就在那裏招待客人。[8]

這個外國人此處所謂的"飯館"，在當時中國人的習慣中多被稱
爲"酒飯店"或"酒店"，不過，由外國人徑稱之爲"飯館"的理
解方式，也可知其主要功能之一是提供用餐之需，"把做好的肉擺在
門口……在門口有一盆盛得滿滿的飯"的陳列方式，生動地勾勒出
這種酒飯店的用食特徵。另一方面，這些飯店中"有的是酒"，顯示
它也是個飲酒處所。事實上，這種用餐與飲酒同時進行，飯館兼酒
館的營業形態，正是明清社會中一般"酒店"的常態。

這位葡萄牙人繼續說明在這些酒飯店進食的人口，除了打官司
或從城外進城辦事的人外，還有因遇到熟人而相約飲食的。前者很
明顯地是爲了生理性飲食的需要，此處的酒飯店功能偏重於提供單
純的消費空間，顯現的是外食在人來人往的城市生活中的需要。更
值得注意的是後者，由於熟人相逢，意在傾談，所以無論是没有用
過飯而去"飯館"吃喝，或者是用過飯去"賣酒和甲魚的鋪子"招
待客人，都可以看出，一個可以把酒言歡的空間纔是他們消費的重
點。如此，酒飯店已從單純消費飲食的空間加入作爲社交場所的功
能，亦即加入對"空間"本身的消費。但另一方面，在選擇酒飯店
這個"空間"作爲社交的場所時，也伴隨酒飯店提供"飲食"内容
的預期。這個外國人眼中新鮮的景象正反映出中國人習以爲常的文

---

[8] 克路士撰《中國志》；收入〔英〕C. R. 博克舍編注，何高濟譯《十六世紀中南部
　　行紀》（北京：中華書局，1990）第 12 章，頁 94。

化現象："他馬上問對方有沒有用過飯"，從這裏可以顯示吃飯、飲酒在庶民日常生活、人際往來中的重要分量，而無論是吃飯兼飲酒的"飯店"（酒飯店），或是以喝酒爲主小菜（甲魚）爲輔的鋪子，酒都在其間扮演重要的角色。這也說明"酒店"在庶民生活中的位置：酒店並非僅是一個單純飲酒的所在，而是有其附加的社交功能。因此，在酒飯店中進行的社交行爲，其實是同時消費"飲食"與"空間"，顯示飲食與社交結合的文化表現形式。

這些酒飯店的成立條件與消費水準大概都不特別高。一般而言，一個普通的酒店大概不需特別的條件即可成立——《金瓶梅》中西門慶在私通來旺兒之妻宋惠蓮後，爲示惠於宋，"一日，西門慶在前廳坐下，着人叫來旺兒近前。卓上放下六包銀兩，說道：'孩兒……今日這六包銀子三百兩，你拿去搭上個主管，在家門首開個酒店，月間尋些利息孝順我，也是好處。'"[9] 而《生綃剪》中富商趙員外遭竊、失火，家產敗落，與老脫論及另謀生路問題時，"〔趙〕員外道：'仍舊造得幾間小屋，栖栖身子。如今沒本錢囤貨了，將來開得個酒米店兒？'老脫問道：'不知要多少本錢？'趙員外道：'這個是越多越好的，極少也得二三百金。'"[10] 由此看來，酒店的成本大概二三百兩左右的資本就可以開張營業了。這種行業在城市應該算是一種比較低層次的生意，所以西門慶無意親自經營此業，而讓其僕人直接經營；趙員外也是在破產後才將此當作一種不得已的退路。

至於消費方面，其基本消費額大概也不會太高。《明清檔案》中散見的供辭顯示，其消費額大體在數文至十數文錢之間。如前引絲茅界大路旁酒飯店老闆的供辭中稱："胡占臣拿了兩個鷄蛋到小的店內，吃了一壺酒，把五文錢與小的。"[11] 又如另一酒店老闆李之舉供："小的是合江縣人，今年二十六歲，在堯埧場開店賣酒……乾隆七年七月裏，陳明在小的店裏賒一壺酒吃了，該錢十二文。"[12] 再如，"劉氏供：小婦人丈夫陽忠山開個酒店，因今年糯米貴來，酒要

〔9〕 蘭陵笑笑生《金瓶梅詞話》（明萬曆刻版）第二十六回《來旺兒遞解徐州宋惠蓮含羞自縊》，頁382。

〔10〕 佚名《生綃剪》（瀋陽：春風文藝出版社，1987）卷二《偶然遇鬼姑譚鬼，驀地聆仙急覓仙》，頁48。

〔11〕 《明清檔案》，A095-040，乾隆五年七月二十五日，長沙府安化縣。

〔12〕 《明清檔案》，A118-002，乾隆八年二月三十日，瀘州直隸州合江縣。

十四文錢一壺。"[13] 在這些刑案中，進入酒店消費者，多爲一般下層民衆，甚至包括生活貧苦的勞動者[14]。此種酒飯店之消費形態，也反映於小説中：《金瓶梅》第九十六回中曾載，淪爲傭工的陳經濟與工頭侯林兒，"來到一個食葷小酒店内，案頭上坐下。叫量酒拿四賣嗄飯，兩大壺酒來。不一時，量酒打抹條卓乾净，擺下小菜嗄飯。四盤四碟，兩大坐壺時興橄欖酒。……須臾，掉上兩三碗濕面上來。……量酒筭帳，該一錢三分半銀子。"[15] 在這些酒飯店中的消費應該有很大的彈性，視酒店的規模、性質而定。不過，一般的酒飯店的基本消費額大概並不特別高。也就是説，它並没有預設太高的消費底線，這可以説是酒飯店存在於庶民生活中的經濟條件。

就城市的整體空間來講，最容易聚集酒店的地區就是縣衙門前的街道，因爲這個地方容易聚集到縣衙辦公的人，特別是有官司糾紛的人。如前述外國人提到的"因爲打官司一般從十點左右開始"，一般從鄉間入城打官司或是住城的另一端的人，常因官司的糾纏，不能及時返家，必須就近用餐，因此縣衙前容易積聚外食人口，酒飯館乃因應而生。反之，如袁中道《珂雪齋集》中叙及袁宏道任吳縣令治績時説：

> 先生機神朗徹，遇一切物態，如鏡取影，即巧幻莫如
> 吳門，而終不得遁。故遁詞恒片語而折，咄嗟獄具，吳人
> 謂之"升米公事"，自非重情，無所罰贖，杖之示懲而已。
> 以故署門酒家蕭條，皆移去。[16]

由於袁宏道對官司的判決相當明快——"遁詞恒片語而折，咄嗟獄具"，一般縣民不致爲官司問題羈絆於縣衙前，所以衙前的外食人口乃大爲削減，因此"署門酒家蕭條，皆移去"。可見這些陷於官

---

[13] 《明清檔案》，A118~002，乾隆八年一月二十五日，長沙府攸縣。此處所反映者實爲外帶之價格，不確定店内消費與外帶之間差價如何。

[14] 乾隆三年九月十二日，發生於安徽省徽州府歙縣的刑案中，在酒店内與人共飲，酒後細故争執，錯手打死酒友的涉嫌人方永生供稱："小的是個窮人，連自己飯也没得吃。"（《明清檔案》，A085~023。）

[15] 蘭陵笑笑生《金瓶梅詞話》第九十六回《春梅遊玩舊家池館，守備使張勝尋經濟》，頁446。

[16] 袁中道《珂雪齋集》（上海：上海古籍出版社，1989）卷一八《吏部驗封司郎中中郎先生行狀》，頁757。此外，袁中道在該書卷一七《江進之傳》中也説："是時予中兄中郎，爲吳縣令。中郎治吳嚴明，令行禁止，摘發如神，獄訟到手即判，吳中呼爲'升米公事'，縣前酒家皆他徙，徵租不督而至。"（頁726）

司糾紛者是縣衙前酒家成立的重要基礎之一，而這個類型的消費是以飲食爲主。

不過，除了打官司的人本身因爲官司的羈絆不得不在縣衙前用餐外，另一個有利於衙前酒館發展的因素是：胥吏的勾結與求索。戴兆祚《于公德政記》中言：

> 茶坊、酒肆開張射利到處有之，然未有如吾虞之多者，只辛巷、市心街、捲荇弄三處已有十數家，因近縣治，便衙役之貪饕也。鼠牙雀角，一詞批發，便有承行、原差、籤差及包攬閑事棍徒引類呼朋，群聚豪飲，自卯至酉，此往彼來，無有隙時，亦有卜夜歌呼者。每日每肆所得，奚啻四五十金，總計三處已有四五百金矣。此豈若輩取之官中乎？皆細民之脂膏也。其風熾於李知縣，害民尤甚，公（于宗堯）廉知之，立法嚴禁，先責鄰伍保結，又取本人改業甘結，犯者牽連懲治，決不少恕，三四月後，不惟酒肆閉戶改業，并茶坊亦絕跡矣，歲省民金錢何限。[17]

這種在縣治附近的酒店（茶坊）進行官司應酬的情形應極爲普遍，陳仁錫《無夢園集》中也有言：

> 凡縣前酒肆不啻二十餘家，爭取時鮮肥甘貴味，以供衙門之厭飫。每吏書承行必令差人促延酒肆，吏曰賓，書曰主，書之幫手曰朋友，加以歌家陪侍，而吏書家奴，無不飽餐。每差人承一牌到人家，不拘公務起數，亦必先言某處坐。其呼朋引類、虎踞狼籍之態，更甚於吏書。一坐而酒錢動以千計，然後吏書講開手錢，差人講發落錢，此初相見事也。……大抵初次曰"發路"，二次曰"講承牌父娘錢"。有一時不能措辦者，曰且在肆上轉限墊牌，曰"墊牌東道"，臨審則合衙門人等鋪墊酒錢，審過後，蜂擁入肆。此酒肆之當禁也。偶有禁者，但掩門改店面而已，內堂酒樓，依然如市，且旋於曲巷中暗開矣。[18]

〔17〕 戴兆祚《于公德政記》，收入《澤古齋重鈔》（上海陳氏藏版）第七集，頁34。

〔18〕 陳仁錫《陳太史無夢園集》（東京：高橋情報，1993，據日本內閣文庫藏明崇禎六年序刊本影印），頁38～39。又關於胥吏如何在執法過程中居間謀利的情形可參 Bradly W. Reed, "Money and Justice: Clerks, Runners, and the Magistrate's Court in Late Imperial Sichuan," *Modern China*, July 1995。

在官司的過程中，胥吏可以有很大的操作空間，在操作的過程中產生許多的應酬，這些應酬因地利之便，就著落在縣衙前的酒家中。如此，這些正規法律程序外的訴訟業務及其所衍生的應酬活動為酒店帶來極大的商機，縣衙前的酒肆即在此基礎上蓬勃發展。對照前述袁宏道的司法改革造成"署門酒家蕭條"，更可見司法業務與酒店發展的關係。這些縣衙前的酒肆在整個違規的司法業務中扮演著中介性的角色，[19] 也因此酒店成為被禁革的對象，如前述于宗堯治縣時之所為。但正如陳仁錫所言，這種禁革效果實在有限，最多也只是讓這些酒店化明為暗罷了。事實上，直接禁止縣衙前酒店營業，只是一時治標之法，真正的治本之道應在整個行政訴訟程序的改進。李養正在《送邑侯陳公入覲序》中稱：

> 曹陳公來莅吾邑，年纔逾弱冠，離鉛槧幾日耳。其約束結袿如處子，其節省澹素如寒生，而其精詳明練如尊臘老宿。役無追呼，訟無留滯，微收無羨耗，蓋歷五年如一日焉。二三僚佐閉鍵不親一牘，衙前酒肆，徙業之他，豪暴少年賣刀劍，把犁鋤。[20]

這個縣令因為本身操守端正，而且"精詳明練如尊臘老宿"，能夠簡化一切訴訟程序，做到"役無追呼，訟無留滯"，違規的司法程序無從橫生其間，屬下之幕僚胥吏難以勾結舞弊，所以，相關應酬的業務無由滋生，因此酒店失去了主要的消費者，乃隨之蕭條。此處這個陳姓縣令的作為、效果與袁宏道在吳縣的治績頗相近。不過，明清時期胥吏干擾把持地方行政、訴訟，已是個普遍性的問題，要能夠突破這種局勢，別開新面，實屬不易，畢竟能像袁宏道那般"機神朗徹"或陳縣令之"精詳明練"的地方官恐怕不多。所以，一般城市中，行政中心前的街道大概都還是酒家叢集之處。

從"以故署門酒家蕭條，皆移去"、"衙前酒肆，徙業之他"以

---

〔19〕 這些酒店的經營者本身甚至都有可能就是這個官司操作集團中的一分子。青溪道人編著《禪真逸史》第二十四回中提到一個叫上官仕成的人，"原在本郡衙門前居住，專靠做歇家糊口，最是奸狡險惡，剜人腦口。凡是結訟的士客鄉民，在家裏寄居，無一個不破家蕩產。"（頁394）這開旅舍供訴訟者住宿，竟可以"剜人腦髓"地讓客人"破家蕩產"，問題應不在住宿問題上，而是其旅店兼包攬官司之故。上述的這些酒店主人可能也有不少這類官司的包攬者在於其中。

〔20〕 〔康熙〕《魏縣志》，收入《稀見中國地方志匯刊》第三冊，據清康熙二十二年刻本影印，卷四，頁619。

及相對地"内堂酒樓，依然如市"的陳述方式，也可以看出縣衙前酒館之有無、多寡已經成爲一種具有象徵意義的表現方式，酒家蕭條、酒肆徒業可以具象地表現地方官的良好政績，酒樓如市則用來表現審案過程中不法需索之盛行。這一方面顯示衙門前酒家叢聚是當時一個普遍的現象而成爲深入人心的意象，另方面則顯現酒店在飲食之外空間意義的發展。如"此酒肆之當禁也"的意見，很明顯地，真正要禁革的不是酒肆，而是幕僚胥吏勾結舞弊的行爲。但酒店的飲食、空間與舞弊活動如此緊密地結合，以致不再是中性的飲食空間。如酒店作爲談判之處，須"爭取時鮮肥甘貴味，以供衙門之厭飫"，也顯示酒家在社交需求的刺激下，其經營內容可能更加豐富，而其消費水準可能也因此相隨提高——"一坐而酒錢動以千計"。無論就道德標準而言是否正當，這裏顯現的是"空間"被消費的結果，作爲消費對象的空間因應需求而往其他方向發展，而消費此空間也形成特定的意涵，如逢迎勾結胥吏之流必"促延酒肆"，這已經可以視爲一種文化行爲。

（三）酒　樓

從前述對酒飯店的追索已經顯現，酒店除了供外食之需外，它還具有社交應酬上的作用，而以此爲社交據點者，未必只有從事非法勾結的胥吏之流，一般人也可能因社交之需而進出酒家。如前引傳教士之觀察："有人遇到外地來的或者好些天沒有見面的熟人時，相互致敬，他馬上問對方有沒有用過飯，如果回答說沒有，他便帶他到一家飯館，在那裏私下吃喝。"另外，透過檔案也可以發現，酒店確實已成了一般民衆生活中常見的社交場所，如：

　　1. 楊美先供："小的是靖州人……因搬在芷江縣住久了，與蔣啓秀熟識相好……上年（乾隆三年）捌月拾玖日，小的在洞下場趕場，遇著蔣啓秀說：'我買肉打發兄弟回家，自己肚餓了，同你到店裏打平火去喫酒罷！'小的見他說打平火，不好推辭，就同進黃子先店裏，喫了叁壺酒、兩塊豆腐。"[21]

　　2. 李必榮供："乾隆五年十二月十四日傍晚，小的同

---

[21] 《明清檔案》，（登錄號）070359，乾隆四年六月二十三日，沅州府芷江縣。

丁美遐、龍正海在康殿文酒店裏打平伙吃酒，不一會這熊
大榮也來打酒吃，小的們因是認得的人，就招呼他同坐吃
酒。"[22]

3. 房顯庫供："小的是臨潼縣北關人，原同陳丙月、
康君良唱戲營生。那毛俞、閆保娃、郭振福另是一火唱戲
的，原不與小的們合火的。今年二月裏到盞厔會上與毛俞
們認識了，三月裏到武功會上又遇著他們，纏火起的……
到初六日，（因房顯庫造謠誣陷）陳丙月要走了，郭振福與
他餞行，叫了毛俞、康君良同到劉改酒房喝酒。小的後來
追悔自己説的原不是了，走到酒房裏去想送陳丙月起身，
隨後閆保娃也來了，康君良對小的説：'你昨日造了言語，
今日陳丙月要走了。'就把酒壺遞給小的，叫小的與陳丙
月、閆保娃斟鍾取和罷。"[23]

由於酒店已深入一般民衆的生活領域內，所以在小説中也很容易看
到藉酒家來進行社交活動的情節，而由這些無意間閃現的情節描述，
也更可理解酒店社交的各種情境，諸如：

1. 《杜十娘怒沉百寶箱》：孫富欲圖謀杜十娘而與李甲
攀交情，乃對李甲説："風雪阻舟，乃天遣與尊兄相會，實
小弟之幸也。舟次無聊，欲同尊兄上岸，就酒肆中一酌，
少領清誨，萬望不拒。"[24]

2. 《烏將軍一飯必酬，陳大郎三人重會》：陳大郎好奇烏
將軍滿臉長鬚，欲觀其如何進食，乃邀其入酒樓小叙。[25]

3. 《施潤澤灘闕遇友》：施潤澤拾金拒酬，與失主推拒
間，衆人道："看這位老兄，是個厚德君子，料必不要你
報。不若請到酒肆中吃三杯，見你的意罷了。"[26]

4. 《王嬌鸞百年長恨》：周廷章在路上巧逢屬其送書

---

[22] 《明清檔案》，A104～079，乾隆六年七月二十四日，叙州府富順縣。
[23] 《明清檔案》，A134～077，乾隆九年十一月十四日，西安府興平縣。
[24] 馮夢龍《警世通言》（臺北：鼎文書局，1980）卷三二《杜十娘怒沉百寶箱》，
頁494。
[25] 凌濛初原著，李田意輯校《拍案驚奇》（無出版資料）卷八《烏將軍一飯必酬，陳
大郎三人重會》，頁163。
[26] 馮夢龍《醒世恒言》卷一八《施潤澤灘闕遇友》，頁341。

者，"遂上前作揖通名，邀往酒館三杯。"〔27〕

5.《宋小官團圓破氈笠》：宋金致銀王公，求其爲媒於劉翁，"王公接銀歡喜，徑往船上邀劉翁到一酒館，盛設相款，推劉翁於上坐。……王公道：'且吃三杯，方敢啓齒。'"〔28〕

6.《金瓶梅》：當武松出差回來得知武大郎被西門慶害死，憤欲尋仇時，"西門慶正和縣中一個皂隸李外傳；專一在縣在府，綽攬些公事，往來聽氣兒撰錢使。……那日見知縣回出武松狀子，討得這個消息，就來回報西門慶知道……西門慶讓他在酒樓上飲酒，把五兩銀子送他。"〔29〕

7.《儒林外史》：匡超人在杭州城街上巧遇初識未久的景蘭江"同著兩個戴方巾的走"，景蘭江介紹互識後道："'良朋相遇，豈可分途？何不到旗亭（即酒樓）小飲三杯？'……當下拉了匡超人同進一個酒店，揀一副坐頭坐下。"〔30〕

酒店的基本性質可以説是在於供應外食之需，即日常性飲食在家庭外的延伸性補給；但是由上述的幾個事例可見，酒店中的飲食已漸越出於日常性飲食的範圍了，在酒店中的飲食行爲已經成爲社交生活的一部分。它涉及人際關係的營結：熟人之間關係的再確認，如傳教士所謂日久重逢的朋友；陌生人之間新人際關係的建立，如例1中孫富與李甲及例2中陳大郎與烏將軍；或半生不熟的人之間既有關係的進一步推展，如例5中的王公與劉翁；或者是人際圈的擴張，如例7中匡超人與景蘭江及其友人的交際。此外，在許多時候，請人上酒店飲食往往帶有示惠之意，當有所求於人或向人表示謝意時，在酒店中宴請對方是個最好的致意之處——在《金瓶梅》中，西門慶謀害了武大郎後，欲收買仵作團頭何九湮滅證據，乃請何九至酒店飲酒，酒間，何九心中疑忌，想道："西門慶自來不曾和我吃酒，今日這杯酒，必有蹺蹊。"〔31〕或如前述例3、4、5也都是以酒店的宴

〔27〕 馮夢龍《警世通言》卷三四《王嬌鸞百年長恨》，頁527。
〔28〕 馮夢龍《警世通言》卷二二《宋小官團圓破氈笠》，頁322。
〔29〕 蘭陵笑笑生《金瓶梅詞話》第九回《西門慶計娶潘金蓮，武都頭悞打李外傳》，頁154。
〔30〕 吳敬梓《儒林外史》（臺北：聯經出版事業公司，1987）第十七回《匡秀才重遊舊地，趙醫生高踞詩壇》，頁166～167。其實《儒林外史》中進出酒家應酬的情節極多，這只是其中一則。
〔31〕 蘭陵笑笑生《金瓶梅詞話》第六回《西門慶買囑何九，王婆打酒遇大雨》，頁109～110。

請表示惠之意。

這些片段在小說鋪陳中皆非刻意描摹的重點，卻不經意地顯現，酒樓小叙、酒館三杯已經成爲庶民生活中一種進行社交行爲的"文化模式"。從這些事例可以體會，在實際的社會生活中，酒店除作爲一個外食場所外，它也習慣性地被當作一個營結人際關係或人際間利益交換的場所。就現實面來說，如前曾述及，酒店的設立條件並不嚴苛，其基本消費也不特別高，因而成爲城市中一般人可以輕易乃至"隨意"進入的場所。因此，酒店具有作爲城市中相當具親和性之交際場所的條件。城市中的一般人，相識或不相識的個人，在各種機緣下有所接觸，接觸後覺得有必要進一步交際，由於飲食與社交結合的文化模式，也由於經濟條件的配合，就"隨意"地選擇了酒店作爲社交的場所。如此，酒店的空間性質，在原先單純的飲食外，更附帶了社交的社會功能，而且酒店的這種社交性在社會上具有普遍性——即它並非只存在於特殊的訴訟範圍內。酒店的這種社交功能更會隨著社會環境的變化而有不同的發展，以致帶動酒店的形態變化。

當酒家在社會生活中被當作人際往來的場所時，酒家也在基本的日常性飲食之上，逐漸附加上各種社交性質，且這種社交性隨著社會中人際往來的頻繁而更被加強。特別是在商業活動頻繁的地區，本來流動人口的外食之需已造就了酒店存在的基本條件，而商人的消費能力與社交應酬需要，讓酒店不只是在量上成長，更往"質"的方面提昇——即在"非日常性飲食"的部分大加發揮。所謂的"非日常性"飲食的部分，可以先在飲食的內容上發揮，即特別強化食物的豐富性，這裏的飲食逐漸超出吃飽的基本要求，而漸成誇富性的飲食。前引陳仁錫指稱胥吏者流在縣衙前酒家的消費"一坐而酒錢動以千計"，這種飲食絕對已超出"日常性"飲食之求飽要求了。除此，在《儒林外史》中匡超人提到潘三之爲人時說："潘三哥是個豪傑。他不曾遇事時，會著我們，到酒店裏坐坐，鴨子是一定兩隻，還有許多羊肉、豬肉、鷄、魚。像這店裏錢數一賣的菜，他都是不吃的。"[32] 這時匡超人正與景蘭江同在一家酒店中進食，匡

---

[32] 吳敬梓《儒林外史》第二十回《匡超人高興長安道，牛布衣客死蕪湖關》，頁191。

超人言語間，有刻意厚潘三而薄景蘭江之意。當酒店成人際應酬之媒介時，在酒店中的消費也就和誠意、面子之類的問題糾結在一起。在此情勢下，酒店的消費水平也就有高低之別，這種消費上的差別可能進一步地造成酒店本身的分化，有些酒店就走高消費路線，而逐漸超越日常性飲食的基本性質，成爲更具"豪華性"的消費場所，這種酒店可以暫且以"酒樓"稱之。[33]

酒店的形態變化基本上可以説是相隨於社會經濟條件而發展，有些經濟不發達的地區，酒店的形態大概就停滯在"酒飯店"的層次，未能進而臻至酒樓形態。〔康熙〕《唐縣新志》中在叙及該縣的社會風氣時如此説道：

> 縉紳先生儉約自守，往往布衣徒步，無僕從之使，即世宦家亦未有高堂華屋、田連阡陌者。……商賈見小利好爭奪其事者多不能久，酒肆飯店負販糧米之外，別無巨資奇貨。[34]

所謂"酒肆飯店負販糧米之外，別無巨資奇貨"，亦即其酒店就只是一個提供日常性飲食的酒飯店。這是因爲這個城市商業不發達，而整個的消費都停留在很低的層次——"縉紳先生儉約自守"，因此酒店的發展只能停留在一個簡單的形態。相對地，有些地區則日趨奢靡，酒店也隨之變質。《博平縣志》中説：

> 至正德（1506~1521）、嘉靖（1522~1566）間，古風漸渺，而猶存十一於千百焉。……鄉社村保中無酒肆，亦鮮遊民。……畏刑罰，怯官府，竊鐵攘鶏之訟，不見於公庭。……由嘉靖中葉以抵於今，流風愈趨愈下……其流至於市井販鬻廝隸走卒，亦多纓帽細鞋，紗裙細褲，酒廬茶肆，異調新聲，汩汩浸淫，靡焉弗振，甚至嬌聲充溢於鄉曲，別號下延於乞丐。……相率成風。[35]

---

[33] 這種分別是概念上的區辨，在現實上"酒店"與"酒樓"並沒有明確的界定標準，而在當時人的一般用語中也沒有很精確的區分。在本文的討論中，所謂"酒（飯）店"主要是以日常性飲食爲主者，而酒樓則以社交性活動爲主，在此從事非日常性飲食者。

[34] 〔康熙〕《唐縣新志》，收入《稀見中國地方志匯刊》第二册，據清康熙十一年刻本影印，卷八《風俗》，頁1~2。

[35] 《博平縣志》，楊祖憲重修，清道光辛卯（十一）年刊本，卷五《人道·民風解》，頁4~5。

此處將酒廬茶肆的消費活動與社會上販夫走卒服飾上的華侈相提並
論,同列爲社會奢靡的項目。這當中透露出的訊息是:如果博平地
區的酒店也像唐縣地區一樣"負販糧米之外,別無巨資奇貨",這種
提供日常性飲食的酒飯店當不致被視爲社會奢靡的指標。因此,博
平地區嘉靖中葉以後出現的這些酒店,應該已經超越了酒飯店的性
質。此叙述中在將"酒廬茶肆"列爲奢靡指標後,隨後附加了一段
關於奢靡形式的描繪——"異調新聲,汨汨浸淫,靡焉弗振,甚至
嬌聲充溢於鄉曲",其實透露出酒店中所進行的社會活動。這些活動
正是酒店在超越日常性飲食後,其社交性日漸凸顯,以致演變成
"酒樓"時,在酒樓中所進行的活動。

　　當酒店的社交性逐漸加強,而往"非日常性飲食"方面發展時,
除了在飲食上添具誇富性外,也可能往"非飲食"的方面發展。在
《如夢錄》中有幾處叙及一些高級酒樓的繁榮景象:

　　　　鼓樓往西,路南……此市有天下客商,堆積雜貨等物,每
　　日擁塞不斷。各街酒館,坐客滿堂,清唱取樂,二更方散。[36]
　　酒園:各樣美酒、各色美味、佳餚,高朋滿座,又有清唱
　　妓女伺候。[37]

明末開封城內酒店甚多,酒肆、酒店、酒飯店、酒館、南酒店、冷
酒鋪、燒酒鋪、酒樓、酒園……的招牌雜錯於各街巷間,有些地區
甚至在同一街上相隔不遠就有兩家酒店。[38] 這些酒店有些大概只是
供應日常性飲食——城市街道上也有只稱"飯店"者,可能是比較
簡單的供應外食之需者。有些則強調飲食的豐富,如"張應奉酒飯
店"強調具備"各色奇饌"。[39] 而有些酒店則如上述飲食之外,更
添加了聲色之娛,"有清唱妓女伺候"、"清唱取樂"。像這類的酒店
更突破了酒店的基本性質,另外在"非飲食"方向發展。這種發展
的結果使酒店除了飲食外,更具有娛樂功能,甚至其娛樂性可能更
掩蓋日常性飲食功能。換言之,一個繁華的大城市,其內部酒店的
發展可能已呈顯出功能分化的情勢,即只純粹供應日常性飲食的飯

〔36〕　孔憲易校注《如夢錄》(鄭州:中州古籍出版社,1984)《街市紀第六》,頁31。
〔37〕　孔憲易校注《如夢錄》,《街市紀第六》,頁34~35。
〔38〕　孔憲易校注《如夢錄》,《街市紀第六》,頁28~57。
〔39〕　孔憲易校注《如夢錄》,《街市紀第六》,頁30。

店，與兼具娛樂性的酒樓已各成店面，而其基本消費額各有不同。
如此，其意但在裹腹者與飽暖外別有意屬者，可各就其店，各取所
需。選擇進入娛樂性酒店者，其意趣已不限酒食之美。就此，這類
"酒樓"與其說是個飲食場所，毋寧說它是城市中的遊樂場所。

在明中葉以後，城市生活日趨豐富，此種豐富性具體地反映在
酒店的繁盛上。〔乾隆〕《常昭合志稿》中説：

> 萬曆後，率以聲華氣誼相高，尋盟結社，千里命駕……往
> 時茶坊酒肆無多家，販脂胃脯者恒慮不售，今則遍滿街巷，
> 旦旦陳列，暮輒罄盡矣。[40]

這段叙述清楚地顯現社交活動的熱絡與茶坊酒肆遍滿街巷的關聯。
酒店在城市中蔓延，量的增加伴隨著空間上的擴張。萬曆之前，酒
店"無多家"的情況下，可能只在縣衙附近可見酒家之蹤影，如
《錫金識小録》中就説："酒館、茶坊昔多在縣治左右，近則委巷皆
有之。"[41] 當城市社會漸次繁榮起來後，酒店也就突破了地點上的
局限，隨之蔓延開來，以致"遍滿街巷"。而這些脱離縣治左右、
"委巷皆有"的酒店，與"率以聲華氣誼相高，尋盟結社，千里命
駕"的風氣相關，其空間意義自與縣衙前的酒家不同。

因此，除了"量"的增加與存在空間的擴展外，明中期以後，
酒店的形態也隨之有所轉變，深具娛樂性的酒樓已逐漸盛行於城市
中。這種酒店形態的轉變更可以反映城市生活的豐富。前引《博平
縣志》言：該地在嘉靖中葉以前"鄉社村保中無酒肆"，而至"由
嘉靖中葉以抵於今，流風愈趨愈下……酒廬茶肆，異調新聲，汩汩
浸淫，靡焉弗振，甚至嬌聲充溢於鄉曲。"此所謂"異調新聲"、
"嬌聲充溢"應該即意味著該地之"酒廬"已有妓女活動於其間。
從另一角度考察此問題可見：妓女之出現於酒樓實非偶然，更非開
封城或博平縣之所特有。事實上，明後期妓女大量涌現於社會各角
落。《五雜俎》中言："今時娼妓布滿天下，其大都會之地動以千百

---

[40] 〔乾隆〕《常昭合志稿》（王錦等修，清嘉慶二年刊本）卷一《風俗》，頁22。
[41] 黃印《錫金識小録》（臺北：臺灣中華書局，1972）卷一《風俗變遷》，頁34。縣
　　衙之所以會成爲一般城市内酒店集中的地區，正如前所論，縣衙特殊的行政性因素
　　本來就容易成爲酒店滋生之處，而在城市中形成新的商業區之前，縣衙也往往是政
　　治、軍事性城市的市中心，在没有其他力量影響的情況下，酒店最容易自然地集中
　　於此。

計，其他窮州僻壤，在在有之。"[42] 這些在社會上大量出現的妓女，和酒樓娛樂性的發展，兩者產生了親近性的關係，因而相互結合。如此造成明代後期，多有妓女活躍於酒樓間，而此類聲色性酒樓也成爲城市中的一個重要的社交、娛樂場所，以致地方志在記述社會的變遷時將之列爲重要的風氣變化指標。

雖然不能說酒樓的發展必然決定於商業力量——它也可能被政治力量製造出來，如明洪武年間，朱元璋於首都南京所設之十六樓，即非商業力量引導之酒樓。不過，商業力量還是影響酒店形態發展最主要、最普遍的作用力。如前引資料顯示：開封城內鼓樓西邊"坐客滿堂，清唱取樂，二更方散"的酒館，是在"有天下客商，堆積雜貨等物，每日擁塞不斷"的背景下發生。商業力量所及之處，聲色性酒樓乃隨之出現，大體上是明代中期以後的社會特色。在此種情勢下，一些商業性城市可能發展出規模極爲龐大的酒樓形態。《金瓶梅》第九十三回中曾介紹明代後期商業大城臨清城內的大酒樓："原來這座酒樓，乃是臨清第一座酒樓，名喚'謝家酒樓'。裏面有百十座閣兒，周圍都是綠欄杆。就緊靠着山岡，前臨官河，極是人烟熱鬧去處，舟船往來之所。怎見得這座酒樓齊整？'雕檐映日，畫棟飛雲。綠欄杆低接軒窗，翠簾櫳高懸户牖。吹笙品笛，盡都是公子王孫；執盞擎杯，擺列着歌嫗舞女。'"[43] 這座酒樓後來落入陳經濟手中，陳經濟又投資了一千兩銀子"從新把酒樓妝修，油漆彩畫。闌干灼耀，棟宇光新，卓案鮮明，酒餚齊整。一日開張，鼓樂喧天，笙簫雜奏，招集往來客商，四方遊妓。……樓上下有百十座閣兒，處處舞裙歌妓，層層急管繁弦，說不盡餚如山積，酒若流波。……從正月半頭，這陳經濟在臨清馬頭上大酒樓開張，見一日他發賣三五十兩銀子。"[44] 像這種酒樓就不是以飲食爲主的場所了，它食宿全包，而且提供聲色之娛。這種酒樓已經是一個綜合性的娛樂中心了，到此消費的顧客所求者應不止於飲食數量或品質高低了，或許可以說他們在此消費的是整座城市的豪華。這種酒樓的

---

〔42〕 謝肇淛《五雜俎》（臺北：偉文圖書出版社，1977），《人部四》，頁199。

〔43〕 蘭陵笑笑生《金瓶梅詞話》第九十三回《王杏菴仗義賙貧，任道士因財惹禍》，頁405。

〔44〕 蘭陵笑笑生《金瓶梅詞話》第九十八回《陳經濟臨清開大店，韓愛姐翠館遇情郎》，頁470。

規模與前述兩三百兩銀子資本的酒飯店的規模自是天壤之別，而這當中的差異，也正是商業力量帶動下，酒店形態往娛樂性方向發展，臻於高峰時與其基本形態的差異。

《型世言》第二十三回《白鏹動心交誼絕，雙猪入夢死冤明》是個以酒樓爲主要場景的故事，故事起頭説道："話説南直隸，有個靖江縣，縣中有個朱正，家事頗頗過得。生一子，叫名朱愷……終日在外邊閑遊，結客相處，一班都是少年浪子。一個叫做周至，一個叫做宗旺，一個叫做姚明，每日在外邊閑行野走，吃酒彈棋，吹簫唱曲，因家中未曾娶妻，這班人便駕著他尋花問柳。"[45] 在此故事中，酒樓是一個最主要的場景，故事中這些浮浪子弟的"結客相處"往往都以酒樓爲據點，他們大部分的遊樂活動都在酒樓中進行。故事中曾有段情節直接寫道："一日，朱愷帶著陳有容、姚明一干弟兄，在酒樓上唱曲吃酒"，可見這個酒樓是個可供聲色之娛的酒樓。這些聲色性的酒樓存在於城市中，其主要的社會功能並不在日常性飲食——日常性飲食的供應在酒店量多且分化後，大概已可由一些較基層性的酒飯店或飯店承擔。這些非日常飲食性的酒樓在城市中所提供的主要功能是在社交應酬與娛樂性上，它成了城市社會中一個重要的社交、娛樂中心，城市中消費能力比較高的人，即使在無外食之需的情況下，也可能相約進入酒樓中飲酒作樂。這個故事可以視爲現實情境的反映，這種以娛樂性"酒樓"爲場景之小説的出現反映：明末社會中酒樓已經成爲城市生活中一個重要的活動場所。相較於墟市、廟會酒食攤"賭博啓釁"的活動，可以對照出酒樓作爲城市的娛樂場域對城市生活、城市文化所具有的意義。

二、茶館的復興

關於茶坊出現的時間，明人的記載頗有疑義。熟悉南京掌故，且熱衷於探求金陵人事的周暉在《二續金陵瑣事》中説：

> 萬曆癸丑年（四十一年，1613）新都人開一茶坊於鈔庫街，此從未有之事，今開者數處。[46]

---

[45] 陸人龍《型世言》（南京：江蘇古籍出版社，1993）第二十三回《白鏹動心交誼絕，雙猪入夢死冤明》，頁379。

[46] 周暉《二續金陵瑣事》（《筆記小説大觀》本，16編，4冊），《茶坊》，頁58上。

就歷史"事實"而言，這話是錯的。事實上，茶坊早在宋代就有，且已相當流行。[47] 與周暉同時的狀元焦竑説他"胸饒韞蓄"，而錢謙益也認爲他"博古洽聞，多識往事"，[48] 但他卻在此作此錯誤的斷語——其實《水滸傳》中即多見茶坊之記録，而《水滸傳》乃明末盛行之書，博洽之周暉應不致無所聞及。所以，與其就此指責周暉的孤陋，不如認爲這是一種別具意義的"錯誤"；或許可以説周暉是在寫南京的"近代史"，而非意在茶坊發展史之考查。在此脈絡下，所謂"從未有之事"意指明代以來所未有之事。而將鈔庫街開茶坊視爲破天荒之事，也是當時一般明人看法的反映。顧起元在《客座贅語》中説："徐常侍鉉無子，其弟鍇有後，居金陵攝山前開茶肆，號徐十郎。……人第知金陵近日始有茶坊，不知宋時已有之矣。"[49] 這話也顯示：在明人一般的認識中，都視茶坊爲新出現的現象。唐宋時期流行的茶坊並未能延續下去，至少一度徹底地中斷了，所以，在明人的聞見範圍内，不知有茶坊之事，以致連熟知金陵近代史的周暉也認爲萬曆年間的這家茶坊的開張是創舉。

茶館"失傳"又"重現"的歷史現象，不獨南京爲然，杭州地區也有類近的情況。《西湖遊覽志餘》中説：

> 杭州先年有酒館而無茶坊，然富家燕會，猶有專供茶事之人，謂之"茶博士"。……嘉靖二十六年（1547）三月，有李氏者，忽開茶坊，飲客雲集，獲利甚厚，遠近仿之。旬日之間，開茶坊者五十餘所，然特以茶爲名耳，沉涵酣歌，無殊酒館也。[50]

"茶博士"是宋代茶館中對"專供茶事之人"的稱呼，在明代這個稱呼依然留存，其職務也不變，只是其職業活動範圍已由對外開放的茶店轉移到富人家庭之内，且只在臨時性的宴會出現。從歷史長期來看，

---

〔47〕　參水野正明《宋代吃茶的普及》，收入許賢瑤編譯《中國古代吃茶文化小史》（臺北：博遠出版社，1991）。

〔48〕　見錢謙益《列朝詩集小傳》（臺北：明文書局，1991），《周秀才暉》，頁507。

〔49〕　顧起元《客座贅語》（北京：中華書局，1997），頁133。其要挑剔的話，顧起元這話也不完全正確。事實上，茶肆的出現至少可以追溯至唐代——劉昫等《舊唐書》（臺北：洪氏出版社，1977）卷一六九《王涯傳》載："（大和九年）十一月二十一日，李訓事敗……涯等蒼惶步出，至永昌里茶肆，爲禁兵所擒，并其家屬奴婢，皆繫於獄。"（頁4404）

〔50〕　田汝成《西湖遊覽志餘》（臺北：木鐸出版社，1982）卷二〇《熙朝樂事》，頁369。

這可以説是一個職業"退縮"的現象。由宋代以迄於明初,茶博士的服務工作由消費的社會退縮至富人家庭,原因不甚清楚,亦非本文所能論斷。不過,從嘉靖年間茶坊的再度出現、盛行,顯示出關鍵之一是城市社會中消費條件又臻成熟,茶坊業者得以寄生於社會大衆的消費之故。始開茶坊之李氏,開張營業後"飲客雲集,獲利甚厚",以致"遠近仿之,旬日之間,開茶坊者五十餘所",顯見消費條件之成熟。茶博士之自消費社會退縮至富人家庭,又自富人家庭伸展至消費社會,這種茶坊業的伸縮,在相當程度上可以視爲城市社會榮枯的反映。

明代茶館大概是在明代中葉時才重新在城市社會中"復興",而在復興的初期大概也還不是很普遍,可能只有像杭州或南京這種"户外"活動特别發達的城市才可能發現其蹤跡。《金瓶梅》大致以明代中後期社會爲背景,卻只在第二回《西門慶簾下遇金蓮,王婆貪賄説風情》中出現個"王婆茶坊",而這個王婆茶坊的場景應是沿襲《水滸傳》的情節而來的。除此之外,對市井生活多所描繪的《金瓶梅》中,茶坊已别無分號。至於明末時茶館雖已逐漸普遍,但一般城市中的茶館數目大概都還不及酒館。如記載明末開封城街市各類店鋪甚詳的《如夢録》列舉了十幾家酒店,茶館卻只有四家左右:三皇廟附近有一茶庵,相國寺附近有茶店、茶館、茶庵各一,看來酒館還是較茶店更具普遍性。但是這種情勢隨著時間的推移而逐漸改變,入清後茶店的普遍大概便已漸過於酒店。如寫作於明末的《初刻拍案驚奇》卷一五《衛朝奉狠心盤貴産,陳秀才巧計賺原房》中,在描述南京秦淮河沿岸的繁華時説:"酒館十三四處,茶坊六七八家",[51] 而至清乾隆初期成書的《儒林外史》中則説"大小酒樓有六七百座,茶社有一千餘處"。[52] 這些數目大概都没有經過確實的統計,只是印象式的説法,而且兩者指涉的範圍也不完全一致,不過這種直覺性的反應,也正不自覺地反映出他們在觀念上茶館與酒館比較上的多寡。〔道光〕《璜涇志稿》中説:"自嘉慶以來,酒肆有四五十家,茶肆倍之。"[53] 茶肆較酒肆多至上倍,是從明代嘉

---

〔51〕 凌濛初著,李田意輯校《拍案驚奇》卷一五《衛朝奉狠心盤貴産,陳秀才巧計賺原房》,頁292。

〔52〕 吳敬梓《儒林外史》第二十四回《牛浦郎牽連多訟事,鮑文卿整理舊生涯》,頁232。

〔53〕 〔道光〕《璜涇志稿》,收入《中國地方志集成·鄉鎮志專輯》(南京:江蘇古籍出版社,1992)第九册,卷一,頁9上,總頁130。

靖以來逐漸發展的結果。要之，自明中期以來，大體可説茶館相對於酒館呈現出後來居上的趨勢，而這種趨勢也正是茶館所内含的平民性愈益發展的結果。下一小節便將繼續分析這種茶館性質的發展。

（一）茶的屬性與茶館的類型

茶自唐代以來已被定義爲一種"飲料"，但這種飲料在生活上還是兼具兩種性格：一種是柴米油鹽醬醋"茶"的茶，也就是日常生活中作爲一般飲料的茶；另一種則是品"茶"的茶，也就是藝術生活中刻意講究品賞的茶。這兩種性格也反映在明清茶館的形態上，一種是"飲客雲集"的大衆化茶館，一種是"日不能數"的精緻"茶藝"館。

品茶本來是種個人性的嗜好，這種嗜好由來甚久，而到明代中期時，更成爲文人間相當普遍的雅致活動。[54] 晚明時，城市成爲士人集散的據點，城市中的社交活動極爲頻繁，[55] 尤其南京更是一個各方文人匯集的城市，在此基礎上，構成了茶藝館的出現。南京地區較早出現的茶館就有以"茶藝"館形態出現者。《留都見聞錄》中説：

> 金陵柵口有五柳居，柳在水中，置籠軒檻，垂條可愛，萬曆戊午（四十六年，1618）一僧賃開茶舍，惠泉、松茗、宜壺、錫鐺，時以極湯社之盛，然飲此者日不能數，客要皆勝士也，南中茶舍始此。[56]

"五柳居"這個茶館在設備上極爲講究：地點的選擇上，取水柳相映之環境，整體空間充滿雅趣，而其內部設施上，"惠泉、松茗、宜壺、錫鐺"皆爲考究茶藝者上品之選。在這種考究下，顧客數量也受到限制——陳眉公曾説"品茶一人得神，二人得趣，三人得味，七八人是名施茶。"[57] 所以品茶本不宜人多，此茶館既以茶藝取勝，

〔54〕 參吳智和《中明茶人集團的飲茶性靈生活》，《史學集刊》1992 年第 4 期，頁 52～63。

〔55〕 關於明清士人在城市中的社交情形可參考：王鴻泰《流動與互動——由明清城市生活的特性探測公衆場域的開展》（臺灣大學歷史學研究所博士論文，1998）第二章《社交生活與社會身份》。

〔56〕 吳應箕《留都見聞錄》（收入《貴池先哲遺書》第十五）下《河房》。吳應箕此處所謂："南中茶舍始此"與周暉所謂"萬曆癸丑(1613)年新都人開一茶坊于鈔庫街"相矛盾，若兩人所載成立時間都對，那麼就是吳應箕的判斷有誤——吳所記五柳居成立於萬曆戊午(1618)年，事實上晚於周所記鈔庫街之茶坊。其實，南京第一座茶館出現於鈔庫街可能也非偶然。因爲鈔庫街在高級妓院區舊院附近，是南京城最繁華的遊樂區，這個地區的消費條件相當成熟，茶館在此出現也可説是順理成章。

〔57〕 曹蓋之《舌華錄》（《筆記小説大觀》本，二十二編，五册）卷九，頁 3。

不走大衆化路線，因此將顧客限制在一定數量以下。而這些會講究品茶的人則是具有相當文化水準的社會名流、文人雅士，即所謂"飲此者日不能數，客要皆勝士也"。這種以"品茶"爲主之茶館，可以稱之爲"茶藝館"。這種茶藝館可以説是文人飲茶嗜好商業化發展的結果——它讓飲茶行爲由家户内走向家户外。

南京地區像五柳居那樣的茶藝館在明後期時也不乏其他事例。張岱《陶庵夢憶》中曾記：

> 崇禎癸酉（六年，1633），有好事者開茶館，泉實玉帶，茶實蘭雪，湯以旋煮無老湯，器以時滌無穢器，其火候、湯候，亦時有天合之者。余喜之，名其館曰"露兄"，取米顛"茶甘露有兄"句也。[58]

這個"露兄"茶館和前述"五柳居"一樣，都是對飲茶條件極講究的茶藝館，也不難想像如此講究的茶館，無論在技術上、成本上都難以大衆化，這種茶藝館的營業對象大概局限於像張岱這類精於品味的文人雅士。

這種由私人雅興到商業"茶藝"館的轉向，可以從張岱"閔老子茶"的記述中略窺一二：

> 周墨農向余道閔汶水茶不置口。戊寅九月至留都，抵岸，即訪閔汶水於桃葉渡。日晡，汶水他出，遲其歸，乃婆娑一老。方叙話，遽起曰："杖忘某所"。又去。餘曰："今日豈可空去?"遲之又久，汶水返，更定矣，睨余曰："客尚在耶? 客在奚爲者?"余曰："慕汶老久，今日不暢飲汶老茶，決不去。"汶水喜，自起當鑪，茶旋煮，速如風雨。導至一室，明窗净几，荆溪壺，成宣窯瓷甌十餘種皆精絶。燈下視茶色，與瓷甌無別而香氣逼人，余叫絶。[59]

此處所載的這位閔汶水以創"閔老子茶"而聞名於當時，晚明江南地區知名文人多有與之交遊而以詩文相酬者，董其昌且以"雲脚間動"之匾額相贈，在晚明的金陵地區，閔汶老幾以"湯社"主風雅。[60] 從張岱慕名來訪的過程可以看出，一方面，閔汶水茶已從私

---

〔58〕　張岱《陶庵夢憶》（臺北：漢京文化事業有限公司，1984）卷八《露兄》，頁76。
〔59〕　張岱《陶庵夢憶》卷三《閔老子茶》，頁24～25。
〔60〕　參吳智和著《南京桃葉渡的閔老子茶》，《民衆日報》副刊，1979年12月20日。

人雅興變成特出的“專業”能力，無論茶藝或茶具都特別講究，這種“專業”性使茶藝性質的茶館有發展的空間；另一方面，閔汶水對待客人的方式仍保有相當的私人性：張岱初訪時閔汶水且故作踞傲之態；待張岱堅持飲茶之誠意時，汶水始樂爲之當鑪煮茶；而當張飲茶間展現過人之鑒賞力時，“汶水大笑曰：‘予年七十，精賞鑒者無客比。’遂定交。”這個飲茶過程如此曲折，固然與汶水的個性與聲望有關，不過也顯示茶藝館潛存的“小衆”性質。張岱在另一段記載中提到南京地區的名妓王月生“好茶，善閔老子，雖大風雨、大宴會，必至老子家啜茶數壺始去。所交有當意者，亦期與老子家會。”[61] 閔老子家從提供好茶的地方轉變爲文人雅士聚會的場所，也正透露茶藝館出現的意義。茶藝店的出現，顯示文人品味的“商品化”。而此文人品味之得以商品化則反映出品茶人口已達到相當程度，品茶已普遍地成爲文人生活的一部分。事實上，可以説品茶已是文人文化的一種展現，而茶藝館的出現實可視爲文人文化更社會化的結果。

　　南京因爲文人匯聚，高級的茶藝館可以寄存於文人之社交活動上，以致文人色彩極重的茶藝館乃應運而生。這種極爲文人化的茶藝館，可能是南京地區茶館的早期形態，而在後來茶館盛行時，這種形態的茶藝館可能也都還有一定的存在空間，成爲茶館的一種類型。然而，這種茶藝館之出現固有其歷史意義，因而其存在有代表性，但在後來的茶館發展史上它並非茶館的主流，因爲它的品茶性格注定它對消費者有極大的限制，使它無法徹底普遍化，以致只能在“小衆”的範圍內營業。

　　另一種類型是“飲客雲集”的大衆化茶館。前引《西湖遊覽志餘》謂：嘉靖年間，杭州李氏茶坊開張後“飲客雲集，獲利甚厚，遠近仿之。旬日之間，開茶坊者五十餘所。”可以想像這是一個相當大衆化的茶館——在“飲客雲集”的情況下，想必其飲茶形式已經不可能“品茶”，而只能以“施茶”之方式進行了。杭州在明代中期以後，因其湖山之勝，已爲遊觀之盛地。《廣志繹》中説：

　　　遊觀雖非樸俗，然西湖業已爲遊地，則細民所藉爲利，

---

[61]　張岱《陶庵夢憶》卷八《王月生》，頁72。

> 日不止千金，有司時禁之，固以易俗，但漁者、舟者、戲
> 者、市者、酤者失其業，反不便於此輩也。[62]

一日之旅遊性消費可達千金，以致城中小民多有藉此爲生者，此種
旅遊盛況，應該是茶館發展的有利條件，而此地之茶館業發展條件
也有別於文化性城市南京。張岱在《西湖夢尋》中說：

> 余嘗謂住西湖之人，無人不帶歌舞，無山不帶歌舞，
> 無水不帶歌舞。脂粉紈綺，即村婦山僧，亦所不免。因憶
> 眉公之言曰：“西湖有名山，無處士；有古刹，無高僧；有
> 紅粉，無佳人；有花朝，無月夕。”[63]

張岱的叙述生動地描繪出杭州作爲一座旅遊性城市的娛樂性氣氛，
而陳眉公“無處士、無高僧、無佳人”之說，則多少透露杭州在文
化上的不足，雖然杭州之文人活動不至貧乏——它的“讀書社”是
明末的重要社團之一，而“西泠十子”在清初文壇上也頗負盛名。
但是，相較於南京的文人性，毋寧說它是個大衆性格更爲凸顯的城
市。它的茶館一開始就走大衆化的路線也正與此相呼應。

（二）茶館的盛行

茶館的出現意義與酒店不同：酒店可以説是出於外食之需，以
供應日常性飲食爲其基本功能；茶館則完全擺脫“日常性飲食”的
基本性質，它一開始休閑的作用就居於首要。南京地區出現的品茶
性茶藝館，固然完全無關乎日常性飲食，而杭州地區出現的大衆化
茶館，也是一開始就充滿遊樂性。田汝成所謂：“以茶爲名耳，沉湎
酗歌，無殊酒館也。”可以説意味著：酒館本來以日常飲食的供應爲
基本目的，在後來的發展上才衍生出遊樂性的功能，而茶館則一開
始就由酒館遊樂性功能的基礎上出發。所以，在此意義上可以説茶
館是酒館的娛樂性的延伸。不過，它是將此遊樂性往另一個方向發
展。酒館的遊樂性在發展上是往豪華“酒樓”的形態，即導向高消
費取徑，而茶館則相反，它將此娛樂性往低消費方向發展，因而它
成爲一個具大衆性格的休閑空間。大衆化茶館在明代的重新開始，
杭州興盛的旅遊業應該發揮了促進的作用，但不能因此就説茶館完

---

〔62〕 王士性《廣志繹》卷四，收於《王士性地理書三種》（上海：上海古籍出版社，
1993），總頁326。
〔63〕 張岱《西湖夢尋》（臺北：漢京文化事業有限公司，1984）卷二《冷泉亭》，頁22～23。

全是旅遊業的衍生物。事實上，它並不只是從屬於旅遊區，它的營業對象也不止於遊客。大眾化茶館的存在乃是明中期以後城市的普遍現象，甚至入清後它更進一步地從城市傳往鄉村。

《儒林外史》第十四回《蘧公孫書坊送良友，馬秀才山洞遇神仙》中描述馬二在西湖附近閑逛的情境道：

> 馬二先生獨自一個，帶了幾個錢，步出錢塘門，在茶亭裏吃了幾碗茶。……望著湖沿上接連著幾個酒店，掛著透肥的羊肉，櫃檯上盤子裏盛著滾熱的蹄子、海參、糟鴨、鮮魚，鍋裏煮著餛飩，蒸籠上蒸著極大的饅頭。馬二先生沒有錢買了吃，喉嚨裏咽唾沫，只得走進一個麵店，十六個錢吃了一碗麵。肚裏不飽，又走到間壁一個茶室吃了一碗茶，買了兩個錢處片嚼嚼。……馬二先生從橋上走過去，門口也是個茶室，吃了一碗茶。……（禮敬了仁宗御書後）定一定神，照舊在茶桌子上坐下。……（進凈慈禪寺逛了一陣子後）又出來坐在那茶亭內——上面一個橫匾，金書"南屏"兩字，——吃了一碗茶。櫃上擺著許多碟子：橘餅、芝蔴糖、粽子、燒餅、處片、黑棗、煮栗子。馬二先生每樣買了幾個錢的，不論好歹，吃了一飽。（休息一日後）第三日起來，要到城隍山走走，城隍山就是吳山，就在城中，馬二先生走不多遠，已到了山腳下。……馬二先生一氣走上，不覺氣喘。看見一個大廟門前賣茶，吃了一碗。……（走進伍子胥廟，繞了一陣路後，至一街，街上有幾個廟宇）廟門口都擺的是茶桌子。這一條街，單是賣茶就有三十多處，十分熱鬧。馬二先生正走著，見茶鋪子裏一個油頭粉面的女人招呼他吃茶。馬二先生別轉頭來就走，到間壁一個茶室泡了一碗茶。看見有賣的蓑衣餅，叫打了十二個錢的餅吃了。……（過了城隍廟後，逛至一山岡）又看見一個大廟門擺著茶桌子賣茶。馬二先生兩腳酸了，且坐吃茶。……吃了兩碗茶，肚里正餓……恰好一個鄉里人捧著許多蕩麵薄餅來賣，又一籃子煮熟的牛肉。馬二先生大喜，買了幾十文餅和牛肉，就在茶桌上儘興一吃。[64]

---

〔64〕 吳敬梓《儒林外史》第十四回《蘧公孫書坊送良友 馬秀才山洞遇神仙》，頁137～140。

不厭其煩地引用這麼長的一段描述，主要是希望透過這些描繪讓讀者真切地瞭解一個城市中大衆性茶室的分佈、營業與消費之實際情景爲何。這段難得的細緻描述在無意中顯現了茶館的衆多及在日常生活中的"尋常"性。由此也可以發現：茶店在杭州西湖整個風景區及杭州城內分佈甚多，特別是一些遊客聚集的寺廟附近，茶店可以密集到數十處。這些茶館以供應飲茶爲主，沒有酒飯供應，最多只是供應配茶的零食。不過，茶店也可能有流動小販進入其中，販售簡單的食品。再者，一般茶店的消費大概都不太高，至少相較於酒店，茶店是一個較低廉的消費場所——馬二在此過程中，雖想進酒店用餐，卻因爲身上沒有什麼錢而無法如願，相形之下，茶店花費的低廉卻使他能隨時坐下來飲茶休憩，這種次數的頻繁也構成茶室在庶民生活中的重要角色。

　　杭州地區在宋代茶館業就極爲興盛，而後一度中斷，迄於嘉靖年間茶館才又重新出現，此後相隨於西湖旅遊業的興盛，茶館在杭州地區的存在大體上延續不斷（僅明清易代期間，因動亂而經歷了一段時期的蕭條）。如上引《儒林外史》所述是乾隆時期杭州的茶館盛況，這種盛況應該是嘉靖以來，大衆化茶館持續發展的結果。其中所描述的茶館經營實況，也可以視爲大衆化茶館的一般狀態。固然，這裏是以杭州西湖旅遊區爲主要背景，但是，茶館的盛況絕不止於杭州，其他城市大衆化茶館的發展，在時間上可能晚於杭州，數量或許也不如西湖，但也相當普遍。《儒林外史》中另有言：南京地區"茶社有一千餘處，不論你走到那一個僻巷裏面，總有一個地方懸著燈籠賣茶，插著時鮮花朵，烹著上好的雨水。茶社裏坐滿了喫茶的人"。[65] 由顧客滿座的情境看來，這些茶社應非早期以品茶爲主的茶藝館。據此也可見，大衆化茶館的發展在後來還是在南京居於主流，而其盛況與杭州相較亦不遑多讓。

　　除了杭州、南京這類大城市外，自明中葉開始，茶館也逐漸蔓延於一般縣城中，以致常與酒館相提並論。如前引《博平縣志》中所謂："由嘉靖中葉以抵於今，流風愈趨愈下……酒廬茶肆，異調新聲，汩汩浸淫，靡焉弗振。"入清之後，茶店更形普遍，《錫金識小

────────

[65]　吳敬梓《儒林外史》第二十四回，頁232。

録》中説：

> 酒館、茶坊昔多在縣治左右，近則委巷皆有之……至
> 各鄉村鎮亦多開張，問鄉之老成人云：由賭博者多，故樂
> 其就食之便。……端方拘謹之士，足不履茶酒之肆，康熙
> 以上多有其人。近雖搢紳之貴，或有託言放達，置足此中
> 者矣。康熙之末，邑有"遍地清茶室"之謡。昔賣清茶惟
> 在泉上，後乃遍於城市。[66]

這段話在相當程度上可以視爲茶店在一般城市中的"發展史"，它指
出茶坊發展的過程：它原本只是因利就便地在泉水之旁設賣，後來
才流入城市，在城市中立足，發展成熟而成爲一種流行風尚後，又
更進一步擴散於城市之外的鄉村鎮地區。茶坊由泉水旁進入城市，
且是城市的中心地區，這需要投資比較高的資本額，可是一般而言，
茶館的消費額不高，[67] 這裏的茶館本爲搢紳所不屑涉足，顯見並非
高級茶藝館形態。所以，茶坊大概就是以消費量大來獲利，也就是
説茶坊是以顧客的量來維持它的求存取利的。茶坊移至城中還能够
維持下去，表示它可以擁有相當數量的顧客群，可以在城市中立足，
它已經成功地進入城市民衆的生活領域；至少，它已經成爲相當數
量的人生活的一部分，而茶館的普遍化更反映出它與一般市民生活
關係的日趨密切。

茶館的普遍化和它的經營形態頗具彈性有關，一般而言，茶館
的成立條件較酒店簡單，規模比較小的可能只是有個空間擺上幾張
桌子就開張了。《內閣大庫刑案檔案》有一涉及茶館資本的刑案，涉
案人劉玉成供稱："乾隆三年八月裏，楊元臣約小的與錢國興租穆朝
先家房子開茶館賣糕，議定共出二兩銀子本錢，賺錢均分。八月十
九日，錢國興先拿出四錢五分銀子來，央陳彩公們作中，租了穆朝
先家一間房子，付了三錢租銀，與了中人一錢五分中銀。"[68] 在這個
例子中，開一間茶館只要二兩銀子的本錢，這麼低的成本，應與茶

---

[66] 黃卬《錫金識小録》卷一《風俗變遷》，頁35。

[67] 《明清檔案》，（登録號）074334，乾隆四年六月十八日，南昌府新建縣，有一涉及
茶資的命案，其中有供詞道："小的是新建縣人，在族兄熊邦愷茶店做糕餅，六月
二十九日早，蕭文童同他哥子蕭書同來店吃茶，吃了兩壺茶，該還小錢五文，蕭文
童説走堂的楊景賓多報了賬，楊景賓與他爭論……"

[68] 《明清檔案》，A090~048，乾隆四年九月十五日，沙寧府江寧縣。

館經營、設備都相當簡單有關。《儒林外史》中提到一個開茶館的蓋寬，"帶著一個兒子、一個女兒，在一個僻淨巷内尋了兩間房子開茶館。把那房子裏面一間與兒子、女兒住；外一間擺了幾張茶桌子，後檐支了一個茶爐子，右邊安了一副櫃臺；後面放了兩口水缸，滿貯了雨水。他老人家清早起來，自己生了火。搧著了，把水倒在爐子裏放著，依舊坐在櫃臺裏看詩畫畫。……人來坐著吃茶，他丢了書就來拿茶壺、茶杯。茶館的利錢有限，一壺茶只賺得一個錢，每日賣五六十壺茶，只賺得五六十個錢。除去柴米，還做得甚麼事！"[69] 這個例子顯示茶館可以在很簡單的條件下成立。這種條件的簡單也正反映出茶館功能的單純。前引馬二先生在西湖地區遊玩時經過的茶館，雖然未必皆如此簡陋，但大概也都設備簡單，甚至有些在大廟口擺著"茶桌子"就開張營業的。與有"羊肉、蹄子、海參、糟鴨、鮮魚"的酒店相較，茶館的素樸更偏向對空間的消費。這種素樸、低廉的"平民性"也是茶館愈益普遍的重要因素。

大體而言，相較於酒館，大衆化的茶館無論成本或消費額都比較低廉。所以，一般它也被視爲一個比較不登大雅之堂的社交場所。在《儒林外史》中貧苦出身的匡超人在逐步涉入官場世界後，淳樸之性隨之扭曲，虛矯之態逐漸萌生。當他考取教習之職後，回本省取結時，故人"景蘭江同著刑房的蔣書辦找了來説話，見鄭家房子淺，要邀到茶室裏去坐。匡超人近日口氣不同，雖不説，意思不肯到茶室。景蘭江揣知其意，説道：'匡先生在此取結赴任，恐不便到茶室裏去坐。小弟而今正要替先生接風，我們而今竟到酒樓上去坐罷，還冠冕些。'"[70] 匡超人由於自覺身份已不同於往日，所以要求社交場合與其新社會身份相配，他並没有直説，景蘭江卻也揣摩得出來，可見這種相配的問題——即認爲酒樓是一種比茶館更爲"冠冕"的社交場所，已經成爲一種"社會常識"，爲一般人所認知，故可不言而喻。而最初是由於"鄭家房子淺"，不便談話，因此想到茶室，這也顯示茶室這類場所提供家居之外一個社交空間的作用。

不過，雖然一般而言茶店是較酒店爲低廉的消費場所，但也不是説茶店就一定得維持在小規模的形態下。事實上茶館也可能發展

---

〔69〕 吳敬梓《儒林外史》第五十五回《添四客述往思來，彈一曲高山流水》，頁 508～509。

〔70〕 吳敬梓《儒林外史》第二十回《匡超人高興長安道，牛布衣客死蕪湖關》，頁 190。

出不同的形態。《揚州畫舫錄》中曾介紹一個生意興隆的茶館：

> 明月樓茶肆在二釣橋南。南岸外爲二道溝。中皆淮水，
> 逢潮汐則江水間之，肆中茶取于是，飲者往來不絕，人聲
> 喧闐，雜以籠養鳥聲，隔席相語，恒以眼爲耳。[71]

此處未詳細叙及這茶店的空間形式，其規模究竟如何難以確定，不
過，既然以樓相稱，規模應該不會太小。而這種場所的嘈雜在某種
角度下可以説是經濟上的結構性因素造成的：因爲茶館消費額低，
故需靠消費量的龐大來增加它的營業額，因而它在發展上很容易往
顧客"量"大的方向發展。這大概可以説是茶館在"大衆化"的層
次上發展出龐大規模的結果。

　　除了在"量"上擴張外，茶館也正如酒館一般，可以發展至頗
爲豪華的程度。《揚州畫舫錄》中説：

> 吾鄉茶肆，甲於天下，多有以此爲業者，出金建造花
> 園，或賃故家大宅園爲之，樓臺亭舍，花木竹石，杯盤匙
> 箸，無不精美。轅門橋有二梅軒、蕙芳軒、集芳軒，教場
> 有腕腋生香、文蘭天香，埂子上有豐樂園，小東門有品陸
> 軒，廣儲門有雨蓮，瓊花觀巷有文杏園，萬家園有四宜軒，
> 花園巷有小方壺，皆城中葷茶肆之盛者。天寧門之天福居，
> 西門之綠天居，又素茶肆之最盛者。城外占湖山之勝，雙
> 虹樓爲最。其點心各據一方之盛，雙虹樓燒餅，開風氣之
> 先，有糖餡、肉餡、乾菜餡、莧菜餡之分，宜興丁四官開
> 蕙芳、集芳，以糟窖饅頭得名，二梅軒以灌湯包子得名，
> 雨蓮以春餅得名，文杏園以稍麥得名，謂之鬼蓬頭，品陸
> 軒以淮餃得名，小方壺以菜餃得名，各極其盛。而城內外
> 小茶肆或爲油鏇餅，或爲甑兒糕，或爲松毛包子，茆檐葦
> 門，每旦絡繹不絕。[72]

揚州地區因爲鹽商的聚集，消費力特別强，在此種强大消費力的支
持下，茶館的發展不止是在量上擴張，同時也在形態上發生變化。
正如酒店的發展一般，它可以往豪華的方向發展，以致出現"園林
式"的茶館。這種庭園式的茶館大概以揚州地區爲最盛，不過，也

---

[71] 李斗《揚州畫舫錄》（北京：中華書局，1997）卷七《城南錄》，頁165。
[72] 李斗《揚州畫舫錄》卷一，頁26～27。

並非揚州所獨有，事實上，明末時南京地區可能就已有此種型式的茶館出現了。《留都見聞錄》中曾言："國子監一帶絕無園可遊，小有園在石橋者教某令所爲也。余親見主人鑿池種梅，梅開甚盛，未幾，過其處，則主人死，而其孫列爲茶肆矣。"[73] 這些資料都沒有明説這些庭園式茶樓的消費情形如何，不能確定它們是否走高消費的路線。不過，即使點心口味有獨到之處，終究也只是簡單的小事物，其消費額可能還是在酒樓之下。而這些茶樓還以消費人數之多取勝——所謂"茆檐葷門，每旦絡繹不絶"，顯示顧客之數量乃其特色，可能也是維持其經營之主要基礎。再者，由顧客之量多及其强調重點在茶點之精緻，而非茶具、茶藝之講究，大概也可推見這些茶樓應非品茶性之茶藝館。要之，這種園林式的茶樓應該還是大衆性茶館，在消費水平特高的城市高度發展（消費量擴張）的結果。

三、空間的消費

前文觀察明代中後期以降城市中酒樓、茶館的各種表現形式，可以看出，酒樓、茶館本來是提供一個消費飲食的空間，但除了飲食之外，這個空間本身也開始成爲被消費的對象，"飲食"與"空間"因而形成更錯綜複雜的相輔相成的關係。除了直接的飲食目的外，一個人也可能因需要休憩或社交的場所而進入酒樓、茶館，但在選擇酒樓、茶館這個"空間"作爲休憩或社交的場所時，也伴隨酒樓、茶館提供"飲食"內容的預期。在這種情況下，飲食與空間本來可以是各自獨立的，但酒樓、茶館發展成爲一種結合在一起的方式，同時消費飲食與空間，也顯示出飲食與社交結合的文化表現形式。由於空間的被消費，擴展了城市民衆的生活領域，也發展出特定的文化表現模式，城市中的酒樓、茶館才具有比飲食供應更豐富的文化意涵。下文將進一步觀察這種對空間的消費在城市生活中發展出什麼樣的意義。

（一）社 交

由於飲食與社交結合的模式，酒樓、茶館的空間成爲有社交需求時的消費對象，酒樓、茶館也因此成爲一個人際互動的重要場域。相隨於此空間的消費過程，人與人的互動關係也隨之頻繁、複雜。

---

[73] 吳應箕《留都見聞錄》卷上《園亭》。

茶館、酒樓的普遍存在與社交活動的發展可以說是互爲因果的，城市中的社交活動推動了茶館與酒樓的發展，而茶館與酒樓的發展又推動了社交活動的進行，在某種程度上可以說，這個空間是城市一個重要的社交中心。

酒樓的社交功能在前文中已多有提示：在人際活動中酒樓中的請客行爲常被用以示惠，藉以創造或再確定人際關係，胥吏之勾結索賄或盜賊之糾黨領線往往在酒樓中進行，正因此場所本來就具有社交作用之故。如果進一步細分酒樓與茶館在社交作用的差異，由於酒樓的社交性是建立在它的“非日常性”飲食上，它被用來作爲社交場所，實帶有特別性的意味，否則不足以表示誠意。所以，大體而言，酒樓中的社交活動，乃個別人或特別的群體間爲了特定目的而進行。換言之，酒樓對群衆的聚集作用比較是個別性的。

茶館因爲消費額較低，可以低到被視爲是種“日常性”的消費，這讓它成爲一個比酒樓更具日常性的社交場所。一般人可以沒有太大經濟壓力地、常態性地進入這個場所，在其間進行社交活動，甚至因而凝結具地緣性的社交圈。《儒林外史》第二十四回中寫道：戲子鮑文卿回到故鄉南京後，意圖重回戲行，於是他重新整頓好自己的行頭後，就“到（戲行）總寓傍邊茶館内去會會同行。纔走進茶館，只見一個人……獨自坐在那裏吃茶。鮑文卿近前一看，原是他同班唱老生的錢麻子。……茶館裏拿上點心來吃。吃著，只見外面又走進一個人來……錢麻子道：‘黃老爹，到這裏來吃茶。’……黃老爹搖手道：‘我久已不做戲了。’”[74] 顯然戲行總寓旁的這座茶館是這些戲行中人一個很重要的聚會場所：一時無戲的錢麻子和退休後閒來無事的黃老爹可能都習慣到此閒坐交談，所以離鄉良久，返鄉後意圖重操舊業卻不知現今行情如何的鮑文卿想要“會會同行”打探消息時，自然地就會到此茶館中來。茶館在此成了戲行的一個聚會社交的中心。這種情況並非僅見於戲班。它甚至可能進一步發展成爲常態性的聚會，《吳門表隱》中說：“米業晨集茶肆，通交易，名‘茶會’。婁齊各行在迎春坊，葑門行在望汛橋，閶門行在白姆橋及鐵鈴關。”[75]《吳門表隱》成書的時間較晚，這條資料未指出明確的時間，可能是比較後來的發展，不過也多少看出，由於茶館在性

---

[74] 吳敬梓《儒林外史》第二十四回，頁 232～234。
[75] 顧震濤《吳門表隱》（南京：江蘇古籍出版社，1986），《附集》，頁 347。

質上是城市中最簡便普及的聚會社交場所，所以也容易發展成爲常態性的集會中心。

（二）資訊

當城市中的茶館、酒店成爲社交中心的同時，相隨於人與人的集散，資訊也在此空間中流傳，因而這個空間也往往成爲城市中資訊傳播中心。

茶館、酒店本來就是一個開放的空間，只要有基本的消費能力就得以消費這裏的飲食和空間。這種空間的消費造成一個各方人馬自由集散的場域，由人的集散進而提供消息流動的機會。更且酒館、茶肆這些場所本來就具有社交功能，而資訊的交換本來就是社交活動的一環，甚至有時社交的目的就在於資訊的交換，而這一切就透過對茶館、酒店之類空間的消費來進行。所以，酒館、茶肆在城市中作爲一個被消費的空間，其消費過程也正是社交活動與資訊流通的過程。《丹午筆記》中曾記道：

> 于清端公成龍喜微行，察疑，求民隱。……陳恪勤公
> 鵬年守吳，亦喜微行。時有金獅巷富室汪姓，兩子以曖昧
> 事，殺其師，不惜揮金賄通上下衙門，以疑案結局。惟公
> 不可以利誘。主謀者命重賄左近茶坊、酒肆、脚夫、渡船
> 諸人，囑其咸稱冤枉。公察之，衆口如一，遂不深究。[76]

在此事件中，一方是欲圖深入瞭解民情的有爲官員，另一方則是想要製造民情的狡猾富人，雙方就在茶坊、酒肆中交會，結果是官員不自覺地得到了富人所製造出來的“民情”。這個富人的成功在於他能有效地掌握此官員的習性，以及城市中主要的消息流通場所。這裏可以清楚地看出茶坊、酒肆已經成爲一個主要的資訊傳播據點，在這些空間中，可以有效地打探相關消息，相對地，也可以散播消息，甚至製造輿論。

乾隆年間，清朝政府在操作屈大均文字獄過程中，因屈大均文章中有“雨花臺葬衣冠”之事，因而兩江總督高晉奉命查訪該處，欲將之刨毀。高晉親往雨花臺追查後，回報其考察過程，說他到該地後：

> 即傳集老僧、老道，細加查問，據稱衣冠瘞冢實屬罕
> 見稀聞，況雨花臺木末亭係名勝之區，山寮、梵宇、酒肆、

---

[76]　顧公燮《丹午筆記》（南京：江蘇古籍出版社，1985），《微行之弊》，頁136。

> 茶坊爲遊人雜沓之所，如果實有其事，斷無不互相傳播，
>
> 人人共知，豈故隱匿不報，自取罪戾？[77]

這裏指出酒肆、茶坊的空間特性及其社會效應。"山寮、梵宇、酒肆、茶坊爲遊人雜沓之所，如果實有其事，斷無不互相傳播，人人共知"的説法意味著，這些場所是社會上的開放空間，其空間的開放性使這些場所成爲社會上各種資訊的集散地。此外，在一些小説中也不難看到在酒店、茶坊中打聽消息的情節，例如《賣油郎獨佔花魁》中，秦重見了花魁娘子後，進入酒店内打探方才所見女子是何許人。[78] 又《歧路燈》第四十五回《忠僕訪信河陽驛，賭奴撒潑蕭墻街》中，忠僕王中在主人譚紹聞失蹤後，"竟每日街頭巷尾茶栅酒肆中，如元旦撥勻聽静一般，單單聽個話音兒。"後來在府衙街的酒館内聽人説起一宗拐帶人命事，懷疑與譚紹聞有關，便上前向傳述消息者敬酒，藉機打探進一步消息。[79] 這些情節顯示酒店、茶肆這些公共場所，因其空間上的開放性，人來人往，因而自然地成爲城市中的消息傳播中心，以致有資訊需求者也特意進入其中探取消息。

（三）娛　樂

酒店、茶館空間上的開放性及其蘊含的休閑、娛樂性功能，本來就容易吸引各種閑雜人等進入其間，因此，在許多時候，酒樓、茶館容易成爲一個是非之地，許多違法犯紀的人特別容易在這個地方出没。《郎潛紀聞二筆》中説：

> 李敏達衛長於治盗，所轄地方，不逐娼妓，不禁樗蒲，不
>
> 擾茶坊、酒肆，曰："此盗線也，絶之，則盗難蹤跡矣。"[80]

從地方官的角度看來，茶坊、酒肆確實容易成爲地方治安的死角，但它同時也是蹤跡盗賊的線索。這可能因爲盗賊之流者，在冒險獲取金錢後，容易到這種地方來縱情消費。但除了盗賊的生活態

---

〔77〕《清代文字獄檔・屈大均詩文及雨花臺衣冠冢案》（《筆記小説大觀》本，四十五編，五册），《高晉奏查訪雨花臺情形摺》，頁8，總頁209～210。

〔78〕馮夢龍《醒世恒言》卷三《賣油郎獨佔花魁》，頁46。

〔79〕李緑園《歧路燈》（臺北：逸群圖書有限公司，無出版年）第四十五回《忠僕訪信河陽驛，賭奴撒潑蕭墻街》，頁519～520。

〔80〕陳康祺《郎潛紀聞二筆》（北京：中華書局，1997）卷一《李衛不禁娼賭之用意》：36，總頁338。顧公燮《消夏閑記摘抄》（收入《涵芬樓秘笈》第九册，臺北：臺灣商務印書館）卷下《治浙各異》中亦言："迨錫山李敏達公（衛）治浙，不禁妓，不擒樗蒲，不擾茶坊、酒肆，曰：'此盗線也，絶之則盗難蹤跡矣。'公雖知于文端，而爲政不相師，一切聽從民便，歌舞太平。愈卑賤者愈頌禱焉，君子鄙之。"（頁23下）

度或消費特性，使之容易與這種娛樂場所發生親近性的關係外，茶坊、酒肆這種場所的空間開放特性本來就容易成爲盜賊出没之處。《福惠全書》中説："娼妓者亦盜賊之窩家也。夫蓋賊未行劫之先，糾黨領線，民家耳不便，莫若狎邪之地，原無出入之妨，盜賊既行之後，匿跡避鋒，本境嫌疑可畏，何似平康之館，聊爲快活之場。故欲覓盜蹤，多從柳陌；欲追贓，半費花街。"[81] 雖然這裏講的是妓院，但它們的空間意義是一樣的：它們都是社會上的開放性空間——"無出入之妨"，在此聚合黨羽籌劃非法活動，或在非法活動後藏匿於此，都甚爲方便。如此，酒店、茶館的開放性，造成它容易成爲是非之地，這可能是這些場所被視爲"不正當"的場所的原因之一。

茶館、酒樓之類場所在城市中，剛開始可能只有部分特殊的人群會進出其間，諸如勾結謀利的書辦胥吏、無所事事的紈绔子弟、社交頻繁的大小商賈，比較可能是酒樓、茶肆的常客；酒樓、茶肆之常披上背德色彩，與它這個基本消費群有互爲因果的關係。不過，酒樓、茶肆的顧客群也不斷地擴大，如《錫金識小録》所言："端方拘謹之士，足不履茶酒之肆，康熙以上多有其人。近雖搢紳之貴，或有託言放達，置足此中者矣。"事實上，不止是無錫地區如此，明末以來知識分子漸成酒肆、茶館常客的現象早爲有心人作爲論斷學風的事實。《臨晉縣志》中説：

> 王恭先曰：漢晉以下，學校盛于京師，而縣無定設；唐宋以來，學校遍天下，而官無常銓；今則縣無不學，學無不官，而廣屬學官，選擇師儒之意，或幾乎熄也。敷陳王道無人，而建言利病者有人；齋房號舍無士，而茶館、酒肆中有士。士既不知所以自重，而人顧益輕焉。[82]

這段話顯然將茶館、酒肆當作一個不適合知識分子流連的地方，而"齋房號舍無士，而茶館、酒肆中有士"的批評，一方面顯示茶館、酒肆已成一般知識分子聚集的重要場所，另一方面由茶館酒肆與齋房號舍的對比，也顯示茶館酒肆的意象是作爲一個嬉遊場域的表徵。

在城市的商業化過程中，茶館、酒店往往隨之越來越普遍，因

---

[81] 黃六鴻《福惠全書》（臺北：九思出版社，1978）卷二三《驅逐娼妓》，頁 14～15，總頁 270。

[82] 〔康熙〕《臨晉縣志》，收入《稀見中國地方志匯刊》第七册，據清康熙二十五年刻本影印，卷四《風俗》，頁6，總頁 1017。

而進行此類空間消費的人，也越來越普及化、一般化。如此，在實際的消費過程中，茶館、酒店逐漸由"特殊場所"轉變爲"一般場所"。可是，在觀念上，這種場所的一般化過程中並未同時得到"正當化"，反而因其嬉遊性質，造成有心人士的不安。他們在嚴格的道德要求下，將此空間視爲偏離傳統道德常軌的活動領域，而將此空間的消費視爲敗壞社會風氣的行爲。如此，進入酒樓、茶肆等於背離了淳樸實在的道德生活區域，而將生活導向奢靡的境地，於是，酒樓、茶館也成爲社會道德（背德）的指標。

明末以來，酒樓與茶館已成了城市中重要的社交娛樂中心，然而隨著這些"戶外"活動空間的開展及其間活動的熱絡，士大夫們的憂慮更日益加深，他們從酒樓茶館中的喧嘩聲浪中，聽到社會奢靡頹敗的訊息，道德感較強的士人普遍覺得酒樓與茶館是城市中敗德之所在。〔乾隆〕《新城縣志》中說：

> 國初俗鄙逐末，戒嬉遊，近則見少趨利，長幼皆事刀錐博奕之戲，絲竹之聲間作而不知止，浮蕩之民閒遊街市、茶肆、酒樓，常聯袂接踵矣。……按：邑俗自前明中葉以至末造，澆灕日甚，民用不古，迨昭代與之更始，俗雖漸變，然餘波未竭。[83]

一個社會風氣的變化，由淳樸到奢靡，直接反映在街道上的諸種活動中。當街上的樂曲聲不斷迴繞，離開工作狀態的人們成群地嬉遊其間時，這個社會就差不多可以被歸類爲奢靡了。簡單地講，社會上的戶外活動——即"嬉遊"的頻率，正可作爲奢靡程度的指數。而城市中的"嬉遊"主要以茶肆、酒樓爲據點，所以嬉遊頻率的高低，正反映在茶肆、酒樓數量的多寡。是故，城市街道上茶肆、酒樓正是社會風氣的測候站。又如前引《博平縣志》以"無酒肆，亦鮮遊民"作爲古風尚存的證明，而當"流風愈趨愈下"時，表現之一即是酒廬茶肆的衆多。如前所言，酒樓茶館常成爲士人們觀察社會風氣的指標，而且它們指向社會的頹靡，它們的存在與興盛，就是社會腐敗的標誌，甚至它們本身就是社會頹廢的引領者。但這些陳述方式，不僅是在"事實"上說明酒樓茶館的普遍及其對社會

---

[83] 〔乾隆〕《新城縣志》，乾隆十五年（1750）知縣方懋祿延新建舉人夏之翰纂，收入《稀見中國地方志匯刊》第二十九冊，卷七《崇尚》，頁16~17，總頁838。

風氣的影響，更重要的是，在"觀念"上，酒樓茶館的空間性質並未得到認可，因而成爲奢靡、嬉遊、背德等意象的具體呈現。

從社會文化的發展角度來看，茶館、酒樓的盛行之所以一再被視爲社會風氣敗壞的表徵，這除了表示這個問題的嚴重化外，更顯示這個社會空間的開啓，以及由此空間的消費所衍生出來的文化，基本上是相異於傳統的另一文化形態。就此可以說，茶館、酒樓是個新的社會文化的創造空間，而由此空間所衍生出來的諸種活動也是一種新的文化活動。

小　結

城市中茶館與酒樓的發展，可以說是個人活動領域的拓展與社會生活空間的創造過程。

家庭是最基本的個人生活空間，個人的最基本的維生活動——飲食，主要也是在家庭中進行。在家庭中進行飲食活動是最基本的日常生活行爲，那是私人領域內的個別性活動，不具有特別的社會文化意涵。因爲無法在家飲食而求諸飯店，這種飲食可以說是家居日常生活的補充，進行這種補充是飯店的基本功能。相隨於商業的發展、流動人口的增多，流動人口聚居的地點——商業市鎮或城市，都可能會有這種基本型飯店，即"酒飯店"的產生。而相隨於城市消費能力與需求的增高，酒飯店在發展上除了補充"日常性"飲食外，更往"非日常性"的方向發展，在食物內容上力求精緻、豐富，由"日常性"飲食轉往"誇富性"飲食方向發展。除此，更在空間形式與空間利用上力求發展，空間形式上利用建築裝潢製造豪華感，而在空間利用上則增添其聲色之娛。這個"非日常性飲食"的發展就推出"酒樓"的形態。"酒飯店"與"酒樓"可以說是代表著兩種不同的生活形態——"日常性"與"非日常性"，而日常性的飲食可以說是家居生活的補充與延伸，酒樓則突破了這種活動性質，它已經偏離基本的日常生活，而自成一個新的生活範疇。就社會文化而言，可以說這是一個由消費行爲所開創出來的一個生活範疇，自被創造出來後，它又成爲被消費的對象。所以，消費就是一種生活方式的創造與維持。

從空間屬性的變化來講，"酒店"只是一個"消費的空間"；它

的空間是功能性的，進入這個空間就是要進行（日常性）飲食，而
這個空間也只是爲了飲食的方便而存在。在此，空間只是爲了飲食
消費的進行。"酒樓"可以說是酒飯店這個"消費的空間"不斷增
添娛樂功能的結果。這種娛樂意涵的填充最後也造成空間屬性的變
化，相隨於娛樂意涵的擴充，它的"空間"漸反客爲主地成爲消費
的主題。酒樓這個空間的整體——食物本身、建築形式與活動內容，
共同營造出一種有別於日常生活的生活情境。進入酒樓不只是爲了
尋求日常性飲食的補充，而是享有、參與這個空間中的"非日常性"
生活——一種類似"節慶"的生活情境，只不過，節慶的非日常性
表現在時間上，而酒樓則表現在空間上。要之，從"酒飯店"到
"酒樓"，在生活情境上是由"日常性"轉向"非日常性"的範疇，
而在空間屬性則是由"消費的空間"轉成"空間的消費"。這個成
爲消費對象的空間，就整體社會生活而言，也是一個新的活動場域
的開創，相對而言，這個空間的消費行爲則可以說是一種新的社會
生活的開展。

　　至於茶館的出現及普遍化，則可以說是非日常性生活範疇更進
一步發展而"日常化"的結果。茶館在明代的"復興"，一開始就
越過日常性的生活範疇，它可以說是在酒樓的非日常性基礎上發展
出來的，所以，它主要也是作爲一個"非日常性"的活動空間供人
消費。不過，它的"非日常性"並非在空間內容的豐富爲主，相反
地，它是以更簡單、更純粹的空間作爲消費對象。雖然茶館也發展
出具文人性的茶藝館或高級豪華的茶樓形式，不過，大體而言，茶
館是以低消費爲主流，它是以一般大衆爲其主要營業對象。茶館空
間消費的大衆化走向，顯示"非日常性"的生活空間已經普遍地存
在於社會生活中，也就是說它已經日常化了。只是這種"日常化"
不能視爲家庭生活的延伸，相反地，它是一個家庭之外的日常性活
動空間。簡單地講，它是一個普遍化的"戶外"活動空間。茶館的
大量出現顯示城市"戶外"活動的普遍化。

　　就整體社會生活的發展而言，從酒飯店到酒樓再到茶館的發展
過程，可以說是一個"非日常性"生活範疇在城市中逐漸確立的過
程，而酒樓與茶館之類空間消費的日漸頻繁，也可以說是城市中公
共空間日漸擴張的過程。這樣一個社會性範疇的確立，本身就可以

說是一種城市文化的創造，而由此空間的開啓而衍生出來的種種相
關活動，又可說是城市文化發展的基礎。

※ 本文原載《新史學》11 卷 3 期，2000 年。
※ 王鴻泰，國立臺灣大學歷史研究所博士，暨南大學歷史系副教授。

蟋 蟀 釋 典

英雄不論出身低

熊秉真

一、前 言

景與物，在中國歷史文化的場域中，可分視爲二，亦可合二而一，綜而論之。無何，以人之立場觀之，古往今來，對景物之看法、瞭解、表達、處置，竟不能脫離"人事"之範疇，完全擺開人事之干係。上古而中世，生死無常，人物興替，使古人易生"景物依舊，人事兩非"之慨。宋明以後，市場活絡，市井穿梭，物品與物質益顯盤旋，與周遭變幻不居，日新月異之種種景象相照，人情世界似益相形而示其不拔之堅貞，不易之氣質。對此，後世人類學或宗教學上所稱的"人類中心論（anthropo-centrism）"式之概念已不足以涵蓋千百年來中國世界中所展現的種種"景物"與"人事"間之相糅與互變。

當個人或人群之意識與活動，與歷史文化中時間與空間所交織成的系譜相逢，景、物，或景物，遂一則成爲歷史文化意識與活動的內容或主體，同時與文字、圖像等其他"證據"並列，成爲個人或人群意識與活動所運用的器皿、工具，乃至此類意識與活動所留下的諸般歷史痕跡、文化遺產之一種面目，某種素材。由此角度出發，數千年來中國民間傳講與娛樂文化中的"蟋蟀"，由上古之"莎雞"說，經中世之"鳴蟲"，終至近世翻轉爲士庶老小懷中手上之"猛將"。此綿延而曲折之變化，本非一脈相承之思緒能盡，細索起來，卻不能不爲千百年來，南北東西，仕女頑童，浪人雅士喜樂哀愁之共繫此物，終而交集某景，而爲奇誕之歎。如今追蹤此細物殊景之蜿蜒、發展，其思其情，固可穿鑿遠古近世之時空，對其間中國社會人群耳目排遣世界，作一葉知秋之窺，同時由鳴"禽"而鬥

"蟲"，此生物在中國歷史文化，社會生活中之際遇，亦頗是見微而知著，透露宏觀人群世界中若干演化訊息之關鍵，以爲比較文化史上"景物"與"人事"交相更替之一範例。

二、睹物與思人——上古莎鷄説之起源

宋而明清，士子之間鬥弄蟋蟀日益成風以後，文獻掌故亦有溯古之求。相關之用力，不論類書或專輯，最後於上古源流之稽，嘗得《詩經》、《禮記》、《爾雅》、《汲冢周書》、《淮南子》等五典。五條資料，言簡意賅，大抵均繞其居息、行止及稱謂（即"釋名"問題）三方面重點著墨。

《詩經》相關資料者二條，一爲《唐風·蟋蟀》，文曰："蟋蟀在堂，歲聿其莫。"[1]一爲《豳風·七月》，文謂："五月斯螽動股，六月莎鷄振羽。七月在野，八月在宇，九月在户，十月蟋蟀入我床下。"[2]《詩經》中《蟋蟀》與《七月》二篇，上引數句該做何解，並無定向。然《唐風·蟋蟀》一篇相涉者，因僅八字二句，發揮不易，故《詩經正義》就以經解經之傳統，過去均以《豳風·七月》之篇爲其注脚。引"九月在户"之説，爲"蟋蟀在堂"之意。詩傳並進而稱"堂者室之基也，户内户外總名爲堂"作"堂"字與"在堂"文意之解。[3]

在細考詩傳、詩箋、正義、朱注與《詩經大全》等歷代注疏對《豳風·七月》一篇之解釋後，後代讀者乃恍然大悟，上古以來讀詩注詩者對《詩經》此處看來似全微不足道之説，其理解領會之情，表面上似乎在追蹤一外界細物隨季節而異動之事實，骨子裏其實更爲其所謂"近人""依人"之習性而悸動。蓋《七月》詩篇中所説的"五月斯螽動股，六月莎鷄振羽"，引起讀詩解詩人的興致不大，倒是七月至十月，"在野"、"在宇"、"在户"、終而"入我床下"的

---

〔1〕《蟋蟀》，《詩經·唐風》："蟋蟀在堂，歲聿其莫。"見《唐蟋蟀詁訓傳第十》，《毛詩》（濟南：山東友誼書社，1990），頁244。

〔2〕《七月》，《詩經·豳風》："五月斯螽動股，六月莎鷄振羽。七月在野，八月在宇，九月在户，十月蟋蟀入我床下。"見《豳七月詁訓傳第十五》，《毛詩》，頁315。

〔3〕《蟋蟀》，《詩經·唐風》（詩正義附注），見孔穎達（疏）《國風唐》，《毛詩注疏》卷一〇，輯於《影印橘藻堂四庫全書薈要·經部22册》（臺北：商務印書館，1936），頁318。

步步變化，牽動起注疏者不小注意，撩起想像，頗作了一番引申。
而有趣的是，這歷代幾番引申的説詞，大抵均環著蟋蟀 "自外而
入"，"從遠而至於近"，[4] 總之這一細微的生物，如何 "隨時變化"
之外，[5] 其行止 "有漸" 等現象，[6] 最讓人們——包括最初觀察它
的舉動習性從而筆之入詩的詩人民衆，以及後代援詩沉吟，追溯緬
懷此 "黑身赤頭" "小蟲" 的注釋者[7]——怦然心動的，還是它不
知有意或者無心之間，由 "暑則在野"，到 "寒則依人"[8] 的這番
近人、戀室，由檐下之 "宇"，[9] 終而悄然鑽户，及至深秋十月，
竟登户入室不説，據傳還親昵無比地入了詩者 "我" 的 "床下" 的
這一番曲折貼身的步履行跡。[10]

　　由《詩》之《唐風》、《豳風》，至《詩經》的傳、箋、正義、
朱注、《大全》等歷代著疏者之援引注解，其間曠日經年，星移物
換，不論中國的自然天地或識知世界都經過不少翻轉變化。其間，
所謂華夏文化領域中的博物志，或有關草木鳥獸的生物面與認知面，
當然也從而展現出諸般的面貌，因其實質知識坐標，與外界客觀實
體雙重體系，都各有其自變與應變，並且不斷地互爲影響，交相爲
用。我們目前由文獻 "證據" 上所僅得的片紙隻字，不過是此數千
百年來，生物自然與中國人世識知世界交替摩擦所留下的殘跡遺痕
之部分。雖則此殘跡遺痕中，比較突出的一個現象，似乎正是人群
集體以自我爲中心，對如 "蟋蟀"、"斯螽" 或 "莎鷄" 此一外界細
物之 "近人" "依人" 順從人世觀點界定下的 "月令" "時節" 而移
動，並有由遠而近，由野入宇，入户，進而入 "人" 床下的迷人氣
質。此近人迷人之特質，自然是從 "人" 出發，以 "人" 世爲標準
與終極關懷之某種自戀自喜，兀自希冀的某些自説自話。

　　除此不言而喻的糾葛之外，中國上古自《詩經》以來有關蟋蟀
或莎鷄、斯螽的傳講，還有另一個難解的迷團，就是它或它們，究

〔4〕《七月》，《詩經正義》，見孔穎達（疏）《國風豳》，《毛詩注疏》卷一五，頁 392～393。
〔5〕《七月》，《詩經朱注》，見朱熹《豳一之十五》，《詩經輯傳》，卷三（臺北：世界，1986），頁61。
〔6〕《七月》，《詩箋》，見鄭玄《豳七月詁訓傳第十五》，《毛詩鄭箋》卷八（上海：中
　　　華書局，1936），頁2。
〔7〕《七月》，《詩經正義》，見孔穎達（疏）《國風豳》，《毛詩注疏》卷一五，頁 392～393。
〔8〕《七月》，《詩經朱注》，見朱熹《豳一之十五》，《詩經輯傳》卷三，頁61。
〔9〕同上。
〔10〕《七月》，《詩經·豳風》，見《唐蟋蟀詁訓傳第十五》，《毛詩》，頁315。

指何物。《唐風》所言在堂的"蟋蟀"，與《豳風》所說五月動股的"斯螽"，六月振羽的"莎雞"，十月入我床下的"蟋蟀"，到底是一而爲三，三而爲一的同一"動物"，或如《詩經大全》引程伊川的說法，以爲實竟可能是"各色各異"的"三物"？此爲大惑之一。大惑之二，是在《禮記》、《爾雅》、《汲冢周書》等其他與《詩經》大致同時代，以及其前其後的上古典籍中，這蟋蟀，或莎雞，究屬草木鳥獸蟲魚之哪一類，是個什麼屬性的什麼生物，因之，應冠何名，或對它（或它們）的諸多稱號該在知識學上作何理解？

有關"蟋蟀"及其相關動物的"釋名"之爭，由上古衍至中古，始終興而未艾。就字書如《爾雅》、《方言》、《古今注》而言，其釋蟲，[11] 雜釋蟋蟀，[12] 或解說魚蟲而兼及莎雞、蟋蟀，[13] 事屬自然。同時，典籍如《禮記》，[14]《汲冢周書》[15] 及《淮南子》[16] 等，續爲蟋蟀之時節性居止添說增料，使得後世集釋者目之，上古而魏晉，中文資料中有關"蟋蟀"及其相關生物的解說，紛紜愈衆，而治之愈形蕪雜。

即以《爾雅》等古代中國標準字書、辭典中之原典爲例。《爾雅》"釋蟲"時備有"蟋蟀蛬"及"螒天雞"二格。[17] 此爲二物或實一物，不論二物一物究何所指，原文並無定義。《方言》，"蟋蟀雜釋"，"蜻蛚"條下，謂此"即趨織也"，並稱"楚謂之蟋蟀，或謂之蛬。"而"梁國呼蛬，南楚之間謂之蚟孫。"[18] 至此，《詩經》及《詩》箋注者所留下有關"蟋蟀"名實之考的所有疑問，不但仍然高懸未決，而且治絲益棼，竟有變本加厲之勢。

爭執或疑惑的焦點之一，似乎僅在"釋名"之層次，及前提

---

〔11〕　《釋蟲第十五》，《爾雅》（鄭樵注，元刻本）卷下，輯於《北京圖書館古籍珍本叢刊》第五冊（北京：書目文獻出版社，1988），頁22。

〔12〕　揚雄《蟋蟀雜釋》，《方言》卷一一，輯於《叢書集成新編》38冊（臺北：新文豐出版公司，1985），頁581。

〔13〕　崔豹《魚蟲第五》，《古今注》卷中，輯於《叢書集成新編》11冊（臺北：新文豐出版公司，1985），頁157。

〔14〕　《月令》，《禮記》卷五，輯於《四部叢刊初編·經部》（上海：商務印書館，1936），頁51。

〔15〕　《時訓解》，《汲冢周書》，見孔晁注《時訓解第五十二》，《逸周書》卷六，輯於《影印文淵閣四庫全書》370冊（臺北：商務印書館，1983），頁39。

〔16〕　見劉安撰，高誘注《時則訓》，《淮南子》（清嘉慶甲子九年姑蘇聚文堂重刊莊逵吉本）卷五，輯於《中國子學名著集成》（臺北：中國子學名著集成編印基金會，1978），頁174。

〔17〕　郭璞（注）《爾雅注疏》卷之九（明崇禎年間毛氏汲古閣刊本），頁18、20。

〔18〕　揚雄《蟋蟀雜釋》，《方言》卷一一，頁581。

《唐風》所稱之"蟋蟀"，與《豳風》之"斯螽"、"莎鷄"是否實指一物的問題。也就是說，"蟋蟀"是否即爲"莎鷄"？更精簡而言之，此夏秋之間動股、振羽，不斷內移的小動物，究當稱鷄，或者稱蟲？此"禽""蟲"之辯，以相信"天演論"之認知世界視之，似誠荒誕。但深沉吟之，或竟有頗值玩味之另一科學認知與時空更替之交織，從而導出知性天地之歷史文化脈絡之嚴肅問題。也就是說，吾等若肯暫且捐棄現代動物學上對禽蟲，或者鷄雀與昆蟲等認識"客觀性"或其"普世永恒性"，而還人類生物科學之認識發展於其原生之具體歷史文化坐標之中，則《詩經》、《爾雅》以來，包括其諸家注疏者所奮力集思，而迄未得解的蟋蟀是"鷄"是"蟲"的析辯，也許未必如表面字詞上頓然看來的無稽與可笑。蓋當舉世人群對動物與生命之理解與分類，未全定型於達爾文式的系統知識以前，此未定於一尊的中文生物知識，對飛禽鳴蟲，乃至走獸潛魚，可能根本就奠基於另一番或另數套預設性概念。

就生物屬性而言，稱蟋蟀爲"某鷄"（或禽鳥類）者，如"天鷄"、"莎鷄"、"櫳鷄"、"酸鷄"等，與視蟋蟀爲"蟲類"者，如"斯螽"、"蟋蟀蛬"、"蜻蛚"、"吟蛩"等，其辯論焦點大抵鎖在二事之上。一是此物之"飛"，二是此物之"鳴"。換言之，蟋蟀之爲物，重點在它是一個"飛禽"，還是一隻"鳴蟲"？於今看來，如此提問，實屬不堪。但在前近代的比較生物科學史或比較知識文化學上，這未必就是一個膚淺的疑惑或認定。一則，古往今來中西各地的博物學發展，作爲系統性知識而言，其分類與屬性本是交相爲用的一體，而歸類命名法的本身，不單全仗大家對該物種"重點性屬性"的考察認定，而且何爲"重點"，生物"屬性"本身該依何標準，視何内容爲憑仗，如今從比較科學史的角度上看來，未必如近代實證者所咬定堅持的，是一個亙古普世，不動不變的"外在客觀事實"。總之，縱有任何科技上的"外在客觀事實"，此事實，事物在人類社會文化的處置、瞭解中，不免要被化約爲某種"約定俗成"的知識、名稱與意義，因之，遂不能免俗地帶上了該時該地某些特定的歷史屬性，不幸（或幸而？）沾染上了若干非普遍、非恒常而不斷在變化、更替中的面貌（如名稱、歸類），甚或内容（或生物特徵、動物本質）。

從這個層次衡量上古中國蟋蟀該屬飛禽，或者鳴蟲，茲事非不體大。更何況，禽鳥多亦能鳴，而小蟲少不能飛。尤其，在過去禽蟲典的傳統中，諸蟲可能均爲臣屬於禽鳥的一種"次類"。亦有言者以爲，飛鳥、走獸，甚至包括無鱗、無爪、少毛多齒的"人"類，未嘗不是"大蟲"之一屬。

至此，蟋蟀之釋名，與上古而魏晉的中國博物志或"自然科學"知識，似全掉入一個不能自拔的深淵泥塘，成了傳言亞歷山大眼前的那團無頭無尾的亂緒，理還亂，又斬不斷。説從蟋蟀之"飛"狀，能追出其屬性命名之解者，如詩傳，要大家注意"莎雞羽成而振訊之"。[19] 雖是"隨時變化而易其名"的同"一物"，但此物"動股始躍"，是重點所在。[20] 問題是，咬文嚼字者，不望窗外就可憬覺，"羽"與"股"並非一事，"飛"與"躍"因而是問題與答案的進一步分崩離析，而非綜合解決。不只此也，歷來注詩者與解他經者還對莎雞或蟋蟀之飛法，提出了不同的看法。《詩經》朱注説，此物不過"振羽能飛"，[21] 《禮記》之疏卻説：生在土中的蟋蟀，"至季夏，羽翼稍成，未能遠飛。但居其壁。至七月則能遠飛在野。"[22] 究竟蟋蟀離地而移動的現象，是僅"能飛"，或終得"遠飛"？"能"或"遠"的界定尺度何在，要拍案説定誠非易事。

更逗趣的是，到了魏晉時期，文獻中赫然有作者以爲此動物可能未必非要拘於"禽""蟲"之辯，或者根本可名之爲馬，是一種"好穴於灶"的"灶馬"，[23] 在一個有書"釋蟲"（如《爾雅》），有人説"雞"（如《詩經》諸注），[24] 有注疏者置其於"魚蟲"。目下析述的知性世界中，[25] 把一個據傳説能動股，飛躍，作鳴，並且"脚長"、"稍大"的動物，名之爲"某馬"，[26] 事過境遷後固然不免引人發噱，但斯時斯地，思人睹物，果真是一番匪夷所思的標誌

〔19〕《七月》，《詩經·豳風》，見《豳七月詁訓傳第十五》，《毛詩》，頁315。

〔20〕朱熹《豳一之十五》，《詩經輯傳》卷三，頁61。

〔21〕同上。

〔22〕孔穎達《月令》，《禮記注疏》，頁347。

〔23〕段成式《灶馬》，《酉陽雜俎》卷一七，輯於《叢書集成新編》11冊（臺北：新文豐出版公司，1985），頁157。

〔24〕鄭玄《豳七月詁訓傳第十五》，《毛詩鄭箋》卷八，頁2。

〔25〕崔豹《魚蟲第五》，《古今注》卷中，頁96~97。

〔26〕段成式《灶馬》，《酉陽雜俎》卷一七，頁157。

嗎？

三、星移遂物換──中古禽蟲辯之逆轉

魏晉隋唐之間，顯然有不少有識之士，對上古以下的蟋蟀禽蟲之辯，遂有“閑話”之嫌，而有導之於“正直”之冀。故其考釋之文，一則稽於稀薄而愈演愈繁，再則又有亟於寓文章於世道，繫學問於道德人心補益之努力。蓋自西漢揚雄（前58～公元18）《方言》之《蟋蟀雜釋》，首度指出稱名之異之地域性（所謂的“楚謂之蟋蟀，或謂之蜻，南楚之間謂之蟲王孫”[27]。姑暫不論蜻或蟲王孫，與蟋蟀是否同指一物，以《方言》爲前導的兩漢以來，對上古先秦古籍之釋語注疏之書，對《詩經》等早期文獻詮說上的道德性渲染，與增字解經時之“泛教化式”走向，是一個普遍的現象。此現象之顯示於蟋蟀此細物身上之文本表現，即在將其飛禽躍獸等等各種駁雜之聯想，全都歸結於其以時而鳴之特性。並對其“隨時而鳴”的特徵，進一步發揮，引出警世戒俗等許多不同的聯想。

這一轉折，最早的跡象見於兩晉三國時期的二本注疏型著作：西晉崔豹的《古今注》及三國陸璣的《毛詩陸疏廣要》。兩者之相關討論，均本於對上引《詩經》的《唐風》、《豳風》二篇中所提“莎鷄”及“蟋蟀”部分的解說。首先，《古今注》“魚蟲”下，所談的“莎鷄”與“蟋蟀”，除各舉異名之外，一舉地拋棄過去對兩者諸般形狀、習性與行止、飛躍等描繪，不約而同地關注起其“鳴聲”的問題，並對二物之鳴，作明顯而直截的道德性發揮。其說“莎鷄”，直稱“一名促織，一名絡緯，一名蟋蟀。”[28] 並隨即對此一物諸名的各種稱呼，曾作了與鳴聲相關的教化性解釋，以：

> 促織，謂鳴聲如急織。絡緯，謂鳴聲如紡績也。[29]

因此處是目前文獻上最早看到提及以“促織”名蟲者，同時亦已將其名物與鳴聲聯想，故嚴格稽古之角度而言，莎鷄（不論其指何禽何蟲）或任何相似細物因其鳴聲而被賦予與紡織或紡績活動之關聯，似乎是自始已然，難析其故。唯一值得注意的是，此動物此

---

[27] 揚雄《方言》卷一一，頁581。
[28] 崔豹《魚蟲第五》，《古今注》卷中，頁96～97。
[29] 同上。

時雖已具"促織"之名，但古今注釋文並未明言以其鳴聲催織之義，僅稱因其鳴之聲狀，"如急織"，"如紡績"，乍聽之下，像極了此時四處逐漸可聞的快速轉動中的紡織機動的聲音。同一出處《古今注》"魚蟲"第五卷中，續對常與莎雞並提的蟋蟀，作了一番說明，並且無獨有偶地亦著墨於其鳴聲。謂：

> 蟋蟀，一名吟蛩，一名蛩。秋出生，得寒則鳴。一云濟南呼爲懶婦。[30]

此地之釋文，初讀似衍前條以鳴聲定吟蟲之作爲。但再細推敲，卻見二處伏筆，隱約欲現。一是句尾言及濟南地互有呼蟋蟀爲"懶婦"之說，與上文聯觀，鳴聲"如"急織或"紡績"的莎雞所以得一"促織"之名，由"蟋蟀"可被呼爲"懶婦"之對照，可能此類鳴禽鳴蟲（不論是一是二）之鳴聲聽來不僅靜態地一如織機之發聲，而且入得某些士人耳中，畢竟可能帶有若干主動催促、提醒、勸勤、戒懶之意，故乃推衍得出了一個譏諷"懶婦"的俗名。這一層蟋蟀或莎雞勸織諷婦的轉折，至宋明以後，紡織如荼發展，同時蟋蟀生產及玩鬥市場橫掃江南及北京、山東地區，愈演而愈熾，後將再及。

自《古今注》起，釋蟋蟀而重其聲者所引申出來的另一番牽涉世人的說法，不在其於性別活動上對織機懶婦所作的文章，而在其對中古男性世界所著意的各種鳴聲與鳴物所代表的哲思。也就是說，西晉崔豹此處所謂"得寒則鳴"的蟋蟀，一則上承《詩經》"風雨如晦，鷄鳴不已"之上古君子之風的嚮慕與想像[31]（實際上這正是上古以來"莎雞"說歷久不衰，以及鷄禽在中國人文天地裏的真正引人雋永之意），再則下開唐韓愈《送孟東野序》中破首"大凡物不得其平則鳴"之歎。[32] 不論是鳴於如晦之風雨，生於初秋，得寒則鳴，或者遭逢不平之凹凸而不能不發爲聲響，對浸淫於中國人文古典至今千年以上的中古士子而言，作鳴之細物如蟋蟀，其發聲之時、之際、之意涵，很難不引起彼等對自身處境之感觸。正面而言，是所謂"隨時"，依季變化而發聲的天性，自有其儒者聖之"時"

---

〔30〕 崔豹《魚蟲第五》，《古今注》卷中，頁96～97。

〔31〕 同上。

〔32〕 韓愈《送孟東野序》，〔明〕焦竑輯《新鐫焦太史彙選中原文獻》文集卷四，冊13，明萬曆二十四（丙申）年（1596）刊本。

者之氣質。另一方面來看，當然也可以理解成對於時而風雨暴襲，經常碰上不平不公的魏晉唐宋男子的一種心理上單廂情願式的共鳴。

《古今注》將蟋蟀定爲鳴蟲之後，向時莎鷄説所倚重的飛禽式的喻説與聯想逐漸式微。兩晉三國時論者將其鳴聲之社會道德性意涵，對男女兩性分作異樣之懷想，卻噪於一時，直至唐宋五代，頗成巷議。類似之閭里迴響，顯現當時文獻者不一。三國時吳國陸璣所著二卷本之《毛詩陸疏廣要》，是繼《古今注》之後的另一紙發揮。

《廣要》或稱《毛詩草木鳥獸蟲魚疏》，原爲專釋《詩經》中動植物名謂而作。其"六月莎鷄振羽"一條云：

> 莎鷄如蝗而斑色，毛翅數重，其翅正赤，或謂之天鷄，
> 六月中，飛而振羽，索索作聲，幽州謂之蒲錯。[33]

其"如鷄"之説，明指此爲細蟲，雖則蟲而具"毛翅"，又有"飛而振羽"之象，用語述事上，似乎又有傾向鷄禽之偏頗。倒是説其"索索作聲"，並無任何道德男女之比附，僅恰如其分地作了《毛詩》注疏釋鳴的功夫。

不過同書對"蟋蟀在堂"一條的解説，卻明白走向教化性發揮，謂：

> 蟋蟀似蝗而小，正黑，有光澤如漆。有角翅，一名蛬，
> 一名蜻蛚。楚人謂之王孫，幽州人謂之趣織，督促之言也。
> 里語曰"趣織鳴，懶婦驚"是也。[34]

莎鷄與蟋蟀，一"如蝗"一"似蝗"，看似相近，但一"斑色"而有"毛翅數重"，一"正黑，有光澤如漆"，且具"角翅"，如此依陸疏作者的意見，二者實爲二物，相近而不謂雷同。只是陸璣對"莎鷄"所持中立釋名的立場，輪到介紹"蟋蟀"，卻不能免俗地講其"趣織"別名所代表的"督促"之意，並且在文獻中首度記下了後世傳言不已的"趣織鳴，懶婦驚"的里語之説。

四、鳴鬥之際——近世的促織之聲與廝鬥之起

兩晉三國相關議論中重鳴聲而多爲社會倫常附會之風，至五代兩宋未息，且有愈陷愈深，喋喋不休之狀。此一延續，五代人丘光

---

〔33〕 陸璣《六月莎鷄振羽》，《毛詩草木鳥獸蟲魚陸疏廣要》卷下之下，輯於毛晉《增補津逮秘書》第一册（京都：中文出版社，1980），頁 300~303。

〔34〕 陸璣《蟋蟀在堂》，《毛詩草木鳥獸蟲魚陸疏廣要》卷下之下，頁 305~306。

庭所撰《兼明書》，宋人陸佃（1042～1102）所著《埤雅》（1125），
及宋人羅愿（1136～1184）所遺《爾雅翼》等三書中有關"莎雞"
及"蟋蟀"的討論，歷歷可見。《兼明書》"辨莎雞"一條説：

> 按諸蟲之鳴，出於口喙者多矣。有脅鳴者，有腹鳴者，
> 有股鳴者，有羽鳴者。脅鳴者，蜩蟬也；腹鳴者，螻蟈也；
> 股鳴者，斯螽也；羽鳴者，莎雞也。[35]

此處先確定莎雞、斯螽分爲二物，但均屬諸蟲；進而以各蟲出
聲方式（或部位）之異，將之再別爲四類；最後依此分類，將莎
"雞"歸爲"羽"鳴之蟲。足示其所代表的知識世界，較上古已有
變化，且轉而倚重生物鳴聲爲特徵之核心。但在這個轉化中的中古
生物論中，遺自上古《詩經》的莎雞，卻被界定爲以羽作鳴之一種
小蟲，不能不説是個知識論上半新半舊的突變。更惹人注意的是，
在這個如今讀來讓人有些啼笑皆非的諸蟲説中，作者丘光庭也續陸
璣"趣織鳴，懶婦驚"的説法，延伸兩晉以來以蟲鳴諷世的路線，
唯由戒織婦轉而説衆人或勸男士，接著上文説，莎雞斯螽都是"陽
氣出則此蟲鳴，陽氣入則此蟲盡"的"陽蟲"。因當"狀如蚱蜢，
頭小而身大，色青而有鬚"的"莎雞"，"其羽晝合不鳴，夜則氣從
背出，吹其羽，振振然有聲"的時候，其實代表這羽鳴之小蟲"著
其將寒之有漸，勸人早備於寒也。"[36] 也就是説。莎雞之鳴，一如
《詩經》中作聲於如晦之風雨的鳴雞（或君子），是一個代表天地四
時提醒世人的守候之蟲。篇末，丘光庭還振振有辭地向讀者保證，
以"如或不信，可取樹枝之上候其鳴者，把火燃看，即知斯言之不
謬。"[37] 免得犯下如他所斥責"不識莎雞"的《詩經正義》作者孔
穎達一般，對他不求甚解的細物"妄爲臆説"。[38]

由隋唐五代而及兩宋，物變人遷，不論中國的自然學説或歷史
人世都幾經滄桑，不復昔時。所以現在還可讀到的《埤雅》、《爾雅
翼》等看似完全客觀中立，設爲機械性字詞工具的考訂之書，在時
光的洗煉下，與此前此後的辭典相較，竟難免不透露出另一獨特時

---

[35] 丘光庭《莎雞》，《兼明書》，輯於《叢書集成新編》11 册（臺北：新文豐出版公
司，1985），頁219。

[36] 同上。

[37] 同上。

[38] 同上。

代性之氣息。首先，成於北宋末年的二十卷的《埤雅》中，越州山陰（今浙江紹興）人陸佃在八類二百九十七件名物的解説中，卷一一的"釋蟲"部分共四十條（全書動物名共一百八十九項）的内容中，對他一向著意的《詩經》、《禮記》、《爾雅》中已見的生物"蟋蟀"及"莎鷄"均留下了相當的位置。[39] 就《蟋蟀》一條，作者闢首即稱："陰陽率萬物以出入。至於悉蟀帥之爲蟋蟀，能帥陰陽之悉者也。"[40] 以蟋蟀之同音字"悉帥"解其義，並發揮其命名之緣故，認爲此"似蝗而小，善跳，正黑，有光澤如漆"的小蟲，因能帥悉陰陽，乃得名以象其實，是中國文獻中首度將此蟲之釋名脱離其悉索作聲，以狀自然的解釋，走向進一步道德教化之理解。而陸佃此破題第一遭的説法，明指與其基於天地陰陽大義之暗合相關，更清楚地展現了此文獻與思想與北宋以來理學新潮之流風一致。除此進一步之道德化及與陰陽義理合論之新面目外，《埤雅》之"蟋蟀"一篇承前人之典而有數處新作，亦值一提。一是作者解《詩經·唐風》，以"曹奢而苟，唐儉以勤，故詩一以蜉蝣，一以蟋蟀刺之。"[41] 對《詩經》以蟋蟀之行止爲《唐風》諷諫之緣由作了一番道德引申。再者，陸佃對《詩序》所謂憂深思遠之傳統在蟋蟀身上的發揮，進一步推敲，説："《詩》曰'十月蟋蟀入我床下'，言蟋蟀微物也，猶知隨時，何以人而不如乎？故曰，物有微而志信，人有賤而言忠也。"[42] 因《詩》之《七月》一篇，説"蟋蟀"行止及月份，進而高舉其具"隨時"之性格，並且以物諷人，至宋代早成由來已久之習。此處變本加厲，説此山蟲是物微而志信，又説正如人賤亦可言忠，可見士人至此對蟋蟀義理考證之學已走到了如何荒遠之地步。至於此篇結尾作者重申詩傳所説，"蟋蟀之蟲，隨陰迎

---

〔39〕 宋代訓詁之書《埤雅》，爲越州山陰（今浙江紹興）人陸佃（1042～1102）所著。陸佃少受學於王安石，神宗熙寧三年（1070）進士。好三禮之學，除《埤雅》外，著有《爾雅新義》、《爾雅注》、《詩講義》、《禮象》、《春秋後傳》等書。意在增補《爾雅》的二〇卷的《埤雅》，前有其子陸峰書於徽宗宣和七年（1125）之序，略稱此原本於"説魚"，"説木"的"物生門類"，是陸氏繼《爾雅注》之後逾四十年之力作。"不獨博極群書，而農父、牧夫、百工、技藝，下至輿台皁隸，莫不諏詢。苟有所聞，必加試驗，而後紀録。"見陸佃《埤雅》，輯於《叢書集成三編》（臺北：新文豐出版公司，1997）册38。

〔40〕 陸佃《釋蟲·蟋蟀》卷一〇，《埤雅》卷二五，頁302～303。

〔41〕 同上。

〔42〕 同上。

陽。……秋初生，得寒乃鳴。”〔43〕秋蟲蟋蟀的特性，到底是如《詩經》正義與朱注所説的，季節一到，即“自外而入”，“寒則依人”，〔44〕或者如《古今注》及《埤雅》所引詩傳所強調的，“得寒則鳴”〔45〕，顯然是言人人殊，各執一端。也就是説，由上古而近古，大家大抵都同意蟋蟀之難能可貴，在它是一種知時隨時而擇其栖息居止的動物，此依時行動的特徵，在大家一厢情願的觀察中，似乎環繞著人世——中國人世——的節律價值，乃得示其深意。只不過，此生於季夏初秋的微物，一到寒氣逼人，是挪地近人呢，還是振羽而鳴，也就是説它到底在用它的脚力還是它的嘶鳴來對人展現它的特質，上古兩晉而至宋，仍是各有見地，纏著一番仁智之爭。

同書説“莎鷄”，亦承類似思路，謂其之所以“一名天鷄”，“蓋其鳴以時，故有鷄之號。”〔46〕此處稱莎鷄“鳴以時”，一如前文贊蟋蟀爲“隨時”之微物，均在藉蟲諷人。唯今明指其“鳴以時”之習性，而“有鷄之號”，是另一番“正名”之説，同時也講明了莎鷄是有鷄之稱號與特徵，但未必是一般所理解的鷄的一種動物。不止此也，《埤雅》的這一小段解“莎鷄”之釋文，結尾還説，俗云絡緯的莎鷄，“雄鳴于上風，雌鳴於下風，而風化。”〔47〕北宋以後，知識之進一步走向特殊道德教化的傾向，於此可見。陰陽義理與雌雄男女之道的結合，亦日益清晰。

由北宋而南宋，訓詁上古經典而及禽蟲的另一部重要著作，是南宋徽州歙縣人羅愿（1136～1184）所成二十二卷之《爾雅翼》。〔48〕此以羽翼《爾雅》爲標的的辭書，分草、木、鳥、獸、蟲、魚六類，在例仿《爾雅》的四〇七條中，釋蟲者四卷四十條。其解莎鷄、蟋蟀二條，一方面似續接兩宋以前禽蟲論述提及兩物時的由鳴聲説教化之路線，另一方面，若隱若現地卻又透露出，同時期間，由唐而宋，蟋蟀由一純自然界供觀察省思之細物，正轉而化爲中國男女老

〔43〕陸佃《卷一〇釋蟲·蟋蟀》，《埤雅》卷二五，頁302～303。
〔44〕朱熹《豳一之十五》，《詩經輯傳》卷三，頁61。
〔45〕崔豹《魚蟲第五》，《古今注》卷中，頁96～97。
〔46〕陸佃《釋蟲·蟋蟀》卷一〇，《埤雅》卷二五，頁302～303。
〔47〕同上。
〔48〕羅愿《莎鷄》，《爾雅翼》卷二五，輯於《文淵閣四庫全書》第222册（臺北：商務印書館，1983～1986），頁461。

幼日常玩物的關聯性訊息。

因《爾雅翼》説"莎鷄"一篇時，除言其"振羽作聲，其狀頭小而羽大，有青、褐兩種，"並承此時已成舊説的"率以七月振羽作聲，連夜札札不止，其聲如紡絲織聲，故一名梭鷄。……今俗人謂之絡絲娘。蓋其鳴時又正當絡絲之候"云云，謂莎鷄與蟋蟀（非一物）"二蟲皆以機杼之聲，可以趣婦功"。不過催促絡絲織機，或者"寒則漸近人"等依人戒婦之論，仍以人觀蟲識蟲，反身自省而得之物與人之聯繫。除此窠臼之外，《爾雅翼》的作者羅愿還描述了一件近事，在後代文獻及識者中傳頌不已。説：

> 今小兒夜亦養之，聽其聲。能食瓜莧之屬。[49]

而同書《蟋蟀》條中也説：

> 然今蟋蟀有生野中及生人家者，至歲晚則同爾。好吟
> 於土石磚甓之下，尤好鬥，勝輒矜鳴。其聲如急織，故幽
> 州謂之促織。又其鳴時正織之候，故以戒婦功。[50]

所以依羅愿的説法，到了南宋時期，當《爾雅翼》成書（1174）前後，已有小兒豢養莎鷄的情況出現，雖則據説他們夜養此蟲是爲了"聽其聲"。同時，也有蟋蟀被飼養（domesticated）而生於人家。而這些蟋蟀不論生於野外或人家中，至歲末都好吟鳴。有趣的是，《爾雅翼》的作者羅愿記道，這些蟋蟀十分"好鬥"，並且依他之見，它們"勝輒矜鳴"。也就是説當他照錄前言，説此小蟲依時而鳴，"以戒婦功"的時候，不能不注意到在十二世紀下半的中國社會中，莎鷄、蟋蟀（他堅稱爲二蟲而非一物）都已蒙人豢養，有爲聞其鳴聲，也有留神到它好鬥成性的特徵。

就此蟋蟀與人世之進一步結緣而言，大致同一時期史部典籍中也留下了一二值得一提的痕跡。一是《開元天寶遺事》中記道：

> 每至秋時，宮中妃妾輩皆以小金籠捉蟋蟀，閉于籠中，
> 置之枕函畔，夜聽其聲。庶民之家皆效之也。[51]

先不論是庶民之家皆效唐代宮中妃妾之習，或者時竟有下行而上效之可能，總之，依《開元天寶遺事》作者之消息，唐宋宮中妃

---

[49] 羅愿《蟋蟀》，《爾雅翼》卷二五，頁462。
[50] 同上。
[51] 王仁裕《金龍蟋蟀》，《開元天寶遺事》（成都：巴蜀書社，1988），頁23。

妾已有捉蟋蟀閉養於小金籠中之習氣。而且這些宮廷仕女捕捉豢養蟋蟀的理由，是爲了置於枕畔，夜聽其聲。也就是説唐代宮中婦女好逮蟋蟀，是爲愛其鳴，尚與鬥無關。似恰足與前引《爾雅翼》"莎鷄"篇説小兒夜養以聽其聲相印證。

但到《宋史·賈似道傳》中記載："襄陽圍已急，似道日坐葛嶺，起樓閣亭榭，取

圖1　《鼎新圖像蟲經》插圖

宮人娼尼有美色者爲妾，日淫樂其中。"[52] 並且"惟故博徒日至縱博，人無敢窺其第者"。在《宋史》描述此奸相賈似道荒淫誤國，好色縱賭，甚至縛其妾之兄而投火中時，傳記還説他："嘗與群妾踞地鬥蟋蟀"。引得"所狎客人戲之曰：此軍國重事邪?"[53] 如今閱此《宋史》軍政大事與將相人物之史事"重現"，固不應句句當真，視爲"實錄"。不過，不能輕忽的是，這確是史部資料中首度提到成人男女"鬥蟋蟀"爲樂，而在年代上而言，亦與《爾雅翼》"蟋蟀"篇注意到有生於人家的蟋蟀，且展示一種"尤好鬥"之特性時間相近。也就是説宋代訓詁書作者如羅願者雖未明言有鬥蟋蟀之玩樂賭博出現，但他提到的蟋蟀也早已不復過去生於野外，以鳴聲悦人的小蟲，而是正在以爲人眷養、示人鬥性的新姿態，步步走向與中國人世交會的另一個新舞台。

五、英雄向晚——志譜天下第一蟲

兩宋而元明，上古莎鷄之訓漸息，蟋蟀在中國訓俗文化與日常娛樂中一物兩面之性格日顯。在這個道德與奢靡齊飛、曖昧與衝突不悖的近世蟋蟀論述中，《宋史·賈似道傳》裏留下的一個荒誕不經

〔52〕 脱脱《列傳第二三三》，《宋史》卷四七四（二十四史點校本，北京：中華書局，1977），頁13784。
〔53〕 同上。

卻又真情流露、玩興豪放的末世人臣毫不意外地榮登此遊樂帝國中至微而至尊之寶座。元明之際，譜志此迴別於過去然未完全脫線的蟋蟀新文化的著述漸豐。而後代傳鈔刊刻，流佈至今不衰的各種有關蟋蟀的經、志、譜、錄，乃至圖說等等，或徑托賈相秋壑之名，莫不奉其爲此玩鬥小蟲的賭場與競技遊戲的開山宗祖。至此，遙懷高古蟋蟀近人而淒鳴之人士固仍偶見，環目四顧，蟋蟀——不論其於禽蟲典中究屬何物——早已搖身變爲男女老幼的懷中新寵。在這迅即登場的蟋蟀之捕捉、販售、罐養、競鬥、下賭的近世弄蟲新天地中，它確是獨一無二的勇士猛將，是一隻渺小而身影籠罩帝國餘暉的"功蟲"。如果加上明清各種消費市場活絡化以後，蟋蟀及其相關產業（捕售、籠罐、養鬥等相關知識的編撰、出版與流佈、競賭及娛樂場所的開銷花費）的供需數字，不論由娛樂消遣的經濟史考量，或眷養寵物的社會史著眼，乃至帝國晚期地域性（主要是京師及蘇杭）休閒活動的心理文化史沉吟，這蟋蟀千百年來在中國迤邐而下的最後一程轉折，綺麗淒迷，悲壯離奇，頹唐激昂，是最卑下的細物與包括位據要津的豪門要員、心思高妙的哲人墨客、仕女頑童共同寄情交織而成的一部悲愴與英雄交響曲。在一個帝國由盛極而逐落下坡，中國由一隅不知如何迎拒天下的時候，無數的南南北北的童顏鶴髮，爲年年秋蟲之鬥而痴狂忘我。此一步步跡近超現實的小蟲與衆人的競技場婆娑，數言難盡，須另爲文細數，此處不遑聊綴一二，以爲此上溯一物之典故所引出的遠近遐思。

這重重瞻後乃思前的文獻重建，在文化發展上今古交疊，但在性質和心態上往往是回溯式的。因眼前人事變化而興發起某種特殊的思古、考古、創古、造古之幽情。對近世中國的蟋蟀遊藝文化而言，這個促織傳奇或蟋蟀論述，於明季清末而達顛峰。雖然在文化生產上，此推出蟋蟀，建立典範的工作，推前而顧後，向上延展到明代中葉以前，向下的推廣工作隨其畜鬥市場，效應一直擴散到清代以後。今不妨舉流傳最廣的二項資料，略示其興起的面貌之一斑。亦側窺其多人涉手，共迎傳統之情實。

明代文人袁宏道（1568～1610）於其文集《隨筆》中所留下長僅數百字的《畜促織》，後經陶王廷改名《促織志》，廣爲後人抄

寫、刊刻、流佈,[54] 成爲支起近世蟋蟀傳奇的重要支柱之一。其實
袁氏隨筆,原旨因在記其"畜",故對時人捕、養促織有最傳神妙肖
之描繪,説:

> 京師人至七、八月,家家皆養促織。余每至郊野,見
> 健夫小兒群聚草間,側耳往來,面貌兀兀若有所失者。至
> 於溷厠污垣之中,一聞其聲,踴身疾趨,如饞猫見鼠。瓦
> 盆泥罐,遍市井皆是。不論老幼男女,皆引鬥以爲樂。[55]

此段書寫,與略晚中郎數十年的明季士子劉侗在與于奕中合撰
的《帝京景物略》卷三"胡家村"一條所述北京城外秋季捕促織之
景,頗有遥相對應之趣。此段日後被陶王廷於《説郛續》中命名爲
《促織志》的短文,先説:"永定門外五里,禾黍嶷嶷然被野者",
正是當時以出"矜鳴善鬥,殊勝他産"而名噪一時的胡家村。而就
在荒寺數出、墳兆萬接的禾黍之間,只見:

> 秋七八月,遊閒人提竹筒、過籠、銅絲罩,詣蓁草處、
> 缺牆頹屋處、磚甓土石堆磊處,側聽徐行,若有遺亡。跡
> 聲所縷發而穴斯得。乃搋以尖草,不出,灌以筒水,躍出
> 矣。視其躍狀而佳,逐且捕之。[56]

兩段文字,重點都在報導明代北京人秋天赴郊野捕捉促織,回
家眷養的情形。袁氏尚不及鬥蟲之景,但明指健夫小兒聚精會神地
捕捉,是爲了引鬥爲樂,不復與欣賞其鳴聲相干。劉氏另有文字細
説他所見鬥蟲的進行方式,但重點也在點明:

> 凡都人鬥促織之俗,不直閭巷小兒也。貴遊至曠厥事,
> 豪右以銷其資,士荒其業。今亦漸衰止,惟嬌姹兒女,鬥
> 嬉未休。[57]

《帝京景物略》另有一段文字提到北京過中元之時,人藉上墳掏
促織,歸養而鬥的情景:

> 七月十五日上墳如清明時,或製小袋以往,祭甫訖,
> 輒於墓次掏促織,滿袋則喜。秋竿肩之以歸。是月始鬥促

---

〔54〕 《古今圖書集成》卷一七五,第529册,頁15。

〔55〕 同上。

〔56〕 劉侗《七夕》,《帝京景物略》,頁8。

〔57〕 同上。

織，壯夫士人亦爲之。鬥有場，場有主者。其養之又有師，鬥盆、筒、罐，無家不貯焉[58]

至此（書初刻於崇禎八年，1635 年），近世風靡於士子之間的鬥蟋蟀文化規模粗具。其産、捕、鬥，各成專業，還有人工繁殖（即劉侗所説的“今都人多種之，留之鳴深冬”[59]），以及種種飼養、療病等專門知識與技術，流傳市面。近世中國娛樂文化中頗具特色的一環，亦隨莎鷄而蟋蟀之步步轉化，由耳而目，由聲而色，由賞而賭，終至雅俗混同，成了一個衆物喧嘩、人蟲難分的局面。

隨盛清一世安和樂利時代之出現，京師及江南（主要是蘇杭地區）鬥蟋蟀之風日熾，在十八而入十九世紀，待其盛極而衰，帝國向晚之時，南北秋季的競技場中，細蟲悲鳴而人亦唏噓，一方面其奢靡繁華托出了有關“天下第一蟲”的種種風俗，文學，雅玩，器物。因有與群芳譜相對“功蟲録”等奇書問世。另外，爲蟋蟀寫經、存志、著譜、編史的大人先生比比皆是。

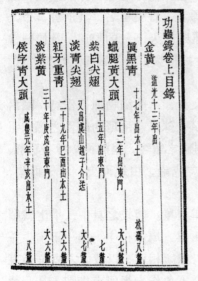

圖2 《功蟲録》目録

圖3 《鬥蟀隨筆》內文摘録

袁宏道與劉侗早在明代風氣漸起之先，就説當時流傳在市面上供士人仕女把玩的“嬉之蟲”、“不直促織”。不過不論是京師人捕

---

[58] 劉侗《七夕》，《帝京景物略》，頁8。
[59] 同上。

養而留伴夜鳴的"聒聒"（袁氏贊其"音聲與促織相似，而清越過之"，並稱"余嘗畜二籠，挂之檐間，露下淒聲徹夜，酸楚異常，俗耳爲之一清。……自以爲蛙吹鶴唳不能及也"[60]）或者是"微類促織，而韵致悠揚……聽之令人氣平"，"見暗則鳴，遇明則止"的"金鍾兒"，依袁宏道的觀察，固爲"兩者皆不能鬥，故未若促織之盛，"[61]數十年後，劉侗亦俯首稱是，說不只是金鍾兒、聒聒兒，或者螞蚱、蟈蟈（名以聽者之所爲情寂寥然也），甚至"促織之別種三"（包括油胡盧，梆子頭，老米嘴），皆以"不能鬥而能聲，擯於養者"[62]也就是說，十六世紀中葉以降，這曾於浩浩千年以上的中國文明中，襲各種不同名號但特徵近似的"蟋蟀"（或"類蟋蟀"）等小蟲，終因人事滄桑之變，由感於其鳴，孑然化身爲一善鬥好鬥的猛將。

在明清中華帝國的盛極繁榮與動亂衰敗不悖而並行、彼落而此起之際，年年秋冬時令，這三十六員或一百零八名視殺如歸的"功蟲"名將，在他們的主人與蟲迷的屏息與喝采之下，凜然而立，巍巍而戰，榮辱勝負雖僅一隙，但其勇者，青史留名，其逝者，令人掩面而噓唏。"天下第一蟲"的命運與"天下"的際遇，及攸關當時這個天下的士子之胸臆，老幼男女之情懷，若干城鄉之財貨生息，不能說是毫無干係的環境宇宙。

至於六朝唐宋以下，多少騷客文人，爲此細物揮筆作詩，賦淚神傷，跟隨杜甫所作的蟋蟀促織詩賦，蘇軾、岳珂的聞蛩之感，明清時期，更多豪興之市井，寂聊而閑微之筆客，爲數種彙考、記事、雜錄、筆記等雅趣之爪鴻。蟋蟀或禽或蟲，由經而史，而子而集，能謂一生枉費乎？

藝文之外，還有捕具鬥場，食譜藥單。競技之具中，畢生戰績歷歷之載記，最後猶榮而去，祭文封典，墳場神主，無一不備，一物之死之生，孰能過之？人蟲結緣，相識相依，以彼此之哀樂爲哀樂，禽蟲所求者人以不知爲已知，當不免作夫復何求之喟。凡此藝文、經濟、市場、器具等種種跡痕，與此物各景之遷移，或至卑微，然與中國（尤其是城市男性世界）人事之浮動，宏旨非全無關，全

---

[60]《古今圖書集成》卷一七五，第 529 册，頁 16。
[61] 同上。
[62] 同上。

身如何繫於一髮之消息，此難一一，容後細表。

六、嬉、鬥間的景、物與人事

蒙暗模糊之間，與蟋蟀名實牽上些干係的若干野地細物，在二千年以上中國人的人文世界中，留下了不少忽隱又現的鴻爪雪泥，多半是無意無由，也很難硬究其情其思。此蜿蜒一路，上古《詩經》、《周書》、《爾雅》，訓及《開元天寶遺事》，《宋史·賈似道傳》等由經而史的曲折，前文已及，不須再贅。由唐宋而明清，子部集部及藝文詩賦中，亦伴此演繹，不能免俗地揮灑下長長短短的吁歎。這些案前伏思之遺緒餘音中，固然也透露了一些對此細物與中國人情間交織而成的側寫與白描，但更多的，是許多咏物思人的難抑之情。

這些多半以第三人稱筆調寫下的歌賦詩詞，數量不少，另須別析。然經史雜集中所窺由鳴而躍、由耳而目、由聲至色的中國娛樂習好演變，與蟋蟀及其"分身"之相會相處中，亦顯而易見。其道德教化之色彩，古即有之，治及近世，一則愈演愈烈，二則亦有自警自惕之生，也展現了藝文角度表述之一向特質。

也就是説，論景物與人事在蟋蟀或促織身上的展演而言，文本主觀所見的痕跡，似乎多是以人弄物，以人感興，以物從人、遂人、就人的一篇篇歷史文化之遺徑。譬如説由晉朝盧諶的《蟋蟀賦》，到唐代張隨的《蟋蟀鳴西堂賦》及李子卿的《聽秋蟲賦》[63]，不但《詩經》、《楚辭》等上古典籍的遺音，是晉唐文士思念之淵源及實感之指引，而且到唐代爲止，蟲"鳴"而人"聽"乃是大家情懷投注之主體。到了宋代，當陳造續此前緣而書《秋蟲賦》時，固一則仍接前聲而映身前之景，以秋蟲之鳴如雁行空，"叢淒聚悲而爲萬壑之秋聲"。"非鐵心而木腸，疇能不悼其魄而動情？""況夫唧唧切切，更應迭和，自宇而戶"，免不了引起作者代衆人一問："彼何物耶，如私語，如怨訴……斷而復續，專中宵而悲鳴。"秋蟲之爲何物，爲何在容易動人愁緒的季節斷續不已地出聲，所出之聲，是否確如賦者耳中心上所聞出的悲切，就是物如何成景，人如何營物造景，偏又繼而觸景傷情，由感物譏評自身他人，世間事事物物的一縷線索，也就是陳造在賦中如歐陽修傳世之《秋聲賦》之膾炙人口

---

〔63〕《古今圖書集成》卷一七五，第 529 冊，頁 1682。

之名句,藉蟲諷人,以景物喻人事,説:"有不聞爾,信能令志士之竊歎,而思婦之涕零。"[64]

讓人訝然的是,同此宋朝,楊萬里所著《放促織賦》,雖有前鑒,也非不知前言,卻白描出另一個世界,告訴讀者及後人,在宋代,秋蟲與促織正在人世的攪弄中,神不知鬼不絕地扮演著一齣齣偷天換日、不脱胎而更骨的變臉化身之戲。因爲這篇散文一般的賦,起始即道:

> 楊子朝食既徹,步而圃嬉,遙見一二稚子集乎遠華之堂,環焉其若圍,俯焉其若窺,躚焉其若追也。楊子趨而往視之,蓋促織之始生而尚微墜地,而未能飛者也。[65]

姑不論賦者楊子隨即賦興大發之下所做的種種發揮,説什麼"嘉遯而不仕,故高步而不卑,辟穀而不飪,故臞貌而不肥。……彼其臂短而脛甚長,是故將進而趑趄,翹立而孤危也。"總之,早在袁宏道繪影繪聲地談起他在京師郊野見到健夫小兒如何群聚草間捕捉促織,以供市井男女捕養之娛,老幼引鬥爲樂以前,[66] 更早在劉侗等人載記都人如何以人工飼養(當時名之爲"種""留")促織,以便秋晝之後"留其鳴深冬"以前[67],宋代士人如楊萬里者已注意到身邊的稚子小兒在畜養促織。楊子這篇《放促織賦》的下文,雖然不能免俗地講到了它"身勤心苦而提耳女紅之荒者"的傳説,或者重提《詩經》以來恭維它"自基而徂堂者,與多言强聒,身隱而聲彰",乃至"若悲若怨,若憤若歎,而吟嘯秋夕之清長者"等等讓宋代中華士子歎竊驚羨的特質,最後他要引到的,不過是他如何"乃命稚子籍以羽扇,遷之叢間",放掉了孩童畜養的寶貝促織的故事。據他的賦尾文説,這些小蟲"見密葉,其躍如曝冬日其欣然"。也就是説當這些"稚子反命"之際,賦者楊子是洋洋自得的,因"楊子使稚子反視之,至則行矣"的時候,他爲何自以爲是地强求稚子釋蟲,並未對讀者言宣,但他在一片捕飼畜養的氛圍中,仍懷想放蟲撒野的情懷,自以爲不謂而喻。當然,後人眼中,宋代小兒群環畜

---

[64] 陳造《秋蟲賦》,《江湖長翁集》卷一,輯於《文淵閣四庫全書》1166 册(臺北:商務印書館,1983~1986),頁 10。

[65] 楊萬里《放促織賦》,《誠齋集》卷四四,輯於《文淵閣四庫全書·集部》1160 册(臺北:商務印書館,1983~1986),頁 477。

[66] 同上。

[67] 同上。

飼促織以爲娛樂的風尚，是一個更清楚而不争的大背景。

此後説"聞早蛩"者仍斷斷續續，[68] 賦蟋蟀者更多，[69] 不論是暑後"夜坐中庭，聞蟋蟀之聲，感而有賦"，[70] 或"夜讀書，聞蟋蟀吟砌間甚悲"，由"感微物之無情"到"驚四序之如逝"，[71] 到了宋明近世，中國士子墨客的胸襟感興之中，已浸任懷抱著千古以來多少吟咏喟歎間對千景萬物的觸動。這些觸動，不但是人事對景對物所興之懷抱，而且是歲積季累，十百世代以來在華夏寰宇的地域風土之間，某些特殊的人情，對其周圍的事事物物所興發而出的某些特出的感慨與處置。時過境遷，這些感慨固然可以不斷伸出新的觸角，展現新的風華。歷史上後代登場的人物也會不斷憑其新聲異議，重新界定雜糅這些已有的文化根底，但是這躲在幕後，藏在深層文化"底模"，總有可能幽幽蕩蕩地忽隱而忽現，若有又似無地與各種行進中的文化新貌、社會新機，切磋擦磨，交會而相互穿梭。這種歷史與文化在時空二軸的左右下，不斷譜成新的織錦（tapestry）的現象，舉世皆然，非獨中國。

只是在促織這一秋蟲細物的身上，當識者如高啓，在元季明興的時節，對著五月的"早蛩"，除了説些"促素機之惰工"之類應付故事的閑話，總抑不住要加上兩句嚶嚶孤吟引動"久棄長蘩之婦，遠寓窮居之客，莫不對景興愁，攬衣動戚，謬感年之將逝，誤驚寒之已積"[72] 等等的發揮。這些發揮，對不處身於中國男性士子情意天地的閑人而言，或者全然無動於衷，或者竟覺濫情而無聊，自然也就很難對他"影就燭而誰依，淚橫襟而自滴"等等的後話寄上感如身受的同情。[73]

問題是，"良夜既半，寂居鮮歡"，乃至"鑪烟未盡，華燭將殘"，擬之千古寰宇，並不是世上人間什麽稀遇的情景。就連"忽有哀聲，來自砌間"，引起旁邊善感的人，一方面兀自"顧而喟曰，此

---

〔68〕　高啓《聞早蛩賦》，《大全集》。

〔69〕　陸可教《蟋蟀賦》，《陸學士先生遺稿》卷一（明萬曆刻本），輯於《四庫禁毁書叢刊·集部60册》（北京：北京出版社，2000），頁303～304；俞允文《蟋蟀賦》，《俞仲蔚先生集》卷一，輯於《四庫全書存目叢書·集部140册》（臺南：莊嚴文化事業公司，1997），頁582。

〔70〕　高啓《聞早蛩賦》，《大全集》。

〔71〕　陸可教《蟋蟀賦》，《陸學士先生遺稿》卷一，頁303～304。

〔72〕　高啓《聞早蛩賦》，《大全集》。

〔73〕　同上。

蟋蟀也", 一方面又要多愁地追問: "胡爲而止? 胡爲而鳴? 伊孰使之?"[74] 也就是説, 不管萬物之聲色如何 "如怨如慕, 如慘如悦, 如歎如訴, 如哽如咽, 如譖如詛, 如誓如訣", 它或它們是 "有情無情",[75] 似乎均在任人之擺布。

這一點, 歷來中國的騷人雅士, 由杜甫而張耒,[76] 由蘇軾而岳珂,[77] 吟咏不斷。詩文迴蕩詭奇者固偶有, 沿襲傳抄者仍佔多數。而最重要的傳抄正是前言所及文化代代相承的一種感觸和情懷上的印模, 模模相印, 心心相因, 使得莎雞, 或者促織, 或者蟋蟀與人的相處, 尤其是與歷史上華夏漢人的相交接, 總在一種大致的形式框架裏兜圈子。這個文化圈的氛圍不少, 效應舊而益新, 新中有舊, 不論它是鳴禽、飛蟲、走獸、鬥士, 竟也歷久而彌堅。

七、結　語

禽蟲之際遇, 隨人而運轉, 任憑人事之興衰變化而遷異, 過去的人也不是渾然不覺的。到了明代以後, 蟋蟀成了大家寵愛的猛將, 有人冷眼側看這籠中新歡, 晚近在中國士人圈中的遭遇與表現, 睹物而思人, 由躬身自省而鳴物之不平, 曾表示: 這鼓翼吟秋的山蟲, 其實在他看來, "於世無所争, 豈有剛膂力。都緣助人意, 自負萬夫特。"[78] 也就是説衆人眼中 "見敵豎兩股, 怒鬚如卓棘, 昂藏忿塞胸, 彭亨氣填臆" 的蟋蟀, 之所以奮不顧身似的前仆而後繼, 是真因此蟲本具好纏好鬥、視死如歸的性格嗎? 還是這鬥場賭局, 一如 "功蟲録" 譜中的英雄烈士, 不過是明清士人、紳商手中的玩弄, 心中捏造出來的與市井之燈紅酒緑輝映的另一種幻影, 在帝國之晚景, 迴光返照著許多失意而欲一搏的人生。

在這將疆場縮微爲掌中競技, 復又將生不滿寸小蟲放大爲捍國大將的明清蛐蛐場中, 當觀衆之雀躍低迴隨著一二青牙黄翅、黑頭

---

〔74〕　陸可教《蟋蟀賦》,《陸學士先生遺稿》卷一, 頁 303～304。

〔75〕　同上。

〔76〕　杜甫《促織》,《分門集注杜工部詩》卷二三, 輯於《四部叢刊集部初編》(上海: 商務印書館, 年代不詳), 頁 405; 張耒《莎雞》,《張右史文集》卷一〇, 輯於《四部叢刊初編》(臺北: 商務印書館, 1965), 頁 4。

〔77〕　岳珂《蛩》,《玉楮集》, 輯於《文淵閣四庫全書》1181 册 (臺北: 商務印書館, 1983～1986), 頁 459。

〔78〕　頓鋭《觀鬥蟋蟀》,《古今圖書集成》卷一七五, 第 529 册, 頁 1686。

剛臂的將軍之生、將軍之勝、將軍之負敗、將軍之戰死而歡聲雷動，復亦歸於沉寂之時，當人的心目中、耳語間不斷傳遞著這帝國盛極將盡之際，秋鬥場中"將搏必踞蹲，思奮肆陵逼"的身僅七八分的草地戰將，詩人吟著他們的小小巨人"既卻還直前，已困未甘踣，雄心期決勝，壯志冀必克"，[79] 在場中捉殺廝鬥的是草蟲嗎？還是人心？當他們堅持"人生亦類斯，隙駒爭得失"，[80] 當大家傳言，"家家促織聲"，"牆根童夜伏"，且爲失手未得的小蟲而"當場怒不平"的時候，大人甚至還說眼前這幕幕"秋高見餘勇"的情景，不免牽出塵封已久深埋胸臆"一憶度遼兵"的無端舊緒，這林林總總，都只是人弄造物，無端玩意，無邊臆想嗎？

　　或者我們竟也可挪轉角度，移動鏡頭，試想這一年一度，數十晨昏，南北市鎮中的士人男女，長幼俗雅，爲一隻隻七分二、七分八的小蟲，而癲狂，而豪賭，而失魂魄，而蕩家產[81]，不也是天地間另一微物對人的煽動、撩撥、諷喻式地鼓動。也就是說，稍一脫離了人弄萬物、人主天地的自以爲豪的立場，放開人本人文中心的坐標，上古而中古，中國禽蟲典脈絡下的莎雞與促織，不論是鳴禽或是跳蟲，其現身之季節，其稍縱即逝的生命周期，其能唱又可戰的屬性，何嘗不也決定了人間爲之暗喜狂戀，爲之抑悲擲金，一往無悔的瘋狂。當明清捕捉賣養隨著戰鬥押賭的市場而興，這蟋蟀一蟲的體型、好惡、生期死日、出入進退之節，無一不成了界定秋鬥人生中的點滴布局。值此，我們還能執言，是人弄物，而不是物我互玩，天下第一蟲也有周旋人際、把持人世的一際？

※ 本文原載熊秉真《睹物思人》，臺北：麥田出版，2003 年。
※ 熊秉真，美國布朗大學博士，中央研究院近代史研究所研究員。

---

〔79〕　同注〔78〕。
〔80〕　同注〔78〕。
〔81〕　陸粲《玄壇黑虎》，《庚巳篇》卷四（北京：中華書局，1987），頁49。

生活、知識與文化商品：

晚明福建版"日用類書"與其書畫門

王正華

一、從史料到文化商品：印刷文化的角度

晚明印刷事業與出版文化的蓬勃發展廣爲學界所悉，據日本學者大木康的統計，嘉靖中期後的晚明時期，百年間的出版品數量，約爲其前（宋代至嘉靖朝前）六百年的二倍[1]。在衆多出版品中，有一類書籍，據出版者、刊刻品質、編排方式與内容判斷，可自成一類。這類書籍今存約有三十五種版本，皆爲福建建陽地區商業書坊所出[2]。自外觀視之，此類書籍用紙粗疏，版刻不佳，印刷低劣，品質往往位於他類書籍之下。今存若干版本更因紙質不良，極易碎裂，内文又漶漫不清，刊刻草率之處甚多[3]。再自内文觀之，此類書籍在版面安排上，

---

[1] 大木康的統計數字來自大陸學者楊繩信所編之《中國版刻綜錄》。該書搜集中國本地北京圖書館等十七個單位藏書，也採用清末民初葉德輝《書林清話》一書搜集的版刻材料，雖未必周全，但可見風氣之一斑。見大木康《明末江南における出版文化の研究》，《廣島大學文學部紀要》號50（1991），頁15~16；楊繩信編《中國版刻綜錄》（咸陽：陝西人民出版社，1987）。另筆者翻閱《明代版刻綜錄》一書，雖未依據年代統計出版數目，但嘉靖中期後的版刻，確實佔有絶大比例。見杜信孚纂輯《明代版刻綜錄》（揚州：江蘇廣陵古籍出版社，1983）。該書除了彙整大陸重要圖書收藏外，也參考諸家著述，如謝國楨的《明清筆記叢談》，所以數量遠超《中國版刻綜錄》。

[2] 關於晚明三十多種福建版日用類書的全名、藏地、版本資料與内容目錄，見吳蕙芳《萬寶全書：明清時期的民間生活實錄》（臺北：政治大學出版社，2001），頁641~659。由於該書已有詳細的記錄，本文不再提供附表。

[3] 筆者曾在位於北京的中國國家圖書館及中國科學院圖書館見到七種原刻本，雖略有高下之別，皆屬粗劣，遠遜於筆者過去在北京及臺北所調閱的明代地方志與詩文集。見徐會瀛輯《新鍥燕臺校正天下通行文林聚寶萬卷星羅》（以下簡稱《萬卷星羅》），明神宗萬曆二十八年（1600）序刊本；《新板全補天下便用文林妙錦萬寶全書》（以下簡稱《萬寶全書》），明刊本；《增補天下便用文林妙錦萬寶全書》，明刊本；李光裕輯《鼎鍥李先生增補四民便用積玉全書》（以下簡稱《積玉全書》），明思宗崇禎年間刊本；博覽子輯《鼎鍥十二方家參訂萬事不求人博考全書》（以下簡稱《博考全書》），明神宗萬曆年間刊本；鄧仕明輯《新鍥兩京官板校正錦堂春曉翰林查對天下萬民便覽》，明書林陳德宗刻本。以上皆爲中國國家圖書館收藏。另見《新刻四民便覽萬書萃錦》，明刊本，中國科學院圖書館藏。

以中線區隔上下二欄，各爲其文。各版本之間有高度的一致性，卷帙
自天文、地理、風水、醫書、武術，至信函、契約活套、棋譜、笑話等，條目
分明，諸項並陳，言其包羅萬象，亦不爲過。

此類書籍爲日本學者仁井田陞歸類於《日用百科全書》，其後酒
井忠夫改稱“日用類書”，並廣爲漢學界沿用。據二位學者的說法，
“日用類書”起於宋代，盛行於晚明，上述建陽所出，即爲其中一
類。[4] 所謂“類書”者，爲適合特定需求而撥取同類知識集結成
書，因此多半傳抄他書，再經分類編排而成。類書在中國有長遠的
歷史，其淵源與發展頗受書志學者注意，論著既多，在此不再贅述。
唯日本學者新創“日用類書”之名，強調的是宋代後新起一類類書
與日常生活的關係。[5]

日本學者對於晚明福建版日用類書的發掘與研究具有首創之功，
戰前仁井田陞已著手收集，而今存三十多種版本多半藏於日本，近
年來並選取品質較佳者付梓重刊。除了搜集校閱外，自 1950 年代以
來，日本學者運用晚明福建版日用類書中各式記載，已在法制史、
教育史、經濟史、醫學史及文學史等領域有所成就。日本學者的成
果大致來自於利用該種類書中的新史料，觸及他類史料少及的一般
人民生活，尤其在契約的訂定、行商往來路程與庶民教育等方面。
換言之，日用類書作爲史料，有他書未及之處，可藉以瞭解士大夫
階層以外的社經生活。[6] 除了將晚明福建版日用類書視爲新史料

---

〔4〕 見仁井田陞《中國法制史研究》（東京：東京大學出版會，1962），頁 742～749；
酒井忠夫《明代の日用類書と庶民教育》，收入林友春編《近世中國教育史研究》
（東京：國土社，1958），頁 28～154。

〔5〕 關於類書的通論性著作，見戴克瑜、唐建華主編《類書的沿革》（成都：四川省圖
書館學會，1981）；張滌華《類書流別》（北京：商務印書館，1985）。一般類書論
著多未提及宋代後出現的日用類書，關於此類類書與類書源流的關係，見酒井忠夫
《明代の日用類書と庶民教育》，頁 28～154；坂出祥伸《解説——明代日用類書に
ついて》，收入《新鍥全補天下四民利用便觀五車拔錦》（以下簡稱《五車拔錦》），
《中國日用類書集成》冊一（明神宗萬曆二十五年 (1597) 序刊本；東京：汲古書
院，1999），頁 8～16；Y. W. Ma, "T'ung-su lei-shu," in William Nienhauser, ed.,
The Indiana Companion to Traditional Chinese Literature (Bloomington: Indiana University
Press, 1986), pp. 841～842。

〔6〕 見仁井田陞《中國法制史研究》，頁 742～749；酒井忠夫《序言——日用類書與仁
井田陞博士》，《五車拔錦》，頁 1～6；坂出祥伸《解説——明代日用類書につい
て》，頁 7～30；吳蕙芳《〈中國日用類書集成〉及其史料價值》，《近代中國史研究
通訊》期 30（2000 年 9 月），頁 109～117。

外，日本學者也探討該類出版品作爲一類書籍在類書傳統中的位置與特色，如比較宋本日用類書後，認爲晚明本更具通俗性。[7] 近年來，晚明福建版日用類書的研究仍見新意，文學史學者小川陽一將日用類書與戲曲小說並讀，找出二者在描寫酒令與卜算等方面的共通性。[8] 醫學與科學史學者坂出祥伸以其中的醫學門爲研究對象，討論其知識性質，認爲屬於"救急治療"之類，多口訣，俾於實用。[9]

晚明福建版日用類書作爲史料的獨特性，也爲中文學界共知，尤其是社會經濟史學者，運用於研究商人階層或一般人民的社會習慣。[10] 由此可見，以該種類書的內容爲史料，不探討其文本性質，而企圖對應出晚明庶民日用生活的實況，在學界已行之有年，成果亦顯而易見。此種看法與用法雖非有誤，並且貢獻頗著，然而在經過多年的研究累積下，已難有所突破。更何況，若干研究將晚明福建版日用類書視爲"生活實錄"，認定其內容記載爲晚明民間生活的全盤映照，他種史料難以匹敵，則值得商榷。這種對於晚明福建版日用類書史料性質與獨特價值的樂觀認定，恐在尚未釐清出版因由與知識性質下，率然接受其內容的透明性與日用性。何況書內個別的記載應有其指涉，或指向晚明社會文化的某一現象，但全本書籍是否皆爲如實登錄，又是否涵蓋當時日常生活所有的元素，必須先審閱其內容與編排方式，判斷其成書目的、知識屬性與消費者性質，並非不證自明的事實。

試舉書中"諸夷門"爲例，此門上欄題名"山海異物"，下欄"諸夷雜誌"。[11] 上層包含四域怪物與土產，傳說物種與實存物產前

---

[7] 見酒井忠夫《明代の日用類書と庶民教育》，頁28～154；坂出祥伸《解說——明代日用類書について》，頁8～16。

[8] 小川陽一《日用類書による明清小說の研究》(東京：研文出版社,1995)，頁97～322。

[9] 坂出祥伸《明代"日用類書"醫學門について》，收入氏著《中國思想研究：醫藥養生·科學思想篇》(大阪：關西大學出版部, 1999)，頁283～300。

[10] 例如，陳學文《明清時代商業書與商人書之研究》(臺北：洪葉文化事業有限公司, 1997)；王爾敏《明清時代庶民文化生活》 (臺北：中央研究院近代史研究所, 1996)。

[11] 晚明日用類書多有此門，內容十分相似，其間或有小異，無礙於以下的陳述。例如，《博考全書》不稱"諸夷雜誌"，而名爲"各國形象"，但就內容而言，與《五車拔錦》大同小異。

後相連，前有人面人腳的鴆鳥，後有來自三佛齊國的梔子花與沒藥。[12] "諸夷雜誌" 亦是真實與想像國度並存，高麗國、日本國與一目國、三首國皆列其中。上下二層皆見出自《山海經》、《事林廣記》與歷朝旅遊紀聞，經過層層傳抄轉釋而古今相雜、真假混糅的異域知識。[13] 如果用以説明晚明域外國度的真實狀況，顯然不可行，即使花費心思企圖分辨所記物種、物産與國度的真偽，選取 "真實" 之面，恐怕也是緣木求魚，遠離成書目的。這些章節條目的正確與否並不重要，值得深思的是如今看來充滿臆測、多元雜質到難以定義爲 "知識" 的內容，如何成爲類書中收録的 "知識"，又有何特質與作用。再者，這些關於遠方異域的記載爲何收録於所謂 "日用性强" 的日用類書中，也不禁令人好奇其與日常生活有何相關。

晚明旅遊風氣旺盛，已爲學者指出，[14] 但 "諸夷門" 顯然並不適於實際操作，作爲旅遊知識的一環。晚明日用類書中的 "諸夷門" 位於 "天文"、"地輿" 與 "人紀" 之後，應來自中國傳統 "天地人" 知識分類系統。[15] 在中國本土的 "人紀" 類知識後，置入當時可蒐集到的域外知識，即使新舊雜陳、來源不同也無所謂。傳統知識分類或許可以解釋 "諸夷門" 出現在以知識採集、分類與編排爲主的類書中，但是仍必須回答爲何該類書籍一再重複刊印 "諸夷

---

[12] 三佛齊國也見於《明史》與《明史外國傳》，其地以産香料著名。見張廷玉等纂《明史》（北京：中華書局，1995），頁 8406～8409；尤侗《明史外國傳》（臺北：學生書局，1977）卷三，頁 13 下～15 上。另晚明福建版日用類書的域外部分與至元庚辰年（1340）版本的《事林廣記》有莫大關聯，"三佛齊國" 的條目也出現在該書的 "方國雜誌" 中。見陳元靚《事林廣記》（至元庚辰鄭氏積誠堂刊本；北京：中華書局，1999），頁 251～254。關於《事林廣記》與晚明日用類書的關係，詳見下文。

[13] 關於中國自《山海經》以來長期累積下來的異域知識與晚明《三才圖會》等書相關內容的關係，見葛兆光《〈山海經〉、〈職貢圖〉和旅行記中的異域記憶——利瑪竇來華前後中國人關於異域的知識資源及其變化》，發表於 "明清文學與思想中之主體意識與社會" 國際研討會，臺北：中央研究院中國文哲研究所，2002 年 10 月 22～24 日。

[14] 關於晚明旅遊文化，見巫仁恕《晚明的旅遊活動與消費文化——以江南爲討論中心》，發表於 "生活、知識與中國現代性" 國際學術研討會，臺北：中央研究院近代史研究所，2002 年 11 月 21～23 日。

[15] 關於 "天地人" 的知識分類與晚明視覺文化中的 "天地人"，見 Craig Clunas, *Pictures and Visuality in Early Modern China* (Princeton: Princeton University Press, 1997), pp. 77～101.

門”。傳統知識分類的繼承雖爲其因，但當時社會文化的脈絡也不可
忽視。

晚明文化中有“好奇”的一面，域外異境提供一種想像的空間與憑
依，奇人奇事奇物皆可由此源源涌出。除了福建出版的日用類書外，
《三才圖會》與《山海經圖》等書也提供類似的記載與圖繪。[16] 因此，
若將“諸夷門”視爲晚明社會好奇風潮的體現，日用類書在編纂時擷取
如《山海經》等書的奇異光景，歸爲一門，或許較接近編書原委。再者，
“諸夷門”的龐蕪冗雜、割裂瑣碎，如何成爲知識，也與晚明對於知識的
看法有關。《四庫全書總目提要》對於類書所收蕪雜無序、剽竊淺陋的
批評，雖未指出爲晚明福建商業書坊所出之日用類書，但推想該類書
籍正是四庫編者所謂之“稗販之學”，輕蔑貶抑的意味甚爲明顯。[17]
在四庫編者的眼中，日用類書並不成爲“書籍”或“學識”。然而，在明
季一代，此種書籍或其所代表的知識系統的出現，指向晚明社會文化
的重要特色。據商偉（Shang Wei）等學者的研究，或因陽明學派重視
日用經驗勝於抽象學說，晚明文化以生活爲重，“日常生活”成爲被認
可的知識内容，甚且是知識系統的核心。以“日常生活”爲知識内涵，
有別於傳統學術，此種知識的結構一如日常生活，較爲錯散無序，且以
平行並列爲主，異於儒家位階性及秩序感强的知識結構。[18] 如此看
來，生活與知識合一，“諸夷門”所包含的内容或可説是生活中常見的
流行常識。

由上例可知，晚明福建版日用類書並非只是忠實地反映真實，
也不一定可實際操作如手册般，與日常生活究竟如何相關，必須再

---

〔16〕 見王圻、王思義編集《三才圖會》册上（上海：上海古籍出版社，1985），人物卷一二、一
三、一四，頁 816～872；胡文焕編《山海經圖》，《中國古代版畫叢刊二編》（上海：上海
古籍出版社，1994），頁 1～284。關於晚明版畫中奇人奇物的研究，見馬孟晶《意在圖
畫——蕭雲從〈天問〉插圖的風格與意旨》，《故宫學術季刊》卷 18 期 4（2001），頁
120～138。另明清插圖本《山海經》的介紹及其圖像來源，見馬昌儀《古本山海經圖
説》（濟南：山東畫報出版社，2002），頁 1～16。

〔17〕 見酒井忠夫《明代の日用類書と庶民教育》，頁 29～38。

〔18〕 見 Sakai Tadao，“Confucianism and Popular Educational Works，” in William de Bary, ed.,
Self and Society in Ming Thought（New York：Columbia University Press, 1970），pp. 338～
341；Shang Wei，“The Making of the Everyday World：Jin Ping Mei Cihua and the Encyclo-
pedias for Daily Use，”發表於“世變與維新：晚明與晚清的文學藝術”研討會，臺北：中
央研究院中國文哲研究所籌備處，1999 年 7 月 16～17 日。此文後有修訂本，爲商教
授計畫出版之新書中的一章，承蒙惠予贈送，有幸拜讀在先，謹致謝忱。

作思考。更何況"日常生活"詞性模糊，用在學術研究上也非早有定論的概念範疇，與其先驗地將該種類書視爲日常生活的整體反映，或許更應將"日常生活"視爲一可討論的範疇，有其歷史性。元代的日用類書《居家必用事類全集》未見關於域外的章節，可見"日常生活"並非一歷時皆然的常態。再如今日提及"日常生活"時，不免以"食衣住行育樂"爲分類與思考架構，但晚明是否也是如此？若以晚明福建版日用類書的編排與内容爲研究對象，見出其日常生活的性質，並藉以觀察晚明社會文化的特色，或許可有收穫。也就是說，"諸夷門"如何是"知識"，如何進入所謂"日用生活"中，爲一值得討論的現象，尤其是該門類與晚明社會文化的交涉以及此種交涉所描繪出晚明重點知識的性質與"日常生活"的圖像。

再者，晚明福建版日用類書的内容除了消極地複製真實外，其積極建構面也應考慮。如果將書籍視爲積極形塑社會文化的力量，不禁令人好奇晚明日用書籍如何傳播知識，建構何種日常生活，又如何在特定的社會場域中發揮影響力。"諸夷門"中高麗國與日本國的對比，即是有趣的例子。在内文的描寫中，"高麗國"最受稱贊，因其漢化最深，爲一禮教國度。圖繪中的高麗人身穿廣袖長袍，手執摺扇，以正面穩定之姿示人，十足君子樣貌。[19] 與之相對，日本國則成爲"倭寇"，人物赤身赤足，僅以些許布縷包裹臀部，手拿長刀，睥睨之姿，令人害怕，真是盜賊之像（圖一、二）。此一對比一則顯現晚明社會對於高麗與日本的刻板印象，好惡差別極大，再因其在福建版日用類書中屢屢傳抄翻刻，此種印象更深入人心，自此建構出晚明讀者心中二國極端相對的形象。[20]

---

[19] 據《三才圖會》、《萬曆野獲編》等書記載，摺扇於明初自日本、高麗等國輸入中國，首見流行於皇宮内苑，此後流風所染，晚明時期，不僅士人階層，甚至連青樓妓女與閨閣婦女都人手一扇。摺扇至此，成爲某種風雅與流行的標記。見王圻、王思義編集《三才圖會》册中，器用卷一二，頁1344；沈德符《萬曆野獲編》，收入《元明史料筆記》（北京：中華書局，1997）卷二六，頁663～664。既然日本與高麗都以摺扇聞名，晚明日用類書選擇高麗而非日本人手持摺扇，更可顯示此爲經過選擇的形象建構。

[20] 見《五車拔錦》，頁188～190；《新刻艾先生天禄閣彙編采精便覽萬寶全書》（明思宗崇禎年間刊本；臺北：中央研究院歷史語言研究所傅斯年圖書館藏紙燒本，原藏東京大學東洋文化研究所）卷七，頁1下～2下；《新鐫翰苑士林廣記四民便用學海群玉》（明神宗萬曆三十五年（1607）序刊本；臺北：中央研究院歷史語言研究所傅斯年圖書館藏紙燒本，原藏東京大學東洋文化研究所）卷一〇，頁1下～2上、4上。

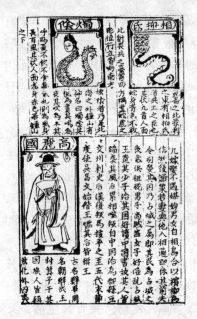

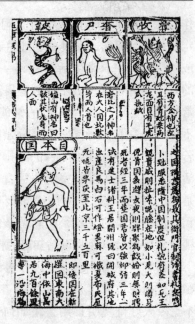

圖一 "高麗國"形象,出自《五車拔　　圖二 "日本國"形象,出自《五車拔
錦》,收於《中國日用類書集成》冊一,　　錦》,收於《中國日用類書集成》冊一,
頁 188 下。　　　　　　　　　　　　　頁 189 下。

　　晚明福建版日用類書所牽連的複雜面向顯然不只局限於史料的
性質,上引小川陽一及坂出祥伸的研究可爲範例,見出新的研究方向。
前者在晚明福建版日用類書與通俗小説間所發現的共通描述,到了商
偉的研究中,有更精彩的發揮。商偉透過對於《金瓶梅詞話》與日用類
書之間複雜而豐富的文本互讀性(intertextuality),討論晚明日常生活
論述的建構與普及。在其二稿中,更加强探討晚明福建版日用類書的
知識性質與其所縮結的文化脈絡,以日用類書中"侑觴"、"蹴踘"與
"笑謔"等門相應於《金瓶梅詞話》中的"子弟文化",點出日用類書與
城市文化的關係。商偉指出福建版日用類書知識的城市性與越軌性,
如"商旅門"教導的嫖妓之道,仿佛在儒家家庭與社會生活穩固不變的
結構中,提供逸脱之法。此種理解與坂出祥伸對於書中醫學知識乃救
急性質的判斷不同,但同樣注意到知識與生活的密合度。[21]

　　除了商偉直接相關的研究外,英日文學界對於晚明各式新型出版

[21]　參見注[18]。

品的關注,值得參考。此類出版品包括女性詩詞、戲曲小説與善書,皆是晚明印刷文化蓬勃氣象中崛起的新興要角。高彦頤(Dorothy Ko)的研究以十七世紀女性爲主體,因論及女性受教育而識字,甚且成爲讀者及作者的歷史新頁,遂觸及晚明商業印刷的發達與閱讀大衆(reading public)的出現,其中也提到日用類書。[22] 何谷理(Robert E. Hegel)關於晚明繪圖本章回小説的研究,綜合前人研究成果,分析該種書籍出現的各種社會經濟層面與閱讀文化(reading culture)的關係,包括出版業的發展、生産技術的改變、插圖與文本的關係以及小説閱讀的方式與群衆等。[23] 另外,酒井忠夫對於晚明中國通俗教育的興趣,也及於善書的研究。除了思想層面的討論外,善書的製作與流通也是他的關心點。[24]

　　福建版日用類書的成類出現也是晚明出版文化中深具啓發性的一頁,就刊刻數量來説,雖與六百多種的戲曲、一百種繪圖本章回小説相去甚遠,[25]但因此類書籍保存價值較低,且用紙粗糙,又易損壞,今存三十五種版本可能遠低於實際的刊刻數目。再者,此類書籍出版地集中,編排與内容雷同性高,作爲一整體的研究對象,視爲晚明印刷文化中新興的一類出版品,在消費市場中佔有一席之地,也是一類“文化商品”,正可見出其集體意義。在此之前的相關研究,或由於重視書中内容的史料性質,或僅指出某門知識的性質,而觸及印刷文化角度者,又因非以日用類書爲重點,討論不够深入。

　　近年來關於晚明書籍的研究,已非書志學者的專門,尤其是印刷文化的研究角度,横跨歷史、文學與藝術史,成爲一新興領域,而明清

〔22〕 見 Dorothy Ko, *Teachers of the Inner Chambers: Women and Culture in Seventeenth-Century China* (Stanford: Stanford University Press, 1994), pp. 29 ~ 68。

〔23〕 Robert E. Hegel, *Reading Illustrated Fiction in Late Imperial China* (Stanford: Stanford University Press, 1998). 何谷理另有二篇相關論文可供参考, "Distinguishing Levels of Audiences for Ming-Ch'ing Vernacular Literature," in David Johnson, Andrew J. Nathan and Evelyn S. Rawski, eds., *Popular Culture in Late Imperial China* (Berkeley: University of California Press, 1985), pp. 112 ~ 142;《章回小説發展中涉及到的經濟技術因素》,《漢學研究》卷 6 期 1(1988 年 6 月),頁 191 ~ 197。前者以李密故事的各種版本爲中心,探討通俗小説的讀者群。

〔24〕 見酒井忠夫《增補中國善書の研究》(東京:株式會社國書刊行會,1999)。

〔25〕 見林鶴宜《晚明戲曲刊行概況》,《漢學研究》卷 9 期 1(1991 年 6 月),頁 305 ~ 323; Robert Hegel, *Reading Illustrated Fiction in Late Imperial China*, pp. 140 ~ 141.

出版品與其所帶來的巨大變動,也漸爲學界矚目。[26] 此一研究取向
在西方也屬新創,成形不過十數年。書籍的歷史牽連甚廣,舉凡知識
的認定與傳播、不同階層與群體的溝通、出版技術與科技、經濟狀況、
識字率與閱讀文化以及文化商品的消費等議題皆在其中。[27] 在中國
印刷文化的研究中,對於類書的關注並不少,除了書志學者以傳統圖
書分類觀點討論類書作爲一類書籍的源流與演變外,宋史學者運用南
宋類書討論士人學習之道與智識文化(intellectual culture),質疑傳統
思想史以大思想家爲研究對象,並企圖修正或補充南宋道學獨大且成
爲唯一學術取徑的説法。由於關心的是士人學文或舉業所用類書,宋
史學者仍在認知與學習的範疇內探討類書的知識構成與內容。[28] 另
婦女史學者也以類書的分類與內容,討論作者或編者對於女性的態度
與女人在中國知識系統中的位置。[29]

上述研究所用的類書多爲菁英之作, 有編者的意志與知識背景
貫穿其中, 或可類比法國狄德羅 (Diderot) 編著之《百科全書》

---

[26] 例如,歷史學的研究見 Harriet Zurndorfer, "Women in the Epistemological Strategy of Chinese Encyclopedia: Preliminary Observations from Some Sung, Ming and Ch'ing Works," in Zurndorfer, ed., *Chinese Women in the Imperial Past: New Perspectives*(Leiden: Koninklijke Brill NV,1999), pp. 354 ~ 396; Lucille Chia, *Printing for Profit: The Commercial Publishers of Jianyang, Fujian* (11*th*-17*th Centuries*) (Cambridge: Harvard University Asia Center for Harvard-Yenching Institute, 2002)。文學學者的研究除了何谷理外,見 Ellen Widmer, "The Huangduzhai of Hangzhou and Suzhou: A Study in Seventeenth-Century Publishing," in *Harvard Journal of Asiatic Studies* 56: 1 (June 1996), pp. 77 ~ 122。藝術史的研究見 Li-chiang Lin, "The Proliferation of Images: The Ink-Stick Designs and the Printing of the *Fang-shih mo-p'u* and the *Ch'eng-shih mo-yuan*," (Ph. D. dissertation,Princeton University, 1998);馬孟晶《文人雅趣與商業書坊——十竹齋書畫譜和箋譜的刊印與胡正言的出版事業》,《新史學》卷 10 期 3(1999 年 9 月),頁 1 ~ 52。另有二本關於明清印刷文化的新書即將出版,見 Kai-wing Chow, *Printing, Culture, and Power in Early Modern China* (Stanford: Stanford University Press, forthcoming); Cynthia Brokaw and Kai-wing Chow, eds., *Printing and Book Culture in Late Imperial China*(Berkeley: University of California Press, forthcoming)。

[27] 關於印刷文化與書籍史的研究簡介,見 Robert Darnton, "What is the History of Books?" in Darnton, *The Kiss of Lamourette: Reflections in Cultural History*(New York: W. W. Norton and Company,1990), pp. 107 ~ 135。

[28] Peter K. Bol, "Intellectual Culture in Wuzhou ca. 1200: Finding a Place for Pan Zimu and the *Complete Source for Composition*," 收入《第二屆宋史學術研討會論文集》(臺北:中國文化大學史學研究所,1996),頁 1 ~ 50; Hilde de Weerdt, "Aspects of Song Intellectual Life: A Preliminary Inquiry into Some Southern Song Encyclopedias," in *Papers on Chinese History*, vol. 3 (spring 1994), pp. 1 ~ 27.

[29] Harriet Zurndorfer, "Women in the Epistemological Strategy of Chinese Encyclopedia: Preliminary Observations from Some Sung, Ming and Ch'ing Works,"pp. 354 ~ 396.

(*Encyclopédie*)。其中言及百科全書式的知識分類與系統，不免思及
傅科（Michel Foucault）的論説。傅科的討論涉及認識論與意識形態
的關係，百科全書於此成爲現存知識系統的全覽，透過書中的分類，
可察知一個社會如何認識世界，如何將特殊的認知視爲常識。因此
人類社會皆有的分類與認知行爲，成爲分析知識與權力交織糾結現象
的絕佳典範；也就是説，提出知識分類與認知的文化建構性，原本被視
爲理所當然而普遍接受的分類原則，事實上爲權力操作的結果。[30]

　　這些研究範例並不適用於晚明福建版日用類書的研究，因爲性
質迥異。福建版日用類書的編者菁英性少，少數有名之士恐爲僞託。
列名編者中最有名的是艾南英、陳繼儒及張溥，三人皆在《明史》
有傳，名聲顯赫，名號甚且列於日用類書的書名標題中，藉以吸引
買者。[31] 艾南英確與出版事業有關，以編纂八股選文等制舉用書聞
名。其時，在野文士透過編選科考用書，甚至能影響天下文風，進
而結黨成派，左右朝政。艾南英雖比不上其中的佼佼者湯賓尹，其
影響力也不可小覷。[32] 陳繼儒早棄諸生，以其文藝長才，編書著
述，在晚明出版事業中名利雙收。[33] 二位人物聲聞天下之勢，福建
地區出版的劣質書籍能否延攬，令人質疑。無怪乎書志學者認爲陳
氏之名，多屬冒用，不能當真。[34] 更何況張溥身爲復社領袖，天下
文士翕然景從，如何爲建陽商業書坊編纂日用型類書？[35]

〔30〕　Robert Darnton, "Philosophers Trim the Tree of Knowledge: The Epistemological Strategy of
　　　　the Encyclopédie," in Darnton, *The Great Cat Massacre and Other Episodes in French Cul-*
　　　　tural History（New York: Basic Books, 1984）, pp. 191~209.

〔31〕　見張廷玉等纂《明史》，頁7402~7403、7404~7405、7631~7632。例如，《新刻艾
　　　　先生天禄閣彙編采精便覽萬寶全書》等，見吳蕙芳《萬寶全書：明清時期的民間生
　　　　活實録》，頁653~657。

〔32〕　見謝國楨《明清之際黨社運動考》（北京：中華書局，1982），頁119~121；金文
　　　　京《湯賓尹與晚明商業出版》，收入胡曉真主編《世變與維新：晚明與晚清的文學
　　　　藝術》（臺北：中央研究院中國文哲研究所籌備處，2001），頁80~100。

〔33〕　王鴻泰在其博士論文中對於晚明"名士"的出現與社會身份的經營有精辟的見解，
　　　　陳繼儒即是以出版業博取社會名聲與實利的標誌人物。見《流動與互動——由明清
　　　　間城市生活的特性探測公衆場域的開展》（臺北：臺灣大學歷史學研究所博士論文，
　　　　1998年11月），頁230~232。關於陳繼儒的出版活動，見大木康《山人陳繼儒とそ
　　　　の出版活動》，收入《山根幸夫教授退休紀念明代史論叢》册下（東京：汲古書院，
　　　　1990），頁1233~1252。

〔34〕　見沈津《美國哈佛大學哈佛燕京圖書館中文善本書志》（上海：上海辭書出版社，
　　　　1999），頁467~468。

〔35〕　見謝國楨《明清之際黨社運動考》，頁121~140。

圖三 "琴棋書畫"版畫, 出自余象
斗編纂《三台萬用正宗》, 收於《中
國日用類書集成》冊三, 正文前。

圖四 三台山人余仰止影圖
出自余象斗編纂《三台萬用正宗》,
收於《中國日用類書集成》冊三, 正
文前。

其餘列名編者, 多爲無名之人, 史册無傳。[36] 例外之人有徐筆
洞與余象斗, 徐爲江西人, 布衣終生, 曾受湯顯祖、湯賓尹等文士
賞識, 似以編書著述維生。[37] 余象斗身兼福建版日用類書《新刻天
下四民便覽三台萬用正宗》(以下簡稱《三台萬用正宗》) 的編者與
出版者, 爲當時建陽商業書坊中的代表人物, 出書多種。余氏本以
功名爲志, 鄉試失敗後, 轉而經營家傳書坊, 非僅爲謀生糊口, 更
企圖在功名之外, 以出版著述求取留名之道。此一用心在《三台萬
用正宗》一書的編纂中也可見出, 除了版刻最佳外, 與他版日用類
書不同的是, 該書前有"琴棋書畫"版畫, 畫出士大夫群聚參與藝
文活動, 明顯用來提昇該版日用類書的地位 (圖三)。書前尚有余象
斗留影一幅, 圖中余氏身著文士服飾, 處於富貴庭園, 妻妾奴僕環
繞, 屋旁對聯更表明像主志在萬里青雲間, 絕非區區小輩 (圖四)。

---

〔36〕 李光裕與周文煒雖於史册有傳, 但見其内容, 二人皆因殉明而留名, 且前者爲武
將, 恐與日用類書的編者同名而已。例如, 舒赫德奉撰《欽定聖朝殉節諸臣傳》
(臺北: 商務印書館, 1976) 卷五, 頁 43 上 ~ 43 下; 卷九, 頁 34 下。

〔37〕 見金文京《湯賓尹與晚明商業出版》, 頁 91 ~ 92。

書坊主人在出版物中留影出名，並刻意經營自我形象的做法，余氏
雖非首例，但余氏共留有三種畫像，《三台萬用正宗》前之留影尚見
於他種出版品，顯見其企圖心，以上層文士身份自居，意圖取得社
會名聲。[38]

　　由余象斗之例看來，書商透過發行書籍，不僅獲利，也可名揚
天下，並進而取得文化資本。[39] 然而，就晚明福建版日用類書的出
版看來，余氏應爲孤例，其餘版本的日用類書與文化資本的累積顯
然無關，純爲商業書坊射利之作。若干版本甚至因貪圖快速出版，
重複使用各家版刻拼湊而成，因而前後書名與出版者不一。[40] 再
者，余象斗一如徐笏洞，屬底層士人，雖曾進學，並無任何功名，
而其餘史傳無名之編者，恐也屬於同一社會階層。這些編者的編書
動機與學術的倡導無關，更不涉及學術與權力的關係。晚明日用類
書雖傳播知識，卻不是某一菁英士人的選擇，與其視之爲菁英文本，
以作者、編者立場細究其意圖與知識建構，毋寧視之爲一類不求品
質、以量取勝的商品，內容互相傳抄轉印，在晚明蓬勃的出版市場
中，以其特質在書市大餅中分得利益。

　　福建版日用類書的特質，除了顯示在定價範圍與刊刻技術外，
最重要的應是卷帙內容與編排形式。唯有透過對於書籍細部內容與
形式的瞭解，再經由與他種日用類書的比較，方能見出福建地區日
用類書的市場區隔與預設讀者。再者，也唯有透過特定內容的解析，
如書畫相關門類，方能釐清該類書籍到底滿足了讀者何種需求，提

---

〔38〕　關於余象斗其人與其出版事業，見蕭東發《建陽余氏刻書考略（中）》，《文獻》期
　　　22（1984），頁214～216；蕭東發《明代小説家、刻書家余象斗》，收入《明清小
　　　説論叢》輯4（瀋陽：春風文藝出版社，1986），頁195～211；Dorothy Ko，*Teachers
　　　of the Inner Chambers*, pp. 41～48；謝水順、李斑《福建古代刻書》（福州：福建人
　　　民出版社，1997），頁241～249；金文京《湯賓尹與晚明商業出版》，頁82～85。關
　　　於余象斗之書前畫像，見 Lucille Chia，*Printing for Profit: The Commercial Publishers of
　　　Jianyang, Fujian*（11th-17th *Centuries*），pp. 217～220，381，note 17。
〔39〕　徽籍而寓居南京之胡正言、汪廷訥，同屬具有文人氣息之書商，也企圖以出版事業
　　　建立社會聲名。見馬孟晶《文人雅趣與商業書坊——十竹齋書畫譜和箋譜的刊印與
　　　胡正言的出版事業》，頁1～52；林麗江《徽州版畫〈環翠堂園景圖〉之研究》，收
　　　入《區域與網絡——近千年來中國美術史研究國際研討會論文集》（臺北：臺灣大
　　　學藝術史研究所，2001），頁299～328。
〔40〕　見王重民《中國善本書提要》（上海：上海古籍出版社，1983），頁382～384；蕭
　　　東發《建陽余氏刻書考略（下）》，《文獻》期23（1985），頁242；坂出祥伸《解
　　　説——明代日用類書について》，頁7。

供了何種知識，又如何與晚明的生活連結。如果書籍的出版與流通必然導向讀者與閱讀層面，以印刷文化研究中的"閱讀文化"觀之，文本經由閱讀行爲而產生行動，發生效用，也就是說，所有的閱讀行爲皆是社會實踐（social practice）的一種，也統有社會空間（social space）。[41] 如此一來，福建版日用類書與他種日用類書在內容形式與市場銷售上的區隔代表著讀者群的不同與社會空間的分化。

本文選擇以書畫門來探討晚明福建版日用類書中的生活與知識，主因在於藝術本屬上層階層之事，包括藝術品的取得與美學知識的內化皆非有錢即可，尚且涉及家庭背景與教育水準等文化資本的養成。即使在今日所謂"大衆社會"與"國民教育"普遍的時代，社會階層的區分仍歷歷清晰，而藝術仍爲最好的測量尺度。[42] 在學界普遍將日用類書認定爲"通俗文化"（popular culture）之一環，與"菁英文化"相對時，其內容中的藝術知識，或許正是探究二者交錯、對應或隔絕的最佳試驗。更經由此一切入點，對原先通俗、菁英文化之範疇與社會空間有更細緻的理解，不再粗略地區隔二分，甚而檢討此種區分在研究上的有效性與思索突破之道。

二、晚明書市中的"日用類書"：編輯策略與可能讀者

晚明繽紛的書籍市場中，可稱之爲"日用類書"者，除了福建商業書坊的出版外，尚有多種。討論福建版日用類書的可能讀者，不得不對市場的區隔有所理解，而此種區隔最明顯地表現在不同地區不同版本的編輯策略與內容選取上，唯有比較，方能見出如《三台萬用正宗》、《五車拔錦》或《萬寶全書》等福建版日用類書的特色。

最早的"日用類書"爲南宋後期陳元靚的《事林廣記》。原版今已不存，但此書在元、明二代迭見刊刻，有其流通性。元代今存二種版本，分別爲至順（1330~1332）與至元庚辰（1340）刊本；明代至少有八

---

[41] 見 Roger Chartier, *The Cultural Uses of Print in Early Modern France*, trans. Lydia G. Cochrane（Princeton：Princeton University Press, 1987），pp. 1~6；Roger Chartier, *The Order of Books：Readers, Authors, and Libraries in Europe between the Fourteenth and Fifteenth Centuries trans.* Lydia G. Cochrane（Stanford：Stanford University Press, 1994），pp. 1~24。

[42] 即使在1960、1970年代的法國，亦復如此。見 Pierre Bourdieu, *Distinction：A Social Critique of the Judgement of Taste*, trans. Richard Nice（Cambridge：Harvard University Press, 1984），pp. 9~96。

種版本存世，除了坊刻外，官府也曾刊刻流佈。陳元靚並非名士，據學者考察，乃福建崇安人士，地近建陽，科場失意後，可能棄絶仕途，受雇於書坊，轉以編寫維生。[43] 今存元明坊刻本之《事林廣記》皆爲福建所出，可見該書的地緣關係。[44] 衆多版本雖有所增減，在内容上差異不大，唯編排有所不同；明版基本上接續元代，遂分至順與至元二種。[45] 今存明代版本除了未表明刊刻時間與出版者的"明刊本"外，皆爲明代初中期所刊，其中以嘉靖二十年（1541）余氏敬賢堂本最晚。[46] 由此可見，《事林廣記》即使在晚明翻刻，流傳顯然有限，恐爲同是福建商業書坊所出之三十多種新型日用類書取而代之，後起之秀既擷其所長，又因時而變，滿足書市的需求。

　　細觀之，《事林廣記》與晚明福建版日用類書大有關聯，其一在於圖版的重視，其二則在細部内容上見得傳承轉録。《事林廣記》爲現存早期書籍中收有大量圖示、圖表、插圖的代表，其前雖有唐仲友的《帝王經世圖譜》，但數量較少，且爲地圖、圖表等不具形象的設計；《事林廣記》則二者皆有，具象插圖如《夫子杏壇之圖》，繪孔子坐於樹下，手撥琴弦，旁繞十位弟子（圖五）。[47] 福建坊刻自

〔43〕　關於《事林廣記》的版本及内容比較，見胡道静《1963年中華書局影印本前言》，《事林廣記》，頁559～565；森田憲司《關於在日本的〈事林廣記〉諸本》，收入同書，頁566～572。森田之説另見《"事林廣記"の諸版本について——國内所藏の諸本を中心に》，收入《宋代の知識人——思想・制度・地域社會》（東京：汲古書院，1993），頁287～317；吳蕙芳《民間日用類書的淵源與發展》，《政治大學歷史學報》期18（2001），頁7～10。

〔44〕　除了上注所引胡道静與森田憲司的研究外，中央研究院史語所傅斯年圖書館所藏詹氏進德精舍與西園精舍刊本，也是福建建陽地區商業書坊所出。關於進德精舍，見謝水順、李珽《福建古代刻書》，頁317。西園精舍可能爲建陽出版大姓余氏所有，見杜信孚纂輯《明代版刻綜録》册二，頁8上；Lucille Chia, *Printing for Profit*, p. 231。二書坊皆活躍於明代初中期。

〔45〕　見上注胡道静與森田憲司之文，另見 Lucille Chia, *ibid.*, p. 360, note 110.

〔46〕　見森田憲司《關於在日本的〈事林廣記〉諸本》，頁571。關於余氏敬賢堂所刊書物，見杜信孚纂輯《明代版刻綜録》册六，頁38下。余氏自宋至明皆爲福建地區商業書坊重要家族，雖未見敬賢堂之資料，應屬該家族所有。另中央研究院史語所傅斯年圖書館所藏二本西園精舍刊本，其實爲同一本之複製，可是據該館記録，一是爲弘治年間（1488～1505），一是萬曆（1573～1619），不知根據爲何。查版刻類參考書，西園精舍出書的記録最遲至正統年間（1436～1499），其後再無，而森田憲司以内容判斷西園精舍刊本爲元代至順間所刊，應爲錯誤。經比對臺北故宫博物院所藏至順年間《事林廣記》善本，可見史語所之西園精舍刊本以至順刊本爲本，略有增減，版刻年代仍應爲明代。

〔47〕　唐仲友《帝王經世圖譜》，收入《北京圖書館古籍珍本叢刊》册七六（北京：書目文獻出版社，1988），頁1～111。據聞該書有嘉泰元年（1201）周必大之序，關於唐仲友以及《帝王經世圖譜》與《事林廣記》在圖示上的比較，見胡道静《1963年中華書局影印本前言》，頁561。

圖五　夫子杏壇之圖

出自《新編纂圖增類群書類要事林廣記》續集，卷四。臺北：中央研究院歷史語言研究所傅斯年圖書館藏西園精舍刊本之複印本。

宋代以來，即注重圖示與插圖，《事林廣記》與晚明日用類書皆有此特色。[48] 再由《事林廣記》所收知識條目觀之，《輿地紀原》、《歷代國都》、《方國雜誌》、《識畫訣》、《畫分數科》、《符喜（熹）應評畫》等常見於晚明日用類書，內容也相似，似乎有地緣傳統因素。[49]

然而，縱然有種種傳承，晚明日用類書與《事林廣記》仍有顯著差異。晚明版本使用圖示與插圖的程度，已達圖文並茂，幾乎各卷皆有，遠非《事林廣記》能比。例如，《事林廣記》的圖畫部分僅有文字，晚明日用類書加上許多插圖，形成一頁中上文下圖的形式；《農桑門》亦是，《事林廣記》於起始處三圖並列，而晚明版本則頁頁有圖，上文下圖，編排清晰。唐代已有版面上下分隔、圖文並存的形式。自宋代後，福建出版的書籍於此頗有發揮，尤其在繪圖本平話上，晚明時期福建坊刻將其普遍用在日用類書等書籍的版式上，形成一大特色。[50] 更重要的不只是圖像增多，且益趨複雜，而是編排方式的不同。晚明福建版日用類書的編排倚重視覺性，許多條目皆設計出特別的版式，便於觀看與翻查。試舉"文翰"與"啓札"二門爲例，稱呼及書帖等範例毋需圖示與插圖，但晚明日用

〔48〕　見蘆田孝昭《明刊本における閩本の位置》，《天理圖書館報 Biblia》期 95（1990 年 11 月），頁 91～93；Lucille Chia, *Printing for Profit*, pp. 39～42, 52～62.

〔49〕　此處及以下之討論所用《事林廣記》版本爲中央研究院史語所藏西園精舍刊本。如上所述，西園精舍刊本與臺北故宮博物院所藏元代至順刊本關係密切。另 Lucille Chia 見解亦同，見 *ibid.*, p. 360, note 110。《新編纂圖增類群書類要事林廣記》（西園精舍刊本；臺北：中央研究院歷史語言研究所傅斯年圖書館藏紙燒本，原藏日本內閣文庫）。此刊本續集卷五至卷九，僅存條目，內文不見，包括"文藝類"書畫、遊戲等部分，所缺可以至元庚辰鄭氏積誠堂刊本補之，即北京中華書局 1999 年所出《事林廣記》。就"文藝類"而言，故宮至順刊本與至元刊本雖有編排次序等差異，但內容一致性甚高。

〔50〕　Lucille Chia, *Printing for Profit*, pp. 40～42, 193～220.

類書在編排上仍以統一格式整合相似用法，不同用法又在視覺上各自區分，讓人一目了然（圖六、七）。[51]

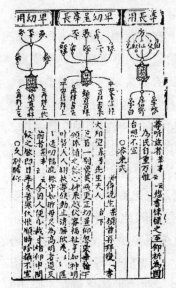

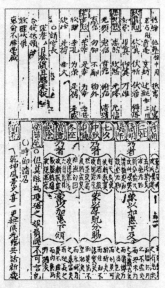

圖六 "稱呼範例"，出自《五車拔錦》之"文翰門"，收於《中國日用類書集成》冊一，頁310上。

圖七 "書帖範例"，出自《五車拔錦》之"啓札門"，收於《中國日用類書集成》冊一，頁335下。

上述各種版式設計的優點，一則在於可填入較多内容，減少版面，節省成本；然而，如果僅以成本爲考量，斷無增加圖示的道理，因爲這些視覺性强的設計，雖然版刻粗糙，仍費時費工，以量多價廉取勝的日用類書，何須如此？上文下圖的版面設計，除了增加文字負載量外，或也因爲易於將各條目分類置放，在視覺上看起來統合分明而受到青睞。圖示、格式或插圖等視覺性的設計也有此優點，有助於使用者檢索翻閱，找到需要參考的項目。更何況晚明視覺性思考發達，如此的編排正適合當時潮流，在繪圖本章回小説興盛的時代，在圖像跨越媒介廣爲流通的時代，不以圖像取勝，不求版式

[51] 此處及以下所言之晚明日用類書，除了前述已引用之版本外，尚可見徐會瀛輯《萬卷星羅》，收入《北京圖書館古籍珍本叢刊》冊七六，頁113～405，即爲前引之北京中國國家圖書館藏本；《新刻全補士民備覽便用文林彙錦萬書淵海》（以下簡稱《萬書淵海》），明神宗萬曆三十八年（1610）刊本；《新刻搜羅五車合併萬寶全書》（以下簡稱《五車萬寶全書》）明神宗萬曆四十二年（1614）序刊本，後二者皆收入《中國日用類書集成》。各版本的内容雖有參差，但雷同性仍强。

引人，在市場上可能難以生存。[52]

再者，晚明日用類書在"正統知識"上頗見削減，尤其是與儒教、幼蒙或農業有關的部分。[53] 如《事林廣記》有聖賢、先賢部門，列出孔子七十二弟子等上百名歷史上有名人物，再有儒教部分，教導禮樂射御書數、誠意正心修身齊家治國平天下等儒家進學德目，而這些在晚明日用類書中一應闕如。傳統的農業知識只剩農桑部分，刪去花果、竹木、獸畜等，可見《事林廣記》觀照的是農業生活的整體，而晚明日用類書僅取基本，在所包括的知識範圍中存其一格。

晚明日用類書增加的部分，顯而易見落在人際交往上，與往來應酬息息相關。這些部門包括稱呼方式、書簡格式等人際往來的應對禮節，更涵蓋各式娛樂酬酢。《事林廣記》已有琴棋書畫、投壺雙陸等項目，置於"文藝類"。晚明日用類書除此之外，再加上"侑觴"、"笑談"等衆人群聚取樂之助，文藝氣息少，娛樂意味多，可以想見在觥籌交錯的場合中，既可用"侑觴門"行酒作樂，又有"笑談門"之新聞與笑話營造歡愉的氣氛。在"助談之資"一事上，晚明日用類書就以數卷涵蓋之，除了"笑談門"外，還提供歷朝故事、公案情節或勸世良言等以佐談興。其餘如燈謎、詩對與風月等部分，又何嘗不與特殊節慶或場合的社交生活相關。"詩對門"包含四、五、七言詩與對聯的範本，吟詩作對除了提供社交場合人際互動之憑藉外，也是喜慶壽誕等特殊時日中人情互惠的重要方式之一。《事林廣記》的"風月綺談"提供情色故事，而晚明日用類書的"青樓規範"則直接教導嫖妓調情之道。在青樓已成晚明城市重要社交地點，而青樓文化已成晚明城市文化重要一環時，具備與妓女交往的技巧，顯然纔是"見過世面"的城市人。[54]

由此看來，《事林廣記》中的知識與生活，在晚明時有重大轉

〔52〕 關於晚明文化中圖像的流通與視覺呈現的重要性，見 Craig Clunas, *Pictures and Visuality in Early Modern China*, pp. 25～76；馬孟晶《耳目之玩：從〈西廂記〉版畫插圖論晚明出版文化對視覺性的關注》，《美術史研究集刊》期13(2002)，頁202～276。

〔53〕 關於晚明福建版日用類書與《事林廣記》內容大綱的比較，見吳蕙芳《民間日用類書的淵源與發展》，頁13～14。

〔54〕 關於晚明青樓文化，見王鴻泰《流動與互動——由明清間城市生活的特性探測公衆場域的展開》，頁246～291；王鴻泰《青樓——中國文化的後花園》，《當代》期137（1999年1月），頁16～29。

變。傳統的知識以個人修養爲目的，偏重於問學進修，講求全貌與進學階段，而承載此種求知形態的生活方式顯然趨向農業與鄉村，晚明日用類書在選取上，擷取《事林廣記》中可用之分類與內容，但也大幅度改變，適合當時社會風氣，尤其傾向於社交應酬方面，也深具城市文化色彩。

流通於晚明的日用類書，除了《事林廣記》外，尚有他種。元代出版的《居家必用事類全集》在明代也幾經翻刻，官府與民間俱有。[55] 今見明代版本之一，前有嘉靖三十九年（1560）田汝成之序。田氏列名《明史·文苑》，著作等身，有名於世。[56] 其序文既考證該書來歷，又指明出書因由，想非僞造。田汝成認爲《居家必用事類全集》載有幼蒙、孝親、禮儀、官箴與攝生等內居，居家居官皆宜參考，有助於修身、齊家、治國。[57] 綜觀該書內容，確實如此，在儒家禮教的框架下，提供縉紳家族治家及爲宦之道，訴求的讀者應是身爲士人的戶長。該書起首章節標名“爲學”，講述家族子弟成學進階之法，自行爲舉止至讀書作文皆在內，對象顯然並非子弟本身，而是擔當教育重責的家長。“家法”一章則包含婚冠喪葬禮儀，引用司馬光之“居家雜儀”。

“爲學”及“家法”二章說明《居家必用事類全集》適用於士紳家族，書中關於官箴吏學的部分也可看出偏向士人階層的編選原則。然而，書內包含多種非常實際且具有指導性質的條目，如家禽家畜的牧養、蔬果藥材的種植，再如做醬腌菜的方法與衛生養身的秘訣，看來皆與成學無關，也不是儒教的治家規範，作何解釋？細觀此部分內容，反映出家業管理的實際需求，也就是男性家長如何經營一個以農牧營生的家族生活，讀者並非實際操作者，而是管理者。如此看來，這些實際生活的指導內容，指向一個非商業非城市的鄉紳生活，擁有土地與家

---

〔55〕 見《出版說明》，《居家必用事類全集》（嘉靖三十九年〔1560〕田汝成序刊本，京都：中文出版社，1984），未標頁碼；吳蕙芳《民間日用類書的淵源與發展》，頁9~10。

〔56〕 見張廷玉等纂《明史》冊二四，頁7372。據田汝成之說，該版本爲洪子美所刊。洪氏名楩，錢塘人，家富藏書，喜刻書，以“清平山堂”爲名。見杜信孚纂輯《明代版刻綜錄》冊三，頁23上~23下。

〔57〕 見田汝成《居家必用事類叙》，《居家必用事類全集》，頁1~2。

業,家中族長或子弟進學問舉,並可能任官爲吏。[58]

《居家必用事類全集》在明代(包括晚明)的一再翻刻,可見有其市場,此類引用儒家"修齊治平"之道爲編書說詞的日用類書,除了《居家必用事類全集》外,在明代中後期亦見他種。弘治十七年(1504)宋詡所編的《宋氏家要部‧家儀部‧家規部‧燕閑部》即是其一,宋詡之序明白點出儒家進學之理,並期望所編之書有助於齊家環節。觀其內容,在端正家風與講定禮儀外,也不乏士人理家所必須知道的諸種實際知識,如農桑事宜或衛生秘方,再由田產、珠寶、牲畜等各式賬簿看來,訴諸的讀者仍爲有家有業的鄉紳階級。[59]

明末讀書坊所刻之《居家必備》,前有明初著名文人瞿祐的序言。瞿祐,字宗吉,錢塘人,詩詞有名於當世,在明代文學選集中,不乏其傳記。[60] 在瞿祐的序言中,倡言教導子弟、治生齊家爲居家之要,描畫出儒家傳統下耕讀之家的景象,一如宋詡與田汝成。瞿祐之序並未指明爲《居家必備》一書所寫,然該序置於書前,仍顯示出版者認可其言。書中錄有多種晚明著作,如沈顥的《畫麈》與高濂的《遵生八箋》,成書年代應在明末。《居家必備》在晚明至少刊行二次,有其流傳;其中讀書坊屬杭州書林,主人段景亭,該書坊活躍於天啓年間 (1621～1627),出書多種;另一出版者心遠堂,今存書目除《居家必備》外,僅見崇禎年間 (1628～1644) 刊本一

---

[58] 據吳蕙芳《民間日用類書的淵源與發展》一文,《居家必用事類全集》有萬曆七年(1579)序刊本,唯臺灣未見,只能略而不談。比對可見的四種版本,內容一致。見不著撰人《居家必用事類全集》,收入《北京圖書館古籍珍本叢刊》冊六一(明刻本;北京:書目文獻出版社,1988),頁1～422;《居家必用事類全集》,收入《四庫全書存目叢書》子部,冊一一七(明刻本;臺南縣:莊嚴文化事業有限公司,1995),頁28～444;《居家必用事類全集》,嘉靖三十九年(1560)田汝成序刊本,收入《續修四庫全書》冊一一八四(隆慶二年〔1568〕刊本;上海:上海古籍出版社,1997),頁309～728。江蘇太倉南轉村施貞石夫婦合葬墓出土一本《居家必用事類全集》,前有田汝成序言。施氏崇禎四年(1631)去世,處士終身,未曾出仕。墓中另出土字書、《古今考》與《戰國策索隱》等書,可見一介鄉紳的藏書。由此可知田氏序刊本《居家必用事類全集》的流通,也顯示該書讀者的屬性。吳聿明《太倉南轉村明墓及出土古籍》,《文物》期3(1987),頁19～22。

[59] 見宋詡《宋氏家要部‧家儀部‧家規部‧燕閑部》,《北京圖書館古籍珍本叢刊》冊六一,頁3～69。

[60] 例如,陳田《明詩紀事》(臺北:中華書局,1971)乙籤,卷一三,頁1;朱彝尊《明詩綜》(上海:上海古籍出版社,1993)卷二二,頁1;朱彝尊《明詞綜》(上海:上海古籍出版社,1995)卷一,頁11;錢謙益《列朝詩集小傳》(上海:古典文學出版社,1957)乙集,頁189～190。

種，爲明初歙縣文人唐文鳳的文集。心遠堂歸屬不詳，應也位於江南地區。[61] 由書坊所在地看來，《居家必備》的江南與福建有地區差異，雖不在出書的種類及行銷的區域上有所區別，然晚明福建的出版形態純爲市場走向，不講品質，不求進步，反以快速價廉、趨向大衆而欣欣向榮，日用類書的出版亦可見此一傾向。[62]

如序所示，《居家必備》包含的内容範圍與前述居家類書籍相似，皆偏向士紳階層治理家業的需求。其中如"清課"等卷帙，録有自南宋趙希鵠至晚明屠隆、文震亨等關於士人起居用著作，訴求的對象十分明顯。上述三種以"齊家"爲主旨的日用類書，除了内容與福建版不同外，在編排上，更可見雲泥之别。最明顯之處在於以文字爲主，圖示較少，版面鬆闊，字型較大，全頁一體，未見上下區隔。另傳抄前人著作時，注明出處，且録文較爲完整，而福建版日用類書割取局部，填入各分類細目中，不僅細碎，原文脈絡也不存。如前所述，《四庫全書總目提要》對於晚明若干出版品隨意采撫、抹去出典的作法極爲不滿，所指即如福建版日用類書。第三點則自内容及版面安排上，見出成書目的之異。士人型日用類書以學習爲目的，除了選取全文以供閱讀外，同類知識齊全。如《居家必用事類全集》中的"爲學"部分，自童蒙教育中的穿衣走路至讀書識字後的書簡通式，一應俱全，而寫字相關知識包含在"爲學"之中，可見爲士子求知成學必備之涵養。與之相對，福建版日用類書將"書法門"獨立出來，與其他衆多門類並列，並無先後主從之别，可見書法知識不是儒家爲學之一環，而宛如"俳觸"、"笑談"或"風月"般皆爲時興話題或生活知識，隨時可供翻閱檢索。自目錄的編排上，也可見出福建版日用類書適於翻檢，不須字字閱讀。各門因爲分類清晰，標題統一格式，"書法"、"畫譜"等二字門類下，再分上下層，各爲四字，如"畫譜門"分上層"丹青妙訣"與下層"畫譜要覽"，其下再有小字注明内容細目，話題性十足。《居家必用事類全集》的目錄則先後次序清楚，知識有主從之别，仿佛儒家成學有其步驟，但未在視覺上顧及檢索之便利（圖八、九）。

---

〔61〕 讀書坊刊本藏於臺北圖書館及中央研究院歷史語言研究所，心遠堂的版本則見於臺北圖書館。關於"讀書坊"與"心遠堂"資料，見杜信孚纂輯《明代版刻綜録》册七，卷八，頁9下～10上與册一，卷一，頁14下。"讀書坊"資料另收入瞿冕良編著《中國古籍版刻辭典》（濟南：齊魯書社，2001），頁511。

〔62〕 Lucille Chia, *Printing for Profit*, pp. 250～253.

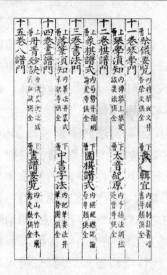

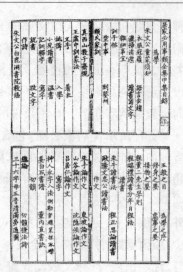

圖八 "目錄範例",出自《五車拔錦》,收於《中國日用類書集成》冊一,頁11。

圖九 "目錄範例",出自《居家必用事類全集》甲集,頁1。北京:中國國家圖書館藏明刻本。

　　明代中後期以降,尚有《多能鄙事》、《便民圖纂》與《日用便覽事類全集》等日用類書存世,唯更偏向實用性,尤以農業知識所佔比例最多,與福建日用類書的區別更大,不再多談。[63] 而有名的《三才圖會》與知識階層緊密相關,編者王圻進士出身,序言作者多人,或為官僚士大夫,或為著名文士。《三才圖會》提供完整的知識體系,並佐以圖繪;其一序言贊其"左圖右史",復興古典知識傳統;另一序言指責市肆之書多可汗牛,但包羅萬象且細目繁多者,只配"佐談笑",相應之下,《三才圖會》方是圖像與文字並列的中國正統知識。[64] 如此一書顯然與福建書坊割裂引文且知識破碎的日用類書大相徑庭,序言作者貶抑的對象,或許就是福建版日用類書。即就品質而言,《三才圖會》雖無套色等繁複印刷技術,但圖繪精美,版刻細緻,福建版日用類書去其千里,難以企及。

　　綜合上述,建陽所出日用類書特色鮮明,市場區隔清楚,顯然能滿足時人某種需求。就編排及內容看來,該種日用類書供檢索之用,話題性強,非知識學習,與傳統書籍純文字性質也有差別,著重視覺性設

〔63〕　例如,《便民圖纂》,收入《中國古代版畫叢刊》(上海:上海古籍出版社,1985),頁887～995。正文之後有一出版後記,考察該書的來源與用途,可供參考。

〔64〕　見王圻、王思義編集《三才圖會》冊上,頁1～11。

計，符合時人視覺思考的潮流。所預設的讀者並非中國傳統社會菁英
階層，也就是士大夫階層的主要來源——有土地有家業的鄉紳，投射
出的生活形態也不是耕讀生活，而習染城市文化的氣息。換言之，晚
明福建版日用類書的購買者雖不一定居住於城市，但該書的編輯策略顯
然與瀰漫散佈的城市氣氛有關，爲城市繁華後所帶出來的文化效應。

　　除了經由內容與編排探求晚明福建版日用類書的讀者趨向外，
討論書籍的消費與讀者，最直接的當然是書價與購買力的問題。根
據二本日用類書所列標價，售價分別爲一兩與一錢，雖相差極大，
但約略可見定價範圍。[65] 以晚明書價看來，一錢可稱價廉，一兩則
稱中等；書價貴者多爲印製精美的名著，以圖爲重的書籍也所費不
資，索價二三兩並不少見。相較之下，日用類書已近書市價格之底
端。[66] 再衡諸購買力，雖有學者認爲對下層社會而言，書價高不可
攀，也有學者將書價與官吏俸祿相比，顯示一般人仍負擔不起。[67]
官吏俸祿是否爲晚明圖書購買能力最好的測量表，令人懷疑；衆所
周知，官員的收入不只俸祿，各種非正式收入與法外回扣遠超賬面
上的官方數字，況且晚明各種階層與職業的收入，與各級官僚的薪
金並無關聯。以晚明坊刻昌盛之狀看來，書籍在當時確爲文化消費
中重要的項目，在經濟發達與消費盛行中，家有餘資者花費數錢，
買部日用類書，應非罕見。[68] 就像人類學家詹姆斯·哈耶斯（James
Hayes）的研究，1950、1960 年代香港新界地區的下層階級雖無力購
書，但只要買得起書的家庭，日用類書正是優先考量。[69]

---

〔65〕　見酒井忠夫《明代の日用類書と庶民教育》，頁 87～89。

〔66〕　見磯部彰《明末における“西遊記”の主体的受容層に関すゐ研究——明代“古典
　　　的白話小説”の読者層をめぐる問題について》，《集刊東洋學》期 44（1980），頁
　　　55；張秀民《中國印刷史》（上海：上海人民出版社，1989），頁 518；大木康《明
　　　末江南における出版文化の研究》，頁 102～108；Dorothy Ko, *Teachers of the Inner
　　　Chambers*, pp. 35～37；沈津《明代坊刻圖書之流通與價格》，《國家圖書館館刊》
　　　卷 85 期 1（1996），頁 101～118；Lucille Chia, *Printing for Profit*, pp. 190～192；井
　　　上進《中國出版文化史——書物世界と知の風景》（名古屋：名古屋大學出版會，
　　　2002），頁 262～266。

〔67〕　見磯部彰《明末における“西遊記”の主體的受容層に関すゐ研究——明代“古典
　　　的白話小説”の読者層をめぐる問題について》，頁 55～56；沈津《明代坊刻圖書
　　　之流通與價格》，頁 116～118。

〔68〕　見 Dorothy Ko, *Teachers of the Inner Chambers*, pp. 35～37。

〔69〕　James Hayes, "Specialist and Written Materials in the Village World," in David Johnson,
　　　Andrew J. Nathan and Evelyn S. Rawski, eds., *Popular Culture in Late Imperial China*,
　　　pp. 87～88.

晚明日用類書的讀者雖因資料缺少，難以框定於某人或某一群人，但若干蛛絲馬跡，仍堪揣摩。章回小說《醒世姻緣傳》中，有一出身地方官吏家庭的浪蕩子弟，名喚晁源，平日無意於詩書，程度僅及《千字文》類童蒙用書。一日忽病，醫生到府診斷把脈之時，須借書籍墊之，醫生問道《縉紳錄》，侍女卻取來春宮版畫與猥褻小說。次回，換以《萬事不求人》等日用類書。[70] 今之學者考訂《醒世姻緣傳》作於清初，作者身歷晚明，文中描寫之社會情狀，應有晚明色彩。[71] 由上述情節看來，作者認爲日用類書所需之教育程度不高，能懂《千字文》即可，所謂"粗識文墨"者，大概如是；[72]再者，日用類書與黃色書刊同屬晁源藏書，正是閑書之流，符合其不讀正書之紈綺個性。

《醒世姻緣傳》的場景發生於山東武城與江蘇華亭，福建版日用類書的流通似乎廣及大江南北。對於研究中國印刷文化的學者而言，出版事業的網絡因爲少了關於刊刻數目、銷售數量與行銷管道的具體資料而難窺全貌，所能掌握的是版本的多少、版刻的來源、書坊與書市的狀況。研究晚明福建坊刻的學者爬梳多種資料後，有以下成果：若干福建書商在南京等江南大城及北京設有書鋪，或能經銷福建書籍，而余象斗等人對於南京出版事業十分熟習，屢屢翻刻"京本"書籍，二地出版的流通概可想見。學者甚至認爲晚明中國中部與南部已形成統一的書籍市場，日用類書的流傳遂不限於福建。福建的書籍市場畢竟比不上江南此一人文薈萃且繁華爛漫的地區，僅靠福建一地識字人口恐難以支撐建陽坊刻，福建書籍最大的市場應該也是江南地區。[73]

---

[70] 見西周生撰，黃蕭秋校注《醒世姻緣傳》（上海：上海古籍出版社，1983）第一、二回。小川陽一在其書中，已經引用此一段落，唯討論角度不同。見小川陽一《日用類書による明清小說の研究》，頁43～44。"不求人"等書名是福建版日用類書纖用的標題，見吳蕙芳《萬寶全書：明清時期的民間生活實錄》，頁641～658。

[71] 見徐復嶺《醒世姻緣傳作者和語言考論》（濟南：齊魯書社，1993），頁1～31。

[72] 《千字文》與《三字經》、《百家姓》爲明清最常見之童蒙用書，讀熟後可認識一千字。見 Evelyn S. Rawski, "Economic and Social Foundations of Late Imperial China," in *Popular Culture in Late Imperial China*, pp. 29～31。

[73] 見蕭東發《建陽余氏刻書考略（中）》，頁215；蕭東發《建陽余氏刻書考略（下）》，頁244～246；繆咏禾《明代出版史稿》（南京：江蘇人民出版社，2000），頁392；金文京《湯賓尹與晚明商業出版》，頁81～83；Lucille Chia, *Printing for Profit*, pp. 149～150，250～253。

　　至於所謂"粗識文墨"之人，在晚明所佔比例與人口數也因缺乏直接資料，難以確定。然而，今日學界公認晚明因經濟發達等因素，識字人口增加，雖然各種研究所得數字皆未超過百分之十，但對於當時社會及文化產生巨大的影響，前言之新興出版品或與之相關。[74] 另研究者提出"功能識字能力"的概念，指出一般人識字讀書非爲進舉或成學，而是因應生活所需，因此許多人必須識字而不一定能寫像樣文章。學習一技之長必得讀懂淺顯文字，如大夫、算命師、風水師、賬房先生、專業寫信人或主導婚喪宗教禮儀的師公等，這些人現代稱爲專門技術人（specialists），普遍存在於明清中國的城市與村落中，連婦女學習綉花亦須識字。[75] 這些功能性識字人口手中若有閑錢，應能買書，也是文化性消費的成員之一，突破傳統將識字與文化消費人口局限於文人士大夫階層的觀念。

　　在戴維·約翰森（David Johnson）關於明清書寫與口傳文化的論文中，將中國社會依照教育程度（Education／Literacy）與包括經濟水平之社會支配力（Dominance）各分三級，因此遂有九等的差別。以教育程度而言，受古典教育的爲最高一級，其下尚有"識字"（Literate）一層，方至文盲。此一中層或功能性識字人口橫跨傳統士農工商階級，而具有經濟能力享受文化消費的人口亦是如此。[76] 這也是福建版日用類書書名或序言中所言之"四民"或"士民"，[77] 期望橫跨階層，儘量趨近社會中會讀書又能消費的人口，前言晁源雖然心在書外，但仍讀書備考，家中也因舉人父親補上縣官而更轉富饒。另城市中的中小商人或作坊主人以及居住鄉下的地主階層，皆是福建版日用類書的潛在購買者。

---

〔74〕 Dorothy Ko, *Teachers of the Inner Chambers*, pp. 34~41.

〔75〕 Evelyn S. Rawski, *Education and Popular Literacy in Ch'ing China* (Ann Arbor: The University of Michigan Press, 1979), pp. 1~17; David Johnson, "Communication, Class, and Consciousness in Late Imperial China," in *Popular Culture in Late Imperial China*, pp. 38~39,54~65; James Hayes, "Specialists and Written Materials in the Village World," pp. 93~111; Grace S. Fong, "Female Hands: Embroidery as a Knowledge Field in Women's Everyday Life in Late Imperial and Early Republican China," 發表於"生活、知識與中國現代性"國際學術研討會,臺北:中央研究院近代史研究所,2002 年 11 月 21~23 日。

〔76〕 David Johnson, "Communication, Class, and Consciousness in Late Imperial China," pp. 55~67.

〔77〕 見坂出祥伸《解說——明代日用類書について》,頁 7~8。

綜合前述，福建版日用類書所顯示的閱讀方式與書籍樣貌，與傳統書籍不同，應有其編輯策略與市場定位。晚明下層民眾或溫飽難顧，或衣食僅足，斷無文化消費能力；位於識字人口頂端的士大夫階層，無須消費福建版日用類書般廉價又粗淺書籍，如需類書，《三才圖會》更爲適宜，即使是日用類書，尚有如《居家必備》等多種選擇；不具深厚學養的富裕中人買得起多種書籍，價值一兩的福建版日用類書，自可消費，但選擇也多。福建版日用類書作爲一種新興出版物，在傳統制舉書籍、詩詞文集與類書外，提供粗識文墨且略具餘資人士接觸書籍的機會。如此屬性之社會人在晚明前早已見之，但大量出現於晚明，促使書籍市場與文化消費產生巨大變化，福建版日用類書成爲新的消費對象，也顯現新的書籍消費形態。此種消費根植於當時社會的流行風潮，在傳統的知識體系、讀書形態與耕讀生活外，新的生活與知識定義浮上論述層面，在社會空間中流佈。下文將藉著書畫門的討論更深入晚明對於生活與知識的新認識，同時在比較他種藝術類消費品後，希望對於福建版日用類書所顯示的讀者與社會空間有更多瞭解，並透過視覺物品與藝術知識的消費，審視當時的社會區隔（social differentiation）。

三、藝術、社會生活與時興話題：“書法門”與“畫譜門”

“書法門”與“畫譜門”普見於晚明福建版日用類書，多半書法在前，畫譜在後，二者相連。“書法門”上層多爲書寫須知及字體範例，文字與圖像參半；下層爲永字八法與楷法示範，則以圖示爲主。“畫譜門”上層爲賞畫或繪畫要訣，多爲文字，包括各種基本知識，例如“寫真秘訣”等；下層是畫譜，有梅、竹譜，也有如畫幅般完整的山水與花鳥畫，偶見人物與畜獸。

書畫門成爲福建版日用類書的標準內容，顯見當時之需，而書內其他相關條目也具體將書畫編入日常生活中，不須特別解釋與交代，已成社會實踐的一部分。例如，在良辰吉日的選擇上，肖像畫的繪製亦是其一。[78] 就今存畫作看來，自晚明後，確實有許多祖宗像或行樂

---

[78]　見徐會瀛輯《萬卷星羅》卷一九，頁 12 下；《五車拔錦》，《中國日用類書集成》　　　册二，頁 36～37。

圖傳世,個像、群像皆有,跨越社會階層與畛域之分。[79] 與之相應,日用類書"畫譜門"引錄"寫真秘訣",包括寫像基本觀念與色彩調配之方。這些片段來自元代王繹的《寫像秘訣》,原文操作性質强,仿佛可據以勾臉幹色,同時也因比附相法,爲"寫像"技法增添知識高度。[80] 雖然肖像畫的歷史可追溯北宋之前,《寫像秘訣》爲今存最早以肖像畫爲論述對象的畫論。王繹本爲職業肖像畫家,技法高超,就其《楊竹西小像》觀之,寫像不僅寫形,也畫出像主隱士身份的高潔從容。[81] "寫真秘訣"傳錄《寫像秘訣》,用意應不在教育畫家,因爲肖像畫爲專門技術,以師徒之制傳承;反之,錄文顯現的是"畫像"一事已成社會習慣,起碼家有餘錢、識字買書者應該知道。

與繪畫相關的社會習慣尚有數則,皆顯露在書簡格套上。設席款待賓客前,修書一封,借幾幅立軸以增四壁之光;[82] 贈畫友人的客套措詞中,包括水墨畫與四幅山水。[83] 在人事紅塵的應酬交際中,繪畫作爲物品已是中介物,或宴飲同歡時妝點氣氛,或人情交換時贈與往來。書法亦是,拓本與法帖在人情世故上也參與一角。[84] 類似的書信範例在尺牘集成中也可見到,教導如何寫信求畫。[85] 由此可見,繪畫或書法相關文化商品已成固定消費,在人際關係上扮演角色。

原本只有上層階層方能消費欣賞的書畫, 在晚明時期, 已進入

---

[79] 關於祖宗像的研究不少。例如,Jan Stuart, "Introduction," in Jan Stuart and Evelyn S. Rawski, eds., *Worshiping the Ancestors: Chinese Commemorative Portraits* (Washington D. C.: Smithsonian Institution, 2001), pp. 15 ~ 116. 其他種類肖像畫的研究,見李國安《明末肖像畫製作的兩個社會特徵》,《藝術學》期6(1991),頁 119 ~ 156;Cheng-hua Wang, "Material Culture and Emperorship: The Shaping of Imperial Roles at the Court of Xuanzong (r. 1426 ~ 1435)," (Ph. D. dissertation, Yale University, 1998), chapter 4; 余輝《十七、十八世紀的市民肖像畫》,《故宮博物院院刊》期3(2001),頁 38 ~ 41。

[80] 王繹《寫像秘訣》,收入于安瀾編《畫論叢刊》(北京:人民美術出版社, 1960), 頁 852 ~ 855。

[81] 海老根聰郎《王繹・倪瓚筆〈楊竹西小像圖卷〉》,《國華》號 1255 (2001 年 5 月), 頁 37 ~ 39。

[82] 見徐會瀛輯《萬卷星羅》卷七,頁 7 下。

[83] 見前注,頁 11 上;《五車拔錦》,《中國日用類書集成》册一,頁 353 ~ 354;李光裕輯《積玉全書》卷一二,頁 11 下 ~ 12 上;《萬書淵海》,《中國日用類書集成》册六,頁 276。

[84] 見徐會瀛輯《萬卷星羅》卷七,頁 10 下。

[85] James Cahill, *The Painter's Practice: How Artists and Lived and Worked in Tradition China* (New York: Columbia University Press, 1994), pp. 35 ~ 39; Ann Burkus-Chasson, "Elegant or Common? Chen Hongshou's Birthday Presentation Pictures and His Professional Status," in *Art Bulletin* 76: 2 (June 1994),pp. 285 ~ 298.

一般人士的生活。隨著識字人口的增加，能夠欣賞與書寫書法作品的人必然超過前代。一如前述，福建版日用類書中有對聯範式，各種場合與職業一應俱全；對聯作爲一種書法形制，想必流傳甚廣。再觀繪畫，因應各種人情與節慶的需求，許多功能清楚的繪畫自明代中期後大量出現，如祝賀壽誕，新婚或退職紀念，或提供新年、端午懸挂之用。[86] 據研究，明中葉以來，慶祝生日誕辰已成社會習俗，不但年齡下降，階層愈廣，送畫或送字成爲人之常情。[87] 再如劉若愚《酌中志》記載，晚明萬曆至崇禎年間内廷組織與宮中生活，對於節慶活動有所描寫，初一正旦懸挂天官、鍾馗圖像，端午則見天師或仙人驅除五毒。[88] 另據文震亨《長物志》，在其"懸畫月令"一節中，教導如何依照歲時節令懸挂畫軸，新年挂天官、古賢畫像，端午懸鍾馗或艾草、五毒之類。[89] 劉若愚代表宮廷，文震亨所提多是宋、元名畫，依時令選換掛之，年中十餘次，皆非尋常人家供養得起。然而二者所言之月令習俗，應橫跨階層藩籬，所選繪畫主題也相似，只是名畫與巨蹟與否，端視個人財富多寡與關係如何。

既然書畫深入社會生活，買賣應該不難，然而尋訪有名畫家的作品，必須透過專人介紹，花費金錢與時間，恐非常態。[90] 福建版日用類書中有一啓札格套，或可顯示當時一般情況：該信央人前往鄰近城市時，代爲購買楷書法帖。信中並未指定商號或賣主，城市中書畫相關商品的交易應屬平常。[91] 再據李日華所記，萬曆中後期爲官北京時，《清明上河圖》般的長卷繪畫在京城的雜賣鋪中即可買到，價值一兩。[92] 至遲在北宋時期，書畫在大城市的定期市集或店鋪中買賣交

[86] James Cahill, *The Painter's Practice: How Artists and Lived and Worked in Tradition China*, pp. 19～24, 33～35；石守謙《文徵明與大衆文化》，收入《臺灣 2002 年東亞繪畫史研討會論文集》（臺北：臺灣大學藝術史研究所，2002），頁 193～206。

[87] 邱仲麟《誕日稱觴——明清社會的慶壽文化》，《新史學》卷 11 期 3（2000 年 9 月），頁 101～156。

[88] 見劉若愚《酌中志》（北京：北京古籍出版社，1994），頁 177～184。

[89] 見文震亨《長物志校注》（江蘇：江蘇科學技術出版社，1984），頁 222～224。

[90] James Cahill, *The Painter's Practice*, pp. 35～45.

[91] 徐會瀛輯《萬卷星羅》卷七，頁 11 下。

[92] 關於北京買賣《清明上河圖》的資料，見李日華《味水軒日記》，《叢書集成續編》史部，册三九（上海：上海書店，1994），頁 739～740，以及《紫桃軒又綴》，《叢書集成續編》子部，册八九，頁 400。李日華傳記資料，見張廷玉等纂《明史》，頁 7400。

易,並非罕見,汴京相國寺之市集即爲顯例,晚明之事例有何特殊性?[93] 就李日華及其他相關記載看來,書畫交易在晚明時期更爲普及,不僅在京城,江南城市皆有,不僅定期聚集之市集,更有店鋪與攤位,甚至普及到讓李日華吃驚的雜賣鋪。[94] 更重要的是,十七、十八世紀描繪城市生活的圖像中,販售書畫古董的店鋪與攤位在都市的通衢大道上屢屢出現,已成都市景觀的一部分,而北宋末年張擇端本的《清明上河圖》並未見書畫買賣的描寫。[95] 圖繪不一定反映真實現狀,卻可知在晚明的都市觀念中,書畫等文化商品的流通爲都市印象之一,書畫的立即消費性應是當時城市文化的特色,也形構“城市性”。

書畫與生活的密切交涉既爲晚明社會文化現象,日用類書的書信活套頗見書畫在人際網絡關係中的痕跡,而專門的“書法門”,“畫譜門”所指向的“生活”又是如何?

“書法門”的字體範例並非首創,早見於《事林廣記》的“文藝類”。《事林廣記》收有草書、篆字、隸書與蒙古字範例,至多七百多字,未見以《説文》般小學知識解釋來源,字義與發音,而教導如何辨識與書寫楷書之外的字體:草書部分尚見口訣,實用性强,收録蒙古字可見福建版書籍對於新時代的適應。[96] 晚明福建版日用類書的字體範例最常見篆字,幾乎各本皆有,草字次之,少見隸書。與《事林廣記》最大的差別不在於草、隸書之有無,而是諸字篆書的出現與所舉範例的減少。在晚明日用類書中,篆書至多包括十八種,林林總總,怪字雲集,每一

[93] 關於唐代與北宋大城市中書畫買賣狀況,見 Michael Sullivan, "Some Notes on the Social History of Chinese Art," 藝術史組《中央研究院國際漢學會議論文集》(臺北:中央研究院,1980),頁165~170。

[94] 見 Craig Clunas, *Superfluous Things*: *Material Culture and Social Status in Early Modern China* (Urbana and Chicago: University of Illinois Press,1991), pp. 133~137; James Cahill, *The Painter's Practice*, pp. 45~50。

[95] 晚明都市圖像中具體帶出書畫交易地點的作品有下列多種:《皇都積勝圖》、《南都繁會》、《上元燈彩》以及數卷《清明上河圖》。《清明上河圖》的製作年代較難判斷,其中三卷可能爲晚明蘇州職業作坊所作,見遼寧省博物館藏傳仇英《清明上河圖》以及臺北故宮所藏白雲堂本、故宮調字一八五二七本。關於十七、十八世紀都市圖像的研究,見王正華《過眼繁華:晚明城市圖、城市觀與文化消費的研究》(未刊稿,已審查通過,將收入《中國的城市生活:十四世紀至二十世紀》論文集,由聯經出版事業公司出版),頁1~35。

[96] 見陳元靚《事林廣記》,庚集,卷下,頁180~187。關於《事林廣記》中《草書百韵訣》的由來與書法史上的重要性,見硯父《元刻〈草書百韵訣〉箋注》,《書譜》期21(1978年4月),頁58~61。謝謝臺大藝研所何炎泉同學告知此文。

字體多約五十字,少則五字,而以五字最多。其中絕大多數聞所未聞,見所未見,如"蝌蚪顁項作"、"暖江錦鱗聚",二者皆"望文生字",前者學蝌蚪,以圓點細線拼成,後者作游魚群聚狀,字在魚中,視覺趣味重於字形文義(圖十、十一)。〔97〕《事林廣記》的字體示範尚可提供如字書般學習功能,晚明日用類書篆書範例種類雖多,樣樣皆有,但各取一勺,聊備一格,既無教導作用,又缺學習功效。〔98〕

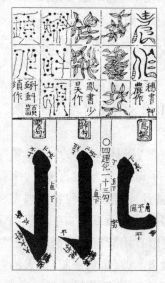

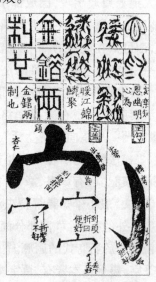

圖十　"蝌蚪顁項作",出自《萬書淵海》之"書法門",收於《中國日用類書集成》冊六,頁436上。

圖十一　"暖江錦鱗聚",出自《萬書淵海》之"書法門",收於《中國日用類書集成》冊六,頁441上。

至於晚明福建版日用類書爲何首重篆書,且視覺趣味高於一切,據研究,晚明因篆刻流行,一則影響書法風格,同時也使篆書廣受注意。篆書源於秦朝統一天下"書同文"之前,字形變化多端,爲書體之最,包括許多日常書寫少見字體。晚明文藝風氣原本尚奇,顯現在流行書風上,除了追求視覺上奇特效果外,怪字或異體字的

〔97〕　例如,《萬書淵海》,《中國日用類書集成》冊六,頁433～445;陳允中編《新刻群書摘要士民便用一事不求人》(明萬曆年間刊本;京都:京都大學附屬圖書館谷村文庫收藏)卷一八,頁1上～15下;鄭尚玄訂補《新刻人瑞堂訂補全書備考》(明崇禎年間序刊本;臺北:中央研究院歷史語言研究所傅斯年圖書館微卷,原藏京都大學人文科學研究所)卷一〇,頁7上～7下。

〔98〕　例外亦有,北京中國國家圖書館所藏《積玉全書》中收有楷、草、篆、隸書《千字文》,歸於明中葉著名書家文徵明名下。李光裕輯《積玉全書》卷一〇,頁1上～15下。

書寫更屬常見。在一片競奇風氣中，篆字正是展現奇異變幻的最好載體，而奇字怪書往往形成視覺上的謎語，在詩酒聚會中，文士以此爲娛樂，有如遊戲。[99] 上述"暖江錦鱗聚"等，即宛若視覺上的字謎，雖無甚學問，但趣味十足。文士們以奇字下酒，此奇字有典有據，或來自當時字書，如《古文奇字》、《説文長箋》等，[100] 而福建版日用類書之奇字無根無據，趨向視覺性與通俗性。

由此觀之，《書法門》並非專爲學習書法而成立，然内中"永字八法"與楷書示範又作何解釋？"永字八法"來源不明，據唐代貞元年間（785～804）書家韓方明所言，八法起源甚早，歷東漢崔瑗、六朝鍾繇、王羲之等人，至唐代張旭始弘揚之，因"永字"概括楷書筆法，書法之妙，由此成之。[101] 其後元初僧人釋溥光之《雪庵字要》，推許唐代著名書家張旭首創，溥光並發揚光大，將八法推演成三十二形勢。[102] 以"永字"寫法作爲楷書落筆基礎想必流傳久遠，崔瑗等起源論説真實性難究，但溥光的定制廣爲後人認識，明代中期李淳即如此認爲。[103]

以日用類書而言，元代《居家必用事類全集》中已收"永字八法"，作爲"寫字"一環，取名"神人永字八法"，來自東漢書家蔡邕於嵩山石室中受神人八法的傳説，與溥光所言並不相同。細目冠名爲"李陽冰筆訣"，解説側、勒、努等八種筆畫寫法要訣。[104] 李陽冰，唐代書家，以篆書聞

---

〔99〕 關於晚明書風與篆刻的狀況，見 Qianshen Bai, *Fu Shan's World: The Transformation of Chinese Calligraphy in the Seventeenth Century* (Cambridge: Harvard University Press, 2003), pp. 10～71。

〔100〕 見白謙慎《明末清初書法中書寫異體字風氣的研究》，《書論》號 32 (2001)，頁 181～187; Qianshen Bai, *ibid.*, p. 67。當時奇字多指篆、隸字體的多種變化或一字多種寫法的異體字，如朱謀瑋《古文奇字》，收入《四庫未收書輯刊》輯二，冊一四（北京：北京出版社，1997），頁 105～186；郭一經《字學三正》，收入《四庫未收書輯刊》輯二，冊一四，頁 187～348；趙宧光《説文長箋》，收入《四庫全書存目叢書》經部，冊一九五、一九六。

〔101〕 見韓方明《授筆要説》，收入《歷代書法論文選》（上海：上海書畫出版社，1981），頁 286。

〔102〕 見釋溥光《雪庵字要》，收入崔爾平編《歷代書法論文選續編》（上海：上海書畫出版社，1996），頁 186～192。

〔103〕 見李淳《大字結構八十四法》，收入崔爾平編《明清書法論文選》（上海：上海書店出版社，1995），頁 66。

〔104〕 《居家必用事類全集》甲集，頁 30 上～33 下。關於"神人八法"的傳説，見伏見冲敬《永字八法》，《書道史點描》（東京：二玄社，1979），頁 145～158。感謝臺大藝研所何炎泉同學告知此文。

名,所謂"筆訣"應爲傳稱。其後《居家必備》引之,内容雷同。[105]

　　若干福建版日用類書也録有"永字八法",如《萬書淵海》、《五車拔錦》,内收蔡邕之神人八法,並言其後傳授崔瑗與其女蔡琰,僞託成分居多。觀其内容,與《居家必備》等書不同,但與《三才圖會》中之"永字八法"局部重疊。[106]《萬書淵海》等版本尚包括"永字八法"圖示及"變化七十二筆法圖",也與《三才圖會》主旨相似,但諸多細節的差別,排除二者直接的傳抄關係,恐是時代風尚使然。《三才圖會》"人事"部分尚有草、隸、篆字用筆與識字訣竅等内容,匯集字數甚至上千,遠超過福建版日用類書,可作小型字書看待。《萬書淵海》等是福建版日用類書中收録最多筆法圖示的版本,許多僅有"永字八法"之永字而已,既無七十二筆法,又無文字解説。《萬書淵海》的書學實用性應比同類日用類書高,僅用"永字"單一圖示充數者,實用性少,話題性多。[107]

　　《萬書淵海》、《五車拔錦》的楷書示範約四十字,也居同類書籍之冠。這些字以顏真卿書風寫成,皆爲大楷,筆畫粗黑,字形外撇,旁書口訣(圖十二)。晚明學書次第已成習慣定制,嘉靖朝(1522~1566)書家豐坊在其《童學書程》中,教導八歲小兒初學書法時,應先學顏書大楷,當以顏真卿《中興頌》、《東方朔碑》及蔡襄《萬安橋記》爲法。這三種石碑皆爲有名之顏體大字,學生可據拓本勾摹。[108]《三才圖會》

圖十二　"楷書範例",出自《萬書淵海》之"書法門",收於《中國日用類書集成》册六,頁453下。

[105]　《居家必備》卷八《藝學上》,頁1上~3下。此處將李陽冰誤寫爲李冰陽。

[106]　《萬書淵海》卷一五,頁2上~14上;《五車拔錦》卷一三,頁1下~34上;徐會瀛輯《萬卷星羅》卷一五,頁1下~13下;《萬寶全書》卷一一,頁2下~7下。王圻、王思義編集《三才圖會》,人事卷三,頁2上~15上。

[107]　例如,陳允中編《新刻群書摘要士民便用一事不求人》卷一八,頁1下;《鼎鋟崇文閣彙纂士民捷用分類學府全編》(明神宗萬曆三十五年〔1607〕刊本;臺北:中央研究院歷史語言研究所傅斯年圖書館藏紙燒本,原藏東京大學東洋文化研究所)卷一六,頁1下。

[108]　見豐坊《童學書程》,收入《明清書法論文選》(上海:上海書店出版社,1995),頁97~102。

師法其意，連推薦範本也一致。[109] 由此觀之，福建版日用類書確實反應時人風氣，其讀者也一如前言偏向略識文墨者，不具深度與學問。儘管《萬書淵海》等福建版日用類書爲學習寫字者提供楷書字範，或可據而習之，然學書一事畢竟不是區區數十字可涵蓋，遑論他種日用類書所示甚至不超過十個字。[110] 晚明學書應以法帖、拓本爲法，前言書啓活套中倩人代購之，當是爲了學書，不一定是欣賞。[111]

　　既然無關學書，福建版日用類書中數十字楷書範本除了增添項目，求其全備外，或因範字旁有數語評點，提供品評書法的常識。學書與識字本爲一體，皆是教育之端，也是爲學之始，爲己不爲人。然在晚明結社結黨盛行、交際應酬頻繁之時，個人手書似乎盡在他人目光之下，晚明流行的善書即勸喻時人莫嘲笑他人書法。[112] 書法因此成爲個人自我呈現的方法之一，其好壞關涉個人在社會上之聲望與地位。可以想見，除了本人書寫優劣外，擁有能力品評他人手書，也是社會生活中必備技能。尤其是在身份浮動不定、階層界限模糊的晚明社會，個人外在樣貌與延伸而來的才藝表現、社交技巧，在某種程度上決定個人之社會身份。[113]

　　“書法門”在當世各種新興話題中偏取一角以符合潮流的做法，“畫譜門”也可見到。畫譜流行於明代中葉後，各式題材皆有，常見梅、竹、蘭、菊、翎毛與人物等譜。《三才圖會》幾乎全部涵蓋，引用萬曆中期周履靖所編之畫譜，如寫梅之《羅浮幻質》、蘭花的《九畹遺容》與翎毛《春谷嚶翔》等書。[114] 福建版日用類書中僅有少數

〔109〕王圻、王思義編集《三才圖會》，人事卷四，頁 16 下。另董其昌也提倡學書當自楷法始，見汪慶正《董其昌法書刻帖簡述》，收入 Wai-kam Ho, de., *The Century of Tung Ch'i-ch'ang 1555 ~ 1636*, vol. 2 (Kansas City: The Nelson-Atkins Museum of Art, 1994), p. 337。

〔110〕例如，陳允中編《新刻群書摘要士民便用一事不求人》卷一八，頁 1 下 ~ 6 上。

〔111〕關於晚明書法作品與法帖的流通，大野修作《書論と中國文學》（東京：研文出版社，2001），頁 262 ~ 264；王靖憲《明代叢帖綜述》，收入啓功、王靖憲主編《中國法帖全集》集 13（武漢：湖北美術出版社，2002），頁 1 ~ 2；增田知之《明代における法帖の刊行と蘇州文氏一族》，《東洋史研究》卷 62 號 1（2003 年 7 月），頁 43 ~ 48。

〔112〕見 Sakai Tadao, "Confucianism and Popular Educational Works," p. 335。

〔113〕關於晚明浮動的社會身份，見岸本美緒《明清時代の身分感覺》，收入氏著《明清明代史の基本問題》（東京：汲古書院，1997），頁 403 ~ 428；王鴻泰《流動與互動——由明清間城市生活的特性探測公衆場域的開展》第二章。

〔114〕王圻、王思義編集《三才圖會》，人事卷四，頁 27 上 ~ 40 下。周履靖《羅浮幻質》，收入《中國歷代畫譜匯編》冊一四（天津：天津古籍出版社，1997），頁 697 ~ 736；周履靖《九畹遺容》，《中國歷代畫譜匯編》冊一五，頁 275 ~ 316；周履靖《春谷嚶翔》，《中國歷代畫譜匯編》冊一三，頁 437 ~ 484。

版本包括多種畫譜，多數只有梅、竹，且在圖樣範示上，數量遠遜。[115] 梅、竹二譜最爲尋常，本爲畫譜之基礎。梅譜首見於南宋末年，竹譜則是元代，代表梅、竹作爲繪畫題材在南宋至元代的定型化與普及化，更因包括諸種解說與梅竹式樣，無論就理論或創作層次，皆可見畫科之完備。例如，今存最早的《梅花喜神譜》雖未必用爲畫譜，但已見畫梅之專業化，姿勢與情態百種，琳琅滿目，窮盡其狀。李衎的《竹譜》亦然。[116] 反觀之，福建版日用類書中少數幾幅梅、竹圖示與口訣，難以訓練出真正的畫家。例如，包含最多梅譜資料的《五車萬寶全書》，也不過三十餘種梅花圖示，且畫法低劣，物象難成。[117] 由此可見，福建版日用類書的梅、竹譜，只是給讀者看看何謂畫譜，知道近日風行所在，有一點參與感（圖十三、十四）。

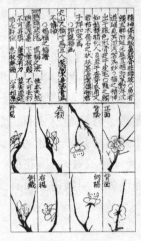

圖十三 "梅譜範例"，出自《萬書淵海》之"畫譜門"，收於《中國日用類書集成》冊七，頁 24 下。

圖十四 "竹譜範例"，出自《萬書淵海》之"畫譜門"，收於《中國日用類書集成》冊七，頁 32 下。

〔115〕 例外見《新鍥天下備覽文林類記萬書萃寶》（明神宗萬曆二十四年〔1596〕刊本；臺北：中央研究院歷史語言研究所傅斯年圖書館藏紙燒本，原藏日本東京大學東洋文化研究所）卷一六，頁 5 下～15 上；鄭尚玄訂補《新刻人瑞堂訂補全書備考》卷八，頁 7 上～8 下。前者尚包括菊與翎毛譜，後者多出蘭與翎毛，但分量皆少。

〔116〕 宋伯仁《梅花喜神譜》，《中國歷代畫譜匯編》冊一四，頁 347～500；李衎《竹譜》，《中國歷代畫譜匯編》冊一六，頁 133～234。相關研究見島田修二郎《〈松齋梅譜〉解題》，《松齋梅譜》（廣島：廣島市立中央圖書館，1988），頁 3～37；陳德馨《〈梅花喜神譜〉研究》（臺北：臺灣大學藝術史研究所碩士論文，1996），頁 74～80；Maggie Bickford, *Ink Plum: The Making of a Chinese Scholar-Painting Genre* (Cambridge: Cambridge University Press, 1996), pp. 180～196；陳德馨《〈梅花喜神譜〉——宋伯仁的自我推薦書》，《美術史研究集刊》期 5（1998），頁 123～152。

〔117〕 《五車萬寶全書》卷一一，頁 16 上～19 下。

　　除了梅、竹譜外，"畫譜門"尚有全幅木刻圖繪，題材多爲山水、花鳥，只有二幅畜獸，少見人物、界畫。以山水、花鳥爲重，與時代風尚合流（圖十五、十六）。晚明畫壇"主元論"專擅勝場，以元代文人畫風與美學爲依歸，講究筆墨意趣，不重技巧，文人式水墨山水獨宗天下，甚而貶抑以部署結構爲長之人物畫與界畫。此種主流論述普見於當時文人畫論，雖有福建文人謝肇淛等人之質疑，但流風所及，連福建地區出版的日用類書也望風披靡。[118]

圖十五　"山水畫範例"，出自《萬書淵海》之"畫譜門"，收於《中國日用類書集成》冊七，頁6下。

圖十六　"花鳥畫範例"，出自《萬書淵海》之"畫譜門"，收於《中國日用類書集成》冊七，頁15下。

　　晚明畫譜流行之下，圖繪式畫譜也所在多有，例如《顧氏畫譜》、《唐詩畫譜》等。前者爲顧炳所編，全書采一畫一文形制，先有畫，後有傳稱畫家之傳記。該書包含一百零六幅"畫"，自六朝顧愷之、唐代閻立本到明代中葉林良、文徵明，連同時代之董其昌也搜羅殆盡，畫後傳記之書寫歸於當時名人筆下，因此可見祁承爍書寫董其昌小傳（圖十七、十八）。[119] 姑且不論該書所收書畫之真偽，也不管風格傳稱正確與

〔118〕　見王正華《從陳洪綬的〈畫論〉看晚明浙江畫壇：兼論江南繪畫網絡與區域競爭》，收入《區域與網絡：近千年來中國美術史研究國際學術研討會論文集》（臺北：臺灣大學藝術史研究所，2001），頁339～353。

〔119〕　見顧炳《顧氏畫譜》（北京：文物出版社，1983）。祁承爍(1565～1628)，浙江山陰人，萬曆三十二年(1604)進士，祁彪佳之父，小傳見朱彝尊《明詩綜》卷五九，頁23下；朱彝尊《靜志居詩話》，《續修四庫全書》冊一六九八，卷一六，頁37下～38下。祁承爍之文應爲偽託，不可盡信。

圖十七 "林良鷹畫範例",見顧煩蟇　　　　圖十八 "董其昌畫作範例",見顧炳蟇
輯《顧氏畫譜》,北京大學圖書館藏本。　　　　輯《顧氏畫譜》,北京大學圖書館藏本。

否,晚明此類書籍的刊行,可見社會對於繪畫的需求,既需要繪畫
知識,也需要繪畫作品以供欣賞。凡是買不起卷軸繪畫的人,或是
財力許可而知識層面卻難以跟上的人,《顧氏畫譜》即是另一種選
擇,提供高級文化商品的一抹影子。[120] 透過所謂的顧愷之與董其
昌,讀者仿佛觸摸到另一個階層人士的生活。

　　《唐詩畫譜》藉由對於有名詩句的詮釋,企圖捕捉歷來文人畫論中
"詩畫合一"的最高境界。晚明本就流行唐詩,畫譜所選詩句傾向敘事
清晰、意象鮮明者,取其易於入畫,而非晦澀朦朧。[121] 畫中人物姿勢
清楚,演出詩中故事情節,而山水部分強調筆法,各家俱全,如馬遠"斧
劈皴"、米家"雨點皴"與王蒙"牛毛皴",墨法也有(圖十九、二十)。[122]
在木刻版畫上一點一畫刻出繪畫般皴線與墨染本非易事,該畫譜反其
道而行,顯見接受當時畫壇重視筆墨之風。《唐詩畫譜》無論詩畫皆符
合流行,試圖分享難以參與的文人氛圍與繪畫欣賞。

　　福建版日用類書也參與流行,因此有畫譜部分,且各版本重疊性

〔120〕　見 Craig Clunas, *Pictures and Visuality in Early Modern China*, pp. 134~148。

〔121〕　關於晚明唐詩普及狀況,見劉巧楣《晚明蘇州繪畫》(臺北:臺灣大學歷史學研究所碩
　　　　士論文,1989),頁 115~117;唐國球《試論〈唐詩歸〉的編集、版行及其詩學意義》,《世
　　　　變與維新——晚明與晚清的文學藝術》,頁 32~42。

〔122〕　見黃鳳池輯《唐詩畫譜》,收入《中國古代版畫叢刊二編》(上海:上海古籍出版社,
　　　　1994)。

圖十九 "米家山水風格"版畫，見黃鳳池輯《唐詩畫譜》，收於《中國古代版畫叢刊二編》，頁265，上海圖書館、北京大學圖書館、華東師範大學圖書館藏本。

圖二十 "王蒙山水風格"版畫，見黃鳳池輯《唐詩畫譜》，收於《中國古代版畫叢刊二編》，頁103，上海圖書館、北京大學圖書館、華東師範大學圖書館藏本。

高，所選畫幅相當一致。[123] 這些木刻版畫就品質而言，遠遜上述二本畫譜，與主流畫風之間的距離，也不可以道里計。除了二幅可見米家墨點山水、四季花鳥邊角出枝構圖勉強符合主流畫史外，其餘筆法構圖皆不相似（見圖十五、十六）。如此拙劣，仍堅持選入日用類書中，更可見風行草偃之效，爲了吸引讀者，不得不然，若干版本的"諸夷門"甚且以朱色套版，加上少許顏色，企圖增添一絲當時出版業先進技術的氣息，既增加成本，又效果不大，所爲何來，令人費解。[124]

前此研究，強調福建版日用類書的實用性質，有如手冊般功能。其中若干門類或許真可按書操作，解決生活上的實際問題，或是教導入門技術，但由上述的討論已可見出福建版日用類書的話題性與流行性，其作用顯然與其他種類與版本的日用類書不同。尤其藉由本文對於書畫門的仔細討論後，福建版日用類書參與社會潮流的企圖更形清楚，並大大減低其實用操作與童蒙教育的可能性。由此可見，多種年代與版本的日用類書所涵括與指稱的"生活"並非同質不變，福建版日用類書所指向的晚明生活並非今日認定之"食衣住行"日常生活或家居生活，而是極爲重視交際應酬與流行話題的社會生活。言其"子弟文化"過於強調其中逾越正常生活而難以規範限制的特性，因爲此種

〔123〕 例外見鄭尚玄訂補《新刻人瑞堂訂補全書備考》卷八，頁1下~6下。此一刊本的畫譜圖繪爲所見最精良者，全以團扇形狀入畫，頗具南宋繪畫的特色。

〔124〕 例如，博覽子輯《博考全書》卷二。

與城市文化息息相關的社會生活,恐怕已是主流生活,否則風向靈敏、以獲利爲主要考量的福建書商不會同聲一氣地出版類似書籍。晚明福建版日用類書存在於一個巨大而密實的人際網絡中,交織的是人情世故,是場面交際,而不是縉紳家業,問學求道或生活上的實際問題。

四、藝術知識、社會區隔與另類社會空間: "書法門" 與 "畫譜門"

就生活層面而言,福建版日用類書呈現的是社會流行與普遍趨勢,橫跨上、中階層之分,不識字人口或衣食難保之人自然無力追逐流行,但識字人口中凡有能力消費書籍者皆可參與,仿佛是晚明社會文化的公約數(denominator)。然而,如果就知識內容觀之,該種書籍所顯示的不只是社會文化的共相,也是社會階層的區隔,當有能力之人皆被流風薰染時,不同階層所佔的位置更形清楚,尤其顯現在關於書畫知識這類文化資本的擁有上。換言之,有能力掌握主流藝術知識者,除了家世背景的承襲與教育程度的薰陶外,端靠巨額金錢的投入,換取文化資本。缺乏大量資本的功能性識字人口,在主流文化的分享與參與上,恐怕難以入門,福建版日用類書的知識內容即顯示此點。

再者,從生活層面的探討可見福建版日用類書如何企圖趕上潮流,符合社會已有之期望。然而,若以知識形成與流通的角度來説,這些書籍的內容不只反映當時社會狀況,更具有規範性(prescriptive),參與建構晚明的社會文化。換言之,福建版日用類書有積極的文化建構性,且落實在知識層面上。這些書籍所包含的書畫知識在與他書比較對照後,可見不同的知識形態,差異之大,難以見容。仿佛不同的人群流通著不同的藝術知識,在此中隱然浮現趨於分化的社會空間,彼此之間的輪廓雖無法截然劃分,但各自統有之勢十分清楚。

晚明藝術知識的流通與藝術論述的形成有二種管道,其一是文人結社交際的盛行,藝術相關言論透過人際網絡形成共識或爭論;其二與出版文化息息相關,簡言之,就是知識的商業化。二種方式想必互動頻仍,重疊交錯,始末難分,共同構成晚明藝術言論市場。[125] 試舉二例説明之:董其昌關於書畫的言論原先多爲題於書畫卷軸上的跋

---

[125] 見王正華《從陳洪綬的〈畫論〉看晚明浙江畫壇:兼論江南繪畫網絡與區域競爭》,頁339～353。另見井上充幸《明末の文人李日華の趣味生活——"味水軒日記"を中心に——》,《東洋史研究》卷59號1(2000年6月),頁1～28。

語,在友朋聚會的場合中寫下,可經由口語交談,流傳於文士交遊圈。其後輯成《畫旨》一書,於其生前二次刊刻出版,成爲商業化知識,讀者也可在人際往來中,以言説方式傳遞其見解。[126] 再者,晚明多種標榜生活美學品味書籍的出現,公開文人物質生活中具體使用的各式物品與其擺設,儼然爲商業化知識,具有生活指導作用,《長物志》與《遵生八箋》即爲此中名著。[127] 由《長物志》書前沈春澤序言看來,書中陳述的意見未嘗不反映文士交際圈之共識。[128]

福建版日用類書内容的口傳管道難以追溯,但知識商業化的性質十分清楚。該類書籍剪裁來自他書的内容,重新編寫後,成爲教導最近流行動向的文化商品;讀者可據以在社交場合中與人應對發言,娛樂彼此,妝點自己的城市氣息。此種知識並非傳統掌控在朝廷與官方手中的科考、治國或學術智識,而是與社會生活緊密結合的常識。商業化的知識可經由買賣行爲取得,日漸形成一套衆人遵行的社會規範,一則促成流行風尚,使得階層的跨越轉趨可能,再者也因不同知識流通於不同人群,形成各自發展的社會空間,雖時有對話,但仍形勢分明。

《長物志》中的知識在於標榜文士高雅的生活品味,藉以區隔徒有財富而無文化水準的新富人士,晚明多種書籍所稱的“賞鑒家”與“好事家”之別,即在於此。據《長物志》解釋,賞鑒家既有收藏,也知識鑒與閱玩,更能裝裱與銓次。反之,好事之徒只有收藏,卻無相應的賞玩文化,真贋並陳,新舊混雜。[129]《長物志》等書所標榜的文士品味,在成爲言論市場上的知識後,難保不爲好事者群起模仿,成爲流行而轉趨通俗。因此,學者認爲晚明雅俗之間的界線流動不定,時時需要捍衛劃分,品味之雅俗高下遂成爲辯證,彼此之間富含張力。[130]

---

[126] 關於董其昌的書畫題跋與相關著作,見傅申著、錢欣明譯《〈畫説〉作者研究》,《董其昌研究文集》(上海:上海書畫出版社,1998),頁44;汪世清《〈畫説〉究爲誰著》,同書,頁61～62;張子寧《董其昌與〈唐宋元畫册〉》,同書,頁581～590。

[127] Craig Clunas, *Superfluous Things*, chapters 1～3;王正華《女人、物品與感官欲望:陳洪綬晚期人物畫中江南文化的呈現》,《近代中國婦女史研究》期10(2002年12月),頁12～16、25～51。

[128] 見文震亨著《長物志校注》,頁10～11。

[129] 同前注,頁135。關於晚明賞鑒家與好事家之分,尚可見謝肇淛《五雜俎》,《歷代筆記小説集成》(石家莊:河北教育出版社,1995)册五四,卷七,頁26;沈德符《萬曆野獲編》卷二六,頁653～656。

[130] 見王鴻泰《明清士人的生活經營與雅俗的辯證》,發表於"Discourses and Practices of Everyday Life in Imperial China," a conference organized by Academia Sinica and Columbia University, October 25～27,2002。

《長物志》的作者文震亨之所以力捍雅俗之別,在於憂心好事者之僭越,模糊原有的身份區隔,真假不分。如此費心地區別雅俗,端在"好事家"有能力取得原屬於"賞鑒家"的生活品味,二者在社會階梯上身份接近,魚目混珠,並非罕見。不論賞鑒或好事,基礎皆在收藏。福建版日用類書的購買者,即使有能力收藏《長物志》所建議的歷代名家碑刻及宋元古畫,也是少數幾件,難如文震亨如數家珍般舉出數十種,甚至上百種。[131] 更甚者,若以福建版日用類書中的書畫知識看來,與文士交遊圈所熟知的知識相隔甚遠,對於文震亨等文士而言,並無威脅性,也不須區別。

前已言及之書畫門内容,就可看出遥不可及的部分。在篆體奇字的玩賞上,文士趣味的來源在於辨識正統小學知識,這些知識有憑有據,以歷史權威爲依靠,而日用類書的讀者所樂在視覺趣味上,不追究來源依據,也不需權威感。再就書法知識而言,《居家必用事類全集》轉錄姜夔《續書譜》,接近全文引用,此爲書法史上有名的著作。[132]《居家必備》引用李陽冰、歐陽詢與姜夔的書法著作,其中歐陽詢的"三十六法"也是來歷分明的書論。[133]《三才圖會》則簡明扼要地指出重要書家流傳衍行之系譜,自東漢蔡邕至宋代崔紓,名姓確定,每代之間皆有師承授受關係;另推薦適合不同學書階段的法帖,自八歲至二十五歲,各體皆有,爲歷代盛名之作。[134]

上述這些知識頗爲符合今日藝術史的理解,但知識的正確與否並非最重要的區別,不同的知識形態或許更值得注意。《三才圖會》等書的知識即使不正確,其知識形態著重有憑有據的傳承來源與確定指稱,提供的知識有名有姓,首尾俱全,明白確定,源流清晰,符合講究歷史傳承與各家系譜的中國知識系統。例如,《三才圖會》所言之書家與法帖,雖不如《長物志》一引不下百種,誇示意味十足,但仍各有所據。再者,《三才圖會》的書法知識區別細緻,大中小楷、篆書與古篆、石鼓與鐘鼎,可見知識體系的完整與成熟。這些都是福建版日用類書所未見,一是援引古代名書家或書論,未見清晰的交代,再則未指出確定法

---

〔131〕 見文震亨著《長物志校注》,頁 185~188、221。
〔132〕 見《居家必用事類全集》甲集,頁 33 上~40 下。另該書收有《董内直書訣》,不知來處,姜夔之文見《歷代書法論文選》,頁 383~395。
〔133〕 《居家必備》卷八,頁 3 下~8 上。歐陽詢之文見《歷代書法論文選》,頁 99~104。
〔134〕 王圻、王思義編集《三才圖會》,人事卷四,頁 15 上~17 下。

帖或碑刻作品，讀者難以進入早在晚明之前體系已臻完備且鑒別細緻的書學傳統。

在"書法門"見到的知識差異與社會區隔，放諸"畫譜門"更是清楚。畢竟學書即識字，儘管上下有別，仍是識字階層的共同知識資産，而繪畫知識脱離識字必需的範圍，進入藝術修養與文化消費的層次，更見階層之分。

就畫譜而言，《顧氏畫譜》的作者顧炳，杭州人，職業畫家出身，曾供奉宮廷，在書前他序及譜例中，極言其搜集名畫之苦心孤詣，彷彿所收作品皆有實物爲憑。據今之研究，一百多幅中僅有數幅可與今存作品比對，多爲僞作，如唐代韓幹《駿馬》一幅，明顯取自明代宮廷畫家胡聰的作品，與韓幹無關。[135] 在衆多作品中，風格拿捏較爲接近傳稱畫家者，多屬浙派與宮廷畫家，如林良的老鷹與張路的人物，可見顧炳能掌握的畫風與其背景有密切關聯，也可見杭城一帶仍以浙派畫風最易取得（見圖十七）。顧炳的社會身份與所處地域，與法時畫壇主流松江或吳地文人畫家有所差距，對於文人畫風的認識難免偏差。例如，傳爲文徵明的作品中，人物遠大於背景山水，文氏非以人物畫聞名，且以今傳畫作看來，人物遠少，技巧不高，再如董其昌之例，該畫根本不可能出自董氏之手，無論就構圖、筆法，皆是南轅北轍，毫無頭緒（見圖十八）。當世畫家尚偏差如此，遑論六朝顧愷之。

由此可見，《顧氏畫譜》非如明清之際董其昌、王鑑等文人畫家"小中現大"式仿古作品，據縮小仿作可判斷宋代范寬、元代王蒙等原畫的收藏，並可評斷收藏者與畫家的鑒賞能力。[136] 更何況《顧氏畫譜》中

---

[135] 見小林宏光《中國絵畫史における版畫の意義——〈顧氏畫譜〉（1603 年刊）にみる歷代名畫複製をめぐつて》，《美術史》期 128（1990 年 3 月），頁 123～135。

[136] 所謂"小中現大"，將宋、元古畫縮小複製成冊，取其自小觀大之意，最初見於董其昌書於其《仿宋元人縮本畫及跋》冊前。該冊書畫之真僞尚有爭議，有董其昌、陳廉、王時敏、王翬等説法。依筆者親見，冊中數開畫作的筆墨精妙，如玉之潤，極似董其昌之筆。其後王鑑、王翬等正統派畫家也有"小中現大"畫作存世。關於這類作品的研究，見 Wen C. Fong, *Images of the Mind* (Princeton: The Art Museum, Princeton University, 1984), pp. 177～192；古原宏伸著，王建康譯《有關董其昌〈小中現大冊〉兩三個問題》，《董其昌研究文集》（上海：上海書畫出版社，1998），頁 594～604；徐邦達《王翬〈小中現大冊〉再考》，《清初四王畫派研究》（上海：上海書畫出版社，1993），頁 497～504；張子寧《〈小中現大〉析疑》，《清初四王畫派研究》，頁 505～582；Wen C. Fong and James C. Y. Watt, *Possessing the Past: Treasures from the National Palace Museum, Taipei* (New York: The Metropolitan Museum of Art, 1996), pp. 474～476。

的畫作既無題字,也無印章,畫幅形制固定,並非常態尺幅,可見所作不是某一幅確定的作品,而是該畫家的普遍風格。因此,《顧氏畫譜》與晚明實際作品的收藏、賞鑒無關,但可據以瞭解時人之畫史知識與風格觀點。[137]

既與收藏鑒賞無關,《顧氏畫譜》顯然脫離晚明高層文士間的美學論辯與品味鑒別, 與《長物志》分屬不同的社會場域。如前所述,晚明書畫言論多爲題跋形式, 與書畫卷軸的收藏鑒賞唇齒相依, 透過文士群聚觀畫品書的社會生活與活動場域, 成爲主流論述。如此一來, 不具收藏能力的人, 難以進入品味生活, 無法以確定書畫家與作品爲談論對象的人, 無法進入論述。

然而,《顧氏畫譜》中的傳稱畫風即使無稽, 其所形成的知識形態仍根植於正統畫史, 主要引用元代夏文彥《圖繪寶鑒》(1365 年序刊本) 與明代中期韓昂《圖繪寶鑒續編》(1519 年序刊本) 二書的傳記, 自顧愷之開始, 以系譜的方式發展, 各家有名有姓有傳記。顧炳本人師事周之冕, 今北京故宮博物院尚存其花鳥畫一幅, 生平事蹟也載入清初付梓的姜紹書《無聲詩史》。[138] 儘管顧炳對於晉唐畫風判斷失據, 對於明代文人畫的判斷也不够準確, 但《顧氏畫譜》仍在畫史的範圍內形構繪畫知識。《唐詩畫譜》亦然, 著重筆墨的特色, 甚且到達誇示的地步; 晚明蘇州畫壇流行以唐詩爲引作畫, 詩畫之作有其市場需求與品味價值。[139] 無論重視筆墨或以詩入畫,《唐詩畫譜》與主流畫壇及畫史的交涉可見一斑。這二種畫譜在版畫發達的時代, 還沾得上"複製"二字, 可提供買不起書畫作品的人參與主流繪畫知識與品味氛圍。

晚明福建版日用類書中的畫譜, 一如前述, 除了墨點法可連上米家山水外,少見與主流畫史的關聯。《顧氏畫譜》的形制雖非書畫常見,尚稱長方, 而《萬書淵海》等福建版日用類書中的畫譜,尺幅趨於方正,更不像尋常之卷軸册形制。在此一正方形式中,構圖更形脫離書畫原有的樣貌,反而接近瓷器上的裝飾畫。物象分佈均匀,較少疏密、

---

〔137〕 Craig Clunas, *Pictures and Visuality in Early Modern China*, pp. 134 ~ 148.

〔138〕 見小林宏光《中国絵画史における版画の意義——〈顧氏画譜〉(1603 年刊) にみる歴代名画複製をめぐつて》,頁 124。

〔139〕 見劉巧楣《晚明蘇州繪畫中的詩畫關係》,《藝術學》期6(1991 年9 月),頁 33 ~ 103。

陰陽等繪畫固有之轉折搭換，構圖法則不同（圖二十一）。畫譜稱爲"複製"，因其接近繪畫，可捕捉一絲原味。由此觀之，"小中現大"式的仿作，最爲接近原作，《顧氏畫譜》次之，而福建版日用類書中的畫譜遠離"繪畫"，言其複製，不如説是另一種視覺商品，與文士收藏鑒賞對象全然無關，處於另一種社會空間中。

圖二十一　"畫譜範例"，出自《萬書淵海》之"畫譜門"，收於《中國日用類書集成》册七，頁 23 下。

除了畫譜所形成的"繪畫"定義與知識外，福建版日用類書的"畫譜門"還收録多條關於鑒賞與畫史的文字。一如前述，諸如《識畫訣法》、《觀畫訣法》、《符熹應評畫》等九項條目，應傳抄自《事林廣記》；另《寫山水訣》來自元代文人畫家黃公望同名著作。中國傳統書籍如地方志等，常見抄録前代記載，就今日著作權與文字創作的觀點觀之，輾轉翻抄者，似乎在史料價值與創新程度上大大減損，不值一顧。然而，就文字流通的角度觀之，經過歷代傳抄屢屢出現的文字透過閱讀與口傳等社會實踐，其所穿透的社會空間或許更爲廣大。更何況，同樣内容的文字條目在不同的書籍出現時，自上下文、版面設計到流通狀況與閱讀情境皆相異，效用與意義也隨之變化，不能僅以重複無用視之，而忽略其出現形式與成文脈絡。[140] 換言之，福建版日用類書即使重複轉載他書内容，也有其個別效用與意義，不能等同於原書。

福建版日用類書中關於繪畫鑒賞的知識，多成口訣形式，文字對稱，且分點説明，簡單扼要。《識畫訣法》起首便指出六要六長，所謂"六要"，即"氣韵兼力"、"格制俱老"、"變異合時"、"彩繪有澤"、"去來自然"與"師學格知"。此"六要六長"最早見於宋

---

[140] 此一觀點屢見於 Roger Chartier 的著作，其人爲研究法國印刷與閱讀文化的重要學者。見 Roger Chartier, *The Order of Books*, pp. 1～24; *Forms and Meanings: Texts, Performances, and Audiences from Codex to Computer* (Philadelphia: University of Pennsylvania Press, 1995), pp. 1～24。

劉道醇《聖朝名畫評》書前序文，全文教導如何識畫賞畫，有其來
龍去脈。[141] 然後世日用類書等書籍截取該文局部，斷裂其意，著重
以數目爲名的口訣，取其容易記誦。連關涉中國傳統繪畫品評最重
要的謝赫六法，也脫離其成文之《古畫品錄》，[142] 如"六要"般，
成爲四字一組，共二十四字的口訣。福建版日用類書多引之，且題
名誤爲《畫有六格》。[143] 此種做法有其歷史因由與流通性，高濂
《遵生八箋》在《論畫》一文起始處，即出言譏諷"六法三病"、
"六要六長"，言其"以之論畫，而畫斯下矣"。高濂，杭州人，雖
未進舉，也非有名文士，但因家富資財，以收藏聞名，且頗具相關
文化修養。[144] 高濂鄙視的當然不是六法與六要的來源，二者皆出自
正統畫史論著，而是如福建版日用類書般割裂其文，取其最簡，以
供初學者記誦。

《觀畫訣法》亦來自《聖朝名畫評序》，《識畫要訣》取其前，
《觀畫訣法》取其後，但加以選編，並非字字抄錄。該則條目先教導
一般觀畫通則，"見短勿詆破求其長，見巧勿譽反尋其拙"，其下多
以一句話舉出如何觀賞釋老、花竹、山水與屋木等畫料，如釋老尚
莊嚴慈覺、花竹尚艷麗閑瑞等。《符熹應評畫》認爲"遠山無坡、遠
水無波、遠鳥無目"，而"魚者鱗於鮮"、"龍之鱗如錢樣"等。這
些簡單的法則運用於鑒賞繪畫作品，指向的多是物象的樣貌，視覺
上即可分辨，不需要畫史知識如圖像學上的辨認或畫家風格的傳承。
上述內容皆與畫史無關，也未指出任何確定的畫家或作品。

福建版日用類書將"六法"寫爲"六格"，似乎對於中國畫史上最
有名的論畫要點並無認識，"六法"之名早已成爲常識。再觀其他錯
誤，引用黃公望《寫山水訣》時，誤寫落字多處。例如，"皴法要滲軟"

---

〔141〕 劉道醇《聖朝名畫評序》，《聖朝名畫評》，收入《中國書畫全書》冊一（上海：上
　　　海書畫出版社，1993），頁446。

〔142〕 關於謝赫六法的解釋很多，可參考石守謙《賦彩製形——傳統美學思想與藝術批評》，
　　　收入郭繼生主編《美感與造形》（臺北：聯經出版事業公司，1982），頁 33～36。

〔143〕 正確印出《畫有六法》而非《畫有六格》的版本很少，如余象斗編纂《三台萬用
　　　正宗》，明神宗萬曆二十七年（1599）刊本，收入《中國日用類書集成》（東京：
　　　汲古書院，2000）卷一二，頁13。

〔144〕 高濂著，趙立勛校注《遵生八箋校注》（北京：人民衛生出版社，1994），頁553。
　　　高濂家世背景與生平教養，見 Craig Clunas, *Superfluous Things*, pp. 14～16。

之"軟"字寫成"較"字，句意不通，缺字缺句的狀況更讓全文難以卒讀。[145] 《古今名畫》條目中將唐代畫家李昭道之名誤寫爲李詔道，原文來源之《事林廣記》並無"六格"與"李詔道"等錯誤。《古今名畫》中最令人驚訝的錯誤在於將顧愷之大名誤爲顧愷，此爲中國畫史上最有名的人物畫家，其地位在唐代已定，一如書法史上的王羲之，也是《顧氏畫譜》中起首第一畫家。[146] 上述錯誤，雖然可見福建版日用類書不求品質的一面，廉價書籍以數量與速度爲考量的做法，結果正是如此。然而，如六格、顧愷般錯誤，在技術上並非難以改正，福建版日用類書仍沿用不變，可見並不錙銖計較是否符合正統畫史知識，而這些錯誤的知識自有其存在的社會空間。

更有趣的是，《古今名畫》所舉十八位古今名畫家多半來自《事林廣記》同名條目，唯加入"陳子和"之名，名下並書"仙"字，表明以仙道人物畫聞名。在所舉多爲晉唐畫家的狀況下，明代畫家陳子和列名其中已非尋常，而選取陳子和爲唯一列名的當代畫家，更令人好奇。陳子和，福建浦城人，活躍於十六世紀初、中期，歸類爲浙派職業畫家，畫作"殊有仙氣"。[147] 陳子和之名進入福建版日用類書概因地域接近使然，浦城與建陽同屬福建西北山區，而陳氏在畫史上也確實以仙道人物出名。然而，陳子和早在十六世紀中期後被江南文士們標上"狂態邪學"污名，打入不可學習、不可欣賞的浙派畫家行列，[148] 晚明出版的日用類書對其如此支持，實發人深思。

從陳子和的例子來看，即使晚明福建書商對於江南地區的出版並不陌生，而且大江南北與沿海地區的書籍市場已合爲一體，建陽出書仍保有特色，不一定全然跟隨江南。更因福建出版業與江南之密切交流，反證福建版日用類書並非不知道江南流行之主流繪畫知識與畫史論述。當顧炳根據正統畫史編選畫家與撰寫傳記時，福建版日用類書仍處於正統畫史論述之外，包括知識內容與形態皆非董

---

〔145〕　黃公望《寫山水訣》，《畫論叢刊》，頁 55 ~ 57。

〔146〕　關於顧愷之的地位，見石守謙《賦彩製形——傳統美學思想與藝術批評》，頁 25。

〔147〕　關於陳子和與其畫風，見石守謙《神幻變化：由福建畫家陳子和看明代道教水墨畫之發展》，《美術史研究集刊》期 2（1995），頁 47 ~ 74。

〔148〕　Richard Barnhart, "The 'Wild and Heterodox School' of Ming Painting," in Susan Bush and Christian Murck, eds., *Theories of the Arts in China*（Princeton：Princeton University Press, 1983），pp. 365 ~ 396.

其昌、高濂般有能力參與甚至主導主流論述之人所能接受。在重重錯誤與差異中，福建版日用類書建立一個不同於主流書畫論述的社會空間，其讀者雖知道當時的流行風潮，卻在書畫等文化試金石上，與文士等上流階層區隔開來。

五、結論：文化商品與社會空間

將坊刻書籍視爲文化商品，殆無疑問。晚明社會在衣食住行基本需求之外，還流行大量的文化商品，書市中的書籍僅爲其一。研究這些文化商品最困難之處不在於生產，而在於消費這一端。尤其是福建版日用類書這類低廉又粗劣的出版品，當代文獻既無銷售量與地區資料，又無讀者反應的記載，如何判斷其流通性與社會效用，正考驗著研究者。不過，書籍一如任何商品，生產者對於如何銷售必有一番盤算，自生產之初，即預計市場的需求，心中有預設的消費者。以書籍而論，書商的盤算必然顯現在書籍的細部內容與編纂形式上，因此，如何落實至書籍本身，仔細地評估其出版策略與吸引的購買者，應是印刷文化研究重要的一步。再者，各種書籍一出市場，有其競爭者，而書商的策略並非憑空而來，應是在估量市場競爭後的考量。如此一來，搜集同類書籍，並進而比較其異同，更是確定書籍購買群與流通性的重要方法。書籍內含文本與圖版，因此上述方法自圖文內容及形式分析開始，進而瞭解其所形成的書籍，再因書籍進入市場後，成爲文化商品，必有購買者與讀者，也產生閱讀行爲等社會實踐，可從而探測社會空間。

從文化商品探測社會空間，並企圖連結商品形式與社會空間的研究方式，在 Pierre Bourdieu 的名著 *Distinction*：*A Social Critique of the Judgement of Taste* 中即可見到。他以問卷進行各種階層與職業人群的文化消費調查，選擇的文化商品有音樂與繪畫等，形式上有古典、現代的差別，也有菁英與通俗之分，以此測量不同的消費群眾與社會空間。

晚明福建版日用類書的研究雖然沒有問卷可供參考，據以解析不同階層人士與文化商品消費的關係，然而，福建版日用類書內容與編排的雷同以及品質的一致性，提供成類分析的可能。尤其在仔細討論多種日用類書的內容與形式後，發現福建版日用類書與《事林廣記》最爲接近，二者皆爲福建出版，有地緣關係，但晚明版本的轉錄傳抄不代表文本的意義相同。福建版日用類書對於知識與生活的定義皆與《事林廣記》不同，市場上的金錢價值也相異。以居家爲名的日用類書預設讀者爲鄉紳地主，著重如何管理家業、教育子弟，而《三才圖會》的印刷精美，知識屬性較偏向士人階層與傳統定義，皆與福建版日用類書大爲不同。上述的日用類書皆根植於中國傳統知識系統及所附著的生活形態。正因爲如此，福建書商以敏鋭的眼光捕捉到晚明書市中的空隙地帶，出版一種日用類書符合新的社會文化與生活需求。

福建版日用類書的出現確實與晚明新興文化現象息息相關，包括城市作爲文化的放射中心，也包括交際應酬與言論市場的重要性。今存三十多種福建版日用類書適時地出現，與這些新興現象對話，一則滿足下層識字人口與手中有點餘錢人士的需求，在社會生活上能够知道當時的流行風向，並進而預流入列。再者，這些書籍也加强與延續這些新興文化現象，甚至因爲書畫門的内容有别於主流藝術論述，進而發現與形塑另類社會空間。此一社會空間有别於歷來研究最爲關心的貴族與文士階層以及他們的社會文化。換言之，識字與有能力消費文化商品的人口中仍有社會空間的分化，原先視爲同質同體，如今看來，社會區隔十分清楚，尤其在藝術文化上。

如此一來，是否可稱福建版日用類書所分化的社會空間屬於"通俗文化"的範疇？一如羅格·恰特（Roger Chartier）所言，目前研究上所指的"通俗文化"仍屬智識階層的範圍，尚未碰觸到非識字人口的文化，稱之爲"通俗文化"，不免失之荒謬。他並指出前此關於法國通俗文化的研究有二點看似矛盾、實則相通的假設：一則認爲通俗文化爲獨立的範疇，與菁英文化互不關涉；其二認爲菁英文化爲社會文化的主控者，一般大衆受其灌輸教化，並進而接受主流文化。二點假設皆確定有一通俗文化的範疇，與菁英文化二元對立，某些物品本質上屬於"通俗文化"，可在所謂"通俗文化"的範圍内理解通俗文化。[149] 此二點假設放諸晚明文化的研究中，亦可見到。例如，一談到善書、寶卷與日用類書，就想到通俗文化，將之視爲屬於"通俗文化"的物品，甚至反映庶民生活，仿佛有一確定的範疇，可稱爲"通俗文化"，在其中研究通俗文化即可，不須以

---

[149] Roger Chartier, *The Cultural Uses of Print in Early Modern France*, pp. 3～12; "Popular Appropriation: The Readers and Their Books," in his *Forms and Meanings*, pp. 83～98.

對照比較的方式見出書籍間的競爭與協調。再者，認為善書等書籍受到上層文化的重大影響，可代表儒家正統思想的普及與通俗化。換言之，掌控的是儒家教化，善書與日用類書為其通俗化的結果。

事實上，與其將晚明福建版日用類書視為"通俗文化"的當然成分，不如經由細部研究，判斷其讀者與知識性質。一如前述，這些書籍所包括涵蓋的人群，仍是識字與有能力消費文化商品的人口，也有餘暇與能力知道社會生活中的流行風潮。他們雖非上層士人階層，與上層文化有所交流互動，但在藝術知識與論述上，即使知道流風在此，卻仍難以進入主流浪頭之中。由此可見，福建版日用類書所吸引的讀者群既與士人文化互動，又呈現各自存在的社會空間，交錯複雜，難以簡化。再者，透過福建版日用類書在書籍市場上與他種日用類書的競爭，方能感覺到不同的消費群與社會空間的存在。同樣地，福建版日用類書內文的輾轉抄錄卻與原書意義大為不同之處，也讓人察覺不同的知識階層與社會空間。這些細部研究所呈現的結果，並不是"通俗文化"與"菁英文化"二元對立的假設所能獲致，也許對於日後相關研究有所助益。

※ 本文原載《中央研究院近代史研究所集刊》第 41 本，2003 年。
※ 王正華，美國耶魯大學博士，中央研究院近代史研究所助研究員。

誕日稱觴——明清社會的慶壽文化

邱仲麟

前　言

公元 1903 年，J. Dyer Ball 在 *Things Chinese* 一書中，曾比較中國與英國生日文化的差別。他說在中國，成年人持續地做生日，小孩子的生日反而全被忽略；而在英國則恰好相反。[1] J. G. Cormack 女士在談及中國的生日文化時也說：在中國除了周歲的生日之外，小孩子的生日似乎不受到重視，像西方的父母爲小孩辦生日宴會的情況，是很少見的；結婚之後的第一個生日，雙方家長會分別送禮給女婿及媳婦，此後直至五十、六十、七十歲，生日纔又變得重要，屆時會大加慶祝。[2] 由於中國社會較不重視小孩的生日，自然也就沒有西方那種由小孩生日所衍生出來的"生日册"現象，[3] 這似乎呈現了中西生日文化的明顯差異。然而，中國雖沒有"生日册"，卻有著另一套的生日文化。

在中國歷史上，生日慶壽成爲喜慶活動的一環，大約是中古以後的事。中國人做壽的風氣可以追溯到春秋、戰國的"獻酒上壽"。不過，從史料的記載來看，漢代以前唯有歲首"獻酒上壽"之舉，尚沒有生日做壽的活動。"獻酒上壽"雖含有祝願年長者健康長壽的意思，但卻不是在生日當天舉行。生日做壽正式出現，應是在魏晉南北朝以後。清初，顧炎武（1613～1682）依據顏之推《顏氏家

---

[1] J. Dyer Ball, *Things Chinese* (Singapore: Graham Brash, 1989), pp. 78.

[2] Mrs. J. G. Cormack, *Chinese Birthday*, *Wedding*, *Funeral*, *and Other Customs* (Peking: China Booksellers, Ltd. , 1922), pp. 19～20.

[3] 法國學者 Ann Martin‐Fugier 在談及西方中產階級的禮俗時，曾提到十六世紀末出現了所謂的"生日册"（birthday book），這種"生日册"可當做類似日記的性質使用（在婦女之間尤爲普遍），成爲記錄小孩出生以後生命歷程重要時刻的一種册子。參見 Arthur Goldhammer trans. , *A History of Private Life*, Vol. IV, *From the Fires of Revolution to the Great War* (Cambridge, Massachusetts: The Belknap Press of Harvard University Press, 1990), pp. 266～268。

訓》的記載，認爲壽誕慶祝之風起於南朝時期的江南。錢大昕
(1728～1804) 則認爲，"古無上壽之禮，無慶生日之禮"，生辰祝
壽開始於唐中宗景龍三年 (709) 十一月十五日誕辰及唐玄宗開元十
七年 (729) 八月五日誕辰。唐朝遇皇帝生日，全國休假宴樂。由於
受到皇帝慶壽的影響，民間做生日之風漸盛，誕日開筵請客、賦詩
祝壽漸成爲風習。至宋代，民間做壽之風已廣泛流行，並出現了大
量的壽詩、壽詞。當時，已盛行每年爲老人家舉行慶壽活動，佈置
壽堂，同飲壽酒，子孫拜壽，祝壽的氣氛相當隆重。[4]

　　明清的社會依然注重做壽，而且隨著時間的發展，與日俱增，
大江南北莫不如此。近人鄭土有在談及明清的做壽風氣時，曾說明
清做壽風氣有四個特點：其一爲賀禮越來越多、越送越貴重；其二
爲做壽規模越來越大，壽期越來越長；其三爲做壽演戲成爲風氣，
增加了喜慶氣氛；其四是做壽儀式日趨複雜。[5] 鄭氏所言甚見真
諦，唯所述稍嫌不足，仍有缺漏，尚值再加予討論。

　　本文爬梳明清文集、筆記及地方志中有關慶壽風俗的記載，進
一步討論明清時期做壽的文化現象。全文分三部分：第一部分談慶
壽文化的發展，追索明代以後慶壽年齡的下移以及各地慶壽的形式
與情況；第二部分探究層層積累的慶壽文化內容——文字、圖像、
戲劇滲入祝壽活動的過程；最後，則談及慶壽活動所牽涉到的消費
市場，討論慶壽市場的規模以及明清時期做壽消費的擴大。整篇文
章，主要以做壽的風尚爲中心，論其與士人文化的聯繫以及物質消
費的關係，以呈現生活中喜慶活動所包含的一些文化、經濟面貌。

一、明清慶壽文化的發展

　　明代承接宋元以來的祝壽風氣，慶壽文化更進一步發展（其中
又以江南尤爲當時人所注意），至清代更是高度重視，成爲中國歷史

[4]　參見鄭土有《做壽習俗的歷史發展及其文化內涵》，收於《中國民間文化〔七〕：
　　人生禮俗研究》，上海：學林出版社，1992 年，頁 73～77；李映發《文史拾趣
　　〔四〕》，上海：上海翻譯出版公司，1991 年，《古人生辰祝壽》，頁 217～31；高成
　　鳶《中華尊老文化探究》，北京：中國社會科學出版社，1999 年，頁 74～75。有關
　　宋代的壽詞，可參見劉尊明《宋代壽詞的文化內蘊與生命主題》，《中國文哲研究通
　　訊》3.2 (1993/06)，頁 56～75。
[5]　見鄭土有《做壽習俗的歷史發展及其文化內涵》，頁 78～81。

上最講究祝壽的時期。以下分明、清兩部分加以叙述。

（一）明代

明中葉，方鵬（1470～?）曾説："吳俗重稱壽之禮，自五十、六十以至百歲，每遇成數必舉之，四十則罕矣。"但他提到的崑山"儒醫"王朝貴，就在四十歲做了生日，生日當天"賀者接跡"，當地的士大夫並請方鵬寫壽序相賀，因此方鵬寫了《贈王玉井序》。[6] 蘇州這種五六十歲即做壽的風氣，在歸有光（1507～1571）的文章中也有反映：

> 吾崑山之俗，尤以生辰爲重。自五十以往，始爲壽每歲之生辰而行事。其於及旬也，則以爲大事。親朋相戒畢致慶賀，玉帛交錯，獻酬燕會之盛，若其禮然者。不能者，以爲恥。富貴之家，往往傾四方之人，又有文字以稱道其盛。考之前記，載吳中風俗，未嘗及此，不知始於何時。
> 長老云，行之數百年，蓋至于今而益侈矣。[7]

從這段文字看來，崑山地區數百年來就流行祝壽，但到了明代中葉，民間這種誇示的風氣，更上了一層樓。另外，鎮江府金壇人王樵（1521～1599）也提到："世俗自五十、六十以至七十、八十、九十，皆有慶壽，愈高則慶愈隆。"[8]

明代中葉以後，"凡壽之禮，其餽贈燕飲必豐"的風尚，[9] 並不僅限於江南地區而已，其他地方一樣流行，特別是官宦聚集的北京更是如此。歸有光説他本來以爲只有蘇州當地慶壽特別浮誇，及至他到北京，纔發現"京師則尤有甚焉"；而與同年進士（嘉靖四十四年乙丑科，1565）相談之後，也纔知道各地"其俗皆然"。[10]

與歸有光約略同時的羅洪先（江西吉水人，1504～1564），在六十歲生日前所寫的《謝卻姻友祝年》一文中，更提到當時社會上四五十歲即做壽的風氣：

---

〔6〕 方鵬《矯亭存稿》卷四《四庫全書存目叢書》集部第 61 册，臺南：莊嚴文化事業公司，1997 年，頁 554。

〔7〕 歸有光《震川先生集》卷一二《默齋先生六十壽序》，臺北：源流出版社影印，1983 年，頁 282～283。

〔8〕 王樵《方麓集》卷五《纓溪叔七十壽序》，《影印文淵閣四庫全書》第 1285 册，臺北：臺灣商務印書館，1983 年，頁 206。

〔9〕 《震川先生集》卷一四《朱君顧孺人壽序》，頁 361。

〔10〕 《震川先生集》卷一二《李氏榮壽詩序》，頁 306。

今世風俗，凡男婦稍有可資，逢四五十謂之"滿十"，
則多援顯貴禮際以侈大之。爲之交遊、親友者，亦皆曰：
"某將滿十，不可無儀也。"則又釀金以爲之壽，至乞言于
名家。與名家之以言相假者，又必過爲文飾以傳之，而其
名益張。凡此皆數十年以來所甚重，數十年以前無有是
也。[11]

他説這種四五十歲即做生日的風氣，是近數十年來的事，之前是没
有的。由是看來，這種風氣的盛行，應起於十六世紀初。

其實，江南差不多在同時也開始流行四十歲就做生日。這種例
子，除了前面提到的崑山"儒醫"王朝貴之外，錢福（1461～
1504）也提到松江府知府何邦治在弘治十二年（1499）做了四十歲
大壽。[12] 而這種四五十歲即做壽的風氣，一直延續至明末清初。明
末，張溥（1602～1641）就提到當時社會上自"四十以往"逢十慶
壽的風氣；[13] 錢謙益（1582～1664）也談到松江人蕭孟昉年纔四
十，而當地人士"莊事之如先生長者"，"於其生辰，胥往執爵稱
壽"。另外，又提及友人梅公李的妾遠山夫人四十生日時，與梅某有
交情的，亦均"相率謀舉觴稱壽"。[14] 而范允臨（1558～1641）、陳
子龍（1608～1647）的文集中，也都有這類的記載。[15]

在明代，慶壽可區分爲官場與私人兩方面。官場方面的祝壽，
一般是學生、下屬慶賀官場上的老師、長官或同僚生日。萬曆年間，
李贄（1527～1602）在被交由地方官管束時就曾説：他這個學生對
上官不敢怠慢，"來而迎，去而送；出分金，擺酒席；出軸金，賀壽
誕"。免得地方官不高興找他麻煩。[16]

〔11〕 羅洪先《念庵文集》卷四《謝卻姻友祝年》，《影印文淵閣四庫全書》第 1275 册，
頁 119。

〔12〕 錢福《錢太史鶴灘稿》卷六《壽何大夫四十説》，《四庫全書存目叢書》集部，第
46 册，頁 257～259。

〔13〕 張溥《七録齋集存稿》卷二《何新泉夫婦八十序》，臺北：偉文圖書出版社影印崇
禎間刊本，1976 年，頁 730。

〔14〕 錢謙益《牧齋有學集》卷二四《慧命篇贈蕭孟昉四十稱壽》，上海：上海古籍出版社點校
本，1996 年，頁 963～965；卷二五《遠山夫人四十初度頌》，頁 984～986。

〔15〕 范允臨《輸寥館集》卷三《壽内弟徐清之四十序》、《屠尊叔翁嬪黄令人四十序》，
臺北：中央圖書館影印清初刊本，1971 年，頁 411～417、429～433。陳子龍《安雅
堂集》卷六《楊龍友四十壽序》，頁 385～389。

〔16〕 李贄《焚書》卷四《雜述·豫約》，臺北：漢京文化事業公司影印，1984 年，頁 185。

一般説來,官員生日的排場甚大。中央大員在此不論,即巡撫生日的祝壽景象,已極盛大。嘉靖中葉,江西巡撫虞守愚生日時,生日當天早上,"江、廣、閩、湖諸郡邑吏,預期來祝",按尊卑依序拜壽;又按文武,分列東西兩班。"禮行之際,衣冠者恭,介胄者肅,秩秩如也。"而虞某本人"坐公堂上,袍緋帶金,虎符矛綉,容舒色愉,貌莊儀端"。據説整個祝壽的場合,衆人"合詞謹祝,聲震階廡,旌旗旆旆,鉦鼓喤喤,音樂叶奏,歌舞雜進,歡樂之極,不可勝述"[17]。嘉靖二十五年(1546),南贛巡撫顧遂(1488~1553)生日時,也是一樣。"江、廣、湖、福四藩,南贛、漳、汀、惠、潮、韶、雄、郴九郡,庾、猶、義、暨,凡六十六邑、五備、二十八兵衛戎所,各率其屬,遠邇咸集,明發序進,臺下稽首爲公壽。"[18]

知府的生日,排場也不小。嘉靖十八年(1539),廣東南雄府知府鄭某四十歲生日時,屬縣始興縣縣令即率所屬僚佐、幕友及縣學學官、生員、地方父老等,至府衙大堂上稽首拜壽[19]。嘉靖二十二年(1543),武昌知府王鑾(1473~1549)七十一歲大壽,府屬各縣縣令、生員及"諸耆逸、諸鄉國學耄俊"等人,亦皆來祝賀;在這之後,内外親再依序拜壽:諸子率諸孫、諸曾孫拜祝;侄子輩又率侄孫、侄曾孫進前拜壽;外甥輩亦率諸姻婭進前祝壽。接下來,各縣縣令、生員、地方父老及其他賓客,又輪流舉杯祝壽[20]。

至於私人,則感親恩、聯情誼,親戚、朋友之間,相互爲祝。明代父母生日慶壽的場面,容或有一些差異,但大約如下面所述。嘉靖二十九年(1550)春天,南直隸安慶府桐城縣人趙鈗(1512~1569)父母八十大壽時,生日當天天亮,家人灑掃、打理好後,"群兄弟、子侄進酒爲壽";黄昏,"諸從父昆弟咸至,左右行立,各進酒爲壽。七十以長者進三卮;六十以長者二卮;五十以長者一卮;餘同一卮,皆以序進。畢,就坐。髮二毛者坐於上,不及五十者坐於下,相率歡飲,道家所從來。"[21]

〔17〕 劉節《梅園前集》卷二六《眉壽頌》,《四庫全書存目叢書》集部第 57 册,頁 536~537。
〔18〕 劉節《梅園前集》卷二七《壽山祝述》,頁 554。
〔19〕 劉節《梅園前集》卷二七《賀誕祥述》,頁 555。
〔20〕 劉節《梅園前集》卷二七《祝壽述》,頁 555~556。
〔21〕 趙鈗《無聞堂稿》卷三《北溪孝七兄六十壽言》,《四庫全書存目叢書》集部第 112 册,頁 386~387。

另外，若文會、文社的會友生日，同仁們也會聚會以相慶賀。如正德二年（1507），顧鼎臣（1473～1540）的二哥六十生日，文會的縉紳"援故事，徵文命觴往賀之，親朋繼焉"；[22] 正德十二年（1517），他二哥七十大壽，"斯文會"同好又於年初邀同其同齡的高、張兩老人，一道受賀，並命畫工"肖像爲圖，繫之以詩"。"會中諸老及里中韻士，從而和之，得若干篇。"成冊後，取名《朋壽詩》。[23] 此外，萬曆四十二年（1614），項孟璜四十生日時，社友們也"酌大斗，壽之堂"。[24]

另一方面，若家中或鄉里中有老人被朝廷賞賜"壽官"，[25] 通常也會大加慶祝。在明代社會，對於這種十數年或數十年纔會碰上的頭銜賜予活動，給予高度的期待，也覺得應該特別慶祝。明中葉，王越（1423～1498）在《賀許隱君八十六壽序》這篇文字中提到許孔昭八十六歲時，適逢"天子改元，下優老之詔，榮錫冠帶"，兒子的"僚友曰當賀，[26] 司教廣文（學官）曰當賀"。地方上的人聽到這個消息後，"耆老曰當賀，士夫曰當賀，兒童、走卒皆曰當賀"。姑且不論是不是連小孩子都說應該慶賀，社會上對於這一榮譽，應該是極爲重視的。王襞（1511～1587）在《慶東樓宗叔冠帶叙》中，就談到地方上認爲他宗叔獲賜壽官是難得的恩遇，"鄉之耆舊，重爲慶之；吾宗黨亦相與執爵於其庭"。[27] 而羅欽順在《慶宗老季觷翁承恩冠帶序》中，也清楚地寫出了社會上對此的心態：

> 皇上嗣登寶位，爰稽典禮，上太皇太后、皇太后尊號，推恩海內，凡民年八十，人所敬服者，賜冠帶以榮身，蓋優禮高年，王政之先務也。一時山林遺老，往往纓冠束帶，北向稽首，戴帝德以欣然，莫不自以爲非常之遇。而其爲

〔22〕 顧鼎臣《顧文康公三集》卷二《壽自如先生六十序》，《四庫全書存目叢書》集部第 55 冊，頁 610。

〔23〕 顧鼎臣《顧文康公文草》卷五《〈朋壽詩〉序》，頁 370。

〔24〕 陳繼儒《晚香堂集》卷七《壽項孟璜太史四十序》，《叢書集成三編》第 51 冊，臺北：新文豐出版公司，1997 年，頁 490。

〔25〕 有關於明代"壽官"的討論，參見邱仲麟《耆年冠帶——關於明代"壽官"現象的考察》（待刊稿）。

〔26〕 王越《黎陽王襄敏公集》卷一，臺北：文海出版社影印萬曆十三年刊本，1970 年，頁 211～212。

〔27〕 王襞《東崖先生遺集》卷上《四庫全書存目叢書》集部第 146 冊，頁 673～674。

子若孫者，感激欣幸，尤有甚焉。不必家之有餘，皆黽勉
營致酒食，會集嘉賓，以樂其親之心而侈上賜。凡曰親友，
又相率而往，爲之助喜，以儀物爲未足，則於作者之文詞
以重之。[28]

這種求"作者之文詞以重之"的形式，除了倩人撰寫壽序"以鋪張
其盛美"[29]之外，通常還有"畫圖、徵詩爲壽"[30]的方式。

　　大致上，明代社會上逢親友相知生日，相關親友"咸具羊酒往
賀"的情況[31]，應是普遍存在（特別是江南地區更盛），有時内外
親友及朋友"具牛酒上壽"的，還可能至數百人。[32]

　　至於祝壽所送的禮數，小説裏的記載可爲參考，以《金瓶梅詞
話》爲例，如正月十五李瓶兒生日，西門慶送了四盤羹菜，兩盤果
品，一罎酒，一盤壽麵，一套織金重絹衣服。四月二十五日春梅生
日，吳月娘送了一盤壽桃，一盤壽麵，兩隻湯鵝，兩隻鮮雞，兩盤
果品，一罎南酒。另外，林太太生日過後，西門慶補了一份壽禮：
二副豕蹄，兩尾鮮魚，兩隻燒鴨，一罎南酒。周守備生日，西門慶
封了五星分資，兩方手帕。[33]這樣的壽禮，或許是當時現狀的一些
反映。

（二）清代

　　迄至清代，社會上喜好做壽之風未衰。以北京爲例，上至大僚，
下至百姓，莫不注重慶壽，其中權宦的生日，大家尤其重視。乾隆
五十四年（1789），和珅四十歲生日，"自宰相而下皆有幣帛賀
之"。[34]另外，光緒十一年（1885），李鴻章（1823~1901）生日
時，據廣州《述報》的報導説："李傅相於正月初五日壽辰，直隸所
屬各道府州縣，並各鎮協等，均於初四日來津，分寓各客棧。直隸

---

〔28〕羅欽順《整庵存稿》卷七《影印文淵閣四庫全書》第1261册，頁92。
〔29〕《整庵存稿》卷七《慶宗老季鮕翁承恩冠帶序》，頁93。
〔30〕鄭岳《鄭山齋先生文集》卷一〇《壽西圃林翁八十冠帶序》，臺北：文海出版社影
　　印萬曆十九年莆田鄭氏家刊本，1970年，頁253。
〔31〕錢謙益《牧齋初學集》卷三六《宋太公七十壽序》，上海：上海古籍出版社點校本，
　　1985年，頁1019。
〔32〕王世貞《弇州續稿》卷三二《王母陸太孺人七帙壽序》，《影印文淵閣四庫全書》
　　第1282册，頁423。
〔33〕參見蕭夢、屈仁《金瓶梅風俗談》，鄭州：中原農民出版社，1993年，頁230~
　　231。
〔34〕錢泳《履園叢話》叢話六，"秋帆尚書"條，北京：中華書局點校本，1979年，頁150。

布政司亦於初四日到津。公館設在南斜街浙江海運總局內。至日，齊集行轅，恭慶大壽。東西轅門外，車馬轎成群結隊，幾無容足之地矣。"[35] 光緒十七、十八年，其六十九歲及七十歲大壽時，也是"賀客如雲"、"賓客如雲"。[36] 光緒十六年（1890）六月，張之洞八十生日，也是"大開筵宴，廣召聲樂，十數日夜不休"。雖然當時北京大水，"城內有水深一丈或五六尺者，城外有深數丈或一丈者"，但他還是"觀劇如故"。[37]

就排場而言，北京官宦人家辦壽的場面極大，辦壽就像在辦喜事一樣，夏天搭涼棚，冬天搭暖棚。棚內要掛上畫有《三國》、《水滸》等圖景的"八扇屏"。棚外照例要搭上黃紅兩色的喜慶牌坊或是掛上黃紅兩色的彩球。棚內設茶座，茶桌上均掛著繡有鶴鹿同春、邊上鑲著萬字不到頭的桌圍。凳子上均鋪紅椅套。若有功名的官宦，還會擺出祖先或本人的功名牌、萬民旗和萬民傘。正廳設壽堂，堂中央正面高懸紅緞彩繡的《百壽圖》、《一筆壽》，或以八仙圖案拼成的巨型壽字圖案，兩旁是壽聯。其他各類的擺設及圖像，都離不開福祿壽之類的典故，如梅花鹿、靈芝、蝙蝠、仙鶴、青松等等。而前往拜壽的人送禮，不外乎賀敬、賀幛、壽聯、壽圖以及壽桃、壽麵、壽酒和應時糕點等等。[38]

對京官來說，賀壽的禮敬，是一項不小的開銷，逢老師生日，多半攤錢祝壽。如同治十三年（1874），李慈銘的房師劉鑰山生日，"同年在京者八十四人，率京錢八千（文），共得六百餘千（文）"，合送了"八色大紅呢壽幛一軸，金箋壽屏十六幅，三鑲玉如意一柄，連紫檀匣、滿繡紅緞荷包一匳，共十事。紹興酒四大罎，燭二十斤，饅頭五百枚，麵百斤，門茶京錢四十千（文）"。[39]

清代的做壽習俗，除了北京之外，地不分東南西北，亦莫不流

〔35〕《述報》，臺北：臺灣學生書局影印，1965年，"光緒乙酉年二月十三日"。
〔36〕張佩綸《澗于日記》第2、3冊《蘭駢館日記》，臺北：臺灣學生書局影印手稿本，1966年，頁1014、1434，"光緒十七年正月初五日"條、"光緒十八年正月初五日"條。
〔37〕歐陽昱《見聞瑣錄》，"張南皮相國"條，長沙：岳麓書社標點本，1986年，頁194。
〔38〕常人春《老北京的風俗》，北京：北京燕山出版社，1990年，頁219~223。
〔39〕李慈銘《越縵堂日記》第7冊《桃花聖解盦日記》，壬集，臺北：文光圖書公司影印手稿本，1963年，頁3812~3813，"同治十三年五月初九日"條。

行做壽。做壽除了排場之外，壽星的衣著也越來越講究。清初，施
閏章（1618～1683）在《勸同志勿用壽字緞説》一文中，曾説當時
人生日多穿壽字緞，認爲這是褻瀆文字：

> 織金壽字緞，不知作俑者，近年士大夫生辰慶祝多用
> 之。其初惟胸背中有字，今通身壽字，有百壽、百二十之
> 説。官府甘貢諛，織坊工逐利，不知其有妨名教也。夫既
> 通身壽字，則一半壓在下體，在婦人尤爲穢褻。甚至用作
> 睡褥鑲嵌，護膝滿襪。試思僧道捧經，必盥手焚香，吾儒
> 惜字，戒裹物糊壁，今凌賤倒置如此，於心何安，烏得無
> 罪？余在豫章，飲一前輩家，見壽字椅褥，拱立不敢坐，
> 主人悚然撤去，且永戒勿用，真善補過者也。天下蟲魚花
> 鳥，新奇奪目者多矣，何必狎褻文字。……[40]

撇開是不是褻瀆文字不管，當時士大夫喜好華美，即做壽亦不
例外。

至於做壽的年齡，在清代士大夫間亦不乏四十歲做生日的，甚至
有士人在二三十歲就做了生日。康熙年間，霍子厚在二十歲生日時，
已有賓客相賀，"稱觴燕飲"。[41] 而咸豐五年（1855），河南祥符人周星
譽僑居浙江山陰時，適三十歲生日，也"設飲款客，爲竟日快叙"。[42]

一般説來，隨著年齡的增長，慶壽的隆重程度也隨之增加。清末，
郭嵩燾（1818～1891）在光緒五年爲其續妻鳳姬辦生日時，曾在日記上
記道："予生辰始終未嘗一治麵，僅四十生日，親友集賀者二席。自廣
東歸，正值五十生辰。其後歲集親友以爲常，推及婦女輩皆然。此風
一開，遂不復能收斂。因語家人：此事之最可懼者，不可爲喜也。"[43]
亦即其自四十以後，生日宴席漸隆重，始多吃麵席。如同治十一年（1872）
生日，"早，麵六席：外四席、内二席；中，飯四席：内外各二席"。[44] 十三
年，則"内外賀壽至開麵八九席，開飯七席"。[45] 光緒六年（1880）

---

[40] 施閏章《學餘堂文集》卷二五《影印文淵閣四庫全書》第 1313 册，頁 308～309。
[41] 林璐《歲寒堂存稿》，《贈霍子厚序》，《四庫全書存目叢書》集部第 284 册，頁 54。
[42] 周星譽《鷗室日記》卷一，臺北：文海出版社，1968 年，《近代中國史料叢刊》第
　　 174 種，頁 6，"咸豐五年二月初十日"條。
[43] 郭嵩燾《郭嵩燾日記》卷三，長沙：湖南人民出版社標點本，1980 年，頁 936，
　　 "光緒五年九月十一日"條。
[44] 《郭嵩燾日記》卷二，頁 708～709，"同治十一年三月初七日"條。
[45] 《郭嵩燾日記》卷二，頁 817，"同治十三年三月初七日"條。

六十三歲生日，“女客竟至四席，外客麵食六席、午酌兩席”，[46]八年生日，外客就有七八席，女客亦超過三席，“正恐坐席不能容”；[47]十二年生日當天，“内外共備十席。内三席，外三席，歷年常例也。講舍門人二十餘，另備三席”。[48]光緒十三年七十大壽更爲浩大，生日前一天，邀城内親友聚於玉池別墅，“觀五雲部燈局，計本家及親友凡八席，不能遍也。女席亦四席，不能遍”。至三月初七生日當天，“分定六堆口治外席，壽星街治内席”，“官紳往賀者三百餘人”。次日，又“治席十二席，到者八席”。[49]光緒十四年生日，前一日亦在壽星街及玉池別墅設席款客；初七日當天請親友及往來極熟的，分設五席款待；初八日，請官紳，開十席，到者九席。[50]光緒十六年亦然，而在生日當天，道賀的就有二百餘人。[51]光緒十七年（1891），生日前一天，“演泰益部”，“賀生日者，内客、外客皆滿四席”；生日當天，“内客六席，外客坐滿五席，演仁和部”。次日，又開了五席。[52]可見年壽越高，壽筵愈隆。

在清代社會流行做壽的發展過程中，除了日趨鋪張之外，在心理上也充滿了“巴結”的意味。有人更不惜長程跋涉，爲人賀壽。清盛期，藍鼎元（1675～1733）對於當時士大夫常跨越數千里爲人祝壽，就認爲這其中必有所求：

> 古未有越疆數千里而祝人壽者，貴顯當前，望風而趨，及其去也，則忘之矣。其既去之久，而猶有人焉跋涉數千里，稱觴上壽，則必其入爲卿相，秉鈞軸於廟堂，或出爲制撫，威權震耀，以故人情多所希冀。[53]

另外，有些地方人士爲了巴結地方官，送的生日賀壽銀兩，多的至數百兩，甚至千兩。[54]清中葉，江蘇崑山人龔煒（1704～?）

〔46〕《郭嵩燾日記》卷四，頁29，“光緒六年三月初七日”條。
〔47〕《郭嵩燾日記》卷四，頁270，“光緒八年三月初七日”條。
〔48〕《郭嵩燾日記》卷四，頁618，“光緒十二年三月初七日”條。
〔49〕《郭嵩燾日記》卷四，頁694～695，“光緒十三年三月初六、初七、初八日”條。
〔50〕《郭嵩燾日記》卷四，頁773，“光緒十四年三月初六、初七、初八日”條。
〔51〕《郭嵩燾日記》卷四，頁925，“光緒十六年三月初六、初七日”條。
〔52〕《郭嵩燾日記》卷四，頁996～997，“光緒十七年三月初六、初七、初八日”條。
〔53〕藍鼎元《鹿洲初集》卷一七《漳人之浙西祝前學使沈公壽序》，《叢書集成三編》第56册，頁203。
〔54〕李桓《寶韋齋類稿》（《近代中國史料叢刊》第344種）卷七八《甲癸夢痕記二》，頁3236；卷八二《甲癸夢痕記六》，頁3344。

更提到慶賀的場合中，常出現一些不相干的人：

> 慶賀吊之施於年親世契，禮也。匪其儔類，啖富者而
> 僕僕往拜，國人皆賤之，有"壽狗"、"喜蟲"、"喪鬼"之
> 目，始於無藉子；浸假而至紳士，猥極矣！然昔之富人，
> 猶厚禮以招紳士，而引以爲榮；今之紳士，或輕身以希微
> 利，而反以取厭。嗚呼，尚忍言哉！[55]

如此看來，拜壽成爲一種"鑽營"活動，社會上出現了"壽狗"這種穿梭
在壽辰場合、受人睥睨的人物，做壽的風氣至此又是一變。

　　而由於做壽鋪張浪費，有些老人家常以避壽的方式，希望能減去
這項花費。清同治年間，江西建昌府的《新城縣志》上說，壽誕"自六十
至九十，則視其家之力，製錦稱觴"，"間有爲子孫惜費者，多出遊以避
之"。[56] 可見贛東地區有此習俗；至於其他地方，同樣存在這種"避
壽"的做法。

　　民國初年，韓國鈞（1857～?）在談及生日避壽時，曾說："世人稱
壽，以爲多增一歲，其實如宰羊而入屠市，多進一步即少一步。古人於
父母之年，一喜一憂，意即如是。"他說他在八十歲生日時，避壽在友人
家中，"與二三友人聚談，終日頗覺自適"，何必要慶壽?[57] 韓某這樣
的看法，自然有他的道理，但慶祝生日的風氣，自近世以來早已成爲一
種社會習尚，各地盛行不衰，實未改變。不過，像他生日"避壽"這種做
法，在明末已經出現。萬曆四十二年（1614）六月初一，浙江書畫家李
日華的父親，就曾"以誕日避客於外"。[58] 至清朝時，可能更爲普遍。
現存的《內閣大庫刑案檔案》中就有一份奏摺，談及四川成都府在乾隆
初年也有"躲生日"的風氣。[59] 其他地方，如同治九年（1870），莊廉丞
生日，就"以避賀客不回家"，待在湖南湘陰郭嵩燾的家中。[60] 光緒三

---

〔55〕 龔煒《巢林筆談》續編，卷下，頁231，北京：中華書局點校本，1981年，"壽狗喜蟲喪鬼"條。

〔56〕 〔同治〕《新城縣志》卷一《風俗》，臺北：成文出版社影印同治九年刊本，1975年，頁166～167。

〔57〕 韓國鈞《永意錄》（《近代中國史料叢刊》，第9種），頁123～124。

〔58〕 李日華《味水軒日記》卷六，上海：上海遠東出版社標點本，1996年，頁393。

〔59〕 《內閣大庫刑案檔案》，登錄號052407，乾隆二年七月十四日，"四川巡撫碩色題成都府郫縣楊模醉酒，戳傷劉虎山致死，審實依律，擬絞監候秋決"。感謝劉錚雲先生提供此一資料，謹此誌謝。

〔60〕 郭嵩燾《郭嵩燾日記》卷二，頁591，"同治九年三月廿二日"條。

十二年(1906)，葉昌熾(1849～1917)妻子生日時，其"兒、婦與姬人爲
設帨稱祝"，當時葉昌熾自北京南遷蘇州，正在找房子，又覺得"夫婦二
人待盡餘年，淒然顧影，對此彌復難堪，又畏客至"，於是與妻子商議，
一起下鄉找房子避壽。於是在生日當天，"黎明即起，仍自齊女門出，
繞閶、胥兩門出胥江，午刻至鎮，徑泊靈巖山塘"，後來就在這裏租到房
子。[61] 宣統三年，北京旗人榮慶(1859～1917)的三叔在生日時，也曾
避壽於榮慶的大姐家。[62]

　　清代民間慶壽的風氣極爲普遍。以下分華北各省、華中地區、華
南地區三個地域，稍及清代各地的做壽之風。

　　1. 華北各省

　　乾隆年間，陝西延安府延長縣，"壽誕止拜祝，不開筵席。歲内多
會戲，率不演侑壽觴。親友亦不製屏幛或贈匾額爲祝。有製壽材
者"。[63] 甘肅慶陽府合水縣，凡逢"老親之壽"皆有賀儀，"各持錢百文，
少者或二數十文，即以爲禮；至厚者用泥頭酒，佐以鷄"。[64]

　　清末，北方祝壽風尚依然。河南歸德府虞城縣，"祝壽各席，有十
碗、九碗、七碗、五碗之不同，或視客多寡，或稱家有無"。[65] 陝西鳳翔
府寶鷄縣，逢人家壽辰，"親友族黨各具儀物、屏幛之類祝賀，主人晨、
午備酒席款待歡飲"。[66] 山東武定府陽信縣，"祖考、父母生辰者，亦多
送壽幛、壽酒、壽麵等件，富者且演劇以慶，皆爲善俗"。[67]

　　2. 華中地區

　　在清代，生日做壽的風氣，當以長江流域各省最爲鋪張，送壽屏、
壽幛也較普遍。康熙年間，安徽安慶府太湖縣當地人逢五十以上誕日

〔61〕　葉昌熾《緣督廬日記》卷一二，臺北：臺灣學生書局影印稿本，1964 年，頁 440，"光緒三
　　　　十二年七月十九日"條。
〔62〕　榮慶《榮慶日記》，蘭州：西北大學出版社標點本，1986 年，頁 201，"宣統三年十月二十
　　　　三日"條。
〔63〕　〔乾隆〕《延長縣志》卷五《風俗志》，臺北：成文出版社影印乾隆二十七年修民國補抄
　　　　本，1970 年，頁 152。
〔64〕　〔乾隆〕《合水縣志》卷下《風俗》，臺北：成文出版社影印乾隆二十六年刊本，
　　　　1970 年，頁 217。
〔65〕　〔民國〕《虞城縣新志》卷三《禮俗略》，臺北：成文出版社影印民國九年刊本，
　　　　1968 年，頁 284。
〔66〕　〔民國〕《寶鷄縣志》卷一二《風俗》，臺北：成文出版社影印民國十一年刊本，
　　　　1970 年，頁 512。
〔67〕　〔民國〕《陽信縣志》卷二《風俗志》，臺北：成文出版社影印民國十五年鉛印本，
　　　　1968 年，頁 121。

時，"親友具屏幛、詩聯，佐以羊酒等儀，主人設宴酬之"。[68] 清中葉，長江各省生日祝壽的風俗，相沿不替。安徽安慶府桐城縣，"自六十帙以及八十、九十，先期撰詩章、制屏軸、副簋酒爲祝。及期，登堂拜，主人答拜，皆留宴，明日詣謝"，"富家或張樂設優"。[69] 湖北西部施州府地區，五十以後偶有慶賀壽辰的；至六十以後，"子孫視其力之厚薄通知戚友，製錦稱觴，歌優雜進。屆誕辰，戚友具衣冠詣祝，先期之夕，戚友內眷亦盛裝拜慶，宴飲而歸"。[70]

至清末，江蘇地區仍流行做壽，如太倉州嘉定縣，"紳富年屆六十或七八十者，其子若孫爲之稱觴，俗稱慶壽。先期束邀親友筵宴，往祝者多以燭麵糕桃爲饋贈"。[71] 四川各地做生日之風亦不衰。順慶府廣安州，"賀人壽者，自艾耆以上，或雙壽，或單壽，親友公製金匾、錦屏、采聯、繡幛，或以桃麵、燭爆，或以錢酒、靴鞋，至親並用粉粢、茶食、衣服，曰抬盒，曰賀壽。先日食麵席，曰祝壽。正日衣冠登堂拜祝，曰拜壽，曰慶壽"。[72] 綏定府達縣，"遇有耆老以上之壽，無論單壽、雙壽，親友公製金匾、銀屏、錦聯、彩帳，間以桃麵、燭炮、錢酒、靴鞋之類；若至親，或贈以茶食、衣料，賃抬盒、倩鼓吹，導入其室，主家備酒筵答之，務盡一日一夜之歡"。[73] 重慶府江津縣，"邑俗贈答頗近繁奢，婚冠喪祭之外，最喜辦生，白金爲儀，赤錦作軸，文以諛詞，縢以聯語，壁爲之滿，人目爲榮"。[74]

此外，浙江各地也極重視辦壽。康熙年間，浙江杭州府昌化縣，逢生日"俱開筵、張圍褥，前列花罩、糖食、果品之類，謂之看桌，延戚族陪飲，正席專坐"。"壽自五旬、六旬以上方受賀，親友各具羊酒、盒禮及

〔68〕 〔乾隆〕《太湖縣志》卷二《輿地志·風俗》，臺北：成文出版社影印乾隆二十六年刊本，1985 年，頁 129，引《康熙志》。

〔69〕 〔道光〕《桐城續修縣志》卷三《風俗》，臺北：成文出版社影印民國鉛印本，1975 年，頁 94。

〔70〕 〔同治〕《施南府志》卷一○《風俗》，臺北：成文出版社影印同治十年刊本，1975 年，頁 774~775。

〔71〕 〔民國〕《嘉定縣續志》卷五《風俗》，臺北：成文出版社影印民國十九年鉛印本，1975 年，頁 291。

〔72〕 〔光緒〕《廣安州新志》卷三四《風俗志》，臺北：臺灣學生書局影印光緒三十三年刊民國十六年鉛字重印本，1968 年，頁 909。

〔73〕 〔民國〕《達縣志》，《禮俗門》，臺北：臺灣學生書局影印民國二十二年鉛印本，1971 年，頁 498。

〔74〕 〔民國〕《江津縣志》卷一一至一《風俗》，臺北：四川文獻研究會影印民國十二年刊本，1966 年，頁 21。

折儀之類往祝。酒筵則佐以優唱，或主人固辭而後已。"甚至有些平民、市井人家，也各自攤錢製作屏幛、卷軸以相誇耀。[75] 衢州府府治所在地的西安縣亦然："賀壽禮以豬蹄、豬首、鷄、麵，曰擔盤；舉豬全體，中分之以盒，並擔及酒二瓮，曰豬擔，主人率受其半。亦有羅列錦綉、尊罍、珍玩之屬者，主人不受，爲觀美而已。""其子弟甥婿於誕前一日置酒邀客，曰暖壽；誕日稱觴，曰治麵，亦曰生日酒。子婿、孫婿之富者，以銀翦壽字，綴以花桃，分餉賀客，曰插花分桃，亦有並餉豚肉者。"[76]

同治年間，范祖述記載杭州當地風俗，言自四十歲以上無不做壽，壽堂擺設各類福壽的花樣與物品。在壽堂之外，於別室花廳擺設麵碟，拜壽者拜過後即往吃麵，叫"走馬麵"，隨到隨吃。除正月節慶多半演戲熱鬧，生日不再別請戲子暖壽外，其他各月生日的也都唱戲慶壽。[77] 光緒年間，浙江杭州府臨安縣，五十以上壽誕，也是"親友具屏幛、詩聯，佐以麵、燭、桃、餅等儀"相祝賀。[78] 嘉興府桐鄉縣，逢父母六十以上，也多慶賀開筵。[79] 清末，溫州府平陽縣，"吉慶之事如祝壽，親戚餽衣物，或醵錢製錦焉"。[80]

　　3. 華南地區

　　至於華南各省，其喜好做壽的風氣亦然。福建西部山區的政和縣，"人生至十歲例有賀，五十以上曰賀十，六十以上則曰賀壽，大設宴筵，開堂拜祝"。[81] 清末，廣西柳州府融縣人，遇戚友、尊長生日，則"袖兩百制錢以賀，至其門請壽者出，行跪拜禮，表示敬老引年之意"。[82]

〔75〕〔乾隆〕《昌化縣志》卷一《風俗》，臺北：成文出版社影印乾隆十三年刊本，1983 年，頁81，引《康熙志》。

〔76〕〔民國〕《衢縣志》卷八《風俗志》，臺北：成文出版社影印民國十八年石印本，1984 年，頁 813～814，引《康熙志》。

〔77〕范祖述《杭俗遺風》，杭州：六藝書局補輯足本，1928 年，頁 71～73。

〔78〕〔宣統〕《臨安縣志》卷一《輿地志·風俗》，臺北：成文出版社影印宣統二年刊本，1975 年，頁 156。

〔79〕《光緒桐鄉縣志》卷二《疆域下·風俗》，臺北：成文出版社影印光緒十三年刊本，1970），頁 86。

〔80〕〔民國〕《平陽縣志》卷一九《風土志》，臺北：成文出版社影印民國十四年刊本，1970 年，頁 196。

〔81〕〔民國〕《政和縣志》卷二〇《風俗》，臺北：成文出版社影印民國八年刊本，1967 年，頁 215。

〔82〕〔民國〕《融縣志》第二編《社會·交際》，臺北：成文出版社影印民國二十五年刊本，1975 年，頁 85。

潯州府貴縣,“賀壽,小則蘋蘩水藻之儀,大則開筵演劇,盡賀客之歡,名曰食回頭生日”。[83] 雲南楚雄府大姚縣地方,在清末民初時,“祝壽,尋常賀以茶食,親友則賀以壽帳、壽對,至親則賀以紅緞金書之額聯,並加以羊酒”。[84]

一般來説,各地多逢十做壽。不過,嶺南地區則逢一做壽。清初,屈大均(1630~1696)曾談道:“世之稱壽者,率以十爲數,嶺南及江西寧都,則以十之一爲數。”[85] 即逢一做壽。乾隆年間刊行的潮州府《普寧縣志》亦云:“人壽重加一,每某袟加一,其親黨子弟製屏帳,徵詩文,介觴以祝。”[86] 嘉慶年間,廣州府《新安縣志》也説“稱壽必自六十一始,重一不重十”。[87] 同治《番禺縣志》也説當地人五十以上,逢一做壽。[88] 民國《東莞縣志》亦云:“粵俗重一,每某袟有一,其親串子弟,必介觴稱慶,徵詩文爲賀。”不過,至清末民初也漸有逢十做壽的。[89]

二、層層積累的做壽文化内涵

明清做壽的文化,其實充滿了各類的文化活動,而且内容不斷地繁衍。除了吃喝之外,文字性、圖像性及歌舞之類的展示,越來越不可或缺。而這些做壽的文化形式,隨著時間流衍,逐步發展出來,慶壽場合呈現了一個從靜態到動態的過程。

(一)壽詩、壽序

壽詩出現於唐代,壽詞出現於宋朝,前已述及;至於壽序,當始於元。首先認知到這一事實的是清初的徐之凱,他認爲壽序始於虞集(1272~1348),至明而盛。[90] 不過,除了虞集之外,元代還有不少文

---

[83] 〔民國〕《貴縣志》卷二《社會·風俗》,臺北:臺灣學生書局影印民國二十三年鉛印本,1968 年,頁 286。

[84] 〔民國〕《鹽豐縣志》卷三《地方·風俗》,臺北:臺灣學生書局影印民國十一年鉛印本,1968 年,頁 309。

[85] 屈大均《廣東新語》卷九,北京:中華書局點校本,1985 年,頁 294,“稱壽”條。

[86] 〔乾隆〕《普寧縣志》卷八《習俗》,臺北:成文出版社影印乾隆十年刊民國二十三年鉛印本,1974 年,頁 358。

[87] 〔嘉慶〕《新安縣志》卷上《風俗》,臺北:成文出版社影印嘉慶二十五年刊民國鉛印本,1974 年,頁 81。

[88] 〔同治〕《番禺縣志》卷六《輿地志·風俗》,臺北:成文出版社影印同治十年刊本,1967 年,頁 45。

[89] 〔民國〕《東莞縣志》卷九《風俗》,臺北:成文出版社影印民國十年刊本,1967 年,頁 265。

[90] 見徐之凱《議壽》,收於〔嘉慶〕《西安縣志》卷二〇《風俗·附錄》,臺北:成文出版社影印民國六年重刊本,1970 年,頁 739~740。

人有這類的文字。[91]　然而,壽序之類的文字雖非起源於明,但女子有壽序,卻是明代纔普遍出現的一種風俗。因此,清初的毛奇齡(1623~1716)説:"古閨中無頌禱之詞,近世尚生齒,凡閨閫内外懸弧懸帨,概有頌詞。"[92]

在明代流行做壽的文化當中,稱頌的文字是不可缺的。明中葉,蘇州府太倉人顧潛(1471~1534)曾説:"邑故事:搢紳壽每登十,則有文賀。"[93]吳江人周用(1476~1547)也説:

> 近世士大夫之事親,往往謁諸薦紳先生爲之文辭詩歌,
> 及時,集賓客爲壽,則使少者起而誦焉,長者坐而聽焉,衎衎
> 鼓舞以爲樂。不如是,雖具酒食,人猶以爲少焉[94]

可見在明中葉時,吳江地區的士大夫喜歡在壽誕的場合,即席叫年青人朗誦壽詩、壽文之類的文字。另外,歸有光也提到崑山地區的人(尤其是"富貴之家"),每當生日之時,"親黨咸集,置酒高會以爲樂";"貴人、長者皆造其廬",而且"悉有贈章",故常"摘詞敷篇,燦然盈室。"[95]

歸有光所説的這種"摘詞敷篇,燦然盈室"的情景,正是當時慶賀風俗中極爲重要的一環。歸有光在另一篇文章中,就談到當時人慣於請人代寫壽序,懸挂在壁間以爲誇耀的情況:

> 東吳之俗,號爲淫侈,然於養生之禮,未能具也。人
> 自五十以上,每旬而加,必於其誕之辰,召其鄉里親戚爲
> 盛會;又有壽之文,多至數十首,張之壁間。而來會者飲
> 酒而已,亦少睇其壁間之文,故文不必其佳。凡横目二足
> 之徒,皆可爲也……[96]

究其實,參加壽宴的賓客並不見得會看這些懸在墻上的詩文,因此不一定要寫得好,只要多就行了。於是,便到了歸有光所説的"凡

---

[91]　如方回、宋褧、王沂、王褘、王禮、鄭元祐、程端禮、陳旅、劉敏中、吳師道、歐陽玄、姚燧、任士林、鄧文原、戴良等人的文集中,就也有這類的壽詩序、壽序或壽叙文字。

[92]　毛奇齡《西河集》卷四二《沈母陳太君壽序》,《影印文淵閣四庫全書》第1320册,頁359。

[93]　顧潛《静觀堂集》卷九《壽張思南序》,《四庫全書存目叢書》集部第48册,頁548。

[94]　周用《周恭肅公集》卷一一《壽王翁七十詩序》,《四庫全書存目叢書》集部第65册,頁65。

[95]　《震川先生集》卷一四《唐令人壽詩序》,頁367。

[96]　《震川先生集》卷一三《陸思軒壽序》,頁334~335。

橫目二足之徒，皆可爲也"——任何人都可以寫的地步。這種充場面的做法，萬曆年間的婁堅也曾提到，他説當時人做壽，"必侈爲文辭以侑萬年之觴"，"而其辭多托於縉紳先生，至或取辦於庸妄，而受之者猶以爲榮"。[97] 老人家所收到的壽文壽詩，多的甚至近千首。松江府望族錢氏的耆老錢椿（1456～1546），從五十歲起至九十歲，收到士大夫祝壽的篇章"幾至千首"，後來編爲《蘭堂介壽編》、《僑梓榮壽集》，這樣的數字即使是在士大夫，都是少有的。[98]

壽序之類的文字，雖如歸有光所説的没什麽用處，但"壽者之家，不得不以爲樂"。[99] 嘉靖三十八年（1559），何良俊（1506～1573）就談到一位父親七十大壽時對兒子説：

> 使汝日供八簋，不若得名人一言。汝所與士大夫遊，
> 誰最賢，當乞其文爲吾壽足矣。[100]

可見民間對此極爲看重。當時，上從中央大僚，下至社會人士，均以此爲做壽的排場之一，但當中充滿諂媚之詞，令人姍笑。徐渭（1521～1593）嘗代胡宗憲撰文壽嚴嵩（1480～1567）生日，清人曾指其"諛詞滿紙"，"廉恥喪盡"。[101] 張居正（1525～1582）父親七十大壽，"縉紳各以文賀，貢諛獻佞，惟力是視"。[102] 即文章大家如王世貞、汪道昆亦均有幛詞，"諛詞太過，不無陳咸之憾"。[103]

因此，就如同歸有光一樣，明末還是有不少人指摘這類的文章没什麽意義。汪道昆（1526～1593）就曾説："今之爲壽者，必有言；言之不足，則文言之；文言之不足，則侈言之。概於其人固無當，言而無當，尚安事言？余自歸田，則以侈言稱壽爲戒。"[104] 譚

---

〔97〕 婁堅《學古緒言》卷七《陳貞母吳氏六十壽序》，《影印文淵閣四庫全書》第 1295 册，頁 92。

〔98〕 程文德《程文恭公遺稿》卷一九《恩授承事郎友蘭錢翁墓誌銘》，《四庫全書存目叢書》集部第 90 册，頁 270～271。

〔99〕 《震川先生集》卷一三《周翁七十壽序》，頁 325。

〔100〕 何良俊《何翰林集》卷九《壽卜樸菴七十序》，臺北：中央圖書館影印嘉靖四十四年刊本，1971 年，頁 338。

〔101〕 方濬師《蕉軒隨録》卷七，北京：中華書局點校本，1995 年，頁 268～269，"徐渭壽嚴嵩生日啓"條。

〔102〕 于慎行《穀山筆麈》卷四《相鑒》，北京：中華書局點校本，1984 年，頁 46。

〔103〕 沈德符《萬曆野獲編》卷二五《評論》，北京：中華書局點校本，1959 年，頁 630，"汪南溟文"條。

〔104〕 汪道昆《太函集》卷一四《贈方處士序》，《四庫全書存目叢書》集部第 117 册，頁 208。

元春(湖廣竟陵人,1586~1637)在《求母氏五十文說》中,也指出這一類的文章多半浮誇不實,寫的人爲了錢,避開忌諱的不寫,專事歌功頌德,"言短勒之使長,事少勒之使多"。[105] 而錢謙益在文章中也批評這種祝壽的文辭根本就像巫師的禱詞一樣,令人不舒服。[106] 而且,這類的文字,實際上多半並非送的人親撰,常是代筆。明末,陳繼儒(1558~1639)就說:"世俗之壽其親者,歌鐘沸天,鞍馬照地;王公大人之文,高懸座隅,綉繢滿眼,讀之非倩筆則借銜。"[107]

生日求壽文、壽詩的習慣,在清代依然。乾隆末年,袁枚(1716~1798)八十歲生日時,各方致賀的壽詩,甚至達到一千三百餘首。[108] 而這種充場面的現象,同樣遭到士大夫的批評。清初,錢謙益就說:

> 古無生辰爲壽之文,而近世滋甚。凡壽考燕喜之家,親知故舊,相與考德頌美,列名徵詞,無慮數十人。詩文之傳遞而至者,無慮數百篇。既而請者與作者,各不相仞,不復知爲誰某,此流俗之最可笑者也。[109]

儲同人在順治年間亦有類似的看法,他說:"余每怪古人集中未有壽人以文者,及讀近代學士大夫所作壽序,虛諛濫祝,辭類優俳,且與其人非有交遊傾愛之素,轉相請託,靦顏而泚筆者皆是也。"[110] 清末,平步青(1832~1896)也說,近時壽文、壽詩,"不論識與不識,轉相徵求,動成卷軸,可恥也"。[111]

乾隆年間,方苞(1668~1749)曾比較明清徵求壽序的風俗,他認爲明人"知體要者,尚能擇其人之可而不妄爲;而壽其親者,亦必擇其人之可而後往求"。清人則不然,"其所求必時之顯人,而其文則備之村師幕賓無擇也,其所稱則男女之美行皆備,而不可缺一焉,而族姻子姓之瑣瑣者並著於篇"。換言之,他認爲清人徵求壽序更爲浮濫。[112]

---

〔105〕 譚元春《譚元春集》卷二二,上海:上海古籍出版社點校本,1998 年,頁 587。
〔106〕 錢謙益《牧齋初學集》卷三六《永豐程翁七十壽序》,上海:上海古籍出版社點校本,1985 年,頁 1020~1021。
〔107〕 陳繼儒《晚香堂集》卷七《壽夏母金太君八十序》,頁 491。
〔108〕 見《隨園八十壽言》,《叢書集成三編》第 78 冊,《凡例》,頁 508。
〔109〕 《牧齋有學集》卷二五《華母龔夫人八十壽序》,頁 986。
〔110〕 儲同人《在陸草堂文集》卷五《葉兄壽序》,《近代中國史料叢刊》第 376 種,頁 465。
〔111〕 平步青《霞外攟屑》卷七上,上海:上海古籍出版社點校本,1982 年,頁 477,"壽文入集不始震川"條。
〔112〕 方苞《望溪先生文集》卷七《張母吳孺人七十壽序》,《叢書集成三編》第 54 冊,頁 571。

事實上,從清初開始,已經有人認爲要拋棄壽序這類文字。如歸莊(1613～1673)説:"先太僕(歸有光)嘗言:'生辰爲壽,非古也。'顧世俗尚之不能廢,至近日尤濫甚。尋常無聞之人至六七十歲,必廣徵詩文,盈屏累軸。於是有宜用詩文爲壽,反峻卻之爲高。"[113] 施閏章(1618～1683)也説有識之士覺得這些文字多半言不由衷,而且還要花錢去求,何必追隨流俗,要這種没用的東西?[114] 如此看來,壽文變成一種"俗"的文字,有些人反而不屑獲得。

清末,江庸則提醒大家:"壽聯、挽聯最忌用膚泛故實,如交誼不深,或人無足道,盡可不作。"[115] 他並在隨筆中指出,壽序當"超脱"、"簡直":

> 壽序非古,然亦與贈序同類耳。歸熙甫(歸有光)集中雖多此作,然尚不失體格。若近世爲文,對於達官貴人,輒諛詞滿紙,又豈特壽序爲然哉?《湖南文徵》載曾紹孔《答李二庵書》云:"杜于皇稱吉水羅念庵(羅洪先)爲毗陵唐太公壽序,通篇講道晰義,以荆川(唐順之)爲之子而不之及,其超脱如此。嘉定婁子柔(婁堅)壽申文定(申時行),僅三百餘字,且謂文定秉政不如前人任勞任怨。前人,江陵張文忠公(張居正)也。其簡直如此。"若壽序皆如曾所云,抑豈不貴?但恐施之今日,微特不足厭求者之意,且必大相詬厲耳。[116]

但士大夫一向媚俗,能不慕榮利而直言直書的,畢竟還是少數,誰願意平白惹來一頓罵呢?

基本上,慶賀活動在物質上雖可以極盡鋪張之能事,但或許免不了"俗人"之譏,因此還必須有一些"文化"的東西來點綴。明代中後期以後流行做壽的背後,當然有著"面子"的心態在起作用,而它更需要的是符號性的象徵。這也就是民間在一些禮俗上除了重視"排場"之外,又需要"文字"來裝飾的原因所在。壽詩、壽帳詞、壽文、壽序、壽圖序等文字形式的大量出現,就由於這樣的一個文化因素。

在明清這類祝壽文字的"生産"過程中,有大部分的文字來自於京

---

〔113〕　歸莊《歸莊集》卷三《某先生八十壽序》,頁 252。
〔114〕　施閏章《學餘堂文集》卷九《馬文虎五十壽序》,頁 110。
〔115〕　江庸《趨庭隨筆》,《近代中國史料叢刊》第 85 種,頁 35。
〔116〕　江庸《趨庭隨筆》,頁 101～102。此一資料,承邱澎生學長提示,謹此誌謝!

師所在的北京。當時的北京達官顯宦萃集,凡是仕宦京師的士大夫、赴京趕考的士子、寄寓在京的百工技藝之人或商人,都可能爲了家中親長的生日乞請京官寫序。因此,北京成了祝壽文字的"生產中心"之一(另一個中心是江南)。然而,對一些人來説,撰寫這種應酬文字,實屬陳腔濫調,並不屑爲之。明中葉,顧潛曾説"近世京師之名能文辭者,率不喜爲文壽人",[117]就是因爲這個緣故。

明代中葉以後社會上這種喜歡做壽的風氣,爲文人塑造了人際交往的網絡,也在經濟上提供了文人潤筆的機會。有不少社會底層的士大夫,就以爲人撰寫這類的文字來賺取生活的資源。明中葉,浙江台州府天台人夏鍭(1455～1537)曾説:"吾邑禮俗,鄉之富人,或壽筵或居室,皆有求於予,予亦欣然起答之。"[118]另外,楊循吉(1456～1544)在書中談到周伯器(嘉興嘉善人,1401～1487)時,也説:

> 周伯器往來吳中,常以文自賣。平生所作,蓋將千篇,開
> 卷視之,自初至終,非堂記則墓銘耳,甚至有慶壽、哀挽之作,
> 亦縱橫其間。然伯器之才,特長於此。每爲人作一篇,必有
> 所得,多或銀壹兩,少則錢一二百文耳。伯器每諾而許之,一
> 日作數篇不竭,精粗間出,在乎得者遇之。[119]

這樣的人其實不少。清初,歸有光的曾孫歸莊也説:"吾家自先太僕(歸有光)賣文,先處士(歸輔世)賣書畫,以筆耕自給者累世矣。"[120]而錢謙益(1582～1664)談到族中的前輩錢文光(1562～1629)秀才時,也説他"爲博士弟子員,垂五十年,生產日挫,資賣文以爲活"。[121]清初,毛奇齡(1623～1716)在早年曾説:"予二十年來頗以詩文見天下,天下之以生日屬予爲詩文衆矣。"[122]老年又説:"予自弱冠即爲親朋閭里行文寫幛,閱五十餘年,其爲文不知凡幾,大率金泥鼎篆,爲屏幛光悦已耳。"[123]而在他所寫的文字中,壽序佔了相當大的部

---

〔117〕 顧潛《静觀堂集》卷一〇《壽周母吳孺人序》,頁569。

〔118〕 夏鍭《夏赤城先生文集》卷一六《衍慶堂記》,《四庫全書存目叢書》集部第45冊,頁385。

〔119〕 楊循吉《蘇談》,《記録彙編》卷二〇〇,頁14a～14b,"桐村健文"條。

〔120〕 歸莊《歸莊集》卷一〇《筆耕説》,上海:上海古籍出版社,1982年,頁490～491。

〔121〕 錢謙益《牧齋初學集》卷七六《族中純中秀才墓誌銘》,頁1661。

〔122〕 毛奇齡《西河集》卷二九《贈周先生九十壽序》,《影印文淵閣四庫全書》第1320冊,頁242。

〔123〕 毛奇齡《西河集》卷四二《沈母陳太君壽序》,頁359。

分,他説:"間嘗應世爲雜文,諸體什二,而序什之八,即他序什二,而壽序什之八。"[124]這類壽序、壽詩的大量存在,與這些文人的撰寫有相當大的關係。

至於清代壽序的價碼,多半數十兩,有些則至百兩以上。李慈銘(1829~1894)於同治三年(1864)"新定賣文例,壽序廿四金"[125]。同治四年十一月重定潤筆通例,則"壽序,散文八十金,知好減半;駢文百金,知好減四十金"[126]。至光緒九年(1883)時,潤例的價碼又有所增長,"壽文,駢體定例二百金"[127]。同治十一年,他爲姚樫甫撰壽文,潤筆是五十兩;[128]同治十三年,爲袁氏撰壽序散、駢文各一,潤筆共計九十四兩;[129]光緒七年,王益吾受浙江巡撫陳俊卿囑託,請李慈銘代作祝賀左宗棠七十大壽的壽文,潤筆一百兩。[130]此外,李慈銘亦曾爲劉錦堂代撰賀左宗棠的壽文,潤筆也是一百兩。[131]光緒十九年,王闓運(1832~1916)代撰賀湖南巡撫吳大澂的壽序,甚至索價一千兩。[132]

(二)字畫、壽幛、壽屏

明代中葉以後流行做壽的文化現象中,除了"祝詞滿壁"的風習之外,[133]還存在著一種"圖像"式的作品,這也就是明人文集中常見的"壽圖"。"壽圖"至晚在宋代已經存在,據南宋初年朱或《萍洲可談》記載:"近世長吏生日,寮佐畫壽星爲獻,例只受文字,其畫卻回,但爲

---

[124] 毛奇齡《西河集》卷四一《戴隱君九十壽序》,頁347。

[125] 李慈銘《越縵堂日記》第1册《孟學齋日記》甲集上,頁447,"同治三年二月二十二日"條。

[126] 《越縵堂日記》第2册《孟學齋日記》乙集下,頁1175,"同治四年十一月三十日"條。

[127] 《越縵堂日記》第14册《荀學齋日記》戊集下,頁7763,"光緒九年十月十九日"條。

[128] 《越縵堂日記》第6册《桃花聖解盦日記》己集,頁3225,"同治十一年十月十三日"條。

[129] 《越縵堂日記》第7册《桃花聖解盦日記》癸集,頁3871~3872、3908,"同治十三年七月初八日"、"八月初五日"條。張德昌《清季一個京官的生活》(香港:香港中文大學,1970)將之誤爲三十兩,見該書頁83。

[130] 《越縵堂日記》第12册《荀學齋日記》丙集上,頁6874、6890,"光緒七年九月二十九日"、"十月二十一日"條。張德昌《清季一個京官的生活》誤爲一百二十兩,見該書頁93。

[131] 《越縵堂日記》第12册《荀學齋日記》丙集上,頁6874,"光緒七年九月二十九日"條。

[132] 王闓運《湘綺樓日記》卷三,長沙:岳麓書社標點本,1997年,頁1899,"光緒十九年十二月十三日"條。

[133] 于慎行《穀城山館文集》卷二三《明敕封監察御史邑涯邢公暨配趙萬二孺人合葬墓誌銘》,《四庫全書存目叢書》集部第147册,頁672。

禮數而已。"[134]則北宋時已有送壽星圖祝壽的習慣,而這種送畫軸祝壽的方式,在明代相當盛行,只是已少有人送壽星圖了。

明代人在逢人有吉慶時,常送字畫文軸。萬曆年間,松江人范濂(1540~?)曾提到:"近來各學及士夫,承奉有司,每遇慶賀,必用上等泥金冊手卷,遍索詩畫,裝綴錦套玉軸,極其琛重,即黃(庭堅)、米(芾)真跡稱最得意者,亦不曾享得世間此等供奉。"[135]對於慶賀的重視,可見一斑。

至於親友生日,除了壽序之類的文字之外,也多以畫幅祝壽。成化年間,福建莆城縣人柯宗文之母俞宜人六十大壽,宗文"作《壽山福海圖》爲宜人壽"[136]。弘治年間,安徽休寧人吳韞中七十大壽,女婿戴世曠就"求善繪者爲圖,諸搢紳大夫爲詩"[137]。而南京李懷玉生日,其朋友、鄉黨,也"繪《海屋添籌圖》,求諸大夫士詩壽之"[138]。弘治十五年(1502),盛桃渚五十生日,文徵明與沈周皆往祝壽,兩人並合作畫卷獻祝。正德十四年(1519),王鏊七十大壽,文徵明也與張雲槎合作《長松泉石圖》賀壽。[139]

這種壽圖通常很大,大的可達三百多釐米,如監察御史潘楷爲其父親七十大壽所獻的《夐壽圖》,"方廣盈丈餘,下繫以詩"[140]。而河南左參議元鼎與刑部員外郎元敬合送給母親的《萱壽榮慶圖》,圖下方亦有詩百篇,應該也不會太小。[141]另外,有些士大夫甚至用泥金繪製壽圖。嘉靖年間,一位魏老先生六十大壽時,身任給事中的兒子繪了壽圖,"以泥金鈎勒壽字一,大可五尺許(約150釐米),採古諸家篆籀及道經釋典、天書雲章、蟲魚龍馬、科斗鐘鼎之文,共得百壽,書填於鈎勒間,丹碧間錯,雲霞輝映。燦然燁然,如天孫雲錦,光彩奪目"。回家

〔134〕 朱彧《萍洲可談》卷三,上海:上海古籍出版社點校本,1989年,頁47。

〔135〕 范濂《雲間據目抄》卷二《筆記小說大觀》第22編第5冊,臺北:新興書局,1978年,頁2637~2638。

〔136〕 周瑛《翠渠摘稿》卷一《〈壽山福海圖序〉》,《影印文淵閣四庫全書》第1254冊,頁734。

〔137〕 程敏政《篁墩文集》卷三四《知止吳君夫婦偕壽七十序》,《影印文淵閣四庫全書》第1252冊,頁587。

〔138〕 莊㫤《定山集》卷七《壽李君懷玉〈海屋添籌圖〉序》,《影印文淵閣四庫全書》第1254冊,頁294。

〔139〕 江兆申《文徵明與蘇州畫壇》,臺北:故宮博物院,1977年,頁65、114。

〔140〕 《圭峰集》卷一《〈夐壽圖詩〉序》,《影印文淵閣四庫全書》第1259冊,頁4~5。

〔141〕 羅玘《圭峰集》卷一《〈萱壽榮慶圖詩〉序》,頁15。

後,即將此《百壽圖》"挂諸高堂之壁"。[142]

　　這樣的祝壽方式,在明人日記中也有記載。明末,李日華於萬曆三十九年(1611)的日記上,記其周姓表叔七十大壽時,扶其父親,率同兒子前往拜壽,並以陳白陽所畫的《古檜水仙圖》祝壽。[143] 萬曆四十一年(1613)的日記,記及項孟曠向其乞詩畫,準備用以賀丈人陸澹園,他於是畫了《松泉芝壑圖》,並題詩一首於畫上。[144] 萬曆四十四年(1616)的日記,則談到他為慶祝劉中丞石間二月初一的生日,從所藏的畫中取了一幀張平山所畫的《白鹿圖》,於畫的上方作《白鹿歌》,"將以為壽"。[145]

　　清人依然流行送壽圖。康熙末年,吳吉生六十生日,"諸族戚相率為詩歌,作《松鹿圖》"以壽。[146] 雍正六年(1728)冬,去職多年的福建道臺劉某生日,漳州府所屬生員也送了《松石圖》。[147] 另外,藍鼎元(1675~1733)也提到寧波人管明川客居潮州,生日時,潮州人與其有情誼的,命畫工作了一幅《壽字畫圖》為賀。據藍氏的描述,這幅畫是這樣的:

　　　　工人為巨字一,着丹青繪畫,其中雜列仙、歷代老者為一圖,遠望一壽字耳,睇而觀之,其景有山、有水、有石、有日月、雲霞、殿閣;其草木有芝、有桃、有松柏、雜樹;其人有老有少、有男有女。當中坐者一人,手攜鐵如意,據白鹿南面,左右各兩童執杖焚香,盤桃引鶴,採芝餇鹿,各從其事。前八人侍立,傾葫蘆者、佛塵尾者、花者、帚者、進爵者、吹笛者、按拍板者、弄蟾者,環向一人而舞蹈焉。又中披軸咨諏者三人,聚觀太極圖者五人,或扶杖、或抱膝、或奕或談、或展書卷者九人。有偷蟠桃,捧之以手者。有獨坐深山,酣睡不知年代者。有持仙籍,從一童子,立雲端者。有婦人薦桃馭鳳,從女捧籍,

────────────

〔142〕　夏言《桂洲文集》卷一六《題〈百壽圖〉序》,《四庫全書存目叢書》集部第75冊,頁2~3。

〔143〕　李日華《味水軒日記》卷三,上海:上海遠東出版社標點本,1996年,頁188,"萬曆三十九年八月十九日"條。

〔144〕　《味水軒日記》卷五,頁330,"萬曆四十一年七月十九日"條。

〔145〕　《味水軒日記》卷八,頁513,"萬曆四十四年正月二十三日"條。

〔146〕　莊亨陽《秋水堂遺集》卷五《吳吉生〈松鹿圖〉序文》,《四庫全書存目叢書》集部第268冊,頁584。

〔147〕　莊亨陽《秋水堂遺集》卷五《劉道尊壽文》,頁599。

隨二婢,自西方來者。有觀小鹿奔馳,偕童舉手若招若送者。
有拿伴天台,兩婦人攜兒子,喜笑相迎者。雙童捧梨棗前進
者。有老人共披一幅,握筆作欲寫狀,或舉杯自飲,有奉書幣
欲聘四人出山者。有乘槎槎泛萬里,溯河源者。一字之間,
具有無數煙景人物,可謂奇矣。[148]

乾隆二十六年(1761),畫家羅聘(1733～1779)之妻方婉儀(1733～1799)
三十歲生日時,鄭板橋(1693～1765)也畫了《石壁叢蘭軸》相祝。[149]

　　明清時人除了流行送壽圖祝壽外,亦多以壽幛、壽屏賀壽。祝人
生日送壽幛、壽屏,大約起於明代後期。萬曆初年,大學士張居正的母
親生日,戚繼光就曾送"錦幛"。[150] 而錢謙益在文集裏也曾提到吳人
生辰爲壽,多"製屏幛"。[151] 至清初更爲流行,施閏章(1618～1683)就
曾説當時人做壽,"裂錦綺,飾屏幛,金書貴人文字,戶相競也"。[152] 毛
奇齡(1623～1716)也説:"唐以前無祈年之文,而今則世尚浮詞,每十
年一周,輒預飾屏幛,而書祝贈之言於其中。"[153] 這種風氣直至清末猶
然,如光緒八年(1882)胡雪岩的母親八十歲生日,"其一切屏聯、壽軸,
實屬無地可容,爰於山門内另搭棚廠數十間,分東西兩行,比櫛而設,
冪以綢幔,圍以錦幛","腥紅壽軸,皆層疊相接而挂,是以密若魚鱗,排
同雁序,通計兩面廠中,不下數百餘軸"。李鴻章、左宗棠所送的壽聯,
亦在其中。[154]

　　清人祝壽送壽屏的例子很多。鄭板橋在雍正十一年(1733)時,即
曾作行書通屏十二幅,賀江蘇揚州府東臺縣大豐鎮的朱子功八十二大
壽,每幅182 釐米×49 釐米。[155] 嘉慶七年(1802),順天府尹莫韻亭五
十大壽,揚州名畫家朱本也作炕上小屏十二幅賀壽,據言畫上"花果翎
毛蟲魚無不一一飛動"。[156] 清末,張之洞(1837～1909)總督兩湖時,

---

〔148〕 藍鼎元《鹿洲初集》卷一七《〈壽字畫圖〉記》,頁205。

〔149〕 參見周積寅、王鳳珠《鄭板橋年譜》,濟南:山東美術出版社,1991年,頁444。

〔150〕 張居正《張居正集》第2冊,卷二三《答總兵戚南塘》,武漢:湖北人民出版社,1994年,
　　　　頁768。

〔151〕 《牧齋有學集》卷二四《慧命篇贈蕭孟昉四十稱壽》,頁965。

〔152〕 施閏章《學餘堂文集》卷九《馬文虎五十壽序》,頁110。

〔153〕 毛奇齡《西河集》卷五七《會稽章晉雲壽言録序》,頁500。

〔154〕 《申報》,光緒八年七月十三日,"福壽兼臻"。

〔155〕 此件文物現藏江蘇省大豐縣文物館,係朱氏後人所贈予。參見周積寅、王鳳珠《鄭板
　　　　橋年譜》,頁94。

〔156〕 姚元之《竹葉亭筆記》卷五,頁118。

值七十大壽,袁世凱(1859～1916)也送了壽屏十六幅,命張一麐爲文,叫書法名家——官報局總辦張孝謙揮毫。[157]

至於壽幛,使用得也極爲普遍,從明末以來就已流行,至清代更是祝壽不可或缺的東西。同治九年(1870),王文韶(1830～1908)祝友人母親鄭太夫人大壽,就曾"寄呈紅緞盤金幛一懸,三鑲如意一柄"相賀。[158]

壽幛的樣式,大約可從歷史博物館所藏的一件清代的壽幛中得到一些理解。這件壽幛製於光緒二十五年,長度 394 釐米,寬幅 452 釐米,繡面以紫紅色緞爲底,上面分別用金線及五彩絲絨線刺繡文字及圖案。繡幛正中爲祝壽賀辭,以刺繡方式呈現;邊緣以"百壽"字爲邊框,每邊各有二十五個壽字,字字的字體結構均不同。整個壽幛的紋飾布局,除正中賀辭用文字表現外,另加二層圖紋邊飾:邊框正中央以宮殿廷宇及祝壽場景爲主題;左右兩側的邊框圖飾,繡製"八仙慶壽"畫面;另外内框圖飾,採取狀元及第、完璧歸趙等主題爲十個單元,下緣再加"八駿"、"五倫"等華貴、祥瑞圖案。整件作品針法精巧,看起來光彩奪目。[159] 不過,送這樣的織物祝壽,花費顯然不小。

清初,浙江衢州府西安縣人徐之凱(順治十五年進士)就提到當時祝壽流行送壽幛、壽屏,所費不資:

> 余幼時(明末)見親黨爲人稱壽,龜肩壺榼而已,及主人置酒,亦不過一再日而畢,其簡易如是。今則陳必重器,饋必多儀,賓從如雲,更番旅進,而主人亦厚自矜詡。凡其子弟、親姻、里黨,相與益侈其事,小而錦帳,大而錦屏,絢爛金碧,光彩陸離,博採四方之詞章,署列名公巨卿之文字,張筵度曲,動輒經旬,狃歟盛矣!究之敝財勞神,纖毫無所裨益,只使里巷細民相誇爲觀美耳。夫一帳之費,少不下五六金,屏則約略五倍其數,此皆富民有力者爲之,自不虞其耗敝,乃合吾郡一歲計之,凡所費漢嘉之金、鵝溪之絹、齊三王之組繡,不知凡幾,奢已極矣。[160]

---

〔157〕 張一麐《古紅梅閣筆記》卷八《近代中國史料叢刊》第 8 種,頁 470。

〔158〕 王文韶《王文韶日記》上册,北京:中華書局標點本,1989 年,頁 193,"同治九年三月初三日"條。

〔159〕 參見林淑心《能、巧、妙、神——從歷史博物館藏"清壽幛繡品"談起》,《歷史文物月刊》81 (2000/04),頁 55～58。

〔160〕 見徐之凱《議壽》,收於嘉慶《西安縣志》卷二〇《風俗·附錄》,頁 739～740。

徐之凱所説的這種情況,在康熙《西安縣志》上也有記載:縣人賀壽"有製錦屏、錦幛之禮,或懿親送之,或主人釀資自爲之,一屏費至數十金,幛亦不下五六金,主人受而酬之"。[161]

由於壽幛、壽屏價昂,分別在五兩、二十五兩以上,因此大部分的人多半以分攤的方式爲之。如安徽西北部的潁州府阜陽縣,遇長老生辰,親友即多攤錢"製錦幛爲祝"。[162] 光緒年間,潮州府海陽縣當地風俗,甚至逢冥壽也多製壽屏,"窮極侈麗,有一屏而費數百金者"。[163]

(三) 樂舞、演劇

明代的做壽文化,除了流行以"文字"、"圖像"祝壽之外,後來也與"樂舞"聯繫在一起。

明中葉,羅玘就提到監察御史弋尚潔,在母親八十大壽壽誕的前一天,將壽詩八十首"聯爲大卷",在壽誕當天"用樂導入弋氏",將壽聯"壽於母所"。[164] 如此看來,明朝中葉,民間做壽的風氣已與"鼓樂"結合在一起。

另外,在明中葉以後,祝壽的場合可能又有"歌妓"助興。明中葉,倪宗正(浙江餘姚人,弘治十八年進士)就説當時人做壽,"盛管弦、割肥鮮,廣會賓客"。[165] 嘉靖、隆慶年間,大學士李春芳(1510~1584)亦曾於爲母親祝壽時,"張壽宴,奏《琵琶記》"。[166] 錢謙益也曾在文章中説:"吳人生辰爲壽,徵笙歌、製屏幛,多宰殺以供長筵。"[167] 而這種做壽的形式,可能在許多地方都是一樣的。

益有甚者,有些地區更進而演戲慶壽。萬曆年間刊刻的《金瓶梅》中,就鋪陳了西門慶做壽請彈唱的唱壽詞並戲班演戲的場面:

先是雜耍百戲,吹打彈唱,隊舞纔罷,做了個笑樂院本。

割切上來,獻頭一道湯飯。祇見任醫官到了,冠帶著進來。

[161] 〔民國〕《衢縣志》卷八《風俗志》,頁813~814,引《康熙志》。
[162] 〔乾隆〕《阜陽縣志》卷一《輿地·風俗》,臺北:成文出版社影印乾隆十二年刊本,1985年,頁74。
[163] 〔光緒〕《海陽縣志》卷六《輿地略·風俗》,臺北:成文出版社影印光緒二十六年刊本,1967年,頁7a。
[164] 羅玘《圭峰集》卷一《壽弋母太孺人八十詩序》,頁4。
[165] 倪宗正《倪小野先生全集》卷二《贈王西林壽序》,《四庫全書存目叢書》集部第58冊,頁469。
[166] 金埴《不下帶編》卷六,北京:中華書局點校本,1982年,頁122。
[167] 《牧齋有學集》卷二四《慧命篇贈蕭孟昉四十稱壽》,頁965。

西門慶迎接至廳上敘禮。任醫官令左右,氈包內取出一方壽帕、二星白金來,與西門慶拜壽。……四個唱的彈著樂器,在旁唱了一套壽詞。西門慶令上席分頭遞酒。下邊樂工呈上揭帖,劉、薛二內相揀了《韓湘子度陳半街陞仙會》雜劇。……一面觥籌交錯,歌舞吹彈,花攢錦簇飲酒。[168]

第四十三回寫元宵節李瓶兒生日,筵席間李桂姐等四人在席前唱了一套《壽比南山》。戲子呈上戲文手本,喬太太吩咐下去,叫唱《王月英元夜留鞋記》。[169]

而此在明人的日記中,同樣有所記載。據松江府望族潘允端的《玉華堂日記》記載:每逢其四月十四日生日時,皆請梨園演劇。萬曆十四年(1586),從四月初七一直演到四月十八纔止。萬曆十七年,潘某六十四歲生日前後,正逢其放外任的大兒子回來,設席爲壽,"竭水陸之珍,極聲容之盛","兩班戲子各獻伎",連續十幾天,吳門戲子與家內串戲小廝兩班,同時演出,真是日日宴會,席席歌舞。[170] 另外,馮夢禎(1548～1605,浙江嘉興府秀水縣人)在《快雪堂日記》中也記道:"沈二官爲內人生日設席款客,余亦與焉。呂三班作戲,演《麒麟記》。"[171] 而李日華(1565～1635)的日記中,亦記及他在父親生日的這一天,"率婦、子稱家君之觴,有歌舞"。[172]

清代壽誕時,請劇班或歌童、小唱演唱助興,在士大夫間似亦極其普遍。北京壽筵演戲,亦應自清初以來就已存在。清中葉時,有些王府家中,"多自養高腔班或昆腔班,有喜壽事,自在邸中演戲,他府有喜壽事,亦可借用,非各府皆有戲班"。[173] 至於京官辦壽,也多演劇。同治九年,王文韶爲母親辦壽,從三月二十二日暖壽,即演普慶部;二十三日其母親七十晉一壽辰,王文韶"敬率同家人

〔168〕《新刻繡像批評會校本金瓶梅》第五十八回《潘金蓮打狗傷人,孟玉樓周貧磨鏡》,臺北:曉園出版社,1990年,頁758。
〔169〕《新刻繡像批評會校本金瓶梅》第四十三回《爭寵愛金蓮惹氣,賣富貴吳月攀親》,559。
〔170〕轉見自張安奇《明稿本〈玉華堂日記〉中的經濟史資料研究》,《明史研究論叢》,南京:江蘇古籍出版社,1991年,頁286～287。
〔171〕馮夢禎《快雪堂集》卷五九《四庫全書存目叢書》集部第165冊,頁61,"萬曆三十年十月二十八日"條。
〔172〕李日華《味水軒日記》卷八,頁534,"萬曆四十四年六月初一日"條。
〔173〕崇彝《道咸以來朝野雜記》卷一二《筆記小說大觀》第33編第9冊,臺北:新興書局,1978年,頁93。

行叩祝禮，寅僚來賀者概行辭謝，仍演普慶部"。二十四日，則演五雲部。[174]

清代北京富貴人家辦壽，本家除預備酒筵之外，也要辦"堂會"，請藝人們演些戲曲節目，老北京人稱之爲"玩藝兒"，以增加喜氣。辦生日的"堂會"常請劇班演戲，演的多是《大四福》、《麻姑獻壽》、《蟠桃會》等吉祥劇目。[175] 光緒三十四年（1908），袁世凱五十大壽，在東安門外北洋公所大開壽筵，所演的就是吉祥戲。[176] 當時官員辦壽，除了在家辦之外，多在公所（或會館）辦壽演劇。李鴻章七十大壽時，亦曾在天津吳楚公所辦壽演戲，戲臺對面及兩側廊樓上設觀劇的包廂，可容二百多人；樓下戲臺下設有桌椅，可容納四五百人觀劇。[177] 此外，亦多於飯莊辦壽演戲。清末，崇彝回憶説："内城第一飯莊，名聚豐堂，在王府井菜廠胡同東口内路北，中廳極敞，院落尤寬，演戲最相宜。"光緒二十三年（1897），其舅媽七十生日，就在這裏辦壽演戲。[178] 光緒二十八年，孫寶瑄（1874～1924）在北京，友人錢幹臣母親生日，也在"雲草堂演劇款客"。[179]

北京官民慶壽，除了京劇之外，"堂會"也常請全堂八角鼓或什樣雜耍、十不閑、影戲等。一般普通人辦不起堂會的，則請票友來唱小戲曲。有些甚至不請票友，乾脆花上十幾吊錢（十枚銅錢爲一吊），從街上請兩三位賣唱的瞽者，唱些單弦牌子曲、小口大鼓之類的節目，可以從早上十點唱到晚上十二點。[180] 清末，榮慶的日記裏，就記載了光緒三十四年，其妻生日，"内外客到不少"，"早外客，晚女賓，宴於園，瞽人奏技"。[181]

除了北京之外，其他地方慶壽也多演戲。康熙年間，浙江杭州府昌化縣地方做壽，"酒筵則佐以優唱，或主人固辭而後已"。[182] 乾

---

[174] 王文韶《王文韶日記》上册，頁 200。
[175] 常人春《老北京的風俗》，頁 237。
[176] 崇彝《道咸以來朝野雜記》，頁 60。
[177] 王强《會館戲臺與戲劇》，臺北：文津出版社，2000 年，頁 61。
[178] 崇彝《道咸以來朝野雜記》，頁 6～7。
[179] 孫寶瑄《忘山廬日記》上册，上海：上海古籍出版社標點本，1983 年，頁 545，"光緒二十八年六月十三日"條。
[180] 常人春《老北京的風俗》，頁 238～244。
[181] 榮慶《榮慶日記》，頁 131～132。
[182] 〔乾隆〕《昌化縣志》卷一《風俗》，臺北：成文出版社影印乾隆十三年刊本，1983 年，頁 81，引康熙《昌化縣志》。

隆年間，湖北宜昌府東湖縣亦然，生日"雖卑幼亦演戲延賓，群相酬答"。[183] 這種延請劇班唱戲祝壽的方式，應普遍流行於各地，而且直至清末以後仍然存在。光緒年間，湖北西部恩施地區風俗，逢六十以上生日，還是"歌優雜進"。[184]

慶壽演戲，在清人日記中時見記載。楊恩壽（1835～1891，湖南長沙人）於其《坦園日記》中，即記及同治四年（1865）十一月初八日，其六兄麓生於廣西北流縣知縣任上生日，前一天夜裏，即"招清音小唱入署暖壽"；隔天生日，城鄉紳士入署祝壽者四百餘人。初九日中午酬謝紳士賀壽，開宴九席；初十日中午又招紳士宴飲，共九十六人；十一日中午又請十一席，十二日中午又二席。"從初七夜始，每日諸紳坌集，俱有歌童、小唱侑酒。"[185] 同治七年（1868）四月二十四日，其五嫂五十歲生日，也"招人說書"。[186] 同年九月十八日其母親壽誕，前一天本擬按照長沙當地慣例"排街"（即辦酒食，請一小唱侑酒），但沒能找到小唱。而生日當天，"賀客畢集，早麵午飯，親串咸至"，"夜召張跛唱《道情》"。[187] 另外，王闓運（1832～1916）在《湘綺樓日記》中也記了光緒十年（1884）八月廿六日，他在四川逢其友人生日，"唱戲嘈雜"[188]。

曾國藩的小女兒曾紀芬（1852～1942）在自訂年譜中，也談到其夫婿於光緒十六年（1890）爲她婆婆張太夫人慶壽，"署中曾唱戲開筵以娛老人"。[189] 光緒三十四年（1908），婆婆張太夫人八十大壽，也在湖南家鄉演劇宴客，當時"湘中戲班價每日僅二十餘緡"。[190]

三、慶壽的消費市場

明清流行做壽的風俗，其實包含在整個社會重視慶賀的風氣之

---

〔183〕〔乾隆〕《東湖縣志》卷五《疆域下·風俗》，臺北：成文出版社影印同治三年刊民國鉛印本，1975 年，頁 67。

〔184〕〔同治〕《施南府志》卷一〇《風俗》，頁 774～775。

〔185〕楊恩壽《坦園日記》卷三《北流日記》，上海：上海古籍出版社標點本，1983 年，頁 143～144。

〔186〕《坦園日記》卷六《長沙日記》，頁 272。

〔187〕《坦園日記》卷六《長沙日記》，頁 292。

〔188〕王闓運《湘綺樓日記》第二卷，頁 1362。

〔189〕聶曾紀芬《崇德老人自訂年譜》，《近代中國史料叢刊》第 22 種，頁 327，"光緒十六年"。

〔190〕聶曾紀芬《崇德老人自訂年譜》，頁 334，"光緒三十四年"。

中。明末，吳子玉就曾説："今邑縉紳大夫，其家值嘉豫歲時、寧慶之辰，則闔邑諸縉紳相率登堂，稱觴而祝禮也。"[191] 在明清做壽的場合中，與會者少者數十人，多者至數百人，加上送壽慶圖、請戲班等配套的方式，對地方上的飲食、裱褙、刺綉業者及鼓吹、倡優等行業，必然帶來生機，形成一個做壽的市場。

（一）慶壽市場的規模

明代每一年所製造出來的祝壽"市場"到底有多大，我們無法確知。然而地方上老人數字的多寡，直接牽動著當地做壽的頻率。明代中葉，家在福建晉江金門的蔡清（1453～1508）曾説："嘗以耳目所及，考之一鄉數十家或數百家中，求年七十者，指已不可多屈，信人生七十者稀矣。若八十者，或連數鄉僅一二見；至九十者，則或闔郡一邑一郡所無。"[192] 山東章丘的李開先（1502～1568）亦曾概算該縣長老，結果"七十者不四十人焉，八十者不十人焉，九十又二者，惟吾岳丈一人"。[193] 從他們兩人的談話來看，似乎七十歲的老人並不多。

不過，這樣的情況可能有著時間性的差異。明代中葉，浙江台州府天台人夏鍭（1455～1537），就曾提到當地的長老説老壽之人有越來越多的情況：

> 予聞之長老云："自吾爲兒時，去今纔五六十年，吾目中所見老壽之人，何其少也！乃今所見，何其多也！當時年七十者謂之上壽，一家以一人爲多，於是五十者，人視之已若耆年老宿。今也，則不然：七十者比肩，八十者相望，廣宗茂族，或可得數百指。嚮之五十者，今以七十者抵之；七十者，僅可以比九十者。"其言如此，亦不自知其何爲然也。予聞而歎且嘻，夫所以致壽之多如此者，蓋以太平無事之日久，受氣完固而傷之者弗至也。[194]

[191] 吳子玉《大鄣山人集》卷一四《賀邵封君述齋翁七十壽序》，《四庫全書存目叢書》集部第 141 冊，頁 424。
[192] 蔡清《虛齋蔡先生文集》卷三《壽蔡孺人九十序》，臺北：文海出版社影印正德十六年刊本，1976 年，頁 248。
[193] 李開先《李開先集》，北京：中華書局點校本，1959 年，《閑居集》卷五《賀壽官張岳丈九十二歲序》，頁 273。
[194] 夏鍭《夏赤城先生文集》卷一五《許壽官八十節文》，頁 360。

而且可能也有地域性的差別。萬曆年間，王世貞（1526～1590）曾
說"江左多壽考"，"九十則時見，八十、七十則恒見而不以爲異"，
"乃至有百歲者"。[195] 或許因爲江南人多長壽，也就造成了這個地區
做壽風氣的特別盛。

與明朝相比，清初以來流行做壽所形成的"市場"，應該是有過
之而無不及。這個"市場"，我們可以從清代諸帝歷年恩賞耆民的數
字來估測。清康熙年間，孔尚任（1648～1708）在任職戶部時，曾
匯集康熙二十七年（1688）恩詔優老的耆老數字，命名爲《人瑞
錄》。據他所收集到的該年受賞耆民數，七十歲以上者，194 086 人
（不完整）；八十歲以上者，有 169 832 人；九十歲以上，9 996 人；
百歲以上者，21 人。合計八十歲以上者，有 179 849 人，若加上七
十歲者，共 373 935 人。[196] 這三十七萬多的老人，若再加上等倍數
的耆婦數（實際上可能要超過此數，因爲古代女子似乎較男子長
壽），則合起來有近七十五萬的老人，如果半數以上做壽的話，對整
個社會來講，應是一個相當大的消費市場。況且做壽的年齡並不見
得要到七十歲，通常五六十歲就做，則做壽的市場顯然更大。雍正
四年（1726），官員上奏清世宗賞賜各省七十歲以上的耆民，總計有
1 421 625 人。[197] 我們同樣加上等倍數的耆婦數，則有近二百八十五
萬七十歲以上的老人。照此數字來看，如果每一人都舉行慶祝的話，
則其引發的宴會消費應相當驚人。

雍正以後，因爲人口的增長，老人數字當又有所增加，各縣受
賞的亦當更形增長，祝壽的市場也當益見膨脹。而即使私人未辦壽，
官方行鄉飲大賓之禮，也可能帶來巨大的物質消費。清末，廣東佛
山舉行鄉飲酒禮，延六十歲以上老者赴席，參加者二千餘人，設席
四百餘席，[198] 可以想見，這場酒宴所需的各色物料必然甚大，對當
地的工商業者而言，應是一大收入來源。

〔195〕 王世貞《弇州續稿》卷三二《壽歸德倅姜翁八十序》，《影印文淵閣四庫全書》第
　　　　 1282 冊，頁 417。
〔196〕 孔尚任《孔尚任詩文集》卷六，北京：中華書局點校本，1962 年，頁 481～485。
〔197〕 《清世宗實錄》卷四九，臺北：新文豐出版公司影印，1978 年，頁 751，"雍正四年
　　　　 十月辛未"條。
〔198〕 見吳友如繪《晚清社會風俗百圖》，上海：學林出版社影印，1996 年，圖四，"鄉
　　　　 飲大宴"。

（二）慶壽消費的擴張

慶壽是一個極大的消費市場，而隨著商品經濟的發展，這個市場持續地擴大。在明代，整個做壽的場合，結合了各個層次的活動形態與各類的人群。明中葉，倪宗正（浙江餘姚人，弘治十八年進士）曾說：

> 田舍翁多收十斛麥，遇生日爲樂，況上於此者乎？然而耀金紫、聚黃白，遂傲然有餘。生日則出珍玩、列圖書、盛管弦、割肥鮮、廣會賓客，詞人頌德，術士占福，詼夫獻笑，自謂豪傑，妄比神仙。[199]

對於地方上的業者來說，這樣的活動，存在著各種消費與商業性的"市場"。諸如珍玩、圖書、管弦、屠宰、酒席業者，與騷人墨客、江湖術士、幫閑説笑的，都在這個"市場"中居於一定的角色。這種做壽的"市場"一旦形成，除非碰到極大的社會變動，否則將持續存在。

萬曆初年，大學士李春芳（揚州府興化縣人，1510～1584）在退居鄉里時，曾與當地的耆老定《鄉耆會約》，在"壽誕"項下，認爲壽禮過奢，希望大家儉省。他説："年遇六十、七十、八十，此人生難得者，當衣冠相拜，禮儀稱情，不必過厚。"[200] 明末，吕維祺（1587～1641）也曾提示衆人："生日非至親弗交賀"；"賀軸所重在文，錦綉、金帳，濫觴可厭"；"不用聲妓，其俳優、鼓吹、絲竹，非慶筵，省"。[201] 不過，這些勸導的效果，應該不會太大。因爲，明代後期指摘宴飲奢華的言論，還是一直沒有歇過。[202]

與明代相比，清人辦壽更爲豪奢。清初，施閏章（1618～1683）就曾説："天下之俗日以靡，蓋於稱人之壽者概見也。"[203] 做壽成了習俗奢靡的指標。而這種趨勢在清中葉以後更爲明顯。

其如送禮、演戲所帶動的物質消費與工商業契機就相當大。咸豐年間，葉名琛總督兩廣時，迎養其父至廣州，每年父親生辰時，

---

〔199〕 倪宗正《倪小野先生全集》卷二《贈王西林壽序》，頁 469。

〔200〕 〔萬曆〕《興化縣新志》卷四《人事紀·風俗》，臺北：成文出版社影印萬曆十九年刊本，1983 年，頁 368～369。

〔201〕 吕維祺《明德先生文集》卷一·七《本儉十九則》，《四庫全書存目叢書》集部第 185 册，頁 261。

〔202〕 這樣的呼聲，可參見徐泓師《明代社會風氣的變遷——以江浙地區爲例》，《東亞文化》24（1986/12），頁 83～110；《明代後期華北商品經濟的發展與社會風氣的變遷》，《第二次中國近代經濟史會議論文集》（臺北：中央研究院經濟研究所，1989），頁 107～173。

〔203〕 施閏章《學餘堂文集》卷二五《馬文虎五十壽序》，頁 110。

廣收禮物，而屬下官吏亦多進獻金器祝壽。廣州城中何西茂金鋪，每年爲這些官吏打造金器充送老大人的壽禮，每次就賺了工資銀三四千兩。[204] 清末，江西巡撫德壽生日時，南昌縣人汪以誠以茉莉花扎一戲臺演戲賀壽，光這個茉莉花的戲臺就花了白銀一千二百兩。[205] 由此可見慶壽消費之大。

而就慶壽飲宴來說，更是如此。清代，上自官員，下至百姓，莫不辦壽、祝壽。由於上官同僚、親朋好友的壽誕不能不有所表現，因而禮尚往來，形成了一個此起彼落的消費循環。這樣一來，官宦之間的生日饋送以及宴會應酬，便形成了重要的消費市場。光緒三十一年，山西太原人劉大鵬（1857～1942）的父親八十大壽時，前來拜壽者計百十人，就請了 22 席。[206] 光緒十八年，程春甫母親八十六大壽，據說也擺了 50 席。[207] 這還算是小的。大致上，士大夫爲父母辦一場壽宴，通常要花上數百兩；[208] 奢華一些的，花費自然就更多了。如咸豐二年（1852）八月，孔子第七十四代孫孔繁灝的夫人畢氏生日，大宴八九日，共擺席 464 桌，耗錢 138 萬 9 千文；其中，八月二十四日當天就擺了 160 多桌，計費錢 532 千 500 文。[209] 而光緒二十七年（1901），孔子第七十六代孫孔令貽（1872～1919）三十歲生日時，大宴十餘日，從高價位的燕菜席、魚翅席到普通的十大碗、四碗六盤的宴席，共擺了 710 多桌，費錢 610 多萬文。[210]

以北京爲例，清中葉以後官宦人家辦壽，招待賓客，除了一頓主食必爲長壽麵之外，還須預備所謂的"豬八樣"、"花九件"、"海參席"、"鴨翅席"、"燕翅席"不等。[211] 這樣的排場當然不見得每家每戶均是如此，但各家各戶卻莫不爲老人家辦壽，其花費亦自不資。一般說來，

---

[204] 歐陽昱《見聞瑣錄》，頁 147，"葉名琛"條。

[205] 歐陽昱《見聞瑣錄》，頁 167，"觀劇"條。

[206] 劉大鵬《退想齋日記》，太原：山西人民出版社摘注標點本，1990 年，頁 146，"光緒三十一年八月二十四日"條。

[207] 王闓運《湘綺樓日記》卷三，頁 1774，"光緒十八年二月十五日"條。

[208] 胡鳳丹《退補齋文存》卷七《先妣施太淑人行略》，《近代中國史料叢刊》第 360 種，頁 385。

[209] 林永匡、王熹《清代飲食文化研究──美食·美味·美器》，哈爾濱：黑龍江教育出版社，1990 年，頁 377；高建軍《孔子家族全書·家規禮儀》，瀋海：遼海出版社，1999 年，頁 232。

[210] 林永匡、王熹《清代飲食文化研究──美食·美味·美器》，頁 377～383；高建軍《孔子家族全書·家規禮儀》，頁 232。

[211] 常人春《老北京的風俗》，頁 219～223。

北京城人慶壽，多由飯莊包辦。清末，夏仁虎記云：“酒肆之巨者曰飯莊，皆以堂名，如慶壽、同豐之類是也。人家有喜慶事，則筵席、鋪陳、戲劇，一切包辦，莫不如意。”[212]

除了海參、燕窩之類菜色之外，清中葉以後更流行吃更上一等的“燒烤席”。道光年間，姚元之（1773～1852）曾說：“都城風俗，親戚壽日，必以燒鴨、燒豚相饋遺。”[213]又說：“近日筵席必用填鴨一，鴨值銀一兩有餘，魚翅必用鎮江肉翅，其上者斤直二兩有餘；鰉魚脆骨白者斤直二三兩。”[214]但據清末崇彝回憶，道光、咸豐年間，北京的飲食還不算講究；同治以後，纔進一步發展，“宴會酒席中食品多者至五十餘種”。“開宴以二十品侑酒，計四鮮果、四乾果、四蜜餞果、八冷葷。首薦以八寶果羹或蒸蓮子，次之以燕窩，又加之以魚翅，中加燒烤者爲最上等（即燒整猪、整鴨片上），或代以蒸鴨、整尾鮮魚。總之，大件凡五簋，中碗炒菜亦八味，中間以點心三道，皆每人一份，謂之‘各吃’：一甜點心、二奶點心、三葷點心。最末以四大湯菜、四燴菜爲殿。冬日尚加以十錦火鍋，亦云侈矣。余幼年猶值此盛筵，然其中菜品變化不一，此記其大概耳。”[215]從這些菜色看來，真是豐盛極了。而崇彝提到的宴席應就是所謂的“燒烤席”，俗稱“滿漢大席”，乃“筵席中之無上上品也”。[216]

除了北京之外，這種不惜巨資辦壽的情況，在上海地區也是存在的。清初，松江人葉夢珠已提到當地壽筵的進一步精緻化：

> 喜慶賀禮，向來有之。盛者杯幣以及羹果而已。今或間用羊、酒。營中往往用麵。其祝壽桃糕，上插八仙，昔年亦有之，然第存其意耳。今吾郡所製，精巧異常，鬚眉畢見，衣褶生動，俱以染色麵爲之，可久而不剝落，前此未嘗有也。人物專取吉祥，故事亦不拘泥八仙。[217]

清中葉，依然重視做壽。同治十一年（1872）至十三年，上海知縣葉廷眷在任上年年爲母親辦壽，其開銷之大，甚是驚人：

[212] 枝巢子（夏仁虎）《舊京瑣記》卷九《市肆》，臺北：純文學出版社標點本，1970年，頁80。
[213] 姚元之《竹葉亭筆記》卷五，北京：中華書局點校本，1982年，頁111。
[214] 姚元之《竹葉亭筆記》卷八，頁176。
[215] 崇彝《道咸以來朝野雜記》，頁59。
[216] 徐珂輯《清稗類鈔》，北京：中華書局標點本，1984年，《飲食類》，頁6266，“燒烤席”條。
[217] 葉夢珠《閱世編》卷八《交際》，臺北：木鐸出版社影印，1982年，頁190～191。

（1）同治十一年：燒烤席 2 席，魚翅席 13 席，次等魚翅席 12 席，消費紹興酒 170 斤，上麵 226 碗，中麵 214 碗，小麵 1 000 碗，共費洋 266 元、錢 87 千 890 文。

（2）同治十二年：燒烤席 2 席，燕菜席 2 席，魚翅席 14 席，次等魚翅席 10 席，用酒 200 斤，用上麵 309 碗，中麵 292 碗，小麵 1 134 碗，共費洋 279 元、錢 178 千 645 文。

（3）同治十三年：燒烤席 3 席，燕菜席 10 席，魚翅席 21 席，另送同鄉 20 席，中等魚翅席 5 席，次等魚翅席 13 席，海參席 12 席，用酒 18 罎，用上麵 382 碗，中麵 403 碗，小麵 2 050 碗，共費洋 1 088 元、錢 411 千 815 文。

同治十三年正好是老太太七十大壽，因此特別隆重，花費也特別的多。老太太生日是九月二十五日，但從九月二十三日起，衙門就已開始熱鬧，大堂、二堂、花廳、簽押房、帳房、上房等處都張挂燈彩，晚上請相知賓客；二十四日預祝，二十五日正壽，這兩天還備茶擔和清音客串；二十六日謝客，二十七日纔圓滿結束，前後熱鬧了五天。二十五日當天擺設的上、中麵席就有 96 席，統由衙門內厨房辦理；其餘如客轎隨役、厨夫、茶夫、打雜、更夫、禁子、監押枷賊犯、看役等，也都賞給 28 文錢的小麵一碗，總共 2 050 碗，是城內的"上珍館"辦的。監獄內的監犯、押犯，託老太太的福，除了賞麵之外，每次壽辰總還會賞幾斤肉，這一次更加每桌一千文的中桌 10 席半。這次生日總共還印了請帖 600 張，謝壽帖 500 張，領謝帖 400 張。當時燒烤席一席價 12 000 文，燕菜席價 5 700 文，魚翅席價 4 200 文，海參席 2 400 文。[218] 一個縣令爲母親辦壽的花費即如此之大，其他官場上大僚的辦壽場面亦自可以想見了。

在上海附近的松江府南匯縣，至光緒年間，亦"多用燕窩、魚翅、炙煿諸品，良由近滬（上海），相沿成習，漸趨華奢云"。[219] 青浦縣往昔吉慶宴會，"整席四簋、四碟、四湯，爛四飣坐，一點心"。清末，城鎮中的大族，"有事多由菜館承辦，餚核倍前，用魚翅、燕窩、鴿蛋者，席需費五六金"。[220]

〔218〕 參見吳靜山《六十年前的上海——舊帳簿中的掌故》，收於上海通社編《上海研究資料》，上海：上海書店重印本，1984 年，頁 540 ~ 542。

〔219〕 〔光緒〕《南匯縣志》卷二〇《風俗志》，臺北：成文出版社影印民國十六年重刊本，1970 年，頁 1432。

〔220〕 〔民國〕《青浦縣續志》卷二《風俗》，臺北：成文出版社影印民國二十二年刊本，1974 年，頁 123。

除了上海地區之外，清末江蘇各地，飲宴也越來越講究。光緒時，江寧府句容縣，"宴會賓客，則倡優萃至，連宵達旦，費數十百金以爲常"。[221] 常州府江陰縣，在清末之前，"宴會之禮，如喜筵、壽筵、接風、餞行等，向以八簋八碟海參席爲上筵"。至清末，"則愈趨於奢靡，非魚翅、整鴨不爲恭，並有用燒烤者"。[222]

至於安徽，飲宴風俗也有改變。位於長江邊上的安慶府府治懷寧縣，在清前葉，"凡宴饗，遇有吉慶若婚、若誕、若生子，城俗戚黨必賀，賀必宴，水土之葅、南北之産，兼致並陳"。至嘉慶、道光間，"食器侈大，一簋之實，殆容數豆"，"每設一席，動費萬錢，主人娛賓，猶謂未足"。[223] 安徽西北部的潁州府渦陽縣，先年長老生辰宴會，"惟用雞豚魚麵數器"，至清末民初，則"亦漸豐侈，山海珍異，往往而有，城中包辦館肆，一筵恒至十數千（文）"。[224]

長江中游各省，在清中葉漸趨奢華，同治、光緒年間則發生了重大變化。江西袁州府萬載縣，早年宴客亦皆從簡，至清末漸用"海菜"。[225] 湖北武昌府咸寧縣，在光緒初年之前數十年，宴客的菜色，不過魚、肉而已；至光緒初年，則"海物雜錯，率以爲常，偶爾布筵，冷熱圍碟，領異標新。生期祝壽，錦幛爲屏，甚至演戲侑觴，以爲賓榮"。[226]

湖南長沙府府治長沙在嘉慶年間，宴席已趨奢侈，"士大夫宴客，珍錯交羅，競爲豐腆，有一食至費數金者"。[227] 而長沙府醴陵縣，在清末宴客，也多用海味，如魚翅、海參、蟶乾、魷魚。[228] 湖

〔221〕〔光緒〕《句容縣志》卷六下《風俗》，臺北：成文出版社影印光緒三十年刊本，1974 年，頁 542。

〔222〕〔民國〕《江陰縣續志》卷九《風俗》，臺北：成文出版社影印民國九年刊本，1970年，頁 442～443。

〔223〕〔道光〕《懷寧縣志》卷九《風俗》，臺北：成文出版社影印道光五年刊本，1985年，頁 451。

〔224〕〔民國〕《渦陽縣志》卷一一《禮俗》，臺北：成文出版社影印民國十四年鉛印本，1970 年，頁 301～302。

〔225〕〔民國〕《萬載縣志》卷三《風俗》，臺北：成文出版社影印民國二十九年刊本，1975 年，頁 263。

〔226〕〔光緒〕《咸寧縣志》卷一《風俗》，臺北：成文出版社影印光緒八年刊本，1976年，頁 157。

〔227〕〔嘉慶〕《長沙縣志》卷一四《風土》，臺北：成文出版社影印嘉慶二十二年補刊本，1976 年，頁 1270。

〔228〕〔民國〕《醴陵鄉土志·生活》，臺北：成文出版社影印民國十三年鉛印本，1976年，頁 46。

南澧州府安鄉縣，清中葉以來筵飲不豐，"少用海味"，至清末以後，則"海參、魚肚、魷魚三頭十碗爲普通"，"且魚翅、燒口，羅列鼎俎，動費十元或十數元，最少六七元不等。"[229]

在内地的四川，也同樣發生此種狀態。位於嘉陵江下游順慶府的廣安州，咸豐以後飲食風尚就有相當大的轉變："飲食之節，舊以淡泊成風……咸豐末，始有海參席；光緒中，忽有魚翅席；近（按，即光緒末年）又燒鷄、炙鴨、炮魚、燴羊，挾妓徵歌，當筵侑曲。"[230] 嘉陵江支流上的綏定府達縣：

> 俗有十大碗之名，凡婚嫁、壽慶，皆備其籩數，不過鷄魚豚肉，間以笋、藻。……咸、同之際，始有海參席；光緒時遂有用魚翅者。紳富宴客，席有湯點三次，盤碟十二或十六葷素，糖食、水果間之，碗則大小各八，山珍海錯而外，有加以燔燒之鴨豚，誇多鬥靡，已非一朝之故。然挾妓侑曲，飛觴行酒，清末有之，近已絕矣。[231]

同府的渠縣，亦自"清光緒以降，寖寖而用沙噪（一稱海參）、魚翅、燒臛矣"。[232] 此種情事，在岷江下游的嘉定府犍爲縣也是一樣：

> 昔年宴客用五賓盤，後漸增爲九碗席，凡婚喪慶吊及一切普通宴會，皆踵行之……道、咸時代，俗尚漸奢，紳富宴請地方長官，始用（海）參席，而頗難物色相當之庖人。晚近（按：即同、光年間）奢風大肆，踵事增華，尋常宴客，率用參、翅。光緒之末，雖燕粉、燒烤等席，一食數千金者，亦無難咄嗟立辨，此風以鹽場習染爲甚。[233]

位於長江與涪江交匯處的瀘州江安縣宴會亦多使用海參、魚翅等物，傅增湘爲庶吉士時家居，也覺得太過奢侈，曾以《九籩八碟約》要大家宴會只用鷄鴨魚猪之類常品就好，若用海味則用價廉的魚蝦亦

---

[229] 〔民國〕《安鄉縣志》卷一六《風俗》，臺北：成文出版社影印民國二十五年手稿本，1976 年，頁 308。

[230] 〔光緒〕《廣安州新志》卷三四《風俗志》，頁 901～902。

[231] 〔民國〕《達縣志·禮俗門》，頁 495～496。

[232] 〔民國〕《渠縣志·禮俗志下》，臺北：成文出版社影印民國二十一年鉛印本，1976年，頁 524。

[233] 〔民國〕《犍爲縣志·居民志·飲食》，臺北：學生書局影印民國二十六年鉛印本，1968 年，頁 525。

可，每席不要超過二千文；平常宴會也不要隨便用海參、魚翅。[234]
在大江以南的重慶府南川縣，光緒末年之前，飲食尚儉，海參、魚翅，僅富家大宴，款待貴客時纔辦數桌；至光緒末年以後，飲食日益奢侈，"由參、翅而燒烤、而罐頭，其費由四五元而至十餘元，其器至數十盤、碗"。[235] 而在四川西南偏遠山區的寧遠府會理州，"先年頗崇節儉，至道光年間，競尚奢侈，海參視作尋常，食物一席，非數金不可"。[236]

內地除了四川等地之外，飲食風尚在華北也有同樣的轉變。光緒年間，北方諸省在飲宴上有很大的改變。直隸河間府寧津縣，筵席飲宴，"其餚品以燕窩爲上，而海參、魚翅次之"。[237] 光緒年間，河南歸德府永城縣也是"款客餚饌務豐，一席所費至五六千、三四千（文）不等"。[238]。衛輝府新鄉縣，酒席宴會，在咸豐、同治之間，風尚儉樸，"葷素相間，惟肉而已，每席不過一二千文"。至光緒、宣統年間，"則魚翅、海參尚矣"，費用要四五千文。[239] 懷慶府孟縣，以往宴會極其簡單，"不用海菜"，極富有者"始用海參二味席"。至清末以後，"則中人之家多用海參，稍豐即用魚翅四味；厨役工價，則海參向僅每席百文，今則一二千文不等。至由館中包辦，海參席向僅每席一千餘文，今則四五圓"。[240]。汝寧府西平縣，在同治、光緒以前，"雖甚富宴客，海參一味絕不經見"，之後則"中產以上之家，平常宴會輒用海味，一遇盛饌，魚翅並陳"。[241]

---

[234]〔民國〕《江安縣志》卷二《禮俗》，臺北：成文出版社影印民國十二年鉛印本，1976 年，頁 128~129。

[235]〔民國〕《南川縣志》卷六《禮俗·飲食》，臺北：臺北市南川縣同鄉會影印民國十五年鉛印本，1967 年，頁 147。

[236]〔同治〕《會理州志》卷一〇《風俗》，臺北：成文出版社影印同治九年刊本，1976 年，頁 995。

[237]〔光緒〕《寧津縣志》卷二《輿地志下·風俗》，臺北：成文出版社影印光緒二十六年刊本，1976 年，頁 272。

[238]〔光緒〕《永城縣志》卷一三《俗產志·風俗》，臺北：高明元氏影印光緒二十九年刊本，1976 年，頁 538。

[239]〔民國〕《新鄉縣志》卷二《風俗》，臺北：成文出版社影印民國十二年刊本，1976 年，頁 216。

[240]〔民國〕《孟縣志》卷八《社會》，臺北：成文出版社影印民國二十一年刊本，1976 年，頁 1042。

[241]〔民國〕《西平縣志》卷三六《風俗》，臺北：成文出版社影印民國二十三年刊本，1976 年，頁 1057。

另外，陝西北部的綏德州，飲宴也漸多使用海味。光緒《綏德州志》說："昔時宴會，盛筵不過八簋，率以雞、羊、豕數品爲之，無異味也。其次六簋、四簋、三簋，亦皆可以待客。"至光緒末年，"則漸用海味，以多爲貴"。[242] 比綏德州更北的神木縣，在光緒末年也有宴會"用海味者居多"的情況。[243]

這點在華南地區同樣有所變化。福建泉州府同安縣，在清末之前，"通常酒食或十大碗、或八大碗，添二海碗盛甜湯（如糖蓮、杏酪類），稍豐者四海碗，亦有雜以中碗又果碟者"。至清末，則"日趨奢侈，用燕窩、魚翅，燒烤豬鴨雞魚，多有一席所費不下數十金者"。[244] 廣西桂林府全州，清初宴會儉省；中葉以後，外籍客民來者日多，飲宴漸奢；至清末以後，則競以奢華相尚，宴會本用五簋，漸轉而"珍饈備列，盤碗紛陳"；生日本多六十歲以上纔做壽，漸轉爲"三十以上之生辰，亦多演戲延賓，群相酬答"。[245] 柳州府融縣，在同治初年至光緒中葉，筵席罕用海味，一席二千文至三千文；光緒中葉至清末，則一席銀元四圓至六七圓。[246] 雲南曲靖府羅平州，宴會在咸豐、同治以前，"每食不過五盤加一火鍋而已"；咸豐、同治以後，"競尚奢侈，動須海味珍饈，羅列二十四器，每席不下十圓"。[247]

從明到清，迄至民初，做壽、辦壽、祝壽的消費，在各地都有擴張的情況。這樣的擴張所反映的是一個食品生產、加工、運銷（輸入）、販售、烹煮等關係聯繫的增強，相對地也呈現了市場機能的更加活潑。民國《涪陵縣續修涪州志》在談到四川涪州的輸入品時云："州中筵席，肉食之外，從前只有黃花、木耳、筍乾，來自川南，繼有海帶之屬。道、咸間重洋菜，稱洋菜席，先惟城中用之，

[242] 〔光緒〕《綏德州志》卷四《風俗》，臺北：成文出版社影印光緒三十一年刊本，1970 年，頁 337。

[243] 〔民國〕《神木縣鄉土志·風俗》，臺北：成文出版社影印燕京圖書館鉛印本，1969 年，頁 67~68。

[244] 〔民國〕《同安縣志》卷二二《禮俗》，臺北：臺北市同安同鄉會影印民國十八年鉛印本，1984 年，頁 609。

[245] 〔民國〕《全縣志》第二編《社會·風俗》，臺北：學生書局影印民國三十一年石印本，1968 年，頁 90。

[246] 〔民國〕《融縣志》卷一，第二編《社會·風俗》，頁 69~70。

[247] 〔民國〕《羅平縣志》卷一《風俗》，臺北：學生書局影印民國二十四年石印本，1968 年，頁 145~146。

嗣遍及鄉間，並金鈎、海蜇等物，所在多有。及光緒時，海參、魚翅、魚肚、鮑魚諸珍品，視爲尋常矣"。[248] 民國《資中縣續修資州志》亦有同樣記載："先年治席，除肉食外，採用運自外來者，惟木耳、筍乾、黃花等，繼有海帶之屬。道、咸間洋菜輸入，金鈎、海蜇漸次通用。逮光緒以來，海參、魚翅、魚肚、鮑魚諸珍品亦視爲尋常。"[249] 海產的大量輸入，使四川飲宴的習俗發生了改變。而這樣的情況，似乎並非僅只存在於四川而已。

餘　論

明清上承宋元以來的慶壽文化，更進一步發展，從經濟比較富裕的江南到邊區省份，地不分東西南北，莫不慶壽。而在慶壽的内容上，隨著時間的發展，内容不斷地積累，從重視文字性的慶壽文字，到致送慶壽圖、壽幛、壽屏，進而演吉祥戲娛興，慶壽的内涵由靜態走向動態，由文字進而感觀，呈現了做壽文化的日趨繁複。而在慶壽的消費市場上，隨著商品經濟的發展，也日新月異，至清中葉以後更是日見擴張，大量使用外國輸入的海產等物品。明清的慶壽文化，在文化及經濟面向上，呈現出高度的發展。

然而明清的做壽文化，畢竟還是士大夫文化的一環，一般平民百姓雖也如曾國藩（1811～1872）所說，"後世自貴逮賤，無不崇飾，開筵稱壽，習以爲典"，[250] 但慶生做壽的文化性建構，自始至終仍以士大夫爲主體。即以壽序而言，始終是士大夫互相酬答、彼此標榜的文字，就如林璐（1626～1688）所說的："世俗誕辰，沾沾乞祝嘏之辭以相悅，而貧賤無聞焉。"[251] 除了林璐曾爲家中佃農寫過《老農七十序》外，明清士大夫爲農人、傭工寫壽序的例子，幾乎是没有的（爲商人倒是寫了不少）。從《老農七十序》中，我們看到的農人做生日，所有的雞、豕、魚，不是自己養的就是當地抓的，菜色並没有什麼特別。生日

〔248〕 〔民國〕《涪陵縣續修涪州志》卷一八《食貨志・輸入品》，臺北：學生書局影印民國十七年鉛印本，1971 年，頁 579～580。

〔249〕 〔民國〕《資中縣續修資州志》卷三《食貨志・輸入品》，臺北：學生書局影印民國十八年鉛印本，1971 年，頁 298。

〔250〕 曾國藩《曾國藩全集・王翰城剌史五十壽序》，臺北：漢苑出版社標點本，1976 年，頁 93。

〔251〕 林璐《歲寒堂存稿・舍弟青崖五十序》，頁 55。

當天,林璐前往祝壽,"賓客皆負米至,拜跪畢,即爲老農陳設几席",之後大家纔登席。[252] 這樣的做壽場景,純樸而真切。然而,士大夫也許甚少參加。林璐在另一篇文章中曾説:做壽,"富貴恒勞,貧賤恒逸"。[253] 士大夫終究還是寧願"勞"而不希望"逸"。

明清慶壽文化中,雅俗的衝突也是存在的。清初,陸隴其(1630~1692)曾説誕辰稱觴不合於禮法,因此"近世士大夫之好禮者,皆鄙而不爲"。[254] 這"'鄙'而不爲"的背後,可能有著對生日慶賀庸俗化的反抗。士大夫本透過自我群體內部的文化性建構(如文字、圖像等的酬應),以對群體進行分類,界定士大夫文化與庶民的文化差異。如今,兩者的文化差異模糊了。在明清的慶壽文化中,文字、圖像、演劇等內涵,本爲士大夫慶壽文化中極具"自我獨特性"的"歸屬性特徵"(attribute),[255] 但在社會變遷中,卻受到挑戰。其中士大夫對於慶壽文字的攻擊最爲強烈,這顯示出其對自我群體文化內涵(壽序、壽詩)受到侵犯的不滿。士大夫自視爲雅的壽序、壽詩,在物質化之後,"俗人"(如商人及一些非士大夫群體的地方人士)只要有錢就可以獲得,不論熟識與否;而且,任何人都可以寫(就如歸有光所抱怨的"凡橫目二足之徒,皆可爲也"),則其"雅"的內涵,已淪爲"俗物"的奴隸。"俗氣"的慶壽文字,哪能繼續寫呢! 但士大夫的骨氣敵不過生計及人情上的壓力,最後,爲了應付這種層出不窮的徵文、徵詩,只好以"活套"的詩文來回應。清初,歸莊曾説:

> 余近爲人作一壽詩序,極言其不當求,既求亦不當應。蓋今日之所謂壽詩者濫甚矣! 凡富厚之家,苟男子不爲盜,婦人不至淫,子孫不至不識一丁字者,至六七十歲,必有一徵詩之啓,遍求於遠近從不識面聞名之人。啓中往往誣稱妄譽,不盜者即李、杜齊名,不淫者即鍾、郝比德;略能執紙筆效鄉里小兒語者,即屈、宋方駕也。而詩家不能辭,則作活套語應之。爲甲作者,改一言半句,即移於乙、於丙。此猶出己之

---

〔252〕 林璐《歲寒堂存稿·老農七十序》,頁 57。

〔253〕 林璐《歲寒堂存稿·舍弟青崖五十序》,頁 55。

〔254〕 陸隴其《三魚堂文集》卷九《靈壽教諭張君壽序》,《影印文淵閣四庫全書》第 1325 冊,頁 154。

〔255〕 觀念來自於金耀基《中國社會與中國文化》,《關係與網絡的建構》,香港:牛津大學出版社,1992 年,頁 70。

詩。錢宗伯(即錢謙益)爲余言：苦應酬不能給，嘗置胡元瑞
(即胡應麟)集於案頭，擇其稍近似者移用之，以其活套者多
耳。蓋所壽之人，既無可稱，而求者又多，索之又迫，勢不容
不出於苟且。豈惟宗伯，今之詩人亦多用此法。如此玩侮，
詩尚足重乎！而得之者，猶以爲此某先達、某名士之詩而珍
之也，不亦愚乎![256]

而毛奇齡更說他在七十歲以後概不爲人寫祝壽之類文字，"以故，綉屏、
錦幛，皆任人爲辭，而署名其間"。[257] 至於壽序等其他的文字，也是"聽
其自爲文，署年月、名字與印記"而已。[258] 亦即文稿多半請者自寫，他僅
負責簽名。士大夫的這種態度，實是對"俗人"的一種應付與敷衍。

　　而慶壽文化庸俗化的情況，或許並不僅止於此而已。在文字之
外，壽圖、壽屏到後來都與"商業"聯上關係：以往壽圖多請知己揮毫，
現在可從畫工那裏買到；至於壽屏，一樣可以從市面上取得。[259]

　　其實，做壽是一場人際關係的展示。基於面子的需求，文字性的
壽序、壽詩，圖像性的壽圖、壽幛、壽屏及動態性的歌舞、演劇，都爲做
壽的消費市場增進了機會。文化性的壽文、壽詩、壽圖擴大了文人"潤
筆"的市場；壽幛、壽屏及演劇，也增加了織工及戲班的工作機會與演
出的空間。

　　重視面子，除了表現在客人送的東西之外，在主人的宴請上也是
一樣。明清的做壽消費市場不斷地擴張，特別是清中葉以後飲宴豐

〔256〕 歸莊《歸莊集》卷一〇《謝壽詩說》，頁 493。
〔257〕 毛奇齡《西河集》卷四八《吳司教偕許太夫人八十雙壽序》，頁 417。
〔258〕 《西河集》卷四八《龍山祝矜刪詩序》，頁 417。
〔259〕 在光緒乙亥(元年)二月初八日的《申報》上，就有琅嬛小築書坊登了一則廣告，說書坊
　　　中寓有一位"兩侯居迁客"，"專撰壽序、祭文、神道碑、墓誌銘、行狀、傳贊、哀誄、遊記、
　　　啟引、詩文集序、題跋、記序、詩詞、聯對、駢散惟命；藉筆墨生涯潤澤囊橐，如蒙委撰，
　　　開具事實節略，郵寄爲荷"。光緒己卯(五年)九月二十日的《申報》又有一則"代撰壽
　　　序"的啟事，這一則啟事上說："金精山館代撰壽序、詩文詞各雜著，寓上海城內彩衣街
　　　掃葉山房東間壁顧宅，其仿帖各書坊、扇鋪俱有。金精館主啟。"同年十一月廿三日的
　　　《申報》，也有一則"翰墨因緣"的啟事，這一則啟事上說："吾浙周鞠潭先生博學多材
　　　藝，近因養疴來滬，以筆墨爲消遣，聊收潤筆，藉作旅資，除鑴章、壽序、祭文、詩詞、題
　　　跋，均由面議外，其書畫潤例列左：花卉、翎毛、樹石、蟲魚，八尺□中堂，五元；六尺，四
　　　元；五尺，三元。匾幅同。大小屏幅，減半。紈摺扇，五角；斗方一尺者同。絹心，每尺
　　　一元半。鐘鼎八分，照書減半。人物加倍。隨封加一，無者不應，熟紙不畫。現寓三
　　　馬路同慶公客棧，欲領教者請往可也。同縣何桂笙啟。"類似的例子，其實還有不少，
　　　如士人合開的書畫社就常接受顧客的訂單。如此看來，清末上海已存在一個極其商
　　　業化的"潤筆市場"。

腴,或許與"面子"的競賽有關。如雍正年間,安徽廬州府廬江縣,"宴會往往珍羞羅列,非有海味不爲恭,居城市者不得以貧故稍嗇"。[260] 江蘇松江府華亭縣,在同治末年以後,漸尚奢華,宴會如"無山珍海錯,群以爲羞"。[261] 江蘇淮安府阜寧縣亦然,宴會"昔以六簋爲率",至清末民初,"酒漿纂組,踵事增華,若無海錯山珍,則群以爲陋"。[262] 同治湖北《施南府志》的記載也是一樣:"宴會海味山珍,動輒不廢,不如是,主人自覺減色。"[263] 除了吃的,主人還必須在感觀上提供演藝的饗宴,作爲報答,否則便似乎是一個缺憾。因此,清代做壽演劇也是不可或缺的。然而,客人與主人的心理,或許完全不同。美人明恩溥(Arthur Henderson Smith)在 *Chinese Characteristics*(1890 年出版)一書中,曾提到中國人"好吃",受邀參加宴席,總樂得一連幾天都飄飄然。[264] 爲什麼? 在多數貧窮的當時社會,一場盛宴,誘惑力也許是很大的。當然,受邀者或許還有一種"被看得起"的虛榮吧!

另一方面,清中葉以後做壽消費市場的擴大,也與交通工具的改進脫不了關係。民國江蘇《嘉定縣續志》說:"嘉定僻處腹地,俗尚儉樸","自輪船、火車通行後,風氣由閉塞而開通,習俗由儉樸而奢靡。光、宣三十餘年間,前後復乎異矣。"[265] 易言之,輪船、火車的便捷運輸,爲飲食風氣的改變提供了助力。而究其實,清中後期以來宴席中海味、舶來品的大量使用,也與中國同世界經濟體系聯繫在一起有極大的關係。清朝在鴉片戰爭後通商口岸的開放,使海產品(如海參、魚翅、鮑魚)透過東亞的貿易體系大量輸入中國,其中有一大部分就來自於朝鮮。[266] 總之,烤鴨、烤豬、海參、魚翅、燕窩等食品的加入壽筵等

---

[260] 〔雍正〕《廬江縣志》卷一〇《風俗》,臺北:成文出版社影印雍正十年刊本,1983 年,頁 792、791。

[261] 〔光緒〕《華亭縣志》卷二三《雜誌上·風俗》,臺北:成文出版社影印光緒四年刊本,1970 年,頁 1730。

[262] 〔民國〕《阜寧縣新志》卷一五《禮俗》,臺北:成文出版社影印民國二十二年鉛印本,1975 年,頁 980。

[263] 〔同治〕《施南府志》卷一〇《風俗》,頁 774～775。

[264] 見匡雁鵬譯《中國人的特性》,北京:光明日報出版社,1998 年,頁 315～318。

[265] 〔民國〕《嘉定縣續志》卷五《風俗》,頁 277～278。

[266] 清代中國水產貿易的情況,略見李士豪、屈若搴《中國漁業史》,上海:商務印書館,1937 年,頁 166～173。清末朝鮮海產的輸入中國,參見石川亮太《十九世紀東アジアにおける國際流通構造と朝鮮──海産物の生産·流通から》,《史學雜誌》109.2(2000/02),頁 1～33。

宴席之中,除了需有辦筵者"風光"的心理企圖之外,也必須有一個充足的供應市場。易言之,清中葉以後做壽消費市場的擴張,實是商品經濟進一步發展的體現。

※ 本文原載《新史學》11 卷 3 期,2000 年 9 月。
※ 邱仲麟,國立臺灣大學歷史學研究所博士,中央研究院歷史語言研究所助研究員。

裸的理由——二十世紀初期中國
人體寫生問題的討論

吳方正

導　言

　　人體再現從文藝復興起便是西方藝術的主軸，但這並非中國藝術傳統所關心的範圍，這也是西畫傳入中國最能引起爭議的畫類。本文企圖指出，在人體再現的畫類上，西畫的引進採由下而上，由商業美術的興盛導向西式學院教學的引進，繼而使得人體寫生成爲必要的教學內容。爲了打造令中國人接受這個新事物的文化背景，裸的理由與不該露的理由開始在 1920 年代搬上公共論域的舞台。至今，中國西化的過程仍如此地持續進行。

一、水就下，民趨利，身體好逸樂
——人體再現的特殊性與引入中國的社會脈絡

　　與過去諸朝相較，十九世紀的中國國勢可能未必特別衰敝，但一與工業革命之後的西方列強對陣，中國便顯得貧弱交並，任人宰割。中國固無力阻擋堅船利炮，但對列強而言，武力畢竟只是敲門磚，焦土是無利可圖的。武力與貿易互爲表裏，對中國威脅最大的毋寧是以船堅炮利爲後盾的强盛經濟掠奪力。兵兇戰危，人人避之唯恐不及，貿易獲利則無論國家獲益或受損，人人皆競相争逐，即使鼓吹崇高的民族主義也無法阻擋。戰敗賠款時舉國震動，經濟利益的日漸流失卻不會如此令人警覺，其陰險尤甚於武力。遲至 1932 年，《申報》上一篇《敬告全國中大學生實行教育救國》的文章中，作者仍然要說道：

> 國際貿易留下的傭金爲數不及百分之五。……金錢外溢
> 的數目越大，則上海各所得亦較多，然而内地則益貧。……上

> 海是口，漢口是喉，香港、天津是兩個鼻孔，一呼一吸已在外
> 國人掌握之中，雖有耳目手足頭腦身體，生死之權卻操之外
> 人。[1]

文章附有兩張（中國）金錢外溢圖表，上海遠超過天津、香港，是
中國最大的金錢外流口，而根據作者，金錢外溢所留下的財富則盡
用於“奢侈生活”。但從另一個面向來看，正因爲是最大的金錢外溢
口，使得像上海這樣的城市成爲中國最大的中西交匯窗口，大量的
西方事物隨著中國金錢流出、交換而流入。在此，個人利益與國家
利益呈現出拉鋸的張力，“奢侈生活”不正也是中產階級追求舒適物
質生活的表徵嗎？

　　與西方相對之下的貧弱，是中國變法圖強、吸取西學的背景，
期師夷之長以制夷。政府與知識分子所認爲從國家利益的角度應該
吸收的西法，大致上可分爲兩個部分，一爲科學實業以振興國力，
二爲政經體制以使前者能實際生效。至於文化藝術則難以與富國強
兵建立什麼直接關係。就目前之研究看來，至少在二十世紀之初，
中國並未從國家利益的角度對引進西洋藝術有過什麼整體措施，最
早的一些美術學校全由私人創辦便是一個明顯的例子。如果我們將
變法圖強的國家比喻爲一個強身祛病的人，則心智所認定對身體有
益的固然不一定真的對身體有益，且未必與身體的欲望相符。心智
要遂行其意志，必須導引——必要時並壓制身體的欲望。相對地，
心智一旦疏忽，身體便伸張其欲望而行。類似地，在缺乏國家政策
導引的情況下，個人利益的誘因促使租界中的中國人自發地採取西
式的商業手段，在商業美術中帶入西畫的因子，在一些傳達西洋概
念的宣傳中甚至被迫選擇西洋圖像。[2]上海租界或許是當時中國受
到最少國家政治力干預、個人主義最旺盛的地區。西畫既然是在個
人利益凌駕國家利益的氛圍下引入的，在上海的西畫引入過程便具
有相當的指標作用。

　　在西畫引入中國的過程中，人體再現或許是最能引發個人與集
體間二元張力的場域。這個張力的來源是雙重的，首先是人體再現

〔1〕 尤懷皋《敬告全國中大學生實行教育救國之四》，《申報》（上海），1932年12月25日。
〔2〕 吳方正《西洋繪畫的中國再詮釋——由《申報》資料看中國現代化的一些視覺面向》，《人文學報》第25期（中央大學，2002.6），頁133～158。

本身在西方繪畫中裸 (*the nude*) 與露 (*the naked*) 之間的張力。[3] 直接本然的人體再現爲露 (先不論本然再現是否可能),呈現的是生物性與直接性,經過抽象轉化的人體再現爲裸,呈現的不再僅爲對象,而是展現對象的形式。裸與露之間的張力可以用其他西方慣常的二元對立來代表:精神／物質、本質／表象、理性／激情、文化／自然、視覺性／觸覺性、藝術／色情、集體／個人等,所有二元項中的後者代表的是使事物前進的推力,但同時也是一個有秩序的理性社會必須壓制或導引的。簡單地説,要使得人體的視覺再現不落入色情,而仍然維持在藝術的範圍中,這個再現必須服從圖式的常規 (pictorial conventions),以藝術來包裝轉化,去除其物質性與直接性,而常規來自於集體的建構。換句話説,人體的視覺再現中藝術與色情的邊界隨時空轉換而定,因此它是一個文化問題,並無普遍判準。藝術與色情邊界的劃定當然也受制於對於藝術功能的認定:藝術應該傳達的 "美" 是什麼?這個美學的問題仍然是文化的。另一方面,西方自文藝復興時期起,繪畫走向知性化,畫種的區分隨之在人文主義的影響下採取修辭模式爲典範,使得故事畫 (history painting) 成爲最高的畫種。[4] 在故事畫中,人體的再現成爲必要的題材、西方繪畫中的核心。也因此,自文藝復興時期開始的藝術學院教學内容不斷圍繞著三個主軸:古代、人體寫生與解剖學。[5] 這三個主軸關係到的都是人體再現。

中國與近代西方的接觸相當早,接受西畫的過程也是漸進的,但接受外來影響的前提是必須先認定外來事物爲自身所缺乏、並肯定外來事物具有自身認同的價值,故無論在任何時刻都不曾有全盤移植的問題,因爲這個接受的過程同時也是有選擇性的。因此,人體再現是西方繪畫核心的事實,並不必然導致它也是在中國的西式繪畫的核

[3] Kenneth Clark, *The Nude: A Study of Ideal Art* (London: J. Murray, 1956); Lynda Nead, *The Female Nude: Art, Obscenity and Sexuality* (London, New York: Routledge, 1992).

[4] Michael Baxandall, *Giotto and the Orators: Humanist Observers of Painting in Italy and the Discovery of Pictorial Composition*, 1350~1450 (London: Oxford University Press, 1971); Nathalie Heinich, *Du Peintre à L'Artiste, Artisans et Académiciens à L'Age Classique* (Paris: Les éditions de Minuit, 1993).

[5] Nikolaus Pevsner, *Academies of Art, Past and Present* (Cambridge: Cambridge University Press, 1940); Carl Goldstein, *Teaching Art: Academies and Schools from Vasari to Albers* (Cambridge: Cambridge University Press, 1996).

心。中國和其他的文明一樣,很早便有春宮畫的存在,春宮畫透過人體再現,但這是一個被社會壓制的畫種,即使採用西畫的方式來畫春宮畫,仍然脫離不了被壓制的命運。這個問題的浮現必須從人體再現爭取它在繪畫中的合法地位開始,而問題開始聚焦毋寧是始於中國導入西式的藝術學院教育,作爲西式繪畫的訓練手段之際。此時,中國的藝術學院既無法在教學内容上規避人體再現的問題,這個問題也在學院身上找到一個辯護人。人體再現的問題在中國所以是雙重的,是因爲這個從西方傳入的藝術實踐本身已經内含了一個二元張力,使人體再現非色情而是藝術,在乎圖式常規,但這又是中國本身缺乏的,並不因爲裸露的二元張力在西方已經取得某種協調而可以存而不論。因此,要使人體再現在中國成爲藝術,取得合法地位,必須再度建構出一套中國集體接受這個西方事物的圖式常規,於是,在裸與露的二元張力之上,又多了一層中西文化之間的張力。

這個建構的過程由於缺乏國家政策的框架,因此是透過各個自發的個體去改變中國既有的整體,自發性越強的地方衝突越激烈。然而,有欲望始有衝突,有衝突才有改變。我們可以說,中國近代繪畫的面貌是經過長時間形塑而來的。本文企圖指出這個形塑過程的關鍵是西畫的傳入,而後者的關鍵又是人體再現。世紀初上海發展的動力來自於"民趨利"與"身體好逸樂",因此,上海成爲人體畫合法化過程的主要舞臺便毫不足奇了。

二、從淫畫到裸體畫——商業美術中裸體畫的合法化

《申報》始於 1872 年,就目前搜尋所得,"淫畫"這個名詞在《申報》上出現於 1878 年,禁淫畫的消息相當規則,連年不絶。有趣的是,至 1928 年後"淫畫"這個名詞在《申報》上便變得十分稀少。[6] 單從名詞來看,難以斷定"淫畫"所指爲何,但如果這個詞指的是中國傳統的春宮畫,沒有任何理由可以讓我們相信中國人

---

[6] 瘦影《鄂省淫書淫畫之末日》,《申報》,1928 年 3 月 2 日。《申報》上關於淫畫的報導,1880、1881 年各有一則,1883 年三則,1892 年一則,1902 年一則,1911 年一則,1912 年五則,1915 年一則,1916 年兩則,1917 年三則,1919 年二則,1920年一則,1922、1923 年各一則,1924 年兩則,1925 年二則,1926、1928 年各一則,之後一直到 1949 年《申報》停刊之前,我們沒能在《申報》上找到其他有關淫畫的報導,但並不排除有漏網之魚。

至 1928 年後便對春宮畫喪失興趣，更難以相信中國人自此不再取締。因此，我們必須相信這個詞所涵蓋較春宮畫更廣的範圍。

1885 年《申報》報導一件"賣春宮洋畫遭禁"的案子，1894 年報導一則一名旗人婦女看西洋鏡畫敗興的事件，1902 年一則禁淫畫的報導則説明涉案的是"照相春宮"。[7] 1894 年的案例報導較長，原因是事件的主角之一是年輕女性，簡錄其文：

> 京師西單牌樓有買（賣）西洋鏡者數處，内藏春色。去臘二十八日有一旗婦，年約二十餘，粉白脂紅，口銜潮烟管，亦來此處一擴眼界。忽來一光棍將洋畫攤踢倒，扭住買（賣）洋畫者而叱曰："春畫本於例禁，況買（賣）與女子看耶，同汝到官裏去。"旗女大怒曰："老娘在此尋樂，干汝甚事！"扭住光棍而批其頰。光棍與之爭扭，買（賣）洋畫者乘間將攤收拾，飛步奔逃。二人相持良久，在塵埃中亂滾……觀者無不掩口葫蘆。

從這個案例來看，北京西單牌樓應不是只有賣西洋鏡的才内藏春色，所以西洋春畫似乎已打進傳統春畫市場。另一方面，我們無法從以上這三則例子斷定這些"淫畫"是否直接來自西洋，但除了攝影本身是西洋產物外，另外兩則明確地都是"洋畫"。1919 年初，《申報》轉載歐戰實報社消息：

圖 1　明信片一斑
《有正書局出版物大概》，《時報》，1917 年 9 月 7 日，廣告

> 法租界當道近因淫書春畫攸關風化，特飭捕房嚴禁，並照會公共租界當道嚴查發行機關。惟除上述淫書春畫之外，尚有各種旁注西文之愛情畫郵片、裸體少女畫郵片及西文淫書等。[8]

西文淫書若無插圖則市場有限，關鍵是淫畫，被打入這個類別的是"愛情畫郵片、裸體少女畫郵片"。

我們不要將"愛情畫郵片"想得太天真，至於"裸體少女畫郵片"，倒可以用 1916 年上海有正書局出版的明信片來當作例子（圖 1）。[9] 1919 年

---

〔7〕《申報》，1885 年 11 月 20 日、1894 年 3 月 1 日、1902 年 9 月 1 日。
〔8〕《西文淫書畫來源已斷》，《申報》，1919 年 1 月 5 日報導。
〔9〕《有正書局出版物大概》，《時報》（上海），1917 年 9 月 23 日，廣告。

的這些西文淫畫來自巴黎，但報導中將責任全推給戰時的德國人，
這與事件起源在法租界、歐戰結束後中國與戰勝國關係自然相關。

早期被逮的多半是沿街兜售的"無賴"。1918 年一件在上海兜
售"淫畫"的懲治是經過"解公共公廨，經中西官訊悉前情，判押
西牢二月，淫畫焚毀"；[10] 1924 年一篇介紹法制的文章則説明："販
賣此項淫畫，或意圖販賣而製造或收藏者均處以拘役或五十元以下
之罰金"。[11] 以當時的物價而言罰則並不輕，但顯然無足夠的嚇阻
力，因爲"利息之厚、無與倫比"。[12] 這種沿街兜售的方式持續了
一段相當長的時間。1916 年，通俗教育研究會曾就有傷風化之書畫
呈請教育部取締，《申報》轉載其文：

> 都中有一種小販懷挾小筐包件，盛貯各種小説於街頭
> 巷尾茶坊酒肆之間任意兜售，所售之書大都猥鄙齷齪莫可
> 究詰，其或夾帶淫畫秘賣。此等人往來街市，蹤跡無定，
> 較之列攤設肆者流佈尤廣。[13]

1920 年前後《申報》上出現數篇對淫書畫較長的報導與攻擊文字；
1920 年一則題爲《淫書畫之害》的文章中説道："吾嘗見一般惡書
販有持春宫圖售於輪船上及市街者。"似乎暗示了此類畫與港埠外洋
的關係；文中繼續説道："又見一般惡書肆，今日上登一廣告曰某某
之艷史出版矣，明日登一廣告曰某某之秘史出版矣，唯恐購之者不
衆、其毒不普及也。"[14] 同年 10 月《申報》上一篇題爲《取締不道
德書畫之討論》的文章中説道：

> 近來出版界愈趨愈謬，艷情書本淫畫之類大登廣告號
> 召購者，貽害青年不知凡幾，傷風敗俗，莫此爲甚。前清
> 末紀尚懸屬禁，民國以來反得肆無忌憚，公然立局出
> 售。[15]

淫書與淫畫向來左右相隨，本文擱置與淫書相關部分。我們發
現 1920 年前後對"淫畫"的攻擊似乎有轉劇的情形，《申報》從之

---

[10] 《申報》，1918 年 7 月 16 日。
[11] 敏慎《販賣淫畫的罪》，《申報》，1924 年 6 月 25 日。
[12] 瘦影《鄂省淫書淫畫之末日》，《申報》，1928 年 3 月 2 日。
[13] 《書畫與社會教育之關係》，《申報》，1916 年 11 月 6 日報導。
[14] 翰明《淫書畫之害》，《申報》，1920 年 9 月 6 日。
[15] 《取締不道德書畫之討論》，《申報》，1920 年 10 月 26 日。

前的側面報導轉向刊登義正詞嚴的論述，揣測其原因，是否在民國之後上海得到較多的自由變得放僻邪侈了？或此刻突然發生了一個道德重整運動嗎？事實上淫畫始終是淫畫，今日之淫畫並不比昨日更淫，我們懷疑的反而是，是否在此際有些淫畫不太能再歸類在淫畫的類別下了？或是新出現了一些可以稱爲淫畫的新畫種？不論是哪種狀況，都需要一個新的畫界行動以區分合法與非法。[16] 另一個值得注意的現象是，大登廣告、公開販售開始與過去偷偷摸摸地沿街兜售的做法雙軌並行，這些書肆出版社或許混水摸魚，但先決條件必須是淫畫與非淫畫的邊界模糊。

有部分"淫畫"是由西方進口的，但我們關注的是中國本身的對應產品。從 1917 年上海國華書局新年贈畫大概可以理解前述的這些文章攻擊的是什麼，這些贈畫都有極盡挑逗能事的畫題──《春透琴心圖》、《桃源探花圖》、《鏡裏窺郎圖》等，實際上都是月份牌畫的衍生產品。同年 11 月另一則廣告內容是丁雲先（1881 ~ 1946）所繪新裝美人四幅，稱"可……裝束洞房花燭"。[17] 什麼畫適宜裝束洞房呢？丁雲先的美人畫還有更具規模的，1919 年的《美人譜》計十六幅，每幅寬七寸，長一尺二寸，廣告詞解釋其應用：

> 一、現在繪畫當以時裝美人爲最寶貴，每幅定價多者數百金少亦數十金……可稱爲最精之畫譜。二、裱成四幅合爲屏條，於閨閣裝飾極爲相宜，如欲雅靜將裸體人另行藏起，以十二幅裱成四條地位亦合。三、戚友新婚，以此圖裱成屏條或裝鏡框作爲贈品，最爲合宜。[18]

這十六幅中有四幅是"裸體人"，它們不太"雅靜"，如果不藏起來，極宜用在閨閣裝飾或新婚贈品。1921 年發售的二十套（石版）彩色印刷《時髦第一美人圖》可能還噴上香水，色香俱全，宣稱"香噴噴的！活潑潑的！……中國畫圖上的美人，從沒有見過活得像真的一般，也沒有聞著香得像真的一樣"，"畫裏真真呼之欲出，輕顰淺笑脈脈含情，非特顏色嬌艷且芬芳撲鼻，懸諸座右可以解渴去

[16] Lynn Hunt, "Introduction: Obscenity and the Origins of Modernity, 1500 ~ 1800," in Lynn Hunt ed. , *The Invention of Pornography* (New York: Zone Books, 1993), pp. 9 ~ 45.

[17] 《申報》，1917 年 1 月 31 日、11 月 26 日；丁雲先在 1917 年 10 月獲東雅印務有限公司徵集月份牌畫第一獎，見《申報》，1917 年 10 月 31 日。

[18] 《申報》，1919 年 2 月 9 日。

憂，藏諸閨中可以銷魂蕩魄"。[19] 1922 年趙藕
生畫的《美人活動寫真》標榜的是"其奇妙
處，批閱此書之時畫中美人能活潑轉動，或回
眸斜睨，或橫波送情，真是風雅手册香艷極
品"。[20] 今天不容易見到這些畫不太雅静到什
麼程度，但我們可以想像：中國繪畫傳統中向
來缺少對人體的直接描繪，[21] 這些"中國畫圖
上從没見過"的、看起來像真的裸體人物可能

1917. 上海

的圖像來源只有兩種可能，其一是照片，其二
是西洋人體繪畫。1917 年出版，月份牌名家但
杜宇主持的《美人世界》雜誌封面可作爲參考

圖 2　1917 年《美人世
界》雜誌第一期封面

（圖 2）。此圖不僅出現在書肆販售的雜誌上，也出現在報紙廣告中，
廣告稱内容有"水彩裸體美人、水彩圖案美人、彩印光線美人"。[22]
我們可以發現，這些畫強調的多是"像真的一樣"。

這種對於似真的強調，1916 年上海法蘭西影戲院的廣告可稱爲
經典之作。是年戲院演出"全部五大卷裸體美人"，其廣告詞曰：

> 美人畫人人愛、裸體美人畫加二加三人人愛……紙上
> 美人已爲人人所愛，則活動美人更爲人人所愛，活動裸體
> 美人尤爲人人所愛者。[23]

這份廣告附有插圖（圖 3），其
拙劣程度更足以令人期待影片可以
稍微引入一些。廣告修辭的作者使
用三段逐階增強的手法，由原級、
比較級而最高級，分級的標準正是

圖 3　1916 年上海法蘭西影戲院廣告插圖

如真的幻象。類似的廣告修辭相當常見。1917 年 9 月，天華書社出
版《美人圖》，其廣告詞曰：

> 繪事難,繪美人尤難,繪裸體美人又難中之難,故新畫學

---

〔19〕《申報》，1921 年 2 月 18 日、3 月 11 日。

〔20〕《申報》，1922 年 12 月 5 日。

〔21〕 Tani E. Barlow & Angela Zito eds., *Body*, *Subject & Power in China* (Chicago: University of Chicago Press, 1994).

〔22〕《申報》，1917 年 3 月 7 日。

〔23〕《申報》，1916 年 7 月 21 日。

家以裸體美人爲最高境界,非故現色身,實代表畫理也。本
社尊我君之美人圖庶可謂有美術價值而不徒以冶容見。[24]
裸體美人畫算不算淫畫呢? 按照 1920 年代的衛道文章,裸體美人畫
自然是淫畫。但前述的出版商可要找出生存的夾縫理由,這個理由在
於裸體畫之最高級的"難",畫理被納入技術的範疇,繪畫的最高境界等
同於技巧的卓越,因此觀者應該將注意力放在這個技巧的展現,而不是
"冶容",更不是"色身"。至於這個畫理之難在何處,短短篇幅的廣告詞
無法述及。另一方面,"新畫學家"指的是什麼呢? 自然是西法畫家。

清末民初上海引進的西方新事物中,西式戲劇與攝影都對市民生
活有相當大的衝擊,其中戲劇布景與照相館的人像背景畫常以油漆繪
製,這些布景畫的繪製因爲常須使用透視法製造景深幻覺,事實上只
有西式畫法有用武之地。此時期從事過布景畫的畫家如周湘(1871~
1933)、徐詠青(1880~1953)、童愛樓與張聿光(1885~1968),便常被
稱爲西法畫家,被稱賞的畫作"一如泰西畫法,想畫者必從照相畫入
手……其妙處在山川樹木樓臺人物,掩一目視之,悉皆懸空若真境,且
朝夜晦冥陰陽反正不少差池"。[25] 事實上,前述的美女月份牌的繪製
技法也是出自攝影肖像。值得注意的是,從前述禁淫畫的報導中看
來,在"淫畫"範圍內重要的不是形式而是其內容,繪畫與攝影這兩種
媒材可以互換。早期的攝影以繪畫爲典範,模仿的是構圖與明暗法,
繪畫以攝影爲輔助工具,參照的是再現似真幻象(illusion)的能力。[26]
當"淫畫"的批評標準是似真的幻象時,便成爲西式畫法入侵的載具,
情形與劇場布景、攝影背景畫採用西法如出一轍。

美人畫的價值標準一方面是"似真",達成似真效果的艱難技術
是"西法",在此我們已經可以看到兩種價值的等同;另一個價值標
準是"新",所以美人畫如非裸體也以時裝美人是尚,"新"即是進

---

[24] 《申報》,1917 年 9 月 26 日。

[25] 湘客《觀四馬路源昌鏡架號光影中國名勝畫記》,《申報》,1911 年 8 月 26 日;吳方正
《西洋繪畫的中國再詮釋》。周湘資料見姚旭參、周葉振《中國美術教育的前驅——周
湘》,《嘉定文史資料》1993 年第 8 期,頁 67~72。張聿光與劉海粟合創上海圖畫美術
院,徐詠青、童愛樓皆民初洋畫家。

[26] Sir William J. Newton, "Upon Photography in an Artistic View, and its Relation to the
Arts," *Journal of the Photographic Society*, 1 (1853), pp. 6~7; Charles Baudelaire,
"Photography, The Mirror of Art," (London: Phaidon, 1955), 兩文皆收錄於 Beaumont
Newhall ed., *Photography*, *Essays & Images*: *Illustrated Readings in the History of Photo
graphy* (New York: The Museum of Modern Art, 1980), pp. 79~80, 112~113.

步，來自何處？自然是西方。[27] 1920 年
［但］杜宇的《百美圖全集》出版（圖 4），
廣告詞對哪一種"新"有更詳盡的解釋：

> 人身美是天下的主美，百美圖又是
> 人身美的結晶，所以百美圖是很不容易
> 畫的。美是隨時變更的，不是永久固定
> 的，所以從前的美到現在決不能仍舊是
> 美，所以百美圖以新爲貴，諸君要有最
> 高尚最新的人身美的結晶麼？[28]

圖 4 《杜宇百美圖》，上册，
1920 年 11 月，圖 16

以人身美爲主美已是西方藝術的價值判斷，
不斷隨時間變更的美又將從前的美排除，兩
者相加，中國傳統繪畫在人身美的戰場全無還手之力。在此四年前，一
位署名"宇"的作者在《申報》上發表一篇題爲"裸體美人"的文章，他説道：

> 繪畫人物其難處不在軀廓與姿勢，而在神情與骨肉，故
> 西洋名畫家往往作裸體美人畫以顯其能。傳至中國即没其
> 本意，視爲誨淫之具，何畫者與觀者心目中之穢濁竟若此耶？
> 我爲一般畫家惜，並爲世道人心憂。今教育部調查年畫，已
> 先有取締之見端，而捕房亦從而禁售之矣，不知我中國之自
> 號名畫家，其亦能稍顧道德而不使鼎鼎大名與淫畫同傳於後
> 事(世)耶？"[29]

在此，裸體美人畫的理由雖與前述天華出版社的理由類似，在於"以顯
其能"，但對這個特殊能力則有更多的説明，畫家應做到的不僅是輪廓
姿勢這樣的皮毛，更在神情骨肉。神情是抽象的，骨肉在表皮之下，這
個裸體畫的標準隱含了系統化的研究。

　　1924 年 7 月，北京教育部所設立的各圖書館閲覽所被指控藏有淫
詞小説彩畫，教育部的回覆是，經過查證後各圖書館並無淫書淫畫，然
"至裸體畫一種，本與淫畫有殊，但本部爲整飭風俗防止流弊起見，亦

---

〔27〕 在裸體的題材上將進步與西方連結在一起最誇張的一例是 1911 年的 "泰西裸體女
犯攝影"，廣告稱："各女犯肌膚之肥潤白膩，無不一律，非如中國婦女，一入監
獄，形容憔悴，面目枯槁，幾無人形也。"《申報》，1911 年 10 月 8 日。

〔28〕 《申報》，1920 年 11 月 18 日。

〔29〕 《申報》，1916 年 2 月 18 日。由其文字看來，作者縱非畫家，也必然是一個常與畫家接
觸者。我懷疑作者就是民初有名的月份牌畫家但杜宇。

經分別查禁"。[30] 既稱"本有殊",顯然對一些人而言兩者無殊,另一方面"裸體畫"仍然是被禁止的,但從官方的界定,裸體畫已經從"淫畫"的類別中脫身,差別在於"淫畫"始終是妨害風化的,必須無條件排除,裸體畫則只有妨害風化的潛在可能,可以有條件地接受。可以思考的是,從清末至1920年代前後,有哪一種力量在權力中心運作,將裸體畫從"淫畫"中拉出來呢?"裸體畫"既非"淫畫",必然須置入藝術的類別下才能被接受,於是牽涉到的運作力來自某一種藝術體制,簡言之即藝術學院。

1928年湖北的淫書畫事件需要一些解釋,[31] 在《申報》的《鄂省淫書淫畫之末日》文中,作者説道:"自滬上提倡性學後,此風已漸及鄂省,且變本加屬,市上之販賣淫書淫畫者接踵而起……而書中之畫亦無不爲赤裸裸之曲線美也",所以箭頭實際上指向張競生(1888~1970)。[32] 張競生1926年的《性史》一書所代表的威脅,遠超過一般的"淫畫",因爲牽涉到的不是對非現實的靜觀,而是現實中潛在的行動。他在上海所開的"美的書店"終於在1928年以出版淫書的罪名被關閉。從"裸體畫"的角度,1928年湖北的"淫畫"可説是遭到池魚之殃,整體而言,在1920年代前後裸體畫雖斷斷續續在合法邊界擺蕩,但已經不再是全然躲在黑暗中的"淫畫"。

三、藝術學院與人體畫
——西式學院教育的引入與人體寫生的擴散

中國最早的西式美術學校皆成立於民國元年(1912)前後的上海,共同特徵爲私人辦學。1864年由耶穌會教士所辦的土山灣美術工藝所是一個特例,它附屬於孤兒院,可能是已知最早有規模地傳授西方繪畫技法的機構。據目前所知,其教授方式以臨摹西洋畫片爲主,供應教會所需基督教圖像,[33] 所以其圖像的生產與消費形成一個封閉的圈子。曾在土山灣習藝者也有脱離教會圖像生產系統投入世俗圖像市場者,例如

---

[30] 《申報》,1924年7月29日。

[31] 瘦影《鄂省淫書淫畫之末日》,《申報》,1928年3月2日。

[32] 彭小妍《性啓蒙與自我解放:性博士張競生與五四的色欲小説》,《當代》第76期(臺北,1992.8),頁32~49;Peng Hsiao-yen, "Sex Histories: Pornography or Sexology? Zhang Jingsheng's Sexual Revolution," (presented at 49th annual meeting of the Association for Asian Studies, in Washington D. C. on April 6~9, 1995)。

[33] 李超《上海油畫史》,上海:上海人民美術出版社,1995年,頁5~8。

徐詠青，但這個機構對中國近現代西畫的影響仍有待進一步的探討。另一個相當活躍的人物是周湘，他在 1910 年前後辦過中西圖畫函授學校、布景傳習所、上海油畫院，至遲於 1918 年辦中華美術專門學校。但對中國近現代美術發展影響最巨的應是 1912 年由張聿光、丁悚（1891～1972）與劉海粟（1896～1994）所主持的上海圖畫美術院。[34] 丁悚與劉海粟皆曾入周湘的布景傳習所習畫，張聿光也是從畫舞臺布景發跡。從現存的資料看來，雖然在 1915～1916 年間圖畫美術院陸續出版鉛（筆）畫一、二集標榜的是"寫生"，但至少一直到 1915～1916 年間，臨摹仍然是圖畫美術學院當時重要的教學內容，也就是説和之前的土山灣畫館或周湘式教法一樣。1917 年 12 月，《申報》報導上海圖畫美術學院之野外寫生，[35] 有趣的是在同年一篇關於土山灣工藝局的報導中，雖然圖畫、印刷、木工、金工、製皮鞋等的分科看起來仍是技藝訓練的性質，但報導中説道："圖畫科習鉛筆水彩油畫，皆以寫生爲主。"[36] 如果土山灣畫館所生產的主要仍然是基督教圖像，我們難以想像這些圖像如何棄臨摹而就寫生，除非"寫生"這個詞代表了某種進步的價值。

寫生的意義應從與其相對的臨摹來理解。從前述的月份牌、美人畫無不標榜"似真"、强調"中國所不曾有"的"新法"來看，寫生與寫真或攝影的概念常互相重疊。但這個概念在 1917～1918 年間開始受到重塑。1917 年 1 月，圖畫美術學院暨函授部的招生廣告稱："自民國六年始注重人體寫生改訂課程"，[37] 表面上看來不過是教學課程的修正，但接下來的一連串事件令人懷疑到，這似乎不過是劉海粟開始藉西式學院教育體制與尋求政治支持建立發言權威的開始。同年 3 月，圖畫美術學院呈請滬海道尹公署備案，1918 年 3 月以上海圖畫美術學校的名稱正式向江蘇省教育廳申請立案。[38] 圖畫美術院位於法租

〔34〕 顔娟英《從上海美術專門學校看民國時期的西洋美術發展》（臺北：中央研究院，東北亞區域研究 2000 年度報告，未發表）；吳方正《西洋繪畫的中國再詮釋》。上海圖畫美術院於 1916 年改名爲私立上海圖畫美術學校，見劉海粟《創立上海圖畫美術院宣言》，收入朱金樓、袁志煌編《劉海粟藝術文選》，上海：新華書店上海發行所，1987 年，頁 16，注 1。但《申報》上報導所用名稱時而稱上海圖畫美術學校，時而稱上海圖畫美術學院，即使是該校刊登的廣告亦常有混淆，本文中概以出處爲準。

〔35〕 《申報》，1917 年 12 月 11 日。

〔36〕 《考察土山灣工藝局紀要》，《申報》，1917 年 7 月 11 日。

〔37〕 《申報》，1917 年 1 月 7 日。

〔38〕 《圖畫美術學校備案》，《申報》，1917 年 3 月 8 日；《圖畫美術學校呈請立案文》，1918 年 3 月 1 日。

界,幾乎不受中國政府管轄,[39] 在租界的自由政策下,美術的發展空間取決於市場原則。但圖畫美術學校基本上是一個中國人所辦的美術學校,如果不希望自限於上海租界,則唯有得到中國政府的認可,成爲一個中國立案學校,才可能將活動範圍有效地推展到上海之外。1918 年 3 月立案之後,同年 8 月圖畫美術學校便藉著教育會的網絡將招生公函寄給江蘇省各地教育會。[40] 同年 9 月底,劉海粟發起組織美術研究會,會所設江蘇省教育會下,得到曾任江蘇省教育司長、當時任教育會長的黃炎培(1878～1965)[41] 與沈恩孚(？～1944)等人的支持;10 月 6 日,美術研究會開成立大會,由沈信卿(恩孚)等發表演說,之後選舉幹部,沈恩孚當選會長,副會長劉海粟,職員丁悚、張聿光、莊伯俞等。[42] 由選舉結果看來,沈恩孚是門面人物,真正操作美術會者是以劉海粟爲首的圖畫美術學校。

在《組織美術會緣起》一文中,劉海粟一開始便說道:"宇宙間一天然之美術館也,造物設此天然之美術以孕育萬彙,萬彙又熔鑄天然之美術以應天演之競爭,是故含生負氣之倫均非美不適於生存,而於人爲尤甚。"這段話以"自然＝美術"的公設開始,我們一旦接受這個公設,則美術等於物競天擇的競爭力;接著"美"與"美術"被混用,不美等於沒有自然競爭力。在此,劉海粟已埋下人體畫支持理由的伏筆。文章的中段又說道:

> 世界各國對於美育莫不研幾深考,月異日新,其思想之
> 縝密、學理之深邃、藝事之精進,積而久之蔚爲物質文明,潛
> 勢所被,駸駸乎奪世界美術而有之……恐數千年之文化、數
> 百兆之華胄,將隨此世界美術潮流而淪胥以亡……吾人宜乘
> 此將亡未亡之際,師歐美諸國之良規,挽吾國美術之厄運,截
> 長補短,亟起直追。[43]

---

[39] 上海從 1862 年起分英美租界聯合的公共租界,設工部局,與設公董局的法租界,其下分有工務、財務、警務、衛生、學務等委員會及相應各處,有法庭及監獄,並參與會審公廨的司法審判處理華洋糾紛,見《城下之盟──上海"租界"怪胎》、《會審公廨──上海近代司法主權的淪喪》,收入施宣圓主編《上海 700 年》,上海:上海人民出版社,2000 年,頁 19～22,31～35。

[40] 《圖畫美術學校致江蘇省各地教育會招生之公函》,《申報》,1918 年 8 月 7 日。

[41] 顧柄權《黃炎培──愛國的職業教育家》,收入施宣圓主編《上海 700 年》,頁 608～612;黃炎培在 1918 年任江蘇省教育會長,見《擬聯合同志陳情各國退還庚子賠款專供吾國推廣教育事業意見書》,《申報》,1918 年 12 月 21 日,陳情書後具名。

[42] 《美術研究會成立紀事》,《申報》,1918 年 10 月 8 日。

[43] 《組織美術研究會緣起》,《申報》,1918 年 10 月 6 日。

在這段文字中,劉海粟運用了在當時的藝術論述中罕見的細密循環邏輯,與常見的文字定義含混夾纏,首先接續文章啓始段的論證,將思想縝密、學理深邃定位爲美術發展之結果,因此美術積久便造就物質文明,美術等於物質文明的原因;如果中國的美術遭世界美術潮流吞噬,則中國便要遭到相隨的物質文明侵略而敗亡。美術發展一旦連結上國家存亡,便成爲匹夫有責的國家利益,要挽救中國唯有挽救中國美術,要挽救中國美術唯有師法歐美,沒有直接點明的是可以師法的就是歐洲藝術學院教學體制。

沈恩孚在成立大會的演説開場白是:"美爲世界上天然所有的,人以天然的美發爲人工的美,是謂美術",基本上等於重述之前劉海粟文章中對美術的定義。他在演説中又説道:

> 凡人思想宜時有進步,不可拘執成見。例如人體寫生爲各國畫學上之基本法術,而在吾國則以爲有關風化,殊不知人的裸體,其肌肉凹凸最難模仿,最難繪出。是以各國均注重於裸體寫生,以爲裸體畫最能顯出真美,而吾國以爲此種裸體寫生最爲敗壞風化之事,此東西之思想高下之不同,而文野之程度亦由是而高下也。[44]

這些話和之前裸體美人畫所辯稱的理由類似,裸體寫生的價值在於其"最難模仿,最難繪出";此外,裸體寫生反映了東西思想高下的不同與文明野蠻的程度,"思想高超、文明"指的自然是西方。這仍然與裸體美人畫採取西法的理由相同,但同樣的論述放在教育會演説的框架下,這些理由取得了某種"學術"的權威與"公衆意見"的正當性。其有關裸體寫生的部分,無疑是針對圖畫美術學校的"新學制"而發的。我們可以思考,教育會爲何支持"裸體寫生"?當教育會的目標是推動教育,而教育的理念又是西式的啓蒙理想時,支持西式的"裸體寫生"似乎是唯一選擇。

1918 年 3 月立案至 9 月籌組美術會之間,圖畫美術學校在 6 月宣佈將於該年 7 月 6 日至 19 日舉辦成績展覽會。《申報》以"美術展覽會之先聲"稱之,實際上這是我們在《申報》上第一次找到圖畫美術學校成績展覽會的報導,也是第一次發現報導中使用"美術展覽"這個

---

[44] 《美術研究會成立紀事》,《申報》,1918 年 10 月 8 日報導。

詞。[45] 這次展覽分鉛筆畫、石膏模型寫生、師範各科成績、水彩畫、教職員畫稿、函授各科成績、油畫、函授範本陳列八部，共 2 290 件作品，據報導稱"以水彩畫油畫爲最優"，是否展出裸體畫並不得而知。根據劉海粟 1925 年的回憶，"模特兒問題反動之第一次"起因於某年夏天，上海美專成績展覽會中列出的男性人體寫生引起騷動。[46] 在一份最近關於中國的裸體畫論爭的研究中，安雅蘭（Julia Andrews）依據劉海粟的文章將展覽定爲 1916 年前後，但並未找出 1915 至 1917 年間任何有關這次展覽的報導，且認爲劉海粟的陳述"是不太嚴謹的"。[47]

安雅蘭引用的另一篇文章是 1935 年在菲律賓舉行的《中國現代名家書畫展覽會》圖錄中關於上海美專校史的一段。這段文字對近二十年前的事件紀年極多舛誤，連帶地可信度極低，因此，我們必須重新閱讀劉海粟文章中對時間的記述。劉文中宣稱：

> 溯自民國四年三月，上海美專有西洋畫科三年級一班，依
> 學程上之規定，有人體模特兒之實習……雇幼童充之……同年
> 八月學生久習童體模特兒，漸生倦怠……乃設法雇年壯者爲之。

接著一大段文字描述如何雇到一壯年模特兒，但既未説明何時，也未説明花了多少時間才雇到。文中繼續説道："越年夏季，上海美專舉行成績展覽會。"裸體畫觸怒某校長的事件即發生於此次展覽會。接下來的事件是"八年八月愚與友人江新……在寰球學生會開會展覽"。[48] 由以上

---

[45]《申報》，1918 年 6 月 19 日、7 月 6 日、7 月 8 日、7 月 11 日、7 月 15 日。

[46] 劉海粟《人體模特兒》，收入朱金樓、袁志煌編《劉海粟藝術文選》，頁 106～117。

[47] Julia Andrews（安雅蘭），《裸體畫論爭及現代中國美術史的建構》，《海派繪畫研究文集》，上海：上海書畫出版社，2001 年，頁 125～129；劉海粟所稱 1915 至 1917 年之間的這次騷動，據稱是因爲展出的裸體寫生引發了某女校長的憤怒。安雅蘭認爲此人只可能是城東女學校長楊白民。楊氏憤怒的原因除了其夫人與女兒面對男性裸體畫的手足無措外，另一個可能是"劉海粟在楊的朋友李叔同運用同樣的人體寫生教學後，還聲稱他在中國首創人體寫生"。實際上第二個原因的可能性並不高，因爲楊白民死於 1924 年，我們沒有任何證據指出劉海粟在 1922 年《時事新報·學燈》的文章之前，或 1915 至 1917 年間──甚至之前──作過類似的宣稱，因此也不可能因此在此時以一件尚未發生的事觸怒楊白民。

[48] 劉海粟《人體模特兒》，書中注明本文原載《藝術》週刊，第 128 期，1925 年 12 月 4 日；安雅蘭所用版本登載於《時事新報》，1925 年 10 月 10 日，雙十增刊第 4 張第 1 頁。事實上劉海粟較早有另一篇《記雇用人體模特兒之經過》，登載於《時事新報》，1924 年 8 月 29 日至 9 月 1 日。這篇文章至目前爲止似乎尚未引起學者注意。而目前所知劉海粟最早記述學校使用人體模特兒的文字爲《上海美專十年回顧》，原載《中日美術》第 1 卷第 3 號，1922 年 7 月 20 日，并載《時事新報·學燈》，1922 年 9 月 17～22 日，後收錄於《劉海粟藝術文選》，頁 36～42。

文字,劉海粟所稱的美專成績展覽會在 1919 年寰球學生會展覽之前,十分可能即 1918 年 7 月的第一次圖畫美術學校成績展覽會。如果 1918 年 7 月在叙述文字中是雇用壯年模特兒這件事的"越年夏季",則這個事件發生的時間是 1917 年,這正與 1917 年 1 月圖畫美術院招生廣告所稱"自民國六年始注重人體寫生改訂課程"的陳述相符。如果圖畫美術院早自 1915 或 1916 即已有規律的人體寫生課程,沒有理由等到此時才作這樣的宣稱。

1924 年 8 月 29 至 9 月 1 日《時報》連載劉海粟的文章《記雇用人體模特兒之經過》,説明"民國四年那一年三月……雇了一個十五六歲的孩子來當模特兒……後來有個勞工……來作這件事……六年三月天氣也和暖了,慢慢就勸他出露半體",及至要求全裸時,該模特兒挂冠而去,美術院只好另覓人選,暑假後開學數名應徵模特兒者皆臨陣脱逃,最後總算有一人勉强裸體上台,"那年的夏天就舉行了第一次成績展覽會",接著就是某女校校長事件。由於第一次男性裸體模特兒出現於 1917 年夏天之後的學期,所以"那年夏天"指的是 1918 年。在接下來的文中,劉海粟談到 1919 年寰球學生會的展覽,"工部局竟派人來警告,但我們已經閉會"。這個陳述與 1925 年的版本不同,[49] 後者中所説的是"工部局派碧眼兒來觀,未加責言,蓋已知其所以然也。"相較之下,1925 年的是自我膨脹版,而 1924 年的版本可信度則高得多。此外,劉海粟在 1924 年文中記述道,1920 年 7 月雇用了一個中國女子爲裸體模特兒,才三日就遭其家人斥責"不應該這樣無恥給人家畫春片"而結束。[50] 從 1919 至 1921 年美專"同時雇用了五六個模特兒,卻已引起全國的注意",[51] 到了 1922 年 2 月美術學校西洋畫科雇用兩個女模特兒,高師科也雇到一個,裸體模特兒似乎已經不再是驚世駭俗的事了。

從現有劉海粟文字資料的交叉閱讀顯示的是,圖畫美術院縱然在 1915 年開始雇用十五歲少年爲模特兒,這個課程並無法維持固定。至 1917 年起,使用半裸男性裸體模特兒才開始成爲常態,至於

---

〔49〕 劉海粟《人體模特兒》。

〔50〕 在劉海粟 1925 年《人體模特兒》文中稱 1920 年 7 月雇用的是一個俄籍女子,可能是替補這位只當了三日的中國女性模特兒。

〔51〕 劉海粟《記雇用人體模特兒之經過》,《時報》,1924 年 8 月 29 日至 9 月 1 日。

全裸男性模特兒的出現必須等到 1918 年初；全裸女性模特兒出現得更晚一些，至 1920 年初雇用全裸女性模特兒的事還要橫生波折。

但是，現存上海市檔案館的《上海美專帳册》卻呈現出一個不完全一樣的面貌。至 1918 年 4 月，美專才出現第一次寫生小孩的記録；[52] 1919 年 4 月出現寫生女人的記録，無法確定是否爲人體寫生，而同年 9 月有寫生小孩洗浴等十五筆記録，應爲人體寫生無誤；[53] 1920 年没有任何人體寫生記録，1921 年帳册闕如；1922 年，美專使用男性僕役爲模特兒，自 8 月起開始記録有女模特兒一人；[54] 到了 1923 年，女性模特兒的數量增爲三至四人，女性人體寫生課程才開始規則化。[55]

我們應該相信劉海粟的記述或是上海美專的帳册？基本上，這些帳册始自 1913 年，記録巨細靡遺，連一枝鉛筆兩塊橡皮都記録到元角分厘，很難相信雇用模特兒的開銷可以漏網。1921 年 8 月，上海生生美術公司發行“新派人物畫臨本”，範例中有數件男性人體寫生作品（圖 5），作者分別爲 [王] 榮鈞、[楊] 桂松、[朱] 志堅、[葉] 元珪、[黄] 克鈞，全爲上海美專西洋畫正科第八、九届（1921 年 1 月與 7 月）畢業生，作品分別以 1920 與 1921 紀年。[56] 如果我們無法證明這些都是課堂作品，至少可以説有一些美專學生從事男性人體寫生。我們只能推測一開始人體寫生

圖 5 《新派人物畫臨本》，上海：上海生生美術公司，1921 年 8 月，圖 32

---

[52] 《上海美專帳册》(1918)，上海市檔案館藏，Q250～379，日流水帳，陰曆四月二十一日，“付寫生小孩洋 6 角”。

[53] 《上海美專帳册》(1919)，上海市檔案館藏，Q250～381，分類帳，9 月消耗費，“寫生小孩洗浴”等 15 次；日流水帳，陰曆四月二十日，“付寫生女人 4 角”，是否爲人體寫生不得而知。

[54] 《上海美專帳册》(1922)，上海市檔案館藏，Q250～383，日流水帳，陰曆五月七日，“付郭蔗賓（本月份不做模特兒）洋 3 元、陳梅僧（本月份做模特兒）洋 6 元”；8 月 10 日“付女模特兒廿三天，洋 23 元”。

[55] 《上海美專帳册》(1923)，上海市檔案館藏，Q250～386，支出款目（一），薪俸，第二款工資，第一項，模特兒，模特兒分別有王阿寶、周寶弟和阿大。

[56] 《新派人物畫臨本》，上海：上海生生美術公司，1921 年 8 月初版。感謝周芳美老師提供資料。

並未規則到能排入正式課程中，因此也未在帳册中留下痕跡，如此始得解釋這些作品出現時間與美專帳册間的矛盾。但劉海粟將許多"第一次"的時間向前推的可能性也很高。1920 年 4 月，美專購入《百豔圖》一册，註明"函授用",[57] 極可能至此刻美專的人體繪畫仍是寫生、臨摹並行的方式。

大致而言,在 1920 年代初期,男女全裸模特兒在劉海粟的學校已普遍化,相對於成立之初,其課程差異之大不可以道里計。除了修改課程以外,圖畫美術學校自 1918 年 11 月開始編輯《美術》雜誌,半年一期,兩期一卷,[58] 雜誌、成績展覽與籌組美術研究會等,都可視爲包括在擴張在公共領域發言權的整體計畫中。因此,1919 年底上海圖畫美術學校改名爲上海美術學校便值得玩味,新的校名中將"圖畫美術"中的"圖畫"這個技術性的名詞去除,只留下"美術"二字,並不完全僅因爲其課程涵蓋範圍超過繪畫而已,另一方面則宣示學校教學的知性化(intellectualization),[59] 其目的明顯地是要與其他從事西畫者作出區隔,將非學院繪畫排除在合法之外。1921 年 7 月,學校名稱再改爲上海美術專門學校(後簡稱上海美專),[60] 但性質上並無改變。

前文中已提到由於創始成員本身的學習背景,圖畫美術院在成立之初運作方式與職業訓練所無異。稍晚加入教學陣容的有學習背景相似、也曾隨周湘習畫的陳抱一(1893～1945)。陳於 1913 年赴東京留學,1914～1915 年間曾由日返滬,擔任過一時期圖畫美術院課程。他在 1942 年回憶中提到在 1914 至 1915 年間任教時,説道:

> 也許我過於性急,極想把當時唯一的臨畫教法試行根本改革。因爲我深感如果因襲以前的習慣,則正規的洋畫研究徑路也無從開拓起來。
>
> 同時我也極希望石膏像素描也應早日開始……可是在那根深蒂固的臨畫教法之前,寫生法尚無伸展餘地。……那時期我教過一些靜物寫生,不久又代他們向東京的菊地石膏

〔57〕《上海美專帳册》(1920),上海市檔案館藏,Q250～382,日流水帳,陰曆四月二十三日。

〔58〕《申報》,1918 年 12 月 16 日,"雜誌廣告"。

〔59〕《申報》,1919 年 12 月 31 日;關於繪畫的知性化,參照 Nathalie Heinich, *Du Peintre à l'Artiste: Artisans et Académiciens à l'Age Classique* (Paris: Ed. Minuit, 1995), pp. 178～181.

〔60〕《申報》,1921 年 7 月 1 日。

模型所訂購了一個石膏像來。[61]

陳抱一所稱的正規洋畫,相對於"不正規"的中國洋畫,指的自然是日本仿自歐洲的法國藝術學院教育。1914 至 1915 年間的改革遭受阻力,原因或許是積習難改,但必然也起了一些影響,石膏模型、素描人體幾年後終究也成爲美院教學内容。1917 年起人體寫生納入教程只是改變的一個指標,其時劉海粟必然已認同這種教學方式,否則這個改變是不可能的。陳抱一記述劉海粟曾於 1919 年訪日,視察日本的現代美術。[62] 劉海粟這次訪日未見諸《申報》報端,但在前一年 8 月,圖畫美術學校即已選派畢業生周眠雲、職員朱增鈞赴日本美術學校西洋畫科肄業。[63] 這些被"選派"者可能獲得某些實質的利益——如獎學金贊助或未來就業的允諾,相對地必然身負某些回饋性質的任務,圖畫美術學校讓消息見報顯然隱含宣稱它將"直接進口"學院教學體制的計畫。由此看來,劉海粟 1919 年訪日仍是一連串有計畫行動中的一環。[64]

　　1917 年圖畫美術學校改訂課程與採用人體寫生,表面上看來似乎是不相關的兩件事,當我們將當時的其他事件連結起來,可以發現事實上改訂課程爲因,人體寫生爲果,而改訂課程本身爲一個更龐大計畫的邏輯結果。值得思考的是,人體寫生是不是這個大計畫的必然結果?這個問題必須從美術學校在建立權威的過程中想要驅逐的對手來思考。實際上,既然爭奪的領域屬於西畫,有些"公設"是不能質疑的,否則等於先否定了所爭奪目標的價值。這些公設包括"西法具有進步的價值",因此"西法是學習目標";"西法的長處是似真",因此"寫生求真優於臨摹";"人體美是西方繪畫中表現難度最高的"。如果這些目標是不可質疑的,能夠構成爭論對象的只有達成目標的方法。當人體美的表現成爲判斷畫家優劣的標準時,只要在這一個陣線獲勝便等於徹底擊敗對手。學院既然要強調寫生,便必須將寫生定義

----

〔61〕　陳抱一《洋畫運動過程略記(續)》,《上海美術月刊》,1942 年第 6 期,頁 110;陳抱一《洋畫運動過程略記(續)》,《上海美術月刊》,1942 年第 7～8 期,頁 144。陳抱一回憶中是 1922 年任教於上海美院,與《申報》中的資訊有異。後者應較可信,見《上海美術院新聘陳抱一》,《申報》,1923 年 7 月 29 日。

〔62〕　陳抱一《洋畫運動過程略記(續)》,頁 144。

〔63〕　《申報》,1918 年 8 月 27 日。

〔64〕　中國近代西畫受日本影響是一個不爭的事實,且這個影響並非僅始於中國留學生赴日習畫,而是必須推到更早的時期,第一個途徑應爲實業。此問題牽涉之廣,已跨出本文所能處理的範圍。

爲唯一能表達人體美的方法。1919 年劉海粟在《美術》雜誌第 2 期發表了一篇《參觀法總會美術博覽會記略》，談到展出的人體寫生時説道：

> 今吾國之西洋美術尚在萌芽時代，學者僅習皮毛，摹稿也，臨攝影也，期腦筋中於人體寫生數字，恐多未能了了，如此而欲求美術之進步，不啻卻步而求前也……歐西各國美術學校，無不以人體寫生一科爲主要；即如日本之東京美術學校，亦須習木炭人體三年，油畫人體寫生一年。

學院寫生教學用來對照摹稿與臨攝影，強調的是長期有系統的訓練。文中繼續説道：

> 現時學者好爲盲從，不知正軌……蓋不從正軌以求，其法必多謬誤，恐美術終難發達，惡術則反見滋長（如今習畫者，每喜仕女，而尤喜習無肌肉真美的裸體人，是可證也）[65]

遭到劉海粟點名的正是當時被列爲淫畫的商業性裸體畫。如果學院追求的是美術，不遵照這個體制的就是惡術，在美術的範圍中，惡術或非美術沒有發言權。

圖 6　丁悚　人體
《上海漫畫》，1928 年 5 月

圖 7　鄭月波　模特兒
《良友》，1931 年 7 月

　　寫生的理論合法性並不能只憑論述來建立，美術學校必須在實踐上也證明寫生優於臨摹、臨攝影。1928 年的《上海漫畫》畫報登出一幅丁悚作於 1919 年的人體素描（圖 6），對照 1931 年同樣登在《良友》

[65]　劉海粟《參觀法總會美術博覽會記略》，《美術》第 2 期（1919.6），後收入於《劉海粟藝術文選》，頁 26～30。

畫報上的一幀男性裸體模特兒的照片（圖
7），我們似乎可以認爲照片上呈現的是上
海美術學校人體寫生課的情景，而丁悚正
是對著這個姿勢的模特兒作出了這麼一幅
素描。模特兒擺出的是一個標準的藝術學
院人體寫生姿勢，這幅素描的風格也是十
九世紀的學院風格，正確的肌肉描寫、工
整的明暗對照。但如果我們比較一般熟知
的丁悚作品，如早期《婦女雜誌》的封
面，或和這些封面風格接近、1928 年第九
屆天馬會展出的丁悚素描——"春"（圖
8），則丁悚 1919 年的素描實在不太像他
自己的風格。我們可以想像，美術學校的
模特兒擺出這樣一個持棍的姿勢，原因只

圖 8　丁悚　春
《上海漫畫》，1926 年 8 月，
天馬畫第九屆展覽特刊

可能是某些已經先出現的西方學院素描中有這樣一個姿勢，但是丁
悚的素描究竟是根據真實的模特兒，或是根據（或臨摹）素描所作
的素描？可能的情況是兼而有之。我們現在比較可以理解爲何在
1914、1915 年間陳抱一無法將寫生引入當時的圖畫美術院，如果當
時大部分人學習西畫的方式仍停留在臨摹畫片的階段，令這些人未
經任何準備直接作到學院式的寫生幾乎是不可能的。畢竟，直接、
不存任何先見的寫生本來就是神話。

美術學校可以標榜它的裸體畫來自學院式的寫生，但使用公衆
研習男女裸體模特兒的作法不能申請專利禁止他人也這麼做，至少
在上海一地，1921 年成立的晨光美術會，從 1922 年 2 月起也開始雇
用女性模特兒。[66] 1922 年 11 月，周勤豪、陳曉江組織東方藝術研
究會，1924 年 4 月《申報》報導東方藝術研究會籌備第三屆畫展，
提及 "除原有模特兒外今又由波蘭雕刻家卡爾尼次吉氏介紹義大利
女子模特兒"。4 月底另一篇報導則稱因 "外國清明（復活節）模特
兒休假"，亦即東方藝術研究會所雇模特兒皆外籍。[67] 同年 10 月

---

〔66〕 琦《晨光美術會更名爲晨光藝術會》，《藝術界》週刊第 3 期（1927 年 2 月 5 日），
　　　頁 16～18。
〔67〕 《申報》，1922 年 11 月 17 日；1924 年 4 月 11 日、4 月 23 日。

《時事新報》報導東方藝術專門學校（由東方藝術研究會班底組成）時，稱：“聞此次該校所雇西洋模特兒多人，係經本埠法國畫家介紹，均豐艷絕倫，增助藝人創作興趣不少，臨時上有旅滬名家多人請求加入習作”，[68] 這樣的辭句不令人心生遐想也難。同年 5 月《申報》對晨光美術會所辦人體速寫班的報導稱該班“會員加入甚踴躍，非會員亦得加入，唯須有相當程度或由該會會員及學校介紹”。美術會對這些非會員防備什麼呢？1933 年一篇題爲“瘋人”的小説提供了答案：“世界上祇有男人化幾個錢看女人模特兒，没有女人看男人模特兒的”，[69] 只不過在從事人體模特兒寫生之前先做動機純正度的測驗還是有困難的。

　　從當時的報紙廣告中，我們可以發現在 1924 至 1925 年間，有大批以“人體寫生”爲名的畫册上市，例如圖畫美術公司的《人體寫生》，作者包括梁鼎銘（1898～1959）、丁悚、胡鏡蓉、黃文農（1903～1934），“集上海名畫家，選中國美麗女子露體寫生而成”；[70] 中華印刷局十二色石印《人體畫册》，標榜“人體寫生爲藝術家所貴，市上所售此項畫片皆自外洋輸入，其體態不合東方人之眼光”，意味著這些人體寫生描繪的都是中國女性；[71] 新新美術社的《美人體》，稱“本社研究人體曲線美，集合同志幾十人，費時三年精心摹繪，再經嚴密的鑒別，選定中國婦女裸體畫二十大幅”。[72] 這些人體畫其實是數年前百艷百美類的美人畫不換骨的脱胎，與其説它們代表人體畫的中國化，不如説是商業（或通俗）美術裸體畫的“寫生化”，學院以寫生的方法將商業美術區隔出去，後者以寫生爲名再度靠攏過來，產生了類似於河川襲奪的現象，簡言之即涇渭難分。1925 年 3 月，圖畫研究會出版、大東書局代售的《人體美》稱内有6 位畫家 33 件作品，繪者爲李毅士（1886～1942）、陳曉江、徐詠青、梁鼎銘、龐亦鵬（1901～1998）、謝之光（1900～1976）。廣告詞曰：“模特兒藝術的成功，人體曲線美的表現”。至 5 月成爲 5 位

〔68〕《學校消息》，《時事新報》，1924 年 10 月 10 日。
〔69〕墨逸《瘋人》，《申報》，1933 年 10 月 20 日，短篇小説下。
〔70〕《申報》，1924 年 7 月 23 日，廣告。
〔71〕《申報》，1924 年 8 月 21 日，廣告。
〔72〕《藝術》，《時事新報》，1925 年 7 月 19 日，廣告。

畫家32件作品，少了李毅士一件，定價從一元六角降到一元一角二
分。[73] 身爲美專教師的李毅士退出畫册，與本文下一節將討論的裸
體畫論爭有關嗎？我們可以懷疑，目前不得而知。

　　1924年8月發生了一件控告抄襲的事件，被控的是圖畫美術公司
在7月底出版的《人體模特兒》。8月下旬初，魯少飛(1903～1995)登
啓事控告圖畫美術公司畫册中的胡鏡蓉作品，抄襲他登在8月3日
《時報》圖畫週刊上的人體速寫。8月24日圖畫美術公司登報澄清，
聲稱：“同(七)月胡君鏡蓉交到一稿，與八月三日《時報》所載魯君少
飛稿稍同，唯右手較曲”。[74] 我們今天比較兩圖，畫中人物姿勢既不
同，呈現的角度亦有異，實在看不出有何抄襲的可能。（圖9）

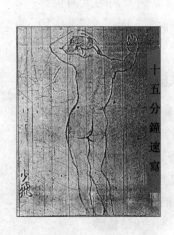

圖9-1　魯少飛　人體速寫　　　　圖9-2　胡鏡蓉　廣告人體速寫
《申報》，1924年8月24日　　　　《時報·圖畫週刊》，1924年8月3日

　　我並未找到魯少飛的控告啓事，我們可以懷疑他小題大做嗎？胡
鏡蓉所作的樣張由於登在報上被重新製版過，比較難以判斷是不是由

〔73〕《申報》，1925年3月15日。《時事新報·學燈》，1925年3月20日，“廣告”；《時
　　事新報》，1925年5月6日。可作爲參考的是，與上海美專關係密切的《藝術週
　　刊》，《時事新報》在1924年7月20日刊出厲南溪的文章《評“陳曉江西洋畫展覽
　　會”出品》，對陳曉江充滿負面評價。
〔74〕《圖畫美術公司人體模特兒要緊啓事》，《申報》，1924年8月24日；《人體模特兒一書
　　廣告》，《申報》，9月17日；魯少飛速寫見《時報·圖畫週刊》，1924年8月3日。

寫生而來,魯少飛的速寫則很明顯地是一件寫生作品,他控告胡鏡蓉,看來比較像"保護版權"的動作。但如果相似程度這麼低都要告,我們可以懷疑的是市面上充斥大量以"寫生臨摹稿"充當"寫生"的例子。與學院相較之下,商業美術界抄襲的程度不過是百步與五十步之差。寫生普遍化加上寫生臨摹稿充斥市場,當引進寫生作法也不是太久的學院無法説服大眾它的"寫生"優於其他的"寫生"時,學院便失掉了這個賴以排除非學院的工具。1924 年的這些事件只能令我們説,1920年前後劉海粟辛辛苦苦打造的"美術"與"非美術"的界限,到了 1924年便似乎又模糊掉了。1924 年 7 月北京教育部查禁所設立的各圖書館藏書中有裸體畫者,[75] 原因是一般人難以區分裸體畫與淫畫。從1924 至 1926 年間的"裸體模特兒事件",導致劉海粟的上海美專(至少在表面上)關閉人體模特兒課程,1924 年前後"美術"與"非美術"的界限漸趨模糊未始不是導因之一。

四、禁止人體寫生事件——公共論域的形成與運作

禁止學院人體寫生的事件始於 1924 年 10 月,結束於 1926 年 7月中。目前大部分學者所採取的這個事件前半段資訊,主要來自劉海粟 1925 年 10 月 10 日登載於《時事新報》上的文章;關於事件的後半段,安雅蘭最近的研究提供了大量來自上海市檔案館的珍貴資料。[76] 本文在此藉著一些從《申報》、《時報》與《時事新報》過濾出來的資訊,嘗試對此一事件提出一些進一步的檢驗。

甫自上海美專畢業的饒桂舉於 1924 年 10 月 10 至 12 日在南昌繫馬樁羅家塘贛華中學舉行繪畫展覽會。饒桂舉任職南昌《正義報》的《藝術週刊》編輯,根據 10 月 19 日《時事新報·藝術週刊》的報導,饒桂舉是美專西洋畫科第十五屆畢業生,當時任江西省立第一師範及師範講習所圖畫教員,"因鑒於該省藝術之幼稚,特組織一《藝術週刊》以資倡導"。[77] 江西省"藝術幼稚"這句話可能是説給上海人聽的,但江西人見到不知作何感想? 在畫展推出前,饒先行於 9 月 24 日週刊第 2

---

[75] 《申報》,1924 年 7 月 29 日。
[76] 劉海粟《人體模特兒》,頁 108。安雅蘭《裸體畫論爭及現代中國美術史的建構》,頁 125～129。
[77] 《藝術》,《時事新報》,1924 年 10 月 19 日,"藝苑雜訊"。

期登載劉海粟的《創始雇用模特兒之經過》。這篇文章可能即 1924 年
8 月 29 至 9 月 1 日《時報》連載劉海粟的文章《記雇用人體模特兒之
經過》。此文原在《時報》連續登載四日，因此除非經過節錄，勢必要佔
用整個版面。由於這是《藝術週刊》第 2 期，所以饒桂舉剛接下這個編
輯任務，此外展覽場所設在一所中學中，原因是饒桂舉身兼數職，同時
也在該中學任藝術教師，這其實是當時美術學校畢業生最主要的出
路。接著饒桂舉在《正義報》上以稚雲為號刊登畫展啓事，名為《稚雲
第一屆繪畫展覽會》，將展出油畫、水彩、素描、速寫共一百餘幅。由於
饒桂舉剛到江西不久，這些作品顯然大部分是饒桂舉在美術學校時期
的作品，而啓事的時間則應為 10 月初。

　　消息見報，立刻有一位韓志賢投書江西省教育會，要求教育會
呈請官廳制止。投書中先為裸體作了個定義：“裸體係學校誘雇窮漢
苦婦，勒逼赤身露體（名為人體模特兒）供男女學生寫真者”，接著
為裸體下判斷，稱：“在學校方面則忍心害理，有乖人道；在模特兒
方面則忍垢含辱，實逼處此；在社會方面則有傷風化，較淫戲、淫
畫等為尤甚。”對於饒桂舉的畫展，韓志賢稱：

　　　　於昨日……登一廣告……自此廣告一出，青年學子興
　　致勃勃，群以一睹裸體畫為快，而社會一般人富於好奇心，
　　莫不聞而起舞……某為預防臨時秩序及未來風化起見，擬
　　請諭令該管署派警察，如有懸掛裸體圖畫，應即禁止。

從這段文字判斷，韓志賢投書在畫展啓事之後第二日，畫展其實
尚未開始，奇怪的是啓事上只聲明有油畫、水彩、素描、速寫，韓志賢怎
會知道將有裸體畫展出？青年學子又如何興致勃勃想一睹為快？除
非饒桂舉甫到南昌不久便以會畫裸體畫聞名。韓志賢文中稱饒桂舉
為“畫妖劉海粟、汪亞塵、俞寄凡輩孽徒……以初出校門、默默無名，急
欲挾技自炫”。[78] 如果在饒桂舉眼中，江西的藝術是幼稚的，來自摩
登上海、意氣風發的饒桂舉，顯然早在畫展之前就已經開始“自炫”了，
韓志賢聽聞的可能是年輕學生間的風聲，而饒桂舉利用媒體先行登載
劉海粟的文章，一面“教育”民眾，一面為展覽鋪路，則極有乃師之風。

　　韓志賢要求禁止畫展的另一個支持理由是：“江蘇省教育會於本

---

[78] 《藝術》，《時事新報》，1924 年 10 月 19 日，“藝苑雜訊”。汪亞塵、俞寄凡皆當時
　　美專教師。

年八月陳請官廳通令禁止，現擬呈請內務、教育兩部通令全國懸爲屬禁……以教育最發達、風氣最開通之江蘇，尚呈請官廳禁止＂，江西省豈能落後？畫展果遭江西警廳禁止，禁令登載於 10 月 13 日江西《新民報》。饒桂舉錄警廳禁示，馳信求救於劉海粟，劉海粟也立即反應。除了饒桂舉外，劉海粟似乎也曾向江西省立第十三中學校藝術教員劉湛霖查證，接著劉海粟寫了一封信給教育總長黃郛（1880～1936）與江西省長蔡成勛，並且將這封信發表在 10 月底的《時報》與《時事新報》上。[79] 可見原定 10 月 10 至 12 日舉行的展覽並未如期實現。1924 年 8 月江蘇省教育會陳情官廳禁止（裸體畫）一事未見諸當時的《申報》、《時報》與《時事新報》。劉海粟在信中也說：＂海粟忝爲江蘇省教育會職員之一，從未聞江蘇省教育會有此謬舉＂。但與此相關的是同年 7 月教育部查禁裸體畫，禁令的原因是民衆不易區分圖書館藏書中的淫畫與裸體畫。[80] 江蘇省教育廳或滬海道教育局確有可能追隨教育部禁令，但韓志賢也可能有意地將教育部、廳、局夾雜在一起，將禁令內容含混延伸，以擴張支持論點。這種作法在當時是十分普遍的。

　　教育總長或江西省長是否接到劉海粟的信似乎並非重點，重要的是此信發表在報紙上，進入公共論域的範疇，成爲塑造公共意見的工具。對高層權力當局而言，私人投書與發表在報上的信具有完全不同的分量，基本上我們可以用同樣的觀點看所有本文中處理的報端論戰。劉海粟信中的理由主要列舉西方自希臘羅馬至新古典時期的例子，＂歐洲諸國官立私立之美術學校皆以教學生畫古代雕刻及活人模特兒爲統一之課程，爲基本之練習，二三百年來及於美國遍於日本＂。這只是說歐美日本皆如此，未必構成中國必須積極跟進的理由，但如果中國固步自封，將＂騰笑世界，實爲國家之恥＂。以中國在清末民初對＂國恥＂的敏感，後者才是真正能動員大衆輿論的方法。根據劉海粟一年後的說法，黃郛回信稱善，＂謂將咨江西當局撤消原令也。後得桂舉來函亦稱警廳已撤消原令矣＂，[81] 韓志賢也沒有繼續追擊。

---

[79]　《劉海粟對於人體模特兒之意見書》，《時報》，1924 年 10 月 28～29 日連載二日；劉海粟《爲美術人體模特兒事致教育部黃膺白總長江西省教育會會長書》，《時事新報》，1924 年 10 月 30 日。

[80]　《申報》，1924 年 7 月 29 日。

[81]　劉海粟《人體模特兒》，頁 110。

　　我們不知道饒桂舉是否在警廳撤銷禁令後重新舉行畫展，但在
爭取人體畫合法性的事件中，是否有實質的展出似乎已不是重點，
重要的是劉海粟以學院的進步形象爭取當權高層的支持，壓制了道
德與秩序的訴求。可以想像的是，當時這個事件必然是引人注意的
社會新聞，事件的結果可以解讀爲：只要聲明裸體畫是＂模特兒寫
生＂就不會遭禁。在1925年8月27日［包］天笑登載於《申報》
的連載小説《土商紀念會》中，有十分＂包天笑＂的影射。這篇文
章的時間處於禁止模特兒論戰的白熱時期，必須與這個論戰連結閱
讀；文中介紹一位＂善於畫裸體美人＂的＂名畫師＂，名畫師説：
＂這是人體美、曲線美、女性美，要知道圖畫是美術，學畫的人第一
先要從裸體著手，寧可別種寫生且緩，這個裸體畫不可不畫＂。這個
説詞影射商業性的美人畫畫家，也嘲笑＂寫生＂概念的浮濫，接下
來的部分將學院也包裹進來；名畫師説：

> 　　現在我開辦了一個裸體寫生學校，還附設一個模特兒
> 養成所……那裸體寫生學校裏校內校外生有一千餘人，參
> 觀生就有好幾萬……校內生是終日在學校裏的，校外生卻
> 是到模特兒寫生時候方纔來上課，參觀生是並非本校學生，
> 他到課堂裏來參觀我們的模特兒的，每月收費兩元。

憑這筆收入就可以辦個模特兒養成
所，完成一個以戰養戰的賺錢企
業。[82] 參觀生的念頭並非空穴來
風，1924年8月底《時報圖畫週
刊》登載《上海美專之人體寫生》
照片（圖10），並曾經在年底開放
外人參觀模特兒寫生課實況，[83]
時間在江西饒桂舉事件之後，明顯
地是企圖藉＂外界公正人士＂之
口，尋求加強人體寫生課的正當性。

圖10　上海美專之人體寫生，《時報·圖
畫週刊》，1924年8月31日

　　事實上，女性裸體模特兒寫生自1920年公開化起，早已打開合

〔82〕　天笑《土商紀念會（八）》，《申報》，1925年8月27日。
〔83〕　《上海美專之人體寫生》，《時報·圖畫週刊》，1924年8月31日，＂照片＂；知白
　　　　《參觀美專的＂模特兒＂》後，《時事新報》，1924年12月27日。

法與非法間的隙縫。劉海粟在 1924 年登載於《時報》上關於江西饒桂舉事件的文章最後說道：

> 近聞各處有少數無知之徒，假借人體模特兒之美名，攝取淫褻之照片，描寫殘陋之淫畫以斂錢，上海且有一二流氓賃置密室，利用模特兒之美名，深藏無恥婦女裝扮褻態，引人觀覽騙取金錢。外界不察，輒與美術上之人體模特兒併爲一致……乞諮請內務部通飭嚴禁。[84]

這是江西饒桂舉事件發生之際的上海情況，劉海粟一方面要爭取人體模特兒的合法地位，另一方面也企圖將人體模特兒寫生定位爲學院特權。隔年，事態似無改善跡象，劉海粟在 1925 年文章中稱江西饒桂舉事件後：

> 風聲所及，一般輕薄少年以及無業流民，利用時機，乃大印其蕩婦娼妓之裸體照片，名之曰模特兒，招徠販賣；無恥畫工，乃亦描繪其似是而非之春畫，亦名曰模特兒，四處兜售。每見報紙廣告連篇滿幅，不曰提倡人體美，即曰尊崇模特兒，盜取美名，淆亂黑白，以之詐騙金錢，是皆藝學之賊也。[85]

這些藝學之賊可分爲兩種，一種是攝影照片，另一種是畫。前者見證的是複製技術的普及化，只要投資買照相器材的本錢，就有能力複製可以賺大錢的照片。要逮住前一類藝學之賊倒容易，只要是裸體攝影一律有罪就是；要排除後一類就困難了。

1925 年 10 月 10 日劉海粟發表於《時事新報》的文章長度超過一版，共 7 欄，稱該文已於 9 月 23 日在上海美專演講，並透過開洛公司以無線電廣播，"略爲芟翦"後投登《時事新報》，主要動機是回應閘北市議員姜懷素在 9 月 26 日對人體模特兒與劉海粟的攻擊信，[86] 因此 9 月 23 日在美專的演講便不包括 9 月 26 日姜懷素的信，也不包括對此信的回應。我們應檢驗自 1924 年江西饒桂舉事件之後，至姜懷素 1925 年 9 月 26 日攻擊信之前，此一事件的發展狀況。

---

[84] 《劉海粟對於人體模特兒之意見書》，《時報》，1924 年 10 月 28 日~29 日。

[85] 劉海粟《人體模特兒》，頁 110。

[86] 劉海粟文所稱 1925 年 9 月 26 日登載報上姜懷素的信概不見於《申報》、《時報》、《時事新報》，但其《人體模特兒》一書中附有當時剪報圖版，爲聯合通信社稿。

1925 年 8 月底或 9 月初，劉海粟聽説江蘇省教育會在 8 月 24 日大會上提案禁止模特兒，[87] 於是致函教育會抗議。此信登載於 9 月 8 日《申報》。信中除重申模特兒光明正大、禁止模特兒是無知行爲、去年江西省已犯過同樣的錯外，也説到"今日上海所發現之裸體妓女照片及惡劣畫報等，實爲害群之馬"，教育會不該黑白不分。省教育會覆函登載於二日後同一報上，聲明禁的是"現在風行之裸體畫，並非模特兒，正與臺見相合"，並附有教育會致教育廳函，稱：

> 　　自美術學校以模特兒描寫人體曲線美以來，輕薄少年
> 及營利無恥之徒遂利用機會，以裸體畫公然出售……名則
> 影射模特兒，實則發售一種變相之春畫……特函達貴廳請
> 通函警務機關取締裸體畫之發售。[88]

　　9 月 13 日，劉海粟將寄給教育會的信與教育會回函，加上其友人王一之的支持信，發表在《時事新報·藝術週刊》上。[89] 我們可以注意，一年前劉海粟在回應江西饒桂舉事件的信中也已要求"内務部通飭嚴禁""這種"畫。[90] 另一方面，在這則新聞之旁的另一條消息是"省教育會請禁裸體畫之廳復"，教育廳"照准嚴行取締"。[91] 事實上，淞滬警察廳長常之英已於 8 月 28 日發文"禁止模特兒圖畫"，[92] 因此極可能教育會確於 8 月 24 日提案禁止裸體畫並致函教育廳，教育廳也已通知警察廳採取動作。

　　我們應該回顧淞滬警察廳如何解釋"禁止裸體畫"，常之英説："乃近查轄境以内所設美術畫社，競以發行模特兒圖畫號召一時，侈言人體曲線之美觀，大背整飭風化之宗旨，誨淫敗俗"，而"研究美術，取法本極寬宏，又何必舍正軌而入歧途，致爲法律所不容，輿論所詬病？除通令所屬認真查禁外……十日内一律依限停止。"[93]

---

[87]　劉海粟文所稱 1925 年 8 月 24 日登載報上的省教育會大會消息不見於《申報》、《時報》、《時事新報》。

[88]　《省教育會請禁裸體畫之廳復》、《省教育會爲模特兒事復劉海粟函》，《申報》，1925 年 9 月 10 日。

[89]　劉海粟《模特兒問題》，《時事新報》，1925 年 9 月 13 日，《藝術》。劉海粟略删減此文後併入 10 月 10 日一文中。

[90]　《劉海粟對於人體模特兒之意見書》，《時報》，1924 年 10 月 28～29 日。

[91]　《申報》，1925 年 9 月 8 日、9 月 10 日。

[92]　《淞滬警察廳禁止模特兒圖畫》，《申報》，1925 年 8 月 28 日。

[93]　《淞滬警察廳禁止模特兒圖畫》，《申報》，1925 年 8 月 28 日。

教育會與教育廳的"禁止裸體畫"到了警察廳，已經變成"禁止模特兒圖畫"。9月8日已屆8月28日之後的十日之限，劉海粟還只是對禁止模特兒的傳聞向教育會抗議，上海美專的模特兒顯然對這個禁令渾然不覺，原因之一是禁令對象爲美術畫社，其次是美專位於租界，非淞滬警察廳轄境以內。但是從禁令的後半段看來，應該禁止的不僅是"模特兒圖畫"，還有這些圖畫以模特兒爲題材的作法。這種作法被定義爲"歧途"。如果美術畫社的模特兒寫生是歧途，有什麼理由說美術學院就不是？文中所稱的美術固然指的是美術畫社所研究的美術，但美術學院研究的也是美術，警察廳分得出這兩種美術有何差別嗎？常之英分不清（或不想分清）這兩者的差別，但只不過代表了當時普遍大衆的"常"態。

　　1925年9月26日，姜懷素上書執政段祺瑞（1865～1936）、教育總長章士釗（1881～1973）與江蘇省長鄭謙（1870～1929），聲請禁止學院模特兒，劉海粟的反駁登載於9月30日《時報》。[94] 1926年5月初，姜懷素對劉海粟與美專模特兒再度展開攻擊，這封信登載於5月5日的《申報》上，[95] 前段內容與前一年9月26日的信大致相同，後段敘述了自1925年8月底至1926年5月間官方對此事的處理：

　　　　十月間奉前江蘇省長鄭批第四一五三號准即令飭教育廳查禁上海美術專校模特兒在案，並於同年由前執政府交內務部通令全國各省各教育廳，轉各縣各教育局，飭知各學校一律禁止在案。本年二月聞上海縣教育局奉上海縣知事公署訓令內開，案奉江蘇教育廳令開，案奉省長訓令，案准內務部咨開，奉臨時執政府交姜懷素呈一件，請查禁上海裸體畫及取消上海美術專校模特兒一科，以維風化等因，除咨復已令教育廳通飭所屬切實查禁外，合亟抄發來文，令仰該廳遵照辦理。此令，並發抄件等因，奉此……此令云云，載在報章。

實際上，1925年4月上任的江蘇省教育廳長沈彭年，不及半年便在1925年9月遭到替換，新任廳長胡庶華（1886～1968）因政治複

---

〔94〕 《劉海粟論模特兒駁姜懷素書》，《時報》，1925年9月30日。
〔95〕 《姜懷素請禁模特兒》，《申報》，1926年5月5日。

雜，躊躇良久勉強接任，仍在次年 3 月去職，[96] 省長鄭謙已於 1925 年 10 月中旬末奉軍兵敗時離滬，而段祺瑞在 1926 年 4 月下臺，執政政府消滅，所以這次的信是寫給孫傳芳的。[97] 在這段人事快速更迭的時期，上述各機關的禁令並未執行，姜懷素並附一剪報指出 4 月 23 日還有人參觀美專的模特兒。

5 月 16 日，《申報》登載上海縣公署查禁裸體畫與人體模特兒的消息，公署的布告稱：

> 本知事自到任以來，即聞上海美術專門學校有人體標本之事，因其校址在法租界，即擬咨查禁，惟恐傳聞不確，曾經派人前往參觀。旋據復稱實有其事……已經據情咨請法租界及會審公廨從嚴查禁。[98]

這個布告點出了美專長期以來無事的關鍵——位於法租界，因此若無租界當局合作，中國的司法權難以有效威脅上海美專。劉海粟隔日的回應信寄孫傳芳（1885～1935）與省長陳陶遺，[99] 安雅蘭最近的研究從上海市檔案館發掘出 5 月底至 6 月初各方往來書信，[100] 孫傳芳則在 6 月 3 日回覆劉海粟，要求後者撤去模特兒，劉海粟在一周後再復信孫傳芳，爭取轉圜餘地。[101] 6 月 20 日，《申報》刊登兩封與裸體模特兒有關的信函，分別是孫傳芳回覆民福學校校長翁國勳請禁裸體淫畫，與上海縣知事危道豐前一日回覆各路商界總聯合會請禁模特兒的要求。[102] 在這兩封信中，前者代表的教育界是楔

---

[96] 《蘇省長鄭謙歡迎胡庶華》、《各團體繼起反對更易蘇教廳長》，《申報》，1925 年 9 月 19 日；《江蘇省教育廳長胡庶華辭職，江恒源接任》，《時事新報》，1926 年 3 月 31 日。

[97] 1925 年 5 月 30 日，上海發生五卅慘案，引發大罷工，張學良於 6 月 13 日率奉軍二千以維持秩序之名進駐上海，這並且是租界當局提出的要求；6 月 22 日江蘇省長鄭謙宣告淞滬戒嚴，奉系勢力在東南持續擴張。至 10 月 10 日孫傳芳以檢閱為名調集大軍，在 10 月 15 日自稱浙閩皖贛蘇五省聯軍總司令，次日孫軍佔領上海，奉系楊宇霆於 18 日偕江蘇省長鄭謙離南京北上，東南盡入孫傳芳勢力範圍。見李劍農《中國近百年政治史》下冊，臺北：臺灣商務印書館，1988 年，頁 665～690。

[98] 《查禁裸體畫與模特兒》，《申報》，1926 年 5 月 16 日；安雅蘭文稿消息登載於《申報》，1926 年 5 月 13 日，見安雅蘭《裸體畫論爭及現代中國美術史的建構》，頁 135。

[99] 《劉海粟為模特兒事致孫陳函》，《申報》，1926 年 5 月 17～18 日。

[100] 安雅蘭《裸體畫論爭及現代中國美術史的建構》，頁 136～138。

[101] 《孫傳芳與劉海粟論模特兒書》，《申報》，1926 年 6 月 10 日；《藝術上生人模型問題之爭辯》，《時事新報》，1926 年 6 月 10 日。

[102] 《關於淫畫與模特兒之兩復函》，《申報》，1926 年 6 月 20 日。

子，後者代表的社會各界才是正文。根據後者，由於美專"並不遵禁人體模特兒"，縣公署已經"呈請特派江蘇交涉員，轉行法廨，並照會法界當局，取消該校執照，立予封禁"。翁國勳與商界聯合總會是不是當局指派來唱雙簧的，這並不重要，因爲公共論域預設其成員具有同樣的發言權。7月1日，《申報》刊載公署與法租界當局交涉結果，"危知事⋯⋯會同許交涉員，往法領事署晉謁法總領事，請其會同辦理，當經法總領事允許照辦"，辦法是先令美專停止模特兒寫生，如不遵行即發封停辦，另一方面：

> 法總領事並謂，華界亦須取締方稱平允。危知事亦即
> 允許回署剋日查辦。上月28日法捕房探目到縣署報告，華
> 界聘用模特兒者有三校，即閘北青雲路之中華藝大、江灣
> 路上之上海藝大、北四川路某女校。

因此，上海縣公署與法總領事館接觸的時間在6月20至28日間，法租界判斷與五省聯軍總司令妥協是較明智的做法，至於所稱的北四川路某女校則應爲神州女學。[103]

7月11日《申報》刊載上海縣知事公署封閉上海美專之公函，文曰：

> 頃據該校校長劉海粟函呈新學制師範科課程標準綱要
> 一册，於該校人體模特兒一科斤斤論辯，一則曰教育部明
> 令，再則曰歐美通則，以廢止科程爲不可行，以學術生命
> 爲應遵守，逞其一偏之見，不顧清議，罔識禮教⋯⋯除再
> 呈請函催領團迅飭禁止外，查華界設有模特兒一科之學校，
> 前已查明校名地點，諉請查禁，如仍玩違，應請即予封
> 閉。[104]

7月12日《申報》報載此案已解決，"現法總領事已令法捕房勒令該校取消人體寫生科"，罪名則簡化爲"利誘少女爲模特兒"，[105] 基本上這只是執行7月1日報載知事公署與法總領事協調的結果。在腹背受敵的情況下，上海美專終於宣稱停止人體寫生課程。7月15

〔103〕 參見《神州女校美術專科之發展》，《申報》，1922年2月9日。
〔104〕 《上海縣知事公署封閉上海美專之公函》，《申報》，1926年7月11日。
〔105〕 《取締美專模特兒案已解決》，《申報》，1926年7月12日。

日,《申報》刊出劉海粟與孫傳芳的信函。[106] 劉信一開始說道:"伏讀鈞座禁止敝校西洋畫系生人模型令文,殆係吾帥政策不得已之一舉。夫政術與學術同源而異流,吾帥此舉,用意深長。"接著說道不願再生枝節,已停止人體模特兒課程。劉海粟在此仍期望孫傳芳為他留一些顏面,但孫傳芳如果預期到回信會上報,自然是"公事公辦"。信中說道:"人欲橫流,至今已極,美術之關係小,禮教之關係大,防微杜漸,勢所當然,並非不得已也。……美亦多術,若必取法他人亦步亦趨,重違國性,亦滋清議。"禁止學院人體寫生的事件至此表面上告一段落。

如果根據劉海粟自己在 1978 年的說法,法領事表面禁止美專的模特兒以敷衍孫傳芳,另一方面要求劉海粟不要出學校(或法租界)以便保護,而"模特兒儘管繼續用……但不能讓人家參觀……同時……不要再同他們辯論",所以 "徒有嚴禁空令,模特兒之用從未間斷"。[107] 劉海粟在這篇文章中對許多事情的年代記述常是錯誤的,但模特兒之用從未間斷之說可信性倒相當高,原因如本文中分析的,對當時學院而言,模特兒寫生是不得不用的,因此強行禁止只能將活動逼入地下,除非將美術學校全行關閉,否則並不能真正禁絕模特兒。根據上海美專 1926 年的帳本,1 至 6 月每月四名模特兒,男女各半,工資共約七十元,9 至 12 月仍然是四名模特兒,[108] 顯示美專使用模特兒確實從未在 1926 年因遭到禁止而中斷。但從表面而言,藝術畢竟屈服於社會秩序的訴求之下。

五、模特兒的畫 V. S. 畫的模特兒
──藝術論述與藝術的社會脈絡

決定上述事件結果的固然有外在的政治情勢,但如果沒有內部(藝術)理由,禁止人體模特兒便是單純的權威鎮壓。今天學術界對

---

[106] 《上海美專停止裸體畫之函牘》,《申報》,1926 年 7 月 15 日。
[107] 劉海粟《二十年代圍繞著模特兒問題的一場鬥爭》,《南藝學報》總第 2 期(南京,1978. 11),頁 11。
[108] 《上海美專帳冊》(1926),上海市檔案館藏,Q250~392,中式帳冊,支出款目,歲出經常門,(一)工資,(二)模特兒;《上海美專帳冊》,上海市檔案館藏,Q250~300,西式冊帳,總帳,工資(模特兒);四名模特兒分別為韓天章(男)、張朝清(男)、秀英(女)、秀金(女)。感謝顏娟英老師提供資料。

這個事件通常解讀爲劉海粟與軍閥的鬥爭，或藝術與道學的衝突，但事情真的是如此單純嗎？首先，事件的前半段還談不上論戰，劉海粟以專家的姿態攻擊，稱江西警廳"阻梗學術之進程"，韓志賢"膽敢狂妄砌詞"，江西警廳與韓志賢似乎沒有招架之力。到了上海，劉海粟說姜懷素"出言無稽、大類夢囈……未嘗讀書、未嘗行遠、坐井觀天，曰天小也"，[109] "不學無術、不明事理"，危道豐"大言不慚、虛張空架"，[110] 但這一次不僅學術權威使不上力，劉海粟還遭到姜懷素與危道豐控告妨害名譽。[111] 與江西相比較，上海的環境展現了一個更寬廣的公共論域，意見的交鋒顯示了更大的動能。如果我們相信中國繪畫的進展倚賴的正是這一股動能，我們必須對雙方論點作一些思考。尤其這次禁止人體模特兒的事件牽涉的不僅是位於法租界內的上海美專，至少還包括了上海地區其他使用人體模特兒的藝術界；[112] 藝術界中的各組成分子平時或許互相競爭，面對共同的威脅時反而必定有相當程度的團結。因此在這次論爭中，劉海粟絕非孤立無援的。

　　另一方面，姜懷素可以再三出擊，顯示他必然代表了上海某些意見，也不是可以用學術權威嚇唬的。在他 1925 年 9 月 26 日的信（以下稱第一信）中首先論及上海裸體畫的泛濫，"或係攝影、或係描繪，要皆神似其真"；次年 5 月 5 日的信（以下稱第二信）中，他說："滬地爲華洋雜居，歐俗東漸，耳濡目染，不隨善化，只效靡風，而智識階級中含有劣根性者復繪爲裸體淫畫。"如同本文中已提及的，攝影由於媒材的特性，很快地可以從視覺圖像中區分出來，因此在第二信中，姜懷素略過攝影，將焦點放在繪畫。他所謂的智識階級指的自然是學院，上行下傚，比起一般無知識的畫工影響更烈，因此必須正本清源，而有資格批評知識分子的自然也是知識分子。

　　我們可以先檢驗"利誘少女爲模特兒"的罪名。姜懷素說美專

---

[109] 《劉海粟論模特兒駁姜懷素書》，《時報》，1925 年 9 月 30 日。
[110] 《劉海粟爲模特兒事致孫陳函（續）》，《申報》，1926 年 5 月 18 日。
[111] 安雅蘭《裸體畫論爭及現代中國美術史的建構》，頁 140～141。
[112] 應鵬《參觀中華藝大展覽會後》，《申報》，1926 年 6 月 14 日，"藝術界"，作者稱："會場中有一件很不幸的事情，就是所有的人體畫未能陳列。在近時人體寫生風潮正劇烈的時候，當然有這種事情發現。"

"利用少女以人體爲諸生範本，無恥婦女迫於生計，貪三四十元之月進"。劉海粟沒有回答，但我們可以參考倪貽德（1901～1970）在1924年底的文章，他說：

> 我總覺得做模特兒的女子，大抵都是爲生活的壓迫或貪較豐的工資，不得已而勉強爲之的，所以她們在做模特兒的時候，總不覺現出苦悶不安之狀，致使研究者發生不少的障礙。[113]

倪貽德的話比較接近現實，可是也顯示出我們今天並不認爲是"無恥"的工作，在當時仍然被視爲一種不正當的職業。倪貽德在同一篇文章中還說道：

> 藝術家對於模特兒，一般人都以製作時無關心的狀態辯證之。我以爲這也不是徹底之談。藝術家之創作時全持濃厚之感興，而此感興則起於對物象之愛。所以我覺得畫家對於模特兒，與其說他是無關心，毋寧說他有熱烈的愛來得適當；而且這還不單是精神的愛，而是靈肉調和的愛。

倪貽德的坦白讓人心驚膽跳。劉海粟在1978年的文章中引述1925年底或1926年初一篇攻擊他的短文《與劉海粟先生論模特兒》，作者名爲丹翁，文中說：

> 先生既有審美之腦力目力，尊夫人之爲天人可知也……使先生舍身而先爲模特兒，他日傳先生之業以教人者，必皆肯自爲模特兒者也。……必謂人可以爲模特兒，而我不可以爲模特兒，是貴我而賤人也；是以人爲土芥倡優，而以我爲美術家也……若以師母爲模特兒，（諸生）敬畏之心油然而生，有不盡心於藝術者乎?[114]

劉海粟只能說這是下流的謾罵，五十餘年後仍完全無法反擊。

姜懷素的第一信中說道：

> 即使神似而能生動，亦不過一裸體少女耳，究其於青年之學子，有何裨益，充其極足以喪失本性之羞恥，引起肉欲之衝動……飲食男女，人之大欲存焉，反是則必爲矯情之人。

---

〔113〕 倪貽德《論裸體藝術》，《時事新報》，1924年12月14日，"藝術附刊"。
〔114〕 劉海粟《二十年代圍繞著模特兒問題的一場鬥爭》，頁8～9。

劉海粟的回答是："目中有妓，心中無妓"，[115] 存心不正者，觸眼皆邪淫。我們再看看倪貽德怎麽説：

> 不論什麼物體，凡是帶有圓味的，都能使我們看了身心中起一種適當的調和和愉快……而尤其是妙年豐盛的女性的肉體，她那高高隆起的一對乳峰，她那肥大突出的臀部，她那玉柱一般的兩條大腿，是何等的能引起我們生的愉快，愛的活躍。[116]

我們幾乎要以爲這是美術社人體寫生的廣告詞。讓我們回到 1924 年前後人體寫生的模特兒中國化與寫生化的現象，這些裸體畫中的中國婦女如果不是學院模特兒，便極可能是妓女。娼妓並非不見容於當時社會，但必須限制在青樓之内；如果裸體畫中的婦女是娼妓，則這種裸體畫的公開販售便是越界，因此應禁；如果無法區分畫中裸體婦女是娼妓或是學院模特兒，則模特兒等於娼妓，對色情的清剿溯源而上，立刻威脅到藝術。所以姜懷素第二信中説：

> 最近租界會審公廨取締裸體跳舞，惟該跳舞女子腰間尚繫布遮恥，且被罰鍰，乃我中國數千年禮教之邦，今竟淪爲淫蕩之域，且此裸體之怪狀，不發現於娼妓之家，而公然位於教育青年之學校。

將模特兒解讀爲色情進入學校，即使今天的社會仍會作出相同的壓制。

前述倪貽德的文章發表於 1924 年底，主要背景是饒桂舉在江西被禁的事件。我們還可以加入一些其他人同時期的文章，這些文章的共通性都是高度的理想主義，間雜了對學術權威的高度自信。彭紹吾説：

> 近來盡還有拿模特兒來攻擊藝術界，壓迫藝術界，真是狂妄之極，太沒一點常識……大概攻擊模特兒的可分做三種人：一種是思想污濁，以自己疑別人的；一種是舊道德之下的馴服鬼；一種是不知模特兒是什麼回事的東西的人。[117]

這是和劉海粟相同的高姿態策略。汪亞塵（1894～1983）則説：

---

〔115〕《劉海粟論模特兒駁姜懷素書》，《時報》，1925 年 9 月 30 日。
〔116〕 倪貽德《論裸體藝術》，《時事新報》，1924 年 12 月 14 日，"藝術附刊"。
〔117〕 彭紹吾《模特兒的反動》，《時事新報》，1924 年 11 月 30 日，"藝術附刊"。

一般道學先生,常常拿道德來批評裸體藝術,這本來是
不值一笑的滑稽批判。要知道,美不是束縛在道德之下的東
西,有美的價值或可說是有一種道德的效果,決不是有了道
德的價值然後才算是美……總之,我們既認定裸體的本身是
純美的,那就不能拿道德來束縛。……我們根據這個信條,
不管社會的盲目抨擊,只有向前進的一條路。[118]

在此,裸體畫被賦予了一個近乎宗教般的神聖意涵,它所體現的美
超越了道德判斷的範疇。此外,這些藝術家似乎也樂觀地認為藝術
可以自外於社會。

1925 年姜懷素第一信之後,藝術界的回應仍然大致維持之前的主
軸,而理想主義的色彩在李寓一 10 月初的文章中達到高峰,他說:

回溯民七省教會美術研究會時,有倡言裸體美者,曰
真美、曲線美,非打破前日之陋習極力提倡,不足以言美
術。其言如青天霹靂,何其壯也!然而今竟何所?

1918 年的美術研究會被當成一個劃時代的革命壯舉;在文章最後,
李寓一說:

方今國內戎馬橫行……道德之心久沒,人們愛念散盡,
有心者痛之,棄一切榮利而日以倡言美術為事;排斥數千
年鄙陋之習,而研究裸體藝術,其志豈在一藝之擴張,要
以挽回已喪之人心,為最大目的也。苟非對於美術有深究
者,何得以一觀之念而毅然日禁止?[119]

藝術的社會功能問題已然浮顯。但文章中段列舉裸體畫之美,有古
典線美、色調美、明暗美、筆觸美,最後一個是"女子發育美",這
個說法與倪貽德相去不遠,但將"女子發育美"當作挽回道德人心
的工具,在論戰中無疑是幫倒忙,十足顯示這個時期藝評家的天真
與無章法。數日後李寓一的另一篇文章嘗試區分裸體畫、裸體照片
與春畫。[120] 後二者實無足道,但裸體畫卻有正邪之分,他說:

藉裸體之依範,而寫畫家之胸襟,表天地之愛,謂之

〔118〕 汪亞塵《裸體畫之意義》,《時事新報》,1924 年 11 月 23 日,"藝術附刊"。
〔119〕 李寓一《裸體畫之美點》,《時事新報》,1925 年 10 月 5 日,"藝術附刊"。
〔120〕 李寓一《裸體畫裸體照片與春畫》,《時事新報》,第 1 輯第 1 號,1925 年 10 月 20
日,《時事畫報》。

裸體畫。藉裸體爲號招，而寫淫體怪形道人類於絶亡者，

亦成一裸體畫，兩者之辨，在畫者動機之邪與正耳。

將辨別正當的與不正當的裸體畫的關鍵放在動機正邪上，適足以授人以柄，因爲動機與結果並没有必然的關聯。

相對地，陳抱一的態度則比較以藝術的實踐爲根據地。1925 年10 月陳抱一爲文解釋人體畫，[121] 他説：

> 美術家對於人體美，完全是從純美的眼光觀察，人體
> 美在繪畫及雕塑的技術上是至難的事體，所以美術家對於
> 人體的研究及人體藝術的表現，不得不盡他最大的努力來
> 從事，在技術表現上是最難，而且肉體美的精神是最高尚
> 最優美的，這是人體藝術的唯一貴重條件。

表面上看來這段話和 1916 年時畫家從事裸體美人畫 "以顯其能" 的論點一樣，但如果藝術家無法在實踐上展現超過非藝術家的優越性，他還有什麼可憑仗的？在 1926 年模特兒事件正式落幕前夕，陳抱一談到人體寫生禁止問題時以日本爲例，將關注焦點轉向社會文化。他説：

> 説到禁止人體藝術的事實，不獨是中國人，即日本從
> 前也是有過的，但是到現在就不然了，這是因爲日本文藝
> 界及學者們多年努力的藝術運動以及社會文化的漸進，於
> 是這種問題也自然而然的解決了。[122]

因此這個問題在中國也可能在社會文化 "漸進" 後得到解決；作爲美術學校教師，也是人體寫生的推動者之一，陳抱一文中少不得要聲援劉海粟一番，他説：

> 當時日本警察官，對於美術展覽會有一種人體畫及雕
> 像（單指那種他們見得是太露骨的），是不准陳列給公衆看
> 的。……雖然當時日本警官的眼光如此，但是他們對於美
> 術學校（及一般美術研究的地方）描寫人體模型事並不敢
> 干涉，因爲他們都已經曉得這是研究學術上必要的事實，

---

〔121〕《陳抱一先生對於人體畫之解釋》，《申報》，1925 年 10 月 7 日。記者的引文稱 "近因人體寫生問題甚囂塵上，一般無知識者群相駭怪，昨特發表《女性肉體美的觀察》一文"。

〔122〕 陽冰《記陳抱一君之談話》，《申報》，1926 年 7 月 10 日，"藝術界"。

　　大約他們也知道繪人體的時候，並不是開放給公衆看的，
　　並且是研究美術（雕刻及繪畫等）的必修的實技，世界各
　　國的美術學校都是如此。
人體模特兒與文明進展的譬喻再度會合。

　　現代藝術的一個基本論點是區分再現的形式與内容，或再現與被
再現的對象，[123] 前者是藝術的物質面向，後者是藝術的象徵面向，如
果觀者只見其一，繪畫是失敗的。在本文中前者是"模特兒的畫"，後
者是"畫中的模特兒"，我們至今所見的論爭，都因爲無法區分兩者，畫
家固無力證明其作品的價值來自其形式，攻擊者的目光則集中於作品
内容，這場論爭始終是沿著"如真幻象"（illusionism）的軸線發展，與清
末民初攝影與西法繪畫等價的情況相去並不遠。

　　1926 年 7 月底，張道藩（1896～1968）在一場演講中將繪畫的
欣賞導引向形式主義，他説：

　　　　"畫的用處"就是使一些人看了快樂……當我們去看畫
　　的時候，最要緊的是由畫的本身上去找它的美，找到了它的
　　美，自然就會使我們的心裏發生快樂的感覺。最好，看畫的
　　時候不要牽想到被畫的人或物以及畫中所代表的故事，因爲
　　看畫的人一想到了那些附屬的事物，就會把他的審美觀念打
　　亂，於是他就不能以純粹審的眼光去找一張畫的美。有的人
　　看見一張美女的畫，他並不問畫的本身美的品質如何，他就
　　認那一張畫好，其實他那樣的去愛畫，他差不多全是由被畫
　　的那個美女身上去作想，並未想到畫本身上的一切美的品
　　質。所以他看一張美女畫同一張美女的照像都是一樣好，因
　　爲他所注意只在美女而不是畫或相片的精美。[124]

這一段話可以説是論爭以來最"現代"的剖析了。

　　姜懷素在第二信中説道："查該校（美專）之裸體，絶非只陳於
該校，當然以銷行爲目的，不至家懸户設不止，否則該校爲一專研
究女子肉體之場所矣"。劉海粟並未作出回應，我們今天也無法想像

[123] David Summers, "Representation," in R. S. Nelson & R. Shiff eds., *Critical Terms for Art History* (Chicago & London: The University of Chicago Press, 1996), pp. 3～16; Nelson Goodman, *Languages of Art: An Approach to a Theory of Symbols* (Indianapolis: Hackett Publishing Co, 1976), pp. 3～43.
[124] 《張道藩之演辭──畫與看畫的人》，《申報》，1926 年 7 月 25 日，"藝術界"。

劉海粟能如何回應，因爲如劉海粟、汪亞塵、倪貽德與李寓一等人，
仍然將藝術當成是一個象牙塔內的產物。事實上，藝術家也是一個
經濟動物，藝術的生產與消費始終在社會中進行。正因爲如此，從
張道藩所代表的形式主義角度，人體畫要成爲藝術的形式必須透過
藝術的常規，但常規（conventions）的概念牽涉的是集體的建構，這
些常規能否穿透文化藩籬而爲中國人所理解便無法由作者操縱。另
一方面，從姜懷素所點出的藝術的社會功能問題，顯示的仍然是集
體與個體的關係。模特兒風潮之後，形式主義與藝術的社會功能將
成爲未來十年中國繪畫舞臺的兩大導演。

結　語

模特兒寫生何時再度公開化呢？料想離禁止事件冷卻後不會太
久。1929 年，《上海漫畫》刊出了一幅
藝苑研究所成員的合影（圖 11），[125] 全
裸模特兒赫然在目。和之前所見的大
部分模特兒照片一樣，模特兒總是偏過
頭去讓我們無法分辨她的臉，潘玉良則
以右手搭在模特兒肩上，似乎是宣稱她
們相同的命運。1933 年 7 月《良友》畫
報上登載了一幀照片，描述的是大長城
影片公司由陳天所導演的新片《再生》
中的一景（圖 12）。我沒
能查出這片電影是否拍攝
完成並上市放映，也未能
查到其故事內容，但單就
照片上所顯示的場景來
看，以今天的電檢尺度都
只能是兒童不宜的分級。
照片中呈現的是一位畫家
身著工作服立於畫架前，

圖 11　藝苑研究所之指導與研究員合
　　　影《上海漫畫》，1929 年 3 月

演傳所天隗鳳，片新司公片影城長大。"黑一之"生再"
A scene from the Chinese picture "Resurrection," which is a recent production of the Great Wall Motion Picture Company.

圖 12　電影《再生》劇照　《良友》，1933 年 7 月

───────────────

[125]　《上海漫畫》第 48 期（1929.3.23），藝苑研究所指導與研究員合影。

畫布描繪的是畫家面對的一位女性裸體模特兒。異常整潔的畫室佈置豪華,有大花瓶、石雕像、深色遮光窗簾,裝潢現代,有各種造型的柱子,模特兒當背景的是一幅抽象畫。唯一令人百思不得其解的是右前方坐在小畫架前的男童,他是畫家的兒子嗎? 他在這個有裸體模特兒的畫室中作什麼? 如果我們注意到他的畫,他畫的是山坡上的房子,和畫室中擺姿勢的模特兒一點也不相干。

仔細審視這張照片,畫室中明亮的光線使得整個畫室中看不到較大片的陰影,和現代主義式的裝潢一樣,都是爲了襯托"模特兒寫生"這件事的現代性與進步的精神。模特兒右邊的大型插花、身後的抽象畫、抽象畫半掩的石雕像,都是暗示模特兒與這些襯托的事物相同,模特兒置身其中,是一種靜物般的中性事物,並不具有任何"性"的意涵。天真無邪的男童在場,更點出了導演這樣的企圖——呈現出一種超越時空的純粹"美術"。1933 年如此地定義美術, 與 1920 年代差別何啻天壤?

中國是否自此從藝術與色情的界定論爭中徹底解脫了呢? 答案是没有。未來是否可能呢? 推想起來還是不太可能。事實上, 由於人體再現(或裸體畫)的定義是"自然狀態下"的身體呈現,需要一層類似於國王新衣的文化包裝,觀者必須在藝術中同時看見那看不見的(文化),又看不見那看見的(自然),這種觀看的吊詭是視覺文化中的常數,控制這兩種觀看態度轉換(shift)的是圖式常規。既然説這是常規,這些規則便具有任意性(arbitrariness),是公衆界定指派的, 而且與其他社會性常規聯結。正因如此, 這些常規呈現的是一種"協定狀態",而不是能夠一了百了的固定藩籬。除非社會制度解體,不再有社會對其成員的"自然"本能作規範導引,否則社會必須不斷地以具有共識性的常規去劃定藝術與色情的邊界。

如果我們要的只是透過一些後設理論的操作即可獲得的答案,則本文耗費篇幅便毫無意義。對 1920 年代的裸體畫論爭的討論, 企圖顯示的是這個追求答案的歷史性(historicity),亦即一種牢牢嵌進時空框架中的過程。在二十世紀初, 西畫是一個新事物, 從商業美術開始, 很快地達到一個廣度擴散, 在二十年代前夕西畫到達一個學習瓶頸, 必須從師徒制的臨摹走向西式的藝術學院教學, 這個無法撤下人體寫生手段的教學體制是新的, 人體寫生的合法性論題是新的，而界定藝術與色情邊界的舞臺——公共論域——也是相對新的。1920 年代開始在這個公共論域展開的人體再現論述，重要的不在於解決了什麼問題，而在於它們開啓了討論。正是在這樣的討論中，我們見到了人體再現在中國被接受的多彩過程。

可以思考的是，如果不是因爲中國人也喜歡淫畫，西方的人體繪畫能自然而然地引進中國嗎？如果人體畫未被視爲畫家技藝的最高表現，有需要畫出一個"美術"的範圍，引入西式學院教育中的"寫生"，來將非學院體制排除出這個範圍外嗎？每次的畫界行動雖然定出了界內與界外，但在界外的每每模仿界內的動作，企圖將這個邊界弄得模糊，將範圍擴得更大以便躋身其中。範圍擴大引發新的畫界動作，目的在爭奪主控權，這個不斷的往復動作使得藝術的分類持續地進行。中國引進西畫正是在這種過程中不斷前進。如果說圖像是欲望的替代物，身體的圖像更尖銳化了這個擬喻。從這樣的角度，中國引進西畫從身體欲望出發，裸的理由制約這個到處亂竄的欲望，制約的手段由權威定奪走向公共意見的塑造，這正是中國現代化的一個指標。

※ 本文原載《新史學》15 卷 2 期，2004 年。
※ 吳方正，法國法蘭許—孔德大學博士，國立中央大學藝術研究所副教授。